후광학 창시를 제안한다

후 광 학,
김 대 중 의
정 치 철 학

글쓴이 **황보윤식**

도서출판 행동하는양심

후광학 창시를 제안한다

후광학, 김대중의 정치철학

글쓴이 황보윤식

김남주 시

산

파괴된 인간의 도시
아무도 이 고을을 들어오지 못하는데
가책의 양심 없이는 아무도 못 들어오는데
피묻은 자유의 성지
아무도 이 고을을 들어오지 못하는데
하늘을 우러러 한 점 부끄럼이 없다는 수녀도
고개 숙인 참회 없이는 못 들어오는데
희대의 살인마도
총검으로 권력을 휘두르는 악당도
이빡에 저주의 낙인이 찍힌 악마도
소위 한 나라의 대통령이란 자도
이 고을에 들어올 때는
대명천지 인간의 얼굴로는 들어오지 못하고
밤으로 도둑고양이처럼 기어드는데
누가 제까짓것 어떻게 할까봐
방탄조끼에 방탄모에 방탄차에 싸여
세 겹 네 겹 경호의 장벽에 싸여 기어들었다가
아침이면 쥐새끼처럼 빠져 나간다는데

당신은 오십니다 이 가을 빛고을에
푸르고 높은 하늘 머리에 이고
해바라기 미소와 함께 오십니다
천 겹 만 겹으로 출렁이는 춤자락에 싸여
인파로 환한 꽃다발에 싸여 환호에 싸여
그러나 당신은 누구입니까?
수십 수백 만의 인파에 싸여 대중의 환호 꽃다발에 싸여
무등의 산으로 우뚝 솟아있는 당신은 진정 누구입니까.

어제는 긴긴밤의 투옥의 나날이었다가
잠시라도 한때는 석방의 봄이었던 당신
어제는 죽음의 용궁이었다가 천 길 밧줄을 드리운 나락이었다가
오늘은 다시 부활이었던 당신
어제는 나라밖으로 쫓기는 망명이었다가
돌아와 다시 조국에서도 끝없이 이어지는 연금이었던 당신
당신은 누구입니까 과연
민중의 벗입니까 끝까지 다시 죽을 때까지
민족의 해방자입니까 끝까지 다시 죽을 때까지
민중의 적, 민족의 적이 쓰러질 때까지
당신은 과연 민중의 벗으로 서 있겠습니까
당신은 과연 민족의 해방자로 서 있겠습니까
무등으로 무등의 산으로 허물어지지 않고!

※ 이 시는 김남주 시인이 전주교도소에서 영어囹圄의 몸으로 1987년 9월 8일 김대중 대통령의 광주 방문을 접촉하고 정진백에게 보내온 작품이다.

글쓴이가 드리는 글

 1. 우리는 일반적으로 과거와 현재의 대화를 '역사'라고 합니다. 그러나 역사학의 정확한 개념은 과거와 현재의 대화만이 아닙니다. 역사학이란 과거를 고찰하는 데에만 그치는 학문이 아닙니다. 미래 역사의 현실을 만들어가는 학문입니다. 불교에서 말하는 평화의 세계 도솔천兜率天은 인간의 미래 세계입니다. 그 미래 현실의 세계로 가는 돌다리를 놓는 학문이 역사학입니다. 그래서 역사학은 '미래의 현재'입니다. 곧 미래 역사의 인간에게 환희의 희망과 찬란한 창공을 열어주는 학문이 역사학이라는 뜻입니다. 그리고 현재를 살아가고 있는 사람들에게 바른 삶살이가 어떤 것인지를 가르쳐 주는 학문입니다.
 역사학이 있기에 과거의 성찰을 통하여 현재를 바르게 끌고 갈 수 있습니다. 과거의 성찰을 통하여 현재를 바르게 살지 못한다면 '미래 역사의 현재'를 보장할 수 없습니다. 따라서 역사는 현재의 삶 속에 과거의 삶이 들어와 살면서 현재를 만들어 갑니다. 그리고 과거의 삶과 결합된 현재의 삶은 미래 역사의 현재 삶이 됩니다. 때문에 역사학은 역사적 사실史實을 앎에 그치는 게 아니고 현재 현실의 반성과 미래 현실 사회의 방향을 제시해 주는 학문이 됩니다. 다시 말하면, 과거 사람들이 이룩한 문화가치(正)는 현재 사람들의 문화가치와 연결되고, 과거의 문화가치를 통하여 현재의 문화가치를 반성하여(反) 미래의 문화가치를 지양(合)해 가는 게 정확한 역사의 개념이 됩니다. 미래의 문화가치 곧, 미래 역사의 현실은 오늘날 현재 역사를 살아가는 사람들의 인문학적 상상력 속에서 설계가 되어야 합니다. 딱히 집어서 말을 한다면, 미래 역사의 현실 사회는 상호부조相互扶助/열린이웃/같이살기 사회를 상상하는 절대가치를 놓고 출발해야 합니다.

상호부조라 함은, 인간과 자연이 서로 돕는 '우주 공생'을 만들어 가는 인간 삶의 태도와 모습을 말합니다. 인간과 인간이 상호 존중하면서 공생하는 상호부조 사회를 정의사회, 또는 자유사회/평화사회라고 말합니다. 다른 말로, 자연과 인간이, 인간과 인간이 '같이살기' 입니다. 인간의 행복한 삶의 가치는 자유와 평화에서 주어집니다. 그렇다면 현생의 인간으로 보았을 때 미래 인간의 모습은 어떤 가치를 지닌 존재여야 하는가에 대하여 생각하게 됩니다.

1) 인간의 기본 양심은 정의正義/도의道義입니다. 이를 노자老子(기원전 571~기원전 471)는 현동玄同(바른 마음)이라 했습니다. 따라서 미래에 올 현실 사회는 도의가 살아 움직이는, 정의로운 사회가 되어야 합니다. 정의 사회는 사회적/타자他者의 이익을 먼저 생각하고 '개인적 이익'(사익私益)을 다음으로 생각하는 인간의 선한 가치를 말합니다.

2) 인간의 기본권리는 자유입니다. 따라서 미래의 현실 사회는 '절대 자유'가 보장되는 사회여야 합니다. 절대 자유는 인간의 기본권리인 사상의 자유, 말할 자유, 글 쓸 자유, 출판/표현의 자유, 모임의 자유, 상상/사유思惟의 자유를 말합니다. 따라서 절대 자유는 제도적인 간섭과 통제, 제한이 일체 사라질 때 가능해집니다. 국가의 조직과 제도는 치안 유지, 전쟁/폭력(이해다툼)의 방지에만 힘쓰고, 개인의 자유에 대해서는 결코, 간섭해서는 안 된다고 봅니다.

따라서 인간의 미래 현실사회는 김대중님의 뜻과 같이 국가는 중앙통제 시스템에서 '지역자율시스템'으로 발전해 나가야 한다고 봅니다. 더 욕심을 내서 말하면 '지역자율시스템'은 다시 아주 작은 단위(10명을 단위로 하는)의 '자치적 마을공동체' 형태로 '핵 마을' / '세포 마을'을 이루어야 한다는 생각을 가져 봅니다. 세포마을은 결코 규모가 커서는 안 된다고 봅니다. 인구는 적당한 수가 좋습니다. 자본주의에서는 사람을 자꾸 많이 생산하라고 합니다. 따지고 보면 인구의 생산은 자본가 자신들의 이익을 위함이지, 지구환경과 우리 민중/민인들 개인으로 보아서는 개인의 행복으로 이어진다고 볼 수 없습니다. 지금 자연 세계에서 벌과 나비, 그리고 물속의 물고기와 바다 고기, 하늘의 날짐승들의 개체수가 급격히 줄어드는 현상과 인간의 인구생산이 줄어드는 현상은 같은 이치라고 봅니다. 인간에 의한 자연환경의 급격한 변화가 그 원인이 됩니다. 나라 사람은 적당한 수준의 인구만 유지하면 됩니다. 이런 점에서 김대중님은 여성을 아기 생산의 기계가 아닌 여성의 존재를 인권 차원에서 보았습니다.

3) 인간의 기본 윤리는 상호 존중입니다. 인간사회는 남에 대한 존중심을 가질 때 사회질서가 안정됩니다. 다툼이 없게 됩니다. 다툼이 없으면 폭력이 없게 됩니다. 폭력이 없으면 인간사회는 전쟁/싸움이 일어나지 않게 됩니다. 전쟁/폭력이 없는 상태에서 평화와 행복이 찾아집니다. 남에 대한 존중이라 함은, 내 자유와 남의 자유를 동일시하는 평등한 사고를 말합니다. 남의 자유에 대한 존중이 이루어지면, 곧 나의 자유도 존중된다는 뜻입니다.

4) 인간사회의 기본 모습은 '상호부조주의'를 바탕으로 한 '같이살기' 사회가 되어야 합니다. 상호부조주의는 인간이 생존하는 한 언제인가는 달성해야 할 사회질서요 양심입니다. 이제까지 대한민국에서는 진정한 '같이

살기'의 사회가 존재하지 않았습니다. 멀리 국가사회[1]가 발생하기 이전에 존재하였던 씨족/부족공동체 사회는 상호부조의 공동체 사회였습니다. 공산주의 사회에서 말하고 있는 원시공동체 사회와 상호부조의 공동체 사회는 이론상 많은 차이점이 있습니다.

공룡이 1억 년 이상을 생존하였다가 멸종하였듯이 인류도 멸종하지 않는다고 보장할 수 없습니다. 그래서 지질학자들은 오늘날의 지구연대를 '인류세' 人類世(여섯 번째의 대량 전멸sixth mass extinction)로 규정짓기도 합니다. 지구의 대멸종이 온다고 가정할 때, 인류가 멸종하기까지 마지막 존재해야 할 사회체제는 국가주의 사회, 사회주의 사회, 공산주의 사회, 자본주의 사회가 아니라고 봅니다. 미래 역사의 인류사회는 자본주의/공산주의/사회주의/자본주의를 지양止揚하면서 상호부조주의/같이살기 사회로 진화/발전할 것으로 봅니다.

지금 중국이 세계에서 가장 먼저 인간사회가 가야 하는 길, 새로운 사회질서를 실험하고 있는 것으로 봅니다. 서구에서 나온 인간의 사회질서/체제(자본주의)를 중국식 사회체제(공동부유론)로 바꾸려는 시도를 하고 있다고 봅니다. 중국이 지금 말하고 있는 '공동부유론'은 자본주의는 물론, 공산주의/사회주의를 이탈하여 중국식 대동주의大同主義 사회를 지향하고 있는 것으로 봅니다. 대동주의는 상호부조주의를 의미합니다. 상호부

---

[1] 대한민국은 국가주의를 채택하고 있기 때문에 국가와 국가구성원을 국민으로 표현하기로 한다. 글쓴이는 국가와 나라는 동일한 기구가 아니라는 전제前提를 가지고 있다. 그래서 국가의 개념으로 쓸 때는 국민으로, 나라의 개념으로 쓸 때는 민인/민중으로 구분하여 쓰기로 한다. 그러나 국가나 국민이라는 말은 굳어진 말이기에 혼용키로 한다.

조주의의 사회에서만이 완전한 정의사회, 절대적 자유사회, 진정한 상호 존중의 사회가 가능해진다고 봅니다. 곧 대동적 평화 세계가 펼쳐질 수 있다는 생각입니다.

이제 우리의 사고도 유럽식 사고에서 벗어나 아시아식 사유로 되돌아올 때라고 봅니다. 본문에서 말하게 되지만 사실, 유럽의 사유(인본주의, 계몽주의, 자유주의 등)도 중국에서 전해졌다는 주장이 있습니다. 어찌됐든, 유럽식 사회발전 모델은 이제 우리 사회에서 그 효용가치를 상실했다고 봅니다. 이러한 시대 분위기에서 우리식 정치 모델을 제시하였던 분이 대한민국 대통령을 지내신 김대중님이 아닌가 하는 생각이 듭니다. 김대중님은 대한민국의 미래 역사의 현실을 내다보며 정치철학과 사상을 펼치는 '행동하는 양심'이었습니다.

2. 함석헌님의 말대로, 역사 속의 우리 땅은 '고난의 연속'이었습니다. 먼 옛날, 근대시대를 맞아 우리 민족의 땅은 민족 내부의 더러운 반역자/을사오적들과 함께 미국, 영국, 그리고 중국과 러시아가 침략 카르텔을 만들어 일본제국주의(일제)로 하여금 우리 땅을 침략하도록 만들었습니다. 곧 우리 땅이 식민지 땅이 되었습니다.(1910. 8. 29) 우리 민족은 일제 침략에서 벗어나기 위하여 독립운동/민족해방운동을 일으키면서 역사의 오류를 극복해 나갔습니다. 비록 당시 열강들의 노력도 있었지만, 우리 땅은 일제로부터 민족해방을 보았습니다. 그러나 조상들에게 면구스럽게도 우리의 힘이 약했던 탓으로 '분단형 해방'을 맞고 말았습니다. 우리 땅을 분단한 것은 미국과 소련/러시아입니다. 미국이 먼저 아시아에서 정치/군사적 패권을 장악하려면 일본을 자국의 속방으로 만들 필요가 있었습니다. 일본을 자본주의 시장으로 남겨두려면 우리 땅이 사회주의/공산주의 국가를 막아

주는 완충지대로 남아 있어야 합니다. 여기서 우리 땅은 미국과 소련을 위한 완충지대가 되고 말았습니다. 그것이 38 분단선입니다. 38선 막대기는 우리 민족의 십자가입니다. 막대기 위쪽은 북극곰 소련이, 그 아래쪽은 얌생이 일본이, 그리고 막대기 왼쪽은 판다곰 중국이, 그 오른쪽은 독수리 미국이 끌어당기는 십자가입니다. 38선을 중심으로 이남에는, 분단 권력자 이승만에 의해 분단국가 대한민국이, 38 이북에는 김일성에 의해 분단국가 조선민주주의인민공화국이 들어섭니다. 세상에 이런 비극이 또 어디 있습니까.

 이러한 정치 현실에서 민주화운동을 이끌었던 김대중님이 대통령 자리에 오르면서 국민에게 민주주의/민중정치 의식을 확고하게 심어주었다고 봅니다. 김대중님은 대한민국에 민주주의/민중정치가 완벽히 이루어질 때 민족 통일이 가능해진다고 보았습니다. 김대중님은 민족 통일에 대하여 각별한 관심과 함께 통일철학을 가지고 있었습니다. 그리하여 우리 땅에 민주주의가 확고하게 확립될 때 민족 통일도 올 수 있다고 하였습니다.

 3. 오늘의 민족문제와 통일문제도 김대중님의 정치철학에서 찾아집니다. 우리 민족은 하나의 민족이면서 서양 강대국이 강제한 동서 이념에 의하여 민족이 둘로 갈라져 있습니다. 북은 공산주의 이고, 남은 자본주의 입니다. 하나의 민족이면서 아직도 낡은 우상인 냉전 이념을 버리지 못하고 하나의 민족으로 돌아오지 못하고 있습니다. 그래서 김대중님은 "이념에 의해 분단된 민족주의를 버리자"고 했습니다. 두 '이념/냉전 민족주의'를 버리게 된다면 민족의 통일 시기는 빠르게 다가오리라 봅니다. 그리고 민족 통일의 형태도 이제는 꼭 하나의 민족, 하나의 국가여야 한다는 '고정된 틀' 에 벗어나 새로운 개념의 통일 방법도 필요하지 않나 하는 생각을 가져

봅니다.

　새로운 통일 방법은 김대중님이 '3단계 통일론'에서 제시하고 있는 것처럼 세월이 얼마가 걸리든지, 일단은 민족 동질성을 회복하는 일이 먼저라고 생각합니다. 국사편찬위원회 전 위원장을 지내신 이만열님도 민족 통일의 개념을 바꾸는 것도 생각해 볼 필요가 있다고 했습니다.(《역사의 길, 현실의 길》2021. 12쪽) 각자 생존해 가는 지역에서 체제가 다르더라도 같은 문화(언어, 역사, 관습)를 공유하면서 같은 민족임(민족동질성)을 잊지 않는다면 그게 통일이 아니겠느냐는 뜻입니다. 지구상에 이념과 체제를 달리하는 많은 나라들이 서로 인적/문화적/물적 교류를 하면서 공존해 가는 이치와 같습니다.

　같은 민족이면서 체제를 달리하면 어떤가요. 같은 민족임을 인식한 바탕에서 정치적 현실 사회를 상호 존중하면서 국경을 열면 되지 않을까요. 완전한 통일은 훗날의 문제입니다. 고대국가 오국五國이 하나로 통합되는데 600여 년이나 걸렸습니다. 당장에 분단된 두 민족국가의 '현실 권력'을 인정한 채, 민족문화의 동질성, 민족 역사의 동일성, 민족 언어의 통일성을 인정하고 이를 바탕으로 한 인적/물적, 그리고 문화적 교류를 할 수 있다면 이게 통일이 아닐까 하는 생각입니다. 통일의 핵심인 민족문제 또한, 김대중님이 일찍이 제시한 바 있는 하나의 민족 두 체제 국가(이념 국가가 아닌)라는 통일개념으로 재정립할 필요가 있지 않나 하는 생각을 해봅니다.

　이 책의 본문을 읽으면 알 수 있겠지만, 이 책은 정치학 박사(모스코바대학 외교대학원, 1992.)로서 대통령직에 오른 김대중님의 정치철학/사상을 후광학으로 발전시켜 보았으면 하는 목적의식을 가지고 쓴 책입니다. 때문에 콘텐츠 제공 차원에서 김대중님이 정치철학/사상을 형성하는 데 영향을 끼친 대한민국의 역사 환경을 처음으로 다루었습니다. 후광학 창시에 관심을 유난히 많이 가지고 있던 분이 《김대중추모사업회》 회장인 정진백님입니다. 정진백님이 책이 나올 수 있게 동기를 부여한 분입니다. 그래서 여러 차례 후광학 창시를 위한 강연의 기회도 열어주었습니다. 또 내용의 부분, 부분에 대하여 많은 조언과 자문도 해주었습니다. 이러한 과정을 통하여 이 책을 쓰게 되었습니다. 감사를 드립니다.

또 이 책이 나올 수 있도록 많은 애를 써주신 분이 있습니다. 경기 성남의 판교도서관 김미숙 사서님입니다. 어려운 가운데서도 글쓴이가 도서관에 가지 않고도 김대중님과 관련된 책과 참고 자료를 잔뜩 빌려주어 글쓰기 하는 데에 많은 도움을 주었습니다. 원고를 다 쓰고 난 뒤, 원고 교정과 문장의 오류 등을 바로잡아 준 고마운 분들도 있습니다. 고려대학교에서 국문학을 전공하고 진보 정치를 지향하는 후배 최창우님입니다. 그리고 최창우님과 함께 사회정의를 위해 열심히 살아가고 있는 분(제경희, 김정원, 박영희)도 바쁜 가운데서도, 정성스럽게 오탈자와 문장의 오류, 띄어쓰기, 맞춤법 등을 바로 잡아 주었습니다. 고마움을 드립니다.

끝으로 한국 땅에서 정치를 하는 모든 이에게 부탁하고 싶은 말이 있다면, 정치학박사 김대중님이 이야기한 것처럼 올바른 양심의 정치, 대중 참여 경제를 펴는 정치를 하되 같이살기/복지사회를 위한 '공공성 지향의 정치'를 해 주었으면 하는 바람입니다. 이와 함께 민족통일을 위한 신념을 지니고 민족문화 창달을 위한 노력도 해주었으면 합니다. 이 책에서 김대중님의 정치철학을 후광학으로 발전시켜 보자는 이유는 바로 "후광학 - 김대중님의 정치철학"을 통하여 미래 한국사회, 우리 조상의 땅을 하나의 평화공동체로 이끌 수 있다는 판단 때문입니다. 많은 대중들이 읽을 수 있게 논문 형식의 글을 산문 형식의 글로 전환해 가면서 쓰다 보니 서투른 어투들이 많았습니다. 서투른 글이지만 꼭 읽어주었으면 하는 바람입니다. 이 책을 우리 땅에서 살아가고 있는 남북의 모든 정치인과 민족의 통일을 열망하는 사람/민인들에게 바칩니다.

목 차

김남주 시 '산'		005
글쓴이가 드리는 글		007
들임말		020

제1부 김대중 정치사상 형성의 역사적 배경

1. 김대중의 한국정치에 대한 성찰과 비판 | 030
  가. 친일파에 대한 성찰과 비판 | 036
  나. 이승만에 대한 성찰과 비판 | 049
  다. 군사반란에 대한 성찰과 비판 | 066
  라. 박정희의 유신독재와 김대중의 투쟁 | 076
  마. 전두환의 살인독재와 김대중의 투쟁 | 155
  바. 박정희의 반자유주의와 김대중의 참자유주의 | 180
  사. 김대중, 대통령 자리에 오르다. | 209
  아. 박정희의 반자유주의와 김대중의 참자유주의 | 224

2. 박정희의 파쇼자본주의 비판 | 230
  가. 권위주의 경제정책에 대한 비판: 〈부정축재처벌법〉의 허구 | 232

나. 유가/파쇼자본주의 비판 | 237
다. 파쇼자본주의 역기능 | 257

제2부 김대중 정치사상체계의 거시적 분석

1. 민본과 민주 개념의 새로운 해석 | 266
가. 민본주의 개념의 새로운 해석 | 267
나. 민주주의 개념의 새로운 해석 | 283

2. 정치부문 | 295
가. 대동적 민주주의/민중정치 | 300
나. 민본적 민주주의/민중정치 | 312
다. 자유적 민주주의/민중정치 | 316
라. 인권적 민주주의/민중정치 | 329
마. 도덕적 민주주의/민중정치 | 344
바. 협화적 민주주의/민중정치 | 349
사. 대의적 민주주의/민중정치 | 355
아. 자치적 민주주의/민중정치 | 362
자. 생산적/경제적 민주주의/민중정치 | 366
차. 생태적/환경적 민주주의/민중정치 | 370
카. 대중적 민주주의/민중정치 | 375

3. 경제부문 | 382
가. 대중경제론≠김대중의 경제철학에 대하여 | 385
나. 김대중의 대중경제론과 대중참여경제론 | 397
다. 김대중의 대중적 시장경제론 | 413

4. 통일/외교부문 | 427
  가. 평화적 민족통일이 당위성 | 429
  나. 4대국 평화보장론 | 432
  다. 3단계 통일방법론 | 441
  라. 6·15남북공동선언과 역사적 의의 | 464
  마. 북의 인권신장을 위한 햇볕정책 | 482

5. 복지부문 | 493
  가. 국민기초생활보장제도 확립 | 497
  나. 창조적 복지정책의 필요성 | 500
  다. 공동행복론=창조적 복지정책 | 501

6. 통일민족주의론 | 506
  가. 민족개념의 일반성과 김대중의 민족관 | 507
  나. 민족주의 발생 환경 | 515
  다. 김대중의 통일민족주의 | 521

제3부 후광학 창시의 필요성과 문제점

1. 후광학 창시의 필요성 | 530
  가. 정치문화의 발전을 돕는 학문과 학파 | 531
  나. 김대중의 정치사상-후광학 | 540

2. '사상가 정치인' 김대중의 지도력 | 543
  가. 막스 베버의 정치지도자상과 김대중 | 543

나. 노자의 정치지도자상과 김대중 　　　　　　　　　| 551
　　다. 김대중의 대동주의 지도자상 　　　　　　　　　　| 560

3. 후광학 창시와 몇 가지 문제점 　　　　　　　　　　| 565

마침글 　　　　　　　　　　　　　　　　　　　　　　　| 580

참고자료: 후광학 창시를 위해 함께 읽으면 좋은 글과 책 　| 589

들임말

후광後廣 김대중金大中(1924~2009)은 대한민국 정치 환경에서 너무나 어려운 정치 역경을 감내해 왔다. 그는 대한민국의 민중정치 토착화 운동(이를 '민주화운동'이라고 부른다)의 선구자다. 민주화운동 과정에서 많은 고통과 함께 죽음의 문턱을 넘나드는 희생이 강요되기도 하였다. 김대중의 이러한 민중정치 토착화 운동은 개인의 역사이면서 이 나라의 상징적인 정치 자산이 된다.

민중의 지도자 김대중은 일제강점기에 전라남도 무안(현 신안면) 후광後廣 마을에서 태어났다.(1924.1.6.)[2) 그는 해방공간, 분단국가 대한민국 수립기, 6·25전쟁기, 군부독재기를 거치면서 분단국가 대한민국에서 내내 '도덕적 지도자/주류'로 살아왔다. 이러한 격랑/격변의, 그리고 비극의 분단 조국에서 이제는 바르게 살아 보아야 되지 않겠느냐는 생각을 갖게 된다. 그는 자신이 왜 정치를 하게 되었는가에 대한 자문自問을 한다. 그리고 자답自答을 한다. 그것은 "세상을 바꾸기 위함"(사회변혁)이었다고. 세상을 바꾸기 위함이란 무슨 뜻인가.

김대중은 다음과 같이 말한다. "국민을 괴롭히는 구조적인 악의 제거, 사

---

2) 우리나라의 지형에서 이제까지의 정치 상황으로 보았을 때 낙동강 지역은 통합 신라 때부터 한국 정치의 주도권을 잡아 왔다. 그러나 현대에 들어와 독재권력이 배출된 지역으로 평가되기도 한다. 이에 비하여 섬진강 지역은 늘 권력에서 비켜나 있었기에 핍박을 많이 받아온 지역이기도 하다. 이 때문에 동학농민항쟁, 5·18민중항쟁 등, 자연스럽게 민중 저항의 산실이 되어 왔다. 그리고 '도덕적 주류'가 배출되는 고장으로 평가되기도 한다.

람이 진정으로 세상의 주인이 되는 민본주의 세상"을 만들기 위함이었다. 그리하여 해방공간에서 여운형呂運亨(1886~1947)이 조직한 조선건국준비위원회(1945.8.15.~1948.9.7.) 전라남도 목포지부 선전부원에 가입하여 정치운동에 첫발을 딛는다. 정치운동에 발을 들여놓은 그는 좌절에 좌절을 겪는다. 그렇지만 그는 좌절을 당하면서도 실의에 빠지지 않았다. 쓰러지면 또 일어나고 또 일어났다. 오뚝이 정치 인생을 살았다. 오뚝이 기질과 민족적 양심 때문에 그는 고난의 삶을 걸어갔다. 고난의 여정 속에서도 정치를 바로잡아야겠다는 신념을 포기하거나 좌절하지 않고 꿋꿋이 앞으로만 나아갔다. 살인 테러를 당해 바다에 던져지기 직전에도 '살아남아서' 한국정치를 개혁해야 한다는 의지를 굽히지 않았다. 마치 석공石工이 자신의 작품을 만들기 위해 포기하지 않고, 백 한 번의 망치질을 하듯이, 김대중도 제대로 된 민중적 민주주의, 중산층 중심의 대중경제와 공동행복, 평화적 민족통일을 위해 지치지 않고 전진하고 또 전진했다.

  그는 두텁고 무거운 정치 문을 두드리고 또 두드렸다. 위와 같은 정치철학을 가진 김대중이 당시 권력욕에만 눈이 먼 초超국가주의자요[3], 권위주의자인 '독재자'들에게는 자신들의 권좌를 위협하는 인물로 비칠 수밖에 없었다. 그리하여 김대중은 독재자들로부터 온갖 수난을 당해야 했다. 그의 자서전(삼인, 2011)에서도 보여주고 있는 것처럼, 정계에 입문하고도 국회의원이 되기까지 9년이 걸렸다. 대통령직에 네 차례 도전하여 사형수를 지낸 몸으로 대통령직에 오르기 전까지 강제 감옥생활(6년간)을 당하고, 다섯 차례 죽음의 고비를 넘겨야 했다. 권력 찬탈 목적의 쿠데타 세력한테서 기나긴 연금軟禁과 국외 망명을 강제당해야 했다.

---

[3] 초超국가주의: 개인 권력을 국가주의 위에 두었다는 뜻임.

김대중은 고난의 역경을 겪으면서도 정치적으로 우리 땅에 진정으로 민중정치와 평화사회를 구축하려는 그의 꿈을 접지 않았다. 그는 역경의 가시밭길을 가면서도 그의 머릿속에 민주주의, 자유주의, 인권주의, 복지주의, 평화주의, 그리고 하나의 민족이라는 정치사상/이념들을 핵심 주제어로 설정하면서 앞만 보고 걸었다. 천주교 신자였던 김대중은 나라 사람들의 안녕과 평화, 그리고 자신의 권력욕에만 집착하는 '정치도둑'들로부터 세상을 바꾸기 위하여 '고난의 여정'을 신의 뜻으로 알고 쓰러지면 또 일어나 걸어갔다. 끝내는, 대통령에 오를 수 있었다.(1997.12.18. 당선) 대통령 자리에 앉게 되자, 정치마당에 발을 들이면서 독재권력으로부터 억압받고 억압받으면서 연단된 자신의 정치철학과 사상을 국정 과제로 옮겨나갔다. 김대중은 원칙과 신념을 분명하게 가지고 있었다. 그 신념 중 하나가, "정치보복을 해서는 안 된다"는 신념이다.[4] 이러한 신념은 폭력적 권력으로부터 온갖 시련을 당하면서 얻어진 결과물, 곧 비폭력 협화주의였다.

김대중은 대중경제론/대중참여경제론을 주창해 오면서 마지막 정치/경제철학으로 실사구시(재해석의 논리)에 바탕을 둔 "민주주의와 시장경제의 병행발전론"으로 사고의 전이를 하게 된다. 그것은 개인 독재자들의 파쇼적 특권경제를 실용주의 경제로 바꾸지 않는 한 당시 쓰러져 가는 한국경제를 살릴 수 없다는 판단 때문이었다. 김대중은 많은 고민을 하였다. 사적 소유권에 바탈을 둔 무한경쟁의 성과를 강조하는 산업자본주의와 자유시장주의와의 결합은 개인의 경제평화를 파괴하기 때문이다. 따라서 자본주의적 자

---

[4] 한국의 정치사에서 독재권력으로부터 정치보복을 당한 인물로 송진우, 여운형, 장덕수, 김구, 조봉암, 장준하 등이 있다.

유주의 시장경제는 부도덕한 경제라고 볼 수밖에 없다. 그것은 자본주의 시장경제가 모든 인간관계를 지배하기 때문이다. 이러한 문제점을 알고 있었던 김대중은 생산 중심의 자본주의 경제체제와 분배 중심의 사회주의 경제체제를 결합하여 창조적 생산과 평등한 분배를 핵심으로 하는 '대중참여 경제론'을 주창하게 된다. 그리고 이를 바탕으로 "민주주의와 시장경제의 병행발전론"이라는 경제사상을 창출해 낸다.

김대중은 경제살리기/경제민주주의뿐만이 아니었다. 자서전이나 어록과 대화록, 그리고 전집과 연대기[5]에서 두드러지게 나오는 그의 신념은 우리 영토의 분단과 겨레의 분열이라는 정치 현실을 늘 안타까워하면서 민족의 통일을 강조하였다. 그래서 분단 현실, 미국과 일본의 존재 등, 우리 땅의 주변국 상황을 고려하여 대한민국의 민주주의/민중정치도 중요하고 자유시장경제도 중요했지만, 분단된 조국의 현실에서 보았을 때 영토의 통일, 민족의 재결합은 미래 한민족의 영광을 위해 무엇보다 필요하다는 생각을 가지게 된다.

이렇게 김대중에게는 두 가지 문제가 자신을 괴롭히고 있었다. 하나는 당신이 발을 딛고 살아가고 있는 대한민국 땅이 반민중적 사회라는 점. 곧 부도덕한 주류들이 나라를 끌어가고 있다는 점, 다른 하나는 역사적으로 하나의 민족과 땅덩어리가 갈라져 있는 현실이었다. 그리하여 당장의 현실 문제를 풀어나가야 하는 숙제를 자신이 껴안았다. 먼저 독재에 익숙해 있는 대한민국의 대중/민인들에게 참 민중정치/민주정을 인식시키고 배양해 나가

---

[5] 연세대학교 김대중도서관, 《김대중전집》(연세대학교 대학출판문화원, 2011, 2019); 《後廣 金大中大全集》(中心書院, 1993); 정진백 엮음, 《金大中對話錄 전5권》(행동하는양심, 2018); 정진백 편, 《김대중어록》(사회문화원, 2017); 김대중, 《김대중자서전》(삼인, 2011); 정진백 편, 《김대중연대기 전6권》(행동하는양심, 2021,2023)

는 일이었다. 또 경제적으로 세계 경쟁력을 키울 실용적 자유시장경제도 활착시켜야 하는 일이었다. 그리고 미래의 조국 문제도 풀어야 할 숙제였다. 분단된 영토의 통일과 분열된 겨레의 통합을 어떻게 할 것인지, 그는 늘 고민하면서 문제의 해답을 찾아 나갔다.

그래서 글쓴이 입장에서, 김대중의 정치철학은 민주주의/민중정치의 확립, 대중 참여경제의 활착, 창조적 복지제도의 정착, 그리고 햇볕정책을 통한 분단 조국의 통일과 세계평화주의였다고 평가해 본다. 그리하여 이 책에서는 김대중의 정치철학을 학문적 체계로 조합해 내기 위하여 다음과 같이 그의 정치사상을 분류해 보았다. 1) 민본적 민중정치론, 2) 민중적 시장경제론, 3) 창조적 복지제도론, 4) 외교적 평화통일론 5) 통일적 민족주의론 등 다섯 부문으로 나누어 김대중의 정치철학/사상을 거시적으로 분석해 보았다. 이를 통해 보았을 때 김대중의 정치철학/사상체계를 하나의 정치학으로 수립하고 이를 가지고 정치학파를 세상에 내놓아도 손색이 없겠다는 생각을 해 본다. 그리하여 김대중의 정치사상을 그의 호를 따서 후광학後廣學이라는 이름을 붙이고, 후광학파를 창시해 보자는 주장도 함께하고자 한다.

우리 현대 역사상 자신의 정치철학을 학문적 체계로 확립하고 정치지도자 역할을 한 사람은 김대중밖에는 없다는 생각이다.[6] 그의 평소 정치철학과 함께 대통령직에 있으면서 펼친 정책들을 사상적으로 체계화하면, '정치학계'에 한 학파로 우뚝 설 수 있지 않을까 하는 생각이다. 따라서 이 책에서는 후광학 창시를 위하여 김대중의 정치철학/사상과 관련하여 콘텐츠con-

---

6) 김대중은 정치학박사(러시아 모스코바 대학, 1992)이면서 법학박사(명예, 미국 에모리대학, 1983) 경제학박사(명예, 한국 고려대학교, 1998), 인문학박사(명예, 미국 위시번대학, 1998)도 가지고 있다.

tents제공 차원에서 많은 지식/정보를 기술하면서 김대중의 정치철학을 거시적으로 분석하고 역사적 평가도 해 보았다.

글쓴이는 '환경역사학'이라는 분야를 새롭게 개척해 나가고 있다. 인간에게 삶의 공간을 제공해 주는 지구/자연환경을 생각하지 않을 수 없다. 또 인간은 사회를 떠나서 살 수 없다. 인간사회는 정치환경과 깊은 연관을 맺고 있다. 곧 인간사회는 정치환경을 무시하고는 '삶의 존재'를 내세울 수 없다. 인간의 삶을 결정하는 사회환경은 하부구조와 상부구조로 되어 있다. 하부구조는 경제 분야로 구성되어 있고, 상부구조는 정치 및 외교/사회/문화 분야가 유기적으로 관계를 맺으며 구성되어 있다. 그래서 경제체제는 인간의 모든 '삶의 환경'을 결정한다. 이 모든 사회구조를 한데 묶어서 정치환경이라고 한다.

이 때문에 김대중의 정치철학도 한국의 정치환경을 떠나서 형성될 수 없다. 그리하여 이 책에서는 제1부에서 김대중의 정치철학과 사상 형성에 영향을 준 대한민국 사회의 하부구조와 상부구조가 역사적으로 변화해 온 정치환경을 먼저 서술하였다. 이러한 서술 원칙을 갖고 먼저 글쓴이의 역사 해석을 중심으로 대한민국의 정치, 경제적 역사 환경을 일반적으로 서술하였다. 이러한 역사 환경 속에서 김대중의 여러 부문에 걸쳐 나타나고 있는 그의 철학과 사상을 검토하였다. 이러한 기준을 가지고 이 책에서는 크게 세 부분으로 나누어 기술하였다.

첫째 장에서는, 김대중 정치철학의 배양 환경을 만들어준 이승만 독재, 박정희 독재, 전두환 독재에 대하여 비판적으로 서술하되, 특히 박정희 독재에 대한 비판을 중심적으로 다루었다. 기술의 원칙은 글쓴이의 역사철학적 해석을 토대로 하였다.

둘째 장에서는, 김대중의 철학과 사상체계를 정치부문, 경제부문, 복지/사회부문 그리고 평화통일 부문으로 나누어 거시적으로 검토/기술을 하였다.

셋째 장에서는, 김대중의 사상을 후광학으로 정립하는데 손색이 없는지를 알기 위해 그의 지도자상과 자질 문제를 객관적 입장에서 평가해 보았다. 또 후광학을 창시하는데 객관적인 평가를 위하여 김대중의 결점에 대해서도 글쓴이 입장에서 분석해 보았다.

이렇게 김대중의 사상 체계를 분석하고 정리하기 위하여 다음과 같은 자료와 서적들을 인용하였다. 김대중이 "자서전만은 진솔하게 기록하고 싶다"는 심정으로 쓴 그의《김대중 자서전-나의 삶, 나의 길》(삼인, 2011),《김대중어록》(정진백 엮음, 사회문화원, 2010)과《김대중대화록 전5권》(정진백 엮음, 행동하는 양심, 2018), 그리고《김대중연대기 전6권》(정진백 엮음, 행동하는 양심, 2021, 2023)를 기본 자료로 하였다. 여기에《김대중 전집》(30권, 연세대학교 김대중도서관/연세대학교 대학출판문화원, 2019)과《後廣金大中大全集》(15권 中心書院, 1993) 및 이 책 뒤편 참고 자료에 적어 놓은 여타 저술과 논문 등을 참고하였다.

김대중 탄신 100주년을 기념하여 여기저기서 연구물과 저작집도 내놓았다.〈김대중학술원〉이 대표적이다. 황태현 책임편집,《사상가 김대중-그의 철학과 사상》(지식산업사, 2024), 신진욱 책임편집,《김대중 시대의 민주주의와 인권》(지식산업사 2024) 등이다. 또 전남대 교수 최영태도《거인의 꿈》(역바연, 2024.)을 썼다. 그리고 김대중추모사업회 회장인 정진백이《김대중의 말》(태학사, 2024.)을 내놓았다. 또 한길사에서도《김대중 육성회고록》(2024.8)을 출간하였다. 이 많은 저서와 연구물들을 다 통섭하지 못한 채, 책을 내어 미진한 부문이 있을 수 있다. 이 점을 면구스럽게 생각한다. 또 하나, 많은 연구물과 저작물에서 김대중의 이력/삶살이를 거듭하여 이야기들을 하고 있기에, 여기서는 김대중의 삶살이에 대해서는 생략을 하였다.

덧붙이고 싶은 것은 김대중의 통일 노력과 그 결실인 '6·15남북공동선언'의 취지를 높이 사서 남과 북의 이념적 용어들을 가급적 '민족적 용어'로 바꾸어 쓰려고 노력을 하였다. 그래서 이념적 용어인 남한과 북한은, 남/남측/이남과 북/북측/이북으로, 우리 땅에 대해서는 남에서 불리는 한반도와 북에서 불리는 조선반도의 표기를 피하고 우리 땅, 또는 우리 민족의 땅/영토로 표기하였다. 중국의 경전 논어/자로論語/子路, 권 13에 이런 말이 있다. "개념 정립이 바르지 못하면 나라 말씀이 순조롭지 못하고, 나라 말씀이 순조롭지 못하면 민족이 바르게 가지 못한다."(名不正則言不順, 言不順則事不成) 그렇지만, 아직도 대한민국《헌법》제3조와 〈국가보안법〉이 상존하고 있어 공안당국의 눈치를 보면서 써야 했기에 많은 애로가 있었다. 아직도 우리나라는 '표현의 자유'가 없다는 것을 실감하였다. 글쓴이는 김대중이 놓고 간 통일의 디딤돌을 발판 삼아, 남북의 두 형제가 한 어머니 집으로 빨리 돌아왔으면 좋겠다는 생각을 해본다.

제1부

김대중 정치사상 형성의 역사적 배경

1. 김대중의 한국정치에 대한 성찰과 비판

2. 박정희의 파쇼자본주의 비판

1. 김대중의 한국 정치에 대한 성찰과 비판

　인간의 역사가 맑고, 깨끗하고 아름다운 미래의 역사 현실로 가기 위해서는 과거 역사에 대한 비판적 성찰과 반성은 무엇보다 중요하다. 꼭 그렇게 해야만 되는 인간의 책무다. 김대중은 대한민국의 대표적인 권위주의적 세 독재권력(이승만의 반공권력, 박정희의 군부권력, 전두환의 살인권력)에 대하여 반성적 비판을 통렬하게 가했다. 김대중은 이러한 반성적 비판과 성찰을 통하여 자신의 정치철학을 세워나갔다. 김대중은 당신 앞에 있었던 정치지도자의 정치 행위와 그 결과들을 비판적으로 보면서 학문적으로 자신의 정치철학과 사상을 펼쳐 나갔다.

　대한민국의 역대 대통령들은 행정·입법·사법 삼권을 모두 장악하면서 개인적/독점적 권력 유지만을 위한 사익을 취하였다. 그들은 공공의 이익과 복지, 나라 사람 전체의 같이살기=공동부유를 위한 노력은 고사하고 빈부 격차의 해소를 위한 노력조차 거의 하지 않았다. 또 나라사람에 대한 인권 신장을 위한 노력과 민족 통일에 대한 의지 또한 보이지 않았다. 그들은 민주주의/민중정치, 국민의 자유와 인권신장, 서민 중산층을 위한 대중적 시장경제, 민족의 평화통일, 지역 자치(지역분권), 사회적 약자 보호, 물질적/정신적 복지사회 실현에 권력의 힘을 동원하지 않았다. 저들은 중국의 경전《예기/예운禮記/禮運》편에서 말하고 있는 소강주의小康主義 정치꾼들이었다. 곧 부도덕한 주류의 선봉에 선 몰염치한 자들이었다. 나라 사람들 입장에서 볼 때, 악마의 괴물 권력이었다.

　이러한 대한민국의 정치마당에서 김대중은 개인적/사가적私家的 이익에 충실한 소강주의 정치 환경을 '공공의 이익'에 충실한 대동주의大同主義 정치

환경으로 바꾸어 놓은 사람이 이론적이나 실천적으로나 김대중이다. 김대중은 자신의 정치이론/철학을 국가 정책에 반영해 나갔다. 이제까지 대한민국의 정치 역사를 살펴보면서 나온 결론은 김대중을 빼놓고는 역대 대통령 모두에게서 정치철학이 발견되지 않는다는 점이다. 그들에게는 오로지 권력에 대한 염화적炎火的 욕망만 있었다는 판단이다. 이러한 의미에서 글쓴이는 김대중의 평생 정치철학과 사상을 가지고 하나의 학파로 만들어도 좋겠다는 생각을 해 본다. 그의 호를 딴 후광학과 후광학파다.

김대중은 이승만, 박정희, 전두환 등 권위주의적 독재자들이 반민중적 파쇼정치를 하는 것을 보면서 비통함을 느꼈다. 김대중은 대한민국의 민주주의/민중정치가 무너져 내리는 비참한 현실에서 피눈물 나는 성찰을 하였다. 그리고 다시는 이 땅에 독재가 나와서는 안 된다는 굳은 결심을 하였다. 이러한 성찰과 결심에서 얻어진 귀한 열매가 김대중의 민주주의관이다. 김대중은 다음과 같은 말을 했다. "민주주의를 하는 나라는 자본주의국가이든 사회주의국가이든 모두 성공을 했다. 그러면 왜 민주주의를 하는 나라는 승리를 하고 민주주의를 하지 않는 나라는 몰락하는 것일까. 그 이유는 민주주의를 하면 국민들의 비판과 요구가 정부에 전달이 되기 때문이다. 그 비판이 정당하게 수용되지 못하고 요구가 실현되지 않으면 국민들은 다음 선거에서 정권을 바꾼다. 그러나 독재하에서는 하향식 명령 전달이어서, 국민의 의사가 밑에서 위로 올라가지 못하기 때문에 국민(민심)의 의지에 따른 정권교체가 어려워진다."(자 1, 540)[7]

---

[7] 이 책에서 인용된 김대중 관련 도서는 다음과 같이 표기하였다. 《김대중자서전》은 (자1, 1), (자2, 1) 곧 자서전 1권의 1쪽, 2권의 1쪽이라는 뜻이고, 《김대중 어록》은, (어1), 《김대중대화록》은 (대1), 《다시 김대중 정신으로》는 (다1), 《후광김대중대전집》은 (대전집), 《김대중전집》 30권은 (전집)으로, 《김대중연대기》는 (연 년도, 1) 등으로 표기하였다. 전집의 경우는 필요에 따라 직접 《김대중전집》이라고 주석을 달았다.

김대중은, 앞으로 역사의 승리는 "사회주의에 대한 자본주의의 승리가 아니라 독재에 대한 민주주의의 승리"라고 하였다. 이 말은 민주주의만이 올바른 정치를 가능케 한다는 뜻인 동시에 대한민국이 민주주의 국가체계를 갖춘 이래(1948. 8.15.) 민주주의 이념, 민중정치 형태가 지켜진 적이 없다는 성찰이기도 하다.[8] 폭력적 유혈이 낭자하던 이승만의 반공독재, 민중정치의 싹을 잘라 버린 박정희의 군부독재, 광주시민을 무자비하게 학살하면서 정권을 약탈한 전두환/노태우의 살인독재 하에서는 민주정/민중정치가 제대로 발전해 갈 리가 없었다. 인간의 양심이 존재할 수 없었고, 인권이 존중받을 수 없었다. 이러한 현실을 보면서 김대중은 대한민국이 걱정이 되었다. 이 장에서는 김대중이 늘 입에 달고 다니던 민주주의/민중정치가 무엇인지 구체적으로 알아보기로 한다.

김대중이 말하는 민주주의라는 말은 대한민국의 정치이념은 민주주의이고 정치형태는 민중정치로 권력이 민중을 지배하는 정치가 아니라는 말이다. 곧 비非지배를 뜻한다. 그래서 글쓴이는 김대중이 말하는 민주주의를 민주주의/민중정치로 표기하기로 한다. 이 두 용어를 모음하여 쓰는 이유는 민주주의는 민중이 통치하는 정치라는 개념으로 쓰고 싶어서이다. 우리나라 역대 '개인 독재자'들의 '자유민주정치'는 권력이 민중을 지배하는 정치로 민주주의도 민중정치도 될 수 없다. 독재정치는 '지배'라는 뜻을 갖지만, 민주주의에서는 민중이 '통치'한다는 뜻을 갖는다. 민주주의라는 이념은 나라 사람 개개인, 누구나 사상/종교/언론·출판/집회·결사/거주·이전, 그리고 신체의 자유가 절대적으로 보장되는 사회를 지탱해 주는 보편적 가치를 말한다. 민중정치는 민인들

---

[8] 김대중이 말하는 민주주의는 민중정치=대중정치를 의미한다. 하여 여기서는 경우에 따라, 김대중의 민주주의를 민주주의/민중정치로 표기한다.

개개인에게 '기본적 참정권'과 '통치자 소환권'이 주어지는 직접 정치를 말한다. 이 때문에 민주주의/민중정치는 권력 독점 지향적이거나 자본독점 지향적인 '잠재적 독재권력의 태동조차' 허락되지 않는다. 그래서 민주주의/민중정치의 지배원리는 사회구성원의 절대 다수를 점하는 노동대중과 사회적 약자, 곧 민중의 일체 자유의지가 절대적으로 반영되어야 한다.

그리스 역사를 전공한 역사학자 최자영은 민주주의에 대하여 이렇게 이야기한다. "민주정치는 엘리트 관료만의 정치가 아니라 민중이 직접 하는 정치다. 민중이 정치를 외면하는 순간 위정자들이 가진 권력은 부패한다. 민중의 권리를 침해하는 공권력은 민중과 민주의 적이다. 민주의 기초는 자유다. 민주정치의 기초는 가정이다. 가정에서 민주 질서는 곧 국가 민중정치의 토대가 된다."[9] 이와 같이 데모크라시를 태동시킨 그리스의 데모크라시는 처음부터 민중정치였다. 이 말은 나라 사람/민인과 괴리된 정치권력 자체가 존재하지 않았다는 뜻이다.

때문에 민주주의/민중정치 체제에서 입법·사법·행정 등, 모든 통치 집단에 있는 자들의 정책 입안과 행정, 그리고 정책의 집행은 투명하여야 한다. 밀실 행정/밀실 외교는 물론 권력과 자본이 짜고 노는 비밀스럽고 기만적인 국가 경제행위, 권력과 야합한 사법 판결 행위는 있어서는 안 된다.[10] 민주주의/민중정치는 나라의 민인들이 정치행위자의 잘못된 정치 행위에 대하여 비판하

---

9) 최자영,《시민과 정부 간 무기의 평등》(헤로도토스, 2019), 22~30쪽 및 《녹색평론/민중에 의한 권력 통제와 분권으로》(녹색평론사, 2023 겨울호) 51~63쪽 참조.
10) 인혁당 사건(1964.3)과 아람회 사건(1981.8)에 대한 일시수입 국가배상 판결을 당시 대법원장 양승태, 대통령 비서실장 김기춘, 국무총리 황교안이 밀담하여 대법원에서 각하시킨 어처구니 없는 일이 있었다.(2015.2.26.)

고 이에 대한 수정을 요구할 수 있는 권리를 기본적으로 갖는 정치이념이요, 형태다. 따라서 사회구성원 모두가 통치자/정치권력자의 정치 행위의 모든 것을 투명하게 알아야 한다. 국가 기밀이라는 말은 독재권력을 비호하는 말이다.

소수 기득권층, 다시 말하면, 엘리트 지배자/관료/의원/검·판사들의 기밀스런 정책이나 판단은 절대 있어서는 안 된다. 그래서 김대중이 말한 바와 같이 언론의 자유는 절대적이어야 한다. 그리고 정치 엘리트에게 특권도 주어져서는 안 된다. 이제까지 한국 사회에서는 국가를 개인 권력과 동일시한 부도덕한 주류不道德漢主流[11]의 우두머리들에 의하여 민주주의의 기본 원리조차 지켜지지 않아 왔다.

이 나라가 데모크라시를 참 민중정치라는 정치체제가 아닌 '거짓 민주주의 이념 체제'로 만든 데에는 대한민국 정부 수립 당시 권력을 잡은 독재자들이 국가의 주권을 개인소유로 했기 때문이다. 곧 권력자가 국민(民)의 주인(主)이라는 뜻의 독재정치를 했기 때문이다. 반공독재자 이승만(李承晩, 1875~1965)이 그 초단을 만들었다. 그리고 박정희朴正熙(1917~1979, 일제명: 다카기 마사오高木 正雄/오카모토 미노루岡本 實)는 권력을 개인 소유화하였다. 전두환全斗煥(1931~2021)도 찬탈 권력의 바통을 이어받아 국가의 주권을 개인 소유화하였다. 국가의 주권을 개인소유화 한 독재자를 '개인 독재자'라 한다. 이들은 민중의 자유와 인권을 사악한 힘으로 짓이겨 놓은 괴물들이었다.

---

11) '부도덕한 주류': 우리나라는 국가보안법이 살아있는 한 좌익/진보와 우익/보수라는 용어 사용은 잘못이다. 국가보안법이 존재하고 언론의 자유가 없는 이 땅에서는 좌익/좌파 빨갱이로 구분하는 말은 어불성설이다. 따라서 나라에 대한 보편적 정의를 가지고 나라 사람의 자유와 인권을 최대로 보장하는 정치를 하는 양심 세력은 도덕적 주류가 된다. 그렇지 못하고 국가 권력을 개인 사유화하고 국민의 자유와 인권과 알 권리를 억압/박탈하는 비양심적 권력자는 부도덕한 주류가 된다. 함석헌은 부패한/독재적인 정치지도자를 '부도덕인 지도자'라고 불렀고 이를 '정치도둑'이라고 했다.《씨알의 소리》1977.8월호) 또 경북의 원로 시인 권석창/권서각은 정치권력자와 엘리트 관료들을 도덕적 주류와 부도덕한不道德漢 주류로 분류하는 시를 썼다.《대장쟁이 성자》(푸른사상, 2020),《노을의 시》(푸른사상, 2019)

박정희는 대한민국의 민주주의/민중정치를 파괴한 '악마 권력'이었다. 박정희는 자신의 권력을 소유/유지하기 위하여 필요할 때마다 '행정적 민주주의', '민족적 민주주의', '한국적 민주주의' 등 정치구호를 외치면서 나라 사람들을 기만하였다. 그리고 이를 통하여 참자유와 민중정치의 이념을 짓이겨 누르면서 장기집권/영구총통제(帝制化제제화: 황제체제화)를 획책하였다. 박정희. 전두환 시대 민주주의는 이승만과 똑같이 자신이 '국민의 주인이라는 뜻이다. 김대중은 이들과 달리 개인 독재자들이 주인 노릇을 하였던 민주주의(거짓 데모크라시)를 인민/민인/대중이 진정한 주인이 되는 민중정치(참 데모크라시)가 되어야 한다는 정치논리를 가지고 대통령 자리에 오른 '사상가 정치인'이다.

김대중의 정치철학인 민주주의론/대중정치론은, 그가 대통령에 오르고 나서 행한 정치 행위에서 모두 드러나고 있다. 김대중 정치철학에서 나타나는 공통된 핵심 주제는 민주주의다. 그는 민주주의의 핵심은 포용과 박애를 바탕으로 한 화해와 협력이었다. 화해와 협력은 소통철학을 말한다. 소통주의가 곧 평화주의다. 평화주의가 곧 민주주의다. 김대중의 소통철학=평화주의=민주주의 사상은 친일파의 추악한 행태와 이승만, 박정희, 전두환이라는 권위주의적 개인 독재자들의 비양심적/비도덕적 무단정치를 보고 민중들이 "이건 아니다"라는 소리를 듣고 깊은 성찰을 통해 얻어진 귀한 철학이요 사상가였다. 김대중은 친일파의 비민주적이고 반민족적인 추악한 정치를 보면서 정치마당에 뛰어들었다. 이 장에서는 김대중이 가한 친일파와 개인 독재자 이승만의 정치 행위에 대한 성찰은 어떤 것이며 또 비판의 소리는 무엇이었는지를 먼저 살펴보기로 한다.

가. 친일파의 권력세습에 대한 성찰과 비판

우리가 다 아는 바와 같이 대한민국은 분단해방 이후, 미점령군의 군정에 의해 주입된 자유민주주의를 정치이념으로 삼아 왔다.(1948.8.15.) 대한민국이 자유민주주의를 정치이념으로 삼았음에도 불구하고 민주주의/대중정치가 제대로 꽃을 피울 수 없었다. 그것은 언론의 자유를 억압하고 인권을 유린하는 '부도덕한 주류'들에 의하여 권력이 장악되어 왔기 때문이다. 그리고 자유민주주의라는 말이 심하게 오염되었기 때문이다. 오늘날 부도덕한 주류의 우두머리에 민주주의 원리를 파괴한 이승만 반공독재, 박정희 유신독재, 전두환/노태우의 살인독재들을 올려놓을 수 있다. 부도덕한이라 함은, 국가를 운영할 자질이 전혀 없음에도 국가의 주권을 사유화했음을 말한다. 이들은 권력 유지만을 위하여 국민의 인권=민권을 개인 권력의 아래에 두었다. 국민의 인권과 자유가 국가와 개인 권력 아래에 놓이게 되면 민주주의/민중정치는 불가능해진다.

김대중은 이러한 살얼음판을 걷고 있는 대한민국의 민주주의/민중정치가 걱정이 되었다. 그래서 대한민국에 참민주주의 질서를 만들어 내기 위하여 '민주주의/민중정치의 적'들에 대한 통한의 성찰과 함께 생산적인 비판을 가하였다. 대한민국 안의 적敵민주주의는 친일파에서 시작되는 우익세력들이다. 대한민국은 오늘날까지 친일파=우익수골=적민주주의가 '민주주의 포퓰리즘'이라는 거푸집을 쓰고 국가를 지배해 왔다. 그러다가 김대중이 대통령 자리에 오르면서 적민주주의 탈들을 벗겨놓았다. 잘 나가던 이 땅에 다시 적민주주의가 등장하였다. 이들 불순한 세력은 국가권력을 장기적으로 장악하고자 도깨비장난 같은 계엄령으로 나라를 혼란의 수렁텅이로 빠뜨렸다. 대한민국에서 우익이라는 세력은 친일파로 시작되는 부도덕한 주류를 말한다. 그리고 친일파를 학문적으로 두둔하는 세력이 지금의 뉴라이트다.[12] 그러면 대한민국에서 암적 존재인 친일파는 어떤 존재들인지 간략하게 살펴보자.

"친일파"라는 단어는 우리나라의《민족문제연구소》창립에 기초를 놓은 임종국(林鍾國, 1929~1989)의《친일문학론親日文學論》에서 처음으로 쓰인다.(임종국, 19~20) 여기서 친일파의 개념이 "일본제국주의와 친했다"라는 뜻으로 정의되었다. 이리하여 '친일파' 라는 말이 이승만과 박정희 때 엘리트 권력에 오른 부일배(附日輩:일제가 시켜서 했다는 부역세력)라는 소극적인 개념에서 일제를 적극 도왔다는 총체적 개념으로 대체되었다. 총체적 개념이란 저들 친일파들은 일제가 시켜서 친일을 한 게 아니라 자발적이고 적극적으로 일제에 충성했다는 뜻이다.

대한민국의 법률 용어에서는 친일파를 '친일반민족행위자'로 규정한 바 있다. 친일파/친일세력의 친일행각을 딱히 규정짓기는 어렵다. 그러나 이것만은 분명하다. 근대개화기와 대한제국에서 자발적/적극적으로 일제 침략을 도와서 우리 땅을 일제의 식민지가 되도록 도운 반민족적 사람은 '자발적 친일파'가 된다. 이들은 민족적 양심을 헌신짝처럼 내던진 부도덕한 자들이다. 또 일제 침략을 시대적 숙명으로 보고 이에 순응하여 일제를 도운 '순응적 친일노예'도 있다. 한심한 말이지만, 분단해방 이후에도 친일파는 계속 생성되었다. 이들을 '민배적 친일노예'[13]라고 부른다. 이렇게 대한민국에는 아직도 자발적 친일파, 순응적 친일파 민배적 친일파의 후손들이 친일파=우익세력을 형성하고 있다.

---

12) 황보윤식,《죽을 때까지 이 걸음으로/뉴라이트는 뿌리에서 나왔다》(문사철, 2017) 125쪽.
13) 민배적: 민족배반적의 줄임말이다.

분단사회 북에서는 조선민주주의인민공화국이 수립(1948.9.9)되기 전부터 '친일청산법'으로 불리는 탄백제(坦白祭: 반민족자 처벌법)[14]가 있었다. 이를 통해 친일파 청산작업(토지를 비롯한 생산수단의 기본적 몰수)을 어느 정도 성공적으로 해냈다. 그렇다고 해서 정치 논리에서 완벽한 친일 청산을 했다고 볼 수는 없다. 북에서 공훈 배우이자 최고인민회의 대의원을 지낸 최승희崔承喜 (1911~1950)는 일제에 지대하게 공헌한 무용가였다. 최고인민회의 대의원과 교육문화성 부상을 지낸 황철黃澈(1912~1961)은 친일 연극 배우였다. 이외 친일 단체 '대화숙'에서 활동을 하였고, 일제 식량수탈기관인 〈조선식량영단朝鮮食糧營團〉(1943.10.15.)에서 이사를 지낸 이승엽李承燁(1905~1953) 등과 함께 일제 중추원 참의를 지낸 장헌근張憲根(張間憲四郞(1881~?) 그리고 대화숙 출신으로 북에서 문화선전부 부상을 지낸 조일명趙一明(1903~1953) 등은 북의 공산주의[15] 국가 수립에 동조한 친일파들이다. 또 있다. 지식인 중에서 평양의 《북조선연극동맹》(초대 회장, 박영호朴英鎬, 1946. 10. 결성?)에 가담하여 북조선 연극마당의 발판을 세우는 데에 지대한 공헌을 한 친일 작가도 있다. 인천 출신 함세덕咸世德(1915~1950)이다. 함세덕은 한국의 현실을 비판하는 작품을 쓰면서 북조선의 공산주의 사상을 선전하는 데 혁혁한 공을 세운다. 그러나 이들 친일파는 6·25전쟁 이후 모두 숙청된 것으로 보인다. 그리고 다른 친일파와 후손들은 6·25전쟁을 전후로 분단 권력 북의 정부로부터 불이익을 받게 되

---

14) 탄백坦白이라는 말은, "일제에 협력한 행위를 거짓 없이 말하여 뉘우친다는 뜻"이다. 그러나 부유층에 속하였던 친일 자본가와 지주들은 탄백을 하지 않고 대거 대한민국으로 탈출해 왔다.
15) 공산주의共産主義 communism: 공산주의 어원은 라틴어 콤무뇌commune이다. 콤무뇌를 정확하게 번역하면 사람과 사람이 사귀며 서로 나누어 먹고 산다는 뜻의 '정의로운 공동체주의'다. 이를 일제가 천황제 유지를 목적으로 공산주의(개인재산의 부정)라는 부정적 용어로 번역하여 유통시켰다, 따라서 코뮤니즘communism은 부정적 개념의 공산주의로 번역하기보다는 '공동체주의'로 번역하는 게 맞다고 본다.

자, 대거 남으로 내려오게 된다.

　분단 지역 남의 '미점령군 군정' 때에도 친일파 청산 작업이 시도되었다. '미점령군 군정청'(United States Army Military Government in Korea) 시기 과도입법의원에서 〈민족반역자·부일협력자·간상배 조사위원회법〉을 상정했으나 (1947.7.) 미점령군 군정청의 반대로 성사가 되지 않았다. 그러면 미군정 시기, 친일 관료들의 행패를 참고삼아 살펴보자.

　친일파들은 분단형 해방과 함께 재빨리 미점령군 군정청에 몸을 숨기고 미국과 소련에 의해 분단된 남쪽 땅에 점령군으로 들어온 미군의 점령 지배를 돕는다. 이들은 철저하게 미군정 편이었다. 미군정의 외양간지기인 친일 관료들은 제1차 〈미소공동위원회〉의 결렬(1946.5.6.), 정판사 위조지폐 사건(1946.5.18.) 등을 명분으로 삼아 해방정국 38 이남의 정치 세력들을 극우파/우파=민족주의 계열(이승만 김구+김규식, 원세훈), 극좌파/좌파=사회주의 계열(여운형=박헌영)로 분류하고 사회주의 인사들을 무자비하게 탄압해 들어갔다. 이러한 상황 속에서 우파 민족주의 계열들이 좌파 사회주의 계열을 탄압하면서 우파 민족주의 세력 강화를 위한 수단으로 좌우합작 원칙을 내걸었다. 이것이 〈합작 8원칙〉이다. 내용은 좌파 세력을 약화시키고 우파 세력이 권력을 장악하려는 속셈을 담고 있었다.[16]

---

16) 합작8원칙: 1) 남북을 통한 좌우 합작으로 민주주의 임시 정부 수립에 노력할 것. 2) 미소공동위원회 재개를 요청하는 공동성명을 발표할 것. 3) 소위 신탁 문제는 임정 수립 후 동 정부가 미소공위와 자주 독립 정신에 기하여 해석할 것. 4) 임정 수립 후 6개월 이내에 보선에 의한 전국국민대표회의를 소집할 것. 5) 국민대표회의 성립 후 3개월 이내에 정식 정부를 수립할 것. 6) 보선을 완전히 실시하기 위하여 전국적으로 언론 집회 결사 출판 교통 투표 등 자유를 절대 보장할 것. 7) 정치 경제 교육의 모든 제도 법령은 균등 사회 건설을 목표로 하여 국민대표회의에서 의정할 것. 8) 친일파 민족 반역자를 징치하되 임시 정부 수립 후 즉시 특별법정을 구성하여 처리케 할 것 《동아일보》 1946년 7월 31일자)

이러한 정국에서《조선공산당》당수로 좌우합작운동을 주도하였던 박헌영은〈합작 5원칙〉을 발표한다.(1946. 6. 23) 그리고 김규식, 여운형 등 중도 좌우파세력은〈합작 7원칙〉을 발표한다.〈합작 5원칙〉의 내용을 보면 민생문제에 관한 것으로 "무상몰수 무상분배의 토지개혁, 중요산업 국유화 및 민주주의 기본 과업 완수"와 친일파 배척(친일파 민족반역자 친 '파쇼' 반동거두 배제) 등 내용이 들어 있었다. 이로써 중도 좌/우파가 내건〈합작 7원칙〉과 친미 우파 민족주의 세력과 미군정이 주장하는〈합작 8원칙〉은 전면 부정되었다.

그러자 미군정의 친일 관료들은 당시 비교적 사회주의 세력에 우호적이었던 언론지《조선인민보》,《현대일보》,《중앙신문》등 신문을 강제 폐간하고, 조선공산당 최고지도자였던 박헌영朴憲永(1900~1956, 월북 외무상, 연안파로 처형), 이강국李康國(1906~1957?, 월북 처형) 이주하李舟河(1905~1950, 서울형무소에서 처형) 등에 대한 체포령을 내렸다. 이럴 즈음에 조선공산당은 새 전략으로 '신전술'을 세우고, 산하조직인〈조선노동자전국평의회〉(전평)를 통하여 대중적인 투쟁/총파업에 돌입했다. 그것이 부산지역의 철도노동자의 '9월 총파업'(9.23)과 금속, 화학 등 전 산업 부문의 연대파업으로 이어졌다.(9.24)

이들은 당시 미군정의 친일 관료들에 의해 강행되고 있던 문제를 직접적으로 제기하였다. 당시 미군정의 친일 엘리트 관료들의 농정 실패(1946)로 쌀값이 폭등하면서 식량난으로 굶주림 현상이 속출하였고 여기에다 갑자기 온 해방공간에서 주거환경 등 열악으로 콜레라 전염병이 만연하였다. 이 결과 38 이남의 사람들이 죽어 나갔다. 이럼에도 미군정은 오히려 쌀 배급정책을 강행하고 쌀을 강제로 징발/공출하였다.[17]

---

17) 송광성,《미군 점령 4년사》(나무이야기, 2024) 246~248 참조

이에 파업노동자들은 민생에 급한 "쌀 배급제 시행, 노동임금 인상, 노동자 해고 반대. 노동운동의 자유"와 함께 '민주인사 석방' 등을 요구하였다. 노동자 연대파업에는 서울의 중학생, 대학생들이 가세하면서(9.27, 15,000 명 참여) "학원의 자유, 식민지 노예교육 철폐" 등을 주장하게 된다. 이러한 노동자 연대파업에는 군인(경비대: 남조선국방경비대, 남조선해상경비대) 그리고 일부 주한미군(공산당원)들도 참여하여 미군 철수를 주장하였다. 이렇게 부산에서 시작된 '9월 총파업'은 산업 부문별 연대파업에 이어 대구의 '10월 총파업'으로 이어진다. 대구의 10월 총파업을 역사에서는 '10월 인민항쟁' 또는 '대구 10.1사건'이라고도 한다. 이는 대구를 비롯한 영남지역에서 식량난과 콜레라 전염병이 심각한 상태에서 미군정이 친일관리를 고용하고 토지개혁을 지연하며 식량 공출 정책을 강압적으로 시행한 데에 대한 분노의 폭발이었다.

이들 미군정 시기 친미 관료가 된 친일파들은 분단국가 대한민국이 수립되자(1948.8.15.) 일제강점기 친일 관료의 관성을 그대로 유지하게 된다. 이에 대한민국의 제헌국회에서 〈반민족행위처벌법〉이 제정되었다(1948.9.22.) 〈반민족행위특별조사위원회〉도 설치되었다. 그러나 '친일파의 청산'은 일본의 자본주의를 보호하려는 미국의 국익과 배치되었다. 이 때문에 1년 반여 활동을 하고 있을 때 친일 세력으로 구성된 친일 내각과 친일파 세력으로부터 정치자금을 조달받고 있던 이승만의 방해 공작으로 실패를 보게 된다.(1949. 8.31.)

이 결과, 이승만은 일제강점기, 악명 높은 일제 고등계 형사로 지구상에서 최고 악질로 이름을 떨치던 고문기술 제조기 노덕술 석방에 직접 관여하게 된다. 이후 노덕술은 대한민국의 공안당국으로부터 극진한 대우(칙사대접)를 받으면서 한국 경찰들에게 고문 폭력 기술을 전수해 준 최악의 더러운 놈이 되었다.

[사진1] 친일파의 땅

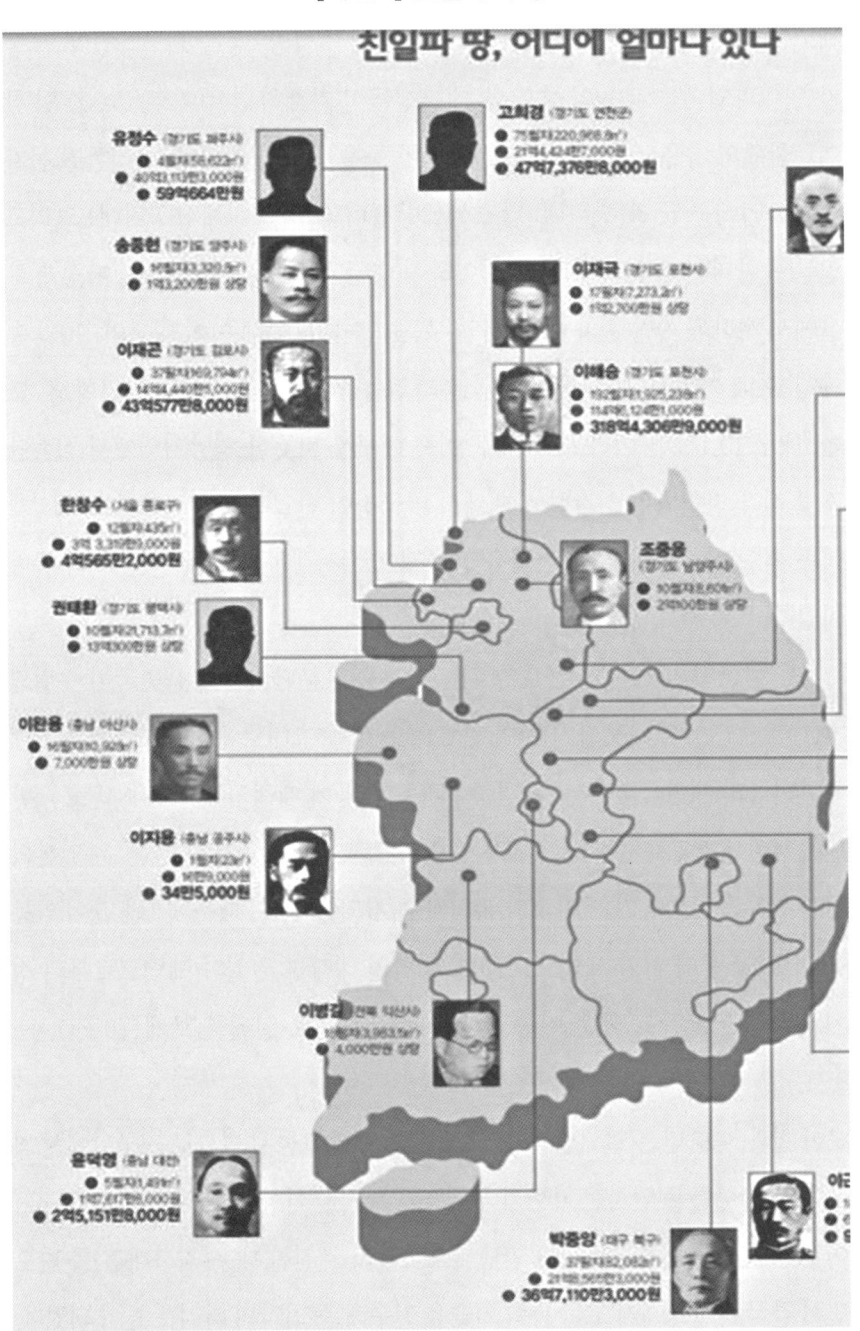

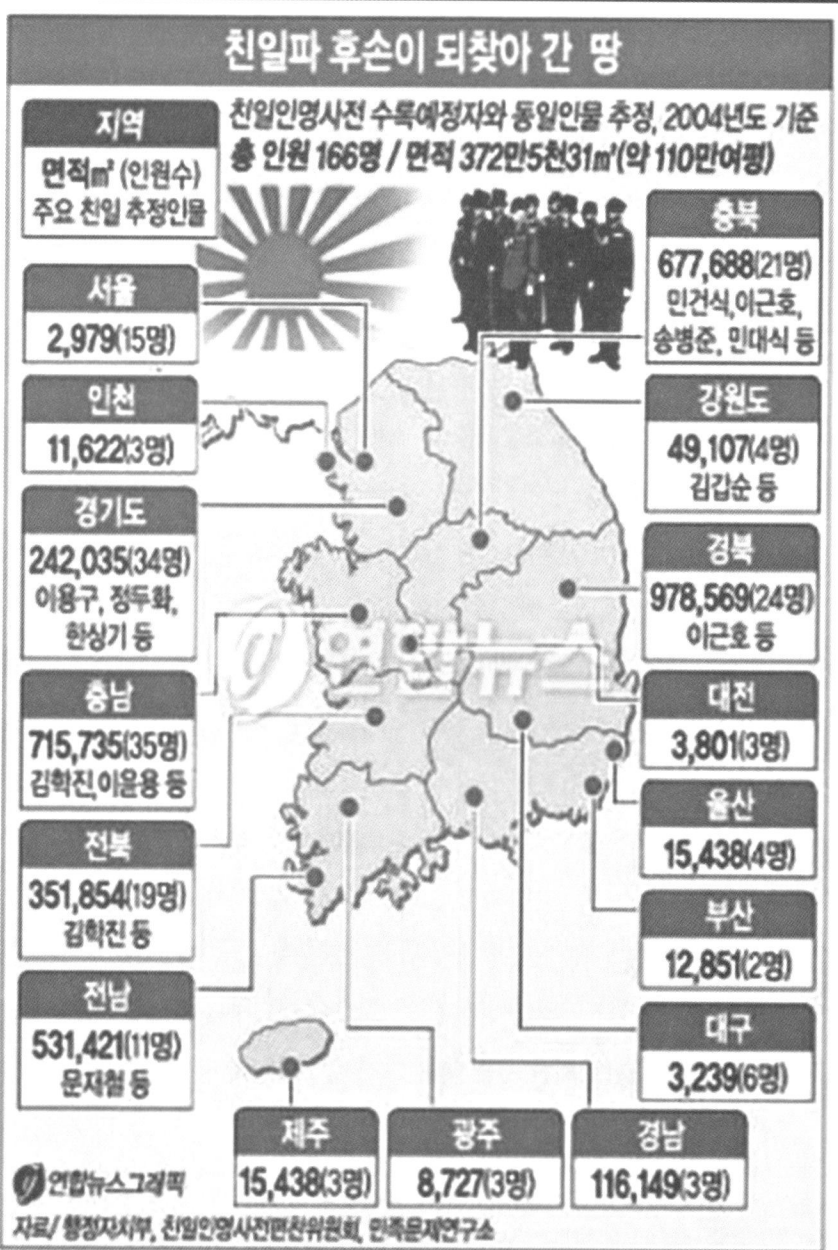

또 이승만은 반민특위 부위원장인 김상돈[金相敦](1901~1986) 의원 해임 동의안을 국회에 상정하였다. 또 조직적이고 체계적인 와해 작전을 펴면서 친일파 청산을 무산시켰다. 이를 우리 역사에서 '6·6 경찰의 반민특위 습격사건'(1949)이라 한다. 이의 영향으로 친일파 검·판사와 경찰 출신들은 이승만의 독재 권력을 부추기는 엘리트 관료가 되었다. 판사 출신 장경근[長山暻根, 1911~1978], 군수 출신 한희석[韓熙錫](1909~1983), 경찰 출신 이익흥[李益興](1905~1993), 변호사 출신 임철호[任哲鎬](1905~1990) 경찰 출신으로 3·15부정선거를 기획한 최인규[崔仁圭](1919~1961) 등이 대표적이다.

일제에 협력하고 식민지 조선사람의 육체적, 정신적 고통을 가하고 심지어 죽이기까지 한 친일 관료들이 대한민국 공안기관의 고위직을 압도적으로 장악함으로써[18] 친일파의 인적 청산과 물적/제도적 구조 청산은 실패되었다. 그래서 친일파 재산은 제대로 몰수된 적이 없고, 토지개혁은 해방 5년이나 늦게 실시되었으나, 유상몰수/유상배분의 구조적 모순으로 철저하게 이루어지지 못하였다.

결국 이승만 권력에 빌붙었던 친일 엘리트 관료들은 분단형 해방 직후, 북의 친일파 숙청 때, 도망 나온 반민족적 친일 군인과 경찰, 법관/검찰, 그리고 지주였다. 여기에는 물론 남쪽의 토착 친일 세력들도 포함된다. 이들은 일제강점기 제 나라 민중을 억압하는 침략자들 편에 서서, 제 나라 사람들을 탄압하고 겁박하고 팔아먹었던 파렴치한 자들이다. 그래서 대한민국 땅은 남쪽의 토착 엘

---

18) 치안국장은 1대 이호에서 7대 윤후경까지, 서울시경찰국장은 2대 김태선에서 7대 변종현까지, 합참의장은 1대 이형근에서 14대 노재현까지, 육군참모총장은 1대 이응준에서 21대 이세호까지, 대법원장은 2대 조용순에서 7대 이영섭 내무부장관은 1대 윤치영-37대 김치열까지 거의 모두 친일파들이 장악 계승/독식하였다.(한겨레, 1995.2.25.).

리트 친일파와 그 후손, 그리고 북에서 내려온 엘리트 친일파와 그 후손들이 안주하는 땅이 되고 말았다.

이렇게 친일파/친일 분자는 일제 침략군이 조선 침략 준비를 해 들어올 때(강화도조약, 1986)부터 물러갈 때(분단해방, 1945)까지 일제와 부화뇌동하며 제 동포에게 신체적/정신적 억압과 탄압으로 고통과 울분을 주었던 부도덕한 민족 반역자들이다. 이들은 구구한 변명을 한다. 그러나 일제의 식민 지배에 어떤 형태로 가담하였든, 곧 자발적 친일 노예이던, 순응적 친일 노예였던, 이들의 구차한 변명은 들을 필요도 없다. 이들의 변명에 일리가 있다고 받아준다면, 일제 침략과 지배를 거부하며 이에 저항하였던 독립운동/민족해방운동을 한 민족지사와 투사들을 어떻게 설명할 수 있을까. 그들은 바보였나. 그들은 정신이 이상한 사람들이었나. 분단해방 이후에도, 대한민국에서 친일파가 득세하게 되는 배경에는 미국이 있다. 미군정의 태도에 있다. 미국/미군정청은 일본을 자국의 목적, 곧 '이익 성취'에 이용하려는 의도를 가지고 있었다. 그래서 당시 미점령군 군정청은 행정상 편의를 기한다는 이유를 들어 일제강점기 관료 출신, 경찰, 군인, 법관들을 대거 군정청 관리로 들인다. 이는 〈맥아더 포고령〉(1945.9.7.) 제2조에 기인한다.[19]

이렇게 미군정청으로 들어간 친일 관료들은 일제의 식민지 대한국에서 그랬던 것처럼, 오로지 부와 권세만을 붙들기 위해 두 가지 길을 택했다.

하나는, 기회주의자가 되어, 지지 기반이 약했던 이승만에게 접근하였다. 그

---

19) 맥아더 포고령 제2조: 정부의 전 공공 및 명예 직원과 사용인 및 공공복지와 공공위생을 포함한 전 공공사업 기관의 유급 혹은 무급 직원 및 사용인과 중요한 사업에 종사하는 기타의 모든 사람은 추후 명령이 있을 때까지 종래의 기능 및 의무 수행을 계속하고, 모든 기록과 재산을 보존 보호해야 한다. 송광성, 《미군 점령 4년사》(나무이야기, 2024) 320쪽 이후 참조

러자, 정치적으로 김구金九, 여운형呂運亨 보다 열세에 놓여 있었던 이승만은 주저 없이 반민족 친일파들을 감싸안았다.

둘은, 대한민국 정부가 수립되자, 이들은 자신들의 반민족 죄상을 은폐하고, 반민족적 친일 행위에 대한 친일면죄부親日免罪符를 스스로 만들어 냈다. 그것이 바로 반공산주의를 대의大義로 삼는 일이었다.

이렇게 해서 대한민국은 반공산주의를 바탕으로 하여 국정 이념을 '자유민주주의'로 삼게 된다. 자유민주주의는 미국으로부터 수입한 이념이다. 이리하여 대한민국은 친일파 엘리트 관료들에 의하여 국시國是를 자유민주주의로 삼고, 반민족통일의 길을 걸어가게 된다. 김대중도 지적하였듯이 친일파들은 대한민국 정부가 수립되자 '친일반공주의자'에서 '친미반공주의자'로 변신하였다. 그리고 자신들의 과거 친일 행적을 감추기 위해 이승만의 반공산주의 이념에 기름을 부었다. 반공의 불길이 활활 타오르게 하였다. 이로써 민족 통일의 길을 가로 막았다. 이들은 또 파렴치하게도 자신들의 민족과 조국을 팔아먹은 행위와 친일 행적을 너무나도 잘 알고 있는 민족주의자와 독립운동/민족해방운동을 하였던 열사烈士나 의사義士, 지사志士들을 철저하게 냉대/학대하였다. 친일관료들이 민족해방운동을 치열하게 벌였던 의병 출신 〈만주대한독립군〉의 총사령관 홍범도洪範圖(1868~1943)의 흉상胸像을 철거해야 한다고 주장하는 이치도 친일적 노예정신에서 나왔다. 홍범도는 〈만주대한독립군〉의 일원으로 일제군을 크게 격파한 봉오동 전투(1920, 6.6~6.7)의 총사령관이었다. 당시 민족해방을 위해 정신적 무기로 삼았던 이념이 100년이 지난 오늘날 무슨 연관성이 있단 말인가.

또한 일제는《치안유지법治安維持法》(1925)을 만들어 독립운동가/민족해방운동가들을 공산주의자/사회주의자/아나키스트로 뒤집어씌웠다. 대한민국의 친일/친미파들은 일제의 치안유지법을 모방하여 국가보안법(1948.12)을 만들어 민중정치를 추구하고 민족통일을 열망하는 열사와 의사들을 극렬 폭력분자, 불온세력, 또는 자생적 빨갱이로 몰아 감옥으로 보냈다. 그래서 매판 독재들은 양심적이고 도덕적인 사람들을 대한민국 땅에서 이단자/빨갱이/불순분자로 살아가도록 만들었다. 이를 '억압의 이양'[20]이라고 한다. 이로써 이념에 의한 민족 분단을 더욱 부채질하였다.

김대중은 이승만의 독재정치로 살얼음판을 걷고 있는 대한민국의 민주정치가 걱정되었다. 김대중은 정의로운 대중정치 질서를 만들어 내기 위하여 '민중정치의 적'으로 일관하였던 이승만의 친일 권력에 대하여 다음과 같이, 비판하였다. "일제강점기 애국자를 탄압했던 경찰들이 그대로 그 조직에 남아 있었으니 세상은 변할 수가 없었다. …… 대한민국이 수립될 때 관료에 독립군을 무시하고 일본군과 만주군 출신에게 군대를 맡겼다."

또 김대중은 친일파의 처세에 대하여 이렇게 비판하였다. 친일파들은 일본 제국주의 하에서 "천황에게 충성하라, 일본 군인으로 죽는 것이 본분이다. 징병에 참가하라, 징용에 응하라, 정신대에 나가라 이렇게 국민을 선동했던 앵무새 언론과 학계의 매춘 지식인들이다. 이들 친일파들은 해방이 되자 대한민국에 뿌리를 내리고 사회 각 분야의 요직에 앉아 막강한 권력을 변함없이 누렸다. 이들은 자유주의와 민주주의를 능멸하였다. 애국자들은 판자촌에서 가난에 시달리다가 죽어 나갔다. 그의 자식들은 교육도 제대로 받지도 못했다. 해방 이후 우리나라에서 일어난 모든 비극의 시작은 반민족행위를 한 친일파를 제

---

20) '억압의 이양' : 이 용어는 아시아의 근대맹아론을 주장하였던 일인 학자 마루야마 丸山眞男(1914~1996)가 헤겔의 '아시아 사관'에 기초하여 처음 사용하였다.

거하지 못한 데 있다. 그것은 이승만의 파렴치한 친일파 옹호에서 기인한다."라고 성찰하였다.

우리는 여기서 꼭 반성하고 넘어가야 할 용어가 있다. 정신대挺身隊/위안부慰安婦 용어다. 위안부라는 용어는 정신대挺身隊에서 파생한 용어이다. 정신대라는 말은 1940년대 이전에도 있었던 용어이지만 태평양전쟁이 한창일 때 주로 많이 사용되던 용어다. 이 말의 뜻은 일본 군대의 승리를 위해 온몸을 바쳐 충성한다는 보국단, 보국대의 뜻이다. 여기에는 '사상의 정신挺身부대', '농촌정신대', '연료燃料정신대', 군부대장의 이름을 딴 '마쓰모리[松森]정신대', 요리영업정신대, 조선여자근로정신대朝鮮女子勤勞挺身隊 등이 있었다.

그런데 점차 태평양전쟁의 전선이 확장되면서 고향을 떠난 일본군의 사기진작을 위한다는 미명 아래, 정신대에 동원되었던 여성들을 차출하여 '특별여자청년정신대'를 조직하고 일제군의 성노예로 전락시켰다. 일본군 성노예로 차출당한 조선의 여성들이 일본군 승리를 위해 온몸으로 일본군을 위로하였다는 뜻에서 위안부慰安婦라는 용어가 따로 사용되었다. 그러니까 정신대니, 위안부니 하는 말은 일제가 그들 군대의 군인들을 위하여 '충성하는 여인'이라는 뜻이 된다. 그렇다면 우리 민족의 남성이나 여성이 일제군의 승리를 위해 온몸으로 충성할 리가 있을까.(박정희/백선엽/정일권 등 친일세력들은 예외로 하고) 모두가 강제 노역이었고, 강제로 성노예로 강탈당한 여인들이다. 이럼에도 한국인이 스스로 정신대니, 위안부니 하는 용어를 쓰는 것은 부끄러움을 안겨준다. '강제 노역자', '강제 성노예자' 등으로 명칭을 바꾸어 쓰는 것이 맞다고 본다.

김대중은 이승만의 독단적 정치 행각에 대하여 다음과 같이 비판하였다. "이승만은 단독정부 수립을 일방적으로 밀고 나가 영토분단의 고착 원인을 제공하였다, 자신의 집권을 위해 헌법을 멋대로 고쳤다. 그리고 북진통일을 외쳤다. 정적政敵에 대한 무자비한 탄압을 가했다. 반공독재체제를 구축하고 영구 집권을 획책하였다. 체제 불만 세력은 공산당원으로 몰았다. 이렇게 정의롭지 못한 우리 현실이 된 것은 이승만의 파렴치한 친일파 옹호에서 기인한다." 또, 이승만의 친일 내각에 대하여 다음과 같이 비판하였다. "이 박사가 국부로 추앙받을 정도로 온전한 길을 걸었다면 우리 현대사에서 불행한 사태는 발생하지 않았을 것이다. 이승만의 퇴진은 미국의 권유가 있었기 때문이다."(이상, 자1, 116~117)라고 우리 현대사에서 불행의 연속이 오게 된 것은 이승만의 친일적 행각에 있었다고 잘라 말한다. 김대중은 이러한 친일파에 대한 깊은 성찰을 통하여 민족애를 가지게 된다. 그리고 친일파 척결은 흔들리지 않는 민주주의 정착에서만 가능하다는 인식과 함께 대한민국의 민주주의/민중정치의 토착화를 위하여 투쟁의 일선에 서게 된다.

나. 이승만 반공독재에 대한 성찰과 비판

김대중은 나라의 주인은 나라 사람/민중임을 분명히 하였다. 그래서 민중을 섬기지 않고, 지배하는 국가구조는 민주주의/민중정치가 결코 될 수 없다고 보았다. 김대중이 말하는 '친일적 엘리트 관료집단'이 바로 오늘날 '부도덕한 주류'의 근본이 된다. 그래서 글쓴이는 김대중이 말하는 데모크라시를 '민중이 나라의 주인'이라는 개념의 민중정치로 이해하면서 이 글을 서술한다. 김대중은 이승만에 대하여 "철학이 없는 인물", "신념이 없는 인물", "권력욕에 가득찬 인물"로 평가하였다. 그래서 이승만이 대통령 자리에 있을 때, 훌륭한 인물이 배양되지 못하였고, 간신배만 들끓었다고 지적하였다. 이러한 간신배를 김대중은. "뜨거운 권력을 향해 생명을 걸고 달라붙는 나방"이라고 표현하고 이

들에 의해 정치가 "어지러운 곡예"처럼 난맥상을 보였다고 평가하였다.(자 1, 86~87 참조)

　이제 이승만의 독재권력 때 이야기를 해 보자. 이승만 시대에 도입되고 유통된 대한민국의 정치이념은 '자유민주주의'였다. 자유민주주의는 '미점령군 군정' 때 이입된 미국식 정치이념이다. 이승만이 주도하는 제헌국회에서는 대한민국제헌헌법大韓民國制憲憲法(대한민국 제1호헌법, 1948.7.17.~1952.7.7.)을 근거로, 제정시에 상하이 대한민국임시정부 헌장 제1조에서 명시한 대한민국과 '민주공화국'이라는 국명과 국체를 그대로 따른다. 이로써 대한민국의 정통성은 상하이 대한민국 임시정부에 있음을 분명히 하였다. 이후 이승만은 대한민국의 국정 이념을 자유민주주의로 정한다. 그리고 한국의 경제를 '자유경제체제'라고 선전한다. 이러한 정치적 사연으로 자유주의와 민주주의가 합성된 자유민주주의가 우리 사회에서 변질되기 시작한다. 자유주의라는 정치 용어는 곧 반공산주의를 의미한다. 반공산주의라는 말속에는 자유주의에서 말하는 사상의 자유, 생각의 자유, 학술의 자유, 언어의 자유, 언론의 자유가 유보된다는 속뜻을 가지고 있다.
　이렇게 이승만 독재 시기 한국의 자유주의라는 말 속에는 인간에게 천부적으로 주어진 자유는 존재하지 않았다. 다만 반공주의 엘리트 권력에 순종하는 '권력에의 복종'이라는 속뜻이 선명하게 존재해 왔다. 또한 이승만이 말하는 민주주의도 공산주의에 대한 대응어大應語에 지나지 않았다. 이렇게 이승만이 권력을 잡고 있을 때 자유민주주의는 대한민국의 친일파에 뿌리를 두고 있다. 이는 부도덕한 주류에 속하는 권력자들이 반공적 자유주의와 민주주의를 합성한 '자유민주주의'라는 용어를 가지고 국시처럼 만들어 민중들에게 세뇌시켰다. 반공산주의는 일제 총독부가 우리 민족해방운동가/독립운동가를 탄압하기 위해 써먹었던 정치구호였다. 또 반공주의는 대한민국의 관료 엘리트로 둔갑한 친일 관료들이 자신들의 면죄부로 내건 정치이념이었다. 동시에 반공주의는 극단적으로 북쪽의 조선민주주의인민공화국의 멸망을 뜻하기도 한다. 때문에, 북이 멸망을 하지 않는 한, 우리 땅은 영원히 분단 조국으로 남아 있을 수밖에 없다는 말이 된다.

김대중은 이에 대하여 다음과 같이 지적하였다. "당시 대한민국에는 반공주의 이념을 국시로 하여. 지배와 피지배라는 두 계급이 존재했다. 곧 지배 세력은 친일적 엘리트 관료 집단이었고, 피지배 집단은 독립운동을 했던 지사/열사와 민중, 그리고 국민 모두였다. 친일적 엘리트 관료집단에 의하여 국민 전체가 억압을 받던 당시의 정치마당에서는 민주주의가 결코 자라날 수가 없었다."

한편 세월이 흐르면서 1) 이승만 독재권력의 반공주의와 북진통일론, 김일성의 국토완정론 주장. 2) 미국의 일본 자본주의 보호, 동아시아에서 패권장악 의도, 3) 미국과 소련의 우리 땅에 대한 완충지대화라는 세 요소들이 합체를 하면서 우리 땅에서 이념전쟁에 일어난다. 우리 역사에서 말하는 6·25전쟁이다. 6·25전쟁은 우리 사회에서 통상적으로 말해지고 있는 민족상잔民族相殘만이 아니다. '국제이념전쟁' 이었다. 동서이념('악마의 혼')에 홀린 국제폭력전쟁이었다는 뜻이다. 국제이념전쟁이라고 규정하는 것은 전쟁터는 우리 땅이었지만 싸움은 자유주의연합진영(서)과 사회주의동맹진영(동)이 우리 땅에서 벌인 동서냉전체제의 실험전쟁이었기 때문이다. '6·25전쟁' 이 어떤 원인으로 발발했는지는 중요하지 않다. 정통성과 이념의 대립이 몰고 온 전쟁이라는 것은 누구나 잘 알고 있기 때문이다.

권력 정통성 문제를 잠시 짚고 넘어가자. 판단은 각자의 판단이요, 해석이겠지만, 이것만은 말해둘 필요가 있다. 당시 우리 땅을 남북으로 가르는 '38 분단선'은 우리 땅의 분단선만이 아니라, 동서독 분단선처럼 세계의 자본주의 진영과 사회주의 진영을 가르는 분단선이었다. 제2차 세계대전이 끝나고 세계 동서 열강들은 동아시아에서 모스크바-베이징-평양으로 이어지는 사회주의 동맹세력과 워싱턴-도쿄-서울로 이어지는 자본주의연합세력 사이에 우리 땅 38선을 경계로 대립/대치하고 있었다. 그 분단선(38)의 최일선에 북의 분단 권력자 김일성과 남의 분단 권력자 이승만이 마주하면서 서로 적대시하고 있었다.

앞에서 본 바와 같이 분단해방 이후, 38 이북에서는 탈脫식민조치를 급진적으로 추진해 나갔다. 그 결과 북반부에서 발을 붙일 수 없었던 '친일민족반역세력'(일제식민시기 지주, 관료, 경찰, 법관, 헌병 오장급 이상 군인)이 대거 38선을 넘어 남하하였다. 이들은 어처구니없게도 대한민국 땅에서 자본가와 권력층으로 성장한다. 이들이 대한민국 땅에서 반공적 우익/우파라고 불리는 부도덕한 사람들이다. 이렇게 대한민국에서 우익/보수라고 자칭하거나 불리는 사람과 정파政派는 친일파에 뿌리를 두고 있다.

이승만 정권하에서 권력을 장악하고 있던 친일파 엘리트 관료들은 미국 점령군사령부 군정청을 거쳐 이승만 권력에서 고위직 엘리트 관료(행정, 경찰, 사법, 군인)로 성장한 사람들이다.(박정희, 백선엽=시나카와 요시노리, 정일권, 최규하, 정운갑, 갈홍기, 권상로 등) 거꾸로 38 이남에 있던 공산/사회주의자들은 이승만의 반공 정책과 탄압이 있게 되자, 북으로 탈출한다. 그리고 북에서 고위직 관료(백남운, 박헌영, 홍명희, 이극로, 허헌許憲, 김원봉金元鳳, 유영준劉英俊, 김창준金昌俊, 허성택許成澤 등)를 지내게 된다. 이렇게 하여 남북은 서로 적대감을 갖는 이질적인 엘리트 관료들로 구성된다. 이들 두 지역의 서로 다른 체제를 맡고 있는 관료들은 이질적인 이념과 정책들을 쏟아놓으면서 서로 대립 관계를 만들어 낸다.

　북의 관료들은 남쪽의 동포를 미제/미국제국주의로부터 해방과 친일적 민족반역자의 지배에서 해방시키고, 적산가옥/적산토지를 농민에게 돌려주어야 한다고 연일 떠들어댔다. 그리고 남의 친일적 관료들은 북조선 동포를 공산도배에서 해방시켜야 한다고 연일 외쳐댔다. 이 결과 이승만은 말끝마다 북진통일을 외쳐댔고[21], 김일성은 '국토완정론' 國土完整論(1948. 9. 10.)을 내세워 남진통일/적화통일을 가열하게 외쳐댔다. 이렇게 이념적 색깔을 달리하는 두 분단 권력 집단은 민족 통일은 생각지도 않고 38선에서 크고 작은 총격전을 일상처럼 자행해 들어갔다. 이러한 정통성 문제와 38선을 경계로 한 동서냉전(악마의 혼)의 대립은 결국 '6·25전쟁'으로 나타난다.

　6·25싸움이 일어나게 되는 역사적 배경에 대하여 이 분야 학자들의 주장/해석들이 분분하다. 그러나 6·25전쟁이 미국과 소련/러시아 사이에 냉전 이데올로기의 실험전쟁이었다는 것은 분명한 사실이다. 제2차 세계대전(1939.9~1945.8) 종결 이후 세계는 미국을 주축으로 하는 자유주의 연합세력과 소련을 주축으로 하는 사회주의 동맹세력 간에 제한적인 대결상태/냉전체제가 진행되고 있었다. 소련이 동유럽에 사회주의 정권을 수립해 나가자(1945~1948) 이에 맞서 미국은 유럽과 일본의 경제부흥을 위한 마셜 플랜(European Recovery Program, ERP, 1947.6.5. 처음 밝힘)으로 맞서면서 세계는 긴장하게 된다. 여기서 문제는 미국이 일본을 마셜 플랜에 포함시켰다는 사실이다. 이는 미국이 아시아에서 사회주의 세력을 막으면서 동시에 이 지역 패권을 장악하기 위한 전초기지로 일본을 끌어들였다는 뜻으로 이해가 된다.

　이 무렵에 미국 내에서 이상한 기류가 감지되고 있었다. 1947년 미국 합동참

---

21) 지금 남한 땅 여러 군부대 안에는 '북진통일北進統一'이라고 쓴 비석들이 더러 남아 있다.

모본부 산하 전략조사위원회(JSSC)의 보고서에 따르면 아시아 지역을 주변 지역(Peripheral)과 핵심 지역(Vital)으로 분류하면서, 38 이남 지역을 주변 지역으로 분류시켜 놓고 있다.(1947. 4. 29.) 또 미국 국방부/군부는 당시 38 이남은 정치적으로나 군사적으로나 일본보다 전략적/필요성 가치가 낮다고 평가하고 있었다. 이와 함께 미국 군부(맥아더)는 영국의 한 언론인(Price)과 회견에서 한국과 대만이 제외된 선이 태평양 지역에서 미국의 방위선이라고 밝힌다(1949. 3.) 이어서 미 정치권에서도 국무장관 애치슨Dean Acheson(1893~1971)이 미국의 〈전국기자클럽〉(National Press Club)에서 알류산열도-일본과 오키나와-필리핀을 연결하는 것이 '미국지역방위선'이라는 연설을 한다.(1950. 1. 12.) 이는 동아시아에서 일본과 필리핀은 보호하되, 한국과 대만, 인도차이나(베트남/라오스/캄보디아 3개국)를 제외시키겠다는 내용이다. 핵심 내용은 일본에 대한 철통같은 수호였다.(《경향신문/戰後史의 軌跡》29, 애치슨 라인 선언, 1986년 1월 4일자) 이러한 발표는 6·25전쟁 불과 5개월여 전이다.

한편 북에서는 김일성이 국토완정론을 내세워 소련(스탈린)과 침략전쟁에 대하여 상의를 하였지만, 자칫 남한에 대한 침략은 미국과 전쟁 가능성을 배제할 수 없었고, 또 세계대전의 위협이 있을 수 있다는 판단을 하고 있던 스탈린은 김일성의 침략 계획을 다독거리면서 기회를 엿보자고 하였다. 그러면서 소련은 중공/중국에게 필요시에 중국(마오쩌둥)의 전쟁 개입을 강요하고 있었다. 이러한 사회주의 동맹권에서 전쟁의 분위기를 띄우고 있을 때, 미국에서 에치슨 선언이 나오게 된다. 이에 사회주의 동맹세력의 최전선에서 기회를 엿보고 있던 북(김일성)은 소련국과 상의한 끝에 선전포고 없이 38선의 동부, 중부, 서부전선에서 동시다발적으로 대한민국을 기습 침공해 들어왔다.(1950. 6. 25. 새벽 4시경) 이것이 우리가 알고 있는 6·25전쟁(남은 한국전쟁, 북은 조선전쟁이라고 부른다)의 역사적 배경/환경이다. 전쟁은 국제전으로 번졌다. 미국이 주도하는 16개국 연합국이 남북 싸움에 개입을 하자, 중국도 사회주의동맹의 일원으로 개입을 하였다. 그러나 3년 전쟁 끝에 사회주의 동맹세력(중국과 북)과 자본주의 연합세력(미국)은 서로의 필요에 의하여 양쪽에 아무런 도움이 안 되었던 전쟁을 정전停戰의 형태로 마무리했다.(1953.7.27.)

정전이라는 말은 장작불의 불을 껐다는 뜻이다. 불붙지 않는 장작에 언제 다시 불이 붙을지, 그것은 아무도 모른다. 여기서 우리가 빼놓지 않고 기억해야 할 역사적 사실은 전쟁 중에 국방군과 미군에 의하여 엄청난 민간인 학살이 있었다는 사실이다. 남에서는 국민보도연맹원 학살사건, 예비검속에 의한 학살사건, 피란민 학살 사건(양민학살사건: 영동 황간 노근리 피란민 학살 등) 거창/함안/산청/점촌/화계지역 양민 학살, 함평 및 영호남 지역 빨치산 견벽청아堅壁淸野식[22] 학살 등이 있다. 6·25전쟁 이후, 양민 학살에 비롯되어 이른바 "빨갱이 가족", "레드콤플렉스"라는 공포의 유행어가 생겨났다. 6·25전쟁과 관련하여 양민 학살에 대한 자세한 내용은 구자환이 쓴 학살의 역사, 민간인 학살 다큐멘터리 영화《레드 툼》(2015)과《빨갱이 무덤》(삶창, 2024), 다큐멘터리 영화《장흥 1950》(2025) 등이 있다.

6·25전쟁은 우리 민족의 역사에 엄청난 오류와 모순을 만들어놓았다. 조금 길지만 이야기를 하지 않을 수 없다. 6·25전쟁은 김일성의 경우, 대한민국을

---

22) 견벽청야: 옛날 전투에서 적이 처들어왔을 때 성을 점령당하였을 때를 대비하여 사람과 물자를 조금도 남기지 않고 비우는 것을 말한다. 프랑스 나풀레옹이 러시아의 모스코바 침공시(1812.6) 러시아가 모스코바의 인원과 물자를 모두 비운 전술이 유명하다. 이 일로 나풀레옹은 패전하고 몰락을 하게 된다. 한국에서는 6.25 전쟁 때 한국 경찰이 지리산에 숨어든 공산주의자들을 고사시키기 위해 거창, 함양 지역의 주민들을 집단 소개한 경우가 해당된다. 또 울진 삼척지역에 북에서 보낸 무장공비가 내려왔을 때(1968.10) 경북 영주시 순흥면 배점리 산간지역의 주민들을 집단 소개한 예가 이에 속한다.

'조국해방', '인민해방' 하겠다는 목적이 있었는지는 모르나 소련의 입장은 처음부터 미국의 의지에 대한 실험이었다고 본다. 곧 대한민국을 계속 일본을 위한 완충지대로 고수할 것인지 아니면 포기할 것인지다. 김일성과 달리 남한 전체에 대한 적화통일의 의지가 아니었다는 생각이다. 미국 또한 이승만이나 맥아더의 북조선 전멸과 우리 영토의 통일이 아니었다. 소련 의지에 대한 실험과 남한을 완충지대로 계속 남겨 두는 게 전쟁의 목적이었다. 이렇게 두 강대국의 의지에 따라 전쟁을 치르고도 우리 땅의 분단은 종식되지 못하였다. 전쟁의 결과 38선 대신 휴전선이 들어섰다. 남과 북을 다시 가르는 휴전선은 이제 '분단 고착의 금'이 되고 말았다. 미국/일본과 소련/중국은 한국을 완충지대로 남겨 놓음으로써 비긴 전쟁이었다. 일본은 6·25전쟁으로 '한국특수'를 만나 경제 부흥을 하였다. 중국은 소련의 압력으로 전쟁에 참여했지만, 인명 손실이 엄청났다.(전사 11만 6천명, 부상 22만명) 그러나 중국은 자국의 존재를 국제사회에 알리는 계기가 되었다.

　우리 민족의 대부분 민중/민인들은 해방 당시 이념(자본주의와 공산주의)이 무엇인지도 모르는 채, 엘리트 정치권력들이 강제한 이념에 의해 반공과 반동이라는 정서적 분단을 강제당해 왔다. 남한에서는 무조건 "공산주의가 싫어요"라는 정서가 파급되었다. 그리고 촛불혁명으로 권력을 상실한 수골세력들은 말끝마다 내뱉는 '친북좌빨', '친북정권', '종북세력', '종북주의자' '암약하고 있는 친북주의자' 등 쓸데없는 정치 용어를 남발하여 권력 장악과 유지에 이용되고 있다. 남북분단을 악용하여 '윤리 폭력'을 휘두르는 사악한 종교집단도 생겨났다. 이들은 분단의 비극, 민족의 갈림의 슬픔이 무엇인지 모르는 무식의 소치를 보이고 있다.

　6·25전쟁은 국제사회에도 영향을 끼쳤다. 먼저 미국에서는 매카시(McCarthy, J.) 열풍이 일어나 반공주의 극우세력이 미국을 장악하게 되면서 미국

의 미래 발전(자유주의, 민주주의, 세계주의)을 선도하는 진보적인 관료, 교수, 언론인, 사회운동가들이 '용공 분자'로 몰려 관료직에서 쫓겨나거나 학계에서 퇴출을 당하는 일이 일어났다. 이후, 미국은 강경한 반공 정책을 취하면서 미국 우방국의 보수 권력들과 상호방위조약(한미상호방위조약, 1953. 10. 1 등)을 맺고 유럽, 동/중동/동남아시아 및 아메리카에 반공적 집단안보기구를 구축하였다. 동남아시아조약기구(SEATO, 1954. 9. 8.)가 대표적이다.

이러한 미국의 '메카시 선풍'은 뒷날 박정희의 반공을 국시로 하는 군사 반란을 지지하게 만든다. 또한 당시 베트남 문제에 미국이 개입하여 베트남 공산당과 불필요한 전쟁을 일으키는 것도 이에서 기인한다. 미국은 베트남의 통일 전쟁을 사회주의 집단의 사주('아시아 적화음모')를 받은 베트남 공산당(베트공Vietcong)의 침공으로 몰아갔다. 이에 대응하여 사회주의 연맹세력의 중심에 있는 소련도 동유럽과, 중국은 동아시아와 동맹관계를 강화해 나갔다. 대표적인 것이 소련과 북조선의 〈조소동맹조약〉(1961. 7. 6.) 체결과 중국과 북조선이 맺는 〈조중동맹조약〉(1961. 7. 11.)이다.

또 6·25전쟁은 전쟁 중에 미국의 군사력에 영향을 받은 소련과 중국에 사회주의 공업 문명을 발전시키는 계기를 가져왔고 중국에는 마오쩌둥[毛澤東]의 통치력 강화를 가져오게 된다. 6·25전쟁이 우리 역사 환경에 끼친 영향에 대하여 우리가 관심 있게 주의를 기울여야 하는 부분은 일본의 경제부흥이다. 6·25전쟁을 현장에서 겪은 한국과 한국인의 비참한 신세와는 달리, 일본과 일본인은 그렇게 안정과 행복을 누렸다. 일본에는 '조선특수朝鮮特需'라는 말이 유행을 타기 시작했다.(《백선엽 장군 회고록/일본의 경제 부흥》, 중앙북스 2010, 218쪽)

전쟁에서 산업시설의 파괴/문화재의 파괴/사회간접시설의 파괴는 사필귀정事必歸正이다. 이보다 더 큰 비극이 있다. 인명의 손실과 이산가족의 발생이다. 그리고 정서적 분단 고착이다. 한 어머니 뱃속에서 나온 우리 민족이 자본주의 민족주의, 공산주의 민족주의로 '민족 이질화'에 부채질을 했다는 사실이다. 북조선의 경우, 친공/반미 논리가 강화되면서 김일성 유일 체제를 더욱 강화시킴으로써 민족의 이질화, 정서적 분단이 고착되고 미국(미제국주의)에 대한 증오심을 키워나갔다. 남한의 경우도 마찬가지다. 일체 통일 논의를 할 수 없게 만들었다. '남북통일' 거론은 빨갱이로 처벌을 받았다. 북이 내건 6·25전쟁의 명분이 조국해방전쟁(통일전쟁)이었기 때문이다. 이렇게 남한 사회에 반공주의가 공고화되면서 평화통일 논의조차 금기시되었다. 공산주의는 '살인주의' 또는 '비인간주의'로 매도되었다. 반공주의만이 곧 대한민국의 살길이 되었다. 반공주의, 반공적 국시가 곧 자유민주주의였다. 자유민주주의=친미주의=반공주의=반공포로 석방=합리적 사상이라는 등식이 성립되었다. 이후 평화통일론을 주장하는 정당이나 사람들은 이승만 권력(특무대)에 의하여 숙청되거나 사법살인(조봉암 등)을 당해야 했다. 사법살인은 이승만 독재권력의 상징이 되었다.

그리고 군사적 측면에서는 질/양면으로 변화를 가져다주었다. 특히 남한의 경우, 비교적 정치면에서 중립적이었던 군부가 6·25 이후, 친미적 '정치군인' 쪽으로 돌아섰다. 군부 반란에 힘을 실어주는 양상을 보였다. 바로 5·16쿠데타다. 이후 한국 사회는 미국의 비호를 받으면서, 비극적인 군부독재, 재벌독점, 지역패권이, 사회의 중심이 되는 나라가 되었다. 더 비극적인 것은 이승만이 6·25전쟁 중에 한국의 '전시군사작전권'을 미국에 넘겨주었다는 점이다. 전시군사작전권의 양여讓與는 대한민국이 미국의 '군사노예국'으로 전락되었다는 것을 말한다. 국방 주권이 없으니 생존 주권도 없다. 이는 우리 땅의 평화적 통일 노력에 장애물로 작용하고 있다. 미국에 대한 의존도가 큰 대한민국은 미국의 정치 체제나 정치 용어, 정치 수단, 그리고 정치 이념과 교육 정책 등을 그대로 모방하여 따라 할 수밖에 없다.

　산업부문에 있어서도 6·25 전쟁은 남과 북, 모두에게 정치/경제 등 사회 부문에서 불균형 성장을 가져다주었다. 남한의 경우 경제 복구를 위하여 미국과 유엔의 원조에 기댈 수밖에 없었다. 그런데 미국의 원조는 대개가 원자재인 소비재와 식자재에 집중되었다. 이것이 오늘날 한국인의 먹거리 체질을 변형시켜 놓은 독소가 되고 말았다. 밀가루 원조는 한국인의 쌀 체질을 밀가루 체질로 변형시켜 한국인의 밀 농사(식량주권)를 말살시켰다. 또 소비재 중심의 원자재 원조는 한국의 산업구조를 미국 원자재에 의존하는 산업구조로 변형시켜 놓았다. 산업 발전에 가장 중요한 제조업 중심의 원자재는 없었다는 이야기다. 한마디로 미국의 소비재/밀가루/설탕/우유/옥수수 중심의 경제원조는 한국의 자주적 경제성장의 가능성을 마미시켜 놓았다.

　또, 남북 간에 민족대이동을 만들어 놓았다. 비공식이지만, 자의든 타의든 월북자가 29만 명이 되고, 자발적 월남인이 약 45~65만 명이 되었다.(남한인구 21% 증가) 남으로 이동해 온 피란민(북에서 내려온)의 대다수는 도시에 집중하기 마련이었다. 따라서 인천/서울/부산/대전/대구 등지에 인구 증가가 심해졌다. 또한 6·25 전쟁동이가 급증하게 된다. 그래서 연평균 2.9%의 인구성장률을 보인다.(1955년 전후) 갑작스런 인구 증가는 남녀를 막론하고 막노동에 날품팔이 등으로 끼니를 때우는 경제 하층민들을 양산시켰다. 이에 따라 도시 변두리(서울 청계천 등)에 판자촌이 즐비하게 형성되었다. 이들 판자촌 주변은 위생환경이 급격히 나빠지면서 질병이 만연되고, 먹고 살기 위해 사회로부터 강제된 범죄가 늘어나 사회안정망이 무너지기까지 하였다.

　또 미군 주둔과 함께 남한의 미군 기지촌에는 여자들이 양색시/양공주로 전락하여 자신의 '인간 존엄성'을 유린당하는 비극적 사태가 속출하였다. 국제결혼도 생겨났다. 여기서 혼혈아들이 대량으로 발생을 한다. 미군의 주둔은 천박한 양키 문화도 확산시켜 주었다. 그리하여 양키 물건을 파는 야매(뒷거래) 시장도 형성시켰다. 이산가족이 늘어나면서 처자식/남편을 북에 두고 현지 혼인하는 인구도 많이 늘어났다. 상이군인 문제도 골칫거리가 되었다. 이들은 갈구리 손, 지팡이 다리로 상점을 돌면서 돈을 갈취하는 등 사회문제를 일으켰다. 그러나 이승만 독재권력은 미국으로부터 들어오는 원조 물자를 가지고 자신들의 이익 창출에만 신경을 썼지, 사회문제를 해결할 의지를 보이지 않았을 뿐만 아니라, 문제의식조차 느끼지 못하고 있었다. 소강적 의식만 가지고 있었다. 이때부터 오늘날 자기네끼리만 잘 먹고 잘살면 된다는 서울 강남식 발상이 생겨나게 되었다.

뿐만 아니라, 한국 사회에서 미국은 곧 우상이 되었다. 그래서 한국은 미국에 대한 자발적 노예국이 되었다. 이러한 분위기에서 미국 유학은 출세의 비결이 되었다. 미국에서 학위를 받고 오면 명문대학 교수로 나가는 성골이 되었다. 미국 정치인과 손을 잡으면, 정치입문의 성골로 신분 상승을 하였다. 미국에서 경제 공부를 하고 오면 대기업 취직은 따 놓은 당상이 되었다. 한국인에게는 미국만이 살길이었다. 미국에 대한 한국인의 이러한 인식은, 또 6·25전쟁 관련 소설들이 많이 등장하게 만들었다. 6·25문학과 함께 반전反戰문학도 성장하였다. 그러나 반전문학은 진정을 갖고 쓰기에는 시대 분위기가 맞춰주질 않았다. 잘못하면 사상범이 될 수 있었기 때문이었다. 사상의 자유가 없는 두 지역에서 이념을 담은 반전문학은 남한에서는 빨갱이가 되고 북조선에서는 반동 새끼가 되었다. 이러니 세계 수준/노벨문학상급 문학이 나올 수가 없었다.

6·25전쟁 시기에 김대중은 해상방위대 부대장으로 활동을 하였다. 《김대중

자서전》에 의하면 김대중은 분단해방 직후부터 반공산주의 입장을 분명히 하였음을 알게 한다. 해방 직후 38이남에 사회주의 활동 단체들이 즐비하게 설립된다. 이 무렵 사회주의 단체가 중국 옌안[延安]에서 활동하다가 분단해방 이후 38이북에다 설립한 조직이 조선신민당朝鮮新民黨(김두봉金枓奉, 1889~? 중심 1946.2.16. 조직)이다. 조선신민당은 분단해방 직후 서울에 조직한 '경성특별위원회'를 남조선신민당(백남운白南雲, 1895~? 중심, 1946.7.14.)으로 재편한다. 김대중은 이 단체에서 교양사업, 조직 확대를 책임 맡고 있었다. 그런데 사회주의 단체들인 남조선신민당이 조선공산당(박헌영 중심), 조선인민당(여운형 중심)과 합당하여 남조선로동당南朝鮮勞動黨(허헌許憲, 1885~1951/박헌영 중심, 46.11.23)이 결성되자, 김대중은 이에서 발을 빼고 해운업에만 힘을 쏟았다.(자 1, 65) 그리고 6·25전쟁이 터지자. 김대중은 "6·25 전쟁 당시 해군목포경비부 예하의 해상방위대 전남지구 부대장" 신분으로 전투에 참가하였다고 한다. 김대중이 해상방위대 부대장으로 전쟁에 투입하게 되는 것은 그가 〈목포상선회사〉 대표로 있었기에 회사용 배를 여러 척 가지고 있었다. 또 당시 신문사(木浦日報목포일보)도 운영하고 있었다. 신문사 운영으로 목포 주민들과도 유대가 강했다. 김대중은 자신의 선박들을 남해지역의 해상방위를 맡고 있는 대한민국 해상방위대가 이용할 수 있게 배려하였다. 이러한 개인의 선박을 군사작전에 투입하게 한 점, 주민과 유대 관계가 돈독 하였던 점에서 김대중이 해상방위대에서 부대장으로 근무하게 되었던 것으로 보인다. 이 때문에 김대중은 인민군에 체포되어 목포형무소에 수감된다.(1950.8월경) 인천상륙작전(1950. 9.15) 때 퇴각하는 인민군들이 목포형무소에 수감되어 있던 민간인들을 대량 학살하였다. 이런 가운데서 김대중은 하늘의 도움으로 죽음을 피할 수 있었다.

  6·25 전쟁으로, 남한 정부는 대구를 거쳐 부산으로 피란을 간다. 전쟁 중임

에도 이승만은 권력장악에만 욕심을 냈다. 그게 부산정치파동이다.(1952.5. 25.) 6·25전쟁이 일어나기 전 제2대 국회의원 선거가 있었다(1952.5.30.) 210명 의원 중 무소속이 126명, 여당(대한국민당)은 24석만 얻는 결과로 나타났다. 이러한 2대 국회에서 '내각책임제' 개헌 움직임을 보이자. 이승만은 재선을 위해 '발췌 개헌안'을 제출하고 계엄령 선포(1952.5.25), 국회의원 80명 강제 연금, 군경의 국회의사당 포위 속에서 통과를 시켰다.(1952.7.4.) 발췌 개헌안(대통령 직선제) 통과로 이승만은 직선제로 대통령 자리에 오르게 된다.(1952.8.5.)

김대중은 이승만 권력의 썩은 정치를 보면서 정치를 하기로 마음을 먹는다. 김대중이 말하는 썩은 정치라는 것은 권력욕에만 집착하여 빈번한 거짓말로 국민을 우롱하는 일, 국민의 이름을 남용하여 폭력을 동원하여 국민을 기만하는 일, 권력 연장을 위하여 계엄령을 선포하고 선거법을 개정하는 부산정치파동 등이었다. 김대중은 다음과 같이 정치에 투신하게 되는 변을 말한다. "위정자의 빈번한 거짓말은 결국 나라를 위기에 몰아갔고, 국민을 절망 속으로 밀어 넣었다.", "국민의 이름으로 폭력을 동원하여 집권을 연장하였다." 이러한 이승만 권력에 대한 비판을 하면서 "국민을 섬기는 참다운 민주주의가 아니면 국민은 참된 행복을 누릴 수 없다"는 분노를 토해 놓았다. (자1)

김대중은 정치마당에 뛰어들면서 본격적으로 정치권에 문을 두드렸다. 3대 민의원선거 때(1954. 5.20) 목포에서 출마를 하였다. 낙선했다. 그러나 이에 굴하지 않고, 3대 대통령 선거(1956.5.15.)에서 야당인 민주당호에 승선을 하고 민주당 후보로 나온 정대통령 신익희 후보와 부통령 장면 후보를 지지하는 성명과 함께 선거운동에 뛰어든다. 선거 도중 민주당의 신익희 후보가 급서하는 바람에 그 결과, 대통령에 이승만(자유당) 부통령에 장면(민주당)

이 당선되었다. 이 무렵에 김대중은 천주교에서 영세를 받게 된다.(1956.6.2.) 대부代父로 장면 부통령을 세웠다. 여기서 김대중은 장면과 깊은 인연을 갖게 된다.

　김대중은 4대 민의원선거에 후보로 나서기로 했다. 그리하여 자신의 지역구인 목포를 떠나 무연고인 강원도 인제를 지역구로 선택한다.(1957.9.27. 민주당 강원도 인제군당 위원장이 됨) 그리고 선거에 뛰어들었지만, 당시 악명높은 관(경찰과 군청, 선거관리위원회)의 개입으로 후보 등록이 취소된다. 그리고 선거 결과, 자유당 후보가 당선되었으나 선거 부정으로 당선무효가 된다. 이에 김대중은 다시 보궐 선거(1959.6.5)에 도전을 하였지만. 공산주의자로 몰리고 관권 선거로 낙패落敗를 하게 된다.(자1, 105)

　한편, 6·25전쟁이 끝나고 민족 분단의 비극적 상황에서도 이승만은 오로지 정권 유지에만 혈안이 되었다. 특히 영구집권을 위한 음모들이 전방위적으로 퍼져나갔다. 그것이 '사사오입' 四捨五入 사건을 통한 이승만의 종신집권을 가능케 하기 위한 "초대 대통령에 한해 중임 제한을 없앤다"는 헌법개헌안의 국회통과사건(1954.5.20.)과 〈신국가보안법新國家保安法〉의 제정이다.(1958.12.24.) 신국가보안법 사건은, 보안법파동 또는 '2·4파동'이라고도 한다. 정부에 대한 비판 세력과 국민 여론을 통제하기 위한 전문 42조의 국가보안법 개정이다. 이는 이승만의 영구집권에 방해가 되는 세력을 사전에 봉쇄하겠다는 의도였다. 이승만이 초대 대통령으로 임기를 끝냈으면 대한민국은 훌륭한 민주주의/민중정치가 되었을 것으로 본다.

　이승만은 장기 집권을 노렸지만, 큰 정치적 실수를 저질렀다. 1960년 3·15. 대통령/부통령을 뽑는 대선을 앞두고 부정적인 방법으로 선거운동을 하였다. 돈과 물자로 유권자를 매수하였다. 이러한 자유당의 더러운 선거운동을 목격하게 된 고등학생들이 먼저 분노를 하였다. 경상북도 대구광역시(이전 대구시)에서 경북고교 고등학교 학생들 중심의 2·28 독재 타도를 위한 학생 기의起義가 일어난다. 이것이 독재를 타도하고 민중정치를 요구하는 기의의 출발점이 된다. 이어 대전에서도 대전고등학교 학생들을 중심으로 민중정치를 요구하는 3·8 독재 타도를 외치는 학생 기의가 일어난다.

이승만은 이러한 예고되는 학생 기의의 조짐을 무시하였다. 이승만은 추악한 투개표를 자행하였다. 부정한 선거로 권력을 다시 장악한 이승만은 이념에 의한 공포정치를 유발하기 위하여 연일 북진통일을 주장하였다. 그러나 역사는 정의로 가는 법칙을 가지고 있다. 국민이 3·15부정선거에 "이건 아니다"라고 분노하였다. 광주와 부산, 그리고 마산에서 학생들의 '3·15부정선거'를 규탄하는 기의가 일어났다.(3.15) 이 과정에서 마산상업고등학교 김주열金朱烈(1943~1960) 학생의 눈에 알루미늄제 최루탄이 박혀서 사망하는 사건이 벌어졌다. 경찰은 김주열 시신을 마산 앞바다에 버렸다. 최루탄이 눈에 박힌 채 김주열의 시신이 물 위로 떠 올랐다.(4.11.) 이것이 도화선이 되어 서울에서 고려대학교 학생들의 김주열 피살 규명과 부정선거 규탄 기의(4·18.)를 일으켰다. 학생데모대는 당시 자유당의 전위대인 대한반공청년단의 습격을 받아 많은 학생들이 길거리에 쓰러져 내팽개쳐졌다. 당시《동아일보東亞日報》와《조선일보朝鮮日報》에서 정치 강패들에게 맞아 쓰러진 학생들의 모습이 담긴 기사를 사진과 함께 대대적으로 보도하였다. 이런 보도들이 도화선이 되어 전국적인 기의起義가 일어났다. 역사에서 말하는 '4·19학생시민혁명'/4·19혁명이다(1960.) 기의라는 말은 나라의 주인인 '자주 민중'이 부패/독재권력에 대하여 의분義憤을 일으켰다는 뜻이다.

4·19학생시민혁명은 대한민국 학생/시민들의 의분이 폭발한 혁명이었다. 이승만 독재와 자유당의 부패/타락한 권력의 모순은 작은 '필요의 조각'들을

만들어 내고 다시 필연의 큰 물줄기를 만들어 냈다. 노도와 같은 혁명군의 '분노의 함성'을 이승만의 외양간지기들이 총으로 막아보려 하였지만 이미 대세는 기울어졌다. 이승만 개인 독재 권력은 하루아침에 무너졌다. 이승만은 미국의 권유로 자기와 함께 생사고락을 같이 했던 수하와 관료들을 헌신짝처럼 버리고 혼자서 하와이로 쫓겨 도망을 갔다.(1960. 5.29.) 4·19혁명에서 타도의 대상이 되었던 자들은, 자신의 부도덕함을 가리고 나라 사람들을 억압하고 탄압하였던 '친일적 엘리트 관료 집단'이었다. 이들은 일제로부터 배운 반공산주의자요. 친일적 엘리트 관료였다. 이들은 의도적으로 민족의 분단을 고착시키면서 자신들의 권세 유지에만 욕망을 부린 자들이었다.

  4·19시민혁명이 일어나면서 4대 국회는 해산된다. 그리고 의원내각제, 양원제(참의원, 민의원) 지방자치제를 골자로 하는 제2공화국 헌법이 탄생한다.(1960. 6.15.) 이어 5대 민의원 선거가 있게 된다.(1960. 7.29) 민주당은 4·19혁명의 후광을 입고 233 의석에서 172석을 얻어 과반수를 훨씬 넘기면서 제5대 국회를 장악하게 된다. 그러나 김대중은 인제에서 낙선의 고배를 마신다. 그 이유는 "국회의원 선거법" 개정(1960. 6.25)으로 부재자 투표제도가 도입된다. 부재자 투표로 인하여 인제군 지역의 군인(유권자) 80% 이상이 자기 출신 고향의 민의원을 투표하게 되었다. 그 바람에 김대중이 낙선을 하게 된다. 그러나 민의원 의석 3/4를 차지한 민주당은 김대중이 의원이 아님에도 대변인으로 임명을 한다. 김대중은 집권당 대변인이 되었다. 여기서 김대중이 정치적인 두각을 발휘하는 기회를 가졌다고 볼 수 있다. 이렇게 민주당 대변인을 하고 있을 때 마침 인제에서 5대 의원으로 당선된 자유당 의원(전형산)이 부정선거 판정을 받는 바람에 인제 선거구 보궐선거에 다시 후보로 공천을 받았다. 그 결과 김대중은 보궐 선거에서 당선이 된다.(1961.5.13.) 선거관리위원회로부터 당선증도 받고 인제 곳곳을 다니며 당선 사례를 하였다. 그런데 이게 웬 날벼락인

가. 민의원에 당선된 지 불과 3일만에 5·16군사쿠데타가 일어나고 말았다. 국회의사당에 발도 들이지 못하고 쿠데타 세력에 의하여 민의원 의원 자격이 상실되고 말았다. 이런 불운이 없다. 반란 군부는 민주당 대변인 김대중을 체포하였다. 그리고 계엄 당국은 김대중을 선거법 위반과 공금(반공학생단체로 가는) 횡령이라는 죄목을 붙였다. 일반 검찰로 기소권이 넘어갔다. 검찰은 김대중이 특별한 범법 사유가 발견되지 않았다고 불기소 석방하였다.(자1)

한편, 첫부인(차용애)과 사별한 이후 홀로 지내다가, 당시 서울의 YWCA총무였던 이희호李姬鎬(1922~2019)와 혼인을 하게 된다.(1962.5.10.) 혼인을 한 지 얼마 안 되어 반란 군정에서 조직한 중앙정보부에 의해 반국가사건으로 다시 구속된다.(1962.5.24.) 여기서도 검찰이 죄가 없다고 재판에 회부하지 않고 석방하였다.(6.24) 이렇게 해서 김대중은 5·16군사반란 이후 "바람 앞의 촛불" 같은 신세가 되었다고 술회하였다.(자1)

다. 5·16 군사반란에 대한 성찰과 비판

이승만 반공산주의 독재 권력을 타도한 4·19시민혁명으로 제2공화국이 탄생했다. 제2공화국은 대한민국에서 처음이자 아직까지는 마지막인 내각책임제 공화국이었다.[23] 그러나 제2공화국에서 이승만 독재를 무너뜨린 4·19혁명의 주체였던 학생과 민중이 정치를 이끌지 못했다. 하여 당시 정치 엘리트들이 이끄는 민주당이 주관하여 내각중심제와 양원제(참의원, 민의원), 지방자치제를 골자로 하는 헌법개정안이 국회를 통과하였다(찬성 208표, 반대 3표, 1960.

---

[23] 상하이 임시정부에서도 이승만이 대통령으로 선출되기 전 내각책임제가 실시된 적이 있다.

6.15.) 이에 따라 대大선거구제를 골자로 하는 새 선거법이 제정되었다.(1960. 6.23.) 풀뿌리민주주의가 탄생하였다. 그리하여 국민의 직접 선거에 의하여 지방자치단체장과 민의원, 참의원이 선출되었다(1960. 7.29.) 새로 제정된 헌법에 의하여 양원 합동회의(민의원 233, 참의원 58, 총 291명)가 열렸다. 그러나 또다시 정치적인 아더메치[24]가 일어났다. 권력의 주도권을 누가 잡느냐는 음모와 싸움이었다. 여기서 구파의 윤보선(尹潽善, 1897~1990)이 대통령으로 선출되고(1960.8.12) 민주당의 신파인 장면(張勉, 1899~1966)이 국무총리로 선출이 되었다.(1960.8.18.)

이렇게 민중정치를 할 수 있는 좋은 시점에서 민주당 정권은 민중정치로의 이행과 친일세력 척결에 어영부영했다. 게다가 뜻밖에 민주당 내각에서 자신들의 정권 기반이 되었던 학생과 민중을 규제하는 법(안)을 내놓았다. 당시 부흥부 장관 김준태金濬泰(1915~1987) 등이 기초한 2대 악법 〈반공임시특별법反共臨時特別法〉과〈집회및시위운동에 관한 법률集會및示威運動에관한法律〉(데모규제법)이다.(1961. 3.10.) 이 두 법률의 목적은 뚜렷한 반개혁적인 법이었다.

통일운동과 노동운동은 반민중정치에서 참민중정치로 이행해 가는 과도기 정치환경에서 당연하게 일어날 수 있는 일이었다. 그런데 민주당 정권은 이를 억압하기 위하여 두 법률을 시안하였다. 두 법률의 시안이 공개되자, 전국은 요동을 치기 시작하였다. 청년단체, 혁신계 정당, 모든 사회단체가 일제히 반대 시위를 벌였다. 2대 악법 반대 시위는 더 나아가 국가보안법 철폐와 장면 정권의 퇴진으로까지 번져나갔다.

그러는 사이 이승만에 의해 살길을 찾았던 친일파 세력들이 준동하였다. 대표적인 친일 세력이 일제에게 '혈서충성血書忠誠'을 보인 기회주의자요, 자발

---

[24] 아더메치: 아니꼽고 더럽고 메스껍고 치사한의 줄임말

적 친일 노예였던 44세 박정희[25]였다. 박정희는 대한민국 국군에서 예편 위기에 몰리자, 신新친일파 세력인 김종필(35세) 무리와 함께 새벽 5시 반란군을 이끌고 한강 인도교를 건너 서울을 장악하는 5·16군사반란(고려 무신난 이후 780년 만에)을 일으켰다.(1961, 5.16쿠데타) 정당성과 명분이 전혀 없는 권력 찬탈 목적의 쿠데타였다.

1960년대 초기는 민주당 정부에 의하여 겨우 민주정치와 경제발전을 위하여 몸부림치고 있던 시기다. 이승만 반민주독재를 몰아내고 모처럼만에 사람답게 사는 자유주의가 구가되던 시대였다. 이승만의 반공주의에 오염된 자유민주주의가 아닌, 진정한 참자유주의와 참민주주의를 수립해 보려고 막 일어서고 있던 새로운 대한민국이었다. 이러한 새로운 세상으로 가고 있던 대한민국이었다. 새 정치/새 세상으로 가는 길목에서 나타나는 '정치과도기' 현상이다. 이를 군부 세력들은 사회적 혼란이라고 몰아부쳤다. 그리하여 자발적 친일 노예였던 박정희가 총칼로 무장한 탱크를 몰고 와 민주정권을 군홧발로 무참히 짓밟고 총칼로 짓이겼다. 합법적 혁명정부(4·19체제)를 전복시킨 반란이었다.

여기서 잠시 누구나 다 알고는 있겠지만 다시 한번, 박정희의 실체에 대하여 간략하게 설명해 두자. 박정희朴正熙(高木正雄 타카기 마사오, 1917~1979)를 자발적 친일노예라고 부르는 데는 이유가 있다. 그는 일제강점기에 충성혈서(一死以テ御奉公 朴正熙)를 통하여 만주 군관학교를 졸업하고 다시 일본 육군사관학교를 뛰어난 성적으로 졸업한다. 소위로 임관한 박정희는 만주의 일제 관동군日帝關東軍에서 정보장교로 복무하면서 독립운동가/민족해방운동가들을 색출하는데 앞장을 섰다. 분단해방 이후에는 국내로 뒤늦게 잠입하여 무위도식하다가 남로당南勞黨(1946.11, 공산주의 정당)에 들어가 군사부장으로

---

25) 최상천,《알몸 박정희》(사람나라, 2001) 참조.

활동을 한다. 이 무렵에 여수/순천 기의 사건이 일어난다.(1948.10.19.) 이때 박정희는 남로당 조직책이었다는 사실이 발각되어 군법회의에 회부된다. 그리고 내란죄로 무기징역(1심)을 선고받는다. 그러자, 박정희는 만주 간도특설대 장교 출신 백선엽과 헌병 출신 김창룡에게 남로당 지휘부 명단을 모조리 넘겨준다. 혼자만 살아남기 위한 기회주의자의 발상이다. 이 대가로 박정희는 군법회의 2심에서 10년으로 감형된다. 그리고 곧바로 형 집행 정지 처분을 받음과 동시에 강제 예편된다. 같은 자발적 친일 노예 백선엽이 뒤를 봐주는 바람에 문관 신분으로 육군 정보국(국장 장도영)에서 근무를 하게 된다. 6·25 전쟁이 발발하자, 박정희는 정보국장 장도영張都暎(1923~2012, 나중에 박정희한테 이용당함.)의 도움으로 군인 신분으로 다시 복직을 하게 된다. 박정희는 '기회주의자 중에 기회주의자'였다. 기회주의자 '박정희의 알몸'을 세세하게 밝힌 책이 있다. 최상천이 지은 《알몸 박정희》(사람나라, 2001)이다.

이렇게 자발적 친일 노예였던 박정희는 자신의 군사쿠데타를 정당화하기 위하여 민주당 정권을 무능으로 몰아세웠다. 독재자들이 상투적으로 써먹는 '선한 자'에 대한 매도수법이다. 그가 1963년에 쓴 글 중에 이런 말이 있다. "민주당 정권은 고귀한 희생의 대가로 성취한 혁명을 (저버렸다) 4·19혁명의 사명을 역행한 반혁명적 배신자다. 역사의 반동이다. 국민의 소망을 배신한 불신 집단이다."《국가와 혁명과 나》, 2017, 55~58쪽.) 이렇게 박정희, 전두환과 같은 반정叛政 깡패들은 남을 깎아내리는 비열한 발언으로 자신들의 군사 반란을 '같지도 않게' 정당화한다. 오늘날 부도덕한 국정 책임자가 남을 깎아내리는 비열한 발언들도 박정희의 정치 패악을 배운 데서 나온 것으로 본다.

이후 박정희는 같은 부류의 친일 세력들을 대한민국 고위 관료직에 대거 등용했다. 만주국 헌병 대위 출신 정일권(丁一權, 1917~1994), 백선엽(白善燁,

1920 ~ 2020), 조선총독부 중추원 참의參議를 지낸 서병조(徐丙朝: 大峯丙朝, 1882~ 1952)와 함께 교육활동을 한 이효상李孝祥(1906 ~ 1989) 등이 대표적이다. 이때부터 개인 독재의 시간은 장기화가 되고 하세월이 된다. 결국 친일파 청산의 시간은 독재의 그늘에 묻히고 만다. 5·16쿠데타가 일어난 원인은 이승만에 의해 대한민국의 친일파 청산이 이루어지지 못했기 때문이라는 게 역사가들의 평가다. 5·16 군사 반란으로 다시 친일적 '부도덕한 주류' 집단이 대한민국의 정치권력을 장악하게 된다. 부도덕한 주류들이 대한민국의 정치 마당을 장악하고 있는 한 우리나라는 결코 민주주의/민중정치가 뿌리를 내릴 수 없었다.

이렇게 4·19혁명으로 참자유와 풀뿌리민주주의/민중정치를 향한 도약의 기회가 왔음에도 또다시 친일파의 준동으로 민족통합과 사회정의를 수립하지 못하고 말았다. 이 탓으로 이승만이 미국에 내준 국방주권을 회수하지도 못하였다. 국방 주권이 없다는 것은 생존 주권이 없음을 뜻한다. 이후 대한민국은 미국에 대한 자발적 노예로 변신한 친미 세력들에게 휘둘리게 된다. 이 탓으로 자율적 독립 정부의 건설은 고사하고, 분단 고착만 깊어 갔다. 민족 통일은 더욱 요원해 갔다. 정의를 위한, 자유를 위한, 민중정치를 위한 가치관의 확립조차 어렵게 만드는 상황에 놓이게 되었다. '4·19민중체제'는 뿌리도 내리기 전에 뽑히고 근 20년이라는 긴 세월 동안 '5·16군부독재체제'가 굳어지게 된다. 이 탓으로, 우리 땅의 정치/경제/사회/문화생활 속에 깊이 파고들어 온 부도덕한 군사문화를 아직도 청산하지 못하고 있다. 이는 아직까지 친일/친미세력들이 대한민국의 각 분야에서 주인도 아닌 것들이 주인 노릇을 하고 있기 때문이다. 친일파에 대한 청산이 있었다면, 5·16 군사 쿠데타도 없었을 것이고, 부도덕한 주류의 우두머리들이 판치는 세상도 안 되었을 것이고, 우리 땅에 분단 고착도 오지 않았을 것이라는 해석이다.

　더욱 애석한 것은, 박정희의 군사 반란으로, 자발적 친일 노예, 순응적 친일 노예, 민배적 친일 노예(이를 신친일파라고 부르기도 한다)들이 정치 일선으로 나오면서 '평화통일운동'이 간첩 침략의 길을 터주는 운동이라는 정치 선전에 세뇌되어 놀아나는 사람들이 태반이다. 그리고 평화통일운동을 하는 사람은 '간첩 침략'을 돕는 빨갱이로 치부하고 있다.[26] 이후 평화통일운동은 수면 아래로 숨어들게 된다. 글쓴이도 대학 때(1968), 외진 강화도江華島 전등사傳燈寺 등지로 숨어다니면서 대전 '수양동우회' 동지들과 함께 '민족문제와 민족통일'에 관한 논의를 해야만 했다. 안타까운 현실을 경험하며 지내 왔다.

　김대중은 '4·19혁명'으로 이 나라에 참 민주주의/민중정치(4.19민중체제)가 배양될 때, 군부의 5·16쿠데타(1961)에 의해 민주주의의 싹이 잘렸다고 다음과 같이 역사적인 비평을 하였다. "쿠데타 권력은 대의명분으로 '반공'을 강력하게 내세우며 이를 국시國是로 삼겠다고 했다. 그러나 공산주의를 반대하는 것을 국시로 한다는 것은 어떤 이론을 동원해도 맞지를 않는다. 공산주의가 해체되면 이를 국시로 삼은 나라도 해체되어야 한다.(국시가 사라지면 나라도 사라진다는 뜻: 글쓴이 주해) 반공은 민주주의를 수호하는 수단이지 목적이 될 수 없다. 쿠데타 세력들은 쿠데타의 명분으로 장면 정권을 용공 정부, 무능력 정책, 부패 정권으로 몰아붙이고, 나라가 망하는 것을 막기 위해 궐기했다고 하지만 이것은 거짓이었다."(자1)라고 박정희 쿠데타 세력의 허구를 적나라赤裸裸하게 지적하였다.

　김대중은 또 이어서 "1961년 봄부터는 우리 사회는 질서를 찾아가고 정치권

---

26) 강만길,《강만길저작집/역사가의 시간》(창비, 2018) 162쪽 참조.

이 안정을 찾아가고 있었다. 시위도 눈에 띄게 줄어들었다. 민심도 돌아오고 희망적이었다. 국민경제도 안정이 되었다. 6월에 장면의 미국방문, 한미정상회담도 계획되어 있었다(미국 대통령 케네디가 대대적인 경제원조를 약속함) 만사가 잘 풀려나갔다. 이대로 가면 한국의 민주주의는 튼튼한 뿌리를 내릴 수 있을 것 같았다."(자 1, 128) 라고 당시 대한민국의 정치환경이 결코, 나쁘지 않았음을 증언하고 있다. 박정희와 정반대되는 시대 인식이다.

4·19혁명 이후 계속되는 시위나 데모는 자라나는 아이가 성장통을 겪듯이 우리 사회가 좀 더 좋은 사회로 가기 위한 '과도기 성장통'과 마찬가지였다. 이러한 역사적 흐름을 당시 쿠데타 군인들이 알 까닭이 없었다. 쿠데타를 혁명이라고 착각한 사람들이니 더 말할 가치가 있을까. 이럼에도 대한민국 국정 역사교과서에서는 아직도 당시 상황이 무질서하고 혼란하였다고 박정희의 쿠데타를 정당화시키고 있다. 이는 빨리 수정되어야 할 역사인식이다.

쿠데타 권력이 내세운 '군사 반란'의 명분이 거짓이라는 증거는, 그들 스스로 간행한 《한국군사혁명재판사》[27]에서 이들의 쿠데타 모의가 1960년 9월 10일에 이미 이루어졌다는 점이다. 충무로 충무장에서 김종필, 김현옥, 오치성, 길재호 등이 군사정권 수립을 구체적으로 설계하였다. 모든 시민이 새로운 민주 정부에 응원을 보내고 있을 때, 반란 세력들은 정부 전복을 모의하고 있었다."(자 1) 또 "반란 세력들이 민주당 정부를 부패 정권이라고 한 것은 순전히 날조다. 5·16쿠데타는 소수 정치군인들의 권력욕에서 발생하였다"고 김대중은 '분노의 소리'를 기록하고 있다.(자 1) 박정희는 맹목적으로 권력에 대한 탐욕을 가지고 있었다. 그래서 4·19혁명이 있기 전에 벌써 대한민국 군에서 김종필이 대리하는 정군整軍/정풍整風운동을 통하여 쿠데타 음모를 꾸미고 있었

---

27) 한국혁명재판사편찬위원회, 『한국혁명재판사』, 1962로 보임.

다.(1960. 1.)

　여기서 김대중의 증언을 긴 글이지만 조금 더 들어보자. "5·16쿠데타는 한국에 대한 군사작전권을 가지고 있는 미국에 대한 도전이었다.[28] 미국이 급히 장면 총리를 찾았으나 총리가 행방불명이 되었다. (장면은) 카멜수녀원에 신변을 의탁하였다. 만약 총리가 미국대사관으로 피신을 했더라면 3,600명의 쿠데타군을 진압했을 것으로 판단된다. 현명하지 못한 장면이 쿠데타 세력의 군사정변을 성공시키는 빌미를 주었다. 또 당시 미래를 (내다) 보지 못했던 윤 대통령은 미국 대사의 쿠데타군 진압 승인요청을 내정간섭으로 일축해 버렸다. 윤보선은 국가의 안전보장을 위한다는 명분으로 쿠데타를 인정했다. 윤보선은 국군통수권자로서 정통성 있는 합법 정부를 수호하지 않았다. (이후) 박정희 지시와 김종필의 계획 아래, 중앙정보부中央情報部가 설치되고(1961. 6. 10, 중정) 여기서 모든 정치공작과 사찰査察 음모가 배양되었다. 공포정치가 시작되었다. 이때부터 한국 정치는 중앙정보부에서 조종하였다. 박정희 정권 18년 동안 정권 수호의 첨병이 되었다. 중정은 조직적 부정부패, 인권과 민주주의 말살의 총본산이었다. 역대 부정선거도 지휘하였다. 군사정권을 지키는 무소불위의 권력기관이었다. 국군보안사령부(보안사)와 함께 전두환, 노태우로 이어지는 군인 대통령 배출의 산실이 되었다. 따라서 5·16쿠데타는 무력을 동원한 권력 찬탈이었다. 민주주의의 싹을 총과 군홧발로 짓이겨 버렸다. 5·16쿠데타 권력은 《민족일보民族日報》를 폐간시키고 조용수 사장을 사형시켰다. 5·16군

---

[28] 5·16쿠데타 직후 미국은 방송에서 장면 정권을 "합법적 정권"(constitutional government)으로 인정하고 군인들이 쿠데타를 일으켜 계엄령을 발포한 군사정권은 인정할 수 없다고 공개성명을 냈다. 그러나 당시 장면의 행방불명과 윤보선의 모호한 태도에 실망한 미국은 5월 18일에 한국의 쿠데타를 공식으로 인정하였다. 일본은 박정희 쿠데타 군정을 즉각 환영하였다.

사쿠데타의 내막을 폭로했다는 이유다."(자 1, 137) 이렇게 김대중은 5·16군사쿠데타는 우리 역사에서 있어서도 안 되었지만, 군사 정변을 성공시킨 데는 당시 민주당 권력의 '안일무사주의'에도 있었다고 한스러워 했다.

군사반란 세력들은 자신들의 반란을 변죽도 좋게 스스로 혁명이라고 칭하고 이른바 '혁명공약 6장'을 발표하였다. 그런데 혁명의 거죽을 쓴 공약은 대부분 거짓이었다. 특히 제6조의 민정 이양과 원대 복귀 소리는 허구 중 허구의 지껄임이었다. 박정희의 시커먼 속내의 본색을 드러낸 부분이었다. 당시 중고등학교에서는 어처구니없게도 학교에서 의무적으로 혁명 공약을 외우도록 했다. 게다가 중고등학생들이 등교하기 위하여 정문을 통과할 때는 정문에서 학생들의 복장을 점검하는 선배 학생들에게 "충성"이라는 경례를 붙이고 학교 안으로 들어갈 수 있었다.

박정희는 〈정치활동정화법〉(1962. 3. 16.)으로 정치인들의 정치활동을 일체 금지시켰다. 그리고 1963년 2월 18일 정화법으로 활동이 규제되었던 정치인들을 해금시키는(2. 18 단안斷案) 동시에 '군정 4년 연장안'을 발표하였다.(1963. 3. 16.) 이는 국민들의 지지 기반을 확보하는 시간을 충분히 벌겠다는 속셈이었다. 하지만 대부분 국민은 할 말을 못 하고 있었지만, 군정 연장을 반대하는 분위기였다. 그리고 군부 내에도 강력한 저항이 나왔다. 그러자 미국도 막 나가는 박정희 정권을 제지하고 나섰다. 박정희는 결국은 4년 연장안을 철회하였고, 구체적인 정치 일정을 내놓지 않을 수 없었다. 반란군은 군정 기간에 정치이념/정치권력(입법, 사법, 행정)/경제질서 세 분야의 권력을 모두 독점하였다. 그리고 가치관을 왜곡하는 '행정적 민주주의'와 '민족적 민주주의'를 내걸었다. 이에 반대하고 잘못을 지적하는 사람들은 '반혁명분자'로 몰렸다. '경제개발5개년계획'에 대하여 반론을 제기하면 '반동'이 되었다.

이 무렵에 당시 중정은 그들의 정치공작 본부인 반도호텔로 김대중을 불러냈다.(1963.1월경) 민주공화당 창당작업에 동참해 달라는 회유였다. 김대중은 거부했다. 그의 '행동하는 양심'이 빛나는 순간이다. 만약 김대중이 이를 받아 들였다면 오늘의 후광학도 그의 정치철학도 존재할 수 없었다. 이러한 김대중의 태도에 불쾌감을 들어낸 반란군 군정은 그들 편의대로 만든 〈정치활동정화법〉(1962.3.16.)에 의거해 조치하던 정치인 3차 해금解禁에서 김대중을 제외시켰다.

　박정희는 대통령 출마를 위한 발판으로 민주공화당을 창당하였다.(1963. 2.26.) 민주공화당 창당작업은 1961년 쿠데타 직후부터 김종필의 주도로 비밀리에 추진이 되었다.(1961.10.) 이는 박정희가 권력 약탈 목적의 쿠데타였음을 반증해 주는 또 다른 증거이다. 쿠데타 정권은 권력의 정통성이 없었다. 하여 합법적 절차(민정 이양과 선거)를 통한 정통성을 확보하겠다는 속셈이 공화당의 창당이었다(창당 자금은 한일조약을 맺는 대가로 일제로부터 건네 받은 것으로 보인다.《연합뉴스》, 1996. 3.30. 일자) 두 친일파 박정희와 김종필은 공화당 창당과 정치권력 확보를 위해 상상할 수 없는 부정부패를 저질렀다. 세상을 어지럽힌 4대 의혹 사건이 이때 터져 나왔다.

　공화당 창당을 마친 박정희는 민정 이양을 발표하고 곧바로 말도 안 되는 군복을 벗는 쇼를 하고 민간인을 자처한 다음 공화당에 입당하고 제5대 대통령 선거에 출마하였다.(1963.8.30.) 그러나 박정희가 대통령 권한대행직과 국가재건최고회의 의장직을 내려놓치 않고, 공화당에 입당하여 대통령에 출마하는 것은 당시 5·16쿠데타 권력에서 만든 〈국가재건비상조치법〉에 어긋나는 일이었다. 이를 지적하고 쟁점으로 삼은 것은 김대중이다.(자1, 150) 그러자 공화당은 급하게 국가재건최고회의 의장의 당적 보유를 정당화하는 도깨비장난을 하였다. 그러자, 중앙선거관리위원회와 법원이 이를 합법이라고 해석을 내려주었다.(1963.9.23.)

자발적 친일 군인으로부터 출발하여 평생 권력 탐욕적 군인이었던 사람이 군복을 벗었다고 그게 민간인인가. 머릿속은 권력욕에 찌든 군인정신으로 가득 찼는데. 박정희의 시커먼 속내가 드러난 셈이다. 5·16은 결국 권력을 찬탈하기 위한 반란(쿠데타)임이 명확해졌다. 그는 반란군 군정 때, 자신의 친일행각을 숨기기 위하여 〈독립유공자예우에 관한 법률〉을 만들고(1962) 독립유공자를 표창하기도 했다. 웃기는 촌극이다. 자발적 친일 장교 출신이 일제와 투쟁한 자들을 독립유공자라고 지칭하고 표창을 준다? 이는 그 자신의 친일행각에 대한 치부를 덮으려는 수작에 불과하였다.

라. 박정희의 개인 독재와 김대중의 투쟁

여기서 잠시 김대중의 민본적 민주주의론/민중정치론의 학문체계를 세우는데 이해를 돕기 위해 콘텐츠 제공 차원에서 박정희가 자신의 권위를 드러내려는 속셈에서 나온 행정적/한국적/민족적 민주주의관과 반공산주의적 국가주의관에 대하여 이야기를 하고 넘어가자. 권위주의와 민주주의는 상반된 개념이다. 이럼에도 박정희는 권위주의를 목에 걸고 필요할 때마다 해괴망측한 수식어를 붙인 민주주의라는 말을 끄집어냈다. 행정적 민주주의(쿠데타 직후~군정기간), 민족적 민주주의(1963년 5대 대선 ~1972 유신 이전 시기) 한국적 민주주의(유신 이후)가 그것이다. 이러한 민주주의라는 말에다 붙인 관형어/수식어는 순전히 군사 반란과 군정의 연장을 정당화하고 대권을 강탈한 후, 계속하여 권력을 장악하겠다는 말장난에 지나지 않았다. 전혀 '진실'이 담겨 있지 않은 빈말이었다. 민주주의/민중정치에는 어떤 수식어도 붙어서는 안 된다. 그 자체가 훌륭한 용어다.

박정희가 쿠데타를 일으키고 군정 기간 동안에 내걸었던 정치구호, 행정적 민주주의라는 말은 정치적 정적이나 자신에 대한 비판 세력을 제거하겠다는 정치구호에 불과하였다. 곧 권력이 국민을 지도한다는 뜻의 정치이데올로기로 내세운 용어였다. 이는 "인도네시아 수카르노의 교도 민주주의, 파키스탄 아유브 칸의 기본 민주주의" 등 독재자들의 민주주의를 부정하는 정치 태도에서 영향을 받은 것으로 보인다. 곧 못난 민족을 행정적으로 지도하여 잘난 민족으로 만들겠다는 어처구니없는 논리였다. 지금도 그렇지만, 잘난 자는 대한민국 민중/국민이었고 못난 자는 정치권력이다. 박정희는 이를 거꾸로 말했다. 결국 민주주의의 가장 알짬인 '민인에 의한 통치', '민인의 알 권리'를 유보하겠다는 논리다. 4·19학생시민혁명을 일으킨 국민을 이렇게 허깨비로 만들 수는 없었다.

박정희는 '행정적 민주주의'가 지식인과 학생들에 의하여 비난과 비판을 받자, 다시 출처가 불투명한 '민족적 민주주의'를 내세웠다.(1963) 여기서 정변 독재자 박정희는 "사대주의와 식민주의 및 봉건 잔재 청산, 그리고 우리의 체질에 맞는 민주주의 실현"이라고 어불성설의 말을 나열했다. 그러나 이는 군사반란으로 권력을 탈취한 군정을 민족주의+민주주의'의 형태로 포장하려는 공작이었다. 즉 한국의 특수한 현실을 강조하면서 민족주의를 전면에 내세워 데모크라시를 내용적으로 제한하고자 하는 음모였다. 박정희가 말하는 민주주의라는 말의 뜻은 자신이 국민의 주인이라는 뜻의 민주주의였다.[29]

이 말은 박정희가 썼다고 떠도는 《국가와 혁명과 나》에서 분명하게 드러나고

---

29) 박정희가 말하는 민주주의: 일제학자들은 일본 왕이 '민중의 주인'이라는 의미로 데모크라시를 민주주의로 번역을 하였다. 바로 박정희가 말하는 민주주의는 일제식으로 자신이 국민의 주인이라는 개념이었다.

있다. 그는 이 책에서, 이집트의 독재자 나세르Gamal Abdel Nasser(1918~1970)를 영웅으로 치켜세웠다. 독재자를 높이 치켜세운 사람이 민주주의를 운운할 자격이 있었던가. 어처구니가 없다. 결국 군부 세력의 겁박에 눌린 국민들의 어쩔 수 없는 선택(?)으로 박정희는 대통령이 되었다. 그리고 대통령이 되자 바람으로 '민인의 알 권리'를 썩은 콩나물 취급하였다.

민주주의 앞에 붙인 행정적/민족적/한국적이라는 관형어/수식어는 민주주의라는 아름다운 용어를 우롱하는 처사인 동시에 민주주의를 반대하겠다는 속내를 보인 정치구호에 불과하였다. 반란군 수괴에서 대통령에 오른 박정희는 모든 정책 시행을 독단적으로 처리했다. 비밀외교가 대표적이다. 그 첫 단추가 밀실외교를 통한 비밀 한일회담이었다. 군사반란을 일으킨 자발적 친일 노예였던 박정희는 쿠데타 군정 때부터 벌써 구린내 나는 속셈을 가지고 암암리에 한일회담을 추진하고 있었다.(1961.10.20.) 그리고 이듬해에는 국가의 이권과 우리 민족의 아픈 역사를 팔아먹는 '김종필-오히라 메모'를 교환하였다.(1962.11.12., 도쿄) 그 내용을 잠시 보자. 그래서 우리는 김종필을 신친일파라고 지칭한다.

한일 비밀회담과 민족의 수치

앞에서도 김대중이 밝혔듯이, 1961년 한국에서 군사반란이 일어나자, 미국은 '전시군사작전권'이 미국에 있음을 상기하고 박정희 군사반란을 진압하려는 모양새를 취하였다. 그러나 미국은 민주당 장면 총리의 비겁한 태도와 윤보선의 내정간섭 운운하는 태도를 핑계로 삼아, 군부의 쿠데타를 반대하던 입장을 바꾸어 박정희의 군사반란을 지지하게 된다. 이어 미국은 군사정변 세력을 자국의 이익에 이용하기로 한다.

35대 대통령 존 케네디John F. Kennedy(1917~1963)는 박정희를 미국 백악관으로 불러들여 다독거렸다.(1961.11.12.) 이는 한국의 쿠데타를 인정한다는 뜻이었다. 1961년 한미회담에 담긴 의미는 다음과 같았다. 미국이 아시아에서 패권을 유지하면서 일본 자본주의사회를 수호하려면, 일본의 안전이 보장되어야 했다. 일본의 안전은 소련과 중국(당시는 중공=중국공산당이라고 하였다) 공산주의 세력의 남하를 막는 일이었다. 공산주의 세력의 남하를 막으려면 현재대로 한국이 완충지대로 남아 있어야 했다. 한국이 완충지대 역할을 충실히 하려면, 일본이 한국과 손을 잡는 일이었다. 이러한 전략을 가지고 있던 미국은 한국이 이제까지의 반일 정서를 버리고 일본과 한국이 손을 잡도록 종용하게 된다.

이러한 미국의 기본 전략에 의해 케네디는 일제군 장교 출신인 박정희를 미국으로 불러들인다. 그런데 미국이 박정희를 부르기 전에 먼저 일본 수상 이케다(池田)를 미국으로 불러들여 한일 관계 개선에 대하여 상의하였다.(1차 방미 1961.6.19., 2차 방미 1961.7.22.) 우리는 여기서 일본과 한국, 그리고 미국과의 삼각관계를 알아야 한다. 외교적으로 미국에게 있어서 일본은 '필수 가치'가 있는 나라지만, 한국은 '소용 가치'만 있는 나라다. 그래서 미국의 입장에서 한국에 대한 소용 가치가 떨어지면, 미국은 언제든지 한국을 버린다는 외교적 이해 관계를 가지고 있다. 그래서 한국의 박정희를 부르면서, 먼저 일본의 이케다 수상을 불렀던 거다.

1961년 당시 미국의 케네디가 일본 수상을 불렀을 때, 일본의 생각은 미국과 정치적 목적이 달랐다. 일본이 한일 관계 개선을 희망한 것은 한국을 경제식민지(한국경제를 일본 의존형 산업구조로 만든다는)로 만들기 위한 검은 속셈이었다.[30] 검은 속셈은 일본이 한국에 대한 경제 지원을 떠맡은 일이었다. 그래

---

30) 藤島宇内・斉藤孝 共編,《日韓問題を考える》(太平出版社, 1965) 참조.

서 미국은 박정희가 미국으로 건너오기 전에 일본을 먼저 들렸다 오라고 했다.

미국이 박정희를 부르자, 박정희는 기회가 왔다는 듯이, 벙벙 뛰는 마음으로 미국으로 건너가기 전, 당시 미未수교국인 일본에 들렸다.(1961.11.11.) 일본에 들른 박정희는 한국인의 얼굴에 먹칠하는 언행을 서슴지 않았다. 뼛속까지 자발적 친일 노예였음을 일본인들에게 드러내 보였다. 그는 일본제국주의 시대 그들 왕에 충성하는 군대를 양성하였던 만주국 군관학교 교장 나구모 주이치(南雲 忠一)를 찾아 자신을 키워준 데에 대한 감사 인사를 드렸다.(NHK, 2010년 8월 1일자 방영 내용에서) 박정희가 미국으로 오자, 케네디는 일본이 주문한 방식대로 박정희에게 한일 관계를 정상화해 줄 것을 요구하였다.

박정희로서는 이처럼 반가운 하달下達이 없었다. 박정희는 즉각 한일협상을 하도록 지시를 내렸다. 박정희는 김종필을 협상 대표로 일본에 파견하였다. 여기서 김종필은 도쿄에서 당시 일본 외무장관이었던 오히라(大平正芳)와 비밀리에 협상을 하게 된다.(1962.10.12.) 이 비밀협상은 1876년 강화도조약/병자수호조약이 불평등 협상이었듯이, 1962년 굴욕적인 임인수호조약壬寅修好條約/한일협상조약, 곧 제2의 강화수호조약守護條約/협상이었다. 신친일파 김종필은 일본 측이 제시한 굴욕적인 조건들을 아무 생각 없이 무조건 수용하였다. 협상이 중요한 게 아니고, 일본과 수교하여 공화당 창당 자금을 받아내는 게 더 중요했기 때문이다. 이것이 우리 역사에서 나오는 민배적(민족배반적의 줄임말) 친일 노예를 자처한 '김종필-오히라 메모'다.(1962.11.12.)

일본이 내건 조건을 보자. 무상원조 3억 달러, 유상원조 2억 달러 상업차관 1억 달러, 그리고 침략에 대한 사죄의 명목이 아닌 독립축하금이 명목이었다.[31] 이승만 독재권력도, 민주당 장면 정권도 일본과 협상을 하였지만 이건 아니었

---

31) 36년 수탈의 대가로, 이승만 권력은 20억 달러, 장면내각은 28억 5000달러를 요구했었다.

다. 식민지 직접적 피해자요, 나라와 역사의 주체인 대한민국 사람/국민은 안중에도 없었다. 김종필-오히라 메모에는 일제가 36년 동안 한국인에게 아픔을 안겨주었던 인적(징용/징병자/여성 성노예자/학도병 등), 물적 피해보상, 영해 평화선 문제, 독도문제, 문화재 반환 문제, 재일동포 법적 지위 문제에 대해서는 언급조차 없는 허수아비 협상안이었다. 그야말로 수호조약이었다. 더구나 징용/징병자들이 일제의 강제노동으로 저축한 돈도 반환을 요구하지 않기로 했다. 이를 바탕으로, 〈한일기본조약〉이 체결되었다.(1965. 2. 20.)[32] 더군다나 일본한테서 피해보상으로 받은 초라한 돈마저 피해당사자인 징용/징병자/여성 성노예자/학도병 등에게 한 푼도 돌아가지 않았다.

한일회담은 1963년 10월 대통령 선거(박정희가 출마할 예정인)를 통해 박정희가 합법적 권력을 장악하기 전까지 비밀리에 진행하였다. 한일협상을 워낙 비밀리에 진행시켰던 탓으로 이런 사실을 전혀 몰랐던 대한민국의 민인/민중들은 1964년 3월 초에 이 사실을 알게 된다. 나라 사람들은 분노하였다. 한국의 재야 인사들은 이에 즉각 반발하여 〈대일굴욕외교반대 범국민투쟁위원회〉를 결성하기에 이른다.(1964. 3. 6.) 그리고 전국을 순회하며 한일회담 반대 유세를 벌였다. 서울대학교 학생들은 〈한일회담의 즉각 중지〉를 요구하는 집회를 갖고, 일본 수상 이케다와 이완용(김종필을 상징)의 화형식을 거행한 뒤 가두시위를 벌였다.(1964. 3. 24.) 이것이 도화선이 되어 한일회담 반대 기의가 전국 대학으로 확산이 되었다. 이러한 한일회담 반대 기의는 4월을 거쳐 5월에는 서

---

[32] 박정희는 한일협정을 맺은 대가로 일본 기업인으로부터 6,600만 달러(현시가로 2조 1천억 원)를 개인적(명분은 공화당 창당)으로 받아 챙겼다. 나라를 팔아먹은 대가다. 일본이 용돈을 주니 감지덕지했겠지.(《서울의 소리》 2019. 8. 16일자) 민족문제연구소에서 미국의 중앙정보국(CIA)의 1966년 3월 18일자 특별보고서 〈한일관계의 미래〉 자료에 의거한 공개자료)임

울 시내 대학생들이 서울대학교 문리대 교정(동숭동)에 모여 "박정희 권력=민족적 민주주의=반민족 친일파"라는 등식을 만들고 박정희의 '민족적 민주주의'에 대한 사형선고를 내렸다.(1964. 5. 20.)

아무런 통치 이념도 담기지 않은 '민족적 민주주의' 강조는 결국 참자유주의와 참민주주의를 탄압하기 위한 기만에 불과하였다는 사실이 드러났다. 학생과 시민들의 한일회담 반대 투쟁과 함께 '민족적 민주주의' 사형선고 이후 박정희는 이를 거론치 않았다. 민족적 민주주의 사형선고를 내리고 얼마 뒤 40명으로 구성된 학생들은 다시 단식농성에 들어갔다(5.30) 그러자 박정희는 그 본색을 드러내고 서울시 일대에 비상계엄령을 내렸다.(1964. 6. 3. 밤 8시) 한일회담을 반대하는 학생들은 계엄령에도 아랑곳하지 않고, 이에 저항하며 전국적인 기의로 확대시켰다. "한일회담 반대. 군사정권 퇴진, 박정희 하야"를 외치는 분노의 함성이 드높이 울려 퍼져나갔다. 시민과 학생들이 분노하는 배경에는 군사정권의 "부정부패, 정보정치, 매판독점자본, 외세의존 정치"에 대한 노여움이 있었다. 이에 박정희 파쇼는 기의/시위대에 대하여 야수와 같은 무력탄압을 해댔다. 무력적 탄압을 통하여 민주인사와 학생들 384명을 강제로 붙잡아 갔다. 이를 우리 역사에서 6·3사태/6·3항쟁이라 이름한다.[33] 강압적으로 체포되어 투옥된 학생들은 퇴학과 입대가 강제되었다.

이 무렵에 정치권에서는 6대 국회의원 선거가 있었다.(1963.11.26.) 김대중은 자신의 선거지역구를 인제에서 목포로 옮긴다. 이곳에서 공화당 후보를 상

---

[33] 6.3항쟁이 터지자, 박정희가 한 때 사임을 고려했으나, 주한유엔군사령관(미군)이 헬기로 청와대 뜰에 내려 동요하지 말라는 메시지를 전달하였다. 한일국교정상화와 반공체제는 미국이 구상하는 아시아 정책의 요체였기에 미국의 전략에 박정희가 꼭 필요했기 때문이었다.(자 1, 159) 이렇게 미국은 자국의 이익에 필요하다면 독재권력일지라도 한껏 용인하였다.

당한 표 차이로 물리치고 당선되었다. 그러나 김대중이 소속된 민주당은 형편없은 성과를 냈다.(175석 중 14석) 그리하여 원내교섭단체를 결성하기 위하여 자유민주당(9), 국민의당(12)와 연합하여 교섭단체(삼민회三民會, 35석)을 만들었다. 6대 국회에서 김대중이 정치적 두각을 드러내는 의정활동이 일어난다. 대한민국 의정사상 무제한 토론(필리버스터filibuster) 시간을 무려 5시간 19분 동안 진행하였다. 이는 당시 자유민주당 소속으로 박정희의 사상검증을 요구하였던 김준연金俊淵(1895~1971) 의원이 "공화당 정권이 한일협상 과정에서 김종필이 1억 3,000만 달러를 들여와 정치자금으로 썼다"고 폭로를 하자, 박정희의 분노와 함께 공화당은 이를 허위사실 유포와 명예훼손 혐의를 붙여 구속동의안을 국회에 제출하였다. 이에 국회의장 이효상이 김 의원에 대한 구속동의안을 전격적으로 상정하였다.(1964.4.20.) 그러나 삼민회 총무 한건수韓建洙(1921~1994)가 김대중에게 김준연 의원의 구속을 막기 위해 의정 시간을 지연시켜 달라고 부탁을 해왔다. 김대중은 이를 받아들였다.

그리하여 점심시간 이후 의회가 속개되자, 삼민회 소속 25명이 연명으로 된 의사일정 변경동의 제안을 제출하기 위해 대표로 김대중은 의사진행발언을 얻어 제안설명을 하기 시작하였다. 오후 2시 37분에 시작하였다. 아무런 원고 없이 제안 설명(김준연 의원 구속 부당성)을 해나갔다. 발언이 5시간이 넘어가자, 이효상 의장이 직권으로 제안 발언을 중단시켰다. 이때가 오후 7시 56분이었다. 이렇게 해서 김대중의 '의사진행 지연 발언'은 5시간 19분을 기록하였다. 김대중의 필리버스터 시간은 당시 세계 최장 시간을 기록하면서 '기네스북'에 올리고 증서도 받았다. 뿐만 아니라, 김대중의 의사진행 지연 발언은 당시《동아방송》을 통해 생중계 되면서 국회의원 최고의 인물로 부상되었다.(자1, 161~163 참고)

한일회담 반대시위가 연일 계속되었다. 김대중은 당시 한일회담을 반대하는 학생들의 시위 상황에 대하여 다음과 같이 표현하였다. "서울 중심부 세종로 중앙청과 청와대로 통하는 큰길에서 학생들이 농성을 벌였다. 경찰은 이들에게 최루탄을 무차별로 쏘았고 최루가스에 가려 대낮에도 해가 보이지 않을 정도였다."고 증언하였다.(자 1) 그리고 계엄령 발효 속에서 국민의 의사를 무시한 채 수호조약의 성격을 띠는 '한일기본조약'이 베트남 파병안(전투사단)과 함께 국회에서 비준이 되었다.(1964. 6. 22) 이에 다시 학생, 시민들은 분노하여 거리로 쏟아져 나왔다.

사태가 험악하게 변해 가자, 박정희 군사독재는 추잡하게 이념몰이/빨갱이 사냥을 시작한다. 여기서 조작되는 사건이 서울 문리대의 〈불꽃회〉사건 (1964. 7. 18.)과 〈인민혁명당〉사건이다.(1964. 8. 14, 인혁당) 인혁당 사건 때, 양심이 있는 공안부 검찰 3인(이용훈, 김병리, 장원찬)[34]은 '증거불충분'을 이유로 기소할 수 없다고 서명 거부와 함께 사표를 제출했다. 이는 곧, 이 사건이 한마디로 조작이었다는 뜻이다. 비극이었다. 박정희가 권력 장악에만 눈이 멀어, 벌건 눈을 드러내며 공포정치를 자행했지만, 이에 아랑곳하지 않고 대학생은 물론 고등학생들까지 6·3항쟁을 이어 나갔다.

이에 박정희는 독재의 본성을 더욱 강하게 드러냈다. 위수령 발동이다.(1965. 8. 23) 대학에 군대를 주둔시키고 학생들의 저항을 무력으로 탄압하였다. 계엄령으로 군대의 힘이 사회를 통제하게 되자, 언론조차 박정희에 대한 비난의 강도가 줄어들었다. 끝내 '한일협정' 비준서는 권력자의 일방적 결정으로 한일 간에 교환되었다.(1965. 12. 18.) 이러한 대가로 미국은 대한민국에게 자국의 중저가中低價 시장을 개방해 주었다. 알량한 선심이다. 이렇게 해서 한국은 한미

---

34) 이용훈李容勳(1942~ 현존): 노무현 대통령에 의해 대한민국 제14대 대법원장(2005년 9월 25일 ~ 2011년 9월 24일)으로 임명됨.

일韓米日 반공군사동맹과 경제동맹구조의 완성과 함께 일본을 사회주의 연맹 세력으로부터 이를 지켜주는 완충지대 역할을 충실히 하게 되었다.

한일회담에 대하여 야당의 민정당 총재 윤보선은 한일회담을 절대 안 된다는 강경론으로 나왔다. 이에 대하여 김대중은 한일협정에 대하여 한일수교를 원칙적으로 인정하면서 여당/정부안에 대한 대응안을 내놓아야 한다고 하였다. 그래서 국회에서 박정희의 대일 굴욕적 자세를 비판하면서 잘못된 점을 지적하였다. "기본조약, 대일청구권 문제, 어업문제, 히로시마 한국인 피폭문제, 한국인 노동자 강제 연행사건, 일제 군인의 향락에 희생된 한국 '여성의 성노예' 문제, 사할린 교포 송환문제, 독도영유권 문제" 등에 대한 미해결 사항에 대한 부당성이다. 그리고 미국의 일본 우위 정책으로, 한국에 대한 일본의 영향력 확장에 대한 우려를 심각하게 따졌다.(자1, 166, 글쓴이가 위안부를 여성 성노예로 고침) 김대중은 협정 내용을 보고 분노를 넘어 수치심에 어찌할 바를 몰랐다고 술회하면서 36년간의 수탈의 역사를 3억 달러에 팔아넘기는 것에 개탄을 하였다. 이어 한일기본조약 체결로 일본과 관련된 모든 과거사가 통째로 증발되었다고 한숨을 쉬면서 "나는 겨레와 역사 앞에 죄를 짓는 행위라고 생각했다."(자1, 168~169)고 수치심을 느꼈다고 통회痛悔하였다.

그러나 한일회담에 대한 김대중의 온건적 입장은 한일회담에 대한 반대 강경론자들로부터 사상적으로 의심된다는 비난을 받게 된다. 그들은 "여당첩자", "사쿠라 중에서도 왕사쿠라" 라는 비난의 말을 퍼부었다. 김대중은 이러한 비난의 말에 몹시 괴로웠던 모양이다. 의원들은 김대중의 속뜻을 몰라주었다. 김대중의 속뜻은 "박정희에게 독재 강화의 빌미"를 주어서는 안 된다는 심정과 함께 돈이 문제가 아니고 일본의 사과가 더 중요하다고 생각하였다.(자,1,

155~169 참조) 결국 박정희와 공화당 권력은 일제의 반성과 사과보다는 돈을 먼저 생각하였다. 한일협정이 체결되면서 이후 한국에 대한 경제 지원이 일본으로부터 들어오게 되면서 한국은 일본에 의존하는 경제식민지로 전락해 갔다. 그리고 미국은 자신들의 전략대로 한일수교를 끌어낸 박정희를 절대적으로 신뢰하고 지지를 보냈다.

한편, 박정희는 1961년 미국에 갔을 때 자진해서 케네디에게 한국군 월남파병을 제안했었다. 그러나 케네디는 이를 거절한 바 있다. 얼마 후 케네디가 암살되고(1963.11.22.) 존슨Lyndon Baines Johnson(1908.~1973.)이 대통령직을 승계하면서 베트남 전쟁을 키워나갔다. 이에 25개 우방국에 파병 요청을 하게 된다. 베트남 공산당을 이기기 위한 미국의 힘의 과시였다. 기회주의자 박정희로서는 이런 기회를 놓칠 수 없었다. 박정희는 후방지원 부대(의료부대/태권도 교관단)를 먼저 베트남에 파견한다.(1964. 9.11, 비둘기부대는 65.2.25) 이것은 국내 국민들의 분위기를 살피기 위함이었다. 이어 전투병 파견 요청을 위해 존슨이 한국을 다녀 간다.(1966.10.31.) 김대중의 증언에 의하면, 존슨이 한국에 왔을 때 세계 유례가 없는 환영 물결이었다고 한다. 이 당시 환영 행사에 참여했던 경기여고 학생이었던 사람들의 증언을 들어보면, 경기여고와 이화여고 학생들이 수업도 중단한 채, 가두街頭 환영 행렬에 동원되어 태극기와 성조기를 손에 들고 마구 흔들어 대며 환호의 소리를 질렀다고 한다. 그리고 존슨이 지나가는 가두의 높은 빌딩에서는 회사원들이 옥상에 올라가 꽃종이들을 마구 뿌려대어 꽃눈이 내리는 것처럼 보였다고 한다.

존슨이 다녀간 후 1967년에 대대적 현역 전투부대의 파병이 이루어진다. 젊은 청년들을 남의 나라 내전內戰에 팔아 '월남특수'를 누리는 동시에 반공 분위기를 고양시키기 위한 용병 파견이었다.[35] 일거양득의 음모였다. 베트남 전쟁은 자본주의 대 공산주의의 대결이 아니었다. 제국주의와 반제국주의, 통일혁명과 반통일혁명, 침략주의와 반침략주의, 민족주의와 반민족주의, 그리고 인종 탄압이 뒤엉킨 총체적인 국가주의의 극치를 보인 강대국에 의한 폭력전쟁이었다. 이뿐만이 아니다. 베트남에 파병된 한국의 현역 군인들은 미국의 압력과 한국정부의 중간 착취로 베트남에 파병된 다른 나라 병사들보다 처우가 형편없이 낮았다. 이로써 베트남에 파병된 한국의 현역 군인은 '호전적 용병'이라는 인식을 국제사회에 심어주었다. 어쨌거나 미국은 한국의 베트남 파병에 대하여 '보은의 파병'이라고 고마워했다. 베트남 파병은 박정희 파쇼권력과 미국의 관계를 더욱 돈독하게 만들어 주었다. 베트남 파병이 이뤄진 후 박정희는 존슨의 초청으로 미국으로 가서 최고의 환대를 받았다.(자1)

베트남에 대한 국군 파병은 정치권의 야당과 재야인사, 그리고 학생들의 강렬한 반대로 나타났다. 이때 장준하는 대구의 민중당 국민대회(1966.10)에서 특정 재벌 밀수 진상, 곧 "박정희가 삼성의 사카린 밀수 사건의 배후"라고 폭로하였다. 그리고 월남파병 문제도 규탄하였다. 장준하는 이 발언으로, '국가원수모독죄'로 구속되어 3개월간 감옥생활을 하게 된다.(1967. 4.)

한편, 박정희는 5·16군사쿠데타를 주도할 때부터 언론과 언론인에 대한 통제를 생각하고 있었다. 그런데 마침 학생과 재야에서 굴욕적인 한일회담과 불필요한 월남 파병에 대한 반대 투쟁이 격렬하게 일어나자, 이 기회를 포착하였다. 비상계엄령을 선포하고 언론과 언론인 통제를 강화했다. 그 첫 사건이 계엄사령부에 의한 《동아방송》의 시사풍자 프로그램 〈앵무새〉 제작진 6명이 연

---

35) 사실상 전투병 월남 파병 기간: 1965.9.25.~1973.2.9

행/구속당하는 사건이다.(1964. 6.15.) 죄명은 "반공법상 반국가단체 활동의 찬양 고무 및 내란 선동선전" 등이었다. 언론의 입을 틀어막겠다는 수작이 본격화되었다. 〈앵무새〉 시사풍자 프로그램(밤 9시45분에서 5분간 진행)은, 한국 방송사상 처음으로 한국 땅에서 일어나고 있는 정치/사회 현상을 풍자하면서 일종의 '정치 고발' 의 성격을 가진 방송이었다. 한 예를 들면 "나라의 질서를 어지럽히고도 정권만 잡고 있으면", "부정 사건 뒤에는 유력한 간부급 사람들의 줄이 닿아있느니" 등 풍자/고발 방송이 앵무새라는 프로그램이었다. 검찰은 민사재판/앵무새 재판에서 이들에게 징역 3년이나 구형하였다.[36] 검찰도 권력이 "언론 탄압"을 하자, 앵무새처럼 구형을 했다. 이렇게 시작된 박정희의 언론통제와 간섭은 본격화된다.

공화당의 단독 상정으로 이루어진 〈언론윤리위원회법〉안과 〈학원보호법〉안이 국회에서 통과되었다.(1964. 8.3.) 노골적인 독재정권의 언론통제/탄압이었다. 이에 함석헌과 장준하는 자유언론 수호를 위한 하나의 단체를 조직하게 된다. 물론 그 전에 정치권(야당)에서는 언론수호를 위한 범국민적인 대책위를 구성하려는 움직임을 보였다. 이리하여 민간인 차원에서 조직된 것이 《언론자유수호연맹》이었다.(1964. 위원장 함석헌, 부위원장 겸 대변인, 장준하)[37] 이에서 영향을 받아 〈전국 언론인 대회〉, 〈언론윤리위원회법 철폐 투쟁위원회〉도 구성되어 독재권력의 언론 통제에 대하여 강렬하게 투쟁해 들어갔다. 정부의 언론탄압에 대항하여 〈한국기자협회〉도 만들어지게 된다.(1964.8.17.) 결국 박

---

36) 재판부는 〈앵무새〉 제작진에게 무죄를 선고했다.(1969. 12.)
37) 언론자유수호연맹: 고문에 윤보선, 박순천, 위원장 함석헌, 부위원장에 김상협, 모윤숙, 장이욱, 장준하, 대변인에 장준하, 준비위원 500여명. 이에 독재자 박정희도 어쩔 수 없었던지, 언론자유수호협의회 대표들을 만나(1964. 9. 10) 언론법의 전면 보류하였다. 이로 인해 함석헌은 언론 파동의 장본인이 되었다. 반의회주의자가 되었다. 박정희 언론법 전면 보류의 이면에서는 한일협약을 통과시키려는 박정희의 음모가 있었던 것으로 보인다.

정희 개인독재는 언론법 전면 보류를 발표하게 된다.(1964. 9. 4.) 박정희 독재 권력과 역사적인 싸움(38일간)에서 민중들이 승리한 최초의 사건이 된다. 붓이 칼을 이긴 사건으로 기록이 된다.

1964년 11월 무렵에 '통일필화사건'/통일론필화사건이 터진다. 당시 문화방송 사장이었던 황용주黃龍珠(1919~2001) 필화사건이다. 황용주는 경상남도 밀양 출신으로 일제강점기, 박정희와 대구사범대학 입학(2기) 동기(1932)였다. 학교를 다니던 중 학내 '독서회 사건'에 연루되어 퇴학을 당한다. 그 후 도일하여 와세다대학교(早稻田 大學)에서 불어불문학을 전공하게 된다.(1944년 졸업) 재학 중에 학도병으로 전쟁에 참여도 했다. 그 뒤 김원봉金元鳳(1898~1958)의 비서가 되어〈의열단義烈團〉에 가담한다. 분단해방 이후에는 교육 활동도 한다. 박정희가 군사반란을 일으키고 군정을 하고 있을 때, 황용주는 부산 출신으로 언론인이었던 오종식吳宗植(1906~1976)이 발간하는 종합교양지《세대世代》(1963. 6월 창간) 편집위원으로 있으면서 논설을 썼다. 문제가 생겼다. 논설 중 한 꼭지의 글 제목이〈강력한 통일 정부에의 의지: 민족적 민주주의의 내용과 방향〉이었다. 내용 중에 "국토 양단의 현실을 타개하기 위해서 관계 강대국의 협상이 개시되지 않을 수 없게끔 우리들 남북한의 적대 상황의 해방작업부터 착수되어야 하는 것이다."는 주장과 함께 '남북한의 상호 불가침과 군비 축소', '남북한의 유엔 동시 가입 및 대화' '남북한 총선' 등 민족자주정신과 중립화 통일론을 주장한다.[38] 당시에는 상당히 '앞서가는' 주장이었다. 이 논설에 쓴 글로 황용주는 국시國是 위반으로 구속이 되고, 세대잡지의 주간(이준희), 편집장(이광훈) 기자(김달현), 그리고 발행인 등도 구속되어 재판을 받게 된다.(1964.11.19.) 그래서 황용주의 주장을 '통일필화론'이라고도 부른다. 같

---

[38]《황용주 그와 박정희의 시대》(안경환, 까치, 2013) 366~420쪽. 참조.

은 풀을 먹어도 소는 인간에게 유익한 우유를 생산하지만, 독사는 인간에게 독을 쏜다. 박정희와 황용주를 두고 하는 말이다.

박정희 독재권력의 경제적 절정기를 이루는 시기는 베트남 통일전쟁에 한국의 현역 군인들을 파견하면서부터이다. 베트남특수/월남특수가 나타났다. 일본이 우리 땅의 6·25 전쟁으로 군수산업의 호황(6·25전쟁특수)을 이루었듯이 대한민국은 서독에 파견된 광부와 간호사를 통해 들어온 자금과 일본의 차관 및 무상자금, 베트남 파병 장병 급여의 본국 송금 등을 통해 경제를 급하게 발전시켜 나갔다. 그리고 베트남 파병은 군수산업의 호황으로 귀결되었다. 곧 베트남특수가 대한민국의 경제성장에 동력을 주었다는 뜻이다.(자1, 174) 이렇게 한국의 젊은이들의 땀과 피를 남의 나라에 내다 판 돈으로 경제 호황을 만들어 갔다. 이러한 비정상적인 경제 호황은 결국에 박정희에게 파쇼자본주의의 길을 열어주었다. 파쇼자본주의는 현대그룹에 의한 경부고속도로 건설과 울산공업단지 확장 등으로 나타났다.

그리고 1967년은, 1) 제1차 경제개발5개년계획의 성과가 가시화되는 해다. 2) 제6대 대통령선거(5.3, 박정희 대 윤보선)와 국회의원 선거도 있는 해다.(6.8.) 김대중은 통합 야당인 신민당에서 윤보선을 다시 대통령 후보로 낸 것은 잘못이었다고 회고하였다. 김대중의 증언을 조금 들어보자. "지난번 대선에서 이미 심판을 받은 윤보선 후보로는 박정희 후보에 필패할 것이라는 예상을 했다……윤보선 씨 개인의 출마야욕이 강했다……결국 윤보선 씨 특유의 고집으로 후보가 됐고, 그 고집은 결국 또 선거를 망치고 말았다."(자1)

여하튼 박정희는 대선에서 당선을 거머쥐고 1967년 6월 총선에 신경을 썼다. 1971년 대선까지 생각하는 장기 집권의 야욕 때문이었다. 박정희는 6·18 국회의원 선거를 직접 챙겼다. 박정희는 목포에서 출마한 김대중 후보 낙선

落選 음모를 직접 챙겨나갔다. 그것은 개헌에 걸림돌이 되는 인물의 당선을 막기 위함이었다. 박정희는 당시 중앙정보부와 내무부 간부들을 청와대로 불러놓고 "김대중을 무슨 일이 있어도 … 절대 당선시켜서는 안된다."(자 1. 176~177)라고 강력하게 지시하였다. 그리하여 경찰과 내무부 관리들이 총동원(박정희 총재 유세반)되어 유권자 조작, 부정 투표, 부정 개표, 현금매수, 협박 등을 드러내놓고 저질렀다. 중앙선거관리위원회(위원장: 사광옥)가 국무위원의 "특정 후보 지지와 반대는 위법"이라는 경고에도 무시하고 박정희 군부 권력은 장기 집권을 위하여 부정선거를 보란 듯이 자행하였다. 중앙선거관리위원도 박정희 권력의 부정선거를 막기에는 역부족이었다. 그러나 김대중은 박정희 권력의 비열한 당선 방해 공작에도 불구하고 공화당 후보 김병삼[39]을 물리치고 7대 국회의원에 당선되었다. 이 덕분에 김대중은 6·8 선거를 통하여 일약 국민적 인물로 부상되었다.[40] 이렇게 6·8 총선은 박정희가 3선 개헌을 위한 초석으로 개헌 정족수인 국회의원 2/3를 확보하기 위하여 유례없는 관권 부정선거를 획책하였던 선거였다. 박정희와 공화당에서는 김대중이 선거에서 이기자, 오히려 "김대중은 음흉하고 권모술수에 능한 정치인"이라고 매도하였다.(자1) 그러나 정치적인 반작용이 일어났다. 박정희에 의해 김대중이 "국민적 지도자급"으로 부상하게 되었다는 점이다.(《김형욱회고록》 2, 186쪽.)

이 당시 관권을 동원한 부정선거는 극에 달하고 있었다. 글쓴이가 사는 현지

---

39) 김병삼: 당시 박정희의 큰 신임을 얻은 부도덕한 사람으로 이승만 독재 때, 안두희가 김구를 암살할 때 사건 현장을 장악하여 사건조사를 방해하였다. 김병삼은 목포에서 김대중과 경쟁을 꺼려하여 불출마를 위해 권총위해사건을 자작하기도 했다. 그러나 박정희는 굳이 김대중의 대항마로 목포에서 출마를 시켰다.(《김대중자서전》, 1.)
40) 김형욱,《김형욱 회고록》II (아침, 1985.) 186쪽.

인의 증언에 의하면, 대통령 선거에서도 경상도 대부분(?) 지역에서 공개된 부정 투표가 있었다고 한다. 부정 투표는 동네의 이장들이 투표에 참여하지 못한 또는 고의에 의한 농민들의 도장을 들고 투표소에 들어가 투표용지를 타서 무더기로 박정희에게 도장을 찍었다고 한다. 군에서도 마찬가지였다. 상관(부대장)으로부터 직접 부정 투표를 소속 장병들에게 지시하도록 하달을 받는다. 인사장교는 장병들을 집합시킨 다음에 무조건 박정희에게 도장(선거용)을 찍게 강제하였다. 그리고 투표 장막에 들어가기 전에 인사 관계 장교가 투표지를 검사하였다. 이렇게 부정 투표가 공공연하게 진행되었다. 게다가 도시와 농촌을 불문하고 무지몽매한 노인들은 "거저 잘 먹고 잘살게 해준다"는 데 현혹되어 '경제개발5개년계획'의 본질[41]도 모르고 박정희를 찍었다.

공화당의 부정선거는 이를 규탄하는 학생 기의로 연결되었다. 부정선거 규탄시위는 연세대학교 학생들로부터 시작이 된다. 이것이 시발점이 되어 전국으로 기의가 확산되어 갔다. 기의는 한 달이 되도록 그치지 않았을 뿐만 아니라 고등학교 학생들에게까지 확산이 되었다. 고등학생들까지 데모 시위대열을 이루게 되자, 이에 당황한 박정희 군사권력은 11개 대학에 휴교령을 내렸다.(6.14.) 그러나 학생들의 '부정선거'를 규탄하는 항의는 그칠 줄 모르고 연일 계속되었다. 박정희의 외양간지기들은 전국 대학과 고교(28개 대학, 219개 고등학교)에 휴교령을 확대시켰다.(6.16.) 이러한 독재 당국의 반성 없는 강경 조치에도 불구하고 학생들의 분노와 기의는 식어들 줄 몰랐다.

서울의 여러 개 대학의 학생 대표가 모여 〈부정부패일소전학생투쟁위원회〉를 결성하고 부정선거를 규탄하는 성토대회를 열었다(6.21.) 부정선거 규탄대회는 계속 확산이 되어 나갔다. 끝내 서울에서만 14개 대학 16,000명이라는 대

---

41) '경제개발5개년계획'의 부정적 효과에 대해서는 김대중의 '대중경제론'에서 이야기가 되겠음.

규모의 기의대가 분노의 열기를 토해 냈다.(7.3) 그러나 부패한 정권은 서울 시내 고교에 무기한 휴교령을 내리고 대학은 조기방학을 강제당하게 된다.(7.3~4) 우리 역사에서는 이 사건을 '6·8부정선거규탄시위'라고 이름한다. 글쓴이도 고3 학생 신분으로 규탄시위에 참여한 바 있다.

박정희 군부 독재권력은 부정선거 규탄 분위기를 물타기 하였다. 바로 '이념 몰이'다. 이념 몰이는 이른바 우리 정치사에서 말하는 '동백림사건東伯林事件'이다.(1967. 7.8.) 동백림사건은 또 하나의 허위로 조작된 날조 사건이다. 당시 중앙정보부에서 발표한 날조 내용을 보면, "문화예술계의 윤이상尹伊桑(1917~1995), 이응로李應魯(1904~1989), 학계의 황성모黃性模(1926~1992), 임석진林錫珍(1922~2018)과 유학생 등 203명이 '대남적화공작'을 벌이다 적발되었다"고 발표했다. 여기서 거론된 사람들은 대남적화공작을 한 적이 전혀 없다. 중앙정보부는 이들에게 고문이라는 국가폭력을 가하고 간첩단으로 조작하였다. 그리고 서울대학교 문리대학의 〈민족주의비교연구회〉도 동백림간첩단과 연계된 반국가단체라고 발표했다. 어처구니없는 날조였다. '동백림간첩단사건'에 연루된 사람은 대남 간첩이 없었다. 이 사실은 대법원 최종심에서 간첩죄가 인정된 사람은 1명도 없었다는 사실에서도 알 수 있다.

'동백림간첩단사건'은 국제적으로 외교 마찰까지 일으켰다.[42] 유럽의 대학에 가서 공부하고 있는 유학생들과 교민을 상대국(독일과 프랑스)의 허락도 없이 강제로 국내로 끌고 왔기 때문이다. 그래서 "독일과 프랑스 정부는 영토주권의 침해라고 강력히 항의하고 원상회복을 요구"해 왔다. 이에 대한민국은 독일/프랑스 등으로부터 주권 침해 공세에 시달리면서 국제사회에서 '국가 신인

---

42) 동백림납치사건에 협조한 나라가 일본이었고, 비행기가 일본의 JAL이었다.(조승복,《분단의 한-과거와 미래》(도서출판 케리그마, 2004) 427쪽 참조. 조승복趙承福(1922~2012)은 스웨덴 스톡홀름 대학의 언어학 교수로 있으면서 해외에서 우리 민족의 통일운동을 위해 노력해 왔다.

도'가 추락해 갔다. 이들 국가들은 윤이상, 이응로 등을 위한 석방 탄원 운동을 벌이기도 하였다. 이러한 사실이 국제사회에서 알려지면서 대한민국은 세계적으로 '인권 후진국'으로 낙인이 찍히게 된다.(자1, 189) 박정희는 대한민국이 인권 후진국이 되든 말든, 아무런 상관이 없었다. 권좌를 잡고 있으면 그만이었다.

'동백림간첩단사건'은 순전히 6·8부정선거규탄시위를 냉각시키기 위한 조작된 이념몰이에 지나지 않았다. '동백림간첩단사건'의 수사 결과가 발표되자, 세상인심은 묘하게도 박정희 권력이 의도한 대로 부정선거 규탄시위가 점점 냉각되어 갔다. 그러나 대한민국 중앙정보부는 조작된 이 사건을 역으로 이용하여 동베를린을 거점으로 한 북한의 대남공작 실상을 국제적으로 폭로하려는 음모를 꾸몄다. 이러한 음모를 통하여 유럽 지역에서 졸렬하게도 북한의 대남공작을 견제할 수 있는 기반을 만들려고 했다. 파렴치한 짓거리였다.

전 대통령 노무현에 의하여 〈국정원과거사 진실규명을 통한 발전위원회〉(진실위원회)가 발족되었다.(2004.11.2.) 진실위원회는 동백림간첩단사건에 대하여 "당시 박정희 군사독재 권력이 단순 대북 접촉과 동조행위를 국가보안법과 형법상의 간첩죄로 무리하게 적용하여 사건의 외연과 범죄사실을 확대/과장했다"고 진실을 밝혀 주었다.(2006. 1. 26)

'경제개발5개년계획'의 허구와 실상

1967년 7월, 제6대 대통령 직무가 시작되자, 박정희는 학생/시민들이 사형선고를 내린 '민족적 민주주의'를 다시 들먹였다. 이때 박정희가 1967년 선거 유세에서 주장한 '민족적 민주주의'는 이전과 다른 내용이었다. 1963년 대선에서 주장되는 '민족적 민주주의'는 "서구식 민주주의 모방을 지양하고, 한국적 토양에 맞는 민주주의 수립"이라는 내용을 담고 있었다. 그런데 1967년 대선에서 주장한 '민족적 민주주의'는 "경제적 완전 자립의 성취"였다. 여기서 박정희 군사반란의 태생적 본질이 드러난다. 자신이 권력을 영구적으로 장악하기 위해서는 민주주의/민중정치가 아닌 제국주의적 '민족주의'가 필요했다. 박정희가 '민족주의'를 거론한 것은 민족의 '경제자립'을 위하여 자신이 필요하다는 논리다. 영웅주의 본색을 확연하게 드러내는 전근대적인 발상이었다.

"박정희가 한국경제를 살렸다, 우리를 잘 먹고 잘살게 했다.", "보릿고개를 없앴다"라는 말이 한때 유행하였다. 과연 그럴까. 그러면 여기서 잠시 박정희의 경제정책, 곧 '경제개발5개년계획/정책'에 대하여 이야기를 하고 넘어가기로 하자. 박정희는 1960년 초, 민주당 정부가 세워놓은 '경제개발5개년계획'을 찾아낸다.(1962) 그러고는 마치 자신들이 만든 경제정책인 양, 그것도 군정기간 중에 실시한다. 군정 기간 1961년 5.16에서 1963년 12월까지는 박정희가 대한민국 헌법을 정지시켰기 때문에, 대한민국 실체가 망국亡國된 시기다. 때문에 쿠데타 정부의 군정 기간 중에 '경제개발5개년계획'의 실시 또한 맞지 않았다.

쿠데타를 통한 반란세력들은 경제발전을 위한 정치 협조와 행정 능률을 강조했다. 곧, '경제개발5개년계획'을 통한 '조국근대화' 작업에 매진하기 위하여 "비협조와 파쟁 등 정치적/사회적 불안정을 제거해야 한다."는 뜻이다. 이 말속에는 대한민국에 민주주의도, 자유주의도 없다. 오로지 쿠데타 정부만 있다는 저들의 음흉한 의지가 숨어 있었다. 박정희는 '경제개발5개년계획'이라는 도구를 이용하여 대한민국 국민이 갖는 천부적 자유주의와 참 민주주의/민중정치를 기만하고 제국주의적 독점자본주의 미래국가(자신이 독재적으로 이끌)를 수립해 나갔다. 그리고 이를 통하여 "노동력 수탈, 산림개발, 토지남용/

환경 파괴를 본격화하였다.

이후 박정희는 경제자립을 외쳤다. 여세를 몰아 당시 '민주주의'/민중정치를 주장하는 사람들을 '반민족분자'로 몰아 옥살이시켰다. 인재 탄압이 시작되었다. 박정희는 민주주의의 알짬인 인권/민권을 헌신짝처럼 유린하기 시작하였다. 그리고 인권 탄압과 함께 민주주의를 '10월유신'에 이르러 '한국적 민주주의'로 둔갑시키면서 민주주의에 '한국적'이라는 수식어를 붙였다. 박정희가 말하는 민주주의는 일제 왕이 그랬듯이 박정희 왕이 국민의 주인이라는 뜻의 민주주의였다.

'한국적 민주주의'라는 말은 유학儒學에서 전해지고 있는 충효문화와 가족주의(혈연+지연+학연)를 기반으로 한 왜곡된 민주주의를 말한다. 충효사상과 가족주의를 기반으로 했다는 말은 공화주의가 아닌 왕권주의를 내건 저들만의 두목 민주주의를 뜻한다. 나라 사람(민인/국민)이 나라의 주인이 아닌, 권력자가 나라의 주인이라는 의미의 민주주의가 한국적 민주주의, 곧 두목 민주주의라는 말이다. 박정희가 '한국적 민주주의'를 주장하는 배경에는 장기집권이라는 음흉한 음모가 숨어 있었다.

박정희는 나라 사람들을 협박하여 2번 대통령직에 올랐다. 계속 대통령을 해 먹으려니, 기존의 헌법으로는 더 이상 대통령을 해 먹을 수 없게 되어 있었다. 이에 박정희는 헌법을 고쳐서라도 대통령을 계속 더 해 먹겠다는 권력에 대한 이리와 같은 욕심을 서서히 표면화하였다. 삼선개헌은 헌법정신의 유린이자, 민주주의를 파괴하는 일이었다. 그러자, 공화당 내부에서조차 김종필을 비롯한 자신의 측근들마저 삼선개헌을 반대하고 나섰다. 이에 박정희는 공화당 내의 삼선개헌 반대 세력들에게 이른바 '국민복지회사건'(1968. 5. 25)을 공작한다. 이를 통하여 김종필과 김용태를 제거해 버린다. 그래 놓고 박정희는 "임기 중에 개헌을 안 하는 것이 내 소신이지만 꼭 필요가 있다면 연말이나 내년 초에 논의해도 늦지 않다."(1969. 1. 10, 연두기자회견)라는 해괴망측한 발언을 한다.

이로써 삼선개헌 문제를 정계의 현안으로 부각시켰다. 그는 "헌법이라는 것은 될 수만 있다면 자주 고치지 않는 것이 좋다. 그러나 또 헌법이라는 것은 꼭 고쳐야 할 필요성이 있으면 고칠 수도 있는 것"이라는 식의 헌법의 가치를 헌신짝처럼 취급하는 발언을 한다.(1969. 4.25, 기자회견) 이렇게 해서 삼선개헌이 공식화된다. 고칠 필요성이 없는 헌법을 고치겠다는 발상이 곧 헌법을 유린하는 사고가 된다. 삼선개헌 움직임에 대하여 국내 비판이 거세지고 저항 세력이 발생하기 시작하였다. 이에 박정희는 계속 해괴한 논리를 폈다. 개헌 자체는 위헌이 아니라는 논리다. 즉 "대통령은 개헌을 막을 권리가 없다", "개헌을 통해서 나와 이 정부에 대한 신임을 묻겠다."(1969. 7.25 특별담화문)라는 식으로 암암리에 민인/나라 사람들을 협박하였다. 이렇게 해서 삼선개헌은 본격화한다.

박정희는 삼선개헌의 성공을 위해 "북괴의 무장침략 가능성"이라는 불확실한 정보를 어리석은 나라 사람들에게 흘리고 전쟁위기감을 은연중 퍼트리기 시작했다. 그리고 "자주국방, 자립경제"의 민족주의 의식도 강조하였다. 여기서 박정희는 "처음에는 민주주의이지만, 나중에는 경제발전이다. 이것이 국가와 민족을 위해 올바른 길이다"라고 헷갈리는 말을 했다. 결국 삼선개헌의 의도가 '경제개발5개년계획'이라는 미끼를 통해 장기집권을 하겠다는 더러운 속내를 드러낸 셈이다.

삼선개헌과 필화사건

다시 1968년으로 돌아가 보자. 년 초에 북에서 무장 특수부대(31명)를 남쪽으로 보내 청와대를 기습하려다 적발되는 사건이 벌어진다.(1968.1.21.) 이를 정치권에서는 "청와대 기습 미수사건"이라고 이름한다. 이를 계기를 기회주의자 박정희 군사독재권력은 호기를 잡게 된다. "적 또는 무장공비의 공세와 대남 유격에 대처하고, 향토방위 체제를 확립하기 위한 예비전력"을 확보한다는 명분으로 향토예비군鄕土豫備軍을 창설한다.(1968. 4. 1.) 그러나 이는 대한민국을 병영국가화하는 일인 동시에 자신의 정치적 기반을 공고히 하기 위한 속셈이 숨어 있었다. 부도덕한 부류들은 늘 권력 유지를 위하여 민족의 뼈아픈 분단 현실을 악용한다. 향토예비군은 박정희 지지 기반이라는 목적 달성에 대한민국 민중들이 불필요한 희생(생업에 지장, 민폐 초래)을 강요당하는 꼴이 되었다. 청와대 기습 미수사건을 계기로 박정희는 주민등록법을 제정하였다.(1962. 6. 20.) 명분은 간첩 색출이지만 그 이면에는 국민의 통제가 숨어 있었다. 대한민국 국민은 누구나 주민등록증에 생년월일, 성별, 출신지역, 가족을 나타내는 일련번호를 받았다. 이는 곧 박정희 권력에 의하여 국민 개개인이 통제 대상이 되었음을 의미한다. 이후 박정희는 또 불순분자 색출의 명분으로 지문날인제도도 시행하였다.(1968. 11. 21.) 지문 날인은 인간의 존엄성이 국가통제하에서만 존재 가치가 있다는 것을 의미한다.

계속하여 박정희 군사 독재권력은 이념 몰이와 함께 반공주의를 이용한 공포정치를 감행해 나갔다. 바로 '통일혁명당간첩단사건' 統一革命黨間諜事件이다(1968. 8. 24. 통혁당) 이 사건은 인혁당 사건이 그랬던 것처럼 공안당국에서 두고두고 사건을 조작, 내지 과대 포장하여 사건을 만들어 낸다. 통혁당 사건에 연루된 사람에 김종태金鍾泰, 이문규李文奎, 신영복申榮福(1941~2016) 등이 있다. 이 사건으로 혁신정치 세력의 정치적 입지는 좁아졌고 대한민국의 사회는 반공 보수화가 더욱 굳어지게 된다. 이어 나라 사람의 정신을 이데올로기적으로 묶어두기 위한 국민교육헌장國民敎育憲章을 만들어 공포한다.(1968.12.5.)

　국민교육헌장은 일본제국주의가 메이지유신(明治維新) 이후 군국주의 국가에서 황국신민이 가져야 할 자세를 명시한 일제의 《교육칙어教育勅語》(1890.10. 30)를 그대로 모방한 정신교육 헌장과 마찬가지였다. 서울대학교 철학과 교수 박종홍朴鍾鴻, 이인기李寅基, 그리고 건국대학교 교수 유형진柳烱鎭 등이 헌장을 초안하였다. 국민교육헌장은 각급학교와 군대에서 필수 암기 목적이 되었다. 글쓴이는 이즈음에 대학을 졸업하고 공군의 장교후보생에 입대하였다(1972.6) 매일 취침 전 점호시간에 국민교육헌장을 암기해야 했다. 훈련 구대장(중위)이 글쓴이에게 매일 같이 국민교육헌장을 암기하라고 했다. 구대장에게 얻어맞으면서까지 절대 외우지 않았다. 역사를 전공한 글쓴이는 국민교육헌장이 마치 일제의 교육칙어처럼 느껴졌기 때문이다. 그래서 암기할 필요가 없다고 생각하였다. 국민교육헌장을 암기하지 않음으로써 매일 저녁 점호시간 때마다 얻어맞았던 기억이 난다. 결국 국민교육헌장은 박정희가 죽고 나서 독재정권을 정당화하는 의식교육이었다는 국민공감대에 따라 폐지되었다.(1994, 정식은 2003.11.27)

　1969년이 된다. 박정희는, 국민 앞에서는 삼선개헌은 절대 없다고 해놓고 밀실에는 삼선 개헌을 음모하였다. 개헌안의 국회 통과를 위해 은밀하게 공화당 의원들을 포섭하기 시작하였다. 심지어는 제명된 무소속 의원들까지도 개헌을 지지하도록 협박/회유하였다. 그리고 해괴한 논리를 계속 펴나갔다. "자신이 아니고는 '경제개발5개년계획'을 추진 내지는 성공지을 수 없다"는 논리다. 즉 낡아빠진 영웅주의의 발상이었다. 경제개발은 나라 사람을 위한 것이 아니라 자신의 장기 집권에 이용하기 위한 수단이었다. 박정희는 당시 야당인 신민당 의원 3명(성낙현成樂鉉, 조흥만曺興萬, 연주흠延周欽)도 포섭하여 모두 122

명의 개헌 정족수를 확보하였다. 그리고 대한반공연맹과 재향군인회 등 50여 개의 수구 단체들을 총동원하여 개헌 지지 성명을 발표하게 하고, 반대하는 자들에게는 신변상 불이익을 주겠다는 협박도 불사하였다.

김대중은 삼선개헌 반대를 위한 대규모 시국연설회에서 포효했다.(7.19, 효창운동장) 그리고 《사상계》에도 글을 내보냈다. "3선개헌은 한 마디로 해서 독재요 민족반역임은 두말한 나위가 없다." 그리고 김대중은 "3선개헌은 국체國體의 변혁"이라고 강조하였다.(자1) 또 김대중은 다음과 같이 입을 열었다. "70년대 정국은 많은 변화가 있을 것 같다. 아마 70년대는 상상할 수 없을 만큼 큰 변화가 올지 모른다....(박정희가) 3선에 성공하면 아마 박정권은 2,3년 내에 틀림없이 북괴를 빙자하거나 통일의 성취를 운운하며 나치스 독일이나 대만 같은 총통제를 들고 나올 것이다..... 6·8 직후 필자가 3선개헌을 경고했을 때 어떤 공화당 간부는 '미친 넋두리'라고 반박했다. 71년의 민권승리 없으면 75년의 선거는 없다. 71년 선거의 결과 여하는 앞으로 10년을 두고 우리나라 민주주의의 운명과 정국을 좌우하는 태풍의 눈이 될 것이다."(1970, 대전 7, 83~84)라고 삼선개헌이 대한민국 정치사에 몰고 올 태풍을 예언하였다.

삼선개헌이 있을 거라는 소문이 퍼져나가면서 삼선개헌을 반대하는 저항운동이 격렬하게 일어났다. 재야단체와 야당인 신민당도 〈삼선개헌반대범국민투쟁위원회〉(위원장, 김재준)를 결성하였다(6.5 준비, 7.17. 발기) 이러한 전국적인 국민의 반대 목소리에도 불구하고 박정희는 삼선개헌을 강행했다. 결국 삼선개헌안은 새벽 2시 국회 제3별관에서 날치기로 통과되었다.(1969. 9.14) 국회 본회의장을 점거하여 농성을 벌이던 야당 의원들을 피하여 일요일에, 그것도 1,200여 명의 기동경찰이 국회 주변의 통행을 차단한 가운데 이루어졌다. 이어 치열한 개헌 반대 시위가 있게 된다. 박정희는 이를 무참하게 탄압하였다.

그리고 삼선개헌안을 국민투표에 부쳤다. 국민들은 협박을 당한 셈이었다. 삼선개헌안이 비민주적 방법으로 가결되었다.(1969.10.17.) 고장 난 데모크라시/독점주의 데모크라시에 시동始動이 걸렸다. 나라 사람들은 기러기가 날아간 허공을 바라보는 기분이었다. 이렇게 해서 뒤에 나오는 유신체제를 이끌고 간 정치이념이 한국적 민주주의가 된다.

이렇게 염화 같은 권력욕에만 집착한 박정희는 당시 한국 사회가 썩어들어가고 있는 현실에는 무관심으로 일관하였다. 쿠데타 군정시기부터 시행한 '경제개발5개년계획'을 빙자한 파쇼경제는 지역 간(경상도와 전라도), 도농(도시와 농촌) 간, 계급 간(부유층과 빈곤층) 격차를 심화시켜 나갔다. 이러한 지역 간, 계급 간 심화는 사회적 불안과 함께 사회적 약자들의 분노로 나타났다. 먼저 노동계에서 터져 나왔다. '분노와 저항의 씨앗'이 뿌려졌다.

서울 청계천의 평화시장에서 피복 노동자로 일하던 전태일全泰壹(1948.~1970.)이 "근로기준법을 준수하라", "우리는 기계가 아니다", "나의 죽음을 헛되이 말라", "노동자의 권익을 보호"하라는 절규와 함께 몸에 기름을 붓고 분신자살을 하였다(1970. 11.13) 김대중은 전태일의 분신자살은 당시 나라 전체가 노동자의 복지와 임금의 사각지대였다는 사실을 말해준다(자1, 226)고 지적하였다. 이를 계기로 노동자들 스스로 자신들의 노동환경을 개선하려는 노력이 힘차게 일어났다.

이에 대하여 김대중은 다음과 같이 성찰하였다. "박정희 개인 독재는 10년 동안 경제개발과 조국근대화라는 이름으로 노동자들의 욕구를 억눌러 왔다. 그는 '선 건설, 후 분배'를 외쳤지만, 건설 뒤에 노동자들에게 돌아오는 것은 없었다. 거창한 구호 뒤에는 비참한 민중의 삶이 있었다. 1960년대의 성장은 노동자의 피와 땀으로 이루어졌지만, 그 열매는 가진 자들에게만 돌아갔다."(자1) 김대중의 성찰은 계속 이어졌다. "도시와 공업 중심의 경제정책은 젊은이들이 고향을 떠나게 만들었다.... 서울에 와서 막노동을 하거나 공장노동자가 되었다. 소녀들은 식모(오늘날 파출부와 다른 성질의)가 되어 흡사 노예처럼 일했다. 농촌 마을에서는 "아무개가 어느 공장에 취직했다"는 것이 최고의 자랑거리였다......무작정 상경이 사회문제가 될 정도였다. 도시로 몰려든 뿌리 없는 젊은이들은 화려한 도심의 불빛에 쫓겨나 변두리로 떠돌았다. 산동네, 달동네의 무허가 판자촌에 몸을 뉘어야 했다. 경제성장의 구호가 요란할수록 서민들의 삶에는 긴 그림자가 드리워졌다. 젊은이들은 자본주의 변방에서 서성거려야 했다"(자1) 그리고 농촌에서 도시로 올라와 공장노동자가 된 이들은 사회적으로 냉대를 받았다. 농촌에서 도시로 올라와 공장에 취직한 젊은이들을 당시 용어로 '공돌이', '공순이'라고 폄하하였다. 공돌이, 공순이라는 신조어는 한국 사회가 본격적으로 산업자본주의 사회로 진입을 하면서, 자본가에 대한 반대 급부의 새로운 노동자 계급이 형성되었다는 것을 의미한다. 이렇게 한국의 공업문명은 농촌의 인구를 줄어들게 만들고 노령화를 촉진시켰다.

이러한 사회적 약자들의 저항 분위기는, 박정희 자신의 장기집권에 불안요소로 다가왔다. 박정희의 '권좌 불안심리'는 1971년 4월 대선을 앞두고 광기를 드러냈다. 필화사건들이 연달아 일어났다. 그 중 대표적인 것이 장준하(張俊河, 1915~1975)가 발행하는 《사상계思想界》(1953. 4월 창간)의 필화사건筆禍事件(1970. 9.29)과《다리》지 필화사건이다.(1971.2.12.)《사상계》(1970. 5월호)에 김지하金芝河(1941.~2022.)의 담시譚詩 오적시五賊詩가 실렸다. 김지하가 말하는 오적은 당시 권력형 부정/부패의 주범으로, 재벌(狋猭: 목줄 단 미친 개), 국회의원(匊猶狋猿: 잘 났다고 뽐 내는 교활한 원숭이),

고급공무원(跍磔功無猿: 할 일 없이 높은 의자에 앉아 있는 돼지), 장성(長猩: 멀 때 없는 우랑우탕), 장차관(瞕撨瞳: 먹을 것만 찾는 올빼미)들이 해당된다. 괄호 안의 한자어에서 보는 바와 같이 이들 오적/도적놈을 짐승과 새에 비유하였다.

김지하는 이 시에서 당시 박정희 파쇼권력에 빌붙어 호의호식하면서 온갖 비리와 부정을 저지르고 있는 오적을 야유와 호통, 조롱을 섞어가며 비난하였다. 이 시는 당시 어둠의 고통 속에서 희망을 잃고 분노하고 있던 민중들에게 통쾌함을 주었다.[43] 이 오적시를 끝으로 《사상계》는 강제 폐간을 당한다.(1970. 9.27) 이와 함께 김지하의 오적시를 통째로 실었던 신민당의 기관지 《민주전선民主戰線》도 관련자들이 강제로 연행되고 민주전선 10만 700부가 압수를 당한다.(1970. 6.2.) 그러나 민주전선의 압수 이면에는 서울대학교 법학대학 사회법학회에서 '서울시 빈민촌 생활참상을 폭로한 내용(1970.6.1.일자 6면)과 국회의원 김상현의 국회 발언 때문이라는 설이 설득력이 있다. 당시 정여인/정인숙 사건이 있었다.(1970. 3.17. 이날 정 여인은 총격 피살을 당했다.) 정 여인/정인숙이 낳은 아들(승일)이 박정희 아니면, 당시 국무총리였던 정일권의 아들이라는 주장이 있다는 내용이다. 《민주전선民主戰線》 1970.6.1.일자 2면)

사상계 강제 폐간 시기에 대한민국의 도덕적 양심을 가진 지성인들이 사상계를 계승하는 잡지를 만들었다. 그것이 《다리》지이다.(1970. 9 창간) 다리 지는 자유와 민권을 향한 민주정신 계승과 민중정치 추구를 목적으로 걸고 나온 잡지다. 당시 분위기에서는 당찬 양심적 잡지였다. 필진은 사상계 필진을 그대

---

43) 이러한 저항 시인이요 의인이었던 김지하가 긴 투옥과 고문의 후유 장애로 말년에 흠을 남겼다.

로 이어받았다. 당시 필진을 보면 함석헌을 비롯하여 종교계(김재준)와 사회의 양심적인 인사(이병린) 그리고 교육계의 밝은 사회를 개척해 가는 학자(천관우, 장을병, 안병욱, 김동길, 리영희, 황성모 등)들이었다. 또 썩은 정치를 도려내고자 안간힘을 쏟고 있었던 도덕적인 정치인 김대중, 박순천朴順天(1898~1983), 유진오兪鎭午(1906~1987) 등 민족정신이 투철한, 그리고 민중정치를 지향하는 사상가, 학자, 정치인들이었다. 이들은 박정희에게 자신의 뇌세포를 팔아먹는 매춘 지식인들과는 격이 다른 필진들이었다. 이러한 도덕적/양심적인 필진들에 의해 다리 지는 박정희의 장기집권을 통한 개인 독재정치를 계속 비판해 나갔다. 이에 개인 독재자 박정희는 불편한 심기를 드러내고 있었다.

그런데 마침 《김대중 회고록》을 집필하고 있는 문학평론가 임중빈任重彬(1939~2005)이 쓴 글 〈사회참여를 통한 학생운동〉(《다리》, 1970. 11월호)을 중앙정보부에서 문제를 삼고 나왔다. 독재권력의 외양간지기들은 억지를 부리고 트집을 잡았다. 임중빈이 쓴 글 중에 "프랑스의 극좌파 학생운동(다니엘 콩-방디트: 프랑스 68혁명의 주역)과 미국의 극좌파인 뉴레프트 활동을 긍정적으로 언급한 부분"이 있다. 박정희 외양간지기들은 이를 가지고 "정부 타도를 암시함으로써 반국가단체인 북괴를 이롭게" 하려는 의도가 있다는 억지를 놓았다. 그리하여 필자 임중빈을 비롯하여 다리지 주간 윤형두, 발행인 윤재식을 반공법 위반으로 강제 연행/구속하였다.(이른바 다리지필화사건―筆禍事件이다.)

그러나 다리 지 필화사건의 내막은 다른 데 있었다. 당시 김대중은 1971년 4월 대선의 신민당 후보로 선출되었다.(1970. 9. 29.) 다리 지 필화사건은 신민당 대선 후보인 김대중을 견제하기 위함이었다. 당시 중앙정보부는 임중빈에게 쓰고 있는 《김대중 회고록》을 쓰지도 말고 출판하지도 말라고 협박하였다. 그리고 이미 발간한 김대중의《내가 걷는 70년대》[44]라는 책도 더 이상 찍지 말라고 위협하였다. 곧 김대중의 이름이 들어있는 간행물을 일절 내지 말라는 압력이었다. 이렇게 박정희 개인 독재는 김대중에게 밀려서 대통령을 더 이상 못할까봐 불안해했다. 다리 지는 소송을 냈다. 결국 다리 지 필화사건은 무죄 판결을 받는다.(1971. 4. 10.)

또 박정희는 영구집권을 위해 나라를 병영국가로 만들고자 언론 통제와 함께 대학에서 교련과목을 필수과목으로 만들었다.(1971. 2. 23) 이에 대학가는 술렁이면서 연일 "교련 반대와 박정희 독재 타도, 군영국가 반대"를 외치는 데모가 끊이지 않게 된다. 글쓴이도 이 시대 대학에 다녔다. 대학 생활 4년을 공부가 아닌 데모와 시위로 보냈다는 생각이다. 학생들의 교련 반대 시위에도 아랑곳하지 않고 점점 나라는 '병영국가'로 고착되고 언론 통제는 갈수록 심해졌다. 이에 대학가와 언론계에서는〈언론자유수호선언〉을 한 재야 인사들이 모여 우리나라 처음으로 민주화운동 상설 기구인《민주수호국민협의회民主守護國民協議會》를 결성하였다.(1971. 4. 19.) 그리고 학생들은 이보다 며칠 전에 민주수호청년협의회를 결성(1971. 4. 14.)하여 독재권력에 대한 울분을 토해내며 반독재 투쟁 대열에 앞장을 섰다.

이렇게 나라 안팎의 어려운 정세와 정치/사회 일반으로 반反박정희 정서가 확장되어 가는 가운데 대선(1971. 4. 27)과 총선(1971. 5. 25.)이 치러졌다. '40대 기수론'[45]을 통해 사생결단을 통한 정권교체를 강조하였던 김대중은 신민당

---

44) 김대중,《내가 걷는 70년대》: 1992년에 국군보안사령부의〈군 지정 불온 간행물 도서목록〉, 총 574종에 포함되었다.(4. 25일 보도)
45) 40대 기수론:《국제신보》(1970. 1. 27. 일자) 김대중은 여기서 평화적 정권교체는 혁명적 투쟁을 방불케 하는 사생결단을 통해 가능하다고 하였다.

전당대회(1970.9.29.)에서 같은 40대 기수론을 주장하는 김영삼과 경선을 하게 된다. 1차 투표에서 과반 득표자가 없었다. 그리하여 2차 투표 결과 신민당 후보로 선출되어 대통령 선거에 첫발을 디뎠다. 김대중은 신민당 대통령 후보 경선 때 1971년 대선에서 박정희가 다시 대통령이 된다면 선거 없는 총통시대가 온다고 예언을 하면서 선거유세 기간 내내, '총통제 위험성'을 경고하였다.(《민주전선民主戰線/부록》 1971.1.31., 김대중 대통령후보 연두 기자회견문) 김대중의 예언은 슬프지만 그대로 맞아떨어졌다.

그럼에도 불구하고, 김대중은 선거유세 기간 내내 상대방 후보에 대한 인신공격을 일체 하지 않았다. 성자다운 모습이었다. 그는 신민당이 '수권정당'임을 강조하기 위하여 박정희 권력의 정책에 대한 대안정책을 제시하였다.[46] 대통령 후보다운 모습이었다. 대한민국을 어떻게 이끌고 갈 것인가가 중요하지, 어떻게 권력을 움켜쥐는가가 중요한 게 아니었다. 박정희하고는 결이 다른 김대중이었다. 그는 선거유세에서 '병영국가화'를 반대하였다. 때문에 "향토예비군 완전 폐지, 대중경제노선 추진, 미/중/소/일 4대국의 한반도 전쟁 억제 보장, 남북한의 화해와 교류 및 평화통일론, 공산 국가들과 관계 개선 및 교역 추진, 초/중등학교의 육성회비 징수 폐지, 사치세 신설, 학벌주의 타파, 이중곡가제 실시, 노사위원회 구성" 등을 공약으로 제시하였다.(《민주전선民主戰線/부록》; 자1)

김대중은 반공이라는 구호 아래 숨도 못 쉬는 사회 분위기를 바꿔야 할 필요성을 인식하고 있었다. "정권의 반공 독재를 깨트릴 기폭제가 절실하다고 느꼈다. 그것이 향토예비군 폐지 공약이었다. 그리고 4대국에 의한 한반도의 안전

---

[46] 《주요정책집: 집권공약을 중심으로》, 신민당 선거공약집, 1971, 이 공약들은 김대중이 정치일선에 뛰어들고부터 독재적 정치환경에 대한 성찰을 통하여 민주정치, 민족통일의 염원이 담긴 내용이다.《김대중 자서전》1, 213쪽.

보장, 남북 교류와 평화통일론 주장은, 정권 유지를 위해 줄곧 한반도에 긴장을 조장해 온 박정희 반공 독재 권력의 허구성을 폭로하기 위함이었다."(자1, 207) 또 남북한의 화해와 교류 및 평화통일론 주장은 2대 대통령 선거(1952.8.5.) 때 무소속으로 출마한 조봉암曺奉岩(1898~1959)에 의해 처음 거론되었다. 대선에서 낙선한 조봉암은 '평화통일론' 주장이 빌미가 되어 북진통일론을 주장하는 이승만 권력에 의해 사법살인을 당한다. 그런데 김대중이 선거공약으로 평화통일론을 주장한 것은 다분히 당시 반공을 국시로 하는 박정희 권력 하에서는 위험한 주장이었다. 이러한 김대중의 선거공약의 성격에 대하여 동국대 교수를 지낸 황태연은 '창조적 중도개혁'의 성격을 띤 공약이라고 하였다.[47]

대선의 결과는 김대중과 신민당에게 패배를 안겨 주었다. 원인은 사전에 치밀하게 계획된 부정선거와 개표였다. 부정 투개표를 자행했다는 말은 사실상 박정희와 공화당이 패배 가능성을 의식하고 있었다는 말이 된다. 부정 투개표를 하고도 박정희는 겨우 당선이 되었다. 당시 항간에 떠도는 말에는 김대중이 박정희를 이겼는데 부정 투개표(100만표 이상 조작)로 박정희가 당선되었다는 말이 나돌았다. 이는 1977년 전 중앙정보부장 김형욱이 미국 의회의 일명 '프레이저 청문회'에서 부정선거가 아니었다면 김대중 후보가 당선되었을 것이며, 그 엄청난 부정선거 공작에도 큰 표차가 없는 결과(45.25% 득표)를 낸 김대중 후보를 상당히 두려워하고 경계했다는 증언(1977. 6. 22.)을 한데서도 알 수 있다.[48] 김대중도 1971년 대선 패배를 "나는 선거에서 이기고 투개표에서 졌

---

47) 황태연, 《사상가 김대중/김대중의 중도정치와 창조적 중도개혁주의》(지식산업사, 2024) 103쪽 참조.
48) 김형욱의 행방불명: 김형욱은 미국에서 프레이저 청문회에서 증언을 마치고 중정요원의 파리로 간 (1979. 10. 1.) 김형욱은 행방불명이 되었다. (1979. 10. 7.) 아마도 김영욱의 행방불명의 과정(중앙정보부 해외담당차장 윤일균으로부터 돈을 받고 회고록 원고를 주기로 함)을 보았을 때 한국의 중정에 의하여 죽임을 당하는 것으로 추측이 된다.

다"(자1, 235)고 자평을 하였다. 이렇게 해서 1971 대선의 영향으로 박정희는 김대중을 자신의 장기집권에 최대의 걸림돌이라고 느끼게 된다.

박정희는 대선 승리의 분위기를 이용하여 국회의원 선거에서도 기선을 잡기 위해 총선 일자를 다급하게 잡았다. 그리하여 대선이 끝난 지 한 달만에 총선이 치러졌다. 집권 여당이 총선 일자를 당겨 잡은 것은 대선이 불법과 부정선거였다는 여론을 잠재우려는 집권 공화당의 술책이었다. 이런데도 신민당은 당총재 유진산 파동으로 내홍을 겪게 된다. 이러한 와중에서 김대중은 총선의 승리를 위해 최선을 다했다. 그러나 김대중은 총선 바로 전날 의문의 살해미수 교통사고를 당한다.(1971.5.24) 이것이 원인이 되어 김대중은 평생 지팡이 짚고 다니는 신세가 되었다. 어찌했든 총선 결과에서는 신민당을 포함한 야당이 개헌저지선보다 20석이 더 많았다. 의석수 총 204석 중, 개헌 저지선 89석을 확보하게 되었다. 이것을 글쓴이는 '김대중 효과'라고 이름을 붙여본다.

7.4 남북공동성명과 분단독재

반공을 국시로 하고 있던 반통일세력이 권력을 장악하고 있던 이때는 민족통일에 대한 문제를 제기할 수 없는 시절이었다. 이렇게 극단적인 반공이데올로기로 대한민국 국민을 옥죄고 있던 이 시기에 국제 정세에 많은 변화가 왔다. 미국의 37대 대통령 닉슨Richard Nixon(1913.~1994.)이 아시아를 상대로 한 외교 노선이 담긴 '닉슨 독트린'(1969. 7.25)의 발표가 그 중의 하나다.

잠시 이해를 돕기 위해 닉슨 독트린의 내용을 살펴보자. "1) 미국은 앞으로 베트남 전쟁과 같은 군사적 개입을 피한다. 2) 미국은 아시아 제국諸國과의 조약상 약속을 지키지만, 강대국의 핵에 의한 위협의 경우를 제외하고는 내란이나 침략에 대하여 아시아 각국이 스스로 협력하여 그에 대처하여야 할 것이다. 3) 미국은 '태평양 국가'로서 그 지역에서 중요한 역할을 계속하지만, 직접적·

군사적인 또는 정치적인 과잉 개입은 하지 않으며 자조自助의 의사를 가진 아시아 제국의 자주적 행동을 측면 지원한다. 4) 아시아 제국에 대한 원조는 경제 중심으로 바꾸며 다수국 간 방식을 강화하여 미국의 과중한 부담을 피한다. 5) 아시아 제국이 5~10년의 장래에는 상호 안전보장을 위한 군사 기구를 만들기를 기대한다.[49] 이와 같이, 미국은 아시아의 여러 나라들과 체결된 조약은 준수하지만, 핵 위협을 제외하고는 아시아 각국은 스스로 협력하여 내란이나 침공에서 자국을 방위해야 한다는 내용을 담고 있다.

닉슨은 아시아 각국의 '상호협력'과 '상호안전보장'이라는 선언을 발표한 이후, 핑퐁외교(1971.4.)를 시작한다. 이후 미국 카터 행정부 때 당시 중공(중국공산당)과 국교 정상화를 이루게 된다.(1979.1.1) 김대중은 이를 '햇볕정책'이라고 불렀다. 훗날 김대중의 햇볕정책도 이에서 영감을 받았다고 말한다. 닉슨 독트린 직후 미국은 박정희에게도 북측과 우호적 관계를 유지하라는 압력을 가해왔다. 이는 반공주의를 국시로 가지고 있는 박정희에게 여간 곤혹스러운 게 아니었다. 그러나 타고난 기회주의자였던 박정희는 이를 영구집권할 절호의 기회라는 생각을 품게 된다. 박정희는 닉슨 독트린이 있는 직후에 대통령 선거를 대비하여 〈통일 기반 조성을 위한 접근 방법에 관한 구상〉을 발표하였다.(1970.8.15.) 여기서 평화통일론을 내세우면서 민족주의 거죽을 뒤집어썼다. 기회주의자의 눈속임 발상이었다.

김대중도 예언했듯이, 박정희는 대한민국 헌법 체계를 유린하는 삼선개헌 이후, 영원히 국가를 사유화하고 대통령직을 영구히 독점하고 싶어했다. 우리는 이를 제제화帝制化(영구집권을 위한 황제화/총통제로 가는) 음모라고 부른다. 이렇게 박정희가 음흉스런 생각을 하고 있을 때, 닉슨 독트린은 박정희에

---

[49] 박태균, 《우방과 제국 한미관계의 두 신화 - 8.15에서 5.18까지》(창작과비평, 2014) 참조.

게 하늘이 준 기회가 되었다. 박정희는 남북대화와 냉전체제 와해라는 국제 정세를 역이용하여 두 가지 '친위쿠데타'를 음모하였다. 국가에 대한 두 번째 반란을 꾀하는 대大음모였다.

하나는, 북과 밀담을 추진하여 이를 독재체제를 구축한다는 음모이고

둘은, 영구 총통제를 위한 유신헌법을 만든다는 음모였다.

박정희는 겉으로 미국의 입장과 압력에 못 이기는 척하면서 이후락을 시켜 북과 비밀리에 밀담을 추진하도록 했다. 이는 미국의 우리 땅에 대한 완충지대화 전략에 부응하는 밀담이었다는 생각이다. 곧 박정희의 영구집권의 길에는 북한/북조선의 협조가 필요했기 때문이다. 삼선 개헌을 통해 대통령직에 다시 오른 박정희의 음모는 치밀하게 진행되고 있었다. 이리(狼)의 거죽을 쓴 채 북한에 '남북 이산가족 찾기 회담'을 제의하였다.(1971. 8.12.)

북측과 밀담은 박정희의 생각대로 진행되었다. 북과 암묵적인 합의가 있게 되자, 이에 판문점에서 이산가족 찾기와 만남을 위한 남북적십자 예비회담을 열었다.(1971. 9.20.) 인간의 슬픔과 민족의 비극을 악용한 더러운 정치회담이었다. 이어 1, 2차 본회의가 서울(1972. 8.29)과 평양(1972. 9.12)에서 각각 개최되었다. 남북적십자회담은 연막전술이었다. 남북적십자회담은 대국민 사기극이었다. 사기극이라는 말은 겉으로는 남북적십자회담을 열면서 막후에서는 남북의 불안한 두 독재권력들이 결과적으로 반민족적, 반통일적 비밀 접촉(1971.11월부터)을 하고 있었다는 뜻이다.

이 결과 북의 김영주와 남의 이후락 사이에 정치적 의견 교환이 이루어졌다. 밀담이 자기네 뜻대로 진행되었다는 뜻이다. 이에 정신이 팔린 박정희는 느닷없이 '국가비상사태'를 선포하였다.(1971. 12. 6) 이 또한 연막이었다. 국민들은 난데없이 나타난 여우에 홀린 기분이었다. 국가비상사태 속에서 남의 이후

락과 북의 김영주 사이에 남북의 국경을 넘나드는 밀담이 계속 오고 갔다. 두 권력 간 밀담의 결과, 서울과 평양에서 동시에 '민족 기만적' 7·4남북공동성명'(1972, 7·4성명)이 발표되었다. 7·4성명의 구체적인 내용과 의심에 대하여서는 다음 장에서 다시 설명하기로 한다.

'7·4성명'은 국가에 대한 두 번째 반란을 꾀하는, 대大음모였다는 생각이다. 7·4성명에는 발표된 내용과 달리 진정성이 전혀 담겨 있지 않은 거짓된 내용으로 가득 찼다. 겉은 남북통일을 거론하는 희망처럼 보였다. 그러나 속은 겉과 너무나 달랐다는 의심이 든다. 남북의 두 독재 권력이 '영구적 독재'를 상호 묵인하면서 결과적으로 미국의 우리 땅에 대한 '완충지대화' 전략에 부응하는 합의가 되었다는 의심이다. 글쓴이가 이러한 의심을 한 데에는 이유가 있다. 하나는 미국 국무부의 기밀해제된 외교문서에 따르면(2020.5.4.) 이후락이 북으로 가기 전(7개월 전)에 미국 측에 7·4성명에 담길 기본적 내용을 설명했다는 점이다.(《연합뉴스》2010. 05.05.) 다른 하나는 당시 국무총리였던 김종필이 국회에서 "7·4남북공동성명이 북한과의 공존을 말하는 것은 아니다", "반공법/국가보안법은 폐기하지 않는다"라고 밝혔다.(1972. 7. 5.) 김종필의 이러한 대한민국의 공식 입장 표명은 7·4성명에서 밝힌 '조국통일 3대원칙'(자주/평화/민족 대단결)이 가식이었다는 것을 입증해 준다.

7·4성명에 의문이 든다는 점을 증명해 주는 역사적 사실은 곧바로 나타났다. 대한민국에서 "의회제 전면 부정, 대통령 1인 총통제, 유신체제 비판의 원천봉쇄"라는 반反민중정치/반민주주의를 골자로 하는 '10월유신'의 발표와 《유신헌법》의 공포가 있게 된다.(1972.11.21. 국민투표 확정, 12.27. 공포/시행) 그리고 북측도 같은 날 같은 시각에 "김일성 주체사상의 규범화, 국가주석제 도입 및 권한 강화, 집단주의의 강조"와 함께 김일성 일가의 장기 권력을 암시하는《조선민주주의인민공화국사회주의헌법》(1972. 12.27., 1972년 헌법/사회

주의헌법)을 공포하였다.

　남의 유신헌법과 북의 사회주의헌법이 같은 날. 같은 시각에 동시에 발표되었다. 이를 어떻게 설명해야 할까. 우연일까. 아니다. 밀담에서 이미 결정한 대로 수순을 밟은 것이라는 생각이다. 김대중은 박정희의 유신헌법 공포와 김일성의 사회주의헌법이 같은 시간대에서 공포된 것에 대하여 "참으로 이상했다."고 표현하였다.(자1, 275) 따라서 유신헌법과 사회주의 1972년 헌법은 두 지역의 독재 권력을 서로 인정해 주는 동시에 남측 입장에서는 미국의 우리 땅 완충지대화 전략에 부응했다는 판단이다.[50]

　박정희는 '유신헌법'을 '한국적 민주주의'의 기본법이라고 했다. '한국적 민주주의'는 허구였다. 민주주의라는 말에는 민중정치를 위한 기본 정신이 들어가 있어야 했다. 그러나 박정희가 말하는 한국적이라고 수식어를 붙인 민주주의에는 데모크라시의 기초적인 정신조차 들어있지 않았다. 물론 자유주의 정신은 더더구나 찾아볼 수 없었다. 오로지 인권탄압, 자유 통제, 독재 강화 내용만 들어있었다. 이 중에 〈통일주체국민회의〉는 "대통령 나와라 뚝딱"하면 박정희를 나오게 하는 도깨비방망이었다. 대한민국 민중/국민은 이제 대통령을 뽑는 '직접선거권'을 도깨비방망이한테 박탈당하였다.

　다시 말하면, 유신헌법의 골자는

　1) 대통령을 통일주체국민회의에서 간접선거로 선출하고,

　2) 국회의원의 1/3을 대통령이 추천하는 국회교섭단체로 유신정우회維新政友會를 두고,

　3) 대통령이 헌법의 효력을 정지시킬 수 있는 긴급조치권을 부여하고,

---

50) 조승복은, 우리 민족의 통일의 근거를 말살해 버린 사람은 박정희라고 잘라 말했다.(조승복,《分斷의 恨-과거와 미래》上, 같은 책, 426쪽.

4) 대통령이 3권(행정, 입법, 사법)의 우위에 있으며, 6년의 임기 제한을 철폐한다.

라는 내용이다. 이로써 박정희의 종신집권/황제 통치를 가능케 하였다. 박정희가 유신헌법에서 말하는 민주주의는 권위주의적 반공제일주의, 성장 제일의 물신숭배주의, 영구집권의 독재권력주의를 말한다. 데모크라시=민중정치가 아니다. 나치주의였다.[51] 아! 이제 대한민국은 없고 박정희만 있게 되었다. 이건 비극도 아니다. 슬픔도 아니다. 민주주의 죽음이었다.

박정희는 유신헌법을 통하여 일인 통치를 국민적으로 승인받은 셈이 되었다. 유신헌법에는 해괴망측한 긴급조치를 발동할 수 있게 하였다. 긴급조치는 법 위의 법(박정희 귀신)에 도전하지 못하게 하는 망령이었다. 그리하여 박정희는 부도덕한 주류의 맨 꼭대기에 군림하는 형세를 이루었다. 그러나 민중정치를 촉구하는 정의로운 사람들(민주화세력)은 긴급조치도 두려워 하지 않았다. 한국적 민주주의가 아닌 진정한 민중정치 실현을 위하여 투쟁/항쟁을 계속해 나가며 기의를 일으켜 나갔다.

유신체제를 강제한 박정희는 전위적인 정신적 실천 운동으로, 한국적 민주주의'의 실천 운동이라는 명분을 붙여 '새마을운동'을 본격화하였다.(1970초 태동, 1973년 본격화) 박정희 외양간지기들은 새마을운동을 이스라엘의 기브츠kibbutz와 같은 운동이라고 했다. 그러나 사실과 전혀 다르다. 새마을운동(근면/자조/협동)은 1) 중국의 장제스(蔣介石, 1887~1975)가 영구총통제(제제화)를 위해 일으킨 신생활운동新生活運動(예의염치禮義廉恥 1930년

---

51) 박정희 유신독재체제에 대한 역사적 평가는 강만길, 《21세기사의 서론을 어떻게 쓸 것인가》(강만길저작집, 2018) 66~76쪽을 참고바라며, 유신체제에 총체적 평가는 유신청산민주연대 편, 《박정희 유신독재체제청산》(동연, 2020) 참고 바람.

대) 2) 만주제국협회회(滿洲帝國協和會, 1932. 7월 결성)의 기시 노부스케[岸信介, 1896.~1987.][52]가 주도한 통제경제(만주국 산업5개년계획)의 일환으로 이루어지는 '농촌진흥운동' 農村振興運動(자력본원自力本願/자력공려自力共勵), 3) 조선총독부가 "중앙통제적 식민지농촌경제 건설"을 목적으로 하였던 '조선농촌진흥운동' 등 이 세 가지를 종합/모방하여 조직한 민중동원체제이다.

이렇게 새마을운동은 순전히 박정희 독재를 위한 전위적인 깃발 꽂음이었다. 박정희의 제제화帝制化를 위한 전방위적인 음모였다. 또 박정희는 국가주의 사상을 주입하기 위해 '국민교육헌장'과 '국기에 대한 맹세', '학도군사훈련', '라디오체조', '국민가요 부르기', '주민반상회' 등 정책을 강제하였다. 아이러니한 주민동원 정책은 일제의 괴뢰국 만주제국이 국가주의이념을 강화시키기 위해 실시하였던 정책들이다. 박정희가 이를 그대로 모방/부활시킨 정책들이다. 또, 러시아(소련)와 북한을 반대하는 방공(防共=反共)이념과 사회구조, 중앙집권적인 군부독재체제, 관료주도의 유교자본주의 경제질서(통제경제=계획경제)와 국방산업을 중심으로 한 중화학공업구조 등은 모두 만주제국에서 보고 배운 박정희 동창들이 주도한 '국민총동원체제'이다.[53]

새마을운동의 실체

그러면 새마을운동의 실체를 알아보자. 김대중은 새마을운동에 대하여 다음과 같이 평가하였다. "한국의 새마을운동은 매우 잘 되어 가고 있습니다. 이것은 아시아에 있어서 모범이라고들 말하고 있습니다. 이것은 대단한 착각입니

---

52) 기시 노부스케: 세칭 쇼와의 요괴(昭和の妖怪)로 불림, 2차 세계대전의 A급 전범임
53) 강상중/이목,《박정희와 기시 노부스케-다카키 마사오 박정희에게 만주국이란 무엇이었는가-》(책과함께, 2012.) 217~274, 및 311~312 쪽.

다. 새마을운동이 시작한 그때부터 나는 새마을운동은…관이 강제하는 관 주도의 운동으로써는 결코 성공할 수 없습니다. 지금 농촌경제는 전면적으로 파괴되고 말았습니다"[54] 라고 관 주도의 새마을운동은 실패할 것이라는 예견을 하였다.

  그러면, 새마을운동의 실체에 대하여 재해석해 보자. 한국의 전통적 농촌 파괴는 일제강점기부터 시작이 된다. 그것이 1910년 일제가 식민지 경제정책의 일환으로 조선 농촌에 도입한 자본주의 토지제도(토지조사사업:1910~1918)이다. 이어 분단해방 이후는 독재자 박정희 권력 때 새마을운동을 만나면서 농촌 공동체의 파괴는 본격화한다. 새마을운동은 "잘살아 보세"라는 그럴듯한 명분을 세웠지만, 그 실은 박정희의 제제화 음모였다. 바꾸어 말하면, 영구집권으로 가는 길목에서 국민의 힘을 전방위적全方位的으로 동원하기 위한 식민지식 지배 논리와 같았다. 곧 박정희는 황제화하려는 속내를 감추고, 국민들의 관심을 '잘 먹고 잘사는' 물질주의 쪽으로 돌려 정신을 빼놓자는 계산에서 나온 게 새마을운동이었다. 마치 서양의 제정 로마가 시민들의 관심을 정치에서 '빵과 스포츠'로 돌리게 하여 황제 지배체제를 굳혔던 이치와 같다.

  새마을운동이 나오게 되는 당시 대한민국의 사회환경에 대하여 조금 더 이야기할 필요가 있다. 당시 파쇼자본주의에 의한 산업화 독재정책(경제개발5개년계획)은 젊은이들이 농촌을 떠나 도시로 몰려들게 하는 이촌향도離村向都의 부추김으로 농촌인구의 감소를 부채질하였다. 새마을운동이 극성기일 때 (1970년대 초) 서울 인구는 300만 명이 더 증가한다. 증가 된 인구는 당연히 농촌에서 유입된 인구였다. 바로 새마을운동은 이러한 도시의 산업화정책(물질주의)과 맞물려 일어났다고 보는 게 맞다. 산업자본주의는 농업, 농촌, 농민의

---

54) 정진백 편,《김대중 대화록 1971-1987/한국현대사가 묻는 것》1(행동하는 양심, 2018) 236쪽 참조.

희생을 통해 진행된다는 것이 유럽에서 세계 역사에 남겨준 교훈이다.

여기서 잠시 1970년대 농촌인구의 감소 원인을 짚어 본다.

첫째, 도시산업의 발달에 따른 산업노동자의 확대는 반대급부로 농촌의 인구를 감소시켜 나간다. 곧 도시에 공장이 우후죽순처럼 들어서자, 공장노동자가 필요했던 기업주들은 설날과 추석 명절 때를 이용하여 귀향하는 자사自社의 노동자들에게 고향에 가서 동무/또래들을 데리고 오라고 선물 보따리까지 챙겨 회사, 또는 전세 버스로 고향에 내려보냈다. 이 결과 이촌향도離村向都의 심리는 더욱 재촉되었다.

둘째, 국가공무원 수數의 팽창이다. 박정희는 국가주의 맹신자로 자신을 국가 발전의 영웅으로 자처했다. 자가당착/자기모순을 가진 존재였다. 그리하여 국가주의 고양을 위해 국가공무원의 수를 기존공무원 수의 2~7배 정도로 늘렸다. 공무원 수의 증가는 박정희 지지 기반의 확충을 의미한다. 공무원 수가 늘어날수록 농촌인구는 상대적으로 줄어들었다.

셋째, 박정희의 파쇼자본주의/경제개발5개년계획의 2대 핵심은 '해외 수출 경쟁력'과 '국내 시장 경쟁력'의 장악이었다. 이 두 가지를 성공시키기 위해서는 가격 경쟁력이 있어야 했다. 가격 경쟁력은 필연적으로 저임금/저곡가 정책을 강요하도록 만들었다. 이에 따라 국가권력과 자본권력(전국경제인연합회: 전경련)은 기업의 저임금을 강제해 나갔으며, 농촌과 농민에게는 저곡가 수매를 고집해 나갔다. 저임금/저곡가 정책은 결과적으로 두드러지게 전라도 농민의 이익을 갈취하면서 농민으로 하여금 경제적 부를 축적할 기회를 박탈하였다. 이는 농민들에게 삶의 좌절감을 주었다. 이렇게 한국의 1970년대 유가/유교식 파쇼자본주의의 진행은 농민들에게 더 이상 농업, 농촌에는 미래의 희망이 없다는 인식을 심어주게 된다. 농촌에서 희망을 찾을 수 없다고 생각한 전라도 젊은이들에게 심리 변화가 왔다. 1970년대부터 도시 산업화 정책으로 나타나는 사회 분위기를 좇아, 농촌을 떠나게 된다. 그래서 농촌인구는 계속 감소해 나갔다. 오늘날까지 농촌의 노령화가 계속 진행해 온 이유다.

새마을운동은 겉으로 잘 사는 농촌을 만든다는 명분을 세웠지만, 내면은 1) 도시 민중들의 박정희에 대한 불만 해소, 2) 농촌인구의 감소 해결, 3) 박정희의 독재적 영도력을 선봉先鋒에서 휘날려줄 강제적 정책의 필요성에 나온 대중운동이었다.(1972) 새마을운동은 농촌지역을 선두로 빠르게 사회 전체로 퍼져나갔다. 박정희는 새마을운동을 통하여 그의 제제화를 위한 사회체제와 구조를 강화시켜 나갔다. 이렇게 박정희의 전제적專制的 독재 음모를 선봉에서 총대를 메고 간 대중운동이 새마을운동("잘살아 보세")이다.

새마을운동은 겉과 달리, 한국의 공동체적 농촌사회(초가지붕 문화, 우물 문화, 모내기 문화, 풍류도/두레 협동문화 등)를 속으로부터 무너뜨려 나갔다. 농촌의 새마을운동은 농촌인구의 감소와 노령화를 극복한다는 핑계를 가지고 농촌의 기계화와 농지의 정지, 그리고 규모화를 목표로 추진되었다. 이 탓으로, 인원 동원이 강제로 이루어짐으로써 농촌사회의 전형적인 모습인 자율적/자치적 연대와 협동은 파괴되었다. 이뿐만이 아니다. 농로(논배미) 확장을 구실로 한 재산권 침해도 일어났다. 한편으로 농촌근대화라는 미명 아래, 강제된 전통가옥의 철거와 함께 나타난 시멘트 외벽과 암을 유발할 수 있는 슬레이트 지붕으로 가옥을 개량케 하는 바람에, 농촌사회의 아름다운 전통가옥들은 파괴되었다. 이의 영향은 조화로운 농촌공동체를 더 이상 지탱할 수 없는 현실로 만들어 놓았다. 이러한 농촌사회의 타락/파괴되어 가는 모습을 잘 그려내고 있는 소설이 하나 있다. 변경섭의 장편소설《종태》(해드림, 2013)다.

한편, 농촌의 농업노동력 부족 현상은 당연히 자본주의 방식의 기계 농업을 농촌에 도입시킬 수밖에 없게 만들었다. 겉보기에 그럴듯한 논, 밭의 농지정리가 기계 농업의 일환으로 나왔다. 대부분 젊은 일꾼들이 도시로 빠져나가는 바람에 농촌에 남아 있는 나이 든 농민들은 농촌의 기계화에 의존할 수밖에 없었다. 인력이 부족한 농촌 현실에서 기계를 사지 않는다면, 돈으로 기계를 빌리거나, 사람을 사서 농사를 지어야 했다. 전통적인 협동 정신인 두레/풍류 정신이 파괴된 농촌 현실은 삭막하게 되었다. '농심'이 사라지고 '돈심'이 자라났다. 이것을 박정희 유신독재는 '농업의 선진화' 정책이라고 자랑하였다.

이에 부화뇌동하여 농촌에서 식견이 좀 있다는 농민과 어용 지식인들은 농촌의 선진화를 '사회적 진보'라고 일컬었다. 저들이 말하는 '사회적 진보' 탓에 지금 농촌은 타락하고 부패한 자본주의식 삶의 방식이 이식되었다. 이러한 꼴값은 끝내 기계를 사서 규모 농업을 할 수 있는 지주농과 그렇지 못한 영세농/무전농으로 계급분화를 심화시켜 나갔다. 그리고 영세농과 무전농은 자본주의 경제에서 철저하게 외면당하면서 자본에 밀려 가난뱅이로 남게 만들었다.

1972년 새마을운동이 본격화되면서 이를 비난하거나 부정적으로 말하면 곧바로 경찰에 끌려가 수사를 받았다. 당시 글쓴이는 충남의 금산중고등학교에 임시교사로 재직하고 있었다. 역사를 전공한 탓인지, 새마을운동의 내면을 보게 되었다. '이건 아니다'라는 생각이 들었다. 고교 2학년 교실에서 "새마을운동은 '농촌파괴 운동'이 될 거라"라고 가볍게 이야기하였다. 이를 한 학생이 자기 아버지에게 말하고 그 아버지는 경찰에 신고하였다. 수업 도중에 충남의 금산경찰서로 끌려 나갔다. 경찰은 다짜고짜 글쓴이를 '빨갱이'로 몰았다. 고통스러운 신문을 받으면서 일주일간 고생을 한 적이 있다(1972. 5.15~5.23) 경찰은 글쓴이의 신원에 문제가 없다(공군 장교에 입대 예정이었다)는 판단을 했는지 수사를 중단하였다. 이렇게 박정희는 새마을운동을 자신의 지기 기반을 만드는 국책 사업으로 펴나갔다.

이렇게 해서 박정희의 영웅주의에 바탕을 둔 행정적/민족적/한국적 민주주의를 살펴보았을 때 형식은 민주주의이지만 내용은 권위주의 속성을 드러낸 민주주의였다는 사실을 알 수 있다. 결국 박정희는 행정적 민주주의, 민족적 민족주의라는 과정을 거쳐 최종적으로 한국적 민주주의라는 허울 아래 자신만이 구국의 영웅이라는 영웅주의를 드러냈다. 곧 더 이상 영웅의 시대가 될 수 없는 현대사회에서 영웅주의를 목에 걸고 권력의 영속적인 장악(제제화/영구총통제)을 획책하였다는 사실이다.

유신체제 강화와 김대중의 수난-납치 살해 미수사건

박정희의 허구적 한국적 민주주의에 온몸을 던져 저항한 양심적 민중 세력의 맨 앞에는 김대중이 있었다. 그리고 함석헌과 장준하, 김재준도 있었다. 김대중은 유신헌법 시안이 공포될 때, 교통사고(사실은 살인미수였다)로 다친 다리를 치료하기 위하여 일본 도쿄(東京)로 건너가 있었다(1972.10.11.) 치료를 마치고 얼마간 있다가 귀국할 예정이었다.(10.19)

박정희는 1972년 10월 17일 저녁 7시에, 장기 집권체제로 가기 위한 첫 단계로, 비상계엄령을 발동하였다. 계엄령과 함께 국회 해산을 단행한 박정희 권력은 김대중과 관련된 사람들을 모두 체포하였다. 그리고 이들에게 고문이라는 국가폭력을 가하였다. 계엄령에 이어 박정희는 영구적 개인 독재체제를 굳히기 위한 유신헌법 시안(기안 및 초안자: 김기춘)을 발표하였다.

당시 김대중은 유신헌법 시안에 대하여 "고장 난 민주주의"라고 표현하였다. 그리고 유신헌법을 '궁정쿠데타'라고 표현하였다.(자1, 269) 김대중은 슬펐다.

그리고 울분을 토해냈다. 박정희의 개인 독재와 맞서 싸워야 한다는 결심과 행동은 의무이자 책임이라고 판단하였다(자1, 270) 김대중은 영구 총통제 개헌에 맞서 목숨이 끊어지는 한이 있더라도 싸워야 한다고 생각하였다. 김대중은 박정희의 뚱딴지같은 계엄령에 대하여 '유신쿠데타'로 이름을 붙이고 즉각 반대성명을 냈다. "이번 조치는 통일을 말하면서 자신의 독재적인 영구집권을 목표로 하는 놀랄만한 반민주적 조치이다. … 조국통일을 성취시키려는 국민의 염원을 무참하게 짓밟은 것과 다름없다. …. 나는 민주적 자유를 열망하면서 이승만 독재권력을 타도한 위대한 한국민의 손에 의하여 반드시 실패하리라는 것을 확인하는 바이다."(1972. 10.18 동경에서)

그리고 유신헌법이 국민투표에 부치기로 하자(국민투표일은 11월 21일) 김대중은 "이번 개헌안은 한마디로 말해서 독재적 군림君臨과 영구집권의 야망으로 불탄 박 대통령의 목적을 달성시켰고, 직접 선거로는 도저히 승리할 가능성이 완전히 없어진 그의 완전한 당선을 노린 일종의 총통제 개헌이다. …. 박 대통령은 공산체제에 비하여 민주체제가 우월하다고 했다. …. 그러나 이번 개헌안은 민주주의의 생명인 의회 민주주의와 삼권분립을 부정하였다..… 이번 개헌안은 통일과 아무런 관계도 없는 권력의 영속화와 강화를 위한 개헌이다. … 나는 민주주의의 건국이념과 헌법을 짓밟은 박 대통령의 행위에 대하여 계속 투쟁해 나갈 결의를 명백히 다짐하는 동시에 자유를 사랑하는 우리나라 국민의 준엄한 심판이 반드시 내려질 것을 확신한다."(1972. 10 27., 동경에서 김대중)라고 비통한 마음을 표출하며 울분을 토해 냈다.(자1, 272) 이러한 울분은 김대중만의 울분이 아니었다. 대한민국 전체 국민의 울분이었다. 하늘도 땅도 통곡하는 울분이었다.

김대중이 지적하고 있듯이 10월유신 획책은, 박정희가 영구집권을 목표로 한 반민주적 음모였다, 완전한 헌법 유린 행위였다, 조국 통일을 염원하는 국민 의지를 짓밟은 행위였다, 총통제/제제화를 위한 개헌이었다. 북의 공산주의 획일체제와 똑같은 접근을 보였다. 독재와 싸워온 나라 사람 모두의 투쟁 명분과 신념을 상실케 만들었다. 대한민국의 가치를 존립시키는 이념과 헌법을 짓밟은 행위였다. 일본에서 10월 유신의 소식을 접한 김대중은 대한민국으로 돌아갈 수 없는 망명객이 되었다. 김대중은 유신쿠데타를 폭로하기 위하여, 보다 영향력이 큰 미국으로 망명지를 옮겼다. 미국에서는 여러 대학 강단을 무대로 한국의 '민중정치 토착화 운동'/민주화운동을 전개해 나갔다. 그러는 동안, 유신독재가 시작되었다. 박정희는 유신헌법에 따라 통일주체국민회의가 두들기는 도깨비방망이에 의해 8대 대통령으로 선출/취임하였다.(1972.12.23./12.27)

1973년, 박정희 매판적 독재권력은 일제와 마찬가지의 입헌군주국을 꿈꾸었다. 그리하여 대한민국을 유신제제화維新帝制化 하려는 음모를 추악하게 추진해 나갔다. 그것이 당시 한국사회를 유신제국으로 만드는 일이었다. 유신방송, 유신영화, 유신기자, 유신국회(유정회) 등이 그것이다. 이 일환으로 방송국 KBS를 한국방송공사로 개편하였다(3.3.) 이때부터 KBS에서 방영되는 연속방송극(드라마)은 경상도 사투리를 쓰는 사람은 신사로, 전라도 사투리를 쓰는 사람은 도둑놈과 깡패, 거지 등으로 분장하였다. 그리고 전라도 여자는 부잣집 하녀 역할만 맡았다. 곧 의도적으로 지역 차별을 부추겨 인구가 다소 많은 경상도를 제 편으로, 진작부터 끌어들이는 사전 선거운동을 계획적으로 해 나갔다. 유신독재와 유신의 외양간지기들이 이러한 더럽고 추잡한 짓거리에 정의로운 양심 세력들은 진저리를 쳤다.

그리하여 1973년은 대한민국 역사에서 유신체제에 반대하는 많은 사건들이 터져 나오는 해가 된다. 남산야외음악당에서 열린 〈부활절연합예배사건〉(4.

22.)이 일어난다. 서울제일교회 목사 박형규(50, 인천 출신)와 전도사 권호경(32)은 헝겊 걸개와 전단지를 작성한다. 이들이 제작한 걸개와 전단지에는 "신도여, 부활하신 왕, 주님의 이름으로 민주주의 꽃피우자", "민주주의는 통곡한다.", "민주주의의 부활은 대중의 해방이다"는 내용을 담고 있었다. 박정희 공안 당국은 이 사건을 '내란음모예비죄'로 날조하고 주모자들을 모두 체포/구속하였다(1973. 7. 6.) 그러나 유신을 반대하는 민중의 의지는 꺾이지 않았다. '지하신문'들이 곳곳에서 생겨났다. 전남대학교 김남주金南柱(1945~1994)와 법대생 이 강 등이 만든《함성喊聲》지와《고발告發》지가 있었고 또 고려대학교 대학생 한맥회에서 만든《민우民友》지 등이 있었다. 함성 잡지는 당시 공안 당국에 적발이 된다. 이를 "전남대 '함성' 지 사건"이라 부른다. 함성 지 사건은 반유신운동의 효시가 되는 사건이 된다. 또한 고려대학교에도 한맥회韓脈會라는 이념동아리가 있었는데 이들은 회보(民友)를 만들어 박정희 권력의 부정과 부패를 고발하는 기사를 실었다. 이를 계기로 뒷날 박정희 유신총통의 외양간지기들은 고려대학교 노동문제연구소 김낙중 사무국장을 엮어서 대규모 학원간첩단 사건을 날조해 낸다(1973. 5.24)

김대중은 한국의 국내에서 박정희와 그 외양간지기들이 유신제국을 토착시키려 공포정치를 우격다짐으로 휘두르고 있을 때, 미국에 있다가 일본으로 돌아왔다.(1973.1.5.) 일본에서 박정희 독재와 투쟁을 계속해 나가기로 했다. 김대중은 일본에 체류하면서 일본인 독자를 의식하여《독재와 나의 투쟁》을 집필하였다. 이 글이 뒤에 한국에서《행동하는 양심》으로 번역 출간되었다.(금문당, 1985.) 김대중은 분주하게 움직였다. 다시 미국으로 가서〈한국민주회복통일촉진국민회의〉(1973.7.6. 한민통) 미국본부를 결성하였다. 그리고 일본으로 다시 돌아왔다(1973.7.10.) 한민통 일본본부를 결성하기 위해서였다. 김대중은

'한민통'을 세계적인 기구로 만들 구상을 하였다. 〈재일한국민주회복통일촉진국민회의〉가 결성되었다.(1973.8.15.)

이럴 즈음 국내의 중앙정보부는 부인 이희호 여사에게 압력을 가해 왔다. "김대중이 빨리 귀국하지 않고 외국에서 반정부운동을 계속하면 …. 신변에 문제가 생길 수도 있다"는 협박이었다. 사실은 그것은 협박이 아니었다. 그들이 꾸미고 있는 모종의 음모를 사전에 흘리려 했던 것으로 보인다.

일본에 망명 중인 김대중은 한국의 중앙정보부에서 자신을 암살하려는 기미가 있음을 포착하였다. 납치 제보도 받았다. 김대중은 숙소를 바꿔가며 중정 요원의 감시를 피해 나갔다. 마침 한국의 민주통일당을 창당(1973. 1.27.)한 총재 양일동이 신병 요양 차, 일본에 와 있었다. 김대중은 그를 만나기 위해 도쿄의 그랜드 팔레스 호텔(2211호)로 갔다. 그리고 양일동 총재와 김경인 의원을 만나고 나오는데 밖에서 김대중을 감시하고 있던 것으로 보이는 불량한 괴한들이 느닷없이 달려들었다. 그들은 미리 빌려놓은 호텔 방(2210호)으로 끌고 들어갔다.(이때가 1973.8.8. 오후 1시 15분경이었다) 김대중이 이 호텔에 온다는 것을 어찌 알았을까. 항간에는 양일동을 의심하는 측도 있다. 이러한 의심을 하는 것은 양일동이 보고를 받고도 40분 늦게 한국 주일대사관에 신고한 것을 근거로 삼는다. 대한민국 중정은 진작부터 'KT납치공작'을 세워놓고 양일동이 묶고 있는 옆방을 빌려놓고 도청을 하고 있었다.

김대중은 괴한들에게 곧바로 마취를 당했다. 마취에서 깨어나자, 바람으로 깡패 같은 놈들한테 영문도 모르는 구타를 당했다. 까닭도 없이 무조건 패는 것은 조직폭력배들이 사람을 겁주어 공포에 떨게 만드는 상투적인 수법이었다. 그런 후에 온몸이 테이프로 감긴 채 어느 바닷가 선착장으로 끌려 나가 모터보트에 태워졌다. 시간이 많이 흘렀다는 생각이 들었을 때, 다시 큰 배(중앙정보부 공작선 용금호)로 옮겨졌다. 김대중은 송장처럼 온몸이 꽁꽁 묶여졌다. 괴한들은 송장처럼 묶인 김대중을 바다에 던질 준비를 하였다.

　김대중은 마음이 급해졌다. 살아야 한다는 생각이 번개처럼 머리를 스쳐 갔다. 바닷속으로 내던지기 직전이었다. 배 위로 예수의 환상이 나타나는 동시에, 국적 불명의 비행물체가 공중에서 소리를 내며 나타났다. 그러자, 어찌 된 영문인지 저들은 김대중을 바다에 던지려고 했던 행동을 갑자기 멈췄다. 이로부터 이틀간이나 더 배에서 있었다는 느낌이다. 엿새째(8.13.)로 생각된다. 배가 움직이더니, 어느 항구에 닿았다. 그리고 집으로 돌아왔다. 세 번째 죽음의 올가미에서 빠져나온 셈이다.(자 1, 298)

　그러면 김대중이 납치 만행에서 구사일생으로 살아오게 된 과정에 대하여 잠시 이야기를 해보기로 한다. 김대중이 납치를 당했다는 소식은 김대중의 재일교포 비서(김강수)에 의해 양일동 총재에게 알려지고 양 총재는 주일대사관에 알렸다.(40분 늦게), 일본 자민당 의원과 일본경시청에도 알렸다.(오후 2시 40분경) 일본 경찰이 호텔 방을 수색한 결과, 한국의 중앙정보부가 북조선의 소행으로 위장하기 위해 북한제 담배를 호텔 방에 두었다는 사실을 알아냈다. 일본 경찰은 이 소식을 방송에 알렸다. 김대중이 납치되었다는 소식이 일본의 NHK 텔레비전 뉴스 속보 자막으로 흘러나왔다.(3시 50분경)

　한편, 주한미국대사관이 김대중 납치 사실을 인지한 것은 당일 오후 3시경이었다. 미국 CIA가 미국대사(하비브)에게 알리고 하비브는 김대중을 살려야 한다는 일념으로 신속하게 정보를 수집하여 '미국의 우려'와 함께 한국 고위층과 미국 본토에도 알렸다. 마침 한민통 일본본부를 결성(8.15)하기 위해 일본에 머물고 있던 임창영林昌榮(1909.~ 1996, 전 유엔대사, 한민통 미국본부 대표)이 미국 캘리포니아에 있는 태프트 대학Taft College의 교수로써 주한 미국

대사관 문정관文情官으로 와 있던 그레고리 핸더슨Gregory Henderson(1922. ~ 1988.) 교수에게 연락을 하였다. 핸더슨은 다시 하버드 교수인 제롬 코언(Jerome A. Cohen)과 뉴욕대 교수인 라이샤워Reischauer(1910. ~1990.)에게 알렸다. 라이샤워는 다시 미국 플로리다 키웨스트에서 휴양 중이던 국무장관 키신저Henry Alfred Kissinger(1923. ~)에게 사태의 심각성을 알렸다.(뉴욕시간 새벽 4시) 코언도 키신저에 전화를 걸었다. "키신저 장관, 우리의 친구 김대중 씨가 일본에서 납치를 당했다고 합니다. 몇 시간 안에 그가 처형될지도 모르겠습니다. 우리가 그를 살려야 합니다." 키신저는 모든 조직을 동원하여 진상을 파악하고 김대중을 구할 것을 지시했다. 그리고 하비브를 통해 청와대 박정희에게 '미국의 우려'를 전달하게 했다. 이렇게 김대중이 죽음 직전에서 극적으로 살아나온 배경에는 당시 주한미국대사 하비브의 신속한 대처와 키신저 국무장관의 역할이 있었다. 미국은 김대중을 살려 둘 필요가 있었다.

  미국은 일본에게 신속한 조치를 요청하였다. 한국의 청와대는 '김대중 납치 살해 계획'이 들통나자, 이를 모면하기 위해 가증스럽게 일본 당국에 공작선(용금호)의 위치를 알려주고 해상출동을 요청하였다. 일본의 비행기가 용금호를 감시하기 시작하였다. '김대중 납치사건'은 수개월 전부터 중앙정보부 이후락의 지휘 아래 치밀한 계획과 준비를 거쳐 조직적으로 저지른 범행임이 드러났다. 미국도 비밀문건을 공개하며 한국의 중앙정보부의 소행임을 밝혔다.(1998. 6.10.) 김대중을 납치한 자들은 중앙정보부 소속으로 실미도의 특수 공작원을 관리하던 윤진원, 이휘윤이었다.(국가정보원 과거사건진실규명을 통한 발전위원회,《과거와 대화 미래의 성찰》2, , 국가정보원 2007, 430~552쪽 참조)

한국의 전 중앙정보부장으로 박정희 파쇼독재의 주구走狗 노릇을 하다가 미국에 망명한 김형욱金炯旭(1925~1979)[55]이 있다. 그는 미국 하원 프레이저 청문회에서 "박정희의 재가裁可 없이는 이뤄질 수 없다. 박정희는 자신의 권력 유지에 가장 두려운 김대중을 납치사건으로 해결하려 했다."는 증언을 했다.(1977. 6.22.) 그리고 가담한 사람들의 명단도 제출하였다. 이후락도 김대중을 납치 살해지시는 박정희가 내렸다고 했다. 이후락은 박정희의 "김대중을 없애라"라는 지시로 어쩔 수 없었다고 털어놓았다. 이는 1998년 6.10일, 공개된 미국 비밀문건[56]과 조선일보 선우 휘 주필의 사설 내용으로도 알 수 있다.(자 1, 308) 그리고 김대중 납치 살해의 실패 책임을 물어 박정희는 이후락 중앙정보부 부장을 해임하였다.(1973.12.3.) 그러고는 야비하게 김대중 납치 살해 계획은 자신은 전혀 모르는 일이며, 중앙정보부 이후락의 소행으로 뒤집어씌웠다.(1974. 12.)

살아서 집으로 돌아온 김대중은 이후 가택연금을 당하면서 외부와 접촉을 일체 할 수 없게 된다. '김대중 납치 사건'은 세계 문명사회를 경악케 하는 희대의 만행이었다.(자1, 307) 이 사건을 계기로 한일 관계는 급속도로 냉각되었다. 북측과도 외교관계가 단절되었다. 그러나 한국의 공화당과 정부는 이를 김대중의 자작극으로 몰고 갔다. 그러자 조선일보가 국내 신문으로는 납치사건의 진상을 처음으로 보도하였다. 당시 '행동적 휴머니즘' 작가로 알려진《조선일보》선우 휘鮮于輝(1921~1986)[57] 주필의 사설을 통해서다.(1973. 9.7.) 그는 김대중 납치사건에 대한 철저한 조사는 "한국 국민 자신의 인간적 권위의 회복과 도덕적 긍지의 고양을 위하여 무엇보다 귀중한 작업임을 깨닫"게 된다는 논

---

55) 김형욱: 인혁당사건(1964), 서울대 민족주의비교연구회사건(1967), 동백림사건(1967), 김종필, 김용태 숙청하는 국민복지회사건(1968) 김영삼 질산테러사건(1969)을 주도한 장본인이다.
56) 1998년 미국 국가안보기록보관소에서 해제한〈1973년 비밀 외교문서〉
57) 선우 휘: 1973년 이후, 처음과 달리 점차 순응적 친親유신인사가 되었다.

조를 실었다.

그리고 서울대 문리대생들의 김대중 납치사건의 진상 규명, 중앙정보부 해체, 파쇼정치 중지를 요구하는 선언문 낭독과 시위도 있었다.(1974. 10. 2.) 한국의 박정희 파쇼는 '김대중납치사건'으로 냉각된 한일 관계를 풀기 위해 당시 일본 총리였던 다나카(田中角榮, 1918 ~ 1993)에게 3억 엔을 전달하였다는 증언이 있었다.(조중훈, 중앙일보, 2001. 1. 12. 일자) 대한민국이라는 나라의 수치스럽고 창피한 치부를 드러내는 대목이다. 한국의 독재권력과 일본의 금권金權정치가 결탁한 '매수외교'의 극치를 보여주었다.(자1, 311)

반유신운동과 긴급조치

다시 앞으로 돌아가 보자. 유신 독재체제가 들어선 이후, 유신헌법을 철폐해야 한다는 기의가 우후죽순처럼 일어난다. 서울대학교 문리대 학생회가 주도한 '10.2 시위'를 기점으로 전국의 대학가가 요동을 쳤다. 이 무렵 최초의 '유신 살인'이 일어난다. 박정희 유신독재에 항거하던 서울대 법대 교수 최종길崔鐘吉(1931.~1973.)이 변사체로 발견된 사건이다. 유신반대 의문사 첫 번째 희생이었다.(1973. 10. 19)[58] 최종길의 지인이었던 제롬 코언Jerome Cohen(1940~ 생존)은 미국의 〈위싱턴포스트〉지 칼럼을 통해 최종길의 죽음은 한국의 중앙정보부에 의한 고문치사/'유신살인'임이 의심된다고 밝혔다(1974. 10. 9)

이후, 한국천주교 정의구현사제단은 명동성당에서 최종길의 고문치사와 인권유린의 수부首府인 중앙정보부 해체를 주장하였다(1974. 12. 10.) 최종길이 유신 살인을 당하자, 이에 분노하여 '최종길 의문사' 진상 규명과 유신을 반대하는 저항이 서울대 학생들을 중심으로 잇달아 일어났다. 그리고 학

---

58) 당시 중앙정보부는 가증스럽게도 "최 교수가 간첩임을 자백하고 7층에서 투신했다"고 발표하였다.

생과 재야인사의 연대 투쟁도 시작되었다. 그 기폭제가 된 것은 서울 YMCA 에서 〈민주수호국민협의회〉가 15인 연서連書로 된 "시국선언"의 발표였다.(11.5.)

　이를 계기로 본격적인 반유신운동이 전개되었다. 그리하여 장준하 등 재야인사들은 유신독재를 타도하고 민중정치를 촉구하는 〈개헌청원 100만인 서명운동〉 발기대회를 열었다.(12.4.) 이를 통해 유신체제 반대운동이 치열하게 일어났다. 서울 YMCA에서 대표적인 재야인사, 곧 함석헌, 장준하, 백기완 등 30여 명이 〈개헌청원운동본부〉를 발족시켰다.(12.24.) 재야인사들은 운동본부를 통하여 유신헌법 개정 청원을 핵심으로 하는 "개헌 청원 100만인 서명운동"을 전개해 나갔다. 서명운동이 시작되자 순식간에 5,000여 명이 서명하였다. 그리고 10일이 넘어서자, 서명자가 30만을 넘어섰다.

　그러나 유신헌법은 헌법 자체에 이의異議를 달 수 없게 만든 악법이었다. 이에 유신 권력의 외양간지기들은 개헌 청원 운동에 대하여 "유신체제에 대한 근본적인 도전은 허용되는 자유의 행위를 이탈하는 행위"라고 라디오와 텔레비전 특별연설을 통해 선언하였다.(김종필, 12.26.) 그리고 '대통령 담화문'을 통하여 개헌 운동을 즉각 중지하라고 승냥이 같은 목소리를 높였다.(12.29) 담화문 발표를 계기로 민중들의 개헌 운동은 처참하게 탄압을 받기 시작하였다.

　그렇지만 1974년이 되어서도 유신체제에 분노한 민중들의 개헌청원운동은 더욱 격해졌다. 이에 박정희 나치주의 독재는 개헌청원을 저지하기 위하여 긴급조치를 발동하였다.(1호, 2호, 1974. 1. 8, 9호는 1975. 5.13.) 긴급조치 1, 2호는 "일체의 개헌논의를 금지" 시켰으며, 긴급조치 위반자를 처벌하기 위하여 〈비상군법회의〉도 설치하였다. 긴급조치의 발동으로 개헌 논의와 언론 보도 자체가 원천 봉쇄되었다. 그럼에도 학생들은 "교내에서 지하신문 발행과 동맹휴학

등의 방법"으로 유신 반대와 '개헌 청원 운동'을 지속적으로 벌여나갔다. 그리고 "종교계 일각의 일부 지식인과 교회, 성당에서도 '시국선언문'을 채택하는 등 비밀 개헌 서명운동을 추진"해 나갔다.

　1974년 한 해 동안에 긴급조치와 집회시위법 위반으로 구속된 자가 1,000여 명이나 달하였다. 개헌 청원 운동의 주동자였던 장준하와 백기완 등은 긴급조치 1호로 연행되었다. 그리고 장준하와 백기완은 구속되어 거꾸로 매달리는 등 각종 고문 폭력을 당하고 비상군법회의에서 15년 선고를 받고 감옥살이를 하였다. 긴급조치 발동에도 불구하고 유신반대 물결은 꺼지지 않고 성난 파도처럼 밀려왔다. 그러자 박정희 파쇼권력은 늘 써먹는 이념 몰이로 유신반대를 부르짖는 민중들의 '분노의 함성'을 잠재우려 했다. 먼저 희생의 제물이 된 사건이 전국민주청년학생총연맹사건全國民主靑年學生總聯盟事件(1974. 4.3.민청학련사건)이다. 파쇼권력의 외양간지기들은 청년, 학생들이 "인혁당계 지하 공산세력, 조총련 계열, 일부 종교인 등이 반정부세력과 결탁하여 유혈 폭력혁명을 통해 정부를 전복시키고 공산정권 수립을 획책"하였다고 빨갱이 몰이를 하였다. 물론 날조되고 조작된 '이념 놀이' 사건이다. 그리하여 서도원徐道源(1923.~ 1975.), 도예종都禮鍾(1924.~ 1975.), 전창일全昌一(1928~), 이 철李哲(1948~), 유인태柳寅泰(1948~) 김지하金芝河(1941~2020) 등이 민청학련사건에 연루된다. 이들 중 서도원과 도예종은 이듬해 사법살인을 당한다.(1975. 4.9.) 민청학련사건과 관련하여 웃지 못할 일화가 있다. 변론을 맡았던 경북 영주 출신, 변호사 강신옥姜信玉(1936~2021)은 "피고인석에서 그들과 같이 재판을 받고 싶은 심정"이라는 요지로 변론을 하였다. 이 말이 긴급조치에 위반된다고 하여 강신옥이 법정구속이 된다.(1974.7.9.) 변론 중인 변호사가 법정 구속되었다는 것은 세계 유례가 없는 일이었다. 박정희 파쇼는 긴급조치를 남발하여 아무런 죄도 없는 젊은 목숨을 눈썹 하나 까닥도 하지 않고 유신 살인을 밥 먹듯이 하였다. 민청학련사건은 박정희 유신독재 정권이 반독재민주화운동 세력을 탄압하기 위해서, 고문 폭력을 통하여 만들어낸 희대의 '용공 조작' 사건이었다.

한편 국민의 민심이 자꾸 이반 되어 나가고, 이념 몰이도 식상이 되었다. 박정희는 권좌가 흔들린다고 생각하였다. 바로 이 무렵에 터져 나온 사건이 문세광文世光(南条世光, 1951.~ 1974)에 의한 박정희의 아내 '육영수피격사건'(1974.8.15.)이다. 이를 두고 세간에는 말들이 무성하였다. 당시 언론보도에서는 "문세광이 박정희를 죽이려다 잘못하여 육영수를 죽였다"고 보도를 했다. 그러나 당시 항간에 떠도는 말에는, 경호원이 문세광을 쏘다가 오발로 육영수가 죽었다는 말도 나돌았다. 심지어는 박정희가 권력이 흔들리자, 육영수를 희생양으로 삼았다는 말도 있었다. 문세광의 총에서 발사된 총알 중 육영수를 향한 것은 없었다는 말이 끊임없이 이어져 나왔다. 그날 문세광은 비표도, 차량 출입증도 없이 총까지 숨긴 채 어떠한 제지도 받지 않고 행사장으로 들어왔을까? 문세광은 선고 법정에서 "육영수 여사를 살해하지 않았다"고 진술했다. 또 당시 수사본부 요원으로 현장 검증과 감식을 했던 서울시경 감식계장 이건우도 의문을 제기했다.(월간《다리》1989. 8월호) 이건우는 후일 국민일보 기자 노가원에게도 진범이 문세광이 아니라고 증언하였다.[59] 이건우는 "육영수 여사를 숨지게 한 사람이 누구인지 짐작이 가나 지금은 밝힐 수 없다"는 말을 하고 이듬해 세상을 떠났다. 이 말속에는 문세광이 육영수를 숨지게 한 장본인이 아니라는 의미가 담겨 있는 말이다. 이렇게 이른바 '육영수피격사건'은 의문이 한, 두 가지가 아니다. 어찌했던 육영수의 죽음을 계기로 박정희의 반공주의 구심점은 되살아나고 사면초가에 몰리던 박정희 정권이 기사회생한 것만은 분명

---

59) 강준만,《한국 현대사 산책 1960년대 편》3(인물과 사상사 2009) 150쪽 참조.

한 사실이었다. 자료의 부족으로 육영수 죽음에 대한 규명은 쉽지는 않겠지만, 역사적으로 재규명할 필요가 있다고 본다.

이렇게 국가가 진흙탕이 가득 찬 도랑 속으로 거꾸러지고 있는데도, 심성이 나약한 지식인, 언론인, 성직자들은 침묵으로 일관하였다. 이러한 양심 부재 지식인들의 나약한 태도에 분노의 함성을 외친 성직자가 있었다. 천주교 원주 교구장 주교 지학순池學淳(1921~1993)이다. 그는 유신체제를 반대하는 울분의 양심선언을 했다.(1974.7.23) "유신헌법은 폭력과 공갈과 국민투표라는 사기극에 의해 조작된 것"이라며 "무효이고 진리에 반대되는 것"이라고 분통을 터트렸다. 한국 종교계 고위성직자가 유신체제반대의 불씨를 지핀 셈이다.

양심선언을 한 지학순은 중앙정보부에 의해 곧바로 체포/구금된다.(1974. 8.12.) 죄명은 긴급조치 1, 4호 위반이다. 그리고 박정희의 시녀요 노예였던 재판부는 중앙정보부에서 공문으로 지시한 대로 지학순에게 앵무새처럼 징역 15년, 자격정지 15년을 언도했다. 오늘날도 마찬가지라는 생각을 갖고 있지만, 당시 사법부는 완전히 박정희가 기르는 앵무새였다. 지학순은 서울구치소에 수감되어 감옥생활을 하게 된다. 이를 계기로 가톨릭 내 정의로운 젊은 신부들은 대한민국 사회환경이 극도의 반인권적으로 나가는 데에 분노하였다. 이에《천주교정의구현전국사제단》(Catholic Priests' Association for Justice, CPAJ)이라는 단체를 결성하기에 이른다.(1974.9.23)

이 무렵에 신민당 전당대회도 있었다.(8. 22.) 이때 연금 중인 김대중은 "반독재, 선명 야당 체제" 구축이라는 대의명분을 내세워 김영삼이 총재에 당선되도록 적극 지원하여 김영삼을 신민당 총재로 만들었다. 이렇게 야당도 반유신 독재와 싸워나갔지만, 박정희 유신독재는 이에 아랑곳하지 않고, 날이 갈수록 권력의 칼날을 더욱 날카롭게 세워나갔다. 이런 가운데서도 민중정치 토착화 운동/민주화운동을 해왔던 71명은 〈국민선언서〉를 발표한다. 그리고 유신반대와 민중정치 회복을 주도하고자, 반유신 기의의 결집체인 〈민주회복국민회의 民主回復國民會議〉를 결성하였다.(1974.11.27, 약칭: 국민회의) 김대중은 가택연금 상태지만, 이의 결성을 적극적으로 도왔다. 그리고 국민회의의 고문을 맡았다.

1975년 새해가 되면서, 국민회의는 활발하게 활동을 전개해 나갔다. 그러자, 개인 독재자 박정희 파쇼는 유신헌법을 국민투표에 붙이겠다는 담화문을 발표한다(1975. 1.22) 그러나 이것은 연막이자 함정이었다는 사실을 대다수 민중은 몰랐다. 이럼에도, 대한민국 모든 방송과 언론들은 유신체제의 악정惡政에 말문을 닫고 있었다. 유신총통에 자발적 노예가 되어 있었다. 이에 굴하지 않고 국민회의는 전국적으로 확대되어 갔다. 그러자 박정희 파쇼권력은 이를 악마처럼 탄압해 들어갔다.

대학교수들은 곧바로 대학에서 면직과 권고사직을 당했다.(이른바 〈학원사태〉) 먼저 서울대에서 영문학과 교수 백낙청白樂晴(1938~ 현존)이 권고사직을 당했다. 사립대학은 그들 학교 소속의 교수들이 국민회의에 연관되었을 경우, 경고를 내렸다. 한신대학교의 안병무安炳茂(1922.~1996.)와 문동환文東煥(1921.~2019.), 박봉랑朴鳳琅(1918.~2001.), 연세대학교의 서남동徐南同(1918.~1984.) 등이 경고를 받았다. 이외 유신권력은 추잡하고 야비한 방법으로 국민회의에 연관된 재야인사들을 더러운 죄명을 붙여 연행/구속하였다. 국민회의 대표위원인 변호사 이병린李丙璘(1911.~ 1986.)은 간통혐의(1975..1.17.)로, 변호사 한승헌韓勝憲(1934.~ 2022.)은 반공법 위반혐의(3.22)로, 문학평론가 김윤식金允植(1936.~2018.)과 민중정치 토착화 운동가 계훈제桂勳梯(1921 ~ 1999)는 긴급조치 9호 위반(10.21)으로 구속하였다.

1975년에 들어서면서 점차 베트남에서 미국 패망의 분위기가 감지되었다. 이러한 분위기와 함께 유신체제에 대한 반발도 갈수록 심하게 일게 된다. 그러자 박정희 개인 독재는 다시 한번 정치쇼를 부렸다. 곧 의미도 없는, 결과가 뻔한 국민투표를 통하여 유신헌법에 대한 찬반 투표를 실시하는 일이었다.(1975. 2.12.) 당시 권력의 압박과 새마을운동 등의 영향으로 당연히 찬성표가 많을 수밖에 없었다. 이를 통하여 박정희 개인 독재는,

  1) 영구 총통제를 확고하게 굳히고,

  2) 사회단체, 종교단체, 사회 인사들의 유신체제 비판은 그릇되었다는 선전의 구실과 탄압의 명분을 만들고,

  3) 유신헌법에 나와 있는 긴급조치의 정당성을 확보하려는 속셈이었다.

유신헌법에 대한 국민투표에도 불구하고 재야의 도덕적 양심을 지닌 세력들은 꾸준히 줄기차게 유신헌법의 폐지를 주장하였다. 그러자 개인 독재자 박정희는 영구 총통제로 가는 데에 방해가 되는 일체의 발언을 전면 금지시켰다. 이 법은 공화당과 유정회가 날치기로 통과시킨 국가모독법(외환의 죄, 1975. 3. 19)이다. 겉은 '외환의 죄' 이지만, 속은 국가원수모독죄였다. 외환의 죄란, "외국에게 이익(물적/인적)을 제공하여 자국의 안전을 위협하는 행위를 저지는 죄"를 말한다. 여기서 국가는 곧 박정희를 말한다. 외국은 북한/북조선을 일컫는다. 곧 외환의 죄는 박정희를 반대하지 말고 반공주의에 충실하라는 법이었다.

그러나 학생들은 이에 굴하지 않았다. 반유신항쟁을 계속해 나갔다. 특히 고려대학교 학생들의 유신 반대의 목소리가 강하게 나왔다. 그러자 박정희 개인 독재는 긴급조치 7호를 발령(1975. 4.8.)하였다. 긴급조치 7호는 유신반대 투쟁의 확산을 막기 위해, 전국 대학가의 반유신 항쟁을 상대로 한 조치였다. 그리고 이례적으로 고려대학교에 대해서만 휴교령을 내리고 교내에 군을 주둔시

키는 조치를 내렸다.

이러한 와중에 베트남에서, 친미 자본주의국가 월남을 도와 월맹군/베트콩[60]과 싸우던 미국, 한국 등 다국적군이 패전을 하고 월남은 패망하게 된다.(1975.4.30.) 그러자 박정희 개인 독재는 반공 이념으로 국민들의 구심점을 만들기 위해 서울 여의도에서 '총력안보시민궐기대회'(1975.5.10)를 여는 등 권력 유지에 발악하는 모습을 보이기도 했다. 이어 긴급조치 7호를 해제하고 대신에 긴급조치 9호를 발령했다.(1975.5.13.) 이 조치로 유신헌법을 반대하거나 왜곡하고 이를 보도할 경우 '영장 없이' 체포하도록 함으로써 우리 사회에 독재의 올무를 걸어놓았다. 박정희 유신권력은 긴급조치 9호 발동과 함께 고등학교와 대학교에 자치적 학생회를 폐지하고 학도호국단學徒護國團을 부활시켰다.(5. 20.) 고등학생과 대학생들을 정권 유지의 기간 조직으로 만들기 위함이었다. 학도호국단은 이승만이 처음 만들었다. 그러다가 4·19혁명 이후, 민주당 정권에서 폐지하였던 것인데 15년 만에 다시 부활시켜, 독재수호대로 만들었다. 이로써 대한민국은 '유신병영국가'로 둔갑되었다.

박정희 '나치즘 권력'은, 유신체제에 대한 반대 세력의 상징적 인물인 장준하의 흔적을 지우기 위해 함정을 팠다. 음모와 함정은 장준하의 조기 석방이다.(1974.12.4.) 장준하는 석방 이후, 연금 중인 김대중을 대신하여 전국으로 다니면서 도덕적인 양심 세력들을 규합하는 활동을 하였다. 그러던 중 장준하는 출옥 8개월 뒤 경기도 포천 약사봉에서 의문사를 하게 된다.(1975.8.17.) 이를 공안당국은 장준하가 실족사失足死 했다고 발표를 했지만, 당시 사람들은 "테러에 의한 추락사"일 거라는 말들을 했다. 박정희가 장준하를 죽였다면(?)

---

[60] 베트콩: 남베트남 민족 해방 전선; 베트남 공산주의자

그것은 만주에서 일제 관동군 정보장교였던 박정희가 우리 독립군들에게 해댄 민족반역적인 행위를 알고 있었기 때문일 것이라는 의문이다. 또 일설에는 장준하가 테러(?)를 당하기 전에 김대중과 함석헌 등을 만나고 나서 "박정희를 깨는 것은 민중의 힘으로 역부족이니, 게릴라전으로라도 박朴을 제거해야 한다. 군부 쪽에도 상당한 연계가 되어 있다"라는 말을 했다고 하는 기록도 있다.[61] 그렇다면 장준하의 죽음은 '모종'의 박정희 제거 계획을 인지한 박정희의 외양간지기들이 먼저 손을 썼다고 하는 해석도 있다. 박정희는 자신의 영구적 유신총통제로 가는 길에 방해가 되면 누구든지 모두 죽여버렸다. 이게 박정희 개인 독재 시절 있었던 일이다. 장준하가 테러에 의한 죽임(?)을 당하자, 재야의 민주화운동은 잠시 주춤거린다. 이에 대하여 김대중은 "학생들은 가위눌린 채 방황했고, 거대한 폭력은 국민을 노려보고"있다는 표현을 하였다.(자1, 328)

어찌했든 비참하기 짝이 없는 긴급조치 9호의 발동으로 이 나라의 웬만한 인재들이 감옥에 들어가 썩어 나왔다. 오늘날, 이 나라에 정치적으로 나라를 살리는 인재다운 인재가 없는 것은 도깨비 같은 긴급조치 발동으로 많은 인재들이 감옥생활을 하는 동안 재능의 에너지를 모두 소진한 탓도 크다. 슬픈 일이다. 자신의 권력을 영구적으로 유지하기 위해 미래 한국을 위한 인재들의 정치적 재능을 모두 탕진蕩盡시켰으니, 슬픈 일이 아닐 수 없다. 이 무렵, 베트남은 통일국가로서 새롭게 출범을 하게 된다.(1976.7.2.)

긴급조치 9호와 유신독재의 발악

1975년 긴급조치 9호가 한국사회를 위협/협박하고 있는 가운데, 연말에 '동

---

61) 장준하,《장준하 평전》(시대의 창, 2019) 46쪽.

아일보 광고 탄압사건'이 벌어졌다.(12.5.) 그것은 동아일보 기자들이 자유언론 실천을 위한 회합(동아자유언론수호투쟁위원회: 동아투위)을 갖고 '자유언론실천선언'(1974.10.24.)과 함께 유신정권 반대 시위 등을 자세히 보도했기 때문이다. 신문의 밥그릇은 광고 수입이다. 그런데 유신독재는 그 광고 수입의 원천인 대기업/광고주의 광고 게재를 강제와 협박으로 차단시켰다. 동아일보는 광고란을 비워둔 채 기사를 내보냈다.

그러자 놀란 일이 벌어졌다. 동아일보 '백지 광고란'이 유신권력에 저항하는 많은 시민과 학생, 교사, 공무원, 군인들의 격려 광고로 채워졌다. 격려 광고는 유신권력에 대해 우회적으로 항의/저항하는 구원 광고였다. 백지 광고란이 유신권력에 대한 저항의 공간이 되었다. 쏟아지는 구원 광고는, 실을 자리가 없어서 며칠씩 밀렸다. 이렇게 밀려드는 구원 광고는 입이 있어도 말을 할 수 없었던 민중들의 유신 총통 권력에 대한 울분과 민중정치를 그리워하는 애타는 심정의 표현이었다. 격려와 위로의 문구들을 보면, "민족의 새벽은 옵니다. 자유언론만세", 그리고 당시 법무부 장관 황산덕을 비난하는 문구 등이 주를 이루었다. 글쓴이도 당시 공군 중위 급여를 조금씩 떼어내어 친구와 더불어 여러 차례 구원 광고를 내보냈다. 구원 광고에서 글쓴이가 내보낸 문구가 나올 때 무척 기뻐했던 기억이 떠오른다. 동아일보는 기념 메달을 만들어 글쓴이에게도 보내왔다.

광고 탄압이 뜻밖의 역효과를 내자 박정희 나치권력은 동아일보 경연진을 청와대로 불렀다. 박정희는 광고 탄압을 중단시키는 대신에 유신권력에 대하여 비판 기사를 쓰는 양심적이고 정의로운 기자들을 내쫓으라고 압력을 가했다. 동아일보 경영진은 비열하게 박정희 파쇼권력에 항복을 했다. 살기 위함이라고는 하지만. 독재권력에 대한 굴복은 곧 구원 광고를 통하여 유신정권 타도를 외치는 시민/민중들의 분노와 희망을 배신하는 일이었다. 권력에 굴복한 동아일보는 언론의 자유와 정의를 포기하고 더러운 작태를 스스로 드러냈다. 비판적이고 정의로운 '양심 기자'(1974. 10.24일에 자유언론실천선언에 가담한) 18명을 쫓아냈다.(1975.3.8) 이렇게 해서 격려 광고, 동아일보 구원 광고, 민중의 저항 공간이 사라지고 말았다.(1976. 5.3.) 구원 광고의 폐쇄는 민중의 저항 의지를 꺾는 일이었다. 이후 해직 기자들은 '동아자유언론수호투쟁위원회'(이하, 동아투위)를 통하여 투쟁을 계속해 나갔다.

 동아투위 결성 배경은 이렇다. 동아일보는 구원 광고만으로는 회사 운영이 어렵다고 판단하였다. 게다가 유신독재의 외양간지기들의 계속된 탄압과 기사 내용의 감시로 경영이 어렵게 되자, 자유언론에 앞장을 서고 있던 양심적 기자/프로듀서/아나운서 등 130여 명을 강제로 해고하였다.(1975. 3.17) 해직 기자들은 양심적 언론투쟁을 이어가기 위하여 동아투위를 결성하였다(1975.3.18.) 이 자리에서 동아투위는 "신문/방송/잡지에 대한 외부 압력 배제, 기관원 출입 금지, 언론인의 불법연행 거부 등을 요구"하고 "자유언론의 수호", "언론의 민주화운동"을 계속해 나갈 것을 다짐하였다.

 박정희 유신독재는《사회안전법》도 날치기 통과하였다.(1975. 7.16) 사회안전법은, 일제강점기 제정된 '보호관찰' 제도를 핵심으로 하는〈조선사상범보호관찰령〉(1936), 그리고 '예방구금' 제도를 핵심으로 하는〈치안유지법〉(1925)과〈조선사상범예방구금령〉(1941)의 내용을 그대로 모방한 인권 유린법이었다. 곧 국가보안법, 반공법 등으로 형기를 마친 사람들은 재판 없이 '보호감호처분'을 내릴 수 있는 법이었다. 반인륜적 법이었다. 몇몇 악질적 국가에서 시행하고 있는 이중처벌제도요, 인권탄압법이다.

 이 당시 대한민국의 각계각층의 양심 세력과 단체들은 유신체제와 유신헌법, 유신파쇼를 반대하는 시국선언문을 발표하였다. 그렇지만 대한민국의 어떤 언론도 '시국선언문'을 싣지 않았다. 대표적인 시국선언문에는 장준하의

〈박정희 대통령에게 드리는 공개서한〉,〈한국사태에 대한 엠네스티 보고서〉, 〈천주교정의평화구현전국사제단의 시국선언〉 등이 있었다. 이러한 시국선언문은 당시 함석헌이 내고 있던《씨올의 소리》가 실어서 전국에 배포하였다. 그러자 독자에게 배달되는《씨올의 소리》는 소리도 없이 배달이 안 되고, 서점에서는 무더기로 사라졌다.

1976년에도 반유신운동은 계속되었다. 박정희는 권력 유지만을 위한 긴급조치 9호를 강제하였다. 긴급조치 9호에 의해 유신체제를 비방하거나 반대하는 자에 대해서는 어느 누구를 막론하고 영장 없이 체포해 1년 이상 징역형에 처한다는 초강경의 협박이 내려졌다. 박정희 파쇼는 국민의 입과 귀를 더 단단히 틀어막고 순종을 강요했다. 이에 언론은 물론 민주화 진영조차 침묵 속으로 빠져들었다. 그렇지만 유신총통 박정희의 종국終局을 향한 시간은 빠른 속도로 다가오고 있었다. 박정희는 자기 종말의 시간은 보지 못했던 모양이다. 거짓과 기만, 그리고 자유의 억압과 탄압으로 개인 독재권력을 계속 이어 나갔다.

박정희는 1976년 연두 기자회견을 하였다.(1.15) 여기서 기쁜 소식이라고 하면서 "포항 영일만서 석유를 발견했다. 매장량을 조사 중이다"라는 발표를 하였다. 그리고 텔레비전에 나와 원유를 먹는 시늉까지 했다. 글쓴이는 그 당시 공군본부에서 장교(대위)로 복무 중이었다. 여러 소식통을 통하여 영일만 유전 발견은 거짓임을 알고 있었다. 일국의 대통령이 국민을 상대로 기만을 했다. 대국민 사기극도 이 정도면 도가 넘어도 한참을 넘었다. 이렇게 유신독재는 권력 유지를 위하여 도깨비 같은 장난도 불사하였다. 이게 국가인가 할 정도였다.

앞에서 말한 바와 같이 유신헌법은 통일주체국민회의라는 유령 같은 대통령 선출 기구를 두었다. 통일주체국민회의는 수골적 친親공화당 성향의 사람들로만 구성이 되어 있어서 박정희가 종신 대통령직을 유지할 수 있도록 거수기 역할만 하는 기구였다. 그래서 박정희를 유신총통이라고 부르는 이유다. 여기에 한술 더 떠, 대통령이 국회의원 1/3을 추천하는 국회교섭단체 '유신정우회'도 두게 되어 있다. 해괴망측한 대한민국이 되었다.(2.16) 박정희 유신독재는 당시 문교부를 통하여 '교수재임용제'를 실시하였다. 이 결과 460명의 진보적 성향의 교수들이 임용에서 탈락되었다.(2.29)

이런 분위기에서 1976년 민중정치를 촉구하는 재야인사들은 원주기도회사건 및 〈원주선언〉(1976. 1.23)과 전주기도회(1976.2.16.)를 개최하게 된다. 원주기도회사건 및 〈원주선언〉의 발단에 대하여 살펴본다. 초국가주의로 온몸을 감싸고 있던 유신총통 박정희는 나라 사람 개인의 인권과 자유를 자신의 군홧발 밑에 두었다. 곧 그 자신이 국가였던 박정희는,

1) 긴급조치 9호로 개인의 자유와 권리를 통제하였다.

2) 도깨비 같은 통일주체국민회의를 설치하고 영구총통이 되기 위해 국민의 참정권을 박탈하였다. 곧, 국가는 있되, 국민은 없었다. 유신총통과 그 주구走狗들만 존재하였다.

이러한 유신독재라는 정치환경이 시작된 이래 가장 큰 파장을 일으키는 의롭고 아름다운 사건이 일어난다. 당시 각계 지도자들이 〈민주구국선언문〉(3·1구국선언/명동선언문)을 발표한 일이다. 1976년 3·1절에 명동성당에서 천주교와 개신교가 합동으로 저녁 미사를 드렸다. 미사가 끝난 후 합동 구국기도회를 열었다. 이 자리에 선도적으로 추진한 김대중이 참여하였다. 구국기도회에서 신학자이자 목사인 문동환文東煥(1921~2019)은 '박정희가 물러남이 마땅'하다고 설교를 하였다. 그리고 한신대학교 교수 이우정李愚貞(1923~2002)은 선언문을 낭독하였다.

선언문은 김대중이 작성한 문안과 문익환이 작성한 문안을 절충하여 수정/보완한 선언문이다. 내용은 앞의 원주기도회사건 및 원주선언과 전주기도회에서 있었던 자유 민중들의 의지를 반영하였다. 또 선언문은 이 땅의 분단체제가 한국의 독재체제를 강화하는 구조적 원인이 되고 있다는 것과, 그래서 평화통일이 반드시 필요하다는 점을 밝히고 있다. 평화통일을 위해서는 통일의 방해물인 유신체제는 거부되어야 하며, 통일의 방해 세력인 유신정권은 퇴진하는 게 마땅하다는 내용을 실었다. 선언문 낭독 후, 이 자리에 참석하였던 모든 사람(재야인사와 신도)이 명동성당을 나와 명동거리에서 유신반대 시위를 하려 했다. 그러나 미리 출동해 있던 경찰들이 총의 힘으로 시위를 못 하게 강제하는 바람에 일동들은 해산할 수밖에 없었다.

시민의 합세도 없었다. 다만 천주교 신도들이 어느 정도 있었을 뿐이었다. 그래서 경찰은 이 사건을 단순히 〈집회 및 시위에 관한 법률〉 위반으로만 처리하려고 했다. 그런데 박정희가 국무회의에서 보고를 받으면서 3·1 구국선언 서명자 명단에 김대중도 있었다는 말을 듣는 순간, 이성을 잃고 심한 화를 냈다고 한다. 그리하여 3·1 구국선언은 단순사건에서 '대통령 관심 사항'이 되어버렸다. 곧 법 위의 법이 박정희라는 사실이 만천하에 드러나는 순간이다. 이게 1976년 당시 대한민국의 정치 환경이었다.

경찰은 갑자기 현장에서 설교를 한 문동환 목사, 선언문을 낭독한 이우정 교수, 김승훈 신부, 장덕필 신부(명동성당 주임)를 강제로 체포/연행하였다. 그리고 검찰은 이 사건을 "종교행사를 빙자한 일부 재야인사들의 정부 전복顚覆선동 사건", "헌정질서를 파괴하는 비합법적 활동"이라고 진실을 거짓으로 둔갑을 시켜 발표를 하였다. 이어서 일주일 사이에 선언문에 서명한 20명 가운데 김대중, 문익환, 안병무, 이문영, 서남동, 함세웅, 문정현, 신현봉, 이해동, 윤반웅 등 11명을 긴급조치 9호 위반이라는 구실로 구속/기소 시켰다.(3.26) 그리고 윤보선, 함석헌, 정일형, 이태영, 이우정, 김승훈, 장덕필 등 7명은 불구속 기소를 하였다.

　단순 선언문 발표였던 3·1구국선언/명동사건은 박정희가 김대중 이름 하나 때문에 분노를 터뜨리는 바람에 사건이 침소봉대針小棒大되었다. 재판부도 신속하게 재판을 진행하였다. 1심판결이 나왔다.(1976. 8. 28) 피고인의 주장과 정당한 의사 표현은 무시하고 박정희의 비위만을 맞추려는 터무니없는 판결이었다. 재판부는 박정희 시녀로 전락해 있었다. 기소까지 할 사항이 아니었음에도 중형이 선고되었다. 김대중, 함석헌, 윤보선, 문익환에게는 각각 징역 8년과 자격정지 8년을, 문동환, 문정현, 신현봉, 윤반웅, 이문영, 이우정, 이태영, 정일형, 함세웅 등 9명에게는 각각 징역 5년과 자격정지 5년을, 서남동에게는 징역 4년과 자격정지 4년을, 안병무, 이해동에게는 각기 징역 3년과 자격정지 3년을, 김승훈은 징역 2년과 자격정지 2년에 집행유예 3년을, 그리고 장덕필에게는 징역 1년과 자격정지 1년에 집행유예 2년을 선고하였다. 이렇게 해서 김대중은 다시 옥살이가 시작되었다. 김대중과 관련된 명동사건의 재판 결과는 즉각 미국의 뉴욕타임스 등 외국 유력지에 기사화되었다. 그리고 외국 유력지들은 김대중 사건의 공판 과정을 크게 보도하였다.

유신총통 박정희의 최후

　이렇게 유신 정국이 갈수록 인권을 유린하고 자유를 속박하는 방향으로 나가자 이화여대 학생들은 '김지하의 양심선언'을 실은 〈새벽〉지를 배포하고, 부산대 학생회도 반정부 유인물을 배포하는 사건 등이 터져 나왔다.(1976. 10. 10) 바로 이 무렵에 국제적으로 창피한 로비사건이 터져 나왔다. 미국에서 터진 박동선 로비 사건(Koreagate)이다.(1976.10.24.) 이를 코리아게이트라고 한다. 워싱턴 포스트는 10면에 걸쳐 "박정희의 지시로 박동선은 중앙정보부 전담 요원 25명과 함께 미국 상/하원 및 유관 공직자들에게 매년 50만 달러에서 1백만 달러에 이르는 거금의 불법 로비를 통해 친한적親韓的 관점을 전파했다"고 보도했다.(로비 자금을 준 인원은 최소 50명에서 최고 115명이 된다.) 이는 미국 전체를 휘감는 거대한 스캔들이었다.

미국의 최고 수사기관인 CIA(중앙정보국), FBI(연방수사국), NSA(국가안보국)와 국무부, 법무부 등이 총동원되어 코리아게이트 관련자들을 수사했다. 이의 영향으로 대한민국의 박정희 권력과 미국 간의 신뢰 관계는 치명적으로 손상을 입었다.(자1, 346) 박정희 파쇼는 자국의 사회적 약자들은 굶어 죽고 있는데 그 많은 돈을 미국의 권력과 부자에게 퍼주었다. 인간으로서는 상상할 수 없는 일이다. 오로지 권력 유지를 위해 도탄에 빠진 국민은 죽든지 말든지 나몰라라 했다.

이렇게 국내외 문제가 어수선할 때 박정희 파쇼는 '임시행정수도' 건설계획을 발표한다.(1977.2.10) 행정수도를 옮기려는 이유는

1) 서울로의 인구집중은 안보에 큰 위협이 된다.
2) 서울로의 인구집중은 거주환경(환경, 주택문제 등)의 질을 악화시킨다.
3) 지방 발달을 저해한다, 등이다.

여기서 박정희 파쇼는 안보 문제를 우선으로 내세우면서 북과 대치 상태를 은연중 부각시켰다. 그리고 장기 집권과 자신의 제제화에 따른 새로운 수도가 필요했기 때문으로 보인다.

역사적으로 수도 이전은 자신의 지지 기반을 조성하기 위한 수단이었다. 고려가 그랬고, 조선이 그랬다. 대한민국의 수도 이전 문제는 김대중이 처음 거론하였다.(1971년 대선 때) 당시 김대중은 수도 이전에 적합한 장소는 대전이

라고 했다.⁶²⁾ 곧 김대중은 자신의 지지 기반과 전혀 관련이 없는 대전을 거론하면서 천도遷都의 의미를 가져서는 안 된다고 했다. 박정희 파쇼는 수도 이전을 천도의 개념으로 거론하였다. 김대중의 1971년 수도 이전 공약은 박정희 측의 부정 투개표로 당선이 안 되면서 성사되지 못했지만, 김대중의 뒤를 이은 대통령 노무현에 의하여 충청남도 조치원 근교에 천도의 개념이 아닌 행정수도 건설의 개념으로 세종시를 건설하였다.

1978년 6월이 되었다. 이즈음에 나라 안의 사회환경을 보자. 조세희가《난장이가 쏘아올린 작은 공》이라는 소설작품을 발표하였다.(6.5) 1970년대 한국 사회는 박정희의 수출지상주의와 시장경쟁주의를 핵심으로 하는 파쇼자본주의 하에서 도시와 농촌, 자본가와 노동자, 경상도와 전라도의 극심한 계급주의 사회로 전락하고 있었다. 이러한 당시 빈부의 격차가 심화 되는 사회환경에서, 농촌에서 올라와 도시의 빈민층으로 전락한 가난한 노동자의 뼈저리게 아픈 삶을 그려낸 소설이다.

또 1978년에는 유신체제/긴급조치 시대가 내리막길로 접어들었다는 상징적인 사건이 일어났다. 긴급조치를 우롱/비웃는 사건이다. 당시〈긴급조치 9호〉는 유신헌법뿐만 아니라 여기서 규정한 긴급조치에 대하여 일체 비판할 수 없게 되어 있었다. 반유신정부 활동도 일제 금지되어 있었다. 따라서 이를 비방하는 내용을 담은 편지나 유인물을 작성 소지하는 것만으로도, 또 긴급조치 9호에 관한 말만 하여도 긴급조치 9호에 위반되어 영장 없이 체포되고 구금되었다. 글쓴이도 1978년 12월, 박정희를 비판하는 필화(문화혁명론)사건으로 긴급조치 9호 위반에 연루되어 1979년 3월 국군보안사령부에 강제 피납되어, 군

---

62)《後廣 金大中 大全集/세계 각국의 수고首都 고찰》(中心西院, 1993) 210~213쪽 참조.

사재판을 받고 육군1교도소(육각: 일명 남한산성)에서 옥고를 치렀다.

긴급조치 9호를 우롱하는 기의가 서울대학교 학생들에게서 시작이 된다. 국내 제도 언론에서 일체 보도가 안 된, 서울대 아크로폴리스광장에서 5,000여 학생이 일으킨 '6·12시위' 사건이다. 이러한 사실을 국내 언론이 아닌 일본의 아사히신문에서 보도를 하였기 때문에 알게 된다.(6.13) 5,000여 명 학생 중 1,000여 명의 학생들은 교문 밖으로 나가 가두시위를 벌였다. 이와 함께 기의 중에 뿌려진 유인물(학원민주선언)이 문제가 되었다. 유인물의 내용을 보면 "통일주체국민회의 부정, 독도문제에 대한 굴욕적 자세를 비판하는 집회를 서울 시내 전 대학생과 시민이 6월 26일 오후 6시 세종로 네거리에서 갖는다"라는 내용이었다. '시위를 예고' 하였다. 이를 '예고 시위'라고 한다.

이는 당시 철통같은 경찰정보망을 뚫고 대규모 '집회 시위'를 조직하겠다는 예고였다. 이러한 레지스탕스적 기발한 발상은 당시 삼엄한 긴급조치 시대에 불가능한 일이었다. 따라서 이 유인물 사건을 '긴급조치 9호 우롱 사건'이라고 이름을 붙이는 이유다. 이러한 대규모 집회 시위를 하기 위해 '예고시위'를 담은 유인물을 제작한 학생은 김수천, 이광희, 박재순, 김주영이었다. 그리고 '6·12 시위'를 주도한 학생은 성 욱, 이우재 등이다. 이러한 예고 시위는 유신독재가 서서히 내리막길로 접어들었다는 것을 예고하는 사건이다.

이 유인물 사건/예고 시위는 현실로 발현이 되었다. 경찰은 재야인사들을 가택연금시켰다. 그리고 대대적인 사전 검색을 철저하게 했다. 그러나 유인물에 적힌 6월 26일 세종로 네거리에는 대낮부터 사람들이 몰려들었다. 삼엄한 경찰의 경비망을 우롱하듯 민중들이 4,000여 명이나 모였다. 그리고 이들은 누구의 인도나 지도도 없이 "유신철폐"를 외쳤다. 그리고 정의를 향해 나아갈 것을 외치는 노래를 불렀다. 경찰의 무차별적인 방망이 구타가 난타해 들어왔다. 이에 아랑곳하지 않고 민중들은 경찰과 맞서면서 격렬한 시가전을 벌였다. 이 과정에서 많은 시민과 성직자들이 연행 구속되었다. 이렇게 '6·12 시위'를 통해 예고된 '6·26 예고시위'는 실현되었다. 이로써 박정희의 긴급조치는 조롱을 받았다.(신동호,《오픈아카이브》 2016년 1월 20일에서 일부 발췌 인용함.)

이 해에, 〈우리의 교육지표 사건〉도 일어났다.(6.27) 이는 전남대 교수 11명(송기숙 등)이 〈우리의 교육지표〉를 발표한 데서 기인한다. 우리의 교육지표는 국민교육헌장을 위시한 유신정권의 획일적 교육체제와 박정희식 부국강병정책을 낡은 권위주의 문화의 상징이라고 비판하는 메시지를 담고 있었다. 그리고 "물질보다 사람을 존중하는 교육, 진실을 배우고 가르치는 교육이 제대로 이루어지기 위하여 교육의 참 현장인 우리의 일상생활과 학원이 아울러 인간화되고 민주화되어야 한다." 또 "3·1 정신과 4·19 정신을 충실히 계승 전파하며 겨레의 숙원인 자주평화통일을 위한 민족 역량을 함양하는 교육을 해야 한다"는 내용을 담고 있었다.

당시 박정희 제제화/영구총통제에 정신적 지표가 되고 있던 국민교육헌장에 대한 비판은, 박정희 유신독재에 대한 전면적인 부정이자 거부였다. 이 발표문은 연세대 해직 교수인 성내운 교수와 전남대 송기숙 교수의 합작품으로 알려졌다. 이러한 성격을 갖는 〈우리의 교육지표〉는 숨죽이며 할말조차 못하고 있던 지식인들에게 용기를 주게 되었다. 그리고 이를 지지하는 전남대 학생들의 데모도 있었다. 이러한 전라도 지역의 〈우리의 교육지표 사건〉은 한 지역을 넘어 전국적 확산과 함께 지식인들에게 유신체제의 반역사성, 반사회성, 반정치성을 불러일으키는 계기를 만들어 주었다. 이 발표문이 나오자 곧바로 당일 11명의 교수는 중앙정보부 전남지부로 연행되었다. 이들은 2일간 조사를 받았다. 그리고 송기숙은 긴급조치 9호 위반혐의로 구속되었고 나머지 교수들은 대학에서 쫓겨나 해직 교수가 되었다. 이어 성내운 교수도 긴급조치 9호 위반으로 구속되었다.(1979.1) 그리고 서울에서 이 발표문에 참여한 이화여대의 이효재 교수도 영장 없이 연행되어 조사를 받았다.

한편 박정희는 유신체제를 통하여 제제화(유신총통)의 길을 열고, 다시 유신체제를 확고하게 다질 전방위적 실천으로 새마을운동을 일으킨 바 있다.(1972) 새마을운동을 통하여 유신총통의 길을 닦으면서, 다음으로 자신의 제제화를 위한 정신적 산실로 〈한국정신문화연구원〉을 설립하였다.(1978.6.30) 한국정신문화연구원은 한국의 전 인문 분야에 대한 정신적 개조(한국적 민주주의)를 목적으로 설립하였다.

그동안 유신정권은 저임금을 받는 노동자와 저가 곡물 수매제로 고통을 받는 농민의 희생 위에 기업의 자본축적이라는 탑을 쌓아갔다. 여기서 노동자와 농민들은 권위주의 강제/억압 행정에 대하여 저항을 하기 시작하였다. 대표적인 것이 함평고구마사건(1976~1978), 농협민주화운동, 그리고 1978년 안동교구 〈가톨릭농민회사건〉(7.17)이다. 가톨릭농민회사건은 일명 〈오원춘사건〉이라고도 한다. 사건의 내용은 이렇다. 시간이 오래되어 싹도 트지 않는 씨감자를 영양 군청과 농협이 농민들에게 알선하였다. 감자는 싹을 틔우지 않았다. 농민들의 피해가 이만저만이 아니었다. 그러나 군청과 농협은 피해보상에 함구를 하였다. 이에 농민 오원춘吳元春(1950~ 현존)은 농민의 분함을 해결한다는 차원에서 관계 기관에 보상 신청을 요구하였다. 그러면서 영양군 농민 전체로 보상 요구를 확산시켜 나갔다. 그러자, 공안 당국은 보상을 방해하면서 오원춘을 이리저리 끌고 다니는가 하면, 모진 고문 폭행까지 가하였다. 이러한 사실을 알게 된 천주교정의구현전국사제단은 오원춘에 대한 공안 당국의 고문 폭행 사실을 폭로하였다. 그러자 당시 경상북도 경찰청 공안당국은 정호경(1940 ~ 2012) 신부와 가톨릭농민회 간부(최병욱)들을 배후 인물로 구속하였다.

이 사건은 결국 박정희의 '특별조사령'과 함께 가톨릭 교계와의 대립/갈등으로 번지면서 프랑스 출신 안동교구 교구장이었던 주교 드봉(杜峰, René Dupont, 1929~2025)을 추방하려는 음모를 꾸몄지만, 교황청의 반대로 성사되지 못하였다. 오원춘 사건은 드디어 전국적 사건으로 확대되었다. 이를 계기로 가톨릭농민회도 적극적으로 개입하면서 조직도 확대시켜 나갔다.[63]

노동자가 분노하는 사건도 발생하였다. 대표적인 것이 노동조합 결성을 둘러싼 인천의 동일방직 여성 노동자 탄압사건이다.(1978.2.21.) 동일방직에는 어용노조만 있었는데 어용노조에 한국 최초 여성 지부장(이길자)이 선출되면서(1972) 어용이었던 노조가 정상적인 노조원을 대변하는 노조로 변신을 하게 되었다. 그러면서 노조원들은 동일방직의 노동환경 개선과 저임금 철폐를 주장하면서, 노동쟁의를 이어갔다. 그러자 유신 권력의 외양간지기 중앙정보부(인천지부, 송학사)는 노조 와해 공작을 해 들어갔다. 그리고 회사측은 노조원들을 해고하였다. 해고된 노동자들은 '블랙 리스트'에 올려 재취업을 할 수 없게 만들었다. 그렇지만 노조는 이에 굴하지 않고, 대의원 선거를 강행하여 재건하려 하였다. 그러자 회사측이 야비하게 남성 노동자를 매수하여 여성 노동자에게 똥물을 뿌리는 추악한 일을 벌였다. 여성 노동자들이 이에 굴하지 않자, 회사 측은 여성 노동자(이총각 등)들을 해고하였다. 이것이 동일방직 '똥물 사건'이다(1978.2.21. 이총각 증언)

---

63) 정재돈 편집,《한국가톨릭농민회 30년사·1966~1996》(한국가톨릭농민회, 1966) 참조.

김대중은 1976년 〈명동 3·1구국선언〉 사건으로 옥살이를 하게 된다. 서울지역에서 거리가 멀리 떨어진 진주교도소에 수감되었다. 그리고 접견 제한을 당하였다. 그러자 김대중은 단식투쟁을 하였다.(1978. 5.7) 재야와 종교계 인사들이 걱정이 되어 진주교도소를 찾아 김대중의 면회를 요청하였으나 번번이 거절을 당했다. 그러던 중 천주교의 추기경 김수환이 김대중의 면회를 신청하고 면회가 되었다.(1978. 10.31) 긴 옥살이로 김대중의 건강이 조금 악화가 되면서 서울대병원으로 후송이 되었다(1978. 9.6.) 김대중의 서울대병원 이감은 병 치료를 명분으로 하였지만 그 이면에는 김대중 석방을 강력하게 요구해 들어오는 대내외의 빗발치는 압력을 피하기 위한 눈가림이었다. 서울대 병원에서 김대중의 생활은 지옥, 그 자체였다. 외부인과 차단하기 위하여 병실 창문을 봉쇄하고 서신과 접견을 제한하였다. 심지어 실외 운동시간까지 금지시켰다. 김대중은 그 당시의 '병원감방'에 대하여 교도소보다 못한 특별 지옥이었다고 술회하였다.(자1, 341~343) 김대중은 특별 지옥에서 육체와 정신이 모두 봉쇄된 상황이었다. 여기서 살아나갈 수 있는 방법은 단식이었다. 다시 교도소로 보내달라고 단식 투쟁을 하였다.

김대중은 단식 투쟁을 하면서도 매일 같이 책을 읽고 글을 쓰곤 하였다. 그 중 한 메모지에 이런 내용을 적어놓았다. "우리의 민주 회복은 우리 힘이 중심이 돼야 한다. … 우리의 투쟁 방법은 비폭력 적극 투쟁이라는 간디나 킹 목사의 방법이 가장 적합하다. 자발적으로 줄을 지어 투옥하고 그리하여 감옥에서, 법정에서, 전국적으로 싸우면 전 국민의 호응은 명약관화하다. 지금 정부는 그걸 가장 두려워하고 있다."(1978. 10. 21.) 이 말은 민주주의/민중정치의 회복은 '민중의 비폭력' 수단으로 독재권력을 무너뜨리는 것이 가장 효율적이라는 뜻이다. 민중이 주체가 된 독재 타도만이 진정한 민주주의/민중정치를 이룰 수 있으며 나라의 주인이 될 수 있다는것이 그의 정치사상이

었다. 이런 메모를 남긴 것을 보면 김대중은 이미 박정희 유신통치의 종국終
局이 얼마 남지 않았음을 정치적 직감으로 알고 있었는지도 모른다. 단식 투
쟁으로 건강이 더욱 악화가 되었다. 김대중의 건강 악화는 박정희 파쇼에게
악재로 작용할 수 있었다. 그러자 박정희 파쇼는 알량한 9대 대통령 취임 특
별사면 형식으로 김대중을 형집행정지라는 미명아래 가석방했다. 수감된
지, 2년 9개월만의 일이다.(1978.12.27.) 김대중은 병원 감옥에서는 석방되
었지만, 또 가택연금을 하였다. 이렇게 해서 김대중은 가택연금을 지속적으
로 당해야만 했다.

  김대중이 석방되기 전에 10대 국회의원을 선출하는 총선이 있었다.(1978.
12.12.) 박정희는 대한민국을 영구적으로 개인 소유로 만들기 위해 온갖 부정
과 부패를 일삼았다. 관권선거, 금권선거로 얼룩이 졌다. 이럼에도 불구하고
신민당의 득표율[64]이 높게 나타났다. 김대중의 석방의 명분은 특별사면이었
지만 이면에는 10대 국회의원을 뽑는 총선(1978.12.12.)에서 신민당이 공화당
을 앞서는 득표율을 보였기 때문이라는 분석도 있다. 박정희 파쇼는 12·12 총
선 이후. 더욱 민주주의 탄압에 기승을 부렸다. 박정희 권력의 외양간지기들은
유신독재와 유신체제에 반대하고 항의하는 학생 시민들을 강제 연행하고 투
옥하는 등 그 탄압의 짓거리가 말을 할 수 없을 정도였다. 동아투위 관련자들
이 청우회淸友會라는 반국가단체를 만들어 공산주의자들이 준동하게 만들었
다는 이유로 관련자들을 체포하고 구금하였다.(1978.6.11)

  1979년에 들어섰다. 김대중의 증언에 의하면, 1979년에 들어와 "박정희 유

---

[64] 10대 총선: 총 154석 중 공화당이 68석, 민주당이 61석이었으나, 득표율에서는 공화당 31.7%, 민주당이 32.8%로 1.1% 높게 나타났다.

신 총통은 위험지도자"가 되어 있었다고 한다. 두서없는 행정조치, 난마亂麻 같은 외교행정 등으로 박정희는 국민을 적으로 돌리고 있었다고 한다. 또 김대중은 "유신체제는 절벽을 향해" 질주하고 있었다고 기록하면서 나라가 위험하다고 판단하고 있었다. 그래서 박정희와 면담 요청을 했지만, 거절을 당하였다. 속이 탔던 김대중은 가택연금 중이지만, 민주주의/민중정치 토착화를 염원하는 인사들과 〈민주주의와 민족통일을 위한 국민연합〉을 결성하게 된다.(1979.3.1. 약칭, 국민연합) 이에 김대중은 윤보선, 함석헌과 함께 공동의 장이 된다. 국민연합은 앞의 〈민주회복국민회의〉의 활동을 계승/발전시킨다는 목적으로 결성되었다. 그리고 활동 목적으로 "이 땅에 민주주의를 평화적으로 재건/확립하고 나아가 민족통일의 역사적 대업을 민주적으로 이룩"한다는 대의를 내세웠다. 이어 〈3·1운동 60주년에 즈음한 민주구국선언〉을 발표하였다.

1979년 5월에 신민당 전당대회가 있게 된다. 김대중은 12·12총선에서 나타난 반유신 정서를 고려하여 유신체제를 강하게 반대하는 김영삼이 총재가 되도록 뒤에서 밀었다. 그것은 선거 전날 김영삼이 이끄는 대의원 총회에 김대중도 참여하였다. 그리고 김영삼 총재 당선을 위한 반유신 구국의 연설을 하였고 이기택 등의 후보 사퇴를 권유했다. 이것이 김영삼이 총재로 선출되는 데 중요한 요인으로 작용하였다는 해석이다.

이러한 가운데 시간이 흐르면서 박정희 파쇼권력을 뒤흔드는 대형 사건이 터졌다. 'YH무역 노조'의 신민당 당사 점거 농성(1979.8.11.)과 '부마항쟁' 기의다.(1979.10.16.~ 10.20.) 특히 부산과 마산에서 일어난 거대한 시민항쟁 기의는 박정희 유신독재를 무너뜨리는 결정타가 되었다. 당시 가발을 제조하여 수출(수출 순위 10위)하던 무역회사 'YH무역'이 있었다. YH무역의 노동 환경은 형편없이 열악하였다. 이에 YH무역의 노동조합원들은 회사 측에 노동조건의 개선을 요구하였다 그럴 때마다 회사 측은 노동조합을 무자비하게 탄압하였다. 그러나 노동조합원들은 이에 굴하지 않고 노동 환경의 개선을 요구하며 회사 측과 더욱 가열차게 투쟁을 하였다. 그러자, YH무역 측이 폐업을 발표하였다. 위장 폐업이었다. 회사측의 위장 폐업으로 생존의 위기에 몰린 노조원들은, 위장 폐업 철회를 요구하는 투쟁 과정에서 신민당 당사에 들어가 농성을 하기에 이른다.

그러자 유신총통의 외양간지기 경찰은 YH무역 노조원들이 분노의 농성을 하고 있는 신민당 마포 당사를 기습적으로 쳐들어가(1979.8.11.) 발악을 하듯 노조원들을 마구 두들겨 패댔다. 신민당 국회의원들도 곤봉으로 무차별 구타를 당했다. 의원들 얼굴이 피범벅이 되었고 김영삼 총재도 부상을 입었다. 시골서 올라와 부모님 생활비와 어린 동생의 학비를 마련하고자 산업공장에 취업하였다가 날벼락을 맞은 어린 노동자 소녀들은 광란의 끝을 모르는 유신권력의 폭력 앞에 무참히 쓰러지고 끌려 나갔다. 경찰은 'YH무역노조'의 배후 세력이라고 억지를 부리며 인명진, 문동환, 서경석, 이문영, 고은 등을 구속했다.(자1, 353) 이 사건 이후 박정희 파쇼는 국회로 하여금 김영삼金泳三(1927.~2015.) 신민당 총재를 제명토록 했다. 국회에서 야당 총재가 쫓겨나는 웃지 못할 촌극이 벌어졌다.(1979. 10.4.)[65] 이에 야당 국회의원 전원이 의원직 사퇴서를 제출하였다.

시간이 흐르면서 유신체제의 모순에 따른 사회불안이 찾아왔다. 물가 폭등/부동산 투기 과열/부가가치세 도입(1977) 등은 사회적 약자들에게 불안으로 다가왔다. 유신독재에 대한 불만과 경제 위기가 복합적으로 상호 작용하면서 '분노의 함성'이 터져 나왔다. 급기야 '부마민중항쟁'을 만나게 된다.(1979.

---

65) 정진백 편,《김대중연대기/1979-1980》1, 같은 책, 26~28쪽 참조.

10.16.~20.) 부마민중항쟁은 부패/타락한 권력에서 나오는 작은 모순의 필연들이 모여 그려진 한 장의 큰 그림(필연)이었다. 부마민주항쟁은 YH무역 노조에 대한 경찰의 무자비한 탄압, 그리고 신민당 김영삼의 국회 제명과 감금, 대학생의 걷잡을 수 없는 전국적인 항쟁 등이 복합적으로 작용하면서 일어났다. 부마항쟁/부마사태의 그 불씨는 〈부산양서협동조합〉(조직 김형기, 1978, 양서조합)에서 타올랐다. 양서조합의 독서토론회에서 민족정의/사회정의를 알게 된 부산대학교 경제학과(78학번) 2학년생인 정광민(1959~ 현존)의 주도로 시작되었다.(10.16.) 학생들은 "유신철폐"/"유신정권 물러가라"/"정치 탄압 중단하라"를 외치며 시내로 진출하였다. 이에 시민들도 대거 합세하였다.(10.17) 부산의 유신철폐 기의는 곧바로 마산으로 이어졌다.(10.18) 이를 역사에서 '부마항쟁'이라고 한다.

　마산 지역에서는 당시 마산대학교(현 창원대학이 아님)와 경남대학교 학생들과 시민들이 합세하여 민주공화당사/파출소/방송국을 공격해 들어갔다. 이렇게 반유신의 불길이 마산으로까지 번지자, 박정희 파쇼는 비상계엄령을 부산에 선포하고(10.18) 민중기의를 잔인하게 탄압했지만, 소용이 없었다. 그러자 파쇼권력은 다시 마산과 창원 일대에 위수령을 발령하고(10.20) 위수령 이름 아래 불법적으로 공수부대를 투입했다. 공수부대도 정의와 민주를 외치는 국민 앞에서는 모두 무용지물이었다. 민중 기의의 불길은 꺼지지 않고 활화산처럼 전국적으로 번지는 기세였다.

　당시 중정부장 김재규金載圭(1926~1980)는 부마민중항쟁 기의 현장을 둘러보고 다음과 같은 증언을 하였다. "제가 내려가기 전까지는 남민전이나 학생이 주축이 된 데모일 거라고 생각 했는데 현지에서 보니까 그게 아닙니다. 160명을 연행했는데 16명이 학생이고 나머지는 다 일반 시민입니다. 그리고 데모 양상을 보니까 데모하는 사람들도 하는 사람들이지만 그들에게 주먹밥을 주고 또 사이다나 콜라를 갖다주고 경찰에 밀리면 자기 집에 숨겨 주고 하는 것이 데모하는 사람과 시민들이 완전히 의기투합한 사태입니다. 주로 그 사람들의 구호를 보니까, 체제에 대한 반대, 조세에 대한 저항, 정부에 대한 불신 이런 것이 작용해서, 경찰서 11개를 불 질러 버리고, 경찰 차량을 10여 대 파괴하고 불 지르고, 이런 사태가 벌어졌습니다."(강준만,《한국현대사산책》1970년대편 3권, 258-259쪽 재인용)

이와 같이 유신체제는 처음부터 모순을 안고 출발하였다. 유신체제라는 모순의 작은 '우연성 필연'들이 모여 큰 강줄기를 만들어냈다. 유신총통이 격살당하는 필연이었다.(10.26) 유신체제 내의 작은 우연성 필연들은 민중의 항쟁과 외부의 사주使嗾[66]를 만나면서 거대한 폭풍을 일으켰다. 폭풍을 몰고 온 사람은 박정희 권력의 제2인자였던 당시 중앙정보부 부장 김재규[67]였다. 김재규는 박정희 가슴과 머리에 분노의 총알을 날렸다. 이를 역사에서는 '10·26사태'/'10·26사건'이라고 부른다. 종신 대통령을 꿈꿔왔던 박정희의 '유신 총통탑'이 무너졌다. 이와 함께 '한국적 민주주의'도 막을 내렸다.(유신의 종말, 1979. 10. 26.)

박정희가 김재규에게 격살됨으로써 반민주주의, 반자유주의, 반인권주의, 반대중경제의 18년 나치즘 파쇼가 끝났다. 김대중은 이 소식을 미국에 있는 한 지인의 전화 통화로 들었다. 글쓴이는 '국가 유고' 소식을 당일 밤늦게 공군본부 영창에서 영창지기 헌병(이요섭)한테 들었다. 김대중은 이를 '10·26

---

66) 정진백 편,《김대중연대기/1979-1980》1, 같은 책, 26~28쪽 참조.
67) 김재규는 1979년 11월, 글쓴이보다 한 달 늦게 남한산성(육각)에 들어와서 글쓴이의 바로 옆방에서 한 달 가량 지내다가 12월 초 죽음의 계곡으로 끌려갔다.

암살사건'이라고 표현하였다. 그리고 이에 대하여 다음과 같이 평가하였다. "10·26사태는 결코 우발적인 사고가 아닙니다. 그것은 국민의 반독재 민주투쟁의 필연적 귀결입니다. 민주주의와 인권을 열망해 온, 온(全) 국민은 10·26사태의 주역이며 승리자입니다. 10·26사태는 민중이 주체였던 동학농민혁명, 민족이 주체였던 3.1 독립운동, 민중 학생이 주체였던 4·19 혁명을 총괄적으로 계승한 민중·민족·민주의 국민적 의지의 집약적 표현이라 하겠습니다."[68] 이어서 "민주주의는 쿠데타나 암살로 되는 것이 아닙니다. 민주주의는 국민의 힘으로 이뤄야 진정한 민주주의입니다. .... 민중이 독재를 응징하지 않고 독재자가 부하에게 살해당한 것은 우리 민주주의에 이롭지 않습니다"(자 1, 361)라는 의견을 피력하면서 또 다른 우려를 했는지도 모른다. 앞날이 염려되었다.

김대중의 우려대로 대한민국에 민주주의/민중정치에 전혀 이롭지 않은 비극의 역사/고난의 역사가 박정희 격살 이후 다시 찾아왔다. 박정희가 평소 길러냈던 하나회라는 신군부의 우두머리 전두환, 노태우 등이 주동이 된 못된 군부(이를 신군부라고 부른다) 세력이 염화 같은 권력욕을 가지고 대한민국의 권좌를 약탈하고자 12·12역모사건(1979)[69]과 5·17쿠데타(1980)를 일으켰다. 박정희 모방집단이다. 이들에게는 오로지 권력 약탈의 탐욕만 있었다. 무식쟁이 군인들이요, 살인 독재자들이었다. 1979년 10월 26일, '한국적 민주주의'를 향해 가던 유신배(維新船)는 암초를 만나더니, 전두환에 의해 기우뚱거리며 위험한 항해가 계속되었다.

---

68) 정진백 편,《金大中年代記/1979-1980》1, 같은 책, 199쪽.
69) 김대중은 '12.12역모사건'을 '12.12하극상 반란'으로 표현하였다.《김대중자서전》1, 삼인, 2011) 365쪽

마. 전두환 살인 독재와 김대중의 투쟁

박정희는 두 가지 처벌법과 하나의 조치법을 통하여 권력을 장악하고 독재 체제를 유지해 왔다. 처벌법 중 하나는 이념을 통제하는 반공법(1961. 7.3.)이었다. 또 하나는 대한민국의 반공산주의적 자유민주주의로 치장된 반인권적 악법, 국가보안법(1948.12.1.)이었다. 이 두 가지 법은 박정희 권력을 유지시켜 주는 버팀목이었다. 그리고 조치법은 긴급조치였다. 긴급조치는 박정희의 영구 통치에 대하여 일체의 비난과 자유의 분노를 할 수 없게 만든 도깨비방망이이었다. 이러한 사실로 볼 때 박정희가 독재권력을 가지고 대한민국을 지배(통치가 아닌)하고 있을 때는 대한민국의 국민은 전혀 사상의 자유, 신체의 자유, 출판/언론의 자유, 집회/시위의 자유가 없었다. 정의와 민주의 나라를 일으킬 수가 전혀 없었다. 그야말로 국민/민중들은 박정희의 노예로 살았다. 그러나 우주의 역사는 참다, 참다 못하면, 오류의 역사를 정의 편으로 돌아서게 하는 '생명 역사'의 법칙을 가지고 있다. 이러한 역사의 필연적 귀결로 박정희가 주검으로 돌아갔다. 舊대한민국《헌법》(제77조 제2항, 계엄법 제2조 제1항)에 의하여 당시 국무총리였던 최규하崔圭夏(1919~2006)가 대통령 권한대행이 되었다. 그리고 최규하는 긴급조치 9호를 해제하였다.(12.8) 이와 동시에 김대중의 가택연금도 해제가 된다. 226일 만에 풀려난 셈이다. 글쓴이도 육각(남한산성; 육군제1교도소)에서 풀려났다(12.9)

최규하 과도정부와 김대중

연금에서 풀려난 김대중은 성명서를 발표했다. 성명서에서 김대중은,
1) 모든 정치범의 석방과 사면 복권.
2) 연내 개헌과 선거를 실시하여 민주정부를 수립할 것.

3) 거국/중립내각을 구성할 것.

4) 계엄령을 조속히 해제할 것.

5) 과도정부 내에 민의 수렴의 협의체를 구성할 것.

다섯 가지를 최규하에게 요구하였다.(자1, 364) 여기서 계엄령의 조속한 해제는 신군부 세력에게 정권 탈취의 빌미를 주지 않게 하려는 김대중의 깊은 생각에서 나온 요구였다. (《씨알의 소리》1980.3월호 10~13쪽) 그리고 김대중은 정치 활동을 재개하기로 한다. 이 무렵 신민당의 총재였던 김영삼이 김대중의 연금 해제와 정치 재개를 축하해 주기 위하여 김대중의 동교동 자택으로 찾아왔다. 김영삼은 김대중의 신민당 재입당을 권했다. 그러나 김영삼은 속과 겉이 달랐다. 겉으로는 김대중의 신민당의 입당을 권유하였지만, 속으로는 자신이 대통령이 되고자 하는 욕망이 끓고 있었다. 김대중은 자신의 정치 동지들과 신민당에 재입당을 신청했다. 그러자, 아니나 다를까 김영삼은 딴죽을 걸었다. 개인별 당원 심사를 통한 재입당이라는 조건을 붙였다. 김대중의 입장에서는 자신의 동지들과 함께 입당을 하지 않는다면, 김영삼 세력이 득실거리는 신민당에서 힘을 펼 수가 없는 것은 자명한 일이었다. 김영삼의 속셈을 알게 된 김대중은 신민당 재입당을 포기하였다. 이를 계기로 김대중과 김영삼의 보이지 않는 갈등이 다시 시작되었다.

한편 최규하는 무능했다. 과도정부를 이끌고 갈 능력이 전혀 없는 인물이었다. 이 또한 한국 정치사에서 큰 불행이었다. 최규하의 무능한 정치 능력은 곧바로 신군부에게 권력 약탈의 기회를 주었다. 신군부는 박정희가 평소 길러낸 하나회라 불리는 군 내부의 암적 비밀조직이었다. 이들은 인권과 자유와 평등, 그리고 정의의 개념조차 전혀 모르는 무식쟁이 군인들이었다. 살인 독재자들이었다. 민주와 정의를 부르짖는 민중을 따지지도 않고, 개 패듯 두들겨 패 죽이고, 감옥에 처넣었다.

전두환이 깡패처럼 날뛰는 배후에는 미국이 있었다. 미국은 대한민국이 반공산주의를 고수하고 공산주의 세력을 막아주는 완충지대 역할을 충실히 해줄 정치 지배자가 필요했다. 이러한 미국의 국익 입장에서 반공주의 세력인 전두환을 두둔하게 된다. 이 때문에 전두환은 날뛸 수가 있었다. 신군부에 의하여 이 나라에 또 다른 정치적 시련이 왔다. 비극의 역사, 고난의 역사다. 결국 민족의 불행을 불러오는 사건이 터졌다. 대통령 권력을 유린하는 역모逆謀사건이다.

당시 대통령 권한대행을 맡고 있던 최규하는 계엄사령관에 육군참모총장 정승화鄭昇和(1929. ~ 2002.) 대장을 임명한다. 이어 박정희 격살 사건의 수사를 담당하는 합동수사본부가 설치되고 본부장에 당시 국군보안사령부의 사령관이었던 육군 소장 전두환에게 맡긴다. 졸지에 대통령 권한대행을 맡게 된 최규하는 민의와 동떨어지게 유신헌법을 수정하지 않은 채 통일주체국민회의의 선출을 통해 대통령이 되고자 하였다. 이에 유신반대 운동을 벌이다 투옥이 되었던 사람들 중심으로 〈민주청년협의회〉(민청)가 만들어졌다. 이들은 대통령 간선제 선출을 반대하였다. 이에 통일주체국민회의에 의한 대통령 간선제 선출을 저지하기 위하여 신군부의 눈을 피하는 수단으로 명동 YWCA 강당에서 '위장결혼식'을 거행하기로 한다. 그리고 이 자리에서 대통령 직선제를 요구하는 〈시국선언문〉을 낭독키로 하는 시나리오를 계획하였다.

계획에 따라, 서울YWCA 강당에서 윤보선[70], 함석헌이 주도하는 위장결혼식을 거행하였다.(1979. 11.24.) 그리고 시국선언문이 낭독되었다. "통일주체국민회의 폐지, 대통령 직선제 실시, 유신헌법 폐지, 양심수 석방" 등의 주장과

---

70) 윤보선은 〈YWCA 위장결혼시건〉 이후 신군부에 설득을 당하면서 친신군부 쪽으로 기울게 된다.

함께 문민정부 수립을 촉구하였다. 시국선언문이 낭독되고 있을 무렵, 윤보선과 함석헌을 미행해 왔던 일련의 경찰들이 갑자기 행사장을 덮치는 바람에 YWCA 강당은 삽시간에 아수라장이 되고 말았다. 그리고 백기완白基玩(1932.~2021.) 등 14명이 서울 용산구의 보안사령부(서빙고)로 끌려갔다. 보안사 군인들에 의하여 혹독한 고문/국가폭력을 당하였다. 이를 우리 역사에서는 〈YWCA 위장결혼사건〉이라고 부른다. 글쓴이도 긴급조치 위반으로 보안사 서빙고분실에서 7일간 혹독한 고문을 당한 적이 있다. 간악한 신군부는 사전에 YWCA 위장결혼이 있다는 정보를 입수한다. 그럼에도 이를 방관하였다는 일설이 있다. 그 이유는 YWCA 위장결혼 집회에 참석한 민주인사들에 대한 정보를 입수하기 위한 음모였다고 한다. 김대중은 신군부가 YWCA 위장결혼 집회를 알면서도 모르쇠 한 것은 보안사령부의 음모와 함정이었다.(자1, 362)고 증언하였다. 그래서 김대중은 이 행사에 참여를 하지 않았다. 신군부에게 빌미를 주지 않기 위함이었다.

아니나 다를까, 계엄사령관 정승화는 언론사 사장들을 모아놓고 앞으로 국가원수가 될 사람은 용공 혐의, 좌익 전력이 있는 사람은 안 된다고 강조하였다. 이는 김대중을 가리키는 말이었다. 그리고 대선에서 김대중의 출마가 걱정된다는 말을 하였다.[71] 이러한 그릇된 사고는 전두환도 마찬가지로 가지고 있었다. 김대중에 대한 부정적 자료와 인식들은 박정희 집권 때부터 의도적/부정적으로 수집된 것들이다. 정승화가 언론과 대담을 통해 김대중에 대한 부정적 인식을 언론사에 심어줄 때 미 대사관 측은 "김대중은 신뢰할 수 있는 민주주의자이자 반공주의로 생각한다"는 입장을 보였다.(자1, 362~363 참조)

바로 신군부의 김대중에 대한 부정적 인식과 자료는 뒤에 전두환이 5·17쿠

---

71) 정승화, 《12.12사건-정승화는 말한다》(까치, 1987) 140~141쪽 참고.

데타 때 활용하게 된다. 부당하게 권력을 잡은 자들은 자신의 권력 유지를 위협하는 인물에 대한 부정적 자료들을 국가 파일로 보관해 두기 마련이다. 이러한 부정적으로 모아둔 국가 파일에 의하여 많은 민주화운동 인사들이 불이익을 당하거나 감옥에 가게 된다. 김대중은 대통령이 되고 나서, 〈민주화운동관련자명예회복및보상등에관한법률〉(2000. 1.12. 민주화운동보상법)을 제정하였다. 이 법에 의해 〈민주화운동관련자보상심의위원회〉가 설치되었다. 이 위원회를 통해 박정희, 전두환 개인독재 때 민주화운동으로 인권이 유린되어 고통을 받은 자들을 모두 복권시켰다. 글쓴이도 이 법에 의하여 '민주화운동관련자'(제2590호)로 인정을 받았다.

12.12 역모사건:

민주주의/민중정치를 갈망하는 나라 사람들의 희망과는 달리 최규하는 통일주체국민회의에서 제10대 대한민국의 대통령으로 선출되고 취임하였다.(1979. 12.6.) 최규하가 대통령 자리에 오르면서 김대중은 민주 질서의 회복과 민주헌법이 시급하다는 발언을 하였다. 〈우리의 갈길〉이라는 제목으로 소견을 피력하였다.

첫째, 조속한 민주정부 수립을 위하여 관민일치의 협력이 필요하다.

둘째, 국가안보와 사회질서에 국민의 자발적 협력이 필요하다.

셋째, 국가의 안전과 재건을 위하여 국민적 단결과 화해, 그리고 관용이 요구된다.

넷째, 정부는 인권 신장을 위해 최대한 노력을 해야 한다.

다섯째, 자유로운 언론과 정치 활동의 보장이 요구된다.

여섯째, 관권 주도의 경제 정책에서 탈피하여 자유경제체제로 돌아가야 한다.

일곱째, 민주우방국과 공고한 외교관계가 필요하다.(1979.12.8.,《씨올의 소리》1980, 3월호 11~12쪽 참조.)

그러나 이러한 김대중의 애국충정의 외침은 미국이라는 존재와 한국 정치에서 영향력을 가지고 있지 못한 최규하에게는 마이동풍이었다. 유신총통은 주검이 되었는데 유신헌법이 여전히 살아있다는 것 자체가 대한민국의 또 다른 불행을 예고하고 있었다. 미국은 동아시아(특히 한국)에서 독재권력의 유지를 통해 일본의 자유주의와 자본주의 질서를 유지시키려는 반인권적 국가 전략을 갖고 있다. 그리하여 한국에 대한 전시군사작전권을 가지고 있는 미국은 박정희의 죽음과 함께 정치적 공백 상태를 맞은 한국에 반인권적 군사정부가 들어서는 것을 방조하였다. 이러한 사실을 잘 알고 있는 전두환은 자신의 직속 상관인 정승화 계엄사령관과 갈등을 일부러 조장하였다. 정승화가 "10·26 격살을 혁명도 변혁도 아닌 단순한 감정적 사고"로 본 반면에 전두환은 "국난을 초래한 대사건"이라고 주장하면서 정승화와 대립각을 세웠다. 그리하여 전두환은 야수 같은 권력욕을 드러내며 정승화가 사건 수사에 비협조적이라고 딴죽을 걸었다. 그러던 중 군인사軍人事 문제가 불거져 나왔다.[72]

전두환 반란 세력은 12월 12일, 땅거미가 질 무렵, 육군참모총장 공관을 기습적으로 들이닥쳤다. 총기를 난사하며 위병들을 사살하면서 공격해 들어갔다. 공관 정문에서 공관을 경비하는 장병들을 무참히 살육하는 바람에, 이들은 날벼락과 함께 개죽음을 당하였다. 그리고 계엄사령관 정승화를 굴복시켜 강제로 체포한 다음, 보안사령부 서빙고분실로 끌고 갔다. 전두환 역모 세력들은 "정승화와 김재규가 사전에 공모하였다. 이 과정에서 정승화가 김재규로부터 돈을 받았다"는 허구의 사실까지 날조하였다. 이것이 〈12·12 역모사건〉이

---

[72] 당시 정승화는 전두환을 보안사령관에서 해임하려 했다.

다.(1979) 이를 역모사건이라고 하는 것은 대통령의 재가도 없이 이루어진 불법적 정치행위였기 때문이다.[73]

전두환은 반란군 패거리(장성급 수십 명)들이 참모총장 공관을 기습 공격하고 있을 때 같은 시각에 청와대로 쳐들어가 대통령 최규하를 만났다. 그리고 정승화 총장 체포 기안 서류에 재가해 줄 것을 강요했다. 이에 무능한 최규하였지만 이번만은 호락호락하지 않았다. 생각이 있어서 그랬는지는 모르지만, "국방부 장관과 상의한 뒤 재가 여부를 검토하겠다"며 시간을 끌었다.

한편, 참모총장 공관 가까이에 위치한 장관 공관에 머물러 있던 국방부 장관 노재현은 정승화 참모총장 공관에서 총소리가 나자, 이에 놀라, 가족을 동반하고 군용차도 아닌 택시로 도피 행각을 한다. 그의 행동은 한마디로 우왕좌왕이었다. 단국대학교 체육관으로 갔다가 다시 서울 시내를 돌며 전전긍긍하다가 미8군 한미연합사로 가서 횡설수설하고는 다시 육군본부로 갔다. 다음 날 새벽에 국방부에 갔다가 반란군에 잡혀 청와대로 끌려갔다.

최규하는 새벽까지 정승화 체포 기안 서류에 재가를 안 하고 버티다가 꼬리 내린 강아지 꼴을 하고 전두환 반란군 세력에 의해 이끌려 들어온 꼬리 내린 강아지 꼴을 한 노재현 국방부 장관이 나타나자, 그제야, 노재현의 동의하에 재가를 했다. 그러면서 재가裁可 시간을 정확히 기재하고 사인을 하였다.(12월 13일, 5시 10분) 곧 '사후 재가'였다는 것을 기록으로 남기겠다는 의도였던 것으로 보인다. 이 사후 재가 시간은 나중에 전두환과 노태우의 군사반란 재판 때 전두환 신군부가 군사 반란을 일으켰다는 유력한 증거가 된다.

전두환 패거리는 공수부대와 기갑부대는 물론 전방을 지키고 있는 9사단 병

---

[73] 미국은 전두환이 군부대 이동배치에 대하여 항의하는 시늉을 하였다. 정진백 편,《김대중연대기/1979-1980》1, 같은 책, 63쪽.

력까지 서울로 부르는 반란을 저질렀다. 당시 주한미군 사령관 존 위컴은 휴전선 병력의 이탈을 묵인했다. 이로써 반란군의 수괴 전두환은 계엄사령관 정승화를 체포함으로써 군대 지휘 체계를 무력화시키고 노태우와 함께 대한민국의 최고 권력을 장악하는 발판을 만들게 된다. 이렇게 해서 나온 지배 체제를 제5공화국이라고 한다. 전두환, 노태우에 의한 역모사건은 대한민국 14대 대통령을 지낸 김영삼金泳三(1927~2015)과 대한민국 사법부에 의하여 쿠데타로 규정되었다.

한편, 김대중은 전두환의 역모사건(12.12) 직후 그리스도교(신교) 원로이자 많은 영향력을 가지고 있는 목사 강원룡姜元龍(1917.~ 2006.)을 만났다.(12.14) 이 자리에서 강원룡은 김대중에게 노골적으로 "당신 이번에 대통령 할 생각 절대로 하지 마라"며 김영삼에게 대통령직을 양보하라고 했다. 이에 김대중은 강원룡에게 "이미 끝났다. 강 목사님이 군軍이란 세계를 모르고 하는 말씀인데, 군은 통수권자에게 절대복종한다. 박정희가 있을 때는 박정희가 통수권자니까 차라리 거기에 충성을 했지만, 이제 박정희는 죽었다. 장군들이 그다음엔 내가 된다는 걸 잘 알기 때문에 내게 충성하고 들어올 것이다"라며 강원룡의 요구를 거절하였다.[74] 강원룡의 지나친 조언이었는지는 모르나, 김대중도 강원룡에 대해 잘못 생각하고 있었는지도 모른다. 역사의 변곡점에서 오판의 결과는 치명적이 될 수 있다.

12·12역모사건의 중심 세력이었던 전두환은 다시 과도 정국을 장악하기 위해 5·17쿠데타를 일으킨다.(1980) 전두환이 5.17쿠데타를 일으키기 전 일이다. 신군부의 움직임을 인지했는지는 모르나 최규하는 박정희 독재권력으로부터

---

72) 〈12·12직후 만난 DJ, "군인들은 내게 충성할 것"〉,《신동아》2004년 3월호. 426~439쪽 참조.

옥살이하거나, 정치적 권리를 제한당하고 있던 사람들에 대한 사면/복권조치를 내렸다(1980. 2. 29.) 이에 김대중은 사면/복권을 받는다. 글쓴이도 이때 사면/복권을 받았다. 이때부터 '서울의 봄'은 시작이 된다.

　이러한 가운데 전두환은 대통령 최규하, 국무총리 신현확에게 중앙정보부장직 임명을 강요한다. 그리하여 중앙정보부장 서리까지 겸임(1980.3월)하면서 합동수사본부장 겸 보안사령관 등 대한민국의 모든 정보/권력기관을 장악하였다. 김대중은 이를 심각하게 우려하였다. 전두환이 대한민국의 정보 관련 권력기관을 모조리 장악하였다는 것은 '서울의 봄'에 검은 먹구름이 드리우기 시작했음을 의미한다. 서울의 봄을 맞아 대학가가 술렁거리기 시작하였다. 학생들은 교문을 박차고 거리로 나왔다. 학생 기의의 핵심 주장은 계엄령 철폐였다. 계엄령 해제만이 대한민국이 다시 군부 세력에게 나라의 권력이 찬탈당하는 것을 막을 수 있기 때문이었다. 그리하여 학생들은 "계엄 철폐, 전두환 퇴진"을 외쳤다. 이러한 계엄령 철폐를 주장하는 학생 기의는 거대한 폭풍처럼 커져 나갔다. 이의 여파는 전국 주요 도시에서 반정부 가두 시위로 확산되었다. 수만 명이 참가하였다.(1980. 4. 14.)

　5월에 들어서면서는 신군부의 사악한 움직임을 막고자 하는 대학생들의 기의가 가열차게 일어났다. 서울대학교 대학생들의 '민주화 대행진'을 개최, 고려대생 1천여 명이 계엄 철폐 및 유신잔당 척결, 정치 일정 단축 등을 요구하는 연좌 농성과 철야농성, 전북대학교와 경북대학교 학생들의 계엄 철폐 요구 농성, 그리고 전남대학교 및 조선대학교 학생들의 민주화 요구 시위 등, 전국 대학생들의 기의가 잇달아 일어났다.(5.1) 이러한 대학생들의 반정부 기의는 드디어 서울대학교에서 1만여 명으로 불어난 대학생들이 계엄 해제 및 이원집정부제 구상 철회 등을 요구하는 기의로 이어졌다.(5.3)

윤보선, 함석헌, 김대중이 중심이 되어 결성된《민주주의와 민족통일을 위한 국민연합》(1979.3.1.에 결성한, 국민연합)은 학원민주화 및 비상계엄 해제 등 내용을 담은 성명서를 발표하였다.(1980.5.4) 이러한 가운데 이화여자대학교, 한신대학교, 외국어대학교, 숭실대학교, 연세대학교, 전북대학교 대학생들의 계엄철폐/학원민주화/정치 민주화 촉진을 요구하는 시위와 농성이 잇달았다.(5.6) 드디어 교수들도 시국선언문을 발표하기 시작하였다.(5.7~10 연세대/외국어대/중앙대/숙명대/동국대) 그리고 전국 대학생들의 '시국성토대회'와 서울 각 대학의 학보사들이 〈시국에 대한 대학신문 결의〉를 채택하는 등(5.8) 민주화를 요구하는 기의가 확산되어 갔다.(5.8~10, 건국대/한양대/숙명대/인하대 등) 이러한 가운데 서울 6개 대학 및 지역의 11개 대학의 대학생들은 교문을 박차고 밖으로 뛰쳐나와 계엄철폐/민주화를 요구하는 기위를 일으켰다.(서울 5.13, 지역 5.14)

계엄령 철폐와 민주 정치를 요구하는 대학생들의 기의가 걷잡을 수 없을 정도로 확산이 되자, 김대중은 최규하, 김영삼, 김종필, 전두환을 포함하는 5인 회담을 제의하였다.(5.13) 그러나 '5자 회담'은 성사되지 못했다. 이러한 가운데 대학생들의 기의는 드디어 전국 35여 대학교 대학생 수십만 명이 서울역에 집결하여 계엄 철폐를 요구하며 연좌 농성 및 가두 시위를 벌였다.(5.15) 이렇게 '학생기의대'는 "비상계엄 해제하라, 전두환은 물러가라, 유신잔당 타도하자, 언론자유를 보장하라, 정부 개헌 중단하라"고 외쳤다. 그리고 시간이 갈수록 시위대 규모는 엄청나게 불어났다. 서울 시내가 온통 학생시위대로 가득 찼다. 대학생의 기의는 새로운 대한민국의 정치 환경을 요구하고 있었다. 새로운 정치 환경은 전두환 퇴진, 계엄령 철폐만이 답이었다.

김대중은 이러한 학생들의 기의가 신군부 세력에게 빌미를 줄까 봐 우려했다. 신군부가 노리는 명분은 박정희가 명분을 삼았던 것처럼, 사회 혼란이었다. 김대중은 신군부의 반란을 우려하여 자택에서 기자회견을 열었다. "북한 공산집단이 우리의 과도기를 이용하여 남한에 대해 폭력에 의한 그들의 야욕을 성취하려는 음모를 획책하려는 일이 절대 없기를 엄중 경고한다"는 말과 함께 "국민과 학생, 근로자들은 질서를 지키고 사회 안정을 유지하여 북한 공산집단이 오판할 계기를 주지 말아야 한다"라는 충언을 하였다.(5.14) 여기서 "폭력에 의한 그들의 야욕"은 전두환 신군부의 정권 찬탈 야욕을 비유하여 한 말이었다.[75]

전국 대학생 대표들은 고려대학교 학생회관에 모여 다음날부터 전국의 모든 대학이 반정부 가두 시위를 하기로 결정을 하였다. 학생 대표의 결정에 따라 대학생들의 민중정치(민주화)를 요구하는 시위가 주요 도시에서 대대적으로 일어났다. 서울에서만 10만 명이라는 거대한 '대학생 기의군'이 일어났다. 그런 가운데 학생시위대의 간부들은 여러 경로를 통하여 신군부의 심상치 않은 움직임을 감지하고 있었다. 서울역 앞에 모인 10만이라는 거대한 학생기의대는 일단 만약의 사태를 대비하여 시위를 접고 '서울역 회군'을 결정하였다.(5.15) 대학생의 엄청난 시위와 전두환 퇴진 구호는 신군부 세력을 불안하게 만들었다.

그러나 신군부의 두목 전두환은 묘한 미소를 입가에 띄웠다. 자신의 시나리오대로 세상이 돌아간다고 생각했기 때문이다. 아니나 다를까, 신군부는 대학생들의 애국충정을 '불순분자들의 책동'으로 몰아갔다. 대학생 시위에 북한 공산주의의 배후 책동이 있다고 허위로 날조하였다. 심지어 파렴치하게도 대

---

[75] 김대중은 "학생 시위가 계속되면 군부에 빌미를 줄 수 있으니 자제하는 것이 좋겠다"는 취지의 원고를 동아일보에 보냈다. 그러나 이 기사는 신군부의 검열에 걸려 기사화되지 못했다.

학생들의 시위와 함께 사회 혼란을 틈타 북의 남침 가능성이 보인다는 가짜뉴스를 유포시키기도 했다.(5.12) 사회 혼란을 틈타 북의 남침 가능성(5.15~20일 사이)이라는 말은 자신들이 쿠데타를 일으키겠다는 말의 은유법이었음을 알 수 있다. 북의 남침 위협이 가짜였다는 것은 당시 〈한미연합군사령부〉 사령관이었던 존 위컴John Adams Wickham, Jr.(1928~2024)이 전두환을 만나 "북의 남침 임박 가능성"을 일축하였다는 데서도 알 수 있다.(5.13) 이로 보았을 때, 북의 남침 위협설은 자신이 대한민국의 권력을 탈취하겠다는 염화炎火 같은 욕망이었음을 드러내는 말이었다.

이와 같이 대한민국의 사회환경 속에서 국회 헌법개정특위는 대통령중심제 및 4년 임기, 1차 중임 등을 담은 헌법 개정안 작성을 완료하였다.(5.16) 그리고 전국 55개대 총학생회장단(95명)은 제1회 〈전국대학총학생회장단 회의〉를 개최하였다.(5.16, 이화여자대학교) 이렇게 대한민국의 민주화 열기가 고조되어 가운데 유엔사/미군은 묘하게도 '안보위협론'을 은근히 흘려보냈다. "DMZ 일대에서 북의 인민군과 교전을 했다"는 보도다.(5.16) 그러나 그 이면에는 한국 군부에서 모종의 움직임이 있다는 것을 암시했던 것으로 보인다. 이러한 암시를 당시 3김뿐만 아니라 아무도 알아차리지 못하였다.

5·17 쿠데타와 '김대중내란음모' 날조 사건

12·12역모사건으로 대통령 최규하까지 좌지우지하게 된 신군부는 시국 수습이라는 명분을 붙여 비상계엄령을 전국으로 확대한다(1980. 5.17.) 12·12. 역모사건에 이어 권력 찬탈을 위한 전두환의 더러운 두 번째 음모가 5·17비상계엄령이다. 비상계엄령을 발동한 신군부는 정당 및 정치활동 금지, 국회 폐쇄를 강제하였다. 이에 전국의 37개대 대학생들은 '비상계엄 해제'와 '유신잔당 타도'를 외치면서 격렬한 시위를 전개해 나갔다. 그러자, 전두환 반란군은 비상

계엄이라는 이름 아래 장차 권력을 약탈하는 데 장애가 되는 학생/정치인/재야 인사 등 2,699명을 영장 없이 구금했다.

이렇게 5·17 비상계엄령의 전국 확대 조치로 실권을 장악한 신군부/전두환은 인권유린/헌정 파괴 행위를 서슴지 않았다. 이 과정에서 중앙정보부는 김대중을 시위 배후/조정자라는 조작을 위해 강제 연행하였다. 조폭의 패악질과 마찬가지였다. 이뿐만이 아니다. 정치 및 사회 분야에서 민주화운동을 해왔던 핵심 세력 26명에게 조선민주주의인민공화국의 사주를 받아 내란을 음모하였다는 죄명을 붙여 강제로 연행/구금하였다. 이들 26명은 김대중을 지지 및 동조하는 사람들이었다. 이것이 날조된〈김대중내란음모조작사건〉이다.

신군부가 이렇게 '김대중내란음모사건'을 날조하려는 속셈에는
1) 신군부의 정권 장악을 용이하게 하려는 의도.
2) 민주화운동 지도자와 일반시민의 연계를 차단하겠다는 의도.
3) 민중 폭동 기의를 유도하겠다는 검은 의도였다.

그러나 신군부의 폭압적 5·17비상계엄령 조치는 오히려
1) 민주주의의 이념을 민중 속으로 확대시키고
2) 5·17조작사건은 김대중과 광주/전남지역의 결속을 강화시켰다.[76]

이 같은 시대사적 환경 변화는 5·18민중항쟁의 결정적 힘으로 작용하였다. 이는 곧 국회에서 김영삼의 제명(1979.10)이 부마항쟁의 요인이 된 것처럼, 5·17비상계엄령 조치와 김대중의 체포는 전라도 지역에 자극을 주자는 전두

---

76) 이만열,《김대중연대기1981-1983/5.17 김대중내란음모 사건의 진실과 그 역사적 의의》2, 같은 책, 567~584쪽 참조.

환이 이끄는 신군부의 음모와 함정이었다. 신군부의 예상대로 광주시민들이 민주주의/민중정치로 이행할 것을 '촉구하는 항쟁' 기의를 일으켰다. 이것이 우리 역사에서 말하는 〈5·18민중항쟁〉(이를 공식으로는 〈5·18민주화운동〉이라고 부른다)이다.(1980) 전두환 등 쿠데타를 일으킨 사악한 반란군은 자신의 시나리오대로 일이 터져 나오는 것에 음흉한 미소를 띠었다. 신군부 정권 약탈 음모를 분쇄하고자 광주전남지역 학생과 시민들의 저항이 불기둥처럼 거세게 일어났다.

5·18광주민중항쟁 기의

전두환이 이끄는 신군부 쿠데타 세력은 전국에서 터져 나오는 저항을 한군데로 집중시켜 비인간적 야비한 수단으로 탄압하고자 함정을 팠다. 함정을 판 지역은 광주였다. 이들이 광주를 탄압 지역으로 삼은 것은 박정희가 김대중의 득세를 막기 위해 써먹었던 지역감정을 이용하자는 데에 있었다. 광주시민과 학생들은 신군부의 정권 약탈 음모와 김대중에 대한 불법 체포에 대하여 불길처럼 타오르는 분노와 함께 저항 기의를 일으켰다.(5.17) 이를 기다렸다는 듯이 쿠데타 세력/계엄군은 사전에 준비한 시나리오대로 '화려한 휴가'라는 작전명을 붙이고 마치 적진으로 돌격하듯이 심리적으로 세뇌된(적색분자들이 침투하여 반란을 주도한다는) 공수부대를 광주로 진입시켰다.[77] 그리고 적군에게 총을 갈겨대듯 분노하는 광주시민들을 향해 무자비하게 광란의 총기를 난사하였다. 전두환의 지시를 받은 외양간지기 광란의 군인들은 광주시민과 학생들을 마치 우리나라를 쳐들어온 적군敵軍처럼 몰아붙였다. 젊은이

---

77) 신군부는 학생들의 기의를 김대중의 배후 조정에 의해 일어난 소요 사태라고 가짜뉴스를 퍼트렸다.(《경향신문/광주사태에 대한 계엄사 발표 전문》 1980.5.30일자.

들이 천명天命을 다하지 못하고 반란군의 총기 난사로 비참하게 학살을 당하며 쓰러져 갔다.

이에 광주시민은 더욱 분노하였다. 화산폭발로 터져 나오는 불길처럼 광주시민의 치솟는 분노는 산등성이를 타고 흘러내리는 시뻘건 용암처럼 분출하였다. 시민 전체가 하나의 용암이 되었다. 그러면 그럴수록 악마의 혼에 홀린 공수부대는 광란의 총부리를 마구 휘둘러댔다. 공수부대 병사들의 총기 난사는 마치 광란의 춤을 추는 것 같았다. 공중에서는 헬리콥터를 이용해 성난 군중을 향해 공중사격을 가해 왔다. '광주제노사이드'다.

광주는 이 나라 땅이 아니었다. 빛고을이 아니었다. 적지敵地였다. 전두환은 정권 약탈을 위해서는 무슨 짓이라도 하겠다는 살기를 분출했다. 광주시민은 대한민국의 국민이 아니었다. 적군이었다. 광주시민은 전두환 자신이 권력을 움켜쥐는 데 방해가 되는 장애물이었다. 정치 후진국에서나 자기 국민을 적으로 본 사람이 대통령이 된다. 그런데 문화민족 대한민국에서 국민을 적으로 몰아 죽인 전두환이 대통령이 되었다. 이래서 대한민국은 정치 후진국으로 전락하였다. 폭력전쟁에 비견되는 엄청난 사상자가 발생하였다. 광주광역시가 2009년에 5·18민주화운동 29주년을 맞아 당시 사상자 통계를 발표하였다. 목숨을 잃거나 다친 사람을 집계한 결과, 사망자가 163명, 행방불명자가 166명, 부상 뒤 숨진 사람이 101명, 부상자가 3,139명, 구속 및 구금 등의 기타 피해자 1,589명, 아직 연고가 확인되지 않아 묘비명도 없이 묻혀 있는 희생자 5명 등 총 5,189명이라고 통계를 냈다.[78)]

이런데도 살인마귀 전두환은 5·17 신군부 쿠데타에 분노하는 광주시민을

---

78) 《위키백과/5·18 광주 민주화 운동》 참조.

폭도로 몰아붙이고 언론에서조차 전두환의 살인 현장이 담긴 기사를 보도하지 못하게 했다. 허위 사실만 대서특필하여 보도하였다. 이렇게 공포적 분위기 속에서 계엄사령부는 김대중 등 9명을 보통군법회의 검찰부로 송치했다. 또한 '5·18민중항쟁' 진실을 담은 유인물과 녹음 테이프를 제작한 오태순 신부 등 가톨릭 성직자 7명도 유언비어 유포 혐의로 강제 연행했다.(1980. 7.12.)

이런데도 나약하고 한심하기 짝이 없는 제도 언론들은 광주에서 있었던 공수부대의 살인극과 패악질을 일체 보도하지 않았다. 그렇지만 사회의 정의는 살아 움직인다. 광주에 있는 천주교의 〈정의평화구현사제단〉과 전남대학교 학생회와 광주민중항쟁 본부 등지에서는 숨어서 '분노의 글'("전두환 광주살육작전", "광주사태의 진상")을 써서 천주교 신부와 지인들을 통하여 광주 밖으로 몰래 내보냈다. 이 유인물에는 전두환의 개, 공수부대(20사단 등)의 미쳐 날뛰는 '총춤'에 의하여 광주시민의 참혹한 학살 현장과 진실들이 상세하게 성난 목소리로 적혀 있었다.

이러한 유인물들이 전국에 나돌고 있는데도 제도 언론들은 이를 애써 외면하며 이를 나 몰라라 했다. 그렇지만, 세상에는 의식이 있고 정의로운 시민들이 살아있다. 이들 양심가/정의로운 사람들은 이 유인물을 그대로 복사하거나 또는 푸른색/노랑색의 촛종이(등사용지)를 가리방/줄쇠판[79]에 대고 철필로 긁어서 등사기로 인쇄하여 가까운 지인들을 통해 충청과 서울 등지에 살포를 하였다. 이를 계기로 전국이 광주에서 어떤 진실이 이루어지고 있는지, 그 실상

---

79) 가리방/줄쇠판: 1970~80년대 초에 인쇄 작업을 위해 철필로 등사 원지를 긁을 때 밑에 받치는 홈이 팬 강철판을 말함. 학교의 시험지 발행, 교회 주보들을 발간하는 데 주로 쓰였음.

을 알게 되었다. 5·18민주화운동은 광주 내에서 죽음을 불사하며 투쟁한 광주시민과 광주 밖에서 광주학살의 진실을 밝히면서 함께 싸워준 정의로운 사람들이 뭉쳐서 이룬 민중항쟁이요, '민주화운동'이었다.

이와 더불어 광주에 공수부대가 이동한 것은 한국의 전시작전권을 가지고 있는 미국의 묵인이 있었다는 사실도 알게 되었다. 마치 캄보디아의 크메르 루즈에 의한 킬링필드가 소련과 미국의 묵인 아래 자행된 경우와 같았다. 전두환에 의한 광주시민 학살에 울분과 분노가 겹쳐 일어나면서 전국의 나라 사람들 가슴에는 통한痛恨의 피눈물이 흘러내렸다. 그렇지만 독총毒銃의 총부리에 어쩔 줄 몰라, 전국민적 항쟁 기의까지는 이어지지 못하였다. 안타까운 현실이 되고 말았다.

최규하의 강제 하야와 전두환의 정권 장악

한편, 신군부는 군인 신분으로 국정 개입이 어렵다는 점을 느끼고, 합법적으로 국정 개입을 하기 위한 임시행정기구로 국가보위비상대책위원회(1980. 5.31.: 국보위)를 설치하였다. 국보위 설치 명분은 "계엄업무를 지휘/감독함에 있어서 대통령을 보좌하고 국가를 보위하기 위한 국책사항을 심의한다"는 명분이었다. 그리고는 사회정화라는 명분을 세워 국보위는 정치권에 대숙청을 단행하였다. 이어서 자신들의 권력 찬탈에 걸림돌이 되고 있었던, 대통령이면서 대통령의 권한을 제대로 행사하지 못하고 있던 최규하를 협박하여 대통령직에서 강제로 내려오게 했다.(1980. 8. 16.)

최규하를 하야시킨 반란군의 두목 전두환은 악질 정치, 공포정치를 보란 듯이 해댔다. 그 중 하나가 사회보호법(1980.12.18.)의 제정이다. 이 법에 따라 경북 청송 진보면에 청송보호감호소를 시설하고 범죄자를 이중으로 처벌하였다. 감호 처분이다. 인권의 유린이다. 또 전두환 살인권력은 박정희가 '대한청소년개척단'(서산개척단)과 '국토건설단'을 만들어 강제노동과 강제 혼인을 시키는 등 추악한 인권유린 및 탄압을 하였듯이, '삼청교육대' 三淸敎育隊(삼청은 국보위의 장소 명칭)라는 해괴망측한 기관을 설치하여 대한민국의 인권을 유린하였다. 삼청교육대는 역사에 유례가 없는 악질적 국가폭력이었다. 나라 사람들을 폭력의 도가니 속으로 몰아넣고 국민의 정신과 자유를 압살하였다.

  당시 독일언론(한국현대사)에서는 전두환의 악마와 같은 삼청교육대의 실태를 최초로 폭로하였다. 그리고 삼청교육대에서 재교육을 받은 사람이 5만 7천 명이라고 기록하고 이 중 4만 명 이상이 군軍 시설에 수용되었다고 보도하였다. 군 시설에서 있었던 참혹한 인권 유린의 실상도 폭로하였다. 감독 군인이 스피커를 통해 "저 녀석들은 죽여도 좋다"라고 소리쳤다고 한다. 이들 삼청교육대에 수감된 자의 대부분은 영문도 모른 채 끌려왔다. 전두환 공포정치의 표상이었다. 공포정치는 혹독한 매질과 죽임이었다. 독일언론은 한국의 군 시설에서는 시도 때도 없는 혹독한 매질이 난무하였다고 적고 있다.(1981.10. 29.)[80] 글쓴이도 영등포구치소(서울남부교도소)에 수감되어 있을 때, 비참하게 육체적/정신적 고통을 당하고 있는 삼청교육대 실상을 똑똑하게 목격하였다. 전두환에 의해 강제되는 삼청교육대의 참혹한 실상을 기록한 실화 장편소설이 하나 있다. 이 적(이만적)의《한국판 수용소군도-삼청교육대》(시아, 2017)이다.

  이 뿐만이 아니다. 전두환은 나라 사람들의 눈과 귀를 틀어막기 위해 언론통폐합(언론기본법)을 강행하여 자유언론을 통제하였다. 이 당시 한국의 방송계

---

80) 정진백 편,《金大中年代記1981-1983》2, 같은 책, 195~197쪽 참조.

는 흑백 텔레비전 시대에서 컬러 텔레비전 시대를 맞이한다. 그러나 전두환의 언론통폐합이라는 강제에 의해, 텔레비전 방송인 동양방송東洋放送(TBC, 1964.12.7. 개국)과 라디오 방송인 동아방송東亞放送(DBS. 1963.4.25. 개국)은 각각 KBS 텔레비전 방송과 라디오 방송에 흡수합병되는 비극적 방송 역사가 벌어진다. 여기에다 기독교방송은 뉴스와 광고도 할 수 없게 만들었다.(1980. 11.30.)

이렇게 오로지 정권 찬탈에만 염화 같은 욕심을 내다보니, 결국 당시 경제 성장은 대한민국 정부가 만들어진 이후 처음으로 마이너스 경제 성장률과 함께 1인당 국민소득이 감소하였다. 그렇지만 미국의 지지를 등에 업은 전두환은 권력을 찬탈하고, 유신독재를 계승하려는 음모를 멈추지 않았다. 정치외교학 전공자로 한림대학교 교수였던 이삼성의《역사비평/광주학살, 미국·신군부의 협조와 공모》(1996년 가을호, 79~139쪽)에 의하면, 미국이 대한민국에 대한 내정간섭을 하고 광주학살을 동의한 것으로 나타나 있다.

5·18 광주민중 기의와 반미투쟁

최규하의 대통령 자리 사퇴로, 대한민국은 대통령 자리가 공백 상태가 되었다. 전두환은 통일주체국민회의 투표를 강행하였다. 여기서 국보위 상임위원장인 전두환이 11대 대통령으로 선출되었다.(1980. 8.27. 총투표자 2,525명, 찬성 2,524표, 기권 1표), 그리고 전두환은 5공화국을 출범시키기 위해 자신의 입맛대로, 헌법을 개정하였다. 행정부 우위 체제를 그대로 유지하는 개정 헌법의 골자를 보면,

1) 통일주체국민회의 폐지, 대통령은 선거인단이 선출하고, 7년 단임제로 한다.

2) 국회에 대통령이 임명하는 1/3 유정회 의원 폐지와 비례대표제 신설. 국회의원의 임기는 4년으로 한다.
3) 대법원장에게 일반 법관의 임명권을 부여한다.
4) 부칙에 과도입법기관인 국가보위입법회의(입법회의)를 두고 국민의 참정권을 소급 제한하는 특별입법의 근거를 마련하였다.

전두환의 찬탈 권력에 의한 개정 헌법이 1980년 10월 23일 확정(투표율 95.5%, 찬성률 91.6%)되었다. 이에 근거하여 10월 27일 국회/정당/통일주체국민회의가 해산되었고, 국보위는 국가보위입법회의(입법회의)로 개편되었다. 국보위를 이어받아 구성된 입법회의는 5공화국 출범을 위한 법과 제도를 정비하였다. 그리고 11대 국회의 개원과 함께 입법회의도 해산되었다. 결국 광주학살을 자행하고 대한민국의 국가권력을 약탈한 전두환을 위한 5공화국이 출범하였다.

5공화국은 군부 쿠데타와 5·18민중 학살의 기초 위에 출범하였기에 권력의 정통성이 전혀 없었다. 정통성이 없는 전두환의 5공화국 출범에 대하여 학생과 시민들은 분노하였다. 학살의 총칼을 들고 승냥이질을 계속하고 있는 전두환에 대한 국민들의 분노는 5공화국 출범을 도운 미국으로 우회 표출되었다. 잠시 미국이라는 국가에 대하여 이야기해 보자. 자유주의, 데모크라시, 인권을 내세우는 미국은 자국의 이익(제국주의적)만 된다면 자신들의 동맹국(한국과 같은 노예국)에 살인 독재가 들어서든, 흡혈귀 권력이 들어서든, 그런 것은 문제가 되지를 않는다. 살인 괴물, 반인권 독재를 얼마든지 돕거나 방조傍助하고 지원한다. 이것이 미국의 실체다. 그래서 미국은 반소/반중/반북적 반공산주의를 부르짖는 개인 독재자 이승만과 박정희의 독재 권력을 지원해 왔다.

이 결과 우리 민족은 미국의 입맛대로 완충지대가 되고 분단은 더욱 고착화 되면서 민족 통일은 요원해졌다. 또 미국은 이승만, 박정희의 반공 독재자에 이어 이번에는 전두환 등의 군사반란 권력을 지원하였다. 그것은 동아시아에서 자국 자본시장의 지속적 유지와 아시아에서 패권의 안정적 유지를 위해 일본 자본시장의 안정이 필요했다. 일본 자본시장의 안정적 유지에 러시아와 중국의 사회주의/공산주의[81] 세력의 남하를 막아줄 완충지대 대한민국이 필요했다. 그래서 미국은 자국의 전략대로 대한민국에서 완충지대를 충실히 이행해 줄 군사독재가 유리하다는 전략을 견지하고 있다. 이 때문에 대한민국은 거짓 민주주의, 거짓 자유주의가 지속되면서 민중에 의한 직접적 민주정/민주주의가 어려웠던 이유다. 뿐만이 아니라, 인권의 신장과 참다운 자유가 주어질 수가 없었다.

주한미군사령관/한미연합사령관이 '한국군 전시작전지휘권'을 가지고 있다. 5·18민중의 항쟁 기의가 있을 때, 만약 주한미군 사령관이 제20사단의 광주투입을 거부했더라면 광주대학살은 막을 수 있었을 것이라는 해석이다. 12·12 역모사건 때도 주한미군 사령관 존 위컴은 당시 휴전선 병력의 이탈을 방관하는 모양새를 취했다. 이는 사실상 미군이 12·12 역모를 협조한 것으로 해석이 될 수 있다. 또 전두환 반란군/계엄군이 광주 도청 앞(현재의 5·18민주광장)에서 집단 발포(1980.5.21. 오후 1시)를 했을 때, 미국의 대통령(지미 카터), 국무장관(사이러스 밴스), 주한미 대사(윌리엄 글라이스틴) 등이 모여 긴급회의(국가안보회의, 1980. 5.21.)를 열었다. 이 자리에서 광주 민중들의 항쟁은 군대의 힘으로 제압되어야 한다고 결정했다고 전해지고 있다.

미국은 세계 인류에게 인권과 자유의 나라라고 자칭한다. 그런 미국이 광주

---

[81] 현 러시아와 중국은 그들 정치이념인 사회주의와 공산주의를 수정해 운용하고 있다.

에서 험악한 유혈 학살이 있었는데도 모르쇠하고 있었다. 이 이유는 전두환이 살인 괴물일지라도 자국에 유리한 조력자라고 생각했기 때문이다. 이 탓으로, 대한민국의 정치 환경은 훨씬 더 비참해질 수밖에 없었다. '총알의 힘'에 의하여 노동자/농민/도시빈민의 생존권은 저임금/저곡가/강제 철거로 여전히 철저하게 억압당해만 했다. 민중의 생존권 요구 투쟁은 노동 악법과 경찰의 곤봉에 의해 무자비하게 탄압을 당해야만 했다. 그리고 학생들은 직접 민주주의/민중정치를 부르짖은 이유만으로 강제징집/제적/투옥되었으며 의문사를 당해야 했다.

이렇게 미국이 광주학살에 음으로 양으로 개입되었다는 사실이 드러나면서 국내 각계각층에서 반미투쟁이 고조되었다. 대표적인 사건들이 미국문화원 방화사건과 반미주의운동이다. 광주에서 먼저 미국문화원 방화사건이 터졌다(1980.12.9.) 이어, 문부식, 김현장 등 부산학림釜山學林(1981.9.7. 설립)에 의한 부산 미국문화원 방화사건이 일어났다.(1982. 3.18) 이들은 9개 항에 달하는 성명서를 발표했다. 내용 중에는 "미국과 일본은 더 이상 한국을 속국으로 만들지 말고 이 땅에서 물러나라"는 내용이 들어 있었다. 계속하여 1983년 대구에서도 미국문화원에 사제 폭탄을 투척하는 사건이 일어났다.(1983. 9.22) 미국문화원 방화/폭탄물 투척사건 외에도 미국 국기(성조기)를 불태우는 일도 있었다. 강원대 학생들의 성조기 소각 사건'이다.(1982. 4.22)

신군부도 독재권력들이 늘 그랬듯이 반미주의/반미투쟁을 북의 공산주의와 연결하여 국가보안법으로 처벌하였다. 그러나 남한의 반미주의운동이 조선민주주의인민공화국의 공산주의와 연관이 있다는 증거는 아무 데서도 찾아볼 수 없었다.[82] 계속하여 그동안 지하에서 꿈틀거리고 있던 감정적/즉흥적

---

82) 정진백 편,《김대중연대기1986-1987》4, 같은 책, 135쪽.

반미운동이 점차 인식적/의식적으로 변화되면서 지상으로 드러나기 시작했다. 대전에서 있었던 일이다. 여러 직업(교사, 경찰, 군인, 회사원)을 가지고 있던 사람들이 유신독재 때부터 자주 만나 반독재/반미주의를 감정적/즉흥적으로 이야기하고 있었다. 이들이 5·18민중항쟁을 만나면서 점차 감정적/즉흥적 반미주의가 인식적/의식적으로 전환되었다. 그리하여 광주에서 전해오는 5·18민중항쟁과 관련한 유인물을 조직적으로 살포하였다. 그러자 미국의 지원을 받고 있던 전두환 공안 당국(청와대, 안기부 대공부서, 내무부 치안본부, 보안사 대공부서)은 5·18민중항쟁 기의와 관련하여 〈아람회사건〉을 조작해 냈다.(1981. 7. 18.)[83] 전두환 권력이 날조한 아람회라는 단체는 국가변란 단체도 아니지만 본래 실체도 없었다. 아람이라는 단체 이름도 실존하지 않은 이름이었다.

아람이라는 이름은 〈아람회사건〉에 연루된 사람 중, 김남수 딸애의 이름이다. 그래서 그 딸애의 백일 잔치에 참석했던 충남 금산고등학교 동창들이 친목회를 만들고 이름을 아람회로 하자는 말만 했을 뿐이다. 그러니까 아람회라는 친목회도 실제로 존재하지 않았다. 이럼에도 반국가단체로서 아람회는 당시 청와대, 내무부 치안본부, 국가안전기획부, 보안사령부가 합동회의를 통하여 '있지도 않는' 이름을, '있는' 반국가단체로 날조하는 과정에서 붙여진 이름이다. 곧, "없는 조직이 '있는' 조직"으로 둔갑이 되었다.

아람회 사람들은 충남의 금산에서 자란 이들로 금산고등학교 동창생들이다. 이 학교 출신인 박해전朴海㒔(1954~)이 당시 이 학교에서 교편을 잡았던 황보윤식皇甫允植(1948~)과 금산지역에서 《씨올의 소리》를 보급하고 있던 정해숙丁亥淑(1934~)을 자주 만나 시국 관련 토론을 하였다. 토론의 주제는 "민족 통

---

83) '아람회 사건'의 발생 시점은 이 책의 글쓴이 황보윤식이 강제 연행된 날짜를 출발점으로 잡았다.

일 문제, 전두환의 광주학살 문제, 미국의 전두환의 군대 이동과 광주학살 묵인 문제" 등 시국 관련이었다. 그러나 늘 이야기의 초점은, 미국은 우리 대한민국에게 어떤 존재인가에 맞추어져 있었다.

이러한 문제의식을 가지고 이야기를 짚어갈수록 미국이란 존재는 우리 민족에게 도움이 안 되는 '악마 같은' 존재라는 사실을 인식하게 되었다. 이럴 즈음에 광주로부터 '광주학살의 진실'이 담긴 유인물('전두환의 광주살육작전', 서울대 학생의 '반파쇼학우투쟁선언문' 등)을 받아든다. 이들은 유인물을 철판/가리방으로 긁고 등사기로 등사하여 전국의 지인망을 통하여 살포하는 일을 하였다. 광주학살의 만행과 미국의 야수적 본질을 알리기 위함이었다.

이것이 무지한 한 고등학생(대전고등학교 나00)이 그들 학교의 교련 선생에게 "황보윤식 선생과 그 제자들이 이상하다"는 말을 전했다. 이상하다는 말을 그 학교의 무식한 교련 선생이 대전경찰서에 근무하는 지인에게 간첩/빨갱이로 신고하면서 사건은 조작이 되었다. 아람회사건은 당시 정통성이 없는 전두환 살인 권력에게 좋은 빌미가 되었다. 전두환의 외양간지기들은 황보윤식을 시작으로 43명을 연행하였다. 이들에게 34일간 잔혹한 고문 폭력을 통하여 북과 연결시키면서 빨갱이로 몰았다. 그러다가 전혀 북과도 관계없고, 빨갱이도 아니라는 사실이 밝혀지자 우습지도 않게 '자생적 빨갱이'로 날조하였다. 그리고 전두환 살인 권력은 이들을 한데 묶어, 반미주의와 5·18민중항쟁을, 국가변란죄, 국가보안법, 반공법, 집회시위법 등 엄청난 죄목으로 조작해 냈다. 검찰은 최종적으로 8명만 기소하였다. 그만큼 〈아람회사건〉은 조작이 되었다는 뜻이다. 이것이 일제 침략기 역사 속 〈105인 사건〉을 연상케 하는 '아람회' 사건이다. 그 이유는 105인 사건과 아람회 사건은 고문 폭력을 통하여 '없는 사실'을 '있는 사실'로 날조하여 조작하고 사건화하였다는 공통점을 갖고 있기 때문이다.

아람회 사건이 '국가변란'을 도모했다는 죄목으로 검거된 배경에는 아람회 사람 중에 박해전과 정해숙이 '김대중내란음모사건'으로 김대중이 체포되기 바로 전에, 사저에서 만나 잠시 대화를 나눈 점 때문이기도 하다. 결국 아람회는 1) 반미자주사상의 고취, 2) 광주학살의 진실을 밝히는 유인물 살포, 3) 김대중과 만남 등의 이유가 복합적으로 작용하면서 정권 유지에 악용하기 위해 악의적으로 조작된 공안사건이다. 아람회 사건은 반미운동이 '국가변란죄'로 조작된 최초의 사건이다. 전두환 살인 권력은 조작된 아람회 사건을 언론에 대서특필하였다. 그것은 반란 정권이 친미적이라는 사실을 미국에 알리자는 목적도 숨어 있었다.

한편, 박정희 피살과 전두환의 신군부 쿠데타, 5·18민중항쟁 기의 등 대한민국 사회가 혼돈과 변환기에 처하게 되자, 한국 사회 지식인과 학생들은 크게 두 갈래를 치면서 사회변혁과 관련하여 고민하게 된다. 이러한 움직임은 그동안 군사 파쇼 권력이 극단적 반공산주의를 핵심으로 하는 자유민주주의를 국시 國是로 내걸고, 민주주의 억압, 자유주의 탄압, 그리고 통일운동을 방해한 데 대한 반발이었다. 그리고 민중 경제를 파탄 내는 파쇼자본주의에 대한 저항으로 나타난 사회현상이었다고 볼 수 있다. 민중, 민주, 통일운동은 두 그룹으로 분화되었다. 이들은 모두 5·18민중항쟁 기의를 통하여 항미抗米 의식을 강하게 드러냈다. 또 민주주의/민중정치를 강력하게 주장하였다. 두 갈래는 항미의식을 바탕으로 사회주의 사상을 짙게 풍기는 '민족해방파'(National Liberation:NL)와 민주주의/민중정치를 강하게 주장하는 '민중민주파/인민민주주의'(People's Democracy:PD)이다.

이 두 진보 그룹은 선의적으로 상호 경쟁하면서 한국 사회를 어떻게 변혁시켜 나가야 하는지를 두고 고민을 하였다. 이러한 두 세력이 고민을 거듭하는 가운데 반미의식이 강한 NL파가 보다 영향력을 발휘하게 된다. 이것은 5·18 민중항쟁 이후, NL파의 반미의식이 PD보다 강했기 때문으로 보인다. 이들 두 진보 그룹은 "반미 자주화와 반파쇼 민주화를 투쟁노선으로 채택"한다. 이 두 세력은 시간이 흐르면서 점차 '민족해방인민민주주의혁명'(NLPDR)을 달성하자는 주장으로 나타난다. NLPDR운동을 당시 대한민국의 공안당국에서는 북 김일성의 '대남적화혁명노선'이라고 왜곡하였지만, 이러한 주장이 등장한 배경은 박정희와 전두환이라는 두 괴물이 반민족통일, 반민중정치로 한국 사회를 망친 데에 대한 반발이었다고 볼 수 있다.

바. 김대중의 고난과 대권 도전

정권의 정통성이 없던 전두환은 이념 몰이(반국가단체 한민통의 수괴)를 배경으로 하면서 민주주의/민중정치를 외치는 김대중에 대한 사법 살인을 계획한다. 5·17 김대중내란음모 조작사건이 재판에 회부되자, 육군계엄고등군법회의 법정은 권력의 지시대로 시녀가 되어 김대중에 사형, 이문영 징역 20년, 문익환 15년, 예춘호 12년형을 각각 선고한다.(1980.11.3.) 당시 독일 언론(한국현대사)에서는 전두환의 5·17 군부반란을 통한 권력 약탈 과정에서부터 김대중의 국가내란죄(날조/조작된) 재판과 사형 선고까지의 과정을 고스란히 기록하고 있다.(《김대중연대기》, 행동하는 양심, 2024 참조)

민주주의/민중정치를 강력하게 주장하는 김대중에 대한 사형선고가 내려지자, 미국, 유럽, 호주 등 외국에서 강한 압박을 가해 왔다. 전두환은 도덕이라든가 휴머니즘 같은 개념이 전혀 없는 사람이라고 혹평하였다. 서방의 각국은 김대중의 사형 집행을 하지 말 것을 전두환의 군사정권에 경고하였다. 특히 독일의 슈미트 총리는 김대중의 구명을 위해 전력을 다하였다. 또 중국의 인민일보도 김대중을 살려야 한다는 보도를 하였다. 동경에서는 김대중 구명을 위한 만인萬人 집회를 열기도 하였다. 그리고 국내에서는 한국 천주교의 정의평화위원회가 성명서를 내고 김대중의 구명 운동에 불을 붙였다. 이중 미국의 김대중 구명 노력은 각별하였다.

이럼에도 전두환에 대한 자발적 시녀로 전락한 대한민국 대법원은 김대중의 상고심을 기각하고 사형을 확정하였다.(1981.1.23.) 그러자 묘한 일이 일어났다. 전두환은 대법원에서 김대중에 대한 사형 선고가 내려지자, 1시간도 채 안 되어 사형에서 무기징역으로 감형하였다. 전두환은 대법원이 사형판결을 내리기 전에, 미국으로부터 압력을 받았기 때문이다. 이러한 사실을 숨긴 채 전두환은 김대중에게 '감형 청원서' 제출을 요구하였다. 김대중은 이를 비공개 처리를 조건으로 작성하여 제출하였으나 신군부는 의도적으로 이를 공개하였다. 그리고 전두환은 김대중에게 신군부에 협조할 것을 강요하였다.

그러나 김대중은 다음과 같은 말로 신군부의 협조 요청을 거절하였다. "나도 죽는 것이 두렵지만 내가 살기 위해 타협하고 국민에 의한 민주적 선택이 아닌 방법으로 대통령이 된다는 것은 국민과 역사를 배반하는 것이다. 내가 타협을 하면 나는 역사와 국민에게 영원히 죽고 내가 신념을 지키고 죽으면 역사와 국민에게 영원히 살 것이다. 나는 역사와 국민을 믿는다." 김대중은 감형 조치가 내려지자, 곧바로 단식투쟁에 들어갔다.(자 1,400)

김대중에 대한 감형은 전두환의 의지가 아니었다. 미국(대통령 카터)이 민주인사의 사형을 경고한 게 직접적인 영향을 미쳤기 때문이다. 미국의 경고가 들어오자, 전두환은 김대중을 볼모로 '레이건' 미국 대통령의 취임식에 참석하게 해 달라는 애걸을 하였다. 전두환 입장에서는 미국 대통령과 회담은 자신의 위상을 안정시킬 것으로 인식하는 한편, 당시 미국의 카터 행정부가 내걸고 있던 '미군 철수' 협박에 따른 한국인의 불안도 해소할 수 있다는 속셈이었다.

이에 미국은 김대중을 사형시키지 않는 조건에서 전두환의 방미를 허용하였다. 이를 기회로 전두환은 미국(대통령 레이건) 방문이 이루어지게 된다. 전두환의 김대중에 대한 감형 조치는 미국과의 협상 결과이기도 하지만 "유럽 우방국과 중국 등 그리고 여러 정치권 인사들의 인간적 노력"이 더 중요한 역할을 하였기 때문이다. 우방국 인사들은 김대중을 정치적 동지일 뿐만 아니라, '한국의 양심'이라고 불렀다.[84]

전두환이 김대중을 감형한 데에는 또 다른 속셈을 가지고 있었다. 당시 한국경제의 침체(당시 한국경제는 인플레이션이 40%에 달하고 있었다)가 매우 심각한 지경이었다. 만약 김대중을 사형시킬 경우, 외국에서 한국경제에 대한 제재가 있게 될 것이라는 두려움을 갖고 있었다. 그러나 외국의 입장은, 독재자 전두환이 김대중에 대한 사면 조치를 내린 것은 외교상 고립을 벗어나기 위한 제스처 정도로 치부하였다. 전두환은 미국을 가기 전 비상계엄령을 전면 해제(1.24)하였다. 전두환이 미국을 방문하자,[85] 재미 한국인들은 백악관 근처에서 전두환을 '민중 살인마/대량학살범(mass murdere)'이라고 외쳐댔다.

김대중의 망명생활

1981년 3월에는 총선(3.25.)이 있게 된다. 전두환은 자신의 정권 유지에 필요한 의석수를 확보하기 위하여 철저하게 사전 부정 투표를 계획하였다. 부정선거 결과, 전체 의석수 276석 중 과반이 넘는 151석을 차지하게 된다. 이러한 파쇼 권력의 부정선거에 분노한 대학생들은 격렬한 시위(반파쇼민주투쟁)를 연

---

84) 정진백 편,《김대중연대기1981-1983》2, 같은 책, 24쪽.
85) 전두환의 미국 방문은 사실상 종주국 레이건에 의한 소환이었다고 보는 게 맞다.

일 계속하였다. 그리고 유인물("다시 자유의 종을 난타하리")도 제작하여 살포하였다. 그러나 대학가의 대규모 시위에 대하여 국내 언론에서는 어느 신문사도 보도하지 않았다. 이 무렵, 살인 독재자 전두환은 극비리에 법관 인사를 단행하여 37명의 판사를 해임하였다. 그것은 〈김대중사건 재판기록〉의 전체 내용이 일본의 언론에 공개된 데에 대한 보복 조치였다. 이후 사법부의 재판관들은 전두환을 두려운 존재로 인식하였다.

한편 북측과 〈재독조국통일해외기독자회〉 간에 공동발표문(6개항)이 나온다.(1981. 6.29) 내용을 보면, "조선은 하루빨리 하나로 통일을 해야 한다는 것"과 "외세의 지배/간섭을 배격해야 한다."는 내용을 담고 있다. 또 북의 당국은 남한에 '민족통일촉진대회'를 소집하자는 제의를 해온다(1981.8.6.) 이어 11월에는 북과 해외동포 기독자基督者 간의 대화 후 성명서도 발표된다.(오스트리아 비엔나, 11.3~6) 성명서 내용에는 평화통일과 휴전협정의 평화협정으로 대체, 군대 감축, 비핵화 내용을 담고 있다.[86] 그러나 이러한 사실들을 국내 언론에서는 거의 취급하지 않았다. 물론 전두환도 이에 무관심하였다.

이렇게 국내정세가 급박하게 흘러가고 있을 때, 김대중은 육군1교도소에서 청주교도소로 이감이 된다.(1981.1.31., 1982.3.1. 특별사면으로 20년으로 감형) 다리가 불편한 몸으로 옥살이를 하게 된다. 매일 같이 운동과 독서로 시간을 보냈다. 청주교도소에서 있는 2년여 동안 600여 권의 책을 읽었다. 이 중, 앨빈 토플러Alvin Toffler(1928~2016)의 《제3의 물결》은 훗날 김대중이 대통령 자리에 앉게 되었을 때, 대한민국을 '정보화 대국'으로 만드는 정책에 동기를 부여케 해주는 지적 바탕이 되었다. 이러한 와중에서 전두환의 외양간지기(국가안

---

[86] 정진백 편, 《김대중연대기1981-1983》 같은 책, 143~144쪽 참조.

전기획부장 노신영)들은 정치적 목적(미국으로 출국시키기 위한)을 가지고 김대중 추방 음모를 꾸미게 된다.

국가안전기획부는 김대중을 해외로 추방하기 위하여 부인 이희호 여사를 움직였다. 이희호 여사에게 김대중을 망명 성격의 출국을 했으면 하고 타진했다. 이희호는 김대중을 찾아 설득한다. 김대중은 처음부터 이를 허락지 않았으나 끈질긴 이희호의 설득으로 전두환의 망명 요구를 받아들인다.(1982.12.14) 그러자 국가안전기획부는 다시 김대중에게 "다시는 정치를 하지 않겠다는 서약서/건의서를 쓰라고 강요해 들어온다. 이에 김대중은 강하게 거절했으나 끝내 서약서/건의서를 쓰고 전두환 권력의 요구대로 망명 절차를 밟는다. 이 과정에서 김대중의 인본주의 사상을 본다. 김대중은 자신을 석방하는 조건으로 청주교도소에 수감되어 있는 양심수들을 모두 석방해 줄 것을 요구했다. 이는 김대중의 '행동하는 양심', '국민과 함께 가는 정치인' 임을 알게 해주는 대목이다. 전두환 권력은 김대중이 떠난 다음 날 양심수 구속자 석방을 단행하였다. 김대중의 '같이살이 양심'이 이루어낸 결과다.

서약서/건의서를 쓰고 곧바로 서울대 병원으로 이송을 하게 되었다.(1982.12.16.) 김대중의 서울대 병원에서 생활은 엄중한 통제 속에 갇혀 있어야 했다. 머리도 깎였다. 전두환 독재권력이 서울대병원으로 이송한 것은 의학적 핑계로, 국외추방 절차를 밟기 위한 연막이었다. 말이 미국 여행이지, 김대중을 미국으로 추방하려는 음모다. 이것은 전두환이 인도적 외피를 쓰고, 한국 땅에 드리우고 있는 김대중의 그림자를 지우기 위한 정치적 목적이었다. 결국 김대중은 또다시 망명길에 오르게 된다. 서울대병원으로 옮겨온 지 7일 뒤, 형집행정지(노스웨스트 비행기가 출국 직전 비행기 안에서 청주교도소 부소장이 읽어줌)로 옥살이에서 해방을 맞게 된다.(1982.12.23.) 그런데도 전두환 권력의 외양간지기들은 "김대중과 가족들의 요청으로 미국에 가게 되었다."고 가짜뉴스를 퍼트렸다. 원래 가짜뉴스는 늘 불량한 권력자들이 써먹는 야비하고 더러운 수법이다. 전두환은 김대중이 미국으로 망명을 떠나기 전에 당시 국군보안사령부로 하여금 정권 유지에 불안/장애요인이 되는 각계 인사들에 대한 사찰 대상 명단을 작성케 하고 민간인 사찰에 들어갔다.(1981)

김대중은 미국 망명 중에 미국 지도부에 "미국이 한국의 국내 정치에 개입하지 않기를 바란다"고 메시지를 보냈다. 김대중이 망명 신분이지만 대한민국의 민주화, 평화통일을 위한 제반 활동을 하고 있을 때 김영삼은 가택연금 상태에서 전두환 독재 권력에 대한 첫 항거로 단식을 단행하고 있었다. 김영삼은 단식투쟁 선언에서 "모든 양심수 석방, 정치적 이유로 공민권을 박탈당한 사람의 공민권 회복, 표현의 자유 보장, 반민주 악법의 폐지, 그리고 억압 정권을 지지하는 미국에 대한 강력한 항의"를 담고 있었다.[87] 이는 김영삼의 단식 목적이 재야 민주세력의 결집을 끌어내기 위함이었다. 그러나 김영삼의 단식투쟁은 국내의 제도언론에 일체 보도가 되지 않았다.

김영삼의 단식을 알게 된 김대중은 미국 신문 등에 김영삼의 단식을 지지하는 칼럼을 실었다.(1983. 6.9, 뉴욕 타임즈) 김대중의 협화주의 정신의 발로다. 이를 계기로 망명객 김대중과 동토凍土의 땅 한국의 김영삼은 함께 〈민주화추진협의회〉(공동의장: 김영삼, 김상현 대행, 민추협)를 발족시킨다.(1984. 5.18.) 군부독재를 타도하고 민중정치를 실현 시키고자 하는 열망이 그만큼 컸기 때문이다. 김대중이 미국 망명 생활을 하는 동안 국내의 전두환 외양간지기들은 김대중을 음해하는 유언비어와 가짜뉴스(광주사태는 북한 간첩단과 김대중의 합작이다)를 생산하여 김대중의 명예를 실추시켜 나갔다. 이러한 가운데 민주

---

87) 김대중,《後廣 金大中大全集/김영삼의 단식투쟁》(中心書院, 1993) 103쪽.

화운동은 1984년도에도 계속된다. 그리고 기업에는 노동조합이 다수 결성되기에 이른다. 세월이 흐르고 1985년 국회의원을 뽑는 총선이 있게 되자, 김대중은 망명 생활을 청산하고 귀국하기로 마음을 먹는다.(1985. 2.8) 이에 대한 이야기를 조금 더 해 보자.

김대중은 1985년 한국의 총선(2.12)을 의식하여 망명 생활을 청산하고 귀국 의사를 한국 정부와 미국 정부에 전달한다.(1984. 9.7) 이에 대하여 미국 정부는 김대중이 귀국할 시, 한국 정부가 김대중의 형기刑期가 17년이나 남았다는 이유를 들어 난감해하면서도, 미국은 김대중이 귀국하더라도 체포하지 않도록 한국 정부와 협상을 하였다. 그러나 전두환과 그 외양간지기들은 (김대중의) "신변 안전을 보장할 수 없다", "귀국할 경우 재수감 하겠다"고 으름장을 놓았다. 전두환은 간교했다. "미국이 한국의 88 올림픽 서울 유치를 지원하고, 전두환의 4월(1985) 미국 방문을 허락"하는 조건을 내걸었다. 이에 김대중은 한미협상 조건과 한국의 정치 현실을 의식하여 귀국의 목적을 분명하게 밝혔다. "현 정국의 안정, 한국의 화해와 민주화, 한반도 평화적 통일에 기여"라고 밝혔다.

미국은 1983년 필리핀 아키노의 일을 떠올렸다. 필리핀의 아키노Benigno Simon Aquino Jr(1932.~ 1983.)는 국내에서 사형선고를 받은 후, 미국으로 가서 망명 생활을 하다가 도중에 귀국을 결정한다. 귀국하는 날 마닐라 공항에서 암살(8. 21)을 당하게 된다. 미국의 입장에서 볼 때 김대중의 경우도, 그렇게 되지 말라는 약속은 할 수 없는 노릇이었다. 그래서 만약의 사태에 대비하여 김대중의 요청을 받은 미국 정부는 많은 미국인(22명)과 수행원(37)을 동행시켜 인간 방패를 만들게 했다. "에드워드 페이건/토머스 포글리에타 하원의원, 그리고 퍼트리샤 데리언 전 국무부 인권 차관보, 브루스 커밍스 교수 등이 '인간 방패'

를 자청했다."[88]

김대중은 워싱턴을 출발하여(1985. 2. 6.) 일본의 나리타공항을 거쳐(2. 7.) 김포공항을 통해 귀국하였다.(2. 8.) 총선 4일 전이다. 김대중이 귀국하는 날 서울에서는 1980년 5월 이래 가장 큰 대규모의 반정부시위가 일어났다. 수천 명의 시위대와 최루탄을 쏘아대는 경찰과 치열한 시가전을 벌이는 가운데 수십 명의 시위대가 체포되었다. 김대중이 김포공항에 도착할 때 수십만 명의 인파가 김포공항 진입로를 메웠다. 이에 수천 명의 기동 경찰들은 공항진입로를 봉쇄하였다. 사복을 한 공안 경찰 6명은 김대중과 동행대표단을 격리 시키기 위해 폭력적 횡포를 서슴지 않았다. 미국 연방의원 등에 구타와 주먹세례를 가하면서 김대중을 강제 격리시켰다. 미 연방의원이 구타를 당한 문제를 두고 미국은 한국 정부에 강하게 항의하였다.

인위적인 귀국 환영식 아닌 민중들의 자발적 귀국 환영식 과정을 거쳐 김대중 부부는 경찰에 의해 강제로 마포 자택에 도착하였다. 또다시 가택연금을 당해야 했다. 김대중이 집으로 가는 가두街頭에는 지지자들이 거리를 가득 메우고 있었다. 가두에 있던 지지자들은 "김대중 민족의 구원자"라고 외쳐댔다.

김대중이 귀국하고 나서 4일 뒤에 이루어진 총선(2.12)은 돌풍을 일으켰다. 신민당이 전체 의석수, 276석 중 67석을 차지하여 야당 제1당이 되었다. 여당에게 유리하게 되어 있는 선거제도(전국구 92석)를 감안하면 전국구를 제외하였을 때 여당이 87석 신민당이 50석으로, 신민당의 지지율은 대단한 것으로 평가되었다. 김대중의 귀국으로, 새로 창립한 지 40일밖에 안 되는 신민당(新韓民主黨, 당수, 이민우, 1985.1.18. 창당)은 놀라운 지지율을 보였다. 선거 과정

---

[88] https://www.hani.co.kr/arti/politics/politics_general/1127947.html(2024. 2. 10. 일자) 참고.

에서 야당의 지지율이 엄청나다는 것을 감지한 보안사령부에서 친위쿠데타를 준비할 정도로 야당 신민당의 기세는 대단했다.[89] 이것은 순전히 '김대중 효과'였다.

  신민당은 김영삼과 김대중(김상현 대행)이 공동의장으로 있는 민추협이 중심이 되어 만든 신당이었다. 이렇게 되자 집권당(민정당) 후보들은 돈으로 유권자들을 매수하였지만, 소용이 없었다. 김대중의 귀국은 대한민국의 민주주의와 자유가 깨어나게 만들었다는 것을 의미한다. 이를 두고 "미국 시사주간지 '뉴스위크'는 커버 스토리로 김대중의 귀국을 다루며 '폭풍의 귀국'(A Stormy Homecoming)이란 제목을 달았다." 신민당의 지지율 상승과 민중들에 의한 김대중에 대한 기대치가 높아지자, 경찰은 김대중 집의 진입로와 주변을 밀집방진密集方陣으로 차단 봉쇄하였다.

  이 해에 전두환 독재권력의 핵심 행정을 맡고 있는 서울시는 《창작과비평》(창비)이라는 잡지에 대하여 등록을 취소하였다.(1985.12.9.) 창비가 '반체제적'이라는 이유다. 이것은 민중정치/민주주의를 갈망하는 문화인과 지식인에 대한 탄압의 신호였다. 이에 2,853명이나 달하는 지식인들이 건의문을 발표하는 등 창비 등록 취소 조치에 항의운동이 일어났다.

  김대중의 귀국과 함께 한국의 1985년은 민중들의 민주화 추구 열기가 더욱 고조되어 갔다. 정치권은 대통령 직선제 헌법 개정을 놓고, 끌고 당기는 신경이 한창이었다. 그리고 88서울올림픽이 유치되면서 스포츠와 관련하여 남북문제가 정국의 관심사로 떠올랐다. 북의 선수들이 서울 올림픽에 참석하는 문제를 두고 남북적십자 회담이 열렸다. 회담은 성공적으로 이루어지고 우리 민족 역사상 처음으로 이산가족의 상봉과 예술방문의 상호교환 방문이 성사되

---

[89] 한홍구, 《김대중 시대의 민주주의와 인권/김대중과 한국민주주의운동》(지식산업사, 2024) 90쪽.

었다.(1985. 9.23.~30.) 그러한 가운데 1985년 한 해가 저물어 갔다.

　1986년에 들어오면서, 대통령 직선제 욕구가 거세게 일어났다. 이에 전학련 소속 서울지역 14개 대학의 학생 1,000여 명은 서울대학교에 모여〈헌법철폐 및 헌법제정국민회의 쟁취를 위한범국민서명운동추진본부〉를 결성하고 개헌서명운동을 전개해 나갔다.(2.4) 그리스도교(신,구) 불교계, 대학 교수들도 시국선언문을 발표하였다. 시국선언문의 공통 내용은 직선제 개헌 요구였다. 이에 신민당도 "대통령 직선제개헌 1,000만 명 서명운동"을 벌여 나갔다.(2.12) 그러자 경찰은 김대중을 다시 가택연금을 시켰다. 신민당 당사도 봉쇄하였다. 민추협 사무실은 압수 수색을 당하였다. 전두환 살인독재는 신민당의 개헌운동추진본부 현판식과 개헌서명운동은 실정법 위반이라고 협박을 했다. 신민당은 이에 아랑곳하지 않고 개헌추진위원회 서울시 지부 결성을 마치고(3.11) 연이어 부산(3.23.) 광주(3.30.) 대구(4.3.), 대전(4.19), 청주(4.26) 대회를 열었다.

　한편, 광주지부 결성대회에서는 5·18민중항쟁이 살인마 전두환에 의해 좌절된 이후 처음으로 광주시민 30여 만이 운집하여 군부독재 타도와 민중정치를 외치며 밤샘 시위를 하였다. 여기에다, 또 다른 문제가 터져 나왔다. 그것은 전두환 독재권력이 학생과 노동자들에게 강요하는 병영(해병대식)문화 체험이었다. 학생들에 대한 병영체험 강제는 이들 가슴에 분노가 쌓이도록 만들었다. 결국 일부 학생들이 병영문화 체험(전방입소 거부) 반대를 주장하며〈전방입소훈련전면거부 및 한반도미제군사기지화 결사저지를 위한 특별위원회〉(4.16, 전방입소거부특위)를 결성하였다. 그리고 곧바로 전방 입소 거부 시위를 계획하였으나 학교 측과 경찰의 저지로 무산되었다. 결국 신림동 사거리에서 시위를 하던 중 경찰의 저지를 받자, 사전 유서를 써놓았던(4.26) 김세진과 이재호가 분신자살하는 사건이 일어났다.(4.28) 이에 대하여 신민당 당고문이면서 민추협공동의장인 김대중은 "소수 학생의 과격한 주장을 지지할 수 없다"는 뜻을 밝혔다.(4.29) 그리고 신민당 총재 이민우는 청와대 영수회담에서 "좌익 학생들을 단호하게 다스려야 한다."는 발언을 하고 급진적인 세력과 단절하겠다는 의사를 밝혔다.(4.30)

이에 대하여, 학생들과 재야운동권은 1) 개헌추진위원회 광주시지부 결성 때 보인 광주 민중들의 뜨거운 열기, 2) 학생 병영 체험 분개에 비판적 입장을 보인 신민당 지도부에 대한 학생들의 분노 분위기를 역이용하고자 했다. 그리하여 개헌추진위원회 인천시지부 결성 때 "민주주의 요구와 군부독재 타도"를 위한 모종의 시위를 계획하게 된다. 계획의 주체는 민주통일민중운동연합(민통련)와 지역운동협의회, 그리고 〈인천사회운동연합〉(인사연)였다. 이들은 그동안 대한민국의 민주주의/민중정치를 촉구하는 세력들을 총결집시키는 계기를 만들고자 하였다. 마침 신민당 개혁추진위원회 인천 및 경기지부 현판식 날짜가 잡혔다.(5.3)

인천의 인사연이 중심이 되어 인하대, 인천대 및 수도권 대학의 대학생 연합(〈반미자주화반파쇼민주화투쟁위원회〉(자민투), 〈반제반파쇼민족민주화투쟁위원회〉(민민투) 인천 및 서울의 노동단체, 그리고 서울의 재야세력(이부영) 등이 결합하였다. 이들 주최들은 인천 주안의 시민회관에서 신민당 개혁추진위원회 현판식이 열리는 한 시간 전에 신민당 지도부의 각성을 요구하였다. 이렇게 신민당과 시민 차원에서 옥신거리는 약간의 몸싸움에 갑자기 의도적으로 보이는 경찰이 공권력을 투입해 들어왔다. 느닷없는 경찰의 공권력 투입에 시민과 학생들은 분노하였다. 경찰에 항의를 하면서 충돌을 일으켰다. 이러한 충돌은 전두환 권력에 저항하는 투쟁 성격으로 발전하였다. 이 과정에서 시위군중은 어느덧 1만여 명으로 불어났다.

시위군중은 구호를 외쳤다. "철천지원수 미제와 그 앞잡이 깡패적 반동 정권의 심장부에 해방의 칼을 꽂자. 가자! 해방구 인천으로" 이러한 구호가 나오자, 전두환 독재권력은 기다렸다는 듯이 이를 좌경/용공 세력의 반정부 행위로 규정하고 기의/시위하는 군중에 대해 무자비한 탄압을 가해 왔다. 시위군중에게 곤봉이 날아들었다. 최루탄도 시위군중의 머리 위에서 쉴 사이 없이 펑펑 터졌다. 이에 시위군중도 대응 폭력 수단으로 시민회관과 주안역 근처에서 경찰과 피 터지는 투석전을 벌였다. 시가전이 따로 없었다. 글쓴이 앞에서도 최루탄이 터졌다. 경찰은 5·3민중항쟁의 배후 조종 등의 혐의로 민통련 간부 학생 등 32명을 수배하고 319명을 연행하였다. 이중 문익환 민통련 의장을 포함하여 129명을 구속하였다. 이를 우리 역사에서, 정치적 측면으로는 "5·3 인천사태", 사회운동 차원에서는 '5·3 인천민중항쟁'이라고 부른다. 전두환은 이를 계기로 운동권 탄압을 본격화하였다.[90]

이렇게 반미와 함께 전두환 퇴진을 외치는 기의가 꺼지지 않고 폭발적으로 일어났다. 살인독재자 전두환 화형식과 퇴진을 요구하는 군중 시위/기의가 연이어 대규모로 터져 나왔다. 전국 26개 대학교 학생 2,000여 명은 건국대 민주광장에 모여 〈전국 반외세·반독재 애국투쟁연합〉 발족식을 열었다. 3,000의 병력을 이끌고 온 경찰은 이들을 "친북 공산혁명 분자"로 매도하고, 가혹할 정도로 학생들을 두들겨 패댔다. 최루탄, 화염병, 짱돌들이 난무하였다. 경찰은 1,525명을 강제 연행하고 1,274명을 구속하였다. 이는 단일사건으로 세계 최대의 기록이 된다.(자 1, 465)

---

90) 김창수,《인천5.3민주항쟁연구논문집/인천5.3민주항쟁 전후의 '보도지침'과 일간지의 기사문 분석》(인천민주화운동센터, 2022) 79~110쪽 및 인천민주화운동사편찬위원회 편,《인천민주화운동사》(선인, 2019) 163~179쪽 참조.

전두환의 발악과 6·10 민주항쟁 기의

대학생과 시민들의 연이은 기의(전두환 물러나라, 유신잔당 몰아내자)와 대통령 직선제 개헌 열망은 전두환을 불안하게 만들었다. 이에 전두환은 케케묵은 박정희식 이념 몰이를 작동했다. 그것이 '금강산댐 조작 사건'이다. 금강산댐 조작 사건의 골자는 이렇다. "북한이 금강산댐을 건설하고 있다. 이것은 북한이 수공水攻을 통해 서울을 쓸어버리겠다는 흉계다. 서울을 100m의 물기둥이 강타한다. 63빌딩 절반이 물에 잠긴다. 그래서 이에 대응하기 위하여 '평화의 댐'을 건설해야 한다."는 공포의 안보 위협론을 발표하였다.(1986.10.30.) "금강산댐, 평화의 댐" 운운은 직선제개헌 운동을 무위로 돌리기 위한 수작이었다. 당시 국민은 이 허구의 꾀임에 홀려 코흘리개 어린이까지 평화의 댐 성금을 냈다. 이와 함께 전두환 독재권력은 친위쿠데타를 음모했다. 국회를 해산하고 비상계엄을 선포한 다음 김대중을 은퇴(재수감 또는 외국행)시킨다는 시나리오를 꾸몄다. 비상계엄 선포일은 11월 8일로 잡았다. 김대중도 이를 감지하였다.

군부 세력들은 늘 자신들 권력에 위험이 닥친다고 생각할 때는 이념 몰이와 함께 정변/쿠데타를 일으키기 때문이다. 김대중은 고민하였다. 이 위기를 극복해야 했다. 이러한 상황에서 나온 생각이 대통령 불출마 선언과 군부독재 종식/구속 학생 석방의 맞바꿈이었다. 그래서 김대중은 "대통령중심제 개헌을 전두환이 수락을 한다면, 비록 사면, 복권이 되더라도 대통령 선거에 출마하지 않겠다"고 선언하였다. 우국충정憂國衷情의 참마음이었다.(1986.11.5선언) 그러나 전두환 독재는 김대중의 이와 같은 제의를 일축해 버렸다. 오로지 권좌에 대한 불안심리와 함께 종신대통령을 해 먹겠다는 욕망만을 표출시켰다. 바로 '4·13호헌조치'(개헌논의 중단, 간접선거제 유지)의 기습 발표였다.(1987)

이 무렵에 신민당 내부에서는 대통령직선제 개헌을 둘러싸고 내분에 휩싸였다. 이른바 총재 이민우李敏雨(1915 ~ 2004) 발언이다. 이민우는 여당 민정당과 내각제 협상을 검토하겠다는 뜻을 내비쳤다. 이에 신민당에 다수(74명) 지분을 가지고 있는 김대중, 김영삼이 창당을 선언하게 된다.(1987.4.8.) 4·13호헌조치는 이러한 신민당의 내분을 틈탄 전두환의 꼼수였다. 그러나 4·13호헌조치의 발표는 국민의 엄청난 분노를 자아냈다. 국내 언론에서는 보도조차 하지 않았지만, 글쓴이가 목격한 바에 의하면 4월에서 6월까지, 전국 대학생들의 4·13호헌조치에 저항하는 엄청난 규모(수만의)의 기의가 연일 계속되었다. "호헌 철폐, 독재 타도"를 외치는 시위 대학생과 시민의 규모는 엄청났다. 여기서 우리가 놀라지 않을 수 없는 일은 기의/시위 인원보다 쇠 파이프를 든 백골단[91]과 함께 시위 탄압 경찰병력이 2~3배(6만) 더 많았다는 사실이다. 이는 전두환 독재권력이 공권력이라는 이름으로 제 나라 사람을 마치 적군처럼 몰아붙였다는 사실을 충분히 상상하게 만든다.

이러한 민중의 분노가 쌓이는 가운데 사회적 약자들의 분노의 소리도 있었다. 〈상계철거민의 피맺힌 절규〉라는 유인물 살포였다. 이 유인물에 의하면 "돈에 노예가 된 저들은 인간성을 상실한 채 무력과 폭력으로 … 철거 담벼락에 깔려 사람이 죽어 나가고 머리가 깨지며 팔다리가 부러지고, 아녀자의 머리가 뽑힌 채 옷이 벗겨지고 구속이 되고 …"라는 내용에는 철거민의 비참한 현실이 그려져 있다.(연 4, 271)

---

91) 백골단白骨團: 이승만/자유당 때부터 만들어진 정치깡패 집단을 말한다. 박정희, 전두환 때는 청카바(웃옷)와 청바지를 입고 흰색 하이바를 쓴 기동대원을 통틀어서 일컬었다. 백골단은 독재권력의 권위의 상징이 되었다. 이들 백골단은 긴(1.5m가량의) 신문지로 싼 몽둥이를 들고 데모대/시위대를 두들겨 팼다. 그러나 신문지 몽둥이는 겉이고 속은 쇠파이프였다. 전두환 때는 서울시장 명의로 사복체포조라는 이름으로 모집하였다.(1985.8.1.) '강경대구타치사사건' 때 폭력의 극치를 보인다.

민중들 분노의 심지가 타들어 갈 때 기름 붓는 사건이 또 터져 나왔다. 한국 천주교정의구현사제단이 명동성당에서 〈박종철고문치사사건〉을 폭로하였다.(1987. 5.18.) 박종철이 죽게 된 원인은 고문 폭력에서 비롯되었다. 현 국민의힘 전신인 한나라당 소속으로 뉴-라이트 계열에서도 활동을 한 바 있는 박종운(당시, 〈민주화추진위원회〉 지도위원)의 은신처를 알아내기 위해 치안본부 대공분실 공안 경찰들이 서울대 언어학과 학생 박종철朴鍾哲(1964~1987)을 강제 연행하였다. 그리고 치안본부 남영동 대공분실로 끌고 가(509호 조사실) 가혹한 고문 폭력을 가했다.(물고문, 전기고문 등) 물고문 폭력(탁)으로 박종철은 (억)하고 죽었다.(1987.1.14.) 대한민국 경찰은 단순 쇼크사라고 보도하였다.(1.15) 가족이 입회한 부검에서 쇼크사가 아니고 고문에 의한 죽음이었음이 밝혀졌다. 치안본부는 여론의 압력에 굴복하여 고문사를 공식 인정하였다.(5.19) 박종철의 "탁 치자, 억하고 쓰러졌다"라는 소리는 고문살인을 뜻한다. 글쓴이가 5명의 고문 경찰관에게 당한 물고문 경험(1981.8)에서 그 유추가 가능해진다.

이렇게 권력을 놓치 않겠다는 '4·13호헌조치'와 젊은 목숨을 앗아간 박종철의 고문치사 사건은 범국민적 분노를 자아냈다. 시민, 재야 민주화세력, 대학생의 분노는 전두환 독재권력을 그냥 두고 볼 수 없었다. 이러한 울분의 폭발은 정의를 향한 민중의 힘을 결집시켰다. 바로 향린교회에서 〈호헌철폐 민주헌법쟁취 국민운동본부〉를 발족한 일이었다.(1987. 5. 27. 국본) 국본은 재야 세력과 재야 출신 정치인들로 구성된 〈민주화추진협의회〉(1987, 5, 민추협), 〈민주통일민중운동연합〉(1985. 3. 29, 민통련), 〈민주화를 위한 전국 교수 협의회〉(1987. 5, 민교협)와 종교계, 여성계 대표 등 219명이 향린교회에 모여 국본 결성을 위한 발기인대회를 열었다. 그리고 전두환 권력의 방해 공작을 막기 위해

당일로 결성대회까지 진행하였다. 김대중은 함석헌, 김영삼, 문익환 등과 함께 국본의 고문단이 되었다. 국본은 발기 선언문에서 "4·13호헌조치 철회와 이 땅의 진정한 민주화"를 요구하였다.

전두환이 4·13호헌조치를 발표한 것은, 만약, 1) 헌법 개정으로 나라 사람들 요구대로 대통령직선제가 되면 김대중이 당연히 당선될 것이라는 심리적 불안에서 나온 악수惡手였다. 2) 김대중이 대통령에 나오지 않더라도 도덕적 주류인 민중정치 추구 세력, 곧 민주화운동 세력이 권력을 분명히 잡는다고 보았기 때문이다. 이러한 '만약'의 사실이 현실로 될 경우, 살인 독재자 전두환은 자신의 신변에 위협이 닥칠 것이라고 생각하였다. 이러한 불안한 심리가 발동하는 한, 전두환 자신은 끝까지 '호헌 선언'을 번복할 의사가 없었다.

그러나 한국의 사회 환경이 심각할 정도로 험악해지자, 전두환에게 심리적 변화가 왔다. 직선제를 하더라도 노태우가 자신의 뒤를 이어 대통령이 된다면 자신의 신변 보호는 담보될 수 있다는 생각이었다. 그리하여 정치적 음모를 꾸민다. 그것이 노태우로 하여금 '범국민적 4·13호헌조치 반대 6월항쟁 기의'에 승복을 하게 만드는 일이었다. 그 전에 직선제 헌법 개정을 대비하여 미리 민정당 대선후보를 지명하는 민정당 전당대회를 열기로 했다.(6.10) 그리고 대선 후보는 노태우를 지명하기로 했다.

이러한 소식을 접한 국본도 6월 10일을 기하여, 〈박종철군 고문살인 은폐 조작 규탄 및 민주헌법 쟁취 국민대회〉를 열기로 했다. 각 대학도 출정식을 가졌다. 연세대학교 학생회도 6·10 출정을 위한 연세인 결의대회를 마친 다음, 수많은 학생들이 교문 밖으로 나와 4·13호헌조치 반대 구호를 외쳤다.(6.9) 이때 전투경찰이 교문 밖으로 나오는 학생들을 향해 최루탄을 쏘아댔다. 이 과정에서 이한열李韓烈(1966 ~ 1987)이 최루탄(SY44)에 맞아 피를 흘리며 쓰러졌다. 같이 있던 학생들에 의해 곧바로 병원으로 옮겨졌지만, 입원 중에 두개골 골절과 뇌 손상으로 사망하였다.(1987.7.5.)

  4·13호헌조치, 박종철고문치사 사건, 이한열 피격 사건은 걷잡을 수 없는 범국민적 분노를 자아냈다. 이것이 성공회 성당에서 시작한 '6·10항쟁'이다. 6·10 분노의 항쟁(전국, 참여 인원 30만)은 비로소 우리나라에 정치군인이 국가권력의 주체가 될 수 없다는 민주주의 실천의 큰 계기가 되었다. '6·10 분노의 항쟁'에는 특히 '중산층' 시민(넥타이부대)들도 대거 참여했다. 이는 또 하나의 역사적 의미를 부여할 수 있는 획기적인 일이었다. 그러나 전두환 살인독재 권력은 시민/학생기의대를 "체제전복, 국기 문란 행위자"로 몰아 공권력 행사라는 이름 아래 백골단을 동원하여 국가폭력에 저항하는 시위대에 무차별 폭력을 가했다. 학생시위대는 경찰에 쫓겨서 명동성당으로 몰려 들어갔다.

  경찰/백골단의 폭력적 공격이 명동성당까지 들어올 기세를 보이자, 당시 한국 천주교의 추기경이었던 김수환金壽煥(1922~2009)은 다음과 같은 말로 경찰의 힘에 맞섰다. "그 사람들(경찰 탄압대)이 들어오면 제일 먼저 나를 보게 될 것이고 나를 쓰러뜨려야 신부님들을 볼 것이고, 신부님들을 쓰러뜨려야 수녀님들을 볼 수 있을 것이고 학생들은 그 다음에 볼 수 있을 것이다"(자1,484) 이러한 불의에 의연하게 저항하는 의인義人들이 있었기에 전두환 독재는 흔들렸다. 그리고 대한민국은 살아 움직였다.

  이에 국본은 '최루탄 추방의 날' 행사를 갖기로 했다.(6.18) 이날 서울, 부산, 대구, 광주 등 전국에서 150여만 명이 참여하였다. 이러한 대규모 기의에 전두환 독재는 위기감을 느꼈다. 그리고 6·10항쟁에 중산층 시민들이 함께 하는 현실을 목격한 미국도 전두환 지지를 거두는 낌새를 보였다. 이러한 국내외 정치환경에 직면하자. 전두환은 노태우를 앞세워, 김대중의 사면/복권과 함께 '6·29 항복선언'(1987)을 하게 된다. "정의사회 구현"이라는 정치 구호를 내건 전두환은 우리 사회의 '정의'를 철저하게 짓밟고 노태우에게 뒤를 물려주는 정치공작을 한다. 이어 대통령 직선제를 골자로 하는 헌법 개정안이 국회에서 통과되었다.(1987. 10. 12.)

이러한 정치 환경이 만들어지자, 재야인사들은 값진 희생을 치르고 얻어낸 민주주의/민중정치 실현의 기회가 왔다고 생각했다. 이번에 꼭 군사독재를 무너뜨리고 민주주의/민중정치를 성취해야 한다는 간절한 소망을 가진 재야 세력들이 야권의 〈후보단일화에 대한 우리의 견해〉라는 공동성명서를 발표한다.(함석헌 외 46인 서명, 1987. 10. 5.) 야권 후보라고 하면, 야당 정치계의 두 거물인 김대중과 김영삼을 말한다. 김대중은 재야 세력의 요구에 부응하기 위하여 김영삼과 후보 단일화 노력을 하였으나 결말을 내지 못하였다. 이러한 가운데 국민투표에 의해 대통령 직선제를 골자로 하는 헌법 개정안이 통과되었다.(93.1% 지지, 1987. 10. 27. 확정 공포는 29일) 이것이 6공화국 헌법이다. 그리고 13대 대통령을 뽑는 대선 일자(1987. 12. 16.)가 정해진다. 개정된 헌법의 골자는,

1) 대한민국 대통령은 국민의 보통・평등・직접・비밀선거에 의하여 선출한다.

2) 대통령 임기는 5년 단임單任으로 한다.

3) 대통령의 비상조치권과 국회해산권 폐지.

4) 노동자의 단결권과 단체교섭권 인정.

국민의 기본권 조항을 대폭 개선하였다. 그러나 개정된 6공화국 헌법에는 유신헌법에서 진일보하지 못한 행정부 우위 체제가 여전히 존재해 있었다. 이 때문에 제왕적 대통령제가 오늘날까지 계속 유지되고 있어 안타깝다.

김대중의 대권 도전과 실패

앞에서 이야기하고 나왔지만, 야당 신민당은 대통령직선제 개헌을 놓고 내

각제를 주장하는 '이민우 구상'에 반발하여 김대중 동교동계와 김영삼 상도동계가 함께 탈당하여 새로이 야권 정당(1987.5.1.)을 탄생시켰다. 바로 통일민주당統一民主黨이다. 정당의 중앙당이 창당되기 위해서는 지역의 정당이 먼저 창당되고, 지역정당/지구당의 창립(20여 지역당)이 이루어진 다음 중앙당이 탄생하게 된다. 통일민주당 지역당이 창립대회를 할 때 전두환은 국가안전기획부(안기부)를 시켜 폭력배로 하여금 지역당 창당을 방해케 하였다. 이렇게 전두환 독재의 방해 공작에도 굴하지 않고 야권은 통일민주당을 창당하고 반독재 민주화운동을 주도해 나갔다. 그중에서도 전두환의 4·13호헌조치에 반대하는 '민주헌법쟁취 국민평화대행진'(6.26)은 국민의 대대적인 지지를 얻는 계기를 만들어 주었다.

이러한 가운데 야권에서는 김대중과 김영삼, 누가 13대 대선후보로 나서야 하는 문제를 놓고 대립각을 세우고 있었다. 김영삼 측은 김대중이 군부독재 종식과 구속 학생 석방을 조건으로 대통령 불출마 선언을 한 것(11·5 선언)을 가지고 물고 늘어졌다. 그리고 김대중 측은 김영삼이 서독을 방문했을 때 "직선제와 사면·복권 등 민주화가 되면, 김대중씨의 출마도 생각해 볼 수 있다…(김대중)을 대통령 후보로 지지하겠다"(1986.11.6.)한 약속을 지키라고 했다. 이에 김대중은 '11·5 선언'은 "전두환 전 대통령이 자발적으로 대통령 직선제로 개헌한다면 불출마하겠다는 조건이었지, 이번처럼 국민의 압력에 의해 이루어진 개헌과는 아무런 상관이 없다"라고 '11·5 선언'의 배경을 설명하였다.(7.11) 이렇게 되자, 비교적 보수적인 정치인과 재야 세력들은 김영삼을 후보로 내자고 주장하였다. 이에 비교적 진보적인 진영 세력(비판적 지지파)은 김대중을 후보로 내자고 주장하였다. 이 두 세력의 주장이 팽팽하게 줄다리기를 하게 되자, 재야 민주화 세력도 분열이 일어났다. 강경 민주화 세력은 독자적 진보 후보를 내기로 결정하였다.

이러한 상황이 전개되자, 김대중과 김영삼은 남산의 외교구락부에서 만나 후보단일화 막판 담판을 벌였다. 그러나 김영삼은 "군부 DJ 불가론"만[92] 내세우면서 양보할 뜻을 비치지 않았다. 이렇게 되자, 결말을 내지 못하고 두 사람은 각자도생各自圖生의 길로 들어섰다.(1987.10.22.) 결국 김대중을 지지하는 동교동 계열의 의원들이 통일민주당을 집단 탈당(1987.10.29)을 하면서 평화민주당平和民主黨(평민당)을 창당하였다. 창당대회에서 평민당은 김대중을 대선후보로 선출하였다.(1987.11.12.) 김대중 계열이 탈당을 계획할 때 통일민주당은 김영삼을 대선 후보로 선출하였다.(11.9)[93]

　한편, 1980년 5·18민주화운동 이후 대한민국은 반미운동과 노동운동이 사회운동의 주류를 이루면서 정치권에도 많은 영향력을 끼치게 된다. 그리하여 노동자들은 자신들의 삶의 질을 추구하기 위하여 노동조합 결성에 노력을 하게 된다. 노동조합 결성에는 인간의 삶의 질에 대한 의식을 강하게 가지고 있는 대학생들의 노력이 컸다. 이들 의식화된 대학생들은 학교 공부를 중단/포기하고, 또는 데모 등으로 학교에서 쫓겨나면서 노동자가 되어 현장에 위장 취업을 하면서 노동자 결집을 위해 자기 희생을 하였다. 이 결과 1987년에 노동조합이 우후죽순처럼 결성되면서 한국 사회는 박정희 파쇼경제로 감춰져 있던 '분배정의'가 무엇인지를 깨닫게 된다. 이러한 분배정의에 대한 인식은 1987년 '노동자 대투쟁'으로 나타났다. 이러한 노동자의 의식은 정치권에도 영향을 미치게 된다. 김대중은 일찍이 1950년대부터 노동문제에 깊은 인식을 가

---

[92] 실제 주한미국대사관이 미국 국무부 장관에게 보내는 기밀문서(3급, 1980.3.10.)에 의하면 김대중에 대하여 군의 불신이 있었다고 기록하고 있다. 정진백 편,《김대중연대기1979-1980》, 같은 책, 113쪽 참조.
[93] 정상호,《역사비평/1987년 대선과 후보 단일화 논쟁의 비판적 재평가》(역사비평사, 2012), 152~186쪽 참조.

지고 있었다.(1955.9.14., 동아일보 시론/노동분규와 우리의 관심) 그렇지만 김대중은 노동자 대투쟁이 오히려 반민주 세력들에게 핑계를 제공할 우려가 있다는 판단 아래, 1987년 후반기에는 노동자 대투쟁에 적극적인 동조를 하지 않았다. 김영삼도 마찬가지였다. 6공화국 헌법의 제정으로 국민의 자유권은 일부 신장 되었지만, 1987년 노동자 대투쟁에서 요구하는 평등권은 보장되지 않았다.

이러한 한국 사회의 대변혁 속에서 대선 일자가 12월 16일로 잡혔다. 여당의 노태우, 야당의 김대중, 김영삼 그리고 늘 권력의 2인자였던 신친일파인 김종필이 나와 4파전을 이루었다. 그러나 김종필은 충청도만 기반으로 하는, 이미 세력을 잃은 형국이었다. 그래서 사실상 대선은 3파전으로 좁혀졌다. 평민당의 13대 대통령 선거 후보로 선출된 김대중은 대통령 출마 선언과 함께 '5대 공약'을 발표하였다.(10.28) 5대 공약은, 1) 국민화해, 2) 정의경제, 3) 군부중립 4) 자주외교, 5) 평화통일이었다. 이제 겨우 평민당을 창당한 김대중은 선거일까지 한 달밖에 여유가 없었다. 급박한 가운데 김대중은 선거 유세를 부지런히 다녔다. 대방동 보라매공원 유세 때는 250만 명이라는 청중이 모였다(12.13.) 이 기록은 우리 정치 역사에서 깨지지 않는 기록이 될 것으로 보인다. 이렇게 엄청난 국민의 지지를 받고 있는 김대중에 대하여 군부세력은 김대중을 비호감 인물로 비하해 나갔다. "김대중씨가 대통령에 출마하면 불행한 일이 일어난다.", "김대중은 대통령이 될 수 없다", "김대중이 대통령이 된다면 수류탄을 들고 뛰어들고 싶다"는 등 막말과 함께 김대중에 관한 가짜뉴스를 사방에 퍼트렸다. 그러한 가운데 김대중은 사면/복권 후, 광주의 망월동 5·18묘역에 참배를 하였다. 그리고 가슴이 찢어지는 듯한 아픔 속에서 오열嗚咽을 하였다. 이 모습을 보고 불순한 정치권은 "김대중이 집권하면 정치보복을 할 것이다.", "김

대중은 과격한 인물로 집권해서는 안 된다"라는 말들을 쏟아내며 김대중의 대권 도전을 못마땅해 했다.[94]

아니나 다를까, 선거를 보름 앞두고 대한항공 858편 여객기 공중 폭파 사건이 터졌다.(11.29.) 당시 항간에서는 사람들이 소곤거리는 소리가 들렸다. 여객기 폭파(조작된 범인 김현희)는 전두환 독재권력이 노태우를 당선시키기 위한 음모일 거라는 소근거림이었다. 그 의혹은 지금까지 풀리지 않고 있다. 비행기에 타고 있던 승객은 이라크 바그다드에서 탑승한 한국인 노동자들이었다. 대한민국 언론은 선거보다는 김현희에 포커스를 맞추어 연일 보도하였다. 노동자 죽음도 크게 다루지 않았다. 역시 북풍과 부정 투개표는 대한민국 선거에서 특효약이었다.

12·16 선거 결과 여당의 노태우가 당선되고, 김대중과 김영삼은 고배를 마셔야 했다. 여기서 문제가 하나 제기된다. 선거에서 나타난 결과를 가지고 이야기할 때, 김대중과 김영삼이 합한 득표수가 노태우의 득표수보다 1.5배가 되었다. 결국 두 김의 단일화가 이루어졌다면 다른 결과가 나오지 않았을까 하는 해석이다. 그러나 결과는 결과다. 객관적으로 분석해 보았을 때, 12·16 대선에서 여권의 승리는, 야권의 후보단일화 실패도 원인이 있었겠지만, 1) 전두환 독재 권력의 부정 불법 폭력 선거 유도 2) 언론의 편파보도-노태우 후보의 선거 도구화 3) 정부와 여당의 지역감정 선동과 이념공세, 4) 부정선거와 개표(개표 결과의 컴퓨터 사전 입력 의혹) 등 방대하고 치밀한 계획이 중요 원인이었다는 해석이다. 부정 투개표가 있었던 것은 엄연한 사실이다.

김영삼과 통일민주당도 12·16선거는 원천적인 부정선거라고 규탄하였다.

---

94) 한홍구, 앞의 글, 100쪽에서 재인용.

김대중과 평민주당도 "대통령선거 부정백서"를 발간하였다. 이에 천주교정의구현사제단(대표 김승훈 신부)도 백서를 토대로 "12·16선거는 컴퓨터 부정선거"였다고 폭로하였다. 곧 지역별/후보별로 사전에 개표 수를 조작해 두었다는 주장이다. 김대중도 선거 불복을 선언한다. 그 이유는 후보단일화가 되었더라도 부정선거는 막을 수 없었을 거라고 생각 때문이었다. 결국 노태우의 당선으로 쿠데타 군정은 종식되지 못하였다. 이에 학생들과 재야인사들은 부정선거, 선거무효를 주장하며 부정선거를 자행한 정권 타도를 외치는 기의를 계속하여 전개해 나갔다.

12·16 대선이 끝나고 다시 야당 통합논의가 있었으나 김대중의 퇴진만 요구하는 통일민주당의 우격다짐 태도로 야당 통합은 물 건너가고 말았다. 그런 가운데 노태우는 합법을 빙자한 선거를 통해 권좌에 올랐다고는 하지만, 부정선거의 의혹과 광주학살의 종범, 권력 약탈 세력이라는 오명을 벗을 수 없었다. 노태우는 정통성과 민심을 잃고 권좌가 흔들렸다.(1988. 2.25 출범) 권력의 불안을 느끼고 있는 가운데 이어서 실시된 1988년 제13대 국회의원 선거(4.26, 투표율 75.8%)에서 총의석수 299석 중, 여당인 민정당이 125석, 김대중의 평민당이 70석, 김영삼의 통일민주당이 59석, 김종필의 공화당이 35석, 기타 10석으로 여당이 41.8%(125석) 야당이 59.2%(174석)라는 의회분포를 이루었다. 38년 만에 여소야대의 의회가 탄생하였다. 4·26총선에서 여소야대의 의회 분포를 가져온 것은 평민당과 통일민주당이 다 같이 재야인사를 대거 영입하여 당의 보수적 체질을 개선한 결과로 보인다. 이중 김대중의 평민당이 김영삼의 통일민주당보다 의석수를 더 차지하게 된 것은 김대중이 더 많은 재야인사를 영입한 결과가 아닌가 하는 해석이다.

여소야대의 국회는 벼르고 있던 '5공 청산'에 들어갔다. 그리하여 5공화국

시절의 부정과 비리, 실정을 규명할 7개 특별위원회를 설치하였다.[95] 지금도 마찬가지이지만, 〈5·18광주민주화운동 진상조사특별위원회〉(광주특위)와 〈제5공화국정치권력비리조사 특별위원회〉(5공특위) 활동에 대한 국민들의 관심은 지대하였다.

대한민국 의회에서 처음으로 청문회가 도입되었다는 것도 역사적인 일이지만, 5공화국의 탄생과 부정부패의 내막을 밝혀서 5공을 청산하고 싶다는 국민의 여망은 대단히 컸기 때문이다. 그러나 이 글을 쓰는 시점에서 볼 때 '5공 청산'은 아직도 완결되지 못하였다는 생각이다. 그것은 5공 때 있었던 '인권유린'과 고문을 통한 '국가폭력', 이와 함께 광주시민에 대한 발포 책임자 규명이 청산되지 않았기 때문이다. 그 외 5공 피해자에 대한 보상도 완결되지 못하였다. 5공의 청산은 국회에서 '5공청산특별법'을 제정하여 집행할 때만이 가능해진다. '5공 청산'이 이루지 못한 데에는, 최규하가 전두환의 정권 약탈 과정에서 있었던 청와대 비사祕史(권력 약탈 과정에 대한)를 밝히지 않고 죽었다는 것과 1988년 11월 국회 "5·18 광주민주화운동진상조사특별위원회"가 주관하는 '광주청문회'에서 당시 문교부 장관이었던 김옥길金玉吉(1921~1990)의 비겁한 묵비권 때문이었다. 이들은 대한민국 역사에 큰 죄를 짓고 세상을 떠났다. 이 나라 역사의 진실은 아직도 허공에 맴돌고 있다.

두 특위 활동에 의하여 전두환 일가에 대한 부정 축재의 실태가 무지막지하게 드러났다. 후진국에서 권력층 집안이 나라를 말아먹듯이 전두환 가족들도 해 먹을 것을 다 해 먹었다. 그들의 부정 축재는 천문학적 숫자를 기록하고도

---

95) 7개 특별위원회: 5,18광주민주화운동 진상조사특별위원회, 민주발전을 위한 법률개정 특별위원회, 통일정책특별위원회, 지역감정 해소 특별위원회, 제5공화국정치권력비리조사 특별위원회, 양대선거 부정조사 특별위원회 양심수 석방 및 수배 해제를 위한 특별위원회. 국회 차원의 5공청산이 서막이 열렸다.(자1)

남았다. 전두환만 빼고 그의 가족들 거의 모두가 교도소로 향하였다. 그러나 전두환은 감옥행 대신 안락한 강원도 신라 고찰 백담사百潭寺로 유배/은둔의 길을 택했다. 양심부재다. 결국 광주청문회에서 전두환은 증언대에 섰지만, 온통 거짓으로 일관하였다.(1989. 12. 30.) 처음부터 끝까지 비양심적 태도로 일관하였다. 자신이 더럽고 비열한 인간임을 만천하에 알렸다. 이러한 전두환의 태도에 민중들의 분노가 들끓었다. 이에 노태우는 특별담화를 통해 양심수 전면석방, 국가보안법/사회안전법 등 악법 개정, 광주 및 삼청교육대 피해자에 대한 명예회복과 보상 등을 약속하였다. 그리고 후속 조치로, 양심수 128명을 석방하였다.

　석방된 양심수들은 이근안 등 고문 기술자들의 고문 폭력에 의해 사건이 조작되었다고 폭로하였다. 이로 인해 보수 강경 세력들이 위기에 처하게 되었다. 이들은 다시 보수 약세의 위기를 극복하기 위하여 사건을 조작해 냈다. 바로 북한을 이롭게 하여 국가보안법을 위반하였다고 고발한 '인천부천민주노동자회'(인노회) 사건의 조작이다.(1989. 2. 16.) 인노회는 대법원으로부터 무죄판결을 받았다(2024. 2. 13)

　1989년 수구적 공안세력들이 김대중을 정조준하여 친공산주의자로 몰아 정치권에서 제거하려는 움직임을 보이고 있을 때 김대중은 유럽순방길에 오른다. 김대중은 북유럽의 사회민주주의 실상도 파악하고, 머리도 식힐 겸 1989년 1월 31일경 출발하여 17일 동안 북유럽을 순방하고 돌아왔다. 그간에 함석헌이 타계하였다.(1989. 2. 4.) 김대중은 귀국하자, 곧바로 함석헌 빈소에 들렸다. 그러면서 함석헌과 함께 민주화운동을 한 일들을 회상하였다. 그리고 함석헌에 대하여 "씨알 민중을 한국사의 주체로 파악한 역사가"라고 높이 평가하였다.

　김대중이 유럽순방을 마치고 돌아왔지만, 국내는 여전히 진보와 보수의 극한 대립 속에서 여소야대의 국회 현실과 노태우의 국정운영도 난관에 부딪치고 있었다. 노태우는 선거공약이었던 '대통령 국정운영 중간평가' 문제로 야당(통일민주당의 집요한 요구)에게 밀리면서 어려움에 처하게 되었다. 그러나 김대중은 김영삼과 달리 '대통령 국정 운영 중간 평가'에 대하여 신중한 태도를 보였다. 그것은 너무 빨리 국민투표를 통하여 국정 운영 중간 평가에서 노태우에게 유리한 평가가 난다면, 극우세력이 다시 기세 등등하게 일어설 위험성이 있다고 보았기 때문이다.(자1) 이러한 와중에서 진보 진영에서 예기치 못한 사건들이 터져나왔다. 통일운동가이자, 민주화운동의 대부격인 문익환 목사의 방북사건(1989.3.25.)이 터지고, '전국교직원노동조합'이 결성되었다.(1989. 5.28.)

이러한 일련의 사건으로 보수진영이 긴장하고 있는 가운데 또 일이 터졌다. 국회의원에게 경찰 간부가 뺨을 맞은 사건이 벌어졌다. 이에 항의하여 경찰관 3,400명이 집단 사표를 내는 파동이 있었다(1989.4.28.) 이번에는 진보진영의 분노를 터트리는 사건이 일어났다. 행방불명이 되었던 이철규李哲揆(1964~1989)의 변사체가 발견된 일이다.(1989.5.3.) 이철규는 조선대 교지 편집위원장이자 '민주조선'을 창간하여 반미투쟁 및 사회 민주화를 지향해 나갔던 학생이다. 노태우 권력 때 일어난 전형적인 의문사 사건이다. 이번에는 보수진영에 호기를 만들어주는 사건이 터졌다. 가톨릭농민회 출신으로 평민당 현역의원인 서경원의 평양방문 사건(1989.6.27.)이 터졌다. 이어 한국외국어대학교 불어과 학생인 임수경이 〈전국대학생대표자협의회〉 대표 자격으로 평양의 세계청년학생축전에 참가했다가 판문점을 통해 귀환한 사건(1989.8.15.)이다.

검찰은 서경원의 밀입북사건(1988.8.19.~8.21.)을 김대중 제거 기회로 만들고자 했다. 당시 안기부장이었던 TK강경파 서동권은 서경원에게 혹독한 고문 폭력을 가하여 간첩죄를 뒤집어 씌었다. 검찰은 "서경원이 김대중의 지령과 경비를 지원 받아 평양을 방문했고, 김일성에게 김대중의 친서도 전달하고 북에서 주는 1만 달러를 김대중에게 주었다"고 사건을 조작하였다.[96] 공안 검찰/서울중부경찰서는 김대중을 강제 구인하였다.(1989.8.2.) 그리고 김대중을 기소하였다.(1989.8.25.) 이렇게 공안당국은 어떻게든지 김대중을 빨갱이로 엮어 들어갔다. 이에 김대중의 평민당은 서울 보라매공원에서 "공안통치분쇄 국민대회"를 열었다.(1989. 11.9.) 30만 명이라는 엄청난 인원이 참석하였다. 그만큼 공안정국에 대한 국민들의 염증이 컸다는 것을 반증해 준다.

이 때를 기하여 노태우는 권력의 안정을 꾀하고자 당시 평화민주당의 김대중을 만나 합당을 제의하였다.(1989.12.) 그러나 김대중은 광주학살 정권과 연합을 할 수 없다고 거절하였다. 김대중은 노태우에게 이렇게 말을 하였다. "나는 군사정부를 반대하고 또 5·17쿠데타를 반대한 사람입니다. … 걸어온 길이 다르고 정치노선도 다르지 않습니까. 민정당과 평민당이 합치는 것은 민의를 배반하는 엄중한 사건입니다. 평민당이 본질이 다른 민정당과 함께 간다면 국민 앞에 우리는 쓰레기일 뿐입니다." 그리고 여야 통합은 국민에게 죄를 짓는 것이라고 했다. 그러나 노태우는 며칠 후 다시 사람을 보내, 굳이 평민당과 통합을 하자는 말을 전했다. 이에 김대중은 노태우 측근 비서에게 "내 귀가 더러워지니 더 이상 말하지 마시오"라고 돌려보냈다. 이렇게 김대중은 민의를 배신하는 민정당과 통합은 결단코 안 된다고 단호한 생각을 가지고 있었다.(자 1,534)

노태우가 김대중에게 합당을 제의하였으나 김대중이 거절하였다는 사실이

---

96) 《동아일보/김대중 평민총재 친서 북에 전달가능성 조사》 1989.7.25.일자 및 25일자.

정치권에 알려지자, 김영삼은 재빨리 노태우에게 노골적인 구걸을 했다. 노태우는 김영삼의 구걸을 반기면서 '정당 쿠데타'를 제의하게 된다. 한 번 쿠데타를 한 사람은 두 번 쿠데타를 하기 마련이다. 노태우는 정당 쿠데타를 하기로 마음을 먹었다. 김영삼은 기다렸다는 듯이 재빨리 노태우의 제의를 반가워했다. 통일민주당의 김영삼은 대통령을 꼭 해야겠다는 불타는 야심을 가지고 있었기 때문에 가능한 일이었다. 김영삼에게 있어서 민주/민중은 뒷전이었다는 뜻이다. 이에 대하여 김대중은 1990년 '연두기자회견'에서 3당 합당을 통한 정계 개편을 중지하라도 촉구하였다.(1990.1.18.)

김대중의 3당 합당을 해서는 안 된다는 주장에도 아랑곳 하지 않고 김영삼은 민주주의/민중정치를 갈망하는 대한민국 민주/민중을 저버렸다. 민의에 찬물을 끼얹는 밀실 야합을 통한 '정당 쿠데타'의 길을 택했다. 보수 대연합의 3당 통합(민주정의당 노태우+통일민주당 김영삼+신민주공화당 김종필, 1990.1.22.)은[97] 결국 호남을 배제하는 지역주의로 나갔다. 민주와 반민주의 대립 구도도 해체되었다. 영남과 호남이라는 지역적 정치 구도가 다시 만들어졌다. 이렇게 해서 만들어진 여당이 민주자유당(민자당)이다. 국민이 만들어 준 야당이 정당 쿠데타를 통해 여당으로 변절하였다. 김대중과 김영삼은 인간적 차이를 드러냈다. 김영삼은 염화 같은 대권 욕망에 몸과 신념을 파는 정치인이 되고 말았다. 그러나 김대중은 "민주민중, 세계평화, 민족통일, 남녀평등, 같이살기=균형발전"의 외길 신념을 버리지 않았다. 대권 도전도 욕심이 아니라 신념이 있었기 때문이었다. 김대중이 평생 염원으로 추진한 가족법 개정이 국회를

---

[97] 3당 합당: 당시 민주정의당(노태우) + 통일민주당(김영삼) + 신민주공화당(김종필) 이를 두고 청와대는 "헌정사 40년만의 명예혁명", 노태우는 정권의 안정 유지를 위하여 "역사의 사명", 김영삼은 대통령 후계자가 되기 위하여 "하나님의 뜻", 김종필은 내각제 개헌을 위하여 "구국의 결단"이리고 변을 토했다.《김대중 자서전》1

통과한 일이다. 이로써 김대중의 평생 숙원이었던 인격적/물질적/사회적 남녀평등/양성평등이 대한민국에서 이루어지게 되었다.(1989.12.19.)

　3당 합당을 통해, 노태우는 권력의 안정을 유지할 수 있었다. 그 대가로 노태우는 김영삼을 차기 대통령 후계자로 지목하였다. 이로써 6·10 항쟁을 통해 '분노와 희망' 속에서 민중정치를 되살릴 수 있는 절호의 기회가 왔으나 김영삼의 권력욕 때문에 김대중의 민중정치의 실험은 다시 8년 뒤로 물러나게 된다. 김대중은 3당 합당에 대하여 "반윤리적, 반민주적, 반역사적, 반통일적"인 일로 역사의 길을 거꾸로 돌렸다고 강도 높은 비평을 하였다. 노태우, 김영삼, 김종필의 3당 야합으로 탄생한 신생 민주자유당(민자당)은 개헌선을 훨씬 초과한 221석을 차지하면서 대권과 함께 절대 권력을 쥐고 야만적인 국정 운영을 하였다. "의안의 날치기 통과 강행, 언론사 강제 폐간, 방송관계법, 광주 보상법을 통과시키는 등(1990.7.14) 반대 정당에 대한 억압, 재야 세력의 사회운동 탄압" 등 독재적 행패가 이만저만이 아니었다. 이러한 여당의 횡포에 반발하여 야당은 의원 전원이 의원사퇴서를 국회에 제출하기도 했다.(10.8) 이러한 권력의 행패와 폭력은 민심을 이반시켰다. 민주인사라 치켜세운 김영삼의 작태였다.

　김대중은 자신의 신념인 지방자치제가 이루어져야 한다고 생각하였다. 그리하여 노태우 정권에서, 지방자치제 실시, 내각제 포기, 보안사와 안기부의 사찰 중지, 민생문제 등이 해결되어야 한다고 주장하였다. 이 중에서도 지방자치제 실현을 관철 시키기 위하여 평민당 의원들이 의원사퇴서를 제출한 시점에 맞추어 단식투쟁에 들어갔다.(10.8) 김대중은 단식 중에 병원에 입원하게 되었다. 이때, 여당(자유민주당) 대표인 김영삼이 찾아왔다. 김대중은 김영삼에게 지방자치제 실시를 요구하였다. 김영삼은 김대중의 이 말을 노태우에게 전했다. 노태우 정권은 지방자치제를 하기로 했다. 노태우가 자방자치제 실시를 약속하는 바람에, 1990년 10월 8일에 시작된 김대중은 단식을 12일 만인 10월 20일에 풀었다. 이리하여 1991년 상반기 지방의회 선거, 1994년 6월 지방자치단체장 선거를 치르기로 결정되었다. 김대중의 신념이 현실로 실현되었다.

사. 김대중, 대통령 자리에 오르다

김영삼은 밀실 야합을 통해 '민의를 배반' 하는 정당 쿠데타(3당 야합=민주자유당, 민자당)을 통해 민중정치의 불타오르는 심지를 비틀어버렸다. 그렇지만 민자당은 얼마 안 가 대통령제를 주장하는 구舊 민정계와 내각중심제 개헌을 주장하는 공화계가 분열 양상을 보였다. 이에 김영삼계도 대통령 중심제를 주장하면서 내분에 들어갔다. 노태우는 대통령중심제와 내각책임제 사이에서 결정을 내리지 못하고 개헌에 미적댔다. 김영삼을 의식했기 때문이다.

한편 김대중은 광역의회 선거를 의식하여 평화민주당(평민당)을 개편하기로 했다. 재야 세력과 재야 출신 정치인들을 대거 평민당에 영입하는 일이었다. 그 결과 평민당이 확대/개편되면서 신민주연합당(신민주당)으로 재탄생하였다. 통일민주당은 김영삼 지지 세력이 대거 이탈하여 여당 자민당으로 갔기 때문에 해체되었다. 민주자유당당으로 합류하지 않은 노무현盧武鉉(1946~2009), 이기택李基澤(1937~2016), 박찬종, 이 철 등 8명이 민주당을 창당하였다.(1990.6.15.) 이를 '꼬마 민주당' 이라 하였다. 김대중은 이러한 꼬마 민주당 의원들에게 당 대 당 통합의 야권 통합을 제의했다. 의원 수가 평민당 67: 통일민주당 8이었지만 공동대표제를 근간으로 하는 당 대 당 통합을 하였다.(1991. 9. 16.) 통 큰 정치인의 모습이다. 이리하여 통합된 당명은 통합민주당(공동대표: 김대중, 이기택, 대변인: 노무현)이 되었다. 김대중은 유일 야당을 이끄는 정치지도자가 되었다.

이즈음에 명지대 학생들은 학원 자주화를 주장하며 학교 측과 대립을 하고 있었다. 이 과정에서 강경대姜慶大(1972~1991)는 경찰 사복체포조(백골단)와 대치하는 과정에서 옥신각신하다가 쇠 파이프를 든 백골단의 집단구타로 사망하는 사건이 발생하였다.(1991. 4. 26.) 이에 전국민족민주운동연합(전민련) 등 재야단체는 〈범민대책회의〉를 구성하고 "대통령 대국민 사과와 내각 총사퇴"를 요구하였다. 이와 함께 "공권력에 의한 살인을 규탄하는 집회와 시위"(연인원 10만 참여)를 전개하는 등 대규모 정권 퇴진 기의가 연일 일어났다. 강경대 사건이 마무리될 무렵에 또다시 성균관대 김귀정金貴井(여, 1966.~ 1991.)이 학생시위대에 깔려 죽는 일이 발생하였다. 이 사건은 경찰의 과잉 탄압과 공권력 남용에서 일어난 사건이었다.

이 무렵에 노태우 정권과 김영삼이 이끄는 민자당에 저항하는 대학생 중심의 분신정국焚身政局(1991.4.26.~6.29)이 전개되었다.(10명이 분신) 그리고 '유서대필사건' 도 터져 나왔다. 유서대필사건은 전국민족민주운동연합 본부의 김기설이 분신하고 유서를 남겼는데 그 유서가 강기훈의 대필이었다는 경찰과 검찰의 주장이었다. 이 말에는 강기훈이 자살을 방조했다는 뜻이 들어있다. 그리하여 강기훈은 재판에 회부되어 실형이 선고되었다. 사실 강기훈의 유서대필은 조작이다. 이에 따라 재심에서 강기훈은 2015년 무죄가 선고되었다.(5.14) 김대중은 5월 24일 강경대 열사 영결식에 참석해서 조사를 통해 "반민주 독재에 대한 투쟁을 계속할 것"을 밝혔다.

분신정국, 유서대필 사건으로 정국이 혼란할 즈음에 김대중의 단식으로 얻어낸 풀뿌리민주주의의 첫 실험무대가 열렸다. 시도의회 선거다(1991.6.20.) 선거 결과는 여당 민자당이 압승을 거두었다. 886의석 중 564의석을 얻었다. 신민당은 165석을 얻는 데 그쳤다. 이러한 여당 승리는 풀뿌리민주주의가 본

궤도로 오르기 위한 과도기임을 보여준다. 아직도 지역의 시도의원들은 풀뿌리민주주의 이념을 투철하게 가진 인물들이 선거에 뛰어드는 것이 아니라, 지역 토호들의 활동 무대로 활용되고 있기 때문이다. 이렇게 '미스터 지방자치'라고 스스로 별명을 붙인 김대중의 풀뿌리민주주의 실험은 기대 이하였다. 그러나 좋은 제도는 과도기를 거쳐 정착되기 때문에 아직은 실망을 할 단계는 아니라고 본다.

이 무렵에 대한민국과 조선민주주의인민공화국이 유엔에 동시에 가입하는 대사건이 벌어진다.(1991. 9. 17.) 여기에 소비에트 연방도 해체가 되었다.(1991. 12. 8.) 소 연방의 해체에 대하여 김대중은 "사회주의의 패배가 아니라 민주주의가 부재하는 독재사회였기 때문"이라고 정치적 평가를 내렸다.

시간은 흘러 14대 국회의원을 뽑는 선거철이 왔다.(1992. 3. 24.) 노태우는 '연두 회견'에서 "올해 총선거는 김영삼 대표최고위원을 중심으로 싸우겠다."고 발표하였다. 이는 곧 여당(민자당)의 대통령 후보는 김영삼이라는 뜻과 마찬가지였다. 선거 결과 민자당이 참패했다. 야당은 의석(63에서 97석으로)이 늘어난 반면에, 민자당은 3당 통합 당시의 의석 219석이 149석으로 줄었다. 그리고 정주영이 창당한 통일국민당이 의석수 31석을 가져가면서 약진을 하였다. 김대중은 이에 대하여 3당 야합/정당 쿠데타에 대하여 "국민들이 분노"한 것이라고 평가를 하였다.

1992년에는 14대 대통령 선거(1992. 12. 18)도 있었다. 민자당 총재이면서 대통령인 노태우는 김영삼 후보 내정을 은근슬쩍 접고, 박철언을 대통령 후계자로 내정하려 하였다. 김영삼은 이에 항의하며 노태우에게 대들었다. 노태우에게 "집단 탈당과 반정부 투쟁"을 하겠다고 위협하였다. 결국 심지가 약하고 대중적 지지 기반이 없었던 노태우는 김영삼에게 대권과 당권을 넘겼다. 노태우는 김영삼에게 밀리면서 민자당을 탈당하고 중립내각으로 돌아섰다. 그러나 말이 중립내각이지 어디를 보아도 중립성은 없었다.

통합민주당은 김대중을 대통령 후보로 선출하였다.(1992.5.25.) 김대중 개인으로 보면, 1971년 4월, 1987년 12월에 이어, 생애 세 번째 대통령 선거에 도전하는 셈이다. 여당 민자당도 김영삼을 대통령 후보로 선출하였다.(1992. 8.25.) 대통령 후보로 선출된 김대중은 해외순방을 다니면서 외교면에서 뛰어난 두각을 보였다. 러시아를 방문했을 때 러시아 외무성 산하의 '외교대학원'은 김대중이 쓴 〈한국 사회에서의 민주주의의 생성과 발전 원리에 대하여〉라는 논문을 심사한 결과, 정규 박사학위를 수여하였다.(1992.10.2.) 이를 김대중은 생애 가장 기쁜 일로 기억하였다.

대통령 선거 유세가 시작되었다. 김대중은 지역감정과 언론 편파보도라는 두 가지 악재로 늘 고통스러웠다. 선거 때만 되면, 이 두 가지가 김대중을 괴롭혔다. 특히 조선일보의 악의적인 보도 때문에 늘 국민으로부터 가식적인 인간으로 비쳐지고 있었다. 이 두 가지 악재에다 북풍/이념몰이/색깔론이라는 악재까지 따라왔다. 14대 대선 기간 중에 터진 이념몰이는 '이선실 간첩단' 사건이다. 안기부는 이 사건을 사상 최대(62명)의 간첩단 사건으로 조작해 냈다.(1992.10.6.) 노태우의 외양간지기들은 이를 "남로당 이후 최대의 간첩단 사건"(중부지역당 사건)이라고 발표를 하였다. 북의 간첩인 이선실(李善實: 본명 이선화, 1917~2001)이 "입북했다 돌아온 황인옥을 통해 '조선노동당 중부지역당'을 조직하고 세포를 각계로 침투시켰다"는 내용이었다. 이 사건에 김대중의 대표 비서 이근희와 대변인 김부겸, 그리고 민중당의 장기표, 이재오 등이 포함되어 있다고 조작하였다. 그리고 안기부는 북한의 지령문(대선 때 김대중 민주당 후보를 지지하라)과 함께 간첩 장비 등을 사람의 왕래가 많은 서울역과 고속 터미널 등 열린 공간에 전시하였다. 김대중을 낙선시키려는 노태우 외양

간지기 안기부의 수작이었다.[98]

그러자 언론도 이에 부화뇌동하여 방방 떨었다. 마치 북한의 공작에 의해 한국 사회가 금방이라도 붕괴될 것처럼 호들갑을 떨었다. 모든 게 김대중 후보를 낙선시키려는 공작이었다. 이선실 간첩단 사건에 대해 법원에서는 "관련자들이 결성/가입한 단체는 '남한조선노동당 중부지역당' 이라고 볼만한 증거가 없다"는 판결을 내렸다. 이후 대통령 노무현 때〈국정원 과거사 진상 규명위원회〉의 조사 결과, 사실의 오류와 정략적으로 사용된 면이 있었다고 인정하였다.(2007)

부산에서는 '초원복집 사건' 도 있었다. 14대 대선을 불과 1주일 앞두고 유신헌법을 초안한 김기춘이 부산에 내려가 부산의 주요 기관장 9명을 초원복국집에 초청하였다. 이 자리에서 김기춘은 "우리가 남이가"라는 말과 함께, "부산, 경남, 경북까지만 요렇게만 딱 단결하면 안 되는 일이 없다"며 이기적이고 추악한 발언을 통하여 야비하게 지역감정을 부추겼다.(1992.12.11.) 이 사실을 당시 정주영이 창설한 국민당이 녹취록을 공개하면서 밝혔다.

김대중을 못 이겨 안달하는 세력들에 의하여 12월 18일, 대선의 결과는 많은 표 차이로 김영삼이 대통령에 당선이 되었다. 민주투사 김영삼은 '변절투사' 가 된 보상으로 대통령이 되었다. 이를 의식한 김영삼은 군부 권력에서 이탈한다는 의미로 '문민정부' 를 선언하였다. 그러나 학계에서는 김영삼 정부는 결코 문민정부가 될 수 없다고 평가하고 있다. 이러한 평가를 만회하기 위하여 김영삼은 북의 김일성(金日成, 1912.4.15.~ 1994.7.8.)과 민족 통일 문제를 논의하기 위하여 평양에서 만나기로 약속을 잡았다.(1994.7.25~27.) 그러나 회담 20여 일을 앞두고 김일성의 갑작스런 죽음(1994. 7.9.)이 왔다. 결국 남북 두 정상

---

[98]《한겨레신문》1992년 11월 14일자.

의 조우遭遇는 김대중이 대통령이 되는 시간을 기다려야 했다.

한편, 김대중은 14대 대선에서 패함으로써 3번째 낙선한 셈이다. 김대중은 김영삼에게 당선 축하와 장도를 기원하며 '정계 은퇴' 성명을 하였다.(1992. 12.19.) 평생을 민주주의/민중정치, 대중경제. 민생 도모, 평화통일, 복지사회를 외치며 한쪽으로 기울어져 가는 대한민국 범선을 바로 세워보려고 동분서주했던 한 위대한 거인의 소리 없는 눈물이 내는 아픈 목소리였다. 그러나 이를 듣는 많은 사람들은 소리 내어 울었다. 이렇게 김대중은 아픈 가슴을 안고 국내 문제를 대충 정리한 다음 영국 유학을 떠났다.(케임브리지 대학 클레어 홀, 1993.1.26.) 그곳에서 객원 연구원으로 6개월간 있으면서 강의와 연구 활동을 하였다. 연구 활동을 마치고(1993, 6.30) 다시 귀국하였다(1993. 7.4)

김대중은 야인생활을 하면서도 우리 민족의 평화와 민족 공영共榮에 대하여 관심을 가지고 이를 실천하기 위해 고심하였다. 그 결과〈아시아·태평양 평화재단〉(아태재단)을 설립하였다.(서울 창천동, 1994.1.27.) 김대중은 이사장이 되었다. 그리고 아시아의 민주주의 전통을 회복하기 위하여〈아시아·태평양 민주지도자회의〉도 창설하였다.(1994. 12.1.) 김대중은 공동의장이 되었다. 김대중은 야인생활을 하면서도 쉬지를 않았다. 1994년에 아태재단에서 연구 생활을 하면서 '햇볕정책'과 '3단계통일론'을 완성하였다. 이를 바탕으로 김대중은《김대중의 3단계 통일론-남북연합을 중심으로-》라는 제목의 책을 출간하였다.(도서출판 한울, 1995)

시간을 조금 앞으로 돌려 보자. 김대중은 북한과 미국 간에 핵 문제를 두고 자칫하다가는 전쟁이 날 위험(북의 서울 불바다 발언)이 있다는 판단을 하고 미국으로 건너가 미국의 전 대통령 지미 카터Jimmy Carter (1924~2024)를 만나 북에 특사로 가달라고 건의를 했다. 카터는 쾌히 승낙을 했지만, 미국 정부는 한국 정부의 동의가 필요하다는 이유로 카터의 방북을 쉽게 결정하지 않았다. 김대중은 열심히 미국의 고위 관료들을 만나 '강풍정책'이 아닌 '태양정책'이 필요하다는 논리를 폈다. 그리고 북의 통미봉남通美封南식(남한은 말고, 미국하고만 대화를 하겠다) 외교정책을 경계해야 한다고 미국을 설득하였다. 결국 미국은 카터를 북에 보냈고, 제네바에서 북과 만나 핵 문제를 논의한 결과, 핵 문제가 타결되었다.(1994. 10. 21)

미국은 북과 핵 문제를 타결하면서 '대북경수로' 비용 70%를 한국에 떠넘겼다. 미국이 북의 통미봉남 외교정책을 어느 정도 수용한 결과이다. 대북경수로 비용 70%를 한국이 떠안은 것은 김대중이 경고해 왔던 북의 통미봉남 외교정책을 이해하지 못한 김영삼 권력의 외교 무능의 결과라고 본다. 김영삼은 외교 무능과 함께 후안무치厚顔無恥의 정치로 일관하였다. 대표적인 것이 명동성당과 조계사에 국가권력(공권력)을 폭력적으로 투입한 사실이다.[99] 일제 침략군과 군부독재들도 이것만은 금기였는데, 김영삼은 문민이라는 이름으로 종교 영역을 침범했다. 그러나 김영삼의 군부 세력의 하나회 척결, 금융실명제 실시는 대단히 중요한 결단이었다. 김대중도 하나회 척결과 군 개혁에 박수를 보냈다.

1995년 지역자치단체장과 지역 의원을 뽑는 선거철이 다가왔다. 선거철이 다가올수록 김영삼은 김대중을 의식하였다(사실은 그 전부터이지만) 경찰, 안기부, 청와대가 연계된 '김대중 전담부서'를 만들어 김대중을 사찰하고 감시하였다.(자1, 603) 또 신친일파 김종필도 내쳤다. 김종필은 민자당에서 탈퇴를

---

[99] "1995년 6월 6일 아침 일찍 명동성당 구내에는 경찰이 기습적으로 난입해 당시 농성 중이던 한국통신 노조원들을 연행해 갔다."(《가톨릭신문》 1995. 6. 11일자)

당하고 또 하나의 당을 만들었다.(1995.3.30.) 일본 정당 명칭을 모방하여 자유민주연합(자민련)이라는 당명을 정했다. 1995년 지방선거를 의식해서다. 지방선거를 통해 자신의 지지 기반을 만들어 보려는 심산이었다.

1995년 6월 27일은 4대 '전국동시지방선거'가 있는 날이다. 광역지방자치 단체장, 광역지방의회 의원, 기초자치 단체장, 기초자치단체 의회 의원을 동시 선출하였다. 기초자치 단체장 선거는 상해 임시정부를 계승하여 1948년 8월 15일 대한민국이 재탄생한 이래, 1960년 민주당 정권에 이어 두 번째로 있는 일이다. 박정희의 군사쿠데타로 중단된 지방자치제의 부활은 한국 정치 역사의 발전이라고 하지 않을 수 없다. 민중 역사에서는 이를 '풀뿌리민주주의'라고 이름을 붙인다.

이기택이 대표로 있는 민주당은 선거철이 다가오면서 내홍에 휩싸였지만, 김대중은 민주당의 요청으로 평정심을 가지고 선거유세에 나섰다. 김대중은 선거기간 내내 지역감정에 대하여 민족혼을 좀먹는 '악마의 혼'이라고 생각하였다. 그래서 지역등권론地域等權論을 내세웠다. 지역등권론은 "각 지역의 권리를 균등히 하고, 수평적 협력관계를 유지한다."는 논리다. 이는 매우 긴요한 주장이었다. 한국 사회의 병폐 중 하나가 차별주의다. 조선시대 때, 서북 양도와 전라 양도에 대한 지역 차별, 서얼 및 남녀 등 인권 차별이 있었다. 이러한 차별 정책은 나라 발전의 암적 요인으로 작용해 왔다.

여기에다 박정희가 권력만 유지하려는 야망에서 유발시킨 지역감정과 차별 또한 국가 발전에 암적 요인으로 작용해 왔었던 것은 사실이다. 이 때문에 호남 출신 김대중은 박정희 권력과 수구 언론이 지역감정을 부추기는 바람에, 대통령 선거에서 세 차례나 낙선을 했다고 보아도 과언이 아니다. 박정희 정신이 남아있던 신친일파 김종필은 지역감정을 의식하여 선거기간 내내 지역등권론을 공격했다. 충청도를 비호남에 넣으려는 계산이었다. 참으로 딱한 김종필이었다.

'6·27지방선거'는 야당의 압승으로 끝났다. 김영삼이 총재로 있는 여당 민자당은 무참히 무너졌다. 민주당은 경기지역에서 아깝게도 석패惜敗를 했다. 그러나 전국적으로 보았을 때 민주당은 크게 승리하였다. 민주당의 대승은 국민들이 김대중의 정계 복귀를 열망하였다고 볼 수 있다. 그리하여 민주당 의원 51명이 김대중의 정계 복귀를 요청하였다. 김대중의 정계 복귀 요청의 배경에는 김영삼의 실정으로 나라가 위기에 처해 있었기 때문이라고 주장하는 사람도 있었다. 김대중은 정계 복귀 요청을 받고 고민이 되어 망설였다. 정계 은퇴 선언을 번복하는 것은 신의의 문제였다. 나라와 자신을 놓고 비중을 견주어 보았다. 자신보다는 나라가 더 비중이 크다는 생각에 잠겼다. 중요했다. 그리하여 잠시 일부 국민으로부터 욕을 먹더라도 정계에 다시 복귀하기로 결정을 내렸다. 그리고 대통령 선거에 다시 나서기로 했다. (1995.7.13.일 이후)

사실 김대중이 세 차례 대통령 선거에서 낙선한 것은 '국민의 지지도'가 없어서가 아니었다. 박정희 반공산주의 독재권력과 전두환 살인독재자의 부정선거와 개표 조작, 그리고 지역 차별과 용공 조작으로 피맺힌 억울함을 당했기 때문이었다. 이제 김대중은 마지막이라 생각하고, 정계 복귀를 하게 된 이유로

첫째, 대한민국의 바른 민주주의를 통해 민중정치를 바로 세우고,

둘째, 평화적인 민족 통일에 기여하고자 함이었다.

곧 대통령이 되어 "나라/세상을 바꾸어 보자"는 일념이었다. 그리하여 정계 복귀 선언(7.14)을 한 후, "국민에게 드리는 말씀"이라는 정계 복귀 성명을 발표하였다.(1995. 7. 18)

정계 복귀 전에, 김대중은 민주당 총재 이기택에게 민주당 개혁을 요청하였

으나 거절을 당하였다. 그러자, 김대중은 주저하지 않았다. 자신의 땀과 피로 만든 민주당과 마포 당사를 아쉽지만 미련 없이 포기하고 새로운 집을 짓기로 했다. 그리하여, "새 지도력으로 국민에 봉사하는 정당, 통일을 향한 정당"을 창당하였다. 김대중은 당명을 인도의 마하트마 간디Mahatma Gandhi (1869~1948)가 인도의 독립을 이끌 때의 정치 조직이었고, 또 인도 독립 이후, 초대 총리가 된 자와할란 네로Pandit Jawaharlal Nehru(1889.~1964.)가 이끈 정당조직인《국민회의파》에서 영감을 얻어《새정치국민회의》라 하였다(서울올림픽공원, 1995.9.5.) '중도적 국민정당'을 표방한 새정치국민회의 창당선언문과 강령의 골자는, 1) 참여민주주의, 2) 중산층과 서민의 이익 대변, 3) 복리 증진, 4) 정통 민족/민주 세력이 집결한 정당임을 밝혔다. 여기서 '새정치'라는 말은 "참여의 정치, 통일 주도의 정치, 21세기 격변에 대비하는 정치"라는 뜻을 담고 있었다.(자 1,611)

　시간은 흘러 1996년이 되었다. 국회의원 총선거가 있는 해다.(4.11.) 김영삼은 1996년 4월에 치르는 총선을 의식하였다. 이에 당 장악력을 강화하려 했다. 민자당의 당명을 신한국당으로 개칭하였다.(1995. 12. 6.) 이는 군부 쿠데타/5공 세력을 몰아내기 위함이었다. 이에 민주정의당과 신민주공화당 계열의 사람들을 내쳤다. 이어 새로운 사람들을 끌어왔다. 이때 민중당民衆黨(1990. 11.10. 창당) 지도부(이우재, 이재오, 김문수 등) 출신들이 신한국당에 입당을 하게 된다. 이렇게 해서 신한국당은 사실상 김영삼당이 되었다. 김대중은 김영삼이 이끄는 신한국당을 '5공 유산'의 잔재라고 평가하였다. 그리고 김영삼의 개혁 실패는 박정희, 전두환의 특권 경제를 세습했기 때문이라는 평가와 함께 (연 1997-2000, 33) 김영삼 권력은 "5·6공 군사정권과의 야합으로 권력을 획득했기에 태생적인 한계가 있"다고 정치적 평가를 내렸다.(자 1,602)

총선은 여당인 신한국당과 야당인 새정치국민회의, 자유민주연합, 통합민주당 등이 의석수 확보를 위하여 다투었다. 총선 결과는 좋지 않았다. 신한국당이 의원 정수 299명에서 139석을 차지했으나 무소속 16석을 끌어들여 과반수 의석을 확보하였다. 김대중이 이끄는 국민회의는 79석으로 야 1당이 되었다. 과반석 의석을 가진 신한국당은 횡포가 이만저만이 아니었다. 의안議案 날치기를 밥 먹듯이 하였다. 안기부법, 노동관계법, 국가보안법 개정 통과가 그것이다. 이에 노동단체의 무기한 총파업이 선언되었다. 특히 국가보안법은 고무찬양/불고지 위반죄에 대한 수사권이 4년만에 부활하여 안기부가 갖게 되었다. 대한민국의 역사가 다시 내리막길로 내닫는 기분이었다. 이렇게 하여 김영삼의 국정 운영이 파행으로 가고 있을 때, '한보사건'이 터져 나왔다.(1997.1.23.) 한보철강의 정태수는 김영삼의 차남 김현철과 밀착하여 권력형 금융부정 및 특혜 대출을 받는 비리를 저질렀다. 이렇게 해서 김영삼 정권의 말년은 비리와 특혜로 얼룩졌다. 이 부문은 다음 장 경제 부문에서 다시 거론하기로 한다.

　시간은 1997년 12월 대선(18일)의 시간을 가리키고 있었다.《새정치국민회의》는 일찍감치 김대중을 대통령 후보로 선출하였다.(1997.5.19.) 자민련도 김종필을 대선 후보로 선출하였다.(6.24) 신한국당도 이회창을 대통령 후보로 선출하였다.(7.21) 신한국당에서는 이회창 후보와 경기지사 이인제가 갈등을 하면서 이인제가 신한국당을 탈당하여 국민신당을 창당하고(1997.10.10.) 대통령 후보로 출마하였다. 서서히 15대 대통령 선거의 바람이 일기 시작하였다. 대통령 선거에 네 번째로 도전하는 김대중은, 1997년은 야당이 사상 최초로 정권교체를 할 절호의 기회라고 국민을 설득하였다. 여론조사에서 김대중이 선두를 지키고 있었지만, 대선 때마다 그렇듯이, 김대중에게 두 가지 악재가 불거져 나왔다. 색깔론과 비자금 의혹 사건이다. 색깔론은 김대중의 사상을 빨갱이로 의심한다는 뜻이고, 비자금은 김대중의 도덕성을 의심한다는 뜻이다. 이 두 가지는 김대중의 후보 이미지에 네거티브로 작용케 하려고 상대측 후보에서 흘린 흑색선전이었다. 또 지역감정의 망령이 도져 나왔다. 언론의 편파보도도 기승을 부렸다.

김대중은 특히 색깔론을 경계하였다. 그래서 정당 통합이 아닌 DJP(김대중+김종필+박태준) 연합을 이루었다.(1997. 11.3) 그리고 김종필과 야권 후보단일화를 이루었다. 이로써 김대중은 빨갱이라는 음해성 네거티브/북풍을 불식시키는 계기를 만들어냈다. 여기서 김대중이 대선에서 성공을 위해 중앙정보부에 있으면서 인혁당 등 공안사건을 조작한 이용택, 그리고 조직폭력배 배후였던 전 안기부 기조실장 엄삼탁을 영입한 것은 민주질서의 원칙을 훼손하는 일이었다. 어쨌든 색깔론을 끄고 나니 다른 악재가 터져 나왔다. 신한국당 이회창 후보의 지시를 받은 신한국당 사무총장 강삼재가 '김대중의 비자금' 의혹을 제기하면서 검찰에 고발하였다.[100] '김대중의 비자금 의혹' 사건은 당시 검찰총장이었던 김태정金泰政(1941.~ 현존)이 수사 유보를 발표하는 바람에 비자금 의혹 사건을 의식하지 않은 채, 안정된 상태에서 선거 유세에 돌입할 수 있었다. 김태정은 "과거의 정치자금에 대해 정치권 대부분이 자유로울 수 없다. 대선을 불과 2개월 앞둔 시점에서 극심한 국론 분열과 경제 회생의 어려움과 국가 전체의 대혼란이 분명히 예상된다는" 이유와 함께 수사 유보를 발표했다.[101] 만약 검찰수사가 이루어졌다면 '김대중은 틀림없이 낙선했을 것이라는

---

100) 비자금 문제는 새정치국민회의에 오지 않고 민주당에 잔류해 있던 박계동이 노태우의 비자금 4억원을 폭로하면서 불거지기 시작하였다.(1995.10.19) 이에 노태우는 비자금 5천억을 조성하고 1700억만 남았다고 고백하였다. 이에 김대중도 노태우로부터 20억을 받았다고 고백하였다.(1995.10.28.《동아일보》)
101) 정진백 편,《金大中年代記1997-2000》5, 같은 책, 41쪽.

생각이다.

  선거유세 기간 중에, 김대중에게 유리한 정치 환경이 불현듯 찾아왔다. 나라의 경제가 '경제신탁통치'라는 국가 위기의 사태를 만난 일이다. 앞에서 본 바와 같이, 한보철강의 부도를 시작으로 여러 기업들의 부도사태가 이어졌다. 이는 필연적으로 금융 위기로 확산되었다. 대한민국 국가로서는 불행이었다. 그러나 최고의 경제통이었던 김대중에게는 이러한 경제 위기가 선거에 유리하게 작용하였다. 김영삼이 국가 수장으로 있는 대한민국 정부는 외환 위기를 틀어막기 위해 국제통화기금(IMF)에 구제금융을 요청하였다.(1997.12.22.) 경제 주권의 포기다.

  경제 주권의 포기는 국가의 굴욕이다. IMF 실무단은 대통령 선거기간 중에도 후보들에게도 경제 협약을 이행할 것을 요구해 왔다. 김대중은 관치금융/파쇼경제에서 탈피해야 한다고 주장하였다. 대한민국은 금융 위기를 극복할 경제 대통령이 필요했다. 대통령 선거가 시작된 이후 대통령 선거에서 처음으로 후보 간 텔레비전 토론이 이루어졌다. 이를 통하여 국민은 김대중이 경제 주권을 되찾아 올 대통령이라는 인식을 하게 된다. 그리고 지도자의 역량을 이제야 알게 된다.

  대통령 선거가 끝났다(12.18) 전체 투표율 80.65%에서 김대중 40.3%, 이회창 38.74% 이인제 19.20%였다. 김대중과 이회창의 표 차이는 39만 표였다. 이는 보수적 성격이 강한 한국 사회에서 진보 성향의 후보가 첫 승리를 거두었다는 의미를 갖는다. 개표 결과에 따라 선관위가 김대중 후보의 당선을 확정/발표하였다. 김대중의 당선 배경에는

  하나. 경제주권의 상실-IMF.

  둘. 보수표의 잠식-이인제 효과.

  셋. 지역감정 극복-DJP연합.

넷. 병역비리-이회창 아들의 병역면제

다섯. 한보사건-김현철 효과 등이

김대중의 대선 승리의 정치 환경이었다고 말할 수 있다. 김대중의 대통령 당선은 선거사상 처음으로 다음과 같은 역사적 의의를 가져왔다.

1) 처음으로 여야 간 '수평적 정권교체'가 이루어졌다.
2) 호남 출신 대통령이 당선되었다.
3) 두 번째로 민주당 정권이 수립되었다.
4) 대통령 도전 네 번 만에 당선을 이루었다.
5) 소강적 사회에서 대동사회로 전환되었다.
6) 민주 혁명을 이루었다.
7) 정권 재창출을 하였다.

는 역사적 의의를 담아볼 수 있다.

김대중은 대선을 마치고 나서 다음에 실시되는 총선을 의식하여 급히 창당하였던 〈새정치국민회의〉를 발전적으로 해소하고 '진보중도노선'을 지향하는 〈새천년민주당〉을 창당하였다. 이로써 대한민국은 4·19 혁명 이후의 민주당 정권에 이어 두 번째로 집권하게 되었다. 민주당은 진보적 중도 개혁정당으로 재탄생을 하였지만, 개혁주의를 지향하였기에 이념의 대립도 지양하였다. 이 때문에 김대중은 협화주의를 집권 내내 강조하였다. 이러한 중도 개혁주의 신념은 북과 평화통일론을 이야기할 수 있는 분위기를 만들어낼 수 있었다.

당선인 김대중은 전 대통령 김영삼과 함께 전두환, 노태우 사면 복권에 합의하였다. 김대중은 국정 운영 방침으로 "민주주의와 경제발전의 동시 달성"이라는 '국운 중흥'을 내걸었다. 그리고 국정 목표로 민주주의/민중정치, 시장경제, 창조적 복지정책, 이외 평화통일 정책을 내세우고 5년간 대한민국을 이끌어 갔다. 김대중은 군부 통치에서 최초로 문민정치/민중정치를 일궈내면서 '제2 건국운동'을 일으켜 나갔다.[102] 한상진은 김대중의 제2건국운동을 '제2근대'라고 이름하기도 했다.[103] 김대중은 외환 위기라는 급한 불을 꺼나가면서 분단 상황을 극복하기 위하여 북측과도 물밑 작업을 시도하였다. 이 결과, 김대중은 북의 최고지도자 김정일金正日(1942.~ 2011.)을 만나 민족 통일을 위한 디딤돌을 놓게 된다. 이러한 노력은 우리 민족의 분단 역사에서 처음으로 남북정상회담(2000.6.13.~15)을 만들어내고 민족 통일의 초석인 《6·15남북공동선언》(6·15선언)을 낳게 하였다. 그리고 민족 통일의 훼방을 놓는 태풍정책이 아니라 경제평등, 평화공존을 이루는 햇볕정책도 추진해 나갈 수 있게 되었다.

이렇게 김대중은 이념을 극복하고 민족의 평화와 세계평화를 견인하는 햇볕정책을 추진하였다. 그 결과 김대중은 독재 타도와 민중정치를 통한 인권의 신장, 냉전 이데올로기 극복을 통한 북측과 평화 협력 성취 등 노력이 인정되어 노벨평화상을 수상한다.(2001.12.10.) 그럼에도 김대중의 노벨평화상을 폄하 내지는 헐뜯는 자들이 있다. 이는 크게 잘못이요, 오해다. 김대중의 노벨평화상 수상 추진은 김대중과 김대중 측근들이 한 것이 아니다. 이미 노벨평화상 받기 13년 전부터 독일 사민당 의원들이 김대중의 노벨평화상 수상을 위해 노력하고 있었다는 사실을 기억할 필요가 있다.(1987.1.31.)

---

102) 정진백 편,《김대중연대기1997-2000》5, 같은 책, 262~266쪽 참조.
103) 한상진은 박정희의 근대화운동을 '제1근대 전환'으로 표현하였고 김대중의 개혁정치를 '제2근대 전환'이라고 주장하고 김대중의 제2근대 전환으로, 1) 전통문화의 재창안, 2) 보편적 세계주의, 3) 디지털 소통혁명, 4) 생산지 복지, 5) 화해와 용서, 6) 남북교류와 협력 등 6가지를 들었다. 《사상가 김대중/제2근대 전환의 선구자 김대중》, 같은 책) 142~213 참조.

그러나 김대중에게도 과오는 있다. 잘못이 있다. 예를 들면, 1987년 대선 후보 단일화를 이루지 못하고 군부 반란 세력에게 정권을 넘겨준 점, 민족통일의 방해물인 국가보안법을 개정 내지 폐지 못한 점. 대한민국의 우경화/보수화를 막지 못한 점. 신자유주의를 수용하고 그쪽 방향으로 흐른 점 등을 들 수 있다.[104]

아. 박정희의 반자유주의와 김대중의 참자유주의

총통주의/국가주의와 민주주의/자유주의라는 용어는 정면 충돌하는 개념이다. 자유주의는 유럽에서 유입된 개념이지만, 일찍이 공자의 인仁사상에서도 내재되어 있었던 개념이다. 다음 장에서도 이야기를 하겠지만, 자유는 정의로운 양심, 곧 개인이 하늘로부터 받아서 가지고 나온 절대정신을 말한다. 그리고 자유주의는 이를 바탕으로 하는 이념이다. 자유주의에서는 국가를 "개인의 자유를 보장하는 기관"으로 정의한다. 따라서 국가는 개인의 자유를 침범해서는 안 된다는 논리가 자유주의 이념이다.

박정희는 파쇼적 총통주의(초국가주의)로 무장을 한 무사고無思考의 사람이었고 인동초 김대중은 자본적 자유주의가 아닌 인권적 자유주의 정치이념을 가지고 있었던 정치사상가였다. 이러한 정치이념에서도 김대중과 박정희는 충돌할 수밖에 없었다. 김대중은 18년간 개인 독재자로 대한민국 민주주의/민중정치를 초토화시킨 초국가주의자/총통주의자 박정희에 대하여 다음과 같은 평가를 남겼다. "박정희는 이미 국가를 관리할 전략이나 비전이 없었다. 다만 권력에 대한 탐욕만 남아 있었다. 정권이 민심을 떠나 파국으로 치닫고

---

104) 한홍구, 앞의 글 140쪽.

있었지만, 만사를 힘으로 밀어붙였다."(자1, 352) "(박정희)가 일으킨 군사쿠데타는 명분이 없었다. 학생들의 순결한 피로 쟁취한 신성한 민주주의를 일거에 파괴해 버렸다. 돌이킬 수 없는 죄악이다. 그리고 독재 권력이어야만 경제를 용이하게 발전시킬 수 있다는 견해는 잘못이다."(자1, 358)

그리고 "지역대립을 조장하였다. 이승만이 친일파를 비호한 것과 같이 경상도만 비호하였다. 박정희는 전라도에 대하여 세 가지 차별을 하였다. 1) 문화적 차별 2) 지역 개발 차별 3) 인재 등용 차별에 있어서 집요하리만치 지속적이었다. 영화나 노래 속에서도 도독과 사기꾼은 전라도 사투리를 쓰게 했다. 반면 경상도 청년은 씩씩하고 남자답게 묘사했다. 정치적으로 TK(대구 경북지역을 일컬음: 글쓴이 주해) 출신은 정권의 성골聖骨이었다. 박정희는 일생 동안 일본에 대하여 호의를 가지고 살았다. 거의 충성심에 가까웠다. 일본을 거의 섬기듯 하였다. 국정 전반을 일본식으로 따라 했다. 정통성이 없는 쿠데타 정권은 일제 강점에 따른 피해보상을 구걸했다. 국익보다는 정권 유지를 위한 구걸 보상으로, 한국경제는 일본에 종속되었다."(자1, 360)

이렇게 박정희를 비판하는 글을 통하여 박정희 권력 때의 민주주의는 참민주주의 곧, 민중정치가 아니라고 규정을 했다. 그 이유로, "4·19민중체제를 파괴했다", "독재권력을 휘둘렀다", "지역 차별을 했다", "친일적 정책을 추구했다"는 잘못된 정치 행위들을 예로 들었다.

여기서 김대중은 민주주의/민중정치는 나라 사람들이 주체가 되어 사회를 이끌고 가야 한다는 사실을 명확히 하고 있다. 이 때문에 김대중은 군부 독재 권력의 조기 붕괴만이 살길이라고 하였다. 엘리트 중심의 권위주의 권력 하에서는 나라 사람들의 "자유의 보장도, 생활의 보장도, 부정부패의 일소도, 부조리의 시정을 해야 한다는 양심의 보장이 불가능하다."고 하였다.(대1, 67) 그런데 뜻밖에도 박정희가 독재권력 내부의 작은 모순의 조각들이 쌓이고 쌓여 오던 차에, 당시 중앙정보부장 김재규에게 격살을 당하게 된다. 우월적 초국가주의자의 유신총통탑은 이렇게 무너져 내렸다. 김대중은 이를 안타까워했다. 민주시민의 혁명으로 박정희는 물러났어야 했다는 안타까움이다.

우리가 후광학을 창시하기 위해서는 김대중의 민중적/인권적/자치적 자유주의가 박정희의 초월적 국가주의와 어떻게 다른가 하는 문제도 고찰해야 할 것으로 본다. 김대중의 자유사상은 비非지배 논리에 근거한다. 비지배는 국민의 "자의적 의지로부터 오는 자유"를 억압하지 않는 정치 논리를 말한다. 그러면, 김대중의 참자유주의 논리를 살피기 전에 박정희의 초국가주의/총통주의에 대하여 먼저 검토하고 넘어가자.

박정희는 국가구성원으로서 유형의 존재인 국민을 무형의 존재로 치부하였다. 이 때문에 박정희는 국민을 국가의 위(上)가 아닌 아래(下)에 두었다. 그리고 국가는 곧 박정희 자신이었다. 총통주의의 본색은 국가를 수호하는 최고 가치를 법치주의에 두고 있다. 따라서 초국가주의에서 국가=박정희는 법치를 바탕으로 하는 '부동의 절대적 존재'가 되었다. '국가의 존재'는 '개인의 권리'에 우선했다. 그리하여 박정희 개인 독재자는 국가의 대변자를 자처하고 나섰다. 따라서 국가라는 실체는 무형의 존재가 되고, 국가의 대변자인 박정희가 무형의 존재인 국가를 대신하는 유형의 존재로 국민 앞에 나선다. 국가는 자신의 권리를 유형의 개인 독재자에게 위임한 꼴이 되었다는 뜻이다. 이에서 국가의 권리는 개인의 독재권력으로 둔갑하게 된다.

무형의 국가로부터 국가 권리를 약탈한 개인 독재자 박정희는 개별적 국가구성원에게, '국가=박정희'에게 무조건 충성할 것을 강요해 들어갔다. 이게 유신헌법이요, 긴급조치다. 국가구성원들(국민)의 국가에 대한 충성은 곧 개인 독재자에 대한 충성을 의미하게 된다. 그래서 개인 독재자들은 국가공동체 구성원인 국민이 자신에게 충성을 하지 않게 되면, 이를 국가에 대한 반역으로 몰고 갔다.('국가모독죄', 형법 재 104조의 2, 1975년 형법 및 긴급조치) 개인 독재자의 요구는 국가의 권리가 된다. 독재자 개인에 대한 불충은 곧 국가에 대한 불충이다.

이러한 우월적 국가주의에서는 국가구성원인 국민은 개개인의 자유와 인권을 독재자에게 저당을 잡혀야 했다. 이것을 우리는 인권 침해, 또는 '자유의 억압'이라고 한다. 인권의 침해에서 가장 무서운 것은 고문 폭력을 통해 개인 독재자에게 충성을 강요하는 일이다. 그래서 초월적 국가주의에서 '개인의 자유'(참자유)는 '국가의 자유'(법과 원칙)에 귀속이 된다. '국가의 자유'라는 말은 '개인의 자유'를 구속/억압/통제할 수 있는 자유를 말한다. 박정희는 바로 자신으로 대변되는 국가의 자유만을 강조함으로써 국가공동체 구성원인 개개인의 참자유와 참 권리/인권을 박탈하였다. 대한민국 국민에 대한 인권유린/자유 억압의 논리를 당연하다고 생각한 사람은 박정희와 그를 추종하는 외양간지기들, 곧 부도덕한 주류들뿐이었다. 박정희의 우월적 국가주의를 모범으로 삼는 그의 후계자와 또 이를 지지하는 국민은 곧 어리석은 대중들이다. 어리석은 민중을 부도덕한不道德漢 추종자라고 부른다.

그러나 김대중은 우리 땅에서 대한민국을 보편적 국가공동체라고 생각하였다. 그것은,

1) 대한민국 헌법 3조에서 북조선이 지배하는 영토까지 대한민국 영토로 간주하고 있다.[105] 그래서 대한민국에서는 북의 조선민주주의인민공화국에 대하여 우리 영토를 불법으로 점령하고 있는 반국가단체로 규정하고 있다. 그러

---

105) 대한민국 헌법 제3조: "대한민국의 영토는 한반도와 그 부속도서附屬島嶼로 한다."

나 김대중은 대한민국 헌법에서 규정한 반국가단체인 북을 통일의 동반자인 하나의 국가로 인정하였다. 이는 이념에 의해 분단된 '1민족 2국가'의 현실을 인정함으로써 자신을 '국가 권리'의 대변자로 생각하지 않았다는 점에서도 알 수 있다.

2) 김대중은 대한민국 구성원인 개개인들의 자유와 인권을 최대로 보장할 수 있게 노력했다. 바로 민주주의/민중정치를 지향하였다는 말이 된다. 이는 김대중이 박정희처럼 자신을 국가와 동일시 하거나, 또는 국가의 대변인으로 자처하지 않았다는 것을 입증해 준다.

3) 김대중은 보편적 민주주의/대중정치를 강조하고 '위대한 조화'를 통한 협화적 민주주의/민중정치를 추구하였다. 이는 개별독재를 중심으로 하는 국가주의와는 거리가 먼 이야기다. 박정희로 대변되는 초국가주의/총통주의, 곧 박정희=국가라는 생각과 김대중의 협화적 민주주의는 서로 대립이 되는 가치관이다. 이런 점이 후광학에서 김대중의 참 자유주의관에 대한 검토가 필요한 이유다.

김대중도 박정희의 죽음을 독재권력/총통주의의 모순에서 터져 나온 필연으로 보았다.(대전집 9, 66) "그 당시는 부마항쟁(1979.10.16.~10.20.)으로 달아오르기 시작한 민중의 힘으로 민주주의를 쟁취하려는 그 순간에 김재규가 독재자 박정희를 격살함으로써 한국의 민주주의가 새롭게 탄생할 수 있는 기회를 놓쳤다."(자1, 361)라는 말에서 알 수 있는 것처럼 김대중은 민주주의를 박정희식 위로부터의 민주주의가 아닌 아래로부터의 민주주의가 참 민주주의/민중정치라는 인식을 가지고 있었다. "4.19처럼 학생 시민에 의하여 독재가 종식되어야 하는데 이렇게 끝나면 안 되는데"(대전집 2, 39~75) 김대중의 이 말은, 독재자는 시민의 힘으로 물리칠 때, 민주주의/대중정치를 파괴하는 독재권력이 다시는 나타나지 않게 된다는 뜻이다.

  김대중이 말하는 데모크라시의 핵심이 여기에 있다. 힘(권력/독재)은 민주주의/민중정치의 적이다. 그래서 김대중은 "민주주의는 쿠데타나 암살로 되는 것이 아니고 국민의 힘으로 이루어져야 진정한 민주주의다"(자1, 361)라고 말했다. 이 말은 함석헌도 말한 바 있는 민주주의의 주체/주인은 나라 사람/민중이라는 것을 분명히 하였다고 볼 수 있다.[106] 여기서 우리는 김대중이 민본주의 정치사상을 근본으로 가지고 있음을 본다. 그렇다고 해서 김대중이 왕조시대의 민본주의 사상을 그대로 받아들였다는 말은 아니다. 위에서 보는 바와 같이 왕조시대의 군주적 민본의식을, 민중시대의 민중적 민본의식으로 변환시켜 말했다. 이 때문에 글쓴이는 김대중의 민주주의를 민본주의적/민본적 민중정치라고 이름을 붙인 이유다.

---

[106] 한국의 독재권력들이 주장하는 민주주의는 민중이 없는 민주주의 정치였지만 김대중이 말하는 민주주의는 민중이 존재하는 민중정치=대중정치를 일컫는다.

2. 박정희 파쇼자본주의에 대한 비판

이제까지 김대중의 정치사상 형성에 배경이 되었던 대한민국의 정치환경에 대하여 살펴보았다. 김대중은 한국의 반민주적 독재정치 속에서 민주화운동을 통하여 그의 정치사상을 형성하였다. 이제는 김대중의 경제사상을 낳게 한 대한민국의 경제환경에 대하여 검토 및 성찰해 보기로 한다. 한국의 경제환경은 주로 박정희의 '경제개발5개년계획'으로 상징되는 파쇼자본주의의 실체에 대하여서만 살펴보기로 한다. 김대중은 박정희의 파쇼자본주의를 특권경제라고 이름하였다. 김대중의 경제사상인 대중경제론은 박정희의 특권경제에 대한 반대급부에서 나왔다고 해도 틀린 말은 아니라고 본다.

김대중은 박정희의 경제정책에 대하여, 다음과 같이 비판하였다.

1) 1950년대 우리 경제는 원조경제였지만, 1960년 4·19 혁명으로 점차 자립경제로 옮겨가는 움직임을 보이고 있었다. 당시 경제적 흐름은 완만했지만 상승세였다. 조짐이 좋았다. 민주당 정권에서 세워놓은 '경제개발5개년계획'은 미국이 적극 도와주겠다는 약속 아래 본격 시행하기 위해 마련된 경제정책이었다. 그래서 장면 총리가 미국에 가기로 되어 있었다. 그런데 장면의 방미訪美(1961.7.1. 예정)를 바로 앞두고 친일파 군인들에 의한 쿠데타가 일어났다. 만약 장면 정권이 이 계획을 계속 추진했더라면, 국민의 참여와 지지도로 더 높은 효과를 나타냈을 것으로 본다.

2) 박정희의 경제개발은 대기업과 도시개발에만 치중하였다. 독재의 밭에서는 특혜가 자랐다. 특혜를 먹은 기업은 몸집을 불렸고, 기업은 다시 특혜의 일부를 정치권력에 바쳤다. 빈부격차는 더욱 심화 되었다. 중소기업은 대기업에

종속되었다. 중산층이 중심을 이루는 다이아몬드형 이상적 경제 구조는 형성될 수 없었다. 허리(중산층)가 없는 장구형 경제 구조가 형성되었다. 농촌의 새마을운동은 농촌을 골병들게 만들었다. 농촌의 몰락이 재촉되었다.

3) 지역대립을 조장하였다. 이승만이 친일파를 비호한 것과 같이 박정희는 경상도만 비호하였다. 전라도 지역은 산업 시설이 들어서지 못하고 경상도 지역만 산업 시설이 들어서면서 경상도 부유 경제와 전라도 빈곤 경제는 격차가 점점 심해져 갔다.

4) 박정희는 일생 동안, 일본에 대하여 호의를 가지고 살았다. 거의 충성심에 가까웠다. 일본을 거의 섬기듯 하였다. 국정 전반(경제개발5개년계획, 유신체제, 새마을운동 등)에 걸쳐 일본식을 따라 했다. 정통성이 없는 쿠데타 정권은 일제 강점에 따른 피해 보상을 구걸했다.(한일기본조약, 1965) 이 조약은 국익이 먼저 아니고 정권 유지가 우선이었다. 그래서 일제강점기 피해보상/배상이 아닌 구걸 보상이 되었다. 한국경제는 일본에 종속되고, 경제식민지로 전락되었다."(이상, 자 1) 또 "일본의 돈이 들어와, 그래 가지고 우리나라의 고금리를 빨아먹고 있다"는 이야기도 하였다.[107]

이러한 성찰과 비판적 반성을 토대로, 박정희의 반란군 군정 시기에 나온 경제정책과 '경제개발5개년계획'에서 비롯되는 파쇼자본주의/특권경제에 대한 허구성을 밝혀내고 있다. 김대중은 박정희의 파쇼자본주의에 대하여 반성적 차원에서 검토하였다. 그보다 먼저, 쿠데타 세력들이 반란 군정 기간 동안, 국가의 부를 사취私取하게 되면서 우리 사회에 나타나게 되는 정치/경제적 부정과 부패를 먼저 비판하였다.

---

[107] 김대중,《憤怒의 메아리-金大中議員 國會演說集》, 앞의 책, 298쪽.

가. 권위주의 경제정책에 대한 비판: 〈부정축재처벌법〉의 허구

김대중은 자신의 대중경제론을 펴게 된 원초적 배경에는 이승만의 관료/원조자본주의에 대한 반성이 있었다고 말한다. 그리고 구체제(ancien regime, 5·16군사체제) 하에서 이루어진 박정희의 파쇼자본주의에 대한 비판적인 성찰에서도 성립되었다고 한다. 이 두 독재권력 하의 경제정책에 대한 성찰을 통하여 나라를 살리는 경제는 어떤 것이어야 하는지를 생각하게 되었다고 술회한다. 그러면 먼저 군부 반란군정이 공익을 빙자하면서 저지른 부정과 비리 등을 살펴본다.

군부 쿠데타 군정(1961.5.16.~1963.12.17.)은 구정권에서 있었던 비리와 부정을 척결한다는 명분을 붙여 '부정축재처벌법'을 제정하였다. 그러나 부정축재처벌법은 목적과 달리 그 속은 재벌들에게서 정치자금을 수수할 음모를 가지고 있었다. 이제 그 실상을 보자. 당시 정치 경험도 전혀 없고 오로지 기회주의적 발상밖에 모르는 44세 박정희가 쿠데타를 일으킨 목적은 자신이 처음부터 대통령 권력을 쥐고자 한 권력 약탈이 목적이었다. 하여 대통령이 되기 위해서는 정당이 필요했다. 비밀리에 공화당을 창당했다. 공화당 창당에는 돈이 필요했다. 창당 자금을 확보하는 과정에서 '4대의혹사건'과 '삼분 폭리사건'이 터져 나왔다.

4대 의혹사건은 증권파동사건(1961~1963), 워커힐사건(1961), 새나라자동차 사건, 회전당구장/파친코사건이다. 그리고 삼분三粉 폭리사건(1964~1967)은 시멘트, 밀가루, 설탕 등 세 가지 하얀 가루를 이용하여 거액을 취한 사건이다. 이들 부정과 비리에는, 하나같이 반란군정에서 김종필 주도하에 만든 중앙정보부/중정이 그 중심에 있었다. 부정과 비리는 기업의 폭리를 묵인해 주고, 그 대신에 거액의 정치자금을 탈취하는 데서 발생하였다.(자1, 146)

김대중이 지적하는 부정축재처벌법은 제2공화국 민주당 정권에서 제정된 〈부정축재특별처리법〉(1961.4.7.)이었다. 이를 박정희가 5·16 군사쿠데타를 일으킨 다음, 쿠데타 권력으로 만들어진 국가재건최고회의에서 도용한 법률을 말한다. '반란군 군정'은 이를 특수범죄처벌법(1961.6.22.)과 부정축재처리법(1961.7.14.)으로 나누어 법률을 제정하였다. 이 두 법률은 박정희가 쿠데타 반대 세력을 탄압하고 쿠데타의 정당성을 확보하려는 속셈에서 만든 기만적 법령이나 마찬가지였다. 박정희 반란 군정이 부정 축재자를 지목한 궁극적 목적은 처벌이 아니었다. 다른 데 있었다. 일제가 식민지 대한국에서 그랬던 것처럼, 자본가들을 쿠데타 정권의 경제적 지원 세력으로 흡수하려는 목적에 있었다.

증권파동은 중정이 대한증권거래소를 직접 장악함과 동시에 농협중앙회가 보유하고 있는 한국전력 주식의 시가를 상향 조작하여 매수함으로써 부당 이득을 챙긴 사건이다. 그리고 주가 조작으로 올린 수익으로 여러 증권거래소를 설립하여 그 이익으로 생긴 자금은 공화당 창당 자금과 박정희 개인 정치자금으로 유입되었다.

워커힐사건은 중정이 주한미군으로부터 외화를 벌어들이겠다는 추악한 명분을 가지고 저지른 비리 사건이다. 명분은 당시 성동구(현 광진구) 광장동에 주한 UN군을 위한 휴양지인 워커힐 호텔의 건축이었다. 호텔 부지는 당시 대한전선의 회장 설경동薛卿東(1901~1974)의 땅(18만 평)이었다. 반란군 군정의 행동부대 중정은 설경동을 위협하여 이를 헐값으로 사들였다. 약탈이었다. 그리고 건축을 위한 시멘트는 일본에서 무관세/무검수 등 불법적 방법으로 수입하면서 엄청난 이익(당시 약 2억원)을 갈취하였다. 뿐만이 아니다. 혁명이라는 이름 아래 중장비는 무상으로, 노동 인력은 무보수로 강제 동원하여 사역을 시켰다. 곧 장비 사용료와 임금까지 갈취하였다(3억원 가량) 이를 통해 반란군 군정이 갈취한 총 5억 원의 액수는 오늘날 가치로 1,000억 원에 해당이 된다.

새나라자동차사건은 중정이 자동차산업 육성이라는 명목 아래, 〈새나라자동차공업주식회사〉(인천 부평)를 설립한 후, 일제(닛산) 자동차 400대를 수입하여 판매한 사건이다. (1962. 2.) 민간업자에게 수입 허가를 해주는 과정에서 중정이 엄청난 부당 이익을 챙겨 공화당의 창당 자금으로 빼돌렸다.

파친코 사건은 반란군 군정에서 수입을 금지한 파친코 500대를 중정이 영업을 허가하는 과정에서 부정한 방법으로 이익을 챙겨 박정희 개인 금고와 공화당 창당 자금으로 들어가게 만든 사건이다. 이 결과 나라 사람들을 도박에 대한 환상에 젖게 만들었다.

반란군이 군정 기간 동안 정치 자금을 갈취하는 수단과 방법은 돈의 액수를 떠나 이승만의 자유당 독재정권 시절과는 비교도 안 될 정도로 대규모일 뿐만 아니라 사악하고 악랄하였다. 자유당 독재정권의 정치 자금 규모나 조성 방법과 수단은 반란군 군정에 비해 원시 수준이었다고 해도 과언이 아닐 정도였다. 박정희는 반란군 군정을 마치면서 자신이 민정 이양이라는 가식을 통하여 권력을 장악하고자 했다. 대통령 자리를 탐했다. 대통령이 되려면 선거를 직접 지휘해야 했다. 선거를 위해서는 가난한 유권자를 유혹할 사탕발림(윤활유)이 필요했다. 곧 돈이었다. 돈을 뿌려야 했다. 김형욱의 회고록을 보면, "김종필은 사실상 중앙정보부의 정보망과 조직을 동원, 정치적 반대자를 반혁명으로 처단함은 물론 공화당을 사전 조직하고 소위 4대 의혹사건으로 막대한 자금을 만들어 국정을 요리해 왔었다"라고 증언하고 있다.[108]

다음은 삼분 폭리(=삼성폭리) 사건의 내막을 간단히 살펴보자. 제1차 '경제

---

108) 김경재,《혁명과 우상》2, 107쪽.

개발5개년계획' 이 시행되는 1차 년도(1963)에 전국은 때아닌 이른바 삼분(三粉: 설탕, 밀가루, 시멘트) 품목에 대한 사재기 열풍에 휩싸이게 된다. 이들 품목에 대한 매점매석으로 제품의 품귀현상과 함께 가격폭등이 일어났기 때문이다. 이렇게 되니 아이러니하게도 이들 품목이 재산 증식의 수단이 되었다. 설탕은 정가 48원이 160원에, 시멘트는 공장도 가격이 115원인데 소비자 가격은 350원이었다. 밀가루는 공시가격의 3배나 되었기에 더더욱 품귀 현상을 빚었다. 이러한 현상은 서민들의 가정 경제를 비참하게 만들었다. 이들 제품의 품귀 현상이 왜 일어났을까. 군사 반란군 군정 권력이 선거용 정치 자금을 마련하기 위하여 업자(삼성재벌)들의 가격 조작과 세금 포탈을 눈감아 주고 뒷돈(정치 자금)을 챙겼기 때문이다.

 삼성 관계자에게서 유사한 이야기를 직접 들어보자. 삼성 설립자 이병철李秉喆(1910~1987)의 큰아들 이맹희는 1990년대에 발간된 회고록《묻어둔 이야기》(청산, 1993)에서 "한국 비료를 건설하는 과정에서 일본 미쓰이물산이 삼성에 100만 달러 상당의 리베이트를 제공하면서 시작되었다"고 밝혔다. 그에 의하면 "박정희를 비롯한 정부 최고위층과 삼성은 이 100만 달러를 셋으로 나누어 3분의 1은 정치 자금으로, 3분의 1은 삼성의 공장 건설 대금으로, 3분의 1은 한국비료의 운영자금으로 쓰기로 합의했다고 한다. 달러 돈을 직접 반입하기가 쉽지 않자, 도입 방법이 논의되었고, 청와대의 회의에서 밀수를 통해 물건을 반입/처분하여 나누기로 했다"고 회고하였다. 그런데 문제는 이 더러운 방안은 박정희가 직접 제시했다는 점이다.[109] 이렇게 해서 축적한 정치자금은 1963년 10·15 대통령 선거와 11·26 국회의원 선거 때 거액의 돈이 뿌려졌다는

---

109) 민주화운동기념사업회연구소,《한국민주화운동사/제1공화국부터 제3공화국까지》(돌베개, 2008.) 488쪽. 재인용

데서 알 수 있다.(무한전술/무한정치) 선거가 끝나고 제6대 국회가 구성되었다. 삼분사건이 정치 쟁점화가 되었다.(1964. 1. 15.) 그러나 검찰은 "삼분업자들의 고의적인 폭리 혐의는 근거가 없다"는 발표로 사건을 일단락시킨다. 이렇게 해서 박정희 군사 독재권력 때 검찰은 '황제검찰'로 부상이 되었다. 이때부터 검찰조직은 중앙정보부와 함께 독재권력과 부패정권 수호를 위한 전위 부대로 화려하게 탄생하게 된다. 이들에게는 국민은 없다. 오로지 권력 비호만 있었다. 앞에서 본 바와 같이 장준하는 이 문제를 국회에서 거론하였다. "박정희가 밀수 왕초"라는 발언을 하였다. 이 때문에 국가원수모독죄를 뒤집어쓰고 감옥살이를 하였다. 이렇게 5·16군사반란으로 대한민국은 더러운 정치가 시작되었다.

김대중은 군사반란군 군정 시기, 정치 자금을 둘러싼 부정과 비리에 대하여 다음과 같이 증언하였다. "5·16쿠데타 권력의 부패가 시작되었다. 부정축재처벌법의 재정이 곧 부정축재를 불러일으켰다. 앞에서는 부정 축재에 대한 처벌을 가장하고, 뒤로는 재벌들에게 정치자금을 수수하는 게 부정축재처벌법이었다. 결국 '4대의혹사건', '삼분폭리 사건'이 터졌다. 부패를 일소하고 도탄에 빠진 민생을 회복하고 다시 본연의 군인으로 돌아가겠다던 박정희의 거짓과 음모가 드러났다. 박정희는 대통령 자리를 통하여 권력을 쥐기 위하여 공화당(지금의 국민의힘의 원뿌리 : 글쓴이 주) 창당을 서둘렀다. 그래서 공화당 창당자금에 필요한 자금 확보에 들어갔다. 창당 자금을 거두는 과정에서 터진 사건이 4대의혹사건, 곧 쿠데타 군정이 정치 활동 정화라는 명분을 붙여, 기업의 폭리를 묵인해 주는 대가로 거액의 정치 자금을 탈취한 사건이다. 이러한 지저분한 장난의 배경에는 당시 (신친일파 세력: 글쓴이 주) 김종필이 이끄는 중정이 있었다. 쿠데타 군정의 치부를 드러낸 사건이다. 결국 비리 문제가 커지자, 이 모든 책임을 지고 중앙정보부장 김종필은 중정에서 물러나 외유의 길을 떠났다." 이렇게 부정한 방법으로 출발한 반란군 군정은 박정희를 이 나라의 개인 독재자로 탄생시켰다. 대한민국의 아픈 역사다, 통한의 역사다.

나. 유가/파쇼자본주의 비판

대한민국은 1960년대 비극적인 '5·16 군사쿠데타'로 생기는 정치적 특성으로 미국/일본의 정치적 간섭과 경제적으로 의존적/종속적 메커니즘 속에서 한국 자본주의가 파행적으로 전개되어 가고 있었다. 이러한 정치 환경에서 김대중은 민족적 자주성과 민주적 의사 결정성, 민중적 삶의 건강성을 회복해야 한다고 주장하고 나섰다. 특히 박정희 개인 독재가 주도하는 파쇼자본주의(특권경제)는 한국 사회를 파행적으로 끌어갔다고 진단하였다. 이제 그 이야기를 해 보기로 하자.

박정희는 1960년 초, 민주당 정부가 수립한 '경제개발5개년계획'[110]을 담은 기안 문서를 자신들의 것인 양 반란군 군정 기간 중에 실시한다.(1962) 경제개발5개년계획'은 4·19혁명 이후, '경제제일주의'를 국시로 내걸었던 제2공화국 민주당 정권의 부흥부復興部(현 기획재정부)에서 수립한 민주당의 경제부흥정책이었다.(1961. 5. 15) 제2공화국에서 이 경제 정책을 수립하였던 사람이 부흥부 차관 김준태金濬泰(1915.~1987.)였다. 김준태는 일제 만주괴뢰국 국립대동학원國立大同學院 출신이다. 대한민국에서 국립대동학원 출신으로 대표

---

110) 이승만 권력 때는 미국의 지원을 받아 '경제개발3개년계획'이 수립되었으나 실시되지 못하였다.

적인 사람으로는 한국의 10대 대통령을 지낸 바 있는 최규하가 있다. 만주국은 일제의 경제공황 타개책으로 당시 소련식 '경제개발5개년계획'을 직수입하였다.(1937) 김준태는 만주국의 경제개발5개년계획을 그대로 모방하여 민주당의 경제부흥정책으로 입안을 한다. 이러한 일제의 괴뢰국 만주국에서 입안한 경제개발5개년계획을 그대로 베낀 사람이 박정희다.

박정희는 민주당의 부흥부를 '경제기획원'으로 부처 이름을 바꾸고 민주당에서 수립한 경제개발5개년계획을 자신들이 계획한 것처럼 위장하여 정권 약탈 목적에 이용하였다. 반란군 군정 기간 중에 경제개발5개년계획의 실시는 어불성설이다. 속이 빤히 보이는 행위였다. 박정희 쿠데타 집단은 "경제발전을 위한 정치 협조와 행정 능률을 강조했다. 경제개발5개년계획에 매진하기 위하여 "비협조와 파쟁 등 정치적/사회적 불안정"을 제거해야 한다는 명분으로 '조국근대화'를 내세웠다. 이는 일제의 '유신근대화'를 그대로 모방한 용어다.

그리고 경제개발에 필요한 자금 조달을 위하여 기존의 화폐 가치를 1원/10환으로 낮추는 화폐개혁(환圜→원圓)을 강제하였다.(1962.6.9.) 그것이 '긴급통화조치'와 '긴급금융조치'였다. 영국에서 돈을 찍어서 배로 싣고 온 신화폐는 화학물질을 담는 검은 드럼통에 담겨 기차로 운반되어 각 도시의 역마다 하차 되고 뒹굴었지만, 아무도 그것이 '신화폐통' 인지를 몰랐다. 글쓴이도 당시 대전역 광장에 나뒹구는 검은 드럼통을 직접 보았으나 당시 그 통이 무엇인지 몰랐다. 경찰의 호위 아래 수거가 되었다. 그리고 며칠 후, 정해진 한도에서 구화폐를 신화폐로 바꾸기 위해 각 도시의 은행마다 사람의 행렬이 연일 줄을 이었다.

그러나 박정희의 화폐 계획으로 경제가 엉망이 되었다. 미국은 "때는 이때다"라는 입장에서 간섭과 반대(경제원조 중단 위협)하였다. 그래서 박정희의 화폐 계획은 실패하였다. 미美달러와의 환율이 그대로 유지 되었다. 한국경제는 미국의 지휘하에 놓이게 되었다. 박정희는 화폐 계획을 통한 '자금을 확보'

하려는 계획이 미국의 방해로 실패가 되자, 외국자본을 끌어들이기 위해 서독에 상업차관(4,000만 달러)을 요청하는 한편, 그 조건으로 한국의 젊은 피를 독일의 광부와 간호사로 팔아 넘겼다.(1963.12.27.) 매판노동의 전형이다.

한편, 박정희는 '경제개발5개년계획'을 발표하면서 조국근대화/민족중흥이라는 '경제적 민족주의'를 강조하였다.[111] 이 말의 뜻은 조국 근대화를 위하여 민주주의는 보류 내지 부정하겠다는 뜻이었다. '조국 근대화'라는 말은 미국 및 일본국의 어용학자들과 한국의 친일 계열 어용학자들이 주장하는 '식민지근대화론'의 주장[112]과 같은 성질을 갖는다. 일제가 쓰다만 인적, 물적 자원을 이용하여 조국 근대화를 이루었다는 뜻이다. 박정희는 조국 근대화를 위해 일제가 남겨놓은 인적 자원(친일파)과 물적 자원(일본 돈)을 대폭 동원하였다.

박정희 반란군 군정에서 내건 '경제개발5개년계획'은 제2공화국 민주당 내각책임제하에서 '경제제일주의'를 국시로 내걸고 세운 그것과는 목적과 방향이 크게 달랐다. 박정희가 내건 '경제개발5개년계획'은 만주제국식 '경제개발5개년계획'의 성격을 그대로 답습하였다. 성격이라고 말하는 것은 박정희의 경제개발5개년계획는 제국주의식 경제정책이었다는 말이다. 곧 자유주의적 민주정치 대신에 독점자본주의 국가를 수립해 나가겠다는 의도였다. '독점자본주의'는 "노동력 착취, 토지 농락, 독재 강화"라는 3대 사회악을 담은 자본주의라는 뜻이다.

---

111) 박정희,《나라가 위급할 때 어찌 목숨을 아끼리》(동서문화사, 2005) 225쪽.
112) 식민지근대화론: 식민지근대화론은 원래 미국과 유럽의 경제학자들이 제국주의에 유리하도록 주장된 이론이다. 이에 일본학자들이 동참하고 한국의 매판적 학자들도 이를 수용하고 있다.

김대중은 반란군 군정에서 시작한 1차 경제개발5개년계획(1962~66)이 마무리되는 무렵에, 경제개발5개년계획에 문제점이 있다고 지적을 하였다. 김대중은 국회연설에서 경제개발5개년계획의 문제점에 대하여 다음과 같이 지적하였다. "부富가 소수특권층에 집중적으로 분배되고 멀리 대중에까지 퍼져나가지 못하니 특혜에 특혜를 거듭해 가지고 일부 특수층이 천문학적인 부를 축적한 가운데에 사회적, 정치적 불안은 고조되어" 가고 있다고 비판을 하였다. 이렇게 경제개발5개년계획의 혜택이 자본가에 집중되어 있는 바람에 식량의 자급자족과 농민소득은 등한시했다는 지적도 하였다.(1966.11)[113]

반란군 군정에서 시작한 경제개발5개년계획(5차 계획은 전두환이 계승함)은 파쇼자본주의로 가는 수단이 되었다. 박정희는 경제개발5개년계획에 의하여 이루어지고 있는 산업화를 '한국식 자본주의'라고 이름을 붙였다. 그리고 일부 사회학/정치학 교수들은 박정희의 조국근대화=산업화 정책을 '유교자본주의'라고 이름을 붙였다. 이는 유교(아시아적 가치)적 가치를 토대로 한 자본주의 발전이라는 뜻이다.[114]

'유교자본주의'를 주장하는 학자들의 글을 보면, 다음과 같이 요약해 볼 수 있다. '세계 제2차대전'(폭력전쟁) 이후 세계 공업 문명은 두 가지 유형을 가지

---

113) 김대중,《慎怒의 메아리-金大中議員 國會演說集》, 앞의 책, 296~308쪽 참조.
114) 유교자본주의: 이 용어를 처음 사용한 학자는 일본의 경제학자 모리시마 미츠오森嶋通夫(1923~2004)였다. 그는 "The power of Confucion Capitalism"(유교자본주의의 힘, 1978)에서 유교자본주의라는 말을 처음 사용하였다. 그리고 유교자본주의 이론은 미국에서도 연구된 바 있다. 아시아에서는 1900년대 연구가 활발해지기 시작한다. 일본의 島田虔文,《中国の伝統思想》(みすず書房, 2016), 중국학자 金耀基,〈유가윤리와 경제발전〉《시대와 철학: 유교문화권과 자본주의의 발달》7호(문학과 지성사, 1995). 정문길 외 엮음,《동아시아, 문제와 시각》(문학과지성사. 1995.) 杜維明,〈유가철학과 현대화〉,《동아시아 문제와 시각》(문학과지성사, 1995) 등이 있다. 특히 뚜웨이밍(杜維明)은 당시 싱가포르의 수상 리콴유(李光耀)(1923.~2015.)의 주문에 의해 서술하였다. 이에서 영향을 받아 한국의 연세대 류석춘,〈'유교

고 있었다. 그 첫 번째 유형이 유럽과 미국을 대표로 하는 자본주의 유형(제1공업문명)이고, 두 번째 유형은 소련과 동유럽을 대표하는 사회주의 유형(제2공업문명)이었다. 그런데 1970년경에 동아시아에서 서유럽의 자본주의 모델도 아니고, 동유럽의 사회주의 모델도 아닌 제3의 공업 문명이 나타났다. 중국과 일본, 한국의 학자들은 이 세 번째 공업 문명을 두터운 유교문화를 모델로 하는 공업 문명이라는 주장과 함께, '유교자본주의'(아시아적 발전 모델=근대화와 산업화)라는 이름을 붙였다.[115]

이들이 말하는 유교자본주의는 밑으로부터 일어난 유럽의 자본주의 양태와는 달리 위로부터 권력의 강제에 의하여 '성장 일변도'를 추구한 자본주의 형태를 말한다. 그러면 이제부터 박정희/전두환의 파쇼자본주의/특권 경제가 한국 사회에 어떤 경제/사회질서를 몰고 왔는지에 대하여 유교자본주의론을 펴고 있는 학자들의 논문과 김대중,《대중참여경제론》(산하, 1997)를 참고로 하여 살펴보기로 한다.

독일의 사회과학자인 막스 베버Max Weber(1864~1920)에 의하면, 유럽의 산업자본주의는

1) 정신적 바탕에는 자본축적의 이념으로 그리스도교 윤리가 있었다.

자본주의'의 가능성과 한계〉,《전통과 현대》, 창간호(1997년 여름), 74~93쪽;《유교와 연고-대한민국 발전의 사회문화적 동력》(북엔피풀, 2020), 김홍경,〈유가자본주의의 형성과 전개〉《동아시아 문화와 사상》2,(열화당, 1999) 함재봉,《유교 자본주의 민주주의》(전통과현대, 2000) 42쪽 이후에서 발표하였다. 이외 김일곤,《동아시아의 경제발전과 유교문화》(한울아카데미, 2005)이 있다. 글쓴이는 이들 글들을 인용하면서 비판적으로 분석하였다. 유교자본주의는 주로 연세대 교수들 중심으로 주장되었다. 유교자본주의를 한편으로 '동아시아 경제발전 모델'(한국/대만/홍콩/싱가포르/일본)이라고도 한다. 또 일부 교수(박우희, 이어령)는 이를 선비와 상인이 손을 잡았다고 해서 선비자본주의라고도 한다. 글쓴이는 유교자본주의를 유가자본주의라고 명칭을 바꾸었다.

115) 김태만,〈아시아경제의 성공과 좌절〉, 한국해양대학교 학술진흥회,《연구논문집》1권 1호 1993, 13쪽

2) 산업자본주의를 이끄는 주체로 자율적 결사체인 시민사회가 있었다.
3) 자본주의 시장체제는 자유경쟁체제라고 하였다.

곧 유럽의 산업화는 봉건주의 중앙집권적 절대 국가에 대항하는 시민계급에 의해 아래로부터 달성된 자율적 산업화였다[116]는 뜻이다.

그런데 동아시아, 특히 한국의 유가자본주의는

첫째, 정신적 바탕이 그리스도교가 아닌 유가사상이었고,

둘째, 산업화 주체는 독재권력과 이의 비호를 받는 권위적 통치집단/엘리트 관료였고,

셋째, 유가주의의 시장경제는 군부 통치 집단의 개입에 의해 형성되었다.

곧 한국의 산업화는 전통적 유가 윤리를 인식 체계로 갖고 있는 엘리트 관료 집단에 의해 강제된 '사회 전체의 통합과 질서 유지'/사회적 장치에 의해 위로부터 통제되는 자본주의였다.[117] 다시 말하면, 박정희의 한국적 자본주의에서는 부르주아 시민계급 및 시민사회라는 사회적 자율 장치가 필요 없었다는 뜻이다.

그래서 한국은 억압적 지배 집단인 엘리트 관료 집단의 판단(필요와 계획)에 의해 시장경제가 형성되고 임노동이 창출되었다. 이는 유가적 전통을 답습한 국가의 엘리트 지배 집단들에 의해 시장의 개입과 퇴장이 결정되고, 노동이 관

---

[116] M. 베버/김덕영,《프로테스탄티즘의 윤리와 자본주의 정신》(길 2017) 363쪽; 베버/조기준,《社會經濟史》(三省出版社, 1976) 361~378쪽.
[117] 김일곤은 유교의 질서 원리로 "일군만민一君萬民의 중앙집권체제, 충효일치의 인간관계, 농본주의의 경제관, 평화주의의 경향과 교육중시"를 들고 이러한 유교의 질서 원리가 유교자본주의 발전의 원동력이라 하였다.(김일곤,〈유교적 자본주의의 인간존중과 공생주의〉, 동아시아문화포럼,《동아시아 문화와 사상》제2호(1999), 37-39쪽.

리/훈련되었다는 뜻이다. 이러한 자유경쟁이 없는 시장경제와 노동력 창출 또한 유가 문화의 낡은 연고주의(혈연/지연/학연/종연 등)에서 연유되었다. 김대중은 이를 특혜금융에 의한 특권경제, 파쇼자본주의라고 불렀다. 그러면 이제 유교/파쇼자본주의는 어떤 경제정책이었는지를 살펴보자. 박정희의 파쇼자본주의를 '유교자본주의'라고 주장하는 사회학/정치학 학자들의 논리를 참고로 하면서 이들의 주장을 비판적으로 검토하려 한다.[118]

첫째, 특권경제와 정경유착

파쇼자본주의의 가장 큰 폐단은 권위주의 독재권력에 의한 관치금융/특혜금융에 있었다.[119] 곧 권위주의 독재권력의 비호를 받는 엘리트 관료 집단은 그들의 '필요와 계획'에 의해 산업화를 추진하게 된다.[120] 따라서 한국의 산업화/공업 문명은 독재권력에 의해 산업의 배당이 이루어지고 산업의 육성을 위한 금융 특혜가 이루어진다. 이를 '권력 개입에 의한 특혜'라고 이름한다. 당시 민중들 사이에서는 "길거리 거지도 정부가 하루아침에 부자를 만들 수 있다.", "싼 이자로 은행 돈을 빌려 사채놀이를 하면 부자가 된다"라는 말이 나돌 정도였다.[121] 이 말은 당시 박정희의 특권 경제를 단적으로 보여주는 유행어이면서, 그렇지 못한 서민들의 울분이 서려 있는 '비아냥거림'이 섞인 말이다.

관치금융/특혜금융이라는 말은 독재권력에 의한 나라 경제의 독점적 지배

---

118) 함재봉은 파쇼자본주의(신흥공업국의 근대화)를 비정상적으로 보는 것은 역사에 대한 무지의 소치라고 했다(함재봉, 앞의 책 51쪽) 도치전도된 사고에서 나온 발상이라고 생각한다.
119) 관치금융: 김대중은 1965년 국회 대정부 질의에서 이를 특혜금융, 또는 특혜융자라도 불렀다.(김대중,《憤怒의 메아리-金大中議員 國會演說集》, 앞의 책, 308~314쪽) 참조.
120) 함재봉, 앞의 책, 86쪽.
121) 김대중,《김대중 육성회고록》12(김대중평화센터, 아카이브)

를 뜻한다. 곧 엘리트 통치집단/국가관료의 정치적 판단이 객관적 능력과 판단을 지닌 개인, 또는 기업의 자발적 의사결정보다 우선시된다는 뜻이다. 따라서 국가 권력에 의한 계획경제(국가의 판단에 의한 시장개입 결정)에 민간기업이 순응하면 정치적 특혜(금융=돈줄)가 주어진다. 그러나 개인/기업이 국가의 시장개입 판단에 반발하고 도전하면 불이익을 끝까지 안긴다. 불이익이라는 것은 세무사찰과 이를 통한 기업의 퇴출이다. 박정희가 1960년대 부산의 신발 사업을 좌우지한 것이 그 좋은 예의 하나다.[122]

또 다른 예를 하나 들어보자. 박정희는 1960년대 후반기, 수출 증대를 위한 물자 수송에 자동차산업이 필요하다고 생각하였다.(지배집단의 정치적 판단) 그리고 자동차 생산을 하려면 철강회사의 설립도 필요했다. 또 자동차가 다닐 고속도로도 필요했다. 이에 구체적인 계획을 박정희 자신이 판단했다. 그리고 자신의 계획(시장개입)을 따라 줄 기업이 필요했다. 자동차산업에 어떤 기업이 필요할까. 당시 가장 큰 기업이었던 삼성의 이병철李秉喆(1910~1987)과 현대의 정주영鄭周永(1915.~2001.)을 청와대로 불렀다. 박정희가 직접 나서서 국가의 계획을 설명하고 "누가 자동차산업에 협조하겠는가"라고 물었다. 이에 이병철은 뒤로 물러서고 정주영이 하겠다고 나섰다. 그리하여 '권력이 세운 계획'에 정주영이 협력을 하면서 금융 특혜를 받아 본격적인 자동차 생산에 돌입하게 된다.(1967년 회사 설립, 1968.5 울산에 공장 건설) 그리고 경부고속도로 건설권도 따낸다.(1968.2) 자동차산업에는 제철공장이 필수다. 이에 박정희는 육군사관학교 교관 시절, 생도로 만난 박태준朴泰俊(1927~2011)에게 현대자동차 공장이 있는 울산 인근에 '포항제철'이라는 제철회사를 건립토록 한

---

[122] 장지용, 《항도부산/1960·70년대 부산 신발산업의 성장과정 연구》(부산광역시사편찬위원회, 2015) 77-117쪽 참조

다.(1968. 4.1) 곧 자율적인 결사체인 시민계급/개인의 필요에 의하여 회사/기업을 만드는 게 아니고, 권력의 필요와 계획에 의하여 회사가 만들어졌다. 이런 식의 위로부터 권력에 의한 산업개발이 박정희 독재의 파쇼자본주의 특징이다. 삼성은 그 이전부터(1963년) 삼분 폭리를 취하면서 박정희/중앙정보부의 '필요와 계획'에 협조한 바 있다. 협조라는 말은 거금의 정치자금을 계속 박정희 호주머니에 넣어주었다는 뜻이다.

김대중은 다음과 같이 당시 한국 사회를 진단하였다. "정치권력과 결탁한 특수재벌과 특수층 위주로 세워진 '정치공장', '정치공사'에 집중된 일체의 경제정책과 특혜/보호정책은… 농업과 중소기업을 몰락과 도산으로 몰아넣고, 이 때문에 국민경제는 이질적인 상하 구조로 철저히 분해되어 가고 있다"[123])라고 파쇼자본주의를 평가하였다. 이렇듯 1950년대부터 김대중이 말하는 경제의 주체는 권력과 결탁된 자본가/기업가 중심이 아니고 중산층(노동자, 농민 등 근로자)이 주도하는 서민경제에 맞춰져 있었다.

둘째, 관치금융과 시장독점

5·16 군사 쿠데타 이후 박정희는 관치 금융을 통하여 대기업 위주의 금융 지원을 하면서 두 가지 원칙을 제시했다. 첫째, 대외 수출경쟁력 확보, 둘째, 국내 시장경쟁력 장악이었다. 다시 말하면, 국내에서 재벌이 특혜를 받는 대신 국제경쟁력(무역)에서 반드시 성공해야 한다는 조건의 제시다. 만일 수출에 실패하면 재벌에게 제공되었던 특혜는 즉각 회수되었다. 이것이 바로 수출주도형 산업화 정책에 의한 국제 경쟁력 배양 정책이었다.

이러한 국제경쟁력 배양 정책은 일찍이 일제가 보여주었다. 1930년대, 일제

---

123) 《新東亞》 1969년 11월호, 177쪽(국립중앙도서관 데이터베이스)

는 자국의 경제공황을 해결하기 위한 목적에서 만주(중국 뚱베이성東北省) 지역에 대한 일제 지배권 확립에 들어간다. 이것이 괴뢰국 만주제국의 설립이었다.(1932.3.1.) 그리고 일제는 만주국에 '경제개발5개년계획'을 시행한다.(1937.) 박정희의 경제개발5개년계획은 일제가 만주국에서 수립하여 시행한 그것과 똑같은 성격의 대외 수출경쟁력 확보와 시장 메커니즘을 유지해야 한다는 목적과 방향을 가지고 있었다. 박정희는 국내 시장에서 경쟁력과 효율성을 갖추지 못한 기업에게는 특혜를 재고再考하였다. 이와 같이, 국가경쟁력(수출주도 산업정책=대외의존적 경제구조 형성)과 시장경쟁력(국내시장메커니즘 장악=독점적 시장구조 형성) 두 가지 원칙이 박정희식 파쇼자본주의(금융 특혜)의 핵심적 조건이자, 내용이었다.

따라서 지배 권력에게 연줄을 통해 금융 특혜를 받은 기업은 좋은 상품을 제조하여 판매를 하고 이익을 취한 후 사회에 환원한다는 분배 원리는 애당초 없었다. 박정희 독재와 자본가는 국가 이익에 대한 사회분배는 관심 밖의 경제 논리였다. 이렇게 되니, 금융 특혜를 통해 대기업으로 성장한 자본가들은 저질의 상품을 생산해 놓고도 독점적으로 높은 가격을 유지하면서 시장에서 폭리를 취해 나갔다. 결과적으로 소비자에게 질 낮은 제품을 고가로 구입하게 만들었다는 뜻이다.

이렇게 금융 특혜가 발생시키는 손해는 소비자가 떠안은 셈이다. 다시 말하면, 국가와 기업이 공적인 혜택은 자신들이 가져가고 생산비용과 손해비용은 소비자에게 떠넘겼다는 뜻이다. 이른바 '8·3 긴급경제조치'(경제의 안정과 성장에 관한 긴급명령, 1972)가 그 본보기를 보여준다. '8·3 긴급경제조치'의 핵심 내용은 "기업이 과중하게 안고 있던 채무의 원리금 상한 부담을 경감하여 그 재무 구조를 개선하고 투자를 촉진함으로써 우리 경제의 안정적 성장 기반을 구축하자는 데 목적"이 있다는 객쩍은 구실을 붙였다. 그러나 대기업의 부채탕감은 누구 돈으로 메꾸었나. 결국, 관치 금융과 시장 독점은 국가와 기업이 노동자와 농민, 그리고 도시의 소비자를 착취하는 경제 구조였다.

김대중은 금융 특혜에 대하여 "정상적인 이성을 가지고는 상상할 수 없는 일……, 일종의 자유경제에 대한 쿠데타"라고 비판하였다. 이러한 박정희의 관치 금융이 만들어내는 역기능에 대한 반대 급부로 김대중은 1955년에 처음 발표된 '대중경제론'을 심화深化시켜 나갔다. 이렇게 해서 김대중의 대중경제라는 말은 박정희의 '특권경제'에 대한 반대급부적 대응 용어로 유통되기 시작한다. 김대중은 박정희(국가)가 (특혜 금융을 통해) 자유경제에 개입함으로써 사유재산을 무시하고, 자유경쟁의 신용과 거래 질서를 완전히 파괴"하였다고 비판하였다.(대 1, 62)

김대중은 "이런 식으로 가면 이 나라가 완전히 재벌이 지배하는 나라가 되어서 민주주의도 없고, 사회정의도 없고, 국민 생활도 파탄이 난다"고 비판하였다.(대 5, 419) 이러한 사회파산적 경제 분위기에서 그의 '대중경제론'은 이론의 깊이를 더해 나갔다.(1971, 자1, 210) 대중경제론이란 "대중이 함께 참여하는 경제, 곧 경제민주주의의 실현을 뜻한다."(자1, 210) 김대중은 경제에 '국가 개입에 의한 특혜'를 철저하게 반대하였다. 자유경제는 "사유재산, 자유 경쟁, 유통 질서를 생명으로 한다. 그런데 국가가 (특혜 금융을 통해) 자유경제에 개입함으로써 사유재산을 무시하고, 자유 경쟁의 신용과 거래 질서를 완전히 파괴"하였다고 비판하였다.(대1, 62) 이렇게 독재권력과 특권 경제를 견제/저항하는 김대중이 있었기에 오늘날 대한민국의 경제가 그나마 건전성(아직도 멀었지만)을 유지하고 있는 게 아닌가 하는 판단을 하게 된다.

파쇼자본주의, 곧 특권 경제(권위주의적 자본주의)에는 역기능이 나타나기 마련이다. 특권경제의 골자는 국가의 특혜로 이루어지는 관치 금융이다. 관치

금융의 혜택을 받은 기업은 그 대가로 권력(엘리트 통치집단)에게 정치 자금(사익을 포함)을 상납하게 된다. 유럽의 자본주의에서는 개인/자본의 이윤을 취득하기 위하여 그들은 안정된 정부를 필요로 한다. 하여 자기자본에 유리한 정당과 후보자에게 자발적으로 정치 자금을 제공한다. 그리고 자기가 정치 자금(선거자금)을 댄 통치 집단이 정치 권력을 장악하기를 기대한다.

한국의 유가자본주의에서는 정치 자금의 흐름이 다르다. 정치 자금을 위에서 할당한다. 그리고 통치 집단의 관료들 대부분은 정치 자금에서 일부를 사익 私益으로 취해 나간다. 이것을 우리는 비리와 부조리라고 말한다. 이렇게 유럽의 아래로부터 산업화(자율적 자본주의)와 한국의 위로부터의 산업화(타율적 자본주의)는 정반대의 사회현상을 만들어냈다. 유럽은 시민(자유주의자)들이 자율적 시민사회를 성장시키고 자본이익을 창출하기 위해 '국가 역할'의 축소를 강조한다. 이의 영향으로 유럽의 시민사회는 그들의 경제적 자유 논리를 더욱 신장시켜 나갔다.

그렇지만 한국의 경우는 기업의 자본이익을 창출하기 위해 '연고주의'를 통한 국가의 간섭과 역할에 기대면서 그들의 자본이익을 확대시켜 나갔다. 이 과정에서 기업들은 금융 특혜를 받기 위해 정치자금을 자발적으로 바치지 않을 수 없게 된다. 곧 권력의 비호를 받으면서 기업이 성장/확대해 나가기 위한 로비자금/청탁자금이었다. 이를 정경유착이라고 한다. 정경유착은 필연적으로 비리와 부패가 조장될 수밖에 없었다.(삼성재벌 이재용이 박근혜에게 돈을 주고 감옥을 간 이유와 같다.) 이 때문에 권력과 밀착되는 연고를 가진 기업/자본가는 더욱 자본을 축적할 수 있었고, 그렇지 못한 기업은 자유 경쟁에서 밀려나게 된다. 이 때문에 자본의 대기업 집중은 경제적/사회적 빈부의 격차를 더욱 심화/고착시켜 나갈 수밖에 없었다.

이러한 금융 특혜 정책은 전두환, 노태우를 거쳐 김영삼 때까지 계승되어 온다.(연 1997 - 2000, 33) 포항제철과 한보철강을 비교해서 예를 들어 들어보자. 한보철강은 박정희식 파쇼자본주의에서 내걸고 있는 두 가지 조건을 충족시키지 못한 채, 연고주의만을 총동원한 정경유착(김영삼의 차남 김현철 × 한보철강 정태수)에만 매달려 검은돈을 주고받는 정치적 부패를 확대해 나갔다. 이에 비하여 포철은 국내에서 시장경쟁력과 대외적 수출경쟁력을 함께 유지해 나갔다. 결국 한보는 도태된 반면에, 포철은 국가 권력의 비호 아래 고도의 성장을 이룩해 나갔다. 김대중도 "한보는 김영삼 정권이 만든 유일한 재벌"이라고 비판하였다.(연 1997-2000, 17) 이와 같이, 박정희의 권위주의적 파쇼자본주의는 시민사회에 의한 자유로운 시장경제가 아니라. 엘리트의 통치 집단에 의한 간섭과 통제가 이루어지는 반反자유적/반정의적 시장경제를 만들어냈다.

셋째. 연고주의와 재벌체제:

유럽의 가족주의/연고주의는 산업화 과정에서 시민사회의 성장과 함께 쇠퇴하였다. 그러나 한국의 파쇼자본주의(권력의 개입에 의한 금융 특혜)에서는 정반대의 현상으로 나타났다. 그것은 연줄이 닿는 기업 위주로 금융 특혜가 이루어졌기 때문이다. 이러한 구조적 병폐를 가진 한국 사회에서 기업은 관치 금융의 혜택을 받기 위해 권력과 밀착하여야만 했다. 권력과 밀착하는 수단으로 유가 사회의 전통적 방법인 낡아빠진 연고주의를 동원하게 된다.[124] 곧 혈연, 지연, 학연, 종연宗緣(종교적 연줄) 등 가족주의와 심지어 친일親日 연고 등 패거리주의까지 동원되었다.

---

[124] 특권과 유교적 연고주의에 의한 산업화를 정실자본주의(情實資本主義, Crony Capitalism)라고도 한다. 유교 자본주의론을 주장하는 사람들은 동아시아의 급속한 경제성장의 배경에는 유교 문화의 전형적 특질인 가족주의, 연고주의 그리고 정실주의가 긍정적 동력으로 작용하였다고 주장하기도 한다.(유석춘/최우영/왕혜숙, 〈유교윤리와 한국자본주의 정신〉, 《한국사회학》 제39집 6호(2005) 80쪽.

한국 사회에서 흔히 말하는 관에 연줄/끈을 잘 대고, "줄을 잘 서야 한다", "빽(back)이 있어야 한다."는 유행어가 성립된 시대적 환경이 되기도 한다. 연고주의를 통하여 권력에 밀착해서 금융의 특혜를 받은 특혜 기업은 자연 정경유착의 비정상적 경제구조를 통하여 자본이 튼튼한 기업으로 육성해 나갈 수 있었다. 이것이 바로, 정경유착형 기업이 관치금융의 특혜를 통하여 문어발식으로 기업을 확장하면서 만들어 놓은 한국의 재벌체제이다.

이렇게 해서 한국의 박정희식 파쇼자본주의는 국가집단주의(중앙통제시스템)와 기업집단주의(재벌통제시스템)가 쌍벽을 이루며 나라 경제를 독점해 나갔다. 관치금융과 밀착한 재벌경제체제 하에서는 자유경쟁에 의한 자유시장의 형성은 기대할 수 없었다. 때문에 '재벌기업'에게는 자발적 결사체보다 연고주의가 유리했고, 자유경쟁보다는 정경유착이 더 유리했다. 따라서 자본이나 기업은 운영 방식에 있어서 노동자/민중에 의한 계급적 연대보다는 관과 밀착할 수 있는 연고주의(연줄)가 더 중요한 기능을 하였다. 이러한 연고주의/재벌주의 특성 때문에 권위주의 파쇼자본주의에서는 전체 노동자의 권익 증대가 불가능하였다.

김대중은 이러한 경제체제를 특권경제라 했다. 특권경제는 "자원의 효율적 배분을 저해"한다고 지적하였다. 그리고 특권경제는 "국민을 출신지역별, 소득계층별로 양극화시켜 놓고 경제부문 간의 불균형을 조성함으로써" 겉으로는 고도성장을 한 것처럼 보이지만, 속으로는 오점 투성이라고 지적하였다.(대전 2, 48) 그래서 김대중은 자신의 경제이론은 특권경제의 반대개념으로 '대중경제'라 하였다. 대중大衆이라는 말은 김대중 이름에서 연유된 대중大中을 뜻하는 말이 아니다.(대, 11-45) 이렇게 악의적으로 오해하는 사람도 있다.

넷째. 영구취업과 노동착취

유럽의 자본주의를 기준(부르주아 계급, 자율적 시민사회, 자유경쟁적 시장경제)으로 놓고 보았을 때 박정희의 파쇼자본주의에서 나타나는 또 다른 부정적 특징은 '영구취업'의 논리와 노동 착취다. 유럽의 기업윤리는 '개인의 능력'이다. 자기 이익에 충실한 개인과 자본 축적이 목적인 기업/자본이 서로의 필요에 의하여 자율적 취업 윤리를 만들어낸다. 그래서 개인/노동자는 회사와 계약(자본주의는 계약 논리로 직업이 창출됨)을 맺고 자기 이익을 위하여 회사의 자본축적에 기여를 한다. 그리고 회사는 개인/노동자가 자기자본의 축적에 도움이 안 될 때는 언제든지 취업 계약을 취소하고 개인을 해고한다.

그러나 한국의 박정희식 파쇼자본주의에서는 '영구취업이라는 근로 윤리'를 가지고 있었다. 앞에서 본 바와 같이 한국의 전통적 유가 사회에서는 관료로 진출하는 수단으로 과거科擧라는 시험제도가 있었다. 과거시험을 통과하여 일단 관료가 되면 고려와 조선의 왕조사회는 영구적인 취업이 죽을 때까지 보장되었다. 이러한 전통적 왕조사회의 제도를 본받아 한국의 기업들도 입사시험제도(취직시험)를 취하게 된다. 그리고 이를 통하여 사원을 확보한다. 일단 입사 시험에 통과하여 회사 취업을 하게 된 사원은 회사로부터 정년 때까지 영구 취업을 보장받았다.[125)]

한국의 대기업인 삼성과 현대는 영구 취업한 사원 개개인에 대한 애경사, 건강관리, 승진관리, 직무교육 등을 책임져 준다. 이런 배경에서 발생한 것이 외국에서는 거의 볼 수 없는 사원의 직무교육을 목적으로 하는 ○○회사 연수원이 전국 곳곳에 설립되어 있다. 연수원은 사원 교육을 명분으로 땅을 구입하고 건물을 지었지만, 그 내막은 합법을 가장한 자본축적의 한 형태인 부동산투기다.

---

125) 홍순목, 한국국민윤리학회,《아시아적 가치와 경제논리/동아시아의 경제발전유형과 유교》, 1999.

이를 본받아서 대학들도 교원연수원/연구소라는 이름으로 곳곳의 땅을 매입하였다. 대학도 땅 투기를 한 셈이다.

영구 취업이라는 경영 윤리에서 회사는 사회경제가 불경기일 때도 구조 조정이라는 명분을 빌려서 감원 조치를 취하지 않고 '절약' 차원으로 방향을 돌린다. 기업은 감원을 하지 않는 대신 감봉이라는 형태를 취하였다. 이는 기업/회사가 자본의 감소를 노동자의 손실로 충당하였다는 뜻이다. 국가의 노동 개입 때문이다. 실업자가 양산되면 박정희의 파쇼자본주의, 곧 경제개발5개년계획의 성과에 차질이 생기기 때문이다. 또 영구 취업의 논리는 노동자의 이익을 보호하는 차원에서 설립되는 노동조합의 활동을 최대로 위축시키려는 위장된 수법이기도 했다.

결국은 값싼 노동력이라는 개인의 희생을 통해 기업의 이익 창출(국제경쟁력 확보)을 최대로 보장하겠다는 자본주/기업주의 비양심적인 발상이 영구 취업이라는 기업윤리다. 그래서 개인은 더욱 가난해지고, 엘리트 지배 권력의 비호(금융 특혜)를 받은 대기업과 대자본은 더욱 자본을 축적하면서 문어발식 기업확장을 추구해 나갔다. 이러한 저임금 정책은 다른 한편으로 농민들의 피해로 돌아갔다. 박정희 독재는 농산물의 저가정책을 밀고 나갔다. 이 때문에 농민들은 늘 가난 속에서 허덕여야 했다. 이것이 한국의 박정희식 유가/파쇼자본주의에 의한 '국가집단주의'와 '기업집단주의'라는 쌍두마차가 만들어 낸 농촌의 경제 현실이다. 곧 농산물값이 오르면 그만큼 노동자의 임금이 올라야 하고 노동자의 임금이 오르면 기업이 만드는 제품의 생산 단가가 오르게 되어 수출경쟁력에서 불리하게 작용하기 때문이다.

그래서 회사마다 기업집단주의가 내건 사시社是는 유가문화의 가족주의를 확장시킨 '인화단결'이다. 인화단결이라는 가족주의는 회사원의 회사에 대한 충성심을 유발시키고자 하는 꼼수가 숨어 있었다.(가풍적 기업문화家風的 企

業文化 형성)[126] 이에 노동조합도 회사와 결탁하여 연공서열의 수직적 계서제를 통하여 값싼 노동력을 유지하면서 조합의 간부들은 노동귀족으로 타락해 갔다.[127] 이러한 파쇼자본주의가 갖는 특성(금융특혜, 정경유착, 가족주의적 영구취업)의 종착역은 결국 외환위기(IMF)였다.(1997.11.) 관치금융이 초래한 결과다.

외환위기는 한국의 파쇼자본주의를 신자유주의의 미국과 유럽식 자본주의로 전환하도록 강요해 들어왔다. 이리하여 파쇼자본주의에서 형성된 정경유착, 금융특혜, 재벌체제, 영구 취업 구조는 김영삼 권력 말기부터 급격히 해체되기 시작하였다. 이에 구미식 신자유주의 자본주의가 물밀듯이 한국 사회에 들어오면서, 노사勞使 갈등, 노정勞政 갈등이라는 유럽식 노동문제가 터져 나오기 시작하였다. 이러한 경제 변환기라는 환경 속에서 김대중이 들어오게 된다.

김대중의 1980년대 나온 대중경제론은 박정희식 유가자본주의/파쇼자본주의에서 나타나는 부정적 기능을 보완하면서 대안적으로 나온 참자유주의 경제이론이었다. 그리고 1990년 말에 나온 대중적 시장경제론/병행발전론(민주주의+시장경제+생산적 복지)은 외환 위기라는 시대적 필요에서 나온 경제사상이다. 그러나 병행발전론도 "대중에 의한, 대중을 위한, 대중의 경제"가 되어야 한다는 김대중의 기본적 경제철학은 흔들리지 않았.

다섯째, 황제검찰과 황제언론

유럽의 산업자본주의를 지탱해 주는 사회적 구조는 시민사회와 노동조합이

---

126) 김수영,《동아시아의 자본주의 발전과 가족: 한국과 일본의 사례를 중심으로》, 고려대학교 사회학과 박사학위 논문(2000). 참조.
127) 김대중,《後廣金大中大全集/한국노동운동의 진로》(中心書院, 1993) 41쪽.

다. 그러나 박정희의 파쇼자본주의를 지탱해 준 사회적 구조는 '황제 검찰'과 앵무새 언론이었다. 박정희 시대의 검찰/언론, 또한 한국의 유가적 전통 질서의 특징인 왕조시대 대간제도臺諫制度의 기능을 답습한 조직이었다. 왕조시대 대간제도는 중국의 당송唐宋시대 제도를 모방한 고려의 중서문하성의 낭사(郎舍: 諫官)와 어사대御史臺의 대관臺官, 그리고 조선의 사헌부司憲府 대사헌大司憲과 사간원司諫院 대사관大司諫이었다. 이들 대간관료/언관言官들은 나라 전체의 이익을 도모하려는 교양과 수양을 쌓은 학자 관료집단이었다. 이들 대간들은 왕에게 올리는 상소上疏라는 제도를 이용하여 위로는 군주의 권력 행사에 대한 과감한 비판과 함께 군주의 폭력적 권력 남용을 억제시켰다. 이로써 국왕의 자의적/전제적인 권력 행사를 견제하는 역할을 하였다. 그리고 아래로는 백성/민인을 교화하며 도덕적 사회를 건설하고자 민인/백성의 복리 및 안정된 항산恒産 정책을 추구하였다. 또 이들은 국제관계에서 평화와 공존을 추구하는 신념을 보였다. 이렇게 전통적인 대간들은 전통시대 동량棟梁이자, 사회의 양심이었다.

고려와 조선왕조의 대간들은 언제든지 공정함과 공공성의 추구를 목적에 두고, 국왕과 관료들의 부정과 비리에 대하여 비판하고 탄핵하는 역할을 하였다. 그래서 이들 왕조시대 대간들은 개인적 이익집단이나 특권집단이 아니었다. 만약에 언관들이 제대로 제 역할을 하지 못하였을 때는 자신들도 탄핵을 당하면서 파직을 면치 못하였다. 대관들이 제 기능을 충실히 이행하였을 때에는 정치가 올바르게 이행되어 갔다. 역시 언관들이 제 기능을 제대로 발휘하지 못하였을 때는 왕조가 파행으로 치달았다.

또 조선시대는 사관史官/청관淸官 제도도 있었다. 사관 두 명은 늘 왕이 가는 곳마다 함께 다니면서 왕과 신료들의 언행을 사초史草(왕조실록 편찬에 기초가 되는 사로)에 기록하였다. 사관 1은 왕과 신료가 주고받는 말/언

글을, 사관 2는 왕과 신료의 태도/행行를 기록하였다. 사초는 당대의 왕이나 신료臣僚들이 볼 수 없었다. 그래서 왕과 신료들은 언행을 삼가며 바른 생각과 행동을 할 수 있었다. 왕조시대였지만, 사회를 바르게 이끌고 백성/민인들의 삶을 도덕적으로 살게 하려고 노력하였다. 대한민국의 검찰 관료와 언론, 지식인들은 전통시대 학자관료 집단인 대간/언관과 사관/청관淸官의 기능을 답습한 현대적 조직이요, 기구요, 지식인이다. 때문에 대한민국의 간관諫官기능은 검찰이, 사관史官기능은 언론과 지식인이 담당했어야 했다. 그래서 이들은 국가의 독재적 권력 행사를 감시하고 국민을 계몽하여 한국 사회를 바르게 이끄는 역할을 담당하는 나라의 중요한 동량들이었어야 했다.

그런데 박정희 파쇼권력과 파쇼자본주의 시대, 대한민국의 검찰과 언론은 전혀 그렇지 못했다. 오히려 비리와 부정, 그리고 부패의 온상이었다. 부도덕한 주류들이 권력을 잡은 지금도 마찬가지이지만, 박정희의 파쇼자본주의/우월적 국가주의 시대에 이들 검찰과 언론, 지식인들은 정의 사회 실현을 위해 눈곱만큼도 자기 역할을 하지 않았다. 오히려 권위주의적 독재권력시대 검찰은 정권 유지의 수단으로서 권력 집단인 엘리트 지배계급에 편입되어 들어갔다. 그리고 지배 권력을 유지해 주는 대가로 황제 권력으로 군림하였다. 그런데 2022년에 황제 권력의 수장으로 있던 사람이 최고 국정 책임자가 되면서 '황제 권력화'가 더욱 심화 되었다.

이와 함께, 유가/파쇼자본주의가 만들어내는 부패보다 더 지독한 부패를 만들어 낸 조직이 언론이다. 이들 언론은 정치 권력이 주는 먹이를 먹으면서 박정희와 전두환 독재권력 때 황제언론이 되어 권력의 앵무새 역할을 부끄러움 없이 해왔다. 이들 언론도 일제강점기에 탄생했다는 친일적 본성, 곧 태생적 모순을 안고 있었기 때문이다. 유럽의 언론이 사회지배층이나 기업 인사의 스캔들 폭로 기사가 많은 데 비하여 당시 한국의 언론에서는 정부나 기업의 정경유착에 의한 부조리와 부정에 대한 폭로기사가 많은 것은 이 때문이다. 요즈음 한국의 언론들도 보도할 것이 없는지 남의 뒷조사만 캐서 보도한다는 인상을 짙게 받는다.

언론들은 정경유착에 따른 지배계급과 기업의 비리/부조리가 보이기만 하면 이를 물고 뜯으면서 자기 이익을 챙겨나갔다. 곧 지배 집단의 눈 밖에 나는 비리와 부조리를 품고 있는 기업이 기자의 매눈(鷹眼)에 포착이 되면 거침없이 거액의 이익금을 뜯어냈다. 그래서 유가자본주의가 내뿜는 부패보다 더 지독한 부패를 만들어낸 조직이 개인 독재 시대의 언론기관이다. 이렇게 길이 들여진 제도언론의 타락과 부패는 오늘날까지 고쳐지지 않고 있을뿐더러 더 심화 되고 있다는 느낌이다. 권력의 대변인 역할을 충실히 이행하는 앵무새가 되었다.

이러한 검찰과 언론의 타락과 부패는 파쇼자본주의가 만들어낸 정경유착의 역기능으로 나타난 한국적 현상이었다. 한국의 언론은 권력기관과 기업의 부조리와 부정에 대한 폭로기사를 살짝 건드는 기사를 내보이다가 꼬리를 감춘다. 그것은 돈을 뜯어내기 위한 기사였기 때문이다. 지금도 일제강점기 식민지 권력이 잉태하여 낳고 독재권력이 키워 낸 황제언론들은 황제언론의 자리를 고수하기 위하여 부도덕한 주류들(수골 권력)이 정권을 잡도록 온갖 추잡한 가짜뉴스를 남발하면서 배를 불리고 있다. 제도언론의 친기득권적 여론 조작으로 김대중은 세 번씩이나 대통령 선거에서 낙마를 해야 했다. 권력을 잡은 정치권에서 가짜뉴스 운운하는 것은 거꾸로 자신의 부정과 잘못을 감추려는 속된 발언이다. 그래서 김대중은 언론의 자유를 강조하고 또 강조하였다.

다. 파쇼자본주의의 역기능

이와 같이 위로부터 파쇼 권력의 비호 아래 성장한 유가자본주의/파쇼자본주의는 유럽의 아래로부터 발전한 시민(부르주아지) 자본주의와는 달리 엄청난 정치/경제/사회/문화의 여러 방면에서 전방위적인 부정과 부패, 그리고 부조리와 비리를 몰고 왔다. 파쇼자본주의의 역기능이다. 이를 다시 한번 정리해 본다. 우리는 여기서 구미식 자본주의가 반드시 좋다는 의미가 아니라는 전제를 깔고 넘어가기로 한다.

조선시대는 유가적 전통체제(학자관료, 연고주의, 감찰제도)와 유가문화(연고주의, 가족주의, 예법윤리)에 바탕한 엘리트 학자 관료들이 정치를 유지해 나갔다. 당연히 엘리트 관료들 중심의 사회에서는 나라 사람(백성)들이 모든 경제적 이익에서 배제될 수밖에 없었다. 박정희의 파쇼자본주의에서도 마찬가지였다. 파쇼자본주의라는 말은 전통시대 학자 관료를 흉내 낸 일제강점기 육군사관학교와 만주군관학교 출신의 부도덕한 국가 관료들에 의해 위로부터 수용된 경제 질서를 말한다. 따라서 위로부터 강제되는 유가자본주의는 김대중이 지적한 대로 엄청난 부정적 결과를 한국 사회에 가져다주었다.(대전 2, 39~57 참조) 당시 유가자본주의가 한국 사회를 부정적 사회로 만들어 놓은 요인들을 김대중이 지적한 내용과 함께 다시 한번 정리해 보자.

첫째, 권위주의적(군인 출신의 엘리트 지배 집단의 권력세습) 국가집단주의(중앙통제시스템)에 의한 관치금융은 외형적으로 정경유착형·자본독점형·수출위주형·시장독점형 특권경제를 성립시켰다. 특권경제는 밖으로 고도성장을 한 것처럼 보이지만, 안으로는 사회 전체를 부패하게 만들었다.(대전 2, 48)

둘째, 사회 전체의 부패는 도시와 농촌 간, 대기업과 중소기업 간, 자본과 시민 간 빈부격차의 심화라는 처참한 사회적 현상과 함께 부조리/부패/비리가 사회 깊숙이 뿌리내리도록 만들었다.(대 1, 318) 특히 사회적 병폐는 비윤리적, 비도덕적, 비인간적 범죄구조 현상과 함께 극단적인 집단이기주의를 대한민국 사회에 가져다주었다. 여기에다, 파쇼자본주의가 작사/작곡한 당시 국민가요였던 "잘 살아보세, 잘 살아보세, 우리도 한번 잘 살아보세"로 시작되는 유치하기 짝이 없는 새마을운동 노래는 우리 사회에 물질만능주의가 팽배하도록 만들었다. 물질만능주의와 농촌의 도시화 촉진은 인간/농민 내면의 도덕적 가치를 타락시켰다. 도덕성의 타락은 각종 범죄를 만연케 했다. 또 급작스럽게 진행된 도시화는 농촌지역의 공동체 정신을 파괴해 들어갔다. 공동체 정신의 파괴는 농촌이 지닌 고유한 전통문화, 곧 풍류도/두레와 같은 협동 정신을 파괴하고 농심을 타락시켰다.

셋째, 특권경제에 따른 정경유착은 연고주의(지연, 학연, 혈연, 종연 친일파 등 빽)를 한국 사회에 만연시켜 놓았다. 연고주의는 정치권력과 자본의 부도덕한 결탁 관계를 형성하여 비생산적 로비활동이라는 사회적 낭비를 만연시켰다. 그리고 정치자금이라는 부패와 비리의 악순환 고리를 만들어냄으로써 대한민국 사회의 불평등과 부조리 구조를 심화시켜 놓았다.

넷째, 재벌체제적 기업집단주의에 의한 영구 취업이라는 근로 윤리를 통하여, 노동 착취를 합법화했다.(대전 2, 53) 그 결과 정의사회 건설, 정당한 노동의 대가와 성취, 합리적 노사관계 형성, 자본독주의 견제라는 노동조합 건설의 취지와는 전혀 어긋나는 비정상적인 어용적 노동조합의 설립이 이루어졌다. 사회정의에 어긋나는 노동조합의 건설은 부도덕한 귀족노동자(간부급)라는 반反노동정신도 생산해 냈다.

다섯째, 산업시설과 공장, 폐기물 쓰레기장들이 농촌/시골을 잠식해 들어갔다. 또 개발과 문명이라는 이름으로 자연환경을 무질서하게 파괴해 들어갔다. 뿐만 아니라, 한국의 농촌은 우후죽순으로 생겨나는 주변 도시의 식민지로 빠져들었다. 그리고 농민들은 근대성이라는 이념(이데올로기)의 노예로 전락해 버렸다.[128] 그래서 순박한 농심이 사라지고 천박한 돈심에 물들게 만들었다.

이렇듯 박정희식 파쇼자본주의는 겉으로 화려한/고도의 경제성장이 있는 것처럼 보였으나 그 내부에서는 한국인의 사회적 정서와 정신적 문화가 심하게 썩어들어가면서 코를 찌르는 고름 냄새가 진동하도록 만들었다. 이렇게 역효과가 크게 나타나자, 파쇼자본주의는 다시 역기능을 최소화하고 균형 있는 사회발전을 유지한다는 명분을 세워, '눈 가리고 아웅' 식으로 검찰 관료와 언론, 지식인들을 동원하여 부정/부패를 일소하겠다고 했다. 그러나 앞에서 본 바와 같이, 오히려 검찰 관료는 부패한 정권의 비호세력이 되었고, 언론과 지식인들은 엘리트 지배 집단과 결탁하여 자신들 스스로 부패한 언론인과 지식인으로 추락해 내려갔다. 곧, 검찰은 법치 구현의 명분, 언론은 감시 기능의 명분을 악용하여 자신들의 자본축적 기회로 만들었다.

이러한 물신주의 사회현상은 한국의 교육풍토도 덩달아 부패, 타락시켰다. 무서운 검찰 권력, 권위적 교수의 명예, 돈 뜯는 언론인을 우리 사회에서 '최고가치의 직업군'으로 부상시켰다. 한국의 전통시대 엘리트 관료들은 과거(시험)에 합격하면 평생을 부귀와 함께 살았다. 박정희는 전통을 계승한다는 명분으로 관료를 뽑는 전국적인 관료선발제도인 국가 고등고시를 부활시켰다.(1963) 한국의 고등고시라는 말은 일제강점기 당시 일본에서 실시했던 '고등문관시험'(1887)에서 그 근원을 두고 있다. 곧 국가의 고급 엘리트 관료를 뽑는 자격시험이 고시다. 이러한 일제식 고급 엘리트 관료를 뽑는 시험을 계승한

---

[128] 이경배, 《현대유럽철학연구/유교 근대화론에 대한 해석학적 성찰: 하이데거 기술문명 비판을 중심으로》 제60집(2018) 216쪽.

것이 이승만 권력 때의 고등고시(행정과, 사법과)다(《東亞日報》 1950. 1. 7일자.) 박정희도 일제의 고등고시를 모방하여 3개의 고등고시를 부활시킨다. 그것이 행정고등고시, 외무고등고시, 기술고등고시다.

그리고 언론사는 자체적으로 기자를 뽑는 언론 고시를 두었다. 고시를 통하여 4지 선다형(또는 5지 선다형) 찍기 시험에 감각적으로 능통했던 '기계적 인간'들이 엘리트 지식인으로 둔갑하여 한국 사회를 주도해 나갔다. 객관식 시험은 논리적이거나 합리적인 사고를 갖는 관료를 생산해 낼 수 없다. 고답적이고 단순한 사고만을 갖는 관료만 생산해 낸다. 이러한 단순 사고를 지닌 고시 출신들은 사회 정의감이나 합리성을 갖지 못한다. 그리고 인본주의적, 평등주의적, 자유주의적 사고를 지니지 못하는 인간으로 제조된다. 이 탓으로, 이들은 관료적 권력/권위를 이용하여 사익을 위한 부를 축적하고 권력을 강화하려는 기회만을 만들려는 사고만 가지고 있다. 이들이 바로 아무런 생각 없이 대한민국 사회의 부도덕한 주류 속으로 빠져든 수꼴세력들이다. 수꼴 떨거지들이 판치게 만든 것은 한국의 제도교육이다.

파쇼자본주의에 의하여 잘못 형성된 사회 가치관에 의하여 한국의 교육도 비정상적으로 타락해 갔다. 부귀에 가까이 갈 수 있는 엘리트가 되기 위한 '입시 열풍'과 '고시 열풍'이 일세를 풍미하면서 오늘날까지 이어오고 있다. 여기서 경쟁주의, 우월주의, 명품주의, 유명/저명주의가 우리 사회를 비인간적 신분 차별 사회로 타락시켰다. 이렇게 대한민국 사회의 비정상적 사회/교육 현상은 엄청난 교육비와 인생 시간의 낭비를 구조화 시켜 나갔다. 따라서 우리 사회가 자본 집중, 빈부 심화, 저성장률, 실업률 증가, 노동귀족의 형성, 비정상적 교육열 등 비인간적, 비정상적, 비도덕적, 비양심적인 사회구조로 치닫게 된 배경에는 '경제개발5개년계획'으로 시작되는 박정희의 파쇼자본주의가 놓여 있었다. 결과적으로 박정희의 파쇼자본주의에 의하여 우리나라 경제는 '천민자본주의', '계급자본주의', '불평등자본주의'로 추락해 내려왔다. 이를 일찍이 비판한 사람이 김대중이다. 그는 〈한국경제가 걸어온 길〉, 〈박정희, 전두환의 경제정책〉이라는 글들을 통해 파쇼자본주의가 한국사회에 가져다 준 사회적 병폐에 대하여 지적하고 비판하였다.

우리 사회의 이러한 사회적 부패 현상을 만들어 놓은 파쇼자본주의를 수술하지 못한 채 김영삼은 군부 쿠데타 세력과 결탁하고 정당 쿠데타를 통해 대통령직에 올랐다. 김영삼은 정권 창출의 태생적 한계 때문에 결국 대한민국의 경제를 수직으로 추락하는 경제위기에 봉착하게 만든다. 박정희식 한국형 파쇼자본주의를 극복하지 못한 여파다.(연 1997-2000, 33) 이에 대하여 정치학을 전공한 어느 학자는 "박정희에 의한 한국적 발전 모델(유가자본주의)이 파괴되고 경제 위기를 가져온 것은 김영삼 권력이 들어오면서 정무 부문의 도덕적 해이, 경제에 대한 통제력 상실(무책임한 방임)에서 왔다고 비난하였다. 곧 정부의 규제 완화 조치와 경제기획 조정 기능의 조급한 포기(경제개발5개년계획의 폐기), 외환보유고의 허술한 관리, 잘못된 외환 자율화 조치로 무차별 해외자금 차입, 그리고 산업정책의 포기였다"라고 지적하였다. 한국의 박정희식 '유가자본주의'를 포기한 것이 외환위기의 원인이라고 파쇼적 인식을 가지고 비평하였다.[129] 그러나 분명히 말하지만, 당시 외환 위기는 김영삼의 무책임한 방임이라기보다는 박정희의 유가자본주의/파쇼자본주의를 계승한 잘못에서 왔다고 보는 게 정답이다.

한국경제가 외환 위기라는 경제 위기에 몰리자, 대한민국 '고난의 혼백'들은 김대중을 우리 사회에 불러냈다. 평소 김대중은 1950년대부터 우리나라 사람

---

129) 함재봉, 앞의 책, 104~106쪽.

들이 가난과 비참한 생활고에 시달리는 원인은, "정치권력의 과도한 경제 간섭과 통제, 특정 재벌 편중 정책, 차관 위주의 개발 정책" 때문이라고 진단해 왔다. 이는 박정희의 파쇼경제정책과는 정반대의 경제철학이었음을 알 수 있다. 김대중의 대중경제론은 박정희의 파쇼자본주의라는 경제 환경에 대한 성찰과 비판을 토대로 형성된 경제사상이다.(《신동아/大衆經濟를 主唱한다.》, 1969, 11월호 177)

박정희의 파쇼자본주의를 한국산업화의 성공으로 보는 부류를 '산업화 세력'이라고 한다. 이에는 친일/친미적 '식민지근대화론'을 주장하는 지식인과 동조 세력들이 대부분을 이루고 있다. 그리고 이를 부정하는 부류를 이른바 민주화 세력(민중정치 추구세력)이라고 부른다. 이에는 '내재적 발전론'을 주장하는 지식인과 이를 지지하는 세력들이 중심을 이루고 있다.

이런 사회현상을 가지고 사회학과 정치/외교를 전공하는 학자들은 우리 사회가
  1) 산업화 세력=우익=자유민주주의=유가자본주의=반공통일=수구세력
  2) 민주화 세력=좌익=직접민주주의=대중참여경제=평화통일=진보세력
이라는 이항적 대립 구도가 형성되었다고 해석하고 있다.

그러나 글쓴이는 이러한 사회 세력을 이항적 대립 구도로 보는 것에 반대한다. 우리 사회는 결코 진보/좌익과 보수/우익이라는 이항 대립 구도가 한 쌍으로 묶일 수 없는 사회구조를 가지고 있다. 곧 보수와 진보라는 용어를 사용할 수 없는 사회라는 뜻이다. 그것은 반공주의 사회를 여전히 지키고 있는 국가보안법과 이념/사상의 자유를 통제하고 있는 형법(92조 이하)이 존재하는 한, 대한민국은 보수/우익과 진보/좌익이 존재할 수 없다. 다만 정의와 양심의 가치를 기준으로, 도덕적 양심 세력과 부도덕한 비양심 세력이 서로 다른 길을 가고 있

다는 게 글쓴이의 사회세력 분류법이다.

도덕적 양심 세력은 선한 의지를 가진 정의적/민족적인 양심을 가진 자들이고, 부도덕한 비양심 세력은 정의를 저버린 비정의적/반민족적인 자들이다. 대체로 친일파 세력과 산업화 세력은 '부도덕한 주류'의 원조가 되고, 민족적 민주화 세력은 '도덕적 주류'의 원조가 된다. 도덕적 주류의 원조元祖 중심에는 김대중이 우뚝 서 있고 부도덕한 주류의 중심에는 박정희가 자리 잡고 있다.

이러한 말을 하다 보니 유가자본주의를 '아시아적 가치'로 인식하는 사람들에 대하여 한마디 거들고 싶은 생각이 난다. 공맹의 유가 사상은 '아시아적 가치'의 토대가 되지만, 유가자본주의는 '아시아적 가치'로 평가될 수 없다는 판단이다. 아시아적 가치를 주장하는 학자들은 식민지근대화론을 주장하는 부류들과 마찬가지로 독재권력(박정희 등, 친일인물)과 유가자본주의에 의하여 대한민국에 정치민주화와 경제발전이 왔다고 주장한다. 유가자본주의를 높이 평가하는 기준으로 물질적 성장과 풍요를 들고 있다. 이들은 유가자본주의가 아시아적 가치에서 나왔다고 본다. 그러나 유가자본주의에 의해 조성된 물질적 가치가 대한민국 사회에 정신적/문화적 가치를 추락시키고 빈부 격차의 심화와 함께 금수저, 흙수저 등 신종 계급사회를 형성시킨 잘못에 대해서는 해명이 없다.

저들 '아시아적 가치'를 주장하는 연구자들은 아시아적 가치를 잘못 이해하고 있다. 이들 학자들이 말하는 아시아적 가치는 유가학파의 원류인 공맹의 인仁사상이 아닌, 순자, 이사, 특히 중국 한나라 시대 동중서 등에 의하여 변질된 유가사상을 말한다. 오늘날 대한민국 사회의 '산업화근대론'을 받드는 학자와 정치학자들이 주장하는 아시아적 가치(군귀민경사상君貴民輕思想)는 공맹사상의 본질이 아닌 변질되고 왜곡된 '아시아적 가치'를 말한다.

참 아시아적 가치는 독재권력에 바탕한 권위주의 체제와 유가자본주의가 아닌 공맹의 민본주의적 데모크라시(민주주의/민중정치)다. 특권경제에 의한 경제발전이 아닌, 부의 분배경제, 곧 복지경제다, 같이살기/열린이웃 사회의 건설이다. 계서제 사회가 아닌 자유와 평등사회다. 나만의 명품 문화가 아닌 평등의 소통 문화를 말한다. 이것이 참 평화사상인 아시아적 가치다. 이러한 '아시아적 가치'는 공자의 인仁 사상에서 비롯된다. 인사상에는 상호부조 정신에 바탕한 무군無君, 평등, 자유, 소통, 협화協和, 평화를 뜻하는 의미들이 들어 있다. 김대중도 함석헌과 같이 공맹의 민본사상, 노장의 자연사상, 묵자의 평화사상이 진정한 '아시아적 가치'라고 보았다. 그리고 김대중은 아시아적 가치를 소통 문화라고 하였다. 소통이 없는 특권경제는 공맹에 의한 아시아적 가치가 될 수 없다.

제2부

김대중 정치사상체계의 거시적 분석

1. 민본과 민주 개념의 새로운 해석

2. 정치부문

3. 경제부문

4. 평화통일론

5. 창조적 복지사회론

6. 통일민족주의

1. 민본과 민주 개념의 새로운 해석

이제까지는 김대중의 정치 및 경제사상의 형성 배경이 되는 대한민국의 사회 역사를 정치, 경제 환경에 한하여 간략하게 살펴보았다. 그 결과, 대한민국의 잔인하고 참혹한 정치 환경 속에서 김대중의 정치철학은 나오게 되었다는 것을 알게 되었다. 그리고 김대중의 대중경제론도 그동안 원조경제와 특권경제/파쇼자본주의라는 경제 환경에서 형성되어 왔음을 알게 되었다. 그러면 이제부터는 후광학의 창시와 후광학파 창립을 위하여 김대중의 철학과 사상 체계를 거시적으로 분석해 보기로 한다.

김대중의 정치사상은 민본적 민중정치론, 대중적 시장경제론, 창조적 복지사회론, 외교적 평화통일론, 그리고 통일적 민족주의론으로 대별이 된다. 그러면 후광의 사상 체계를 정치 부문부터 살펴보기로 한다. 김대중의 정치철학의 핵심을 이루는 용어는 민본과 민주다. 따라서 먼저 민본주의와 민주주의에 대하여 검토하는 시간을 갖기로 한다. 글쓴이는 이 두 정치이념에 대하여 여러 글에서 논조를 펴 왔지만, 김대중의 사상 체계를 논하기 위하여 여러 자료를 검토하는 과정에서 글쓴이가 기존에 주장해 왔던 논조를 수정하게 되는 새로운 사실을 발견하였다. 이를 토대로 김대중이 거론한 민본사상과 민주주의에 대한 개념을 콘텐츠 제공 차원에서 새롭게 조명해 보고자 한다.

민주주의와 민본주의를 새롭게 검토해 보았을 때, 다음 장에서 서술하는 김대중의 정치사상들이 분명하게 드러나게 된다. 이제까지 민본주의는 중국의 전국시대(기원전 5~3세기) 맹자孟子(孟軻, 기원전 372~ 기원전 289)에 기원을 두고 있다는 학설이 일반적이었다. 그러나 좀 더, 유가 경전들을 검토해 보면, 반드시 그렇지 않다는 사실을 발견하게 된다. 중국에서 싹튼 민본주의 정치사상은 중국 춘추시대(기원전 8~5세기) 공자孔子(孔夫子, 기원전 552~기원전 479)에게서 근원되었다는 사실이 발견된다.

앞 장에서도 이야기하고 왔지만, 유럽의 근대 사조와 함께 유입되는 데모크라시democracy는 정치이념인 '민주주의'로 번역이 되어서는 안 되고 정치형태인 민중정치(demo민중+cracy정치) 또는 민주정치/민주정이라고 번역함이 옳다. 중국의 근대사회 사상을 이끌어 왔던 일부 근대사상가들은 민본주의 정치이념과 민주주의 정치이념은 등치성等値性을 갖기 어렵다는 주장들을 해 왔다. 대표적인 사람이 중국의 량치차오[梁啓超,1873 ~ 1929]다.[130] 그러나 김대중은 민본주의는 민중정치로 표현되는 민주주의와 등치 관계가 있다고 보았다. 이렇게 민본과 민주의 등치 관계를 인식하면서 그의 민주주의관/대중정치관이 나왔다고 생각한다. 그러면 민본주의와 민주주의의 개념을 새롭게 조명해 보기로 한다.

가. 민본주의 개념의 새로운 해석

중국과 아시아의 전통적 정치 형태인 중앙집권적 고대국가가 도래하기 전 인간의 존엄성을 바탕으로 내세운 '열린 공동체 사회'/상호부조=같이살기 사회의 역사를 기록한 책이 있다. 중국 서주西周의 춘추시대(기원전 8세기~5세기) 노나라 공자孔子(기원전 551~기원전 479)가 편찬한 것으로 알려지고

---

130) 孟子者 中國民權之鼻祖也. 敢問孟子所言民政, 與今日泰西學者所言民政. 同乎異乎.
 日異哉異哉.(梁啓超,《陰氷室專集/自由書/保全支那》, 1899, 40~41쪽,《飮氷室合集》6, 中華書局, 1989)

있는《서경書經》이라는 책이다. 서경은 유가학파 집단의 정치교훈서 오경五經 중 하나 속하는 경전이다. 이 책은 중국의 고대국가가 본격적으로 시작되기 전의 초기 '나라공동체'인 하夏, 상商=殷, 주周 시대의 역사를 기록한 서《書》(=한대漢代는《尚書》상서라 불렀다)를 말한다.《서경/하서書經/夏書》, 권2에서 보면, 하나라(기원전 2070~1600) 건국자이자, 1대 왕인 우禹의 다섯 자손이 부른 노래(오자지가五子之歌)가 기록되어 있다. 그 노랫말 속에 "선조(禹王)가 유훈遺訓을 남기셨네. 민인은 가까이 해야 될 존재이지, 멀리/얕보아(下)서는 안 될 존재라 하셨네, 민인은 오로지 한 나라(邦)의 근본이라네.(民惟邦本) 근본이 흔들리지 않고 한결같을(固) 때 나라가 근심 없이 편안(寧)해진다고 하셨네."[131]라고 한 기록이 있다. 우왕의 유훈에서 주목할 대목이 있다. 바로 나라를 걱정하고 백성을 경외하는 우국경민憂國敬民의 인식에서 나온 '민유방본' 民惟邦本이라는 말이다. 여기서 민民과 본本자를 따서 정치이념으로써 민본주의와 정치형태로써 민본정치民本政治라는 용어가 나온 것으로 본다. 이 기록에 의하면 민民/백성이 나라의 주체로 나온다. 서경을 공자가 썼다는 추정을 사실로 가정할 때, 민본사상은 공자에게서 시작된다고 볼 수 있다. 민본주의 사상은 다른 글에서도 나온다.

중국 송나라 때, 주희朱熹(朱子, 1130 ~ 1200.)의 제자 채침蔡沈(1167 ~ 1230)이 주해註解한 서전《書傳》이 있고, 중국 주나라 역사와 관련하여 기록한《주서周書》가 들어 있다. 여기에 북송나라 소식蘇軾(1036.~1101.)이[132] 주

---

131) 皇祖有訓: 民可近, 不可下. 民惟邦本, 本固邦寧:《書經/書經集傳/夏書 五子之歌篇》권5-2,《四庫全書薈要》5 (吉林人民出版社, 1997) 234쪽.
132) 蘇軾(소동파): 당송 8대가 중 한 사람으로 송대 왕안석의 서민들을 위한 사회 개혁을 반대하면서 엘리트 관료 사마광과 함께 구법당에 속했던 사람이다. 소식은 우리나라 고려를 상당히 폄하貶下하였던 사람이다. 이런 소식을 좋아해서 고려시대 김부식金富軾(1075.~1151.)은 자기 이름 자에 소식蘇軾의 식軾을 붙여 김부식이라 하였다.

해한 글이 나온다. 이에서 보면 "민심이 곧 천명이다. 천명의 본질은 민심이다."[133] 또 "하늘은, 민인이 보고 듣는 것을 통해서 보고 듣는다."[134]라는 말과 함께 "민인이 하고자 하는 바는 하늘이 반드시 따른다."[135]는 글에서 '하늘'이라는 말이 나온다. 또 서경집전《書經集傳》에서 보면 '지민덕知民德'이라는 말이 나온다. 그리고 이에 대하여 주석을 달되, "민심은 천명의 본질이다."[136]라 하였다. 민덕이 곧 민심이고 민심이 곧 천명=천심임을 말하고 있다. 곧 1) 민유방본론民惟邦本論, 2) 천민일체관天民一體觀이다. 이는 백성을 근본으로 보는 민본사상=민중民重사상이 통치 철학의 근간임을 알게 해 준다.

그러면 잠시 유가에서 말하는 하늘에 대하여 이야기를 해보자. 서경에서 말하고 있는 "하늘과 인간은 서로 통한다는 이치(道)를 말하고 있다"(천민합일天民合一)[137] 오늘의 이치로 보았을 때 인격처럼 말해지는 하늘은 실존하는 유형physically의 존재가 아니다. 신神처럼 느껴지는 무형spiritually의 존재다. 공자 등 유가학파들은 가상의 존재를 실존의 존재처럼 형상화形象化하여 인간사회에 신앙으로 심어주었다. 인간사회를 통제한다고 보는 하늘이 민인을 통하여 현실 사회를 정화淨化시켜 나간다는 신앙이다. 그렇다면 하늘은 '민인의 뜻'을 어떻게 알아듣고 볼 수 있는가. 그래서 유가학파들은 하늘을 대신하는 투영체를 만들어 냈다. 투영체는 하늘과 사람 사이에 존재하는 군주=천자다. 마치 그리스도교/가톨릭이 사제를 통하여 하느님과 신도를 연

---

133) 民心爲天命也,《書經傳集/周書》13,《四庫全書薈要》앞의 책, 131쪽
134) 天視自我民視 天聽自我民聽(《書經集傳/周書》《四庫全書薈要》5-4, 앞의 책) 263쪽
135) 民之所欲 天必從之《書經/書經集傳/周書》《四庫全書薈要》5-4 앞의 책) 262쪽.
136) 君奭篇 上章言: 天命民心 而民心又天命之本也《四庫全書薈要/書經集傳》5, 앞의 책, 305쪽.
137) 天人有相通之道(《書傳 卷10/周書》,《四庫全書薈要》권5, 앞의 책, 95쪽.

결한다고 보는 이치와 같다.

천자=군주의 존재에 대하여, 공자의 사상을 순수하게 전승받은 맹자孟子 (기원전 372~기원전 289)는 다음과 같이 말했다. "군주는 하늘이 주는 자리요, 동시에 민이 주는 자리이다."[138] 그래서 군주가 잘못 정치를 하거나 백성들을 잘못 이끌게 되면 방벌할 수 있다고 하였다. 이렇게 유가학파는 하늘의 대리자로 군주라는 존재를 설정해 놓았다. 곧 왕권천부설王權天賦說이다. 따라서 하늘은 군주에게 자신을 대신하여 천하를 다스리도록 천명天命을 내리고, 그로 하여금 만민을 통치하는 백성의 부모가 되게 하였다는 주장이다. 여기서 잠시 맹자의 방벌론에 대하여 이야기를 나누어 보자. 중국 하나라의 걸왕桀王이 은(=商)나라의 탕왕湯王에게 망하여 나라를 빼앗기고, 은나라의 주왕紂王은 주나라의 무왕武王에게 죽임을 당하고 나라를 빼앗긴다. 맹자는 이를 걸왕과 주왕이 나라를 빼앗긴 것은 민심을 잃었기 때문이라고 설명한다. 이를 '탕무방벌긍정론湯武放伐肯定論'이라고 말한다. 탕무방벌긍정론은 민심을 잃은 못된 왕은 "두들겨 패서 내쫓거나 죽일 수 있다"는 뜻이다. 이렇게 방벌론은 '민권=민심'의 존재를 강조하는 말이다. 그런데 왕조시대 방벌의 행위자는 시대적 한계 때문에 일반 백성이 아니고 정치의 주도권을 갖는 관료였다. 그렇지만 방벌은 반드시 백성의 의지(민심=천심)를 반영하는 것으로, 민중을 대신하는 혁명에 속한다고 볼 수도 있다.

이렇게 공자와 맹자는 인간사회/공동체의 중심은 군주가 아니고 백성/민인이라는 사상을 분명하게 가지고 있었다. 이것이 인위적인 힘의 원리가 백성에게 작용하는 왕조시대에 유가학파 공맹이 내건 하늘 사상이다. 하늘은 '삶의 희망'을 말한다. 하늘=삶의 희망이 곧 민본주의다. 이렇게 전통시대 민

---

138) 是民受之也, 天與之, 人與之.《孟子集註大全/萬章上》(成均館大學校大東文化硏究院, 1970) 636쪽.

본사상/민본정치의 근원은 공자의 인仁에서 비롯된다. 공자의 인에 대하여 새롭게 해석한 사람은 중국 근대의 정치개혁 사상가였던 담사동譚嗣同(1865.~1898.)이다.[139] 그의 주장에 의하면, 공자가 인을 말했음은 인=소통=평등의 인식을 드러냈음을 뜻한다. 여기서 인의 개념을 소통과 평등이라고 보았을 때 인의 개념을 더 확장하면 자유와도 통하게 된다. 자유는 천부인권을 말한다. 따라서 인은 평등이요, 평등은 자유요, 자유는 비非지배라는 말이 된다. 여기서 비非라는 말은 영어의 no(부정=無)를 말하는 게 아니고 not(삼갈=反=非)를 뜻한다. 우리는 공자의 소통주의를 김대중의 소통철학과 관련하여 주의깊게 생각할 필요가 있다. 김대중이 가장 좋아하는 말은 소통과 평등이었다.

　공자가 주장하는 인=소통주의는 곧 다솜=포용의 힘=사랑이다. 그래서 다솜/사랑의 본질은 우주공간에 존재하는 만물일체/자연현상을 티 없이 아우르는 수정체와 같은 말이다. 만물일체에 대한 포용력이라 함은 자연과 인간, 남과 나, 어른과 아이, 남자와 여자 사이의 막힘이 없는, 장애가 없는 소통을 의미한다. 나아가 고하高下(왕과 신하)를 구분 짓는 계단階段=계급階級이 없는 평등을 의미하기도 한다. 여기서 평등이라는 것은 오늘날의 의미로 보았을 때, '사회적 조건의 평등'을 말한다.[140] 왕조시대/전통시대 지배계급이 머무는 공간에는 반드시 높은 단壇이 있고 단으로 오르는 계단이 있다. 계단이 많을수록 단은 높게 위치한다. 높은 단은 군주의 권위를 인위적으로 높였다는 것을 의미한다. 그래서 계단 위는 지배자(왕) 계급이 정좌定座를 하고 있고, 계단 밑에는 관료/신하들이 선 채(입신立身)로 나열해 있다. 이는 높고 낮

---

[139] 譚嗣同/西順蔵, 扳元ひろ子,《仁學》(1989, 岩波書店), 27~37쪽 참조.
[140] 사회적 조건의 평등: 이보 모슬리/김정현,《민중의 이름으로》(녹색평론사, 2022) 45쪽 참조.

음의 계급사회를 분명하게 하는 불평등의 공간 구조를 의미한다. 종교집단에서도 신도와 성직자를 가르는 단이 있다. 불교에서 대웅전 안의 불단을 보면 성직자는 높은 단에 앉고, 신도는 밑에서 듣게 되어 있다. 또 그리스도교 성전 안에도 목사나 신부는 예배나 미사를 주도하는 강대상은 높은 단에 위치해 있다. 높은 단은 성직자의 권위를 의미한다. 때문에 '평등'이라고 말해지려면, 불평등의 공간(높은 단)이 존재하지 않아야 한다. 그래서 민주주의 사회가 도래하면서 평등을 상징하는 원탁회의가 생겨나는 이유다.

이렇게 공자의 인사상에는 오늘날의 민주주의/민중정치[141]의 핵심 이념인 자유와 평등, 소통주의가 곱게 담겨 있다. 나라 사람의 자유와 평등을 존중하기 위해서는 나라 사람(백성)에 대한 간섭과 통제를 최소화해야 한다. 뒤에 나오는 맹자에게서도 나타나지만, 인사상은 국가의 통치 범위에 대하여 다음과 같이 규정하고 있다. 국가의 존재 이유는 "백성의 완전한 삶(자유와 평등, 행복, 평화)을 실현하도록 돕는 데 있다"고 하였다. 그래서 맹자가 여민동락/여민동우를 강조하였는지 모른다. 따라서 권력을 쥔 자들의 역할은 양민養民과 교민敎民에 있다.[142] 국가권력은 중국 근대 계몽사상가인 량치차오[梁啓超,1873~1929]가 말하는 보민保民과 목민牧民이 아니다. 양민은 항산恒產을 유지시켜 주는 일이고, 교민은 바른 양심으로 살도록 일깨우는 훈육訓育을 말한다. 다시 말하면, 항산은 먹고 사는데 부족함이 없게 하는 나라의 역할을 말함이며, 훈육은 덕치德治/인치仁治를 통하여 나라 사람(民)들이 스스로 윤리적/도덕적 주체로 성장케 하는 위정자의 양심을 말한다.

---

141) 민주民主와 민주주의民主主義는 다른 개념이다. 민주는 민중이 주인라는 뜻이고 민주주의는 데모크라시를 잘못 번역한 오늘날의 정치이념을 말한다.
142) 譚嗣同, 앞이 책, 32쪽.

조금 비약해서 말하면, 공자가 인을 주장한 것은 군주의 지배적 행위의 제거와 불평등의 계급사회를 타파하여 평등한 민중/민본사회로 가는 길을 염원하였다고 볼 수 있다. 곧 유럽의 근대개념인 평등, 자유, 민주의 이념은 이미 공자의 '인사상'에서 나와 있었다. 공자의 인사상이 곧 민본주의다. 이렇게 보았을 때, 조금 비약일지는 모르지만, 공자가 생각한 민본주의는 왕정을 근본으로 둔 이념 체계가 아니고 오늘날의 공화정 시대의 민주주의/민중정치와 같은 차원이었다고 볼 수 있다. 공자와 맹자가 말하는 민본주의는 나라의 주권자인 '민인의 손에 의하여(民有: of the people) 대리통치자가 민인을 위한(民享: for the people) 부의 분배와 복지정책의 추진과 민중에 의한 통치(民治: by the people)가 민본주의다. 이러한 민본주의 정치사회에서만이 인간 존엄성에 대한 공경과 민인의 행복권이 존중되는 정치/통치가 주어질 수 있다. 이러한 민본주의 정치 구조를 오늘의 정치이념으로 말하면, 민주주의가 된다.

공자 사망 이후, 약 100년 늦게 태어난 맹자는 공자의 '인' 사상을 본모습대로 해석하고 민본정치의 본질을 구체적으로 체계화한다. 맹자는 "군君은 국國보다. 국은 다시 민民보다 낮다"는 국가의 질서 체계를 만들어 냄으로써 민을 사회 신분상 최고 위치에 세웠다. 맹자는 하늘(天)/군주(君)/백성(民)을 하나로 묶어내는 가(家: 울타리)의 개념도 만들어 낸다. 곧 '하늘 아래 나라'(천하국가天下國家)라는 개념이다. 여기서 국가라는 말이 유래하게 된다.[143] 천하 국가라는 말은 오늘날 잘못된 정치사회와는 달리, 군주와 백성이 평등하다는 논리다. 평등이라는 말은 나라 안에서 통치자와 국가구성원은 동격이라는 뜻이다. 그래서 맹자는 국가개념과 국가의 존재가치 중 최고를 민/백성

---

143) 國家: 유럽의 근대개념으로써 국가는 17세기 프랑스의 루이 14세Louis XIV (1638-1715) 때 나오게 된다.

에 두었다. 맹자에게 있어서 국가/나라의 원래 개념은 지배자를 위한 울타리가 아니었다. 군주와 백성=군민君民이 함께 어울려 사는 공동체였다. 곧 "민이 가장 귀하고 사직社稷(나라)은 그 다음이고 임금(왕)이 가장 낮다(輕). 무릇 민인을 근본으로 해야 나라 또한 세워지게 된다. … 민인과 나라의 경중이 이와 같다. …. 이래서 나라라는 가치는 군주에게는 중중할지 모르나 민인보다는 중하지 않다."[144]라는 논리를 강조함으로써 '민인이 나라와 군주보다 더 귀'하다는 사상을 낳게 된다.(민귀군경설民貴君輕說)[145] 이 말은 공자가 말한 "군君은 천명天命의 대행자일 뿐, 나라를 이끄는 주체는 민民"이라는 인식과 주장을 명확하게 해석한 부분이라고 본다. 또 맹자는 "민인을 얻고 나서야 천자가 된다."(得乎丘民而爲天子)[146]라는 말을 했다. 민인/백성이 없는데 군주가 무슨 '소용 가치'인가? 백성이 없다면 군주(통치자)도 존재가치가 없다는 뜻이다.

이어서 맹자는 다음과 같은 말을 했다. "민인/백성이 떠난다는 것은 민심이 떠났다는 뜻이다."[147]라 하여 나라의 근본은 민인/백성임을 분명히 하고 있다. 동시에 이 말은 '민인의 민권'民權을 강조하는 말이라고 본다. 그래서 민권을 침해하는 군주는 민심을 잃게 된다. 이 말을 오늘날에 대입하면, 일국의 지도자가 민심을 얻으려면 민권, 곧 백성의 자유에 대한 존중은 물론 백성의 뜻에 어긋나는 정치를 해서는 안 된다는 말과 같다. 곧 맹자가 말하는 민본사

---

144) 民貴社稷次之君輕, 蓋國以民爲本 社稷亦爲而立…輕重如此… 是社稷雖重於君, 而輕於民"《孟子集註大全》,〈盡心章句下〉, 成均館大學校 大同文化硏究院, 1970) 741쪽.
145) 민귀군경설은 주자도 동감하고 이후 왕양명 등 양명학에서도 이에 동감하는 학설들을 내놓게 된다.
146)《孟子集註大全》,〈盡心章句〉, 같은 책 742쪽.
147) "桀紂之失天下也. 失其民也 失其民者 …失其心也. 得天下有道, 得其民 斯得天下矣. 得其民有道, 得其心, 斯得民矣,"《孟子集註大全》,〈離婁章句上〉, 같은 책) 588쪽.

상의 핵심은 민권의 존중이다. 민심은 곧 군주의 민권을 대하는 태도에서 나타난다. 그래서 민권을 침해해서 민심이 떠난 군주는 방벌해도 좋다는 논리가 나온다. 공자도 "대도大道가 행해지면 천하는 공공의 것이 된다"고 하였다.[148] "공공의 천하"라는 말은 자유와 평등을 존중하는 사회 곧 민권을 바탕으로 민심을 존중하는 사회는 무군無君의 대동세계가 된다는 뜻이다. 그래서 맹자는 "군왕은 하늘을 대신해서 백성의 행복을 실현시킬 의무가 있다. 그것에 실패했을 때 백성은 군왕을 권좌에서 물러나게 할 수 있다"고 말했는지도 모른다. 이렇게 보았을 때, 정치인이자 정치사상가였던 김대중은 맹자의 방벌론과 루소의 혁명론은 같다고 주장하면서 "독재는 민중에 의해 타도되는 게" 맞다고 하였다.

이와 같은 공화주의적 민본주의 이념은 공자에서 시작하여 맹자에 이르러 구체화된다. 그러나 공자의 인사상은 맹자보다 뒤에 나와 성악설性惡說을 주장하는 순자荀子(기원전 298~238)에 의하여 왜곡된다. 순자는 공자의 인에 의한 정치(인정仁政)를, 백성을 위한 인정이 아닌, 군주의 아량에 의한 정치행위로 해석해 냈다.[149] 곧 순자는 군君〉국國〉민民이라는 군귀민경君貴民輕/존군론尊君論을 주장함으로써 군주/왕을 최고 지위에 놓고 민/백성을 밑바닥의 지위에 세워놓았다. 맹자와는 정반대의 주장을 하였다. 순자는 존군론과 함께 왕의 예禮도 함께 강조하였다. 이러한 존군론을 계승한 자가 순자의 제자 이사李斯(기원전 ?~기원전208)이다. 이사는 순자의 사상에서 영향을 받았지만, 순자와 달리 법가사상가로 변신한다. 이사는 법가사상을 가지고

---

148) "大道之行 天下爲公"《禮記/禮運》.
149) 譚嗣同/임형석,《仁學》(산지니, 2016) 159쪽.

전국시대 진秦나라가 강력한 왕권을 중심으로 중국 천하를 통일케 하는 데 주역을 담당한다. 강력한 법가사상으로 중국 천하를 통일한 진나라는 얼마 못 가 초한楚漢의 난립기를 거쳐 유방劉邦(기원전 247.?~기원전 195.)이 이끄는 한나라로 통일된다.(기원전 202.) 한나라는 다시 전한前漢=西漢 시기와 후한後漢=東漢 시기로 나뉜다.

전한(기원전 202.~기원후 8.)시대, 유가 경전《춘추春秋》에 대한 조예가 깊고, 순자의 사상을 계승한 동중서董仲舒(기원전176~기원전104)라는 엉뚱한 자가 나온다. 동중서는 한나라 군주를 강력한 세습적 개인 독재로 만들어 낸다. 그리고 공맹의 민본사상과는 달리 군주를 오제五帝의 천자天子에 비유한다. 곧《춘추좌전주소/노은공春秋左傳注疏/魯隱公》첫 구절에서 나오는 춘왕정월설春王正月說이 바로 그러한 주장이다.[150] 춘왕정월이라 함은 하늘의 봄(春)과 같이 인간사회에 왕이 있음으로써 인간의 바름(正)이 나타난다는 뜻이다. 곧 봄은 하늘이 주관하지만, 인간사회 봄(正月)은 왕이 주관한다는 뜻이다. 그래서 왕은 하늘의 뜻을 받아 백성들을 이끄는 유일의 존재(天子)로, 천하통일의 중심은 군왕이 된다는 이치다. 따라서 천하의 모든 백성은 군왕의 신하 됨에서 벗어날 수 없다는 주장이다.

동중서는 이러한 사고를 바탕으로 삼강三綱의 기초를 놓게 된다. 삼강은 우리가 다 아는 바와 같이, 신하는 임금의 아래에 있고(군위신강君爲臣綱), 자식은 부모의 아래에 있고(부위자강父爲子綱), 여자는 남자의 아래에 위치한다(부위부강夫爲婦綱)는 논리다. 이러한 삼강의 논리는 후한 때 유수劉秀(기원전 6~기원후 57, 光武帝)가 집권하고 있을 때 역사가 반고班固(32~92)가 보편화시킨다. 삼강 논리는 공자의 상호수평적 인간 관계의 핵심인 인사

---

150)《春秋左傳注疏/魯隱公》권1, 傳元年, 春王周正月(《四庫全書薈要》9, 앞의 책, 46쪽)

상(오륜五倫)을 계단階段관계, 곧 차별/계급 구조로 바꾸어 놓았다. 동중서는 삼강 논리를 억음존양抑陰尊陽으로 설명을 한다. 억음존양이라 함은 음(땅, 여자, 아내, 자식, 백성)은 낮고 양(하늘, 남자, 남편, 부모, 임금)은 높다는 뜻이다. 순자와 동중서, 반고에서 비롯되는 지배자〉피지배자라는 부등不等의 사회계급을 전제로 한 후대 유가학파 집단의 정치 논리는 공자와 맹자의 민본주의 이념을 왜곡한 시대적 한계, 또는 천하를 평정하려는 패왕霸王들의 시대적 필요에 맞춘 정치이론이다. 따라서 유가사상에서 흔히 말하는 위민爲民(: 백성을 위한)과 애민愛民(: 백성을 사랑하는)이라는 말은, 공자와 맹자의 민본사상의 본질에서 벗어난 왕권 중심의 정치이념에서 나온 정치철학이다. 곧, 위민과 애민은 민본사상을 왜곡한 정치 용어라고 말할 수 있다.

이리하여 공맹에 의해 성립된 평등적 민본주의는 자취를 감추고, 군왕 중심의 계급구조/권력 질서, 곧 지배층(君主와 士)과 피지배층(農工商人)이라는 관계 설정이 이루어진다. 이러한 신분적 차별을 전제로 한 통치 논리가 세습적 전제군주제다. 이러한 세습적 전제군주제(한문화)는 동아시아의 지배 질서에 영향을 주면서 구미의 근대적 정치사상(데모크라시 개념)이 도입되기 전까지 유효하게 지속되어 왔다. '세습적 전제군주제'는 공자와 맹자의 세계관과 가치관과는 큰 차이를 보인다.

조금 더 이야기를 부연해 보자. 공자는 늘 요순堯舜을 거론하였다. 요순은 천하를 개인 것으로 여기지 않았다. 따라서 요순시대에 나라 운영의 형식은 군권君權이었지만, 실질은 민권民權이 운영하였다는 뜻이다. 이러한 사실은 《예기/치의禮記/緇衣》에서도 찾아볼 수 있다. 이에서 보면 "민民은 군주를 마음으로 삼고, 군주는 민民을 몸으로 삼는다. 마음이 건장하면 몸이 상쾌하고 마음이 숙연하면 얼굴이 경건해진다. ..... 군주는 민民으로 인해 존재하고 군주는 민民으로 인해 망하기도 한다."[151] 라는 말이 있다. 이 말은 민과 군, 두 존재에는 불가분리성과 상호의존성이 있다는 뜻이다. 인간의 영육靈肉이라는 정신과 육체는 불가분의 관계를 가지고 있다. 이를 정치 구조에 대입해 보면, 군=혼(君=魂)과 민=육(民=肉)은 상호의존적으로 공생하는 존재가 된다. 맹자는 이러한 이치를 가지고 정치는 정신적으로 도덕적 교화를 추구하면서 물질적으로 복지사회를 추구하는 것이라고 해석하였다. 김대중은 청주교도소에서 《맹자孟子》를 읽었다.

김대중의 민본주의 사상은 이에서 영향을 받은 것으로 본다. 그래서 김대중은 민주주의(정신)와 대중경제(물질)를 양면의 동전이라고 했다. 평등과 자유, 평화를 주는 정신적 측면과 국가 이익의 분배, 곧 복지사회로 가는 물질적 측면을 모두 갖추게 해주는 게 민본정치라고 하였다. 김대중은 함석헌처럼 감옥을 '대학'이라고 지칭하였다. 김대중의 감옥대학은 크게 1970년대와 1980년대로 나뉜다. 1970년대는 박정희 유신독재 때, 1976년 반유신 〈3.1구국선언문〉(명동선언문)에 서명하고 동참하였다는 이유로 박정희 개인의 감정과 보복으로 재판을 받고 진주교도소에서 복역을 한다. 그리고 1980년대는 전두환 살인독재가 날조한 〈5·17내란음모조작사건〉으로 청주교도소에서 복역을 하게 된다. 글쓴이는 첫 번째 감옥은 대학이지만 두 번째 감옥은 대학원이라고 말한다. 그래서 김대중은 첫 번째 감옥대학에서는 유럽사를 전공하였지만, 두 번째 감옥대학원에 진학했을 때는 동양사를 전공하였다. 김대중은 동양사를 공부하면서 맹자의 철학적 인식인 민귀군경설과 민본주의를 정치사상으로 갖게 된 것으로 보인다.

---

151) 民以君爲心, 君以民爲體, 心莊則體舒, 心肅則容敬....君以民存, 亦以民亡《禮記 55/緇衣》《四庫全書薈要》18, 앞의 책, 491쪽.)

민본주의/민주주의를 이해하기 위하여 중국의 사서史書나 경전에서 나오는 민民의 개념에 대하여 잠시 이야기를 더 해보자. 일반적으로 민民을 백성의 개념으로 이해를 하고 있다. 중국에서 백성이라는 말은 원래 한족 지배계급(군사 대연맹의)인 씨족연맹장을 일컫는 말이었다. 곧 백여 개의 씨족연맹장(요순시대)들을 일컬어 백성百姓이라 하였다. 그리고 한족의 군사연맹장의 침략전쟁(중원전쟁)에서 패배하여 한족漢族의 포로가 된 여족黎族과 묘족苗族 등 구족九族 무리를 노예=여민黎民이라 하였다. 따라서 초기 백성이라는 용어는 귀족/지배계급을 일컫는 말이었고 여민은 천민 또는 노예를 일컫는 말이었다. 곧 성姓을 가졌다는 것은 일정한 토지 기반을 가진 귀족계급을 뜻하였다. 그러다가 귀족을 뜻하는 백성계급은 춘추시대에 최고 권력자(군왕)의 정치행위에 조력助力하면서 자기 지역의 여민/노예노동자들을 원격 지배하는 엘리트 지배층(고려시대 사심관事審官과 같은 성격의)으로 변신을 하게 된다. 백성百姓이 백관百官으로 지위가 바꾸게 되었다는 뜻이다. 그러다가 중국의 전국시대(기원전 5~3세기)에 들어와 7웅雄들이 패권 다툼을 하는 과정에서 백성계급인 귀족들은 자기 관리의 영역이 사라지고 7웅 군왕의 신하(臣)에 불과한 여민 계급과 같은 계급으로 격이 떨어지게 된다.[152] 이렇게 전국시대에 이르러 백성이 평민 계급으로 평등화된 것은 노예를 제외하고 평민 대부분이 모두 성을 가지게 되었음을 의미한다. 귀족계급이었던 백성이란 말이 피지배층의 대명사로 된 것은 지배계급의 최상층에 있는 왕은 단일한 성을 가졌지만, 피지배층의 대명사인 백성은 다양한 혈통, 곧 형용사인 '많다'의 뜻을 갖는 백百과 '혈통'을 뜻하는 성姓의 모음

---

[152] 《漢語大詞典/百姓》8(漢語大詞典出版社, 1991), 231쪽.; 장현근, 〈동양에서 민, 정치개념의 형성 및 변천〉, 신정근 외, 《민본과 민주의 개념적 통섭》(성균관대학교 출판부, 2017) 34~39쪽 참조.

글자이기 때문이다. 그래서 백성은 권위주의적 계급주의에 나온 용어다. 이후 중국의 사고전서四庫全書 경사자집經史子集의 모든 서책에서 나오는 민民이라는 글자는 일반 백성인 피지배층을 뜻하는 글자가 된다.

民을 갑골문(은허문자)에서 찾아보면, ᾷ와 같은 모양을 하고 있다. 곧 위에는 사람의 눈동자가 그려 있고 그 밑에는 송곳으로 눈동자를 찌르는 모양을 하고 있다. 이런 글자가 전국시대(西周) 금문金文에 오면, ᾷ와 같이 눈동자가 송곳에 찔려 가운데 동공瞳孔이 일그러진 모습을 하고 있다. 이것은 중국 노예제사회에서 노예에게 강제노동이 가해지는 잔혹한 형벌을 뜻한다. 이런 글자 모양이 소전체(秦의 문자통일)에 와서 民와 같이 송곳에 눈동자가 찔려 눈물을 흘리면서 주저앉은 모습으로 변하고 있다. 시간이 지나 해서체(중국 唐代)로 와서 전체 나라 사람을 뜻하는 民자로 정형화된다. 그러니까 옛날 중국에서는 백성은 귀족을 뜻했고 民은 '노예'奴隷를 뜻하였다. 노예라는 존재는 "아무 것도 모르는 멍청이", 또는 "지배를 받는 사람", "주인이 시키는 대로 일만 하는 사람", "말 잘 듣는 짐승"이라는 뜻이었다. 이런 뜻에서 점차 피지배층 대명사로 쓰이게 되었다.

'민본' 이라는 말에서 핵심을 이루는 단어는 본本이다. 근본/줄기/조성/농사/바탕을 뜻하는 본本은 부호글자(指事)로 갑골문에서는 보이지 않는다는 주장이 일반적이다. 그러나 중국 주周나라 시대 나온 주문籒文(소전小篆 이전의 대전大篆을 일컬음)이 갑골문에서 나온 글자와 같지 않았을까 하는 생각이다. 일단 주문을 보면, ᾷ와 같이 위는 나무 목(木)이 그려 있고, 밑에는 ᾷ와 같이 뿌리혹박테리아를 연상케 하는 작은 동그라미 세 개가 그려 있다. 이 작은 동그라미 세 개는 뿌리를 나타내는 부호로 보인다. 이렇게 생긴 글자가 금문체金文体(중국 서주西周의 문자) ᾷ를 소전체小篆体(중국 진시황 때의 통일문자)에 와서 ᾷ와 같이 변하고 해서체楷書体(중국 동진東晉

왕희지王羲之에서 시작되어 당나라 때 완성)에 와서 오늘날의 본本자가 정형화된다. 따라서 본本의 본디 뜻은 뿌리다. 뿌리라는 말에서 '바탕, 근본, 본디, 처음, 근원'이라는 뜻들이 발전되어 나온다. 곧 땅 위의 나무(木)와 땅 밑의 뿌리(根)가 하나를 이루는 글자가 본本자 이지만, 글자의 무게로 보아 뿌리를 더 강조한 글자다.

따라서 본本은 다음과 같이 설명해 볼 수 있다. (一)은 땅을 의미하고 땅 위의 나무(ㅗ)는 현상의 나라를 뜻하고, 땅 밑의 보이지 않는 뿌리는 나라 사람(고대는 백성, 현대는 민인)을 뜻한다고 해석해 볼 수 있다. 현상現狀으로 보이는 나무는 지상의 환경에 따라 죽을 수도 있다. 그러나 땅 위의 나무(나라)는 죽더라도 땅속의 뿌리(민인/백성)가 죽지 않는다면, 반드시 새로운 나무(나라)를 싹 틔운다, 이게 생명의 법칙, 우주의 법칙이다. 곧 새로운 나라/국가가 만들어진다. 그렇지만 뿌리가 죽으면, 절대로 새로운 나무/나라는 생성되지 않는다. 따라서 국가/나라 공동체에서 뿌리를 이루는 백성/민인이 근본이라는 뜻이 본本자가 갖는 본래 의미다. 전前근대 시대는 뿌리보다 나무가 우선이었지만(지배계급 > 피지배계급), 오늘날 우리가 살아가고 있는 현실은 뿌리가 우선(민인 계급 > 권력 엘리트 계급)인 시대로 진화/발전해 왔다. 그래서 민본民本이라는 뜻은 뿌리를 이루는 민인(民)이 근본/바탕(本)이 된다는 뜻이다. 곧 민본주의요 민본정치民本政治를 말한다. 민본에서 민은 인민/민인을 뜻한다. 사실 국가의 개념과 나라라는 개념은 다르다.

김대중도 언제인가는 국가가 나라로 나가야 한다고 보았다. 그래서 김대중이 민중/대중이라는 말을 더 즐겨 썼는지도 모른다. 이렇게 보았을 때 김대중은 인사상 곧, 민인/국민을 뿌리로 생각하는 정치사상을 확립하고 실천하는 양심을 가진 정치사상가(행동하는 양심)였다고 말할 수 있다. 또《주례周禮》에서 보면, 민인에게 항산恒産의 보장과 사회적 약자를 배려하는 내용도 들어 있다. 이를 생업의 보장이라고도 한다.[154] 유가의 경전을 많이 탐독하였던 김대중은 이에서 영향을 받아 철저하게 민본적 민중정치/민주주의와 복지정책을 추구해 나가지 않았나 하는 생각이다.

이제까지의 내용을 가지고 공맹의 정치이념인 민본주의 사상의 특징을 다시 정리하면

  1) 공자의 인仁사상에는 인간의 존재 가치를 자유와 평등에 두었고, 만물과 인간의, 인간과 인간 간의 자유로운 소통의 뜻을 담고 있다. 자유와 평등과 계층 간 소통은 곧 민본사상의 핵심을 이룬다.

  2) 맹자가 말한 방벌론과 민귀군경설은 당시 민(민인=백성)이 주권자이고 군주는 다만 국가를 바르게 이끄는 통치자(지배자가 아닌)임을 분명히 하고 있다.

  3) 민의=민심을 따른다는 내용은 군주와 민인이 다 같이 자유와 평등의 정신을 가지고 있다는 뜻으로, 민인이 군주의 독재권을 견제한다는 의미로 해석할 수 있다.

  4) 민생의 보장, 만민의 복지는 민중정치에서 말하는 민인을 위한 정치사상을 말한다고 볼 수 있다. 곧 공맹의 민본주의는 당시 백성들에게 윤택한 경제 생활을 보장하는 데 있었다.

따라서 공맹사상으로 대변되는 민본사상은 곧 오늘날의 민주사상, 민중정치와 맥락을 같이 한다고 볼 수 있다. 곧 공맹의 민본주의는 당시 백성들에게 윤택한 경제 생활을 보장하는 데 있었다. 공자에게서 시작되어 맹자가 체계

---

154) 大司徒... 以保息六養萬民, 一曰慈幼, 二曰養老, 三曰振窮, 四曰恤貧, 五曰寬疾, 六曰安富《周禮注疏 권10/地官司徒》《四庫全書薈要》14, 앞의 책, 196쪽. * 安富: 徭役을 공평히 하여 백성들을 편안히 살도록 함.

화한 민본주의는 공자 인사상의 본질인 상호부조론에 기초를 두고 있다. 상호부조론이라는 말속에는 높고 낮음이 없다, 뺏고 빼앗기는 사회구조도 없다, 다스리고 다스림을 받는 지배구조도 없다. 통치/지도구조만 있을 뿐이었다. 서로 돕고 서로 보완해 주는 인간 관계만 있다. 곧 '같이살기' 사상이다. 이를 오늘날의 정치 구조에 맞게 적용하려고 힘쓴 대한민국의 지도자는 김대중이 아닌가 하는 생각이다.

나. 민주주의 개념의 새로운 해석

우리나라 정치외교학 분야의 대학자인 최장집崔章集(1943. ~)은 민주주의 개념에 대하여 다음과 같은 말을 했다. "한국에서 민주주의라는 말은 '주의'라는 말이 가리키듯 통치체제로서의 민주정이 아닌, 이념으로 이해되고 있다. 민주주의라는 말은 일본 학자들이 유럽(고대 그리스)에서 비롯된 데모크라시democracy를 해석하면서 나온 용어라는 것은 누구나 잘 아는 사실이다. 데모크라시를 민중정치, 또는 대중정치가 아닌 민주주의로 번역하게 된 배경은 메이지유신 이후 일본 지식인들이 수용한 계몽사상과 자유민권운동의 영향에서 기인된 것으로 본다."[154]

옛 그리스에서 탄생한(기원전 507.) 데모크라시democracy는 민중(demo)+정치(cracy)=민중정치/민중통치라는 뜻이다. 곧 '민인/인민의 권력', '민인/인민에 의한 지배/통치'를 뜻한다. 그리스의 데모크라시는 다수의 노예 인구

---

154) 최장집,《한국정치연구/다시 한국 민주주의를 생각한다-위기와 대안》29권 2호(서울대학교 한국정치연구소, 2020 6월호) 17쪽.

(3/4)를 제외한 전체 시민 중심의 민주정/민중정치였다. 그리스는 기원전 6세기 시대적 환경에서 노예제도라는 한계를 갖고 있었지만, 비非노예 계급인 시민들은 자유롭고 평등한 존재로서 자율적 정치를 한 것은 틀림이 없는 역사적 사실이다. 곧 그리스의 데모크라시는 정치이념인 민주주의가 아닌, 정치형태/정체인 민주정이었다. 이렇게 그리스는 시민 모두가 자유롭고 평등하다는 원리를 바탕으로 "민중이 필요로 하는 민중의 대표가 통치하고 나머지 민중이 통치를 받는" 정치 형태인 데모크라시를 생산했다.

이러한 '직접 민중정치'를 탄생시킨 그리스의 데모크라시는 로마 공화정과 제정帝政을 거치면서, 2,000여 년 동안 잠들어 있다가 유럽의 봉건주의, 절대주의 시대를 지나, 18세기 자유주의자(부르주아지: 상인계급)에 의하여, 부활하게 된다. 그리스의 데모크라시가 부활 되는 과정은 봉건적 절대권력에 대한 자유주의자들의 저항과 투쟁에 있었기 때문이다. 유럽의 봉건세력(교황과 절대군주)과 자본가의 권력 독점에 대한 자유주의자들의 저항과 투쟁이 없었다면, 유럽의 데모크라시는 존재하지 않았을지도 모른다. 이러한 절대권력과 개인 독재, 그리고 자본 권력에 대한 저항과 투쟁을 통하여 유럽의 데모크라시는 생존/발전해 왔다. 그래서 데모크라시의 알짬은 독재권력/개인독재에 저항하는 직접 민중정치를 뜻한다.

이렇게 저항과 투쟁으로 찾아진 유럽의 데모크라시도 자유주의를 이념으로 하는 부르주아지에 의하여 '대의제 데모크라시'로 변질이 된다. 대의제 민주정은 의회가 민중(民)의 주인(主)이라는 뜻이다. 대의제 민주정은 선거라는 이름으로 전체 민중이 정부 정책의 결정에서 배제됨을 뜻한다. 오늘날 세계의 사회주의/공산주의/자본주의 국가의 모든 정치형태는 일부 지역을 빼고는 공통적으로, 민중에 의한 직접 민중정치가 아닌 유럽식 의회 민주정의 정치형태를 띠고 있다.

김대중은 철저한 의회주의자이다. 김대중은 일관되게 정치이념과 정치형태를 하나의 민주주의로 개념을 통일하였다. 글쓴이는 부도덕한 주류들이 말하는 민주주의와 도덕적 주류들이 말하는 민주주의는 본질적으로 성질이 다르다고 본다. 독재권력 시대의 민주주의는 개인 독재가 '국민(民)의 주인(主)'이라는 뜻의 민주주의였다. 그러나 도덕적 양심 세력이 정치를 하게 되면 민주주의는 '민중이 주인'이라는 뜻의 참민주주의가 된다. 참민주주의는 민중정치로 현실화한다. 그래서 그냥 민주주의와 참민주주의는 본질상 많은 차이를 갖는다. 김대중의 민주주의는 민중정치를 수반하는 참민주주의이었다.

정치에는 권력의 향배를 놓고 주체와 객체가 존재한다. 아시아의 봉건적 왕조시대는 나라 권력의 주체가 군주(王, 이를 두목이라고 한다)였다. 권력의 주체로부터 지배를 당하는 객체적 존재는 백성(四民=臣民)이었다. 백성은 나라의 주인이 아니었다. 납세와 군역을 짊어지면서 잡세/특산물을 빼앗기는 피지배층이었다. 그러나 유럽의 근대 사조가 파도를 치며 아시아까지 밀려오면서 분단해방 이후 우리나라에도 보편적 사고로써 자유주의와 민주주의가 유입된다. 여기서 국가권력의 주체는 나라 사람이라는 사고가 주입된다. 곧 국가의 주체가 국가사회를 통치한다는 민주주의 원리를 알게 되었다. 왕정에서 공화정으로 바뀌었다는 뜻이다. 공화정이라는 말은 전통사회에서 존재하였던 지배와 피지배라는 불평등의 계급사회가 사라지고 '사회적 조건이 평등'한 사회가 되었다는 말이 된다.[155] 그러나 이제까지 대한민국은 말만 왕정에서 공화정으로 바뀌었다. 그것은 민주주의 꽃이라 말하는 선거제도를 통

---

155) 사회적 조건의 평등: 사회적 조건의 평등이라는 말 속에는 경제적 조건의 평등이라는 말은 포함되지 않는다.

하여 뽑힌 대표자가 국가권력을 독점하였기 때문이다.

민주주의에서는 통치 집단의 권력 행위는 민인=민중의 합의에 의하여 결정된다. 그래서 민주주의 정치구조에서의 통치 권력은 민인의 선택에 의하여 한시적으로 주어진다. 우리는 흔히 통치統治와 지배支配의 개념을 혼동하고 있다. 통치와 지배의 개념은 엄연히 다르다. 통치는 유권자로부터 임차한 권력을 한시적으로 행사하는 것을 말하고, 지배는 왕정시대를 비롯하여 독재권력자들이 민중을 노예적으로 복종시키는 권력 행위를 뜻한다. 따라서 통치 집단의 권력 행위가 장기적이고, 권력 행위자에 대한 민인/국민의 자의적 선택권과 소환권이 제한되거나 주어지지 않는다면, 민주주의 사회라고 말할 수 없다. 또한 국민/민인의 직접 선택권에 의해 통치자가 선출되지 않는다면(유신헌법처럼), 그것은 민주주의가 될 수 없다. 통치 권력에 대한 직접 선택권이 반드시 민인民人에게 주어질 때만이 민주주의에 바탕한 민중정치가 된다.

개인 독재에 의한 지배 기간이 10년, 또는 18년이나 지속되었던 이승만과 박정희의 개인적 지배권력 시대는 결코 민주주의를 바탕으로 하는 통치였다고 볼 수 없다. 부도덕한 개인 독재자들이 나라를 지배하는 형태는 고장 난 민주주의, 곧 권력자가 민民의 주인主人이 되는 민주주의가 된다. 그리고 도덕적 양심을 가진 사람들이 통치 권력을 행사할 때의 정치이념은 민중이 주인이 되는 제대로 된 민본주의/민주주의가 된다. 이러한 민주주의 개념에 대한 정의定義를 바탕으로 볼 때, 김대중이 말하는 '민주주의'는 분명 '민중정치'를 포함하는 의미로 해석이 된다. 따라서 여기서는 김대중이 말하는 민주주의를 민중정치로 이해하고 출발하기로 한다.

민중이 선거권(참정권으로 오해되는)만 갖는 유럽식 대의제 민주정은, 겉으로는 민주정이지만, 속은 민중/민인이 국정의 직접 참여에서 배제되는 과두정치를 말하게 된다. 때문에, 옛 그리스의 데모크라시와 유럽식 의회제 민주정은 성격상 많은 차이를 갖는다. 유럽의 '의회제 민주정'은 자유주의자(자본 시민계급)들의 농간에 의하여 발생한 반칙 데모크라시다. 앞에서 말한 바와 같이, 고대 그리스의 데모크라시는 직접 대중정치(민주정)로, 그리스의 민중/시민은 국가의 의제議題를 전체 의견으로 결정하는 참정권을 가지고 있었다. 그런데 유럽의 자유주의자(부르주아지: 상인계급)들은

  1) 어떤 지역 국가의 경우도, 늘어난 전체 나라 인구가 모일 수 있는 광장이 없다.

  2) 일반대중들은 공공의 이익을 합리적으로 판단할 능력을 지니고 있지 못하다.

는 일방적 편견을 가지고 있었다. 곧 상인/시민계급은 자신들만이 이성에 의한 지적/정치적 판단을 할 수 있는 계급이라고 생각하였다. 우리는 이를 '엘리트 의식'이라고 부른다. 이러한 엘리트 의식과 역사 환경이 부르주아지 이익을 대변하는 의회제도(대의제)를 낳게 만들었다. 다시 말하면, 부르주아지들은 직접 민주정을 할 경우, 대중의 수적 우위에 의하여 자신들의 이익이 축소 내지는 침해될 수 있다고 생각하였다. 그래서 로마의 귀족정 방식에서 실마리를 얻어 선거라는 제도를 발상해 낸다. 선거를 통하여 민중/시민의 대표로 구성된 의회를 창설하는 일이었다.

  따라서 나라의 주체인 민인/국민들에게는 명목상의 선거제도를 통하여 대표만을 선출하는 투표권만 주었다. 이 말은 국가 정책을 결정하는 일에 국민/민인을 참여시키지 않는다는 뜻이다. 국가 정책의 결정은 선거에 의해 선출된 대표로 구성된 의회에서 한다. 따라서 시민은 투표권만 갖고, 실질적인 열매는 의회가 갖도록 한 것이 의회 민주정이다. 의회 민주정이 만들어질 당시

시민의 대표로 선출되는 자들은 대부분 자유주의자/상인들 자신이었다.[156] 이렇게 해서 그리스 데모크라시(직접 민주정)가 유럽의 데모크라시(간접 민주정)로 둔갑이 된다. 따라서 유럽을 통해 아시아에 들어오는 데모크라시는 직접 민주정에서 변질된 '반칙 민주정'이다.

  유럽의 의회주의 민주정은 정당제도, 선거제도, 다수결 원칙을 정치 논리로 삼고 있다. 이 때문에 변질된 대의제 민주주의에서는 선거가 끝나면, 당선자들은 권력을 개인화하고 특권과 존경의 대상이 된다. 반면에 유권자는 개인 권력화한 지배권력, 또는 국가권력에 복종하는 노예적 성격의 국민으로 전락하게 된다. 의회 민주정이 나오게 되는 시대적 배경에 대해서는 뒤(대의적 민중정치)에서 다시 설명하기로 한다.

  중국이나 한국의 전통사회에서는 역사적으로 지배 권력에 대한 저항이나 투쟁이 빈번하게 일어났다. 잘못된 지배 권력에 대한 저항은 자유주의 정신이다. 자유주의 정신은 민본주의와 연결이 된다. 이러한 자유주의적 저항정신이 그리스의 데모크라시와 만난 정치 형태는 당연히 민중정치였어야 했다. 그런데 대한민국의 경우, 분단해방 이후, 유럽식 '대의제 민주정'과 일제에서 왜곡 번역되어 수입된 민주주의를 정치꾼들이 아무런 생각 없이 유통시키는 잘못을 저질렀다. 유럽에서 유입되어 온 근대 사조인 데모크라시를 일제시대 학자들이 처음 번역할 때는 민본주의였다. 그러다가 민본주의가 민주주의로 바뀌어 유통된다. 그 과정을 살펴보자. 일본에서 데모크라시를 민본주의로 유통시킨 사람은 도쿄(東京)제국대학의 요시노 사쿠조(吉野作造, 1878~1933.)였다. 요시노는 '다이쇼[大正, 1911~1925] 데모크라시' 용어와 관

---

[156] 최자영, 《녹색평론/민중에 의한 권력통제와 분권으로》(녹색평론사, 2023 겨울호) 54쪽 참조.

련이 깊은 학자로써 식민지 대한인의 '3·1민족해방기의'를 지지한 학자로도 유명하다. 요시노는 데모크라시와 천황주권을 조화시키는 방편으로, 데모크라시를 민본주의로 번역하였다.[157] 곧 일본의 입장에서 볼 때 "국가 주권 행위의 기본 목표는 정치상 인민에게 있"지만, "군주국체를 취하고 있는 일본에서는 민주정의 정체는 적절하지 않다"는 해석과 함께 데모크라시를 민본주의로 번역하였다. 요시노는 '인민의 주권'은 '천황의 주권'과 충돌한다는 의미에서 "인민을 위한 정치"(봉건적 군주제)와 "인민에 의한 정치"(민주적 의회제)를 결합하여 데모크라시를 민본주의로 정의[158]했던 것으로 본다.

요시노가 이렇게 데모크라시를 민본주의로 해석한 것은, 현실정치(봉건적 군주제)를 인정하면서 일반 인민의 이익과 행복을 정치의 목적으로 삼고, 일반 인민의 의향에 따라 정책을 결정해야 한다는 의도였던 것으로 본다. 이러한 요시노의 의도는 중국의 량치차오와 마찬가지로 현실정치(군주제)를 인정하면서 점차적으로 민본주의를 통한 '정당정치'의 실현을 이루자는 의도였다고 본다.[159]

그러나 1930년대 이후, 일본제국주의가 강화되면서 천황의 권위를 극대화시킨다. 이 과정에서 데모크라시는 천황이 일제 국민(民)의 주인(主)이라는 의미의 '일제식 민주주의'로 왜곡 번역된다. 이렇게 일제의 학자나 관료들은 데모크라시를 정치형태/정치체제로서가 아닌 천황 중심의 정체政體로서 데

---

157) 일제의 학자 카야하라 카잔(茅原華山,1871~1952]이 천황의 조칙에서 따와 유럽의 democracy를 민본주의로 번역하여 최초로 사용하였다. 그 말은 하류下流(수준이 낮은)의 인민人民(백성)을 本(바탕)으로 삼는 정치라는 뜻의 민본이었다.
158) 《中央公論/憲政の本意を説, 有終の美の論じ》, 1916. 1월호 참조. * "헌정의 본의를 설명하며 유종의 미를 이루는 방법을 논함"
159) 이상의 내용은 김석근, 《민본주의를 넘어서/민본과 민주 사이의 거리와 함의》(청계, 2000) 251~255쪽을 참고하였음.

모크라시로 인식하고 그렇게 받아들였다는 생각이다. 이렇게 해서 그리스 데모크라시는 민중정치/민본정치가 아닌 민주주의로 오역이 되어 동아시아에 유통되게 되었다. 일본제국주의 시대에 번역된 데모크라시=민주주의는 중국의 공자로부터 시작된 '자유와 평등의 민권'을 핵심으로 하는 민본주의와는 전혀 다른 차원의 데모크라시임을 우리는 알 필요가 있다. 굳이 민중정치를 정치사상 체계로 이념화하려면, '민권주의', 또는 '민본주의'가 바른 용어가 아닐까 하는 생각이다.

민본주의에 바탕한 데모크라시는 직접 민중정치를 의미한다. 민중에 의해 직접 통치되지 않는 민주주의는 결코 민주주의/민중정치라고 말할 수 없다. 민중정치는 교대로 등장하는 지도자/통치자(엘리트가 아닌)가 한시적으로 민중을 위한 심부름꾼이 되고, 나머지 민중이 그가 일하는 것을 인정해 주는 정치, 곧 참 데모크라시를 말한다. 따라서 민주주의에 의한 민중정치가 확실하게 되려면 선거로 선출된 통치자/의원이 잘못되고 있다는 판단이 들면 즉각 국민소환권이 발동되어 주민들의 '잘 잘못'에 대한 판단을 받아야 한다. 그래야만 정치권력이 민중 위에 군림하는 일이 없게 된다.[160]

현재 대한민국의 민주주의는 국가권력이 민중 권력의 위에 군림을 하고 있기 때문에 민주주의에 의한 민중정치가 될 수가 없다. 진정한 민주주의에서는 엘리트 관료 계급들이 민중을 지배한다는 지배자의 개념이 들어있어서는 안 된다. 따라서 선거로 선출된 대통령이나 의원들이 국민/민인을 대표한다고 주장한다면, 그런 주장은 언어도단에 해당이 된다. 대표자에 의한 정치는 과두정치가 되기 때문이다. 이 때문에, 사회주의/공산주의 국가에서는 자신들의 정치를 진정한 민주주의라고 한다. 그것은 민중=프롤레타리아가 직접

---

160) 최자영,《거짓말 공화국 대한민국》(해로도토스, 2020) 19~24쪽 참조.

통치하고 있다는 주장 때문이다. 그러나 김대중은 사회주의 국가를 진정한 민주주의 국가가 아닌 '민주주의적 사회주의' 국가라고 불렀다.

민주주의/민중정치의 개념을 분명하게 밝히려면 민주주의의 주체적 존재인 국민/민인民人이란, 어떤 존재인지에 대하여 살펴볼 필요가 있다. 민인은 각 나라별로 대중/민중/인민/국민으로 불리기도 한다. 우리가 일반적으로 말하고 있는 군중/민중을 뜻하는 사회적 용어는, 동아시아 왕조시대의 백성(피지배계급), 유럽 봉건시대 농노農奴(노예적 농민)로 불리었던 존재들이다. 유럽에서는 르네상스 시기 이후 도시의 발달과 함께 고대 그리스의 '정치에 참여하는 주권자'로서 인민을 뜻하는 '시민'이라는 명칭이 있었다.[161] 그러나 이 당시 시민은 상인계급(부르주아지)에 한정되었다. 상인계급만이 공민公民이었다는 뜻이다. 그러다가 17, 18세기 유럽의 계몽주의시대 사회계약설이 나오면서 시민의 범주가 좀 더 확대된다. 이후 독일의 30년 전쟁(그리스도교 신/구교 간의 종교전쟁)을 마감하면서 평화협정으로 맺어지는 베스트팔렌조약Peace of Westfalen(1648)과 함께 유럽에 새로운 정치질서가 성립된다. 새로운 정치질서가 성립되면서 민족주의와 민족국가라는 새로운 개념들이 등장되어 나온다. 이 과정에서 민족국가 구성원이라는 의미의 국민國民이라는 개념도 등장한다. 유럽의 국민이라는 용어는 동아시아의 전통시대, 피지배계급의 개념으로서 백성을 뜻하지는 않는다. 동아시아도 근대 이후 유럽 근대문화의 영향으로 백성이라는 용어가 시민과 인민, 또는 국민이라는 말로 대체되게 된다.

---

[161] 시민의 개념은 플라톤과 아리스토텔레스에 의하여 이론적으로 정립된다. 이후 토마스 아퀴나스에 의하여 그리스도교와 조화된 시민의 모습이 제시된다. 그리고 마키아벨리에 이르러 근대적 시민의 모습이 완성된다.(함재봉,《유교 자본주의 민주주의》, 전통과 현대, 2000, 28쪽)

우리 조상의 땅이 외세(미국과 소련)의 음모에 의하여 남과 북으로 분단되고, 분단된 땅 위에 분단국가가 만들어진다. 사회주의를 신봉하는 북의 헌법에서는 국민 대신에 인민/인민대중/근로대중/근로인민/공민이란 말을 주로 쓰고 있다. 그러나 자본주의 국가인 남의 헌법에서는 나라 사람을 단조롭게 국민/근로자라고만 쓰고 있다. 남에서 쓰고 있는 국민이라는 말은 '대한민국 국가구성원'이라는 뜻이다. 그러나 국민이라는 말도 동아시아의 근대 개화기에 일제 지식인들이 국가를 구성하는 백성(民)이라는 의미에서 나온 용어이다. 곧 국가나 국민이라는 용어는 국가주의/권력주의를 기본으로 하는 정치이념에서 나왔다. 일제 지식인들은 일제의 왕과 제국주의 국가에 충성하는 백성/노예라는 개념으로 국민이라는 용어를 사용하였다. 곧 국민이라는 용어에는 "국가와 일본 왕에 충성하는 노예적 인민"이라는 의미를 담고 있었다.

국가의 노예라는 뜻의 국민이라는 말이 아닌, 평등적 인격체라는 의미를 갖는 인민/민인이라는 말이 있다. 원래 현대 중국에서 불리는 인민人民이라는 말은 정치적 평등, 경제적 평등, 사회적 평등을 갖는 주권자라는 의미를 담고 있었다. 그러나 이러한 평등적 개념의 인민이라는 말도 시간이 흐르면서 피지배자의 개념으로 전락하고 있다는 생각이다.

대한민국의 헌법과 각종 법률에서 등장하고 있는 국민이라는 용어는 분단 해방 이후, 일제강점기 '일본 왕에게 충성하는 국민'이라는 개념을 그대로 차용하여 헌법에 담았다. 이런 의미로 볼 때 대한민국에서 쓰고 있는 국민이라는 용어가 적합한지는 생각해 볼 필요가 있다. 그래서 의식이 있는 사람들이 기초적 국민을 양성한다는 의미를 담고 있는 국민학교國民學校라는 용어를 바꾸자는 운동을 일으킨 바 있다. 그 결과 초등학교로 고쳤다.(1996.3.1.) 그렇다면 국민이라는 용어도 바꿔야 된다는 생각이다. 공자의 인仁사상에는 자유와 평등의 의미가 들어 있다. 자유와 평등의 의미를 담고 있는 용어가 민인 民人이다. 민인이 나라의 근본이라는 뜻을 담은 정치이념이 민본주의다. 그래서 데모크라시를 민본정치, 또는 민중정치로 번역하고, 민본주의의 주체는 민인으로 하면 어떨까 하는 생각을 가져본다. 그래서 김대중도 민본주의가 민주주의/민중정치의 원류 사상임을 강조하였다. 이승만, 박정희, 전두환 등 개인 독재자나 이명박, 박근혜 등 부도덕한 주류들이 정치를 이끈 시대는 저들 자신(권력)이 '국민의 주인'이라는 뜻의 민주주의였다. 그러나 김대중 등 도덕적 양심 세력들이 정치를 이끌고 갔을 때의 데모크라시는 국민이 '나라의 주인'이라는 뜻의 참민주주의/민중정치였다.

　김대중 등 도덕적인 양심 세력들이 국정을 담당하였을 때는 민중정치에 가까이 가는 정치 형태를 만들어내려고 애를 썼다. 김대중은 "인간으로서 발명한 최선의 제도인 민주주의 제도", "민주주의만이 인간의 자아를 구원시킬 수 있는 제도"라 하여 민주주의는 인류의 큰 자산이요 인류를 구원하는 에너지라고 평가하였다.[162] 그러나 민주주의를 모르는 자들이 권력을 잡으면, 민주주의는 독재를 만들어 내는 독약/아편이 되는 한계를 가지고 있다. 이에서 글쓴이는 김대중이 말한 민주주의를 '민본주의적, 또는 민본적 민중정치'라 이름을 붙여본다. 그리고 이러한 김대중의 정치사상을 후광학이라는 학문 체계로 다듬었으면 하는 제안을 해 본다.[163] 김대중이 민주주의에 대하여 한 말을 우리는 숙고할 필요가 있다. 김대중은 문화가 숙명이 아니라, 민주주의가 숙명이다."라는 주장을 한 바 있다.(김대중,《Foreign Affairs/문화는 숙명인가?:Is Culture Destiny?》1994년. 11, 12월호) 김대중이 말하는 민주주의는, 국

---

162) 정진백 편,《金大中 對話錄 1988-1993/세계사의 흐름과 철학의 위치》(행동하는 양심, 2018) 589쪽
163) 김대중의 민주주의 사상은, 정진백 편,《金大中年代記 1997-2000》5, 같은 책, 339~344쪽 참조 바람.

가가 민중에 의하여 통치되지 않는다면 민주주의가 아니라는 뜻이다. 그래서 민중이 통치하는 민주주의는 민중정치가 된다. 데모크라시=민중정치가 될 때, 나라/국가는 공동체 구성원 개개인들에게 '자율적 도덕성'과 '평등한 권리', 그리고 직접 참정권이 보장된다. 이렇게 될 때만이 엘리트 권력의 특권과 존경이 사라지고 '사회적 조건이 평등'한 민주사회가 확실하게 발전해 갈 수 있다고 본다.

2. 김대중 사상체계의 거시적 분석
　　정치부문

　앞에서는 김대중의 정치 및 경제사상이 형성되는 사회 환경을 알기 위해 역대 대한민국의 정치 환경(반공적 독재정치)과 경제 환경(파쇼적 특권경제)에 대하여 간단하게 살펴보았다. 그리고 콘텐츠 제공 차원에서 김대중의 정치사상 체계의 근본 바탕이 무엇인지를 알아보기 위하여 민본주의와 민주주의 개념도 새롭게 해석해 보았다. 민본주의는 옛 정치이론으로 치부할 게 아니고 오늘날 민주주의에 대체해도 좋은 용어라는 생각을 해 본다. 그리고 데모크라시도 민중정치로 해석해야 옳지 않나 하는 생각이다. 이러한 검토를 바탕으로 이제부터 김대중의 정치사상 체계를 거시적으로 분석해 보고자 한다.

　김대중은 일찍이 우리 국민의 자긍심으로, 동학농민혁명, 3·1민족해방기의, 4·19학생혁명을 들었다.(제7대 대통령선거 효창운동장 유세 연설, 1971.11.4.) 그리고 김대중은 그의 자서전에서 다음과 같이 증언하고 있다. "민주화 투쟁은 민족의 독립과 해방을 위한 투쟁이다. 광주에서 일어난 사건은 우리 민족의 100년 이래, 원망願望인 민중+민족+민주 이 세 민족적 열망이 집약되어 있다. 동학민중혁명의 민중, 3·1독립운동의 민족, 4월혁명의 민주, 이 민중, 민족, 민주의 세 가지가 박정희 암살 후에 국민의 집중적인 관심으로 떠올랐다. 지금이야말로 민중에 의한 민주정권을 세우고, 그 민주정권은 자유와 정의, 그리고 인간의 존엄을 실현하면서 그것을 발판으로 남북 화해와 통일을 촉진해야 한다."(자, 432~434)

　이렇게 김대중은 민주주의/민중정치의 삼대 구성 요소를 민족적, 민주적,

민중적으로 보고(삼민사상)[164], 민중이 민주정치의 주인이고 민중에 의한 민주주의가 바로 서면, 민족 통일도 가능하다는 논리를 폈다. 곧 민주주의를 민족 통일에 연결시키는 정치사상이다. 그래서 김대중은 민족을 위한, 민중을 위한 민주정치를 해야겠다는 신념을 가지고 정치에 뛰어들었다. "나는 국민을 섬기는 참다운 민주주의가 아니면 국민이 참다운 행복을 누릴 수 없다고 결론을 내렸다."(자 1)라고 정치판에 뛰어든 신념을 밝혔다. 이승만, 박정희, 전두환처럼, 염화적 권력욕 때문에 정치판에 뛰어든 사람이 아니다.

김대중은 또 "민주주의(민중이 주인이 되는)는 인간의 존엄성을 구현하는 절대적 가치인 동시에 경제발전과 사회정의를 실현하는 유일한 길이며", "민주주의가 없는 곳에 올바른 시장경제가 존재할 수 없으며 시장경제가 없으면 경쟁력 있는 경제발전은 기대할 수 없다"라고[165] 연역법적으로 강조하였다. 이렇게 민주주의/민중정치가 대한민국의 정치 및 경제발전의 초석이라는 신념을 굳게 가지고 있었다. 이러한 생각이 대통령직에 오르기 전후를 기하여 "국민참정권을 토대로 하는 민주주의와 물질적 부유와 분배를 원칙으로 하는 경제발전을 이룩해야 한다는 병행발전론"으로 나타난다.

앞에서 본 바와 같이 김대중은 맹자의 민본주의는 그리스의 데모크라시와 상통하는 역사 가치라고 하였다.(대 5, 312) 이 민본주의를 민주주의의 원천으로 보았다.(다, 130; 자 1, 438; 대 5, 312; 대 5, 354) 그리스에서 발생한 데모크라시는 일제 다이쇼 데모크라시 시대 정치형태/체제가 아닌 정치이념인 민주주의로 해석되어 국가의 정체로 정착을 해왔다. 이러한 왜곡된 민주주

---

164) 중국 쑨원(孫文, 1866~1925]의 3민주의(민족 민권, 민생)와는 차이를 갖는다. 쑨원의 민족은 만주족에 대한 한족을 말하고 김대중의 민족은 일본족에 대한 우리 민족을 뜻한다.
165) 김대중, 〈노벨평화상 수상 연설〉, 2000년 12월 10일.

의가 1948년 대한민국 수립과 함께 수용하면서 정치이념이 아닌 정치체제로 굳어져 버렸다. 그리고 1948년 이후 우리 사회에 도입되는 유럽식 '의회 민주정'도 진정한 데모크라시는 아니다. 분단주의자(이승만/분단 권력)와 그리고 파쇼적 유가자본주의(박정희식 권위주의 산업화)에 의하여 우리 땅의 민주주의/민중정치는 유보되어 왔다. 만약에 우리 땅에 독재정치의 가능성을 제공하는 왜곡한 민주주의가 아닌, 독재정치를 원천 봉쇄하는 민본주의적 민중정치를 먼저 확립했더라면, 지금 우리 땅은 오늘날의 독재적/제왕적 정치양상과는 전혀 다른 자유롭고 평화로운 행복한 삶의 터전이 되었을 것으로 본다.[166]

화산에서 분출하는 용암과 같은 권력욕에 가득 찬 파쇼 권력자들에 의해 정치권력이 장악되면서 우리 땅의 민주주의/민중정치는 '대의제 민주정'이라는 거죽 속에서 독재권력만 키워왔다. 이러한 정치환경에서 우리는 '대의제 민주정'을 지탱해 주는 정당제도, 선거제도, 다수결 원칙은 독재 권력을 탄생시킬 위험성을 다분히 가지고 있는 제도라는 것을 깨닫게 된다. 이 세 가지 정치 논리를 갖는 대의제 민주정은 대한민국과 같은 나라에서는 커다란 허점이 될 수 있다는 뜻이다. 대한민국에서 이러한 '대의제 민주정'의 허점을 극복해 나가려 애를 쓴 계층은 엘리트 정치꾼들이 아니라, 나라를 사랑하는 대한민국의 민중들이었다. 바로 자유와 정의 사회를 지키기 위해 일으킨 민중기의民衆起義가 이에 해당된다. 민중기의에는 이승만의 반공독재를 무너뜨린 4·19학생시민혁명(1960)이 있었고, 박정희 유신독재를 무너뜨린 부마항쟁이 있었다.(1979) 그리고 전두환의 정권 탈취에 저항한 5·18민중항쟁도 있었다. 또 전두환의 장기집권 시도를 무너뜨린 5·3인천시민항쟁(1986)

---

166) 최자영,《시민 정부 간 무기의 평등》(헤로도토스, 2019) 19~25쪽 참조.

과 6·10민주항쟁(1987)도 있었다. 그뿐만 아니다. 국정농단으로 일관하였던 박근혜 무능정권을 무너뜨린 1,600만 촛불혁명도 있었다. 또 어설픈 계엄령으로 헌정질서를 유린하면서까지 장기 집권을 하려 했던 윤석열의 친위쿠데타(2024.12.3)를 몸으로 막아선 젊은 민중의 "이건 아니다"라는 의식도 있었다. 이들의 "이건 아니다"라는 의식에 바탕을 둔 기의를 통해 대의제 민주정의 허점 중 하나인 '다수결 원칙의 맹점'을 극복해 나갔다. "이건 아니다"라는 민중기의에 의하여 우리 땅에 민중정치의 씨앗은 뿌려지고 자라났다.[167] 민중기의에 앞장 선 이들은 박정희, 전두환, 윤석열이 말하는 반국가세력이 아니다. 나라를 사랑하는 정의로운 사람들이다.

프랑스혁명(1789)을 기점으로 프랑스의 근대역사를 구체제(앙시앵 레짐 Ancien Régime: 가톨릭적 독재군주체제)와 신체제(시민민주주의)로 나누어지듯이 우리 땅의 정치사회도 시간이 많이 늦었지만, 김대중이 대통령 자리에 올라 국정을 수행하는 1998년을 기준으로 대한민국은 구체제(거짓 민주주의: 무너지지 않는 여당)와 신체제(참 민중정치: 무너질 수 있는 여당)로 나누어진다고 볼 수 있다. 곧 여당과 야당의 세력균형이 비로소 유지되면서 1990년대 말에 양심 세력이 처음으로 대권을 잡게 된다.

대한민국 정치사에서 야당의 집권은 참 민주주의/민중정치라는 나무가 이 땅에 뿌리를 내릴 수 있는 가능성을 보여주는 역사적 쾌거다. 김대중의 대권 장악은 대동大同(열린 이웃)을 이념으로 하는 정치집단과 소강小康(닫힌 이웃)[168]을 이념으로 하는 정치집단[169] 간의 정권교체였음을 보여준다. 그리고

---

167) 김대중의 민주화운동에 관한 인식은, 정진백 편,《金大中年代記 1997-2000》5, 같은 책, 397~400쪽 참조.
168) 대동사회를 "열린 이웃"으로, 소강사회를 "닫힌 이웃"으로 개념을 정립한 사람은 황헌식이다.
169) 대동주의는 전체 인민의 골고른 경제평등, 사회평등, 정치평등을 주장하는 민주적 정치집단을 말하고 소강세력은 중국의 덩샤오핑鄧小平식으로 잘 살 수 있는 부류끼리만 잘 살아보자는 비민주적 정치집단을 말한다.

여야 두 정치세력이 선의의 정치경쟁을 통하여 언제든지 교체할 수 있는 그런 정치사회를 만들어냈다고 볼 수 있다.[170]

　김대중은 악독한 군부독재 하에서 도저히 '제도주의' 정치와 정당 활동을 할 수 없었던 시대를 살아왔다. 그래서 김대중은 제도주의에 맞서 싸우며 정당정치와 자신의 민주화운동/민중정치를 추구해 나갔다. 끈질긴 집념은 끝내 성공을 가져다주었다. 이는 김대중의 역량(원칙과 철학을 가진)에서만 있을 수 있는 일이라고 본다. 이에서 우리는 김대중의 '민주적 통치론'은 민중정치의 이해 방식과 가치에 기초를 둔 인식에서 나왔다고 본다. 김대중은 정파 연합과 협력을 제도화하면서 기존의 정당정치와 현실적 의회정치를 존중하였다. 민족/민중을 바탕으로 한 김대중의 정치사상 중에서 먼저 그의 민주주의/민중정치 사상에 대하여 분석해 보자.
　글쓴이는 김대중의 민주주의 사상은 역대 권력자와 그 본질이 다른 민중정치관이라고 보고 이를 '민본적 민중정치' 또는 '민본적 민주주의'라고 이름을 붙여보았다. 김대중은 일찍이 《사상계思想界》(1970)에다 이런 글을 실었다. "오늘의 정치체제는 외경상으로는 대중의 정치 참여를 조장하고 있지만, 실제 그 운영 과정을 들여다보면 정치체계에 투입(in put)된 국민의 요구(demands)가 구체적인 정책으로 산출(out put)된 적이 없다. 오히려 대중의 욕구는 항상 소수의 특권층이나 과두적寡頭的 엘리트의 의사에 짓밟혀 무시되기 일쑤였으며 산출되는 정책은 으레 반대중적 조치뿐이다. 지금 국민은 중앙정보부를 위시한 기타 사찰 기관이 공공연히 또는 눈에 띄지 않게 행하는 정치사찰, 언론통제, 금융통제, 학원 탄압, 노동자/농민운동의 금압禁壓에 의해

---

170) 진정한 민중정치가 되려면, 정권교체가 아닌 체제교체가 이루어져야 한다는 생각이다.

도저히 민주적인 정치발전을 기할 수 없는 실정이다. 이것을 타파할 수 있는 수단은 대중정치다. 대중정치는 비폭력 혁명이다. 대중정치가 될 때, 대중/민중은 정치의 주인공이 되고, 주권자가 된다."(글쓴이가 주해함.)[171]

이렇듯 김대중도 대중정치/민중정치라는 용어를 사용하였기에 글쓴이는 김대중이 말하는 민주주의를 대중정치/민중정치로 이해하여 쓰기로 한다. 이에 김대중의 민본적 민중정치론을 김대중의 정치철학인 후광학 창시의 첫째 주제로 설정해 보았다. 김대중의 정치철학으로써 민주주의관을 구체적으로 검토해 볼 때 1) 대동적 민주주의/민중정치 2) 민본적 민주주의/민중정치, 3) 자유적 민주주의/민중정치, 4) 인권적 민주주의/민중정치, 5) 도덕적 민주주의/민주정치, 6) 대의적 민주주의/민중정치, 7) 협화적 민주주의/민중정치, 8) 자치적 민주주의/민중정치, 9) 생산적/경제적 민주주의/민중정치, 10) 생태적/환경적 민주주의/민중정치, 11) 대중적 민주주의/민중정치라는 정치사상들이 뽑아져 나온다. 이를 거시적 차원에서 살펴보기로 한다.

가. 대동적 민주주의/민중정치

정치란, 나라 공동체 사람 모두가 '같이 살기' 하는 나라로 만들겠다는 신념을 가진 사람들이 하는 것이라고 본다. 그런 책임 의식을 어깨에 짊어질 줄 아는 사람들이 정치를 하는 것이라 본다. 국정 책임자가 그러한 소명감을 갖지 않았다면 그 사람은 나라를 이끌 자격이 없다. 나라를 바르게 이끌어 보겠다는 사명감은 바른 양심에 바탕한 정치철학을 가질 때 나올 수가 있다. 이로

---

171) 《後廣金大中大全集》 7(中心書院, 1993), 71~72쪽 참조.

보았을 때, 대한민국의 역대 대통령들은 몇몇 '국정 책임자'를 빼고는 '정치 도둑'들이었다는 판단을 하게 된다. 정치 도둑에는 큰 도둑도 있었고, 작은 도둑도 있었다. 이 말은 역대 대부분 집권자들은 같이 살기를 하는 나라를 만들기보다는 사가私家의 사익 추구와 권력/지배에만 욕심을 낸 자들이었다는 뜻이다. 정치 도둑이라는 말은 함석헌이 처음으로 사용하였다. 그래서 정치꾼들이 정치 도둑이라는 말을 안 들으려면, 첫째 자질/덕목/능력 면에서 남달라야 하고, 둘째, 민족의식을 투철하게 가져야 한다고 본다.

국정 책임자가 되거나 최고 책임자 밑에서 정치를 하는 사람들은 결코 소강적 의식을 갖는 편협함, 나만 잘 났다는 독선적 사고와 제멋대로의 아시타불아是他不 사고(유치한 남 탓 사고) 뻔뻔한 후안무치 행동, 깡패식 보복심리 등 추악한 인간성을 드러내서는 안 된다고 본다. 이를 뒤집어 말하면, 소강적 사람이 국정의 최고 책임자가 되면 안 된다는 뜻이다. 소강적 편협한 사고를 지닌 정치꾼이 국정 책임자가 되면, 대한민국은 국정 파탄, 국론분열, 좌우/동서의 갈등 초래, 경제주권과 외교주권의 실종, 전쟁 분위기의 확산 등으로 국제사회에서 창피한 나라로 추락하게 된다. 이런 의미로 볼 때, 김대중은 중국 고전에서 일찍이 주장했던 대동주의 정치사상을 지닌 대통령이었다고 본다.

김대중이 대동주의에 대한 언급은 했었지만, 대동주의에 대하여 구체적인 설명을 한 것으로는 보이지 않는다. 그렇지만 김대중이 펼친 정책이나 그의 언행으로 보았을 때 그는 분명히 대동주의 정치사상가였음에는 틀림이 없다. 하여 글쓴이는 김대중 정치철학의 한 부분을 차지하는 사상체계로 '대동적 민주주의/민중정치'라는 정치 항목을 설정해 보았다. 대동이라는 말이 처음 등장한 문헌은 중국의 고서《장자莊子》에서다. 장자의 말을 빌려본다. "도는

...일정한 공간과 장소가 없으며...시간의 흐름을 초월하여 몸과 마음이 우주의 만물이 제동(齊同: 하나로 일치함)의 세계가 된다. 우주공간이 만물제동萬物齊同이 되어 도에 이르게 되면 자기 존재도 사라지게 된다. 자기 존재가 없는데 얻는 게 있다고 하겠는가"[172]

이렇게 대동이라는 말은 모두가 '하나로 일치'한다는 개념이다. '같이살기' / '열린이웃'으로 사는 것을 말한다. 대동과 소강의 개념을 잘 설명하고 있는 문헌이 또 있다. 중국 한대漢代에 쓰인 《예기/예운禮記/禮運》이다. 그리고 《서경書經》에서도 대동사상을 이야기하고 있다. 이들 기록들을 바탕으로 글쓴이 나름으로 대동과 소강의 개념을 간략하게 정리해 본다. 예기/예운편에 나오는 대동의 세상은 요순堯舜시대(상호부조 공동체 사회)를 이상적 공동체 사회로 보고 있다. 곧 대동사회는 삼황오제三皇五帝[173]가 통치하던 시대를 말한다. 이 시대에 통치 집단의 권력 계승은 나라 사람 중에 역량이 뛰어난 인재가 있으면 이를 왕으로 세우는 제도로써 선양제禪讓制(오늘날 공화제와 비슷한)가 있었다. 그러다가 3황5제 시대를 지나 서경에서 기록되어 있는 하·은·주 시대(초기 나라공동체)로 오면 하나의 성姓에 의한 권력의 세습이 이루어진다. 선양제 시대를 대동사회라고 한다면, 권력의 세습제 시대는 소강사회라고 할 수 있다.(안성재, 144)

공자는 대동사회의 모습을 희희호호(熙熙皓皓: 밝고 맑다)로 표현하였다. 곧 나라 안의 온갖 인간사가 거침없이 잘 다스려져서(밝고 환하여) 나라 사람들이 평화롭고, 자유롭고 행복하게 살아간다는 뜻이다.(강정인 2013; 206~

---

172) "頌論形軀 合乎大同 大同而無己, 無己 惡乎得在宥"《莊子/在宥 四》, 中國, 黑龍江人民出版社, 2003) 157쪽.
173) 三皇五帝: 삼황은 복희씨伏羲氏, 신농씨神農氏, 여와씨女媧氏, 오제는 황제헌원黃帝軒轅, 전욱고양顓頊高陽, 제곡고신帝嚳高辛, 제요방훈帝堯放勳=요임금, 제순중화帝舜重華= 순임금을 말한다.

211) 곧 모두가 잘 먹고 잘사는 태평성세가 된다. 그래서 중국의 근대 혼란기에 홍슈첸(洪秀全 1814.~ 1864.)이 태평천국太平天國이라는 말을 붙여 중국을 대동사회로 만들고자 하는 운동을 일으켰던 이유이기도 하다. 대동사회는 이상사회, 유토피아가 결코 아니다. 개인적 권력의 세습이 일어나기 전의 인간사회에서 있었던 상호부조적 평등한 자율공동체 사회가 곧 대동사회다. 굳이 '원시 공산사회'로 표현할 필요는 없다. 원시 공산사회라는 말은 사회주의/공산주의 세력들이 권력을 사유화하고 나라 이익을 독점하려는 방편으로 만들어진 용어다. 곧 프롤레타리아 개인 독재자들이 나타나면서 '화평적 대동사회'를 원시 공산사회로 낮추어 말했을 뿐이다. 결코 프롤레타리아가 될 수 없는 공산주의 지배자들은 자신들이 개인 독재자가 되어 권력을 사유화하면서 공산사회를 소강사회로 추락시켰다는 사실을 모른다.

중국의 캉유웨이康有爲(1858 ~ 1927)는 근대 중국의 무술변법자강운동(戊戌變法自彊運動, 1898)을 이끌었던 인물이다. 그는 예기에서 인용하여 대동사회를 다음과 같이 정리하였다.
 1) 지역단위 국가의 소멸과 하나로 통합된 세계정부 수립
 2) 계급, 인종, 남녀 차별이 없는 사회
 3) 빈부의 격차가 없는 균산사회
 4) 가족제도가 타파되는 사회라고 말했다.[174]
대동사회의 반대 개념으로 등장하는 소강사회도 예기/예운편에 나온다. 여기서 공자의 말을 빌려 이를 오늘날의 사회에다 대입해 가면서 이야기를 해

---

174) 캉유웨이/이성애,《대동서》(을유문화사, 2006); 김지연,《종교학연구/강유위의 대동사상: '대동서'를 중심으로》(서울대학교 종교학연구소, 2004) 99~110쪽.

보도록 한다.

　천자(개인 독재자)가 "중국천하(국가)와 국가이익을 사유화하고, 자기 부모와 자기 자식만 가까이하고(나라 사람들도 개인적으로 사적 이익만을 추구하고), 재물을 모두 자기 것으로 하고, 권세가들이 사유재산의 축적과 관직/직위를 세습하면 이것이 소강사회다. 또 남의 이익을 침해하면서 다툼이 일어나고, 폭력이 일어나서 급기야 지역 간 전쟁을 일으키는 사회를 소강사회"라고 표현을 하고 있다.[175]

　그러면, 대동사회는 어떤 사회를 말함인가. 서경에서 말하는 대동사회는 사람과 사람의 조화, 통치와 피통치의 조화, 인간과 자연의 조화라고 말하고 있다. 이러한 조화는 '위대한 합의' 곧 정치적 의사결정 방식으로서 대동을 뜻한다.(강정인 2013, 211) 이러한 정치방식을 '대동적 민주주의/민중정치'라고 말할 수 있다. 공자는 통치자 계급을 성인聖人, 군자君子, 기사器士로 구분한 다음,[176] 성인이 다스리는 사회를 대동사회, 군자가 다스리는 사회를 소강사회라 하였다. 성인과 군자는 어떤 사람을 말함인가. 유가와 도가에서 말하는 성인의 공통된 정의定義는 선천적으로 천도天道(하늘의 이치)를 깨쳐서 법치法治로 다스리지 않고도 다스림이 이루지게(다스림이 없는 다스림)하는 정치/사회의 지도자를 말한다. 그리고 군자는 후천적으로 인도人道(사람의 이치)를 알고, 인의仁義와 예악제도禮樂制度라는 법제法制를 만들어 나라를 다스리는 정치/사회지도자를 말한다. 따라서 천도(법치가 없어도 되

---

175) "大道之行也 天下爲公.... 今大道旣隱, 天下爲家, 各親其親, 各子其子, 貨力爲己, 大人世及爲禮....故謀用是作, 而兵由此起 ... 是謂小康"《禮記/禮運》,《四庫全書薈要》17, 앞의 책, 475쪽.
176) 공자는 나중에 요순을 성인으로 보았고, 그 이후 夏殷周시대부터 초기 고대국가 이후는 지배하는 지도자를 군자와 소인으로 구분하였다. 군자는 대동사회를 지향하는 지도자이고 소인은 소강사회를 지향하는 지도자로 개념을 정리하였다.

는)가 이루어지는 사회는 대동사회가 되고, 인도(법치로 다스려지는)가 이루어지는 사회는 소강사회가 된다.

대동사회의 지도자는 인간을 '선한 존재'로 설정한다. 공자는 대동사회를 이끄는 지도자는 다음과 같은 덕德을 갖추고 있어야 한다고 보았다. 부드러움과 강함을 조화롭게 실천하는 인덕人德(=人和의 덕), 객관적이고 공정한 판단력을 지닌 중덕中德(=中庸의 덕), 모두와 함께 공생/상생하려는 의지를 갖는 화덕和德(=協和의 덕), 염화의 욕망을 떨치고 절검의 자세를 지닌 검덕儉德(=儉素의 덕), 나라 사람 모두를 두루 감싸 안는 자덕慈德(=慈愛의 덕), 권위와 권세를 떨쳐내고 겸양 자세를 지닌 겸덕謙德(=謙讓의 덕)이다. 곧 천도에 가까운 양심으로 사회를 다스리는 지도자를 성인형 군자라고 말한다.

그러면, 소강사회를 지배하는 정치지도자, 소인형 군자(=소인)는 누구를 말함인가. 소인형 군자는 인간을 '악한 존재'로 설정한다. 그래서 인간사회는 타락하였기 때문에 인위적인 법치(仁義禮樂인의예악)로 다스려야 인간의 양심이 바르게 되고 사회질서가 안정된다고 보는 정치지도자이다. 따라서 성인형 군자는 무사無私(사익을 추구하지 않고), 무집無執(권력에 집착을 하지 않고), 무공無功(정치를 잘 한다고 자랑하지 않고)의 성정을 지녔기에 법치를 하지 않고도 잘 다스리는 정치지도자가 된다. 이는 조선시대 퇴계가 특히 주장하였다. 그리고 소인형 군자는 인간 본래의 성정인 탁수濁水(속세의 때를 묻히고 명리를 추구하는), 제악諸惡(온갖 악질적 행동), 염화炎火(불처럼 타오르는 욕망)를 법률(예악/인의)로 다스려야 한다고 보는 정치지도자를 말한다. 여기서 말하는 군자는 옛 성인군자를 말하는 게 아니다. 유가 사상가들은 중국의 춘추전국시대 이후부터는 성인에 의한 정치를 기대할 수 없었기에 최소한의 좋은 군자에 의한 정치가 나오기를 기대하면서 군자를 차선의 인간상/통치자로 설정한다. 그래서 글쓴이는 혼돈을 피하기 위해 군자를 성인聖

人형 군자와 소인小人형 군자로 구분하였다.

　대동사상과 소강사상을 오늘날 대한민국 땅에다 적용해 본다. 이승만이 몸을 담았던 자유당과 박정희가 몸을 담았던 민주공화당, 전두환을 대통령직에 앉힌 민주정의당, 노태우와 김영삼이 정당 쿠데타를 통해 탄생시킨 민주자유당, 전두환이 만든 민주정의당 계열에서 출발하여 이를 계승한 민정당, 신한국당, 국민의힘당 등은 소강주의 정당에 속한다고 할 수 있다. 그리고 범민주당/범진보당 계열에서 출발하여 이를 계승한 정당은 대동주의 정치세력에 가깝다. 대동적 사고를 지니고 정치를 이끌어 온 사람들을 도덕적 주류/도덕한道德漢, 또는 '도덕적 양심 세력'이라고 한다. 그리고 소강적 정치를 이끌어 온 사람들은 오늘날 부도덕한 주류/부도덕한不道德漢이라고 한다.

　대동적 정치를 갈망한 사람들이 오늘날 평등과 소통을 강조하는 민본주의자로, 민주평화/민족통일을 주장해 온 도덕적 주류들이다. 대동주의 정치인들은 사회적 약자에 대한 관심 또한 크다. 사회적 약자란 인간사회에서 정치/경제/사회/문화적으로 그리고 정신적/신체적으로 소외를 당하고 있는 자들을 말한다. 인간이 갖는 존엄성과 권리를 박탈당함으로써 인간다운 삶을 저지당한 개인/사람을 사회적 약자라고 말한다. 이에는 집단도 포함될 수 있다. 우리 사회에서 이런 부류의 사람으로는 무산노동자 등 저소득층, 신체 및 정신 장애인, 선천적 질병자, 노약자, 성매매자, 노숙자, 열악한 노동조건에서 일하는 외국인노동자 등 생활 능력이 없는 사람들이 대체로 해당된다. 이들에 대한 관심과 정책을 적극적으로 추진하면 대동주의자가 되고, 이들에 대한 소극적인 태도를 보인다면 소강주의자가 된다. 따라서 대동사회는 결코 유토피아를 말하는 게 아니다. '관심정치'를 하느냐, 아니냐에 달렸다.

　소강과 대동의 개념을 현대 중국의 현실에다 대입하여 다시 설명해 보자.

오늘날 중국은 덩샤오핑[鄧小平, 1904.~1997.)이 선부론先富論을 주장하면서 공산사회[177]의 기본 정신을 후퇴시키고 '소강사회 건설'을 국가목표로 삼아 왔다.(1978) 선부론은 자본주의식 소강주의 사고다. 잘 사는 사람부터 먼저 잘살게 하자는 경제정책이다. 국민소득 1,000달러에 도달하는 것을 말한다. 이는 먼저 '잘 사는 사람이 더 잘 사는 나라'를 만들자는 발상이었다. 여기서 중국은 사회주의식 시장경제를 채택하게 된다. 이런 발상은 공산주의사회/ 사회주의사회 국가이념과는 동떨어진 경제정책이었다. 이후, 어느 정도 경제성장을 이룩한 중국은 다시 시진핑[習近平, 1953~ 현재]에 의하여 자본적 소강주의 경제정책을 버리고 대동주의적 공동부유론共同富裕論을 중국경제의 미래 국정 좌표로 설정하였다.(2021.8.17.) 공동부유론은 유럽식/덩샤오핑식 사회주의 시장경제를 버리고 중국식 대동주의 경제정책으로 전환하겠다는 의지의 표명으로 보인다.

공동부유라는 말은, 예기에서 말하기를 "천하는 모두를 위한 것(天下爲公)"이라고 하였다.[178] 그리고 중국 위진남북조魏晉南北朝 시대 동진東晋 나라의 전원시인 도연명(陶淵明, 365~427년)이 지은 〈桃花源記〉도화원기에서 "문전옥답이 있고 멋진 연못에는 뽕나무와 대나무가 심겨져 있다."[179]라고 하였듯이 대궐 저택을 갖는 소망이 아니라, '작은 것'에서 아름다운 꿈을 찾는 사

---

177) 공산주의共産主義 communism: 공산주의 어원은 라틴어 콤무뇌commune이다. 콤무뇌를 정확하게 번역하면 상호부조주의이다. 사람과 사람이 사귀며 서로 나누어 먹고 산다는 뜻의 정의로운 공동체주의를 뜻한다. 이를 일제가 천황제 유지를 목적으로 공산주의(개인재산의 부정)라는 부정적 용어로 해석하여 유통시켰다. 따라서 코뮤니즘communism은 공산주의로 번역하기보다는 '공동체주의'로 번역하는 게 맞다고 본다. 오늘날 유통되고 있는 프롤레타리아 독재가 이끌고 가는 공산주의와 자율적 자치적/자율적 공동체를 뜻하는 상호부조주의는 같은 어원 코뮤니즘에서 나왔지만, 정치이념이 전혀 다르다.
178) 《禮記/禮運》, 앞의 책, 473쪽.
179) "土地平曠, 屋舍儼然, 有良田, 美池, 桑竹之屬"(陶淵明, 〈桃花源記〉, 《古文觀止》(中國, 三民書局印行, 1971) 354쪽.

회를 말한다. 시진핑의 공동부유론은 중국인 모두에게 '작은 꿈'의 실현을 보게 해주겠다는 뜻이다. 이를 우리나라 중국 관련 일부 전공학자들이 공동부유론을 사회주의 사상으로 표현하고 있다. 잘못 판단한 인식이다. 공동부유론은 공동체주의 사상이다. 곧 상호부조를 바탕으로 하는 균산적 공동체사회로 간다는 뜻이다. 노자가 말하는 대도大道세계로 가는 사상이요, 묵자의 겸애주의(평등적 자율공동체)로 가는 사상이다.《呂氏春秋》여씨춘추에서 보면 다음과 같은 말이 있다. "천하는 한 사람의 몸과 같다. 이것을 대동이라 한다. 천하는 한 사람의 세상이 아니다. 이 세상 모든 사람의 세상이다."[180]라 하여 대동사회, 곧 공동체사회 모습을 설명하고 있다. 묵자도 한마디 거들었다. 상호부조적 평등공동체가 무너지면 천하에는 나라를 개인 소유화하는 군주가 나타난다. 예기에서도 그렇게 되면 대동세계는 무너지고 소강사회가 된다고 하였다.

이렇게 대동주의와 소강주의의 개념을 살펴보았을 때, 김대중의 민주주의 사상체계 중에 하나로 꼽을 수 있는 정치사상이 대동주의라는 것을 알 수 있다. 어느 사회이든, 정치형태는 대동주의형 정치형태와 소강주의형 정치 형태를 가지게 된다. 대동주의 정치이념을 가지는 사회를 만들기 위해 유럽에서도 타락한 산업자본주의 경제질서에 대항하여 사회주의 경제사상이 나왔다. 여기서 다시 '사회질서의 권력 주체'를 둘러싸고 공산주의와 아나키즘이 분파되어 나온다. 사회주의는 권력의 주체를 국가에 둔다. 그리고 공산주의는 권력의 주체를 프롤레타리아 독재, 곧 공산당에 둔다. '사회 질서를 이끄는 주체'를 둘러싼 논쟁에서 권력과 법치를 모두 반대하는 아나키즘이 나오

---

[180] 天下非一人之天下, 天下之天下也(기세춘,《墨子》, 바이북스, 2009) 273쪽.

게 된다. 세상 사람들은 아나키즘에 부정적 시각을 보낸다. 그러나 그것은 전혀 잘못된 시각이요 인식이다. 아나키즘은 결코 무정부주의로 번역될 수 없는 용어다. 권력과 법치 자체를 반대(no가 아닌 not)할 뿐이다. 곧 상호부조주의=같이 살기를 주장할 뿐이다.

그러나 대한민국의 현실은 자본주의를 이념으로 하는 경제 질서를 유지하고 있다. 자본주의는 물질지상주의/물신주의 논리를 가지고 있다. 따라서 산업적 생산수단을 많이 가지고 있는 자본가들이 시장의 자유경쟁에서 자본축적을 독점할 수 있는 유리한 조건을 가지고 있다. 때문에 산업자본주의 사회에서는 대자본과 소자본 사이에서 빈부의 격차가 심화 되는 것은 당연지사다. 자본주의 사회에서 정치권력은 정치자금의 확보를 위하여 늘 자본 편에 설 수밖에 없다. 여기서 부정과 부조리가 발생하고, 권력을 가진 자와 안 가진 자와 사이에서 부유자와 빈곤자가 발생하면서 자본에 의한 신분/계급사회가 조성된다.

이렇듯, 자본주의 사회에서는 자본/돈의 논리/크기가 곧 사회적 신분을 결정한다. 부유의 정도에 따라 고위 신분과 하위 신분으로 나누어진다. 이것이 차별적 계급으로 설정되기도 한다. 그래서 자본의/물질적 가치가 인격과 인간적 품성의 가치보다 상위를 점한다. 이러한 사회 환경에서 자본권력과 정치권력은 전자산업(텔레비전, 헨트폰, 유튜브, AI 등)과 비교육적 예체능을 결합시켜 말초신경에 자극을 주는 희노애락으로 대중문화를 이끌게 함으로써 자본 축적을 쉽게 하고 있다. 이러한 사회현상은 인문학과 사회학, 그리고 자연과학과 민족예술을 자꾸 땅바닥으로 떨어지게 만들고 있다.

김대중은 이러한 대한민국의 '자본주의 경제체제'를 인정한 바탕 위에서 정치 일선에 뛰어들었고, 대통령 자리에 오르기도 하였다. 비민주적 정치환경, 불평등한 경제환경 속에서 김대중은 대동사회를 지향하는 정치철학을 가지고 정치적 실천을 추구해 나갔다. 자본주의 경제체제는 소강사회를 지향할 수밖에 없다. 그러나 김대중은 대한민국의 자본주의 경제 환경 속에서 대동주의 정치 질서를 생산해 내면서 경제 환경을 개혁하려고 애를 썼다. 그래서 글쓴이는 김대중의 민주주의/ 민중정치에 대동적이라는 관형어冠形語/수식어를 붙인 이유다.

이제까지 대한민국의 정치 질서는 소강주의 정치이념을 가지고 있는 정치 도둑들이 개인 독재자가 되어 한국의 정치사회를 지배(통치가 아닌)해 왔다고 해도 과언이 아니다. 그러나 김대중이 대권을 장악하면서 한국의 정치 판도는 달라지게 된다. 프랑스식으로 말하면, 구체제에서 신체제로 전환이 되었다고 말할 수 있다. 김대중을 기점으로 대동을 이념으로 하는 정치 집단과 소강을 이념으로 하는 정치집단이 유권자의 선택에 따라 언제든지 교체될 수 있는 그런 정치사회가 만들어졌다. 어두운 근대에서 밝은 근대로 나왔다. 소강사회에서 대동사회로 전환이 되었다. 반민주정치에서 참민주정치로 전환이 되었다. 반자유세계에서 참자유세계로 전환이 되었다. 부도덕한 주류가 이끄는 사회에서 도덕적 주류가 이끄는 사회체제로 전환이 되었다. 이러한 신체제로의 전환은 비양심적 세력이 말하는 권력의 탈환이 아니다. 새로운 사회로 전환이다. 말을 바꾸어 말하면, 김대중은 정권 교체뿐만 아니라, 체제교체까지 꿈꾸었다는 말이 된다.

김대중은 체제교체의 꿈을 실현 시키기 위하여 대중정치 체제를 확립하려고 노력하였다. 다시 말하면, 권위주의 세력, 부도덕한들이 더 이상, 권력의 최고 자리와 의회[181]를 독점할 수 없도록 민주주의/민중정치 체제를 공고히

---

181) 의회 민주정을 하고 있는 현실에서는 어쩔 수 없는 정치 현실이다.

하였다고 볼 수 있다. 김대중 이후, 의회 구성은 여야가 세력균형을 이룰 수 있는 균형된 의석으로 편성되었다. 여기에 나라의 최고 권력자가 부정하다고 생각되거나 민주주의 정치형태를 훼손하였다고 판단될 때, 권위주의 세력 하에서는 엄두도 낼 수 없었던 민중의 강렬한 저항의 분위기(촛불시위/혁명)도 만들어졌다. 이의 영향으로 쿠데타 세력 및 야합으로 이루어진 정치세력에 의한 권력 찬탈 행위가 사라지고, 나라 사람의 손으로 정권을 교체하게 되었다. 바꾸어 말하면, 진정한 민중정치로 가는 징검다리가 놓였다는 뜻이다. 평화적 '촛불기의'는 정치적 권력 위에 '민중의 힘'이 존재한다는 것을 보여주었다. 촛불혁명/촛불축제를 주도한 기의起義 세력은 대부분 민중정치를 추구하는 도덕적 양심을 가진 양陽의 세력과 사회적 약자들이었다.

대한민국의 사회적 약자는 부도덕한 주류(수골세력)들이 자기 이권 챙기기 정책 탓으로 한없이 사회 밑바닥으로 추락해 내려간 사람들이다. 권력에 의해 강제된 약자들이 촛불혁명/촛불축제 등 민중 기의에 적극 참여하는 데에는 이유가 있다. 그것은 구체제의 낡은 틀을 깨고, 권력의 수평적 행사, 재부의 평균적 분배, 인격의 평등적 권리, 문화의 균형적 소유가 이루어지는 새로운 사회를 만들고 싶은 희망 때문이다. 이러한 정치환경이 만들어진 배경에는 김대중이 있었다. 이승만, 박정희, 전두환 등 독재자들은 미국의 힘을 등에 업고 한국 민중정치의 성장을 가로막았던 자들이다. 김대중은 이 땅의 민주화 세력들과 힘을 합하여 이들 독재 권력과 치열한 투쟁 '(이를 민주화 운동이라고 한다)을 하면서, 이 나라의 정치 환경을 바꾸어 놓았다. 이제 대한민국의 정치 질서도 미국식 부자만 잘사는 소강주의 정치 질서를 버리고 중국식 상호부조적 대동주의로 가야 한다는 생각이다. 김대중이 대동주의 민주정치를 했다는 증거는 창조적 복지정책, 대중경제정책, 남북통일정책, 햇볕정책 등에서 찾아볼 수 있다.

김대중 이후에 대한민국에 대동적 정치세력과 소강적 정치세력이 정권교체를 거듭해 가는 사이 점점 보편적인 대동사회 체제로 점입漸入이 되면서, 나아가 북측의 '프롤레타리아 민족주의'까지 끌어안는 큰 개념의 통일 민족이 될 수 있을 것으로 본다. 이렇게 본다면, 김대중은 대동사회로 가기 위한 '공동부유론'을 중국보다 먼저 생각하고 실천하였던 정치지도자였다는 생각이다.

나. 민본적 민주주의/민중정치

김대중은 다른 정치권력자와 달리, 민주주의는 민중이 하는 것이라는 견해를 밝혀왔다. 그래서 글쓴이는 김대중이 말하는 데모크라시를 이념적으로는 민주주의, 정치형태로는 민중정치였다고 해석하는 이유다. 그리고 김대중은 민중들이 개개인의 민권=인권과 눌린 자의 권리를 찾기 위해 투쟁한 사실들을 역사 속에서 찾아내어 민본주의를 강조하였다. 김대중은 억눌린 자들이 자신의 권리를 찾기 위해 귀족 세력에 저항하였던 역사적 사실들을 일일이 예로 들었다. 만적의 난/만적기의, 충주 노예반란/충주노예기의, 홍길동전 등이다.

김대중은 특히 허균許筠(1569~1618)이 《홍길동전》이라는 소설(17세기)을 통해 서자庶子로서 자신의 인권을 포기한 채 살아가야 하는 잘못된 사회에 과감하게 도전하는 장면을 높이 평가하였다. 또 조선 후기 세도정치와 삼정의 문란으로 신체적/경제적 고통을 견디다 못해 농민기의[182]를 일으킨 이들

---

[182] 19세기 농민기의에는 홍경래洪景來(1771~1812)가 이끈 정주농민기의(1811)와 유계춘柳繼春(?~1862)이 이끈 진주농민기의(1862~1864), 그리고 임술농민기의가 있다.

에 대하여서도 "역사적으로 정의를 알리는 저항"이었다고 평가하였다. 김대중이 말하는 "정의를 알리는 저항"을 곧 '기의' 起義라고 한다. 김대중은 이외 조선의 밑바닥 신분이었던 농민의 처지를 대변하면서 민본주의를 기반으로 새로운 종교를 일으켰던 오늘날 경상북도 경주 출신 최제우崔濟愚(1824.~1864.)도 높이 치켜세웠다. 최제우는 민본주의에 바탕하여 인간 평등과 사회 개혁을 주장하며 동학을 창시(1860.)하였다. 또 동학사상(인내천人乃天)에 바탕하여 동학혁명을 이끌었던 전라북도 고창 출신인 전봉준全琫準(1855.~1895.)에 대해서도 정의로운 기의를 일으킨 훌륭한 분이었다는 말을 아끼지 않았다. 홍길동이나, 최재우, 전봉준 등은 민중의 인권과 자유, 평등을 위해 분노를 일으키고, 양반 중심의 귀족체제에 저항했던 분들이다. 김대중은 이들에 대하여 '천부적 인권'의 획득을 위해 싸운 사람들이라고 역사적 평가를 내렸다.[183]

　이와 같이 김대중은 자기들만의 정치를 이끌고 가는 엘리트 계급이 아닌, 누구나가 평등한 정치사회가 되기를 희망하는 민중에 초점을 맞추었다. 다시 말하면 잘못된 사회제도와 부패한 권력에 저항하였던 민중 계급의 역사적 기의에 대하여 주목하였다는 뜻이다. 김대중은 이러한 민중의 저항을 민본주의와 연결하고 있다. 김대중의 민중에 대한 역사철학적 인식은 동아시아의 민본정치와 유럽의 의회 민주정을 상호 보완하여 군부 독재권력으로부터 권력 소유권을 빼앗아 민인/국민에게 돌려주어야 한다는 결심을 하면서 생겨나게 된다. 이렇듯 김대중의 민주주의/민중정치 세계관은 민본주의를 바탕으로 한 대중정치를 말한다. 김대중은 전통시대의 민본정치를 오늘날 민중정치 시대에 맞는 정치 체계로 재생산해 냈다고 본다.

---

183) 김대중,《다시, 새로운 시작을 위하여》(김영사, 2005) 참조

김대중이 말하는 민주주의/민중정치에서는 자유와 인권을 가장 중요시하고 있다. 그래서 김대중은 4·19시민혁명으로 훨훨 타오르는 자유정신을, 박정희가 5·16군사반란으로 유린하였다고 지적하였다. 그리고 이는 대한민국의 정치사에서 비극이라고 진단하였다.(대전집 9, 78) 이러한 이유에서 김대중의 사상적 기저를 이루는 민본정치와, 자유와 평등, 그리고 인권 정치로 상징되는 민주주의/민중정치의 개념을 새롭게 조명해 볼 필요가 있다는 생각을 하게 된다.

앞에서 이야기하고 온 것처럼 박정희가 김재규에 의하여 죽임을 당한 것에 대하여 김대중은 "4·19처럼 학생/시민에 의하여 독재가 종식되어야 하는데 이렇게 끝나면 안 되는데"(자 1, 355)라고 상심하듯 말한 바가 있다. 또, "민주주의는 쿠데타나 암살로 되는 것이 아니고 국민의 힘으로 이루어져야 진정한 민주주의다."(자 1, 361)라고 한 김대중의 이 말은, 독재자는 시민의 힘으로 물리칠 때, 민주주의를 파괴하는 독재권력이 다시는 나타나지 않게 된다는 뜻으로 해석이 된다. 김대중이 말하는 민주주의/민중정치의 핵심이 여기에 있다. 김대중은 민중정치의 적敵은 힘(독재권력)이라고 보았다. 그리고 민주주의/민중정치의 주체는 민중이어야 한다는 정치철학을 확실하게 가지고 있었다. 여기서 우리는 김대중이 민본주의 정치사상을 근본으로 가지고 있음을 본다. 그러나 김대중이 말하는 민본주의는 일제 때 요시노 사쿠조가 일제의 천황제도를 옹호 차원에서 주장한 민본주의와는 성질을 달리한다. 김대중이 말하는 민본주의는 진정으로 민중이 나라의 근본(민유방본民惟邦本)이라는 민본철학을 가지고 있었다. 이 때문에 글쓴이가 김대중이 말하는 민주주의를 '민본적 민중정치'라고 이름을 붙인 이유다.

김대중은 대통령직에 나간 후에 한시적(5년)인 통치 권력임에도 사회적 평등과 창조적 복지정책으로 인간의 존엄성을 세우고 민인/국민의 행복권을 추구해 나가야 한다고 생각했다. 그렇다면 후광학에서는 유가학파 집단의 원류 사상인 민본주의 정치와 유럽의 대의제 민주정을 어떻게 조화를 시키면서 새롭게 성립되는 정치체제를 어떤 이름을 붙인 것인지가 논의되어야 할 것으로 본다. 부연해서 설명하면 다음과 같다. 민본주의나 민주주의는 모두 나라 사람/국민을 국가사회공동체의 뿌리(本)로 보고 있다. 곧 도덕적 양심 세력의 민본주의는 정치지도자의 인격적 덕을 바탕으로 하는 인치(仁治=도덕성)를 기본으로 하는 정치사상이다. 그러나 부도덕한 비양심 세력의 민주주의는 성문법에 의한, 법치(法治=합법성)를 기본으로 하는 정치 형태이다. 법치에는 인격적 도덕성이 결여가 되어 있다. 비인격적 합리성만 강조하는 게 법이다. 그런 방면에 민본주의는 인격적인 도덕성이 내포되어 있다. 따라서 법치의 비인격적 합법성의 한계를 민본주의가 갖는 인격적 도덕성으로 보완한다면, 민본주의와 민주주의의 장점을 서로 결합하여 새로운 정치사상과 정치체제를 창출해 낼 수 있다고 본다. 이를 김대중이 실험하고자 했던 것이 아닌가 하는 느낌이다.

한편 후광학에서 또 논쟁으로 삼아야 할 부분은 김대중이 민주주의 원리의 하나로 생각한 '대의제 민주정'이다. 유럽에서 이식되어 온 대의제 민주정은, 본질적으로 '민중의 수의 힘'을 제한하는 정당제도, 투표제도, 다수결 원칙 등 세 가지 특징으로 제도화되어 있다. 그리고 투표제도와 다수결 원리는 특정 정치집단(엘리트 집단)이 이끄는 독점적 지배 권력을 발생시킬 위험성을 다분히 가지고 있다. 민중/민인은 투표함에 투표용지를 떨어트리는 순간 다수결 원리로 당선되는 지배집단/엘리트 권력에 순응하는 존재로 전락할 수밖에 없다는 개연성을 가지고 있다. 후광학에서는 이것도 문제로 삼아야 할 것으로 본다.

다. 자유적 민주주의/민중정치

김대중은 자유에 대하여 이렇게 말했다. "나는 자유의 완성이란 없다는 것을 알고 있다. 완성을 향해 끊임없이 노력하는 것이 우리 인간의 사명이라고 믿는다. 인류의 미래는 자유의 편에 있다. 자유의 편에 설 때, 우리의 자존심은 증진이 된다. 자유라는 것은 공기와 같아서 그 안에서 살 때에는 그 가치를 이해하기 어렵다. 나는 자유의 가치를 잘 이해하고 있는 사람 중의 하나다."(자 2, 185) "동서고금을 막론하고 자유는 인간을 가장 인간답게 하는 가치입니다"[184]

우리가 후광학에서 김대중의 민주주의/대중정치 세계관에 대하여 깊이 생각해야 할 또 다른 핵심 내용은, '자유주의' 원리에 관한 문제이다. 김대중의 민주주의관 중 하나가 자유적 민주주의/민중정치이다. 김대중이 대통령직에 오를 당시 대한민국 정치이데올로기는 자유민주주의였다.[185] 대한민국 헌법 전문과 헌법 제4조에 나와 있는 "자유민주적 기본질서"라는 말과 '자유민주주의'라는 용어는 그 의미가 다르다. 자유민주주의는 자유주의와 민주주의의 합성어이지만, 헌법에 나와 있는 '자유민주적'이라는 말은 '자유적'과 '민주적'이라는 말의 합성어다. 이제 그러면 이러한 용어들이 어떤 뜻을 갖고 있는지를 생각해 보자.

글쓴이가 김대중의 민주정치/민중정치에 자유적이라고 수식어를 붙인 것은 한국 땅에서 유통되고 있는 자유주의와 자유적은, 그 의미가 다르기 때문

---

[184] 정진백 편, 《金大中年代記1997-2000》 5, 같은 책, 307쪽.
[185] 김대중도 자유민주주의는 수호되고 실현되어야 한다는 입장을 가지고 있었다. (정진백 편, 《金大中年代記/1979-1980》 1, 103쪽)

이다. 한국의 역대 독재권력이나 그 정당이 주장하는 '자유민주주의'와 김대중의 '자유적 민주주의'는 의미의 차이가 크다. 김대중의 자유주의 사상에 대해서는 앞장에서 이미 대체적인 설명이 되었기에 여기서는 민주주의/민중정치와 연관하여 설명해 보기로 한다.

일제 식민지가 끝날 무렵, 우리 조상의 땅은 미국이 일본을 자국의 이익 집단으로 편입시키기 위한 음모에 의해 '분단형 해방'이라는 피해를 맞게 된다.(1945. 8.15.) '분단형 해방'이라는 말은 우리 땅 38선에 막대기를 걸어놓고 38 이북의 사회주의 동맹세력과 38 이남의 자본주의 연합세력이 서로 넘나들지 못하게 완충지대화 했다는 뜻이다. 분단해방도 억울한 데, 남쪽 대한민국은 국방 주권을 미국에 넘겨줬다. 국방 주권이 없으니, 생존 주권도 없다. 생존 주권이 없으니 국가/민족 수호 주권도 없다. 민족 수호 주권이 없으니 민족 통일도 불가능하다. 대한민국의 국방 주권과 생존 주권을 미국이 가지고 있으니, 미국의 입김에 의해 한국 정치가 끌려갈 수밖에 없다. 곧 대한민국은 미국의 준準식민지 상태나 마찬가지다. 이 때문에 대한민국은 미국의 정치체제나 정치 용어, 정치 수단, 그리고 정치이념을 그대로 모방하여 따라 하고 있다.

대한민국에서 '자유민주주의'라는 정치이념은 '미점령군 군정' 때 자연스럽게 이입된 정치이념이었다. 이를 이승만 반공 독재가 계승/답습한 이래, 자유민주주의가 우리 사회에서 보편적인 정치이념으로 유통되고 있다. 자유민주주의는 본래 "인간의 존엄성을 바탕으로 개인의 권리와 자유를 보장"한다는 의미를 가지고 있다. 그래서 자유민주주의라는 말 속에는 표현의 자유, 사상의 자유 등 자유의 일반적 개념이 모두 포함되어 있다. 그런데 대한민국에서는 자유민주주의에서 자유주의에는 자유가 없다. 이승만 권력 때부터 반공산주의라는 개념으로 사용되어 왔다. 곧 자유주의=반공산주의다. 따라서 대한민국의 자유주의는 독재권력에 의해 비자유주의로 변질되었다. 곧, 반공/용공 조작의 때가 묻은 극보수의 용어로 전락하였다.[186] 이때부터 박정희 군부유신독재, 전두환 살인악마독재를 거치면서 내려온 대한민국의 자유주의에서 자유는, 인간의 천부적 자유(freedom)는 물론 정치적인 법적 권리로써 자유(liberty=자유권)를 뜻하지 않는다. 사상의 자유, 생각의 자유, 학술의 자유, 언어의 자유, 언론의 자유, 모임의 자유, 말할 자유가 제한/통제되어 있다. 자유의 일반성이 없다면, 겉은 자유인처럼 보이지만 속은 정신의 노예로 산다는 뜻이다. 그래서 대한민국의 자유주의를 억압하고 있는 상징적 존재가 〈국가보안법〉이다. 국가보안법에 의해 대한민국 국민은 24시간 자유가 감시당하고 있다.

또한 민주주의라는 용어는 정치에서 대한민국 공동체의 구성원인 민인/국민이 주권자로 국가의 정책 결정에 참여한다는 의미를 갖는 정치이념이다. 그런데 이승만을 비롯한 독재권력들은 이를 공산주의에 대한 대응어對應語로 사용하였다. 원래 민주주의는 독재/파쇼주의에 대한 대응어야 한다. 그런데 대한민국의 독재자들은 이를 공산주의에 대한 반대급부 용어로 둔갑을 시켰다. 공산주의 국가들도 자신들을 (인민)민주주의 국가라고 한다. 저들이 말하는 민주주의는 공산주의를 말한다. 대한민국에서 말하는 민주주의는 반공산주의를 말한다. 그래서 대한민국에서 일컫는 자유민주주의는 반공산주의를 뜻하는 용어로 유통되고 있다. 휴전선 이북은 공산주의를 정치이념으로 삼고 있다. 대한민국이 반공적 자유민주주의를 국가이념으로 삼고 있다면 그것은 공산주의 국가인 '조선민주주의인민공화국'을 부정(no)한다는 뜻이다. 이러한 논리에 의해 대한민국은 북의 존재를 부정한다. 따라서 북이 영

---

186) 황태연,《사상가 김대중/김대중의 중도정치와 창조적 중도개혁주의》(지식산업사, 2024) 112쪽 참조.

원히 멸망을 하지 않는다면, 우리 땅은 영원히 분단 조국일 수밖에 없다는 의미가 된다.

한국에서 공산주의에 대한 부정개념은 6·25전쟁 후유증으로 더욱 고착화되었다. 여기에다 박정희 개발독재가 파쇼자본주의로 대한민국의 경제체제를 이끌면서 자유주의와 자본주의를 결합시켜 '자유적 시장경제'를 발전시켰다. 자유적 시장경제는 자유적 경쟁 논리를 근본으로 한다. 경쟁 논리는 자본이 강한 자만이 살아남을 수 있다. 이것이 부도덕한 不道德漢들이 말하는 자유의 개념이다. 여기서 자본주의란 아시아적 사고로 말하면, 소강주의 사상이므로 "잘 사는 사람만 잘 먹고 잘 살자"는 주의를 뜻한다.

김대중은 이렇게 반공산주의, 자본 중심의 경쟁주의의 개념을 갖는 대한민국의 자유민주주의를 참자유주의와 진정한 민주주의 개념으로 바꾸어 놓았다. 자유시장경제의 논리에 있어서도 김대중은 자본주의 경제체제를 인정하면서도 대자본, 금수저만이 살아남는 자본적 자유경쟁주의를 반대하였다. 가난한 중소기업도 소상인도 자본시장에서 공정한 대접을 받는 그런 자본주의를 실천하고자 했다. 나라 사람 모두가 잘사는 그런 나라, '공동부유'로 가는 공동체를 꿈꾸어 왔다. 반공적 자유주의의 개념을 '인권의 존중'을 뜻하는 참자유주의로 바꾸어 놓았다. 그리고 반공적 민주주의도 엘리트 권력이 '민중의 주인'이 아닌 민중/국민이 참주인인 대중/민중정치로 바꾸어 놓았다. 그래서 김대중의 민주주의/민중정치에 '자유적'이라고 관용어/수식어를 붙인 이유다.

김대중의 '자유적 민주주의관'을 보다, 명확하게 살펴보기 위하여 자유의 본질에 대하여 잠시 이야기를 이어가 보자. 17, 18세기 유럽의 계몽주의 사상가들은 "인간은 아무도 침해할 수 없는 천부적인 생존권을 가지고 태어났다.

따라서 독립적이고 자존적 존재로 절대적 권리를 가진 이성적 존재"라고 규정하였다.[187] 곧 천부적 생존권이라는 말은 인간이 살아감에 있어서 삶의 절대적 자유를 지녔음을 뜻한다. 절대적 자유는 인간사회가 만들어낸 어떠한 제도나 기구/기관으로부터 간섭/통제를 받지 않는 개인적 자유를 말한다. 그리하여 당시 유럽에서 민인들은 개인에게 천부적으로 주어진 자유(freedom)를 쟁취하기 위하여 귀족 권력 및 종교 권력에 대항하여 투쟁을 해왔다.

이렇게 유럽의 시민들은 역사적으로 자유 쟁취를 위한 오랜 투쟁의 경험을 가지고 있다. 곧 유럽의 시민들은 특권적 권력을 누리면서 피지배층의 자유를 억압하는 지배계급(귀족계급과 종교 권력)들에 대항하여 투쟁하면서 당시는 남성 중심의 개인적 자유를 쟁취하였다. 개별적 인간을 억압하는 지배적 정치제도와 사회구조에 대하여 저항하고 투쟁하는 것이 곧 절대적 '자유'의 개념이다. 여기서 발생하는 이념이 자유주의다. 자유주의는 '개인의 천부적 인권'을 수호하기 위해 개인의 자유를 억압하는 모든 인위적인 기재에 저항하고 혁파하려는 혁명적 사고를 말한다.

한편, 유럽의 자유주의는 시민계급(부르주아지=상인계급)이 봉건왕조와 귀족계급을 타도하는 사상적 무기로 제공되었다. 유럽의 개인들은 경제적 평등, 정치적 민주, 종교적 자율, 그리고 개별적 개인을 총체적으로 통섭하여 자유라는 개념으로 통일하였다. 곧 이들이 말하는 자유는 개인이 국가나 그 누구로부터도 간섭/통제를 받지 않는 절대적 가치로써 소유되는 권리를 말한다. 따라서 유럽에서 일컬어지는 자유라는 개념은 이기적인 권력, 또는 권력

---

187) 이성理性: 아시아의 유가학파에서 말하는 이성은 인간의 정신에 내재 되어 있는 도덕적 본능, 곧 양심을 자각하는 능력을 말한다. 그리고 유럽의 계몽주의에서 말하는 이성은 물질/사회현상에 내재 되어 있는 합리성을 판단하는 능력을 말한다.

주의와는 상반된 개념이다.

　자유는 독립적인 가치이고, 개별적인 존재다. 자유는 인권의 존중으로부터 성립이 된다. 따라서 권력과 권위라는 전체주의적 속성을 갖는 초국가주의 국가에서는 인권을 존중하는 개별적이고 독립적인 자유가 주어진다는 것은 기대하기 어렵다. 곧 자유는 태아가 모체로부터 탯줄을 끊고 독립해서 나오는 그 자체와 같다. 그래서 유아는 모체와 다시는 결합할 수 없는 개별체가 된다. 독립된 존재가 된다. 이 독립된 자아적 존재가 바로 인권적/자유적 존재다. 이럼에도 모체(국가)는 자신의 아기(독립된 개인적 존재)를 자기 통제하에 두려고 한다. 그럴수록 유아는 커가면서 모체로부터 독립하려는 자아의식이 더욱 강해진다. 유아가 모체로부터 독립하여 아무에게도 간섭을 받지 않고 완전한 독립된 개체로 성장해 가는 모습에서 '절대 자유'는 발견된다.

　공맹 중심의 유가학파들이 파악하는 자유의 개념은 유럽의 자유주의자들이 말하는 자유 개념과도 일맥상통하는 바가 있다. 곧 '인간'은 국가사회 성립 이전부터 존재하는 선재적先在的 존재이지만, 지구상의 식물과 동물이 홀로 존재할 수 없듯이 인간 또한 타인의 존재를 의식하는 바탕 위에서 자신의 자유가 발견된다고 보았다. 유럽의 자유주의자들도 개인의 자유를 강조하면서 동시에, 상대적으로 국가/지배의 존재도 인식하였다. 그러나 중국 도가학파의 장자莊子(莊周, 기원전 369~기원전 289)는 "국가/지배가 없는 상태에서 인간의 자유(=在宥: 있는 대로 있게 한다)가 있다."고 하였다.[188] 이렇듯 아시아/중국에서 유가학파와 도가학파는 상반된 자유의 개념을 갖고 있었다. 이에 대한 중용적 자세는 무無지배와 함께 공동체적 자유와 개체적 자유를 동시에 강조한다.

　개체적 자유이든, 공동체적 자유이든, 개인의 천부적 자유는 "누구로부터

---

188) "聞在宥天下, 不聞治天下《莊子卷四/外篇在宥》,《四庫全書薈要》62, 앞의 책, 363쪽 하단.

도 억압을 받지 않으려는" 속성을 지니고 있다. 여기서 개인의 존엄성이 강조된다. 개인의 존엄성을 우리는 인권이라고 한다. 미국의 사회철학자 로버트 노직Robert Nozick(1938. ~ 2002.)의 말을 빌려 자유의 개념을 확장해 본다. "개인은 자신의 보호를 위해 필요한, 정당하게 획득한 재산에 대해서도 절대적인 소유권을 가진다. 이것은 불가침의 절대적 권리이기 때문에 자신이 동의하거나 혹은 타인의 권리를 침해하지 않는 한, 누구도 간섭할 수 없는 권리이다. 또한 개인의 고유한 권리이고 개별적인 권리이다. 그러므로 자유의 권리는 이러한 자기 소유권의 결과로 획득하게 되는 권리이다."[189] 라고 말함으로써 개인의 재산소유권을 자유로 규정하였다. 이에 의하면 자유는 스스로의 권리이자, 타인/타자와의 관계에서 권리이다. 여기서 개인의 자유의지라는 개념이 나타나게 된다. 자유의지란, 한 개인이 이성에 의한 '자기 의지의 자율성'을 뜻한다. 따라서 개인은 자신의 자율적 자유의지에 반하는 어떤 존재로부터도 생각과 행동을 강요받지 않는다. 이것이 저울로 저울질할 수 없는 자유의 가치다.

일찍이 자유의 가치를 집약적으로 정리한 사람은 19세기 영국의 철학자이자 경제학자인 존 스튜어트 밀(John Stuart Mill, 1806 ~ 1873)이다. 그는 160여 년 전에 벌써 《On Liberty》(자유론, 1859)를 출간하였다. 밀, 또한 자유를 개별적으로 보면서도 상대적으로 인식하였다. 곧 "개인의 자유는 자신의 사고와 말, 행위가 다른 사람들을 해치지 않는 모든 범위에서 절대적이다. 국가의 법률이나 일반적인 도덕적 판단은 개인의 자유를 제한해서는 안 된다."(존 스튜

---

189) 로버트 노직/강성학, 《자유주의의 정의론 · 아나키, 국가 그리고 유토피아》(대광문화사 1990), 264~268쪽 참조.

어트 밀/李克燦, 243) 따라서 개별적 자유는 타인/상대방을 인정하는 토대 위에서 1) 사상의 자유, 2) 기호의 자유, 목적 추구의 자유, 3) 상호 간 단결의 자유가 성립 된다.(밀/이극찬, 242) 이렇게 개별적 자유는 타인의 자유를 침해하지 않고 인간의 존엄성을 파기하지 않는 한, 무한한 절대 자유를 지니게 된다. 자유를 바탕으로 한 인간의 권리를 인권/천부적 권리라고 한다. 역설적으로 말하면, 무인도에서의 개인의 자유는 존재가치가 없다고 말할 수 있다.

다시 말하면, 모든 형태의 자유는 천부적이지만, 나의 자유는 타인과의 관계에서 참 자유가 발견된다. 그래서 자기 이익과 편리를 위하여 다른 사람에게 자신의 생각과 행동을 강요해서는 안 된다.(밀/이극찬, 243) 이러한 주장은 유가학파의 경전《논어論語》에서 나오는 "내가 하기 싫은 일을 남에게 시키지 마라"[190]라는 말과 같은 의미를 갖는다. 이와 같이 볼 때 우리는 중국의 윤리에서도 자유주의 정신이 있었음을 볼 수 있다. 내가 싫으면 남도 싫어한다. 남이 싫어하는 것을 시키는 것(간섭)은 곧 남의 자유를 침해하는 것과 같다. 이 말을 국가나 사회로 확장할 때 국가나 사회는 개인의 자유를 간섭/통제해서는 안 된다는 대명제가 성립된다.

그래서 공맹의 유가학파들은 개체적 자유를 가진 남과의 이해관계에서 충돌과 마찰, 그리고 갈등[191]을 피하는 해결책으로 개인의 도덕적 수양(修身수신)을 강조하였다. 따라서 국가라는 기관도 도덕적 수양을 통하여 국민/나라 사람의 개별적 자유를 제한/통제/간섭/침해해서는 안 된다는 이치를 말해 주고 싶다.

밀의 말대로 개별적 개체들이 갖고자 하는 모든 자유, 곧, 사고의 자유, 인

---

[190] 己所不欲, 勿施於人(《論語/衛靈公》,《四庫全書薈要》19, 앞의 책) 214쪽.
[191] 인간 갈등의 근원은 인간의 감정인 7정情에 있다. 유가학파들이 말하는 일곱 가지 감정은. 기쁨(희喜), 노여움(노努), 슬픔(애哀), 기쁨(락樂), 미움(오惡), 욕망(욕慾), 다솜(애愛)을 말한다.

식의 자유, 표현의 자유, 집회의 자유, 출판의 자유가 보장되지 않는 국가/사회는 결코 자유로운 국가/사회라고 불릴 가치가 없다. 그래서 자유는 파쇼국가들이 늘 거들먹거리는 공권력이라는 이름으로도 결코 제한해서는 안 된다는 진리를 담고 있다. 그러므로, 자유와 권력의 관계에서 국가의 권력은 결코 개인의 자유보다 상위에 존재할 수 없다. 그러나 대한민국의 역대 개인 독재자들은 국가의 권력(=독재자 개인 권력)을 나라 사람/국민의 자유와 권리보다 상위에 둠으로써 대한민국의 모든 국민/민인들은 개인의 자유가 막심하게 제한/억압되어 왔던 것은 사실이다.

어찌했든, 유럽이나 아시아나 자유의 공통 개념은 천부적/원자적 자유를 말한다. 따라서 부르주아지가 말하는 개인의 이익을 위한 자유시장경제와 부의 축재를 위한 자유경쟁을 말하는 게 아니다. 곧 개별적 개체의 자유란, 국가의 유지를 위하여 제정된 법률에 의해 행해지는 어떠한 통치행위에 의해서도 개인의 개별성이 제한/통제/간섭을 전혀 받지 않는 절대 자유(천부적 자유)를 뜻한다. 그러나 이승만 독재 이후, 대한민국에서 일컬어지고 있는 '자유민주주의'에서 자유라는 것은 '개인의 자유' 곧 인간의 개별성/자율성이 국가의 이념(공산주의를 반대하는)에 의하여 통제된 자유주의를 말한다. 박정희 독재 이후 대한민국에서 허용되는 자유는 '시장의 자유', '자본의 자유', '반공의 자유'만을 허용하였다. 곧 물질의/반공의 범주 안에서만의 자유를 뜻하였다. 이승만 이후, 부도덕한 부류들이 늘 말하는 자유민주주의 수호라는 말은 (자유주의=자본주의/반공주의)+(민주주의=국가주의/반공주의)를 뜻한다. 곧 이들이 말하는 자유주의와 민주주의는 모두 자본의 자유와 동시에 반공산주의를 뜻하는 개념이다.

이제까지 자유/자유주의의 일반적 개념에 대한 설명을 해보았다. 그러면 다시 김대중의 정치철학에서 말해지고 있는 자유/자유적에 대하여 검토를 해보자. 김대중은 자유의 개념을 경제적 자유, 언론적 자유를 가지고 설명을 한다. 김대중이 말하는 자유주의는 부도덕한 주류들이 신념으로 삼고 있는 자유민주주의에서의 반공산주의를 말하는 게 아니다. '자유적 민중정치' 자유적 민주주의를 뜻한다. 곧 김대중이 말하는 자유는 앞에서 설명하고 온 것처럼, 인간의 개별성/자율성, 곧 개별적 자유를 뜻한다. 그리고 김대중의 민주주의/민중정치는 독재(한국적 민주주의)를 배제한 포용적, 대동적, 인권적, 협화적 민주주의/민중정치를 뜻한다.

김대중은, 자유의 문제를 생각할 때 먼저 가난 속에서는 자유가 존재할 수 없다고 보았다. 그리고 "20세기 국가의 특징은 사상 면에서 볼 때 유심론唯心論과 유물론唯物論이 극도로 정正과 반反의 상태를 이루어 오다가 점차 합의合議 단계로 접근하고 있다."(대1, 53)라고 변증법적으로 자유의 개념을 파악한다. 김대중은 지금 세계 어디에도 맑스가 말하는 자본주의나 공산주의는 존재하지 않는다고 강하게 주장한다. 그래서 김대중은 "공산주의의 장점인 '물질의 평등'(낮은 단계의 평등)과 민주주의의 장점인 '평등의 자유'는 인간의 행복에 필수 요건이다. 이것이 인간의 본능이요 욕망이다."(대1, 53) 라고 주장한 바 있다.

김대중은 그의 말과 같이, "빈부의 양극화가 심화된 상태에서는 자유가 존재할 수 없다고 보았다. 이러한 명제를 놓고 김대중은 민주주의/민중정치의 성공 여부는 빈부 격차의 해소에 있다는 자신의 신념을 밝힌다.(대1, 54) 김대중은 '경천애인敬天愛人', '사인여천事人如天'[192]의 인식을 가지고 남에 대한 존중심을 강조하였다. 남에 대한 존중심은 곧 자신의 자유가 존중됨을 뜻

[192) '敬天愛人'은 하늘을 공경하듯 사람에게 다솜을 베풀라는 말로 나라 사람을 근본으로 한다는 의미이고 '事人如天'은 사람을 대하되 하늘을 대하듯 하라는 말로 곧 인간의 존엄성을 중시한다는 뜻이다.

한다. 그래서 김대중은 대통령 자리에 오르고 나서, 일체 '정치보복'을 하지 않았다. 그것은 그 시대, 그 사람의 독재적 정치 행위는 밉고 용서할 수 없지만, 그 사람의 인격은 그 사람 것이기에 정치적 보복의 대상이 되지 않는다는 의미에서였다.

여기서 김대중의 개인행동의 자유를 존중하는 모습이 발견된다. 곧 개인의 자유 행위와 그 사람의 인격/양심을 분리하여 생각하였다. 사람의 인격은 법으로 처벌해서는 안 된다는 숭고한 사상이다. 그래서 개별 독재자에 대한 처벌은 민중이, 그리고 역사가 해야 한다는 판단에서 죄와 인격을 분리하여 생각하였다. 그러나 글쓴이 입장에서는 반인권적 군사 반란에 가담한 학살자들을 그대로 용서한다면 역사 정의가 흔들리는 문제가 남는다는 생각이다. 후광학에서는 이 점도 명확하게 풀어야 할 과제라고 본다.

김대중은 언론의 자유가 살아있어야 한다고 강조하였다. 그는 민주주의의 3대 요소인 정당, 의회, 언론을 들고 이 중에 특히 언론의 자유를 참 자유라고 하였다. 그것은 정당과 의회가 그 기능을 상실하더라도 언론이 강하면 민주주의/민중정치는 소생할 수 있다고 보았기 때문이다.(대1, 55) 김대중은 언론의 자유는 모든 자유의 근원이라고 하였다. "언론의 자유만 있으면 고문도 쉽게 할 수 없고, 체포도 함부로 할 수 없고, 부패도 제대로 될 수 없다. 언론 자유의 보장에서 가장 기본적인 것은 신문발행의 자유다"고[193] 강조한다. 이 말은 대한민국이 그동안, 얼마나 언론을 통제해 왔는가를 말해 주는 대목이다. 지금도 그렇지만 독재권력이나 파렴치한 정권은 언론을 자기, 또는 자기들의 앵무새로 만든다. 박정희, 전두환은 언론을 통제하고 가짜뉴스를 남발해 왔

---

193) 정진백 편,《金大中 對話錄/김대중대통령 후보 정책질의》1/1971-1987, 같은 책, 521~524쪽 참조.

다. 지금의 윤석열은 그 도를 넘고 있다. 가짜뉴스를 너무 많이 남발시켜 국민의 옳고 그름에 대한 판단력을 크게 손상시키고 있다.

그동안 독재권력에 길이 들여온 탓인지 모르지만, 아직도 우리나라는 참 자유/참 언론을 유감없이 발휘하고 있는 언론지와 방송이 전혀 없다는 게 슬프다. 지금도 언론의 자유가 무엇인지도 모르고 그릇된 사고에 세뇌되어 쓸데없는 말로 지면/화면을 채우고 있는 신문/방송이 대부분이라는 생각이다. 특히 세칭 이른바 황제언론/지상파 방송들이 더욱 그렇다. 김대중은 "언론의 자유를 보장하지 않고 언론통제를 하는 정권은 정통성이 약한 정권일수록 심하다."라고 지적하였다.(자1) 김대중은 일찍이 박정희 독재 때(1966) 농촌지역에서 KBS 이외의 방송을 시청할 수 없게 한 언론 통제에 대하여 국회에서 통렬하게 비판한 적이 있다.[194]

깡패식 군사반란으로 정권을 탈취한 박정희도 그랬지만, 전두환, 노태우의 신군부 세력은 언론기관을 악질적으로 통폐합했다.(1980. 11.) 언론기본법을 만들어 언론을 심각하게 통제하였다.(1980. 12.) 신군부 쿠데타 세력은 문화공보부 산하에 홍보조정실을 신설하여 언론통제용 '일일지침서'를 언론사에 내보냈다. 홍보조정실에서 내보내는 지침은 청와대 정무비서실의 지시에 따른 것으로, 뉴스의 크기와 무게는 신문사 편집국의 재량이 아닌 청와대 권력의 측정에서 나왔다. 그런데도 당시 기존의 어떤 언론사/언론인도 이를 폭로하지 못했다. 그런데《말》의 기자(김태홍, 신홍범, 김주언)가 청와대의 공작명령인 보도지침(1985.6~1986.8)을 날짜별로 정리/폭로하였다.(자1)[195] 청와대의 보도지침에 따라 '김대중 죽이기'를 언론에 지속적으로 내보냈다는

---

194) 김대중,《慎怒의 메아리-金大中議員 國會演說集》, 앞의 책, 294쪽.
195)《말/출판사건일지》(1885년 6월호) 78~79쪽 참조.

사실이 드러났다(자1, 551)

　언론의 기능 중 가장 큰 역할은 '계몽성 사회비판'에 있다. 비판과 비난, 두 용어는 개념의 차이가 크다. 우리나라 언론의 대부분은 나라와 사회발전을 위한 비판 정신은 찾아보기 힘들다. 그저 남의 인격이나 개인의 비리 등을 들추어내어 그들의 자존심과 인격을 파괴하는 험담/비난을 주로 보도하고 있다. 곧 정의가 아닌 사악한 부정적 시각을 전파한다. 남의 자존심을 깎아내리는 기사나 보도는 개인의 자유를 침해하는 행위가 된다. 국회 청문회도 마찬가지다. 청문회가 나라 발전을 위한, 나라 사람의 행복을 위한 어떤 정책과 대안을 가지고 국무위원에 나가려 하는지에 대한 검증의 장이 아니고, 국무위원 후보 개인의 인격을 모독하는 그런 장으로 변했다. 가련한 의원들이다. 의원 자격도 없다. 남의 비리를 캐낸 것이 마치 자랑인 양 큰소리를 친다. 창피한 줄을 모른다. 한 인간이 청문聽聞이라는 이름으로 가족(타인의 자유)까지 비열한 언론에 의한 사회적 매몰을 당하고 있으니 한심하다. 또한 언론들은 험담을 비판으로 알고 기사를 내보내고 있다. 잘못된 교육을 받고 자란 사람들이다. 언론의 자유는 정치권력 및 자본 권력과 결탁을 하지 않을 때 소신에 의한 정의로운 비판과 사회를 계도하는 보도가 나올 수 있다. 자본 권력과 통치 집단에 대한 정의로운 비판은 나라와 사회를 올바른 길로 인도하는 나침판이 된다. 바로 나라와 사회가 '정의와 자유'를 향해 가도록 계도啓導하는 비판 정신이 곧 바른 언론 정신이다.

　김대중의 정신은 자유적 민중정치를 추구함이었다. 자유의 개념을 정반합적正反合的 사고에 대입해 볼 수 있다. 정반합적 사고는 지양적止揚的 태도를 말한다. 지양이라는 말은, 正(현상)을 부정하고 反(저항/비판)이 나올 때, 현실 환경보다 나은 사회발전과 문명진화(合)를 위하여 차원 높게(이해와 포용) 해결하는 태도를 말한다. 김대중은 사회적 측면에서 더 발전된 사회발전을 위하여 지양 법칙으로 모순과 갈등을 포용하였다고 볼 수 있다. 그래서 김대중은 민주주의와 경제발전을 위하여 자유와 창의력을 존중해야 한다고 하였다. 곧 김대중은 자유주의와 민주주의의 합성어인 자유민주주의로 포장된 그릇된 반공주의 개념에서 탈피하여 자유주의는 인간의 행복을 창조하는 가치로, 민주주의는 진정으로 민중이 통치하는 민중정치로 개념을 전환 시켰다고 볼 수 있다. 그래서 김대중은 이제까지 반공적 개념의 자유민주주의를 정치적 자유의 보장, 경제적 자유의 보장, 사회적 자유의 보장으로 전환시켰다.[196] 이것이 글쓴이가 김대중의 민주주의/민중정치에 자유적이라는 수식어를 붙인 이유다.

라. 인권적 민주주의/민중정치

김대중은 정치권에 뛰어들면서 민주주의/민중정치의 확립이 무엇보다 중요하다고 생각하였다. 그는 민주주의의 시작은 인권의 존중에서 시작된다는 논리를 폈다. 그래서 "인권을 위해 민주주의가 필요하다. 민주주의를 위해서는 모두 참여해야 한다."라는 입장을 밝혔다.(자1, 429) 그리고 대통령직에 취임 직후 법무부로부터 업무보고를 받는 자리에서(1998.3) 김대중은 후대에 '경제 대통령', '통일 대통령'으로 기억되기보다는 인권 대통령으로 기억되고 싶다고 말했다. 이러한 인권에 대한 기본 입장을 가진 김대중은 '인권 민주국가'라는 용어를 쓰기도 했다.(자2, 404) 여기에서 글쓴이는 김대중의 민주주의/민중정치를 '인권적 민주주의/민중정치'라고 이름을 붙여보았다. 김

---

[196] 정진백 편, 《金大中年代記1997-2000》 5, 같은 책, 305~308쪽 참조.

대중이 대한민국을 '민주인권국가'로 되살려냈다는 전제를 가지고 이야기를 시작해 본다.

김대중의 '인권적 민중정치'를 이해하기 위하여 인권에 대한 개념부터 살펴보자. 인권은 쉽게 말해서 천부인권天賦人權을 말한다. 천부인권이란 성문법 이전의 자연법/자연권에서부터 나온 사상이다. 곧 인간이 태어나면서 가지고 나온 '기본적 삶'의 권리를 말한다. 인간이 기본적으로 갖는 삶의 권리/생존 권리란 무엇을 말함인가. 생존 권리는 자유를 향유할 권리를 말한다. 자유가 없다면 생존해야 할 가치도 없다. 앞에서도 말하고 왔지만, 자유는 어떠한 국가 권력기관으로부터 조금의 침해/간섭/통제를 받아서는 안 되는 천부적 권리다. "자유가 존재하지 않는다면 권리도 존재하지 않는다."라고 역설적으로 주장해 볼 수 있다. 그런데 이러한 천부적 권리와 자유가 국가라는 울타리가 생기면서 침해를 받기 시작한다. 여기에 18세기 유럽에서 파쇼적 정치집단과 산업자본주의 경제질서가 나타나면서 물질적 침해와 정신적 간섭/통제가 세차게 치고 들어왔다. 이에 대하여 지식인과 노동자들이 분노와 반발을 하였다. 이 과정에서 사회주의라는 새로운 사회이념을 만들어냈다. 그리고 사회주의 안에서 다시 공산주의 이념이 나왔다. 그러나 오늘날 이들 세계를 들여다보면, 쿠바를 제외하고는 어느 공산주의나 사회주의사회도 크게 인권=자유가 보장되고 있는 것 같지는 않다.

사회주의, 공산주의와 같은 시기에 아나키즘도 나온다. 아나키즘은 국가의, 공산당의 권력과 권위가 인간의 인권과 자유보다 우위를 점하고 있는 것을 보았다. 자유주의는 어떤 이념으로도 타인의 자유를 통제하고 공격해서는 안 된다. 특히 국가의 권력에 의한 자유 통제는 있어서는 안 된다. 국가권력에 의한 자유의 간섭과 통제를 거부하는 이념이 아나키즘이다. 그래서 아나키즘은 자본주의사회, 사회주의/공산주의 사회를 모두 반대하고 인간의 천부적인 절대 자유와 인권이 완벽히 보장되는 사회를 요구하고 나왔다.

앞의 자유적 민주주의/민중정치 항목에서 존 스튜어트 밀의 말을 하고 왔지만, 인권은 개별적 개체인 인간 자체의 존중을 의미한다. 사람을 존중하는 사상이 곧 인권주의/인권사상이다. 사람에 대한 존중은 타인에 대한 절대 자유를 보장할 때 참 자유가 빛나게 된다. 따라서 국가라는 존재는 그 구성원인 나라 사람의 개별적 개체의 자유=인권을 결코 침해해서는 안 된다. 그래서 맹자는 못된 왕은 때려서 내쫓아야 한다는 방벌론을 주장하였다. 또 루소 같은 사람은 국가/권력이 개별적 개체성을 갖는 나라 사람의 자유=인권을 침해하면 혁명을 하는 게 마땅하다고 하였다. 특히 루소의 말은 개인이 자신의 인권이 국가에 의해 희생될 필요도 없지만, 희생이 된다고 생각할 때는 과감하게 혁명에 뛰어들어야 한다는 말이다.

이제 우리의 역사로 돌아가 보자. 우리 근대에서도 인권을 다룬 조선시대 개화 지식인이 있었다. 유길준(兪吉濬, 1856~1914)이다. 유길준은 그가 지은 책 《西遊見聞》(서유견문, 1895)에서 "자유와 통의通儀의 권리는 천하에 살고 있는 모든 사람이 다 같이 가지고 있으며 다 같이 누리고 있다. .... 이러한 권리는 태어날 때부터 함께 생겨나, 어디에도 얽매이지 않고 독립하는 정신으로 발전하여, 무리한 속박을 받지 않고 불공평한 방해를 받지 않는다"(유길준, 132)라고 함으로써 인간의 권리=인권의 개념을 잘 설명하고 있다.

우리 역사에서 인권 문제가 거론되기 시작하는 것은 근대개화기 유럽의 근대사조에서 영향을 받은 때부터이다. "사람을 대하기를 하늘처럼 한다"(사인여천事人如天=인내천)라고 인간의 본질을 말하는 동학이 성립한다.(1860) 동학은 풍류도에 바탕을 두고 나왔다. 하늘의 기운/에너지를 받아 땅에서 만물이 자라고 전성하며 그 땅/자연의 기운/에너지를 먹고 사는 것이 인간이라는 논리가 동학이다. 여기서 동학은 하늘과 땅을 아우르는 천지인天地人 사상을 낳게 된다. 천지인 사상은 홍익인간弘益人間적 인간행동을 말한다. 홍익인간은 인간의 존엄성을 강조하는 말이다. 인간의 존엄성이란 인간이 천부적으로 가지고 나온 자유와 인권의 존중함을 뜻한다.

그래서 경상도 출신 최제우崔濟愚(1824~1864)은 동학교리를 세우고, 전라도 출신 전봉준全琫準(1855~1895)은 피지배계급의 인권을 위하여 김도삼金道三, 정익서鄭益瑞, 최경선崔景善, 김기범金箕範, 손화중孫華中, 김개남金開南 등과 함께 동학농민혁명 기의를 일으켰다.(1894~95) 동학농민이 기의를 일으킨 역사 배경은, 전통적 왕조사회에서 탄압과 압제만을 받아왔던 농민/천민들의 누적된 울분과 분노였다. 농민과 천민들은 동학사상이 내건 인내천人乃天(사람이 곧 하늘이다) 사상에 감화되었다. 이에 그동안 가슴 속에서 쌓이고 쌓여만 왔던 울분이 분노로 폭발하였다. 인간적 본능에서 우러나오는 동학농민 기의군은 전라도 지역의 여러 군현郡縣들을 점령하고 전라도 지역에서는 폐정개혁을 담당하는 자율적 개혁기구로 집강소執綱所를 설치하기도 했다.(1894)

집강소를 통하여 조선왕조의 반인권적 폐정弊政들을 주체적으로 개혁하고자 했다. '폐정개혁 12개조'가 그것이다. 이 중에서 제5항 노비문서의 소거, 제6항 칠반천인七班賤人의 대우 개선, 백정두상白丁頭上의 평괴립平壞笠 탈거脫去, 제7항의 관리등용에서 지벌地閥의 타파, 제12항의 토지의 평균 분작 등 봉건적인 계서적階序的 신분 제도의 전면적 철폐 요구가 들어 있다. 이는 당시 인권 신장을 위해 필요한 요구 사항들이었다. 인권신장과 평등사회를 위한 획기적인 사회변혁의 요구였다.

동학농민 기의군이 내건 폐정개혁 12개조 중 인권에 관한 주장은 대부분

갑오개혁(1895)에서 정책적으로도 제도화한다. 갑오개혁에서 인권을 개념적으로 말한 부분을 보면, "만민평등의 선언, 문벌귀천을 초월한 인재 등용, 노비제 폐지, 인신매매 금지, 고문 폐지, 정치적 의사 표명의 자유 등을 규정하고 있다. 정치면에서 처음으로 인권 문제를 제도화했다는 데 역사적 의의가 있다. 갑오개혁은 '봉건적 반反인권 사회에서 개방적 인권사회로 가려는 최소한의 몸부림이었다고 평가할 수 있다. 갑오개혁은 동학혁명군의 인권 개선 요구를 국가 차원에서 제도화하려고 노력을 했다. 그러나 안타깝게도 일제의 대한제국 병탄 과정에서 이러한 인권신장의 움직임은 도로 봉건적 반인권 사회로 돌아가고 만다.

조선/대한국은 '근대적 힘'으로 불리는 제국주의 일본에 의해 병탄併呑되고 만다.(경술국치, 1910.8.29.) 일제는 에도막부(江戶幕府)로부터 권력을 일제 왕에게 돌려주는 대정봉환大政奉還(1868)을 통하여 자신들의 왕(이들은 천황天皇이라 한다)을 신적인 존재로 승화시키고 일제 신민들의 천부인권론/저항권론을 처음부터 부정하고 들어갔다. 더구나 유럽의 근대 사조인 사회주의/공산주의/아나키즘이 일본 사회에 흘러 들어오면서 천황제의 근간이 흔들리자 〈치안유지법治安維持法〉(1925)을 만들어 인권과 사상의 자유 자체를 말살한다. 일제는 저들의 치안유지법을 우리 땅에도 적용하는 바람에 우리 땅/민족도 식민지로 살고 있는 동안 노예적 존재로 살며 고통의 역사를 보내야 했다.

이 나라 고난의 역사는 민족의 해방에 즈음하여 또 다른 불행을 불러왔다. 새로운 외세의 등장이다. 북은 소련, 남은 미국이라는 외세다. 앞에서도 이야기하고 나왔지만, 미국은 자국의 이익을 위해 우리 땅에 '분단형 해방'을 음모하였다.(1945. 8.10~11사이) 이에 의하여 분단지역 남과 북에 각각 미군과 소련군이 점령하면서 38선 북쪽에는 소련 해방군 군사사령부가 들어서고, 38

선 남쪽 땅에는 미점령군 군정청과 미군사령부가 설치된다. 그러나 미점령군 군정청은 소련 해방군과 달리 일제가 조선 강점기에 식민 통치를 위해 제정/반포하였던 악질적 기본법령들을 그대로 유지했다. 일본 국내의 경우, 1948년 8월 15일 이후 일제시대에 제정된 악법들이 상당수 폐지가 되었지만, 38 이남에서는 미군정청 포고령 또는 하지 사령관 포고의 이름으로 일제강점기 악법들이 그대로 유지되면서 한국인의 자유와 인권이 여전히 말살되고 있는 상태가 되었다. 미군정의 강압과 경제 파탄에 노동자와 민중들은 항의하였다. 미군정청은 이러한 민중들의 기본권적 요구도 야수적으로 탄압했다. 이 바람에 앞에서도 본 바와 같이 남쪽 지역의 인권은 신장 될 꿈조차 꾸지를 못하였다.

이후 대한민국이 수립되었다.(1948. 8.15) 그리고 제헌의회에서 대한민국 '기본 헌법'이 제정이 되었다. 기본 헌법에 '인권의 신장'의 규정도 두었다. 대한민국 헌법에 적시된 인간의 존엄성과 가치를 존중하는 조항들을 들어 보자. 1) 행복추구권, 2) 평등권, 3) 자유권, 4) 사회권, 5) 청구권, 6) 참정권 등이다. 특히 자유권에서는 일제강점기 때 유린되었던 인권을 다시 살리는 내용들이 담겼다. 곧,

가) 신체 자유의 보장=영장제도 신설, 자백 강요 금지, 구속적부심 청구, 일사부재리 원칙

나) 국민의 권리와 자유 보장=양심의 자유, 종교의 자유, 언론출판/집회결사의 자유, 학문과 예술의 자유 등 정신적 자유와 거주와 이전의 자유, 직업 선택의 자유, 사생활의 비밀과 자유, 재산권의 보장, 주거의 불가침 보장 등 사회/경제적 자유.

다) 이외 사회권으로 교육을 받을 권리, 노동의 권리, 노동삼권, 사회보장을

받을 권리 등이 포함되었다.

  그렇지만 이러한 헌법 조항들은 종이조각에 불과하였다. 그것은 이승만의 반공독재권력, 박정희의 군부독재권력, 전두환의 살인독재권력이 대권을 계승하면서 대한민국 나라 사람들의 인권=자유는 전혀 보장되지 못하였기 때문이다. 특히 이승만 반공적 독재권력 구조에서는 친일파들이 우글거리고 있었다. 앞에서 본 바와 같이 친일파 엘리트 관료들은 반공주의를 내걸고 그들의 친일에 대한 면죄부를 스스로 쥐어 가졌다. 반공주의자들은 안보 치안을 인권=자유보다 상위에 두고 안보제일주의로 치달았다. 이들이 권력의 중심으로 가지고 있는 반공 중심의 안보제일주의/국가보안법은 헌법에서 규정한 나라 사람의 인권=자유를 부당하게, 비인간적으로 탄압하게 만들었다. 이래서 대한민국 사람의 인권은 크게 위축되었다. 이승만의 '반공적 독재권력'에 의해 정치, 경제, 사회 전반에 걸쳐, 부정과 부패가 심화 되자, 이에 분노한 학생과 시민들이 나서서, 4·19시민혁명 기의를 일으켰다.(1960) 이 결과, '민주적 4·19민중체제'/4·19풀뿌리민주주의가 등장하게 된다. 그리고 헌법에서 보장한 자유/인권주의가 되살아났다. 그러나 우리 땅에 수난의 역사가 다시 시작되었다.

  근대 들어 우리 땅에 불행을 몰고 온 모순 세력들이 있다. 외세인 일제와 미국, 그리고 내부의 분단 권력과 친일/친미의 부도덕한 부류들이다. 충성파 친일 장교(만주국군 보병 제8단의) 출신 박정희와 신친일파 김종필은 4·19민중체제를 무너뜨리는 5·16군사반란을 일으켰다.(1961) 이 바람에 자유와 인권의 가치를 보장하는 '민주적 4·19민중체제'는 군홧발에 짓이겨져 버렸다. 그리고 박정희는 친일파 출신들을 관료에 불러들였다. 이리하여, 이승만 때보다 더 지독한 반공 독재 권력이 들어섰다. 인권=자유는 반란군 군정의 반공 논리에 매몰되었다. 이후 대한민국의 자유=인권은 얼굴조차 내밀지 못했다. 반란군 군정시대부터 시작하여 박정희 개발독재/군사독재가 이끄는 대한민국의 역사는 영구총통제를 향해 가고 있었다. 나라는 병영화되고 경제는 파쇼자본주의/특권경제가 더욱 강화되었다. 병영국가, 특권경제가 이끄는 사회에서는 자유/인권은 기를 펼 수 없었다.

이런 정치 환경에서는 민주주의/민중정치가 소생된다는 것은 생각조차 할 수 없었다. 특히 전두환 살인독재권력 때 더욱 강화된 국가보안법의 존재는 국가안보와 권력을 인권과 자유보다 상위에 놓았다. 그래서 인권과 자유는 치장물에 불과했다. 김영삼의 문민정부 시절에도 인권 문제는 나아지지 않았다. 그리고 외환 위기를 초래하였다. 대한민국 역사의 혼백은 외환 위기의 극복과 나라 사람의 인권 신장을 위하여 우리 조국의 땅에 김대중을 불러들였다.

김대중은 대통령 자리에 오르면서 곧바로 인권 민주주의를 주장하였다. 김대중은 "인류의 역사는 곧 인권을 지키고자 하는 굽힐 줄 모르는 인간의 역사였고, 하늘이 부여한 인간의 존엄성을 수호하기 위해 싸워 온 투쟁의 역사....... 인권은 목적이다. 민주주의는 이를 지키는 절대 불가결의 수단이다." 라고 자신의 '인권주의 철학'을 말하면서, 그동안 이승만의 승공분단독재, 박정희의 반공유신독재, 그리고 전두환의 살인약탈독재 권력으로부터, 데모크라시/민중정치를 지켜내고자 투쟁하다가 희생된 사람들의 명예를 회복시켜야 한다고 주장하였다. 그리고 "인권은 그 어떠한 명분과 구실로도 제약을 받거나 유보될 수 없는 천부의 권리"라고 정의하였다.

그리하여 민주화운동에 대한 정당한 평가와 보상, 제주4·3사건의 진상규명과 희생자 명예회복, 군사정권 하의 의문사 진상규명을 위한 조치들을 취했다. 이어 〈민주화운동관련자명예회복 및 보상 등에 관한 특별법〉 (1999.12.2.), 〈의문사진상규명에 관한 특별법〉(1999.12.2.), 〈제주4·3사건진상규명 및 명예회복에 관한 특별법〉(2000.1.12.)을 제정하여 국회의 통과를 받아냈다. 그리고 〈국가인권위원회법〉을 제정하여 국회에 상정을 했다.(2001. 5.24, 2001. 4.30. 발효), 이어 〈민주화운동기념사업회법〉(2001.6.28.)도 국회의 통과를 보았다. 이 결과로 《국가인권위원회》가 설치되었다.(2001. 11.25.)

특히 국가인권위원회의 설치는 인권이 국가와 사회의 핵심 가치가 되도록 한 조치였다. 인권운동을 민간인 차원의 관심사에서 국가적/사회적 관심사로 끌어올렸다는 데에 역사적 의의를 부여할 수 있다. 특히 김대중에 의하여 인권을 신장시키는 각종 법률의 제정은 인간의 자유 문제와 연관하여 사람이 태어나서 국가의 통제와 간섭을 멀리하고 인간답게 살아갈 수 있는 평화/행복 사회를 만들었다는 점에서 역사적 의의를 찾아볼 수 있다. 이외, 김대중은 대통령직을 수행하면서, 사상전향제 폐지(1998.7), 양심수 석방(1998.3.14.), 최루탄 사용도 금지시켰다.(1999) 최루탄 사용 금지는 집회/시위의 자유를 보장한다는 의미를 갖는다. 곧 이는 민중들의 자발적인 의사 표현을 공권력으로 막지 않겠다는 김대중 의지의 표현이었다. 집회/시위에 공권력의 투입이 자제되었다는 것은 인권 중심의 참다운 민주국가로 나가는 조치 중 하나가 된다.

김대중은 전두환으로부터 정치적 보복을 받아 '김대중내란음모' 조작사건으로 사형선고를 받은 적이 있다. 김대중은 이를 두고 "인간이 겪을 수 있는 가장 가혹한 정신적 고통"이라고 가슴 아픈 심정을 드러냈다.[197] 대한민국 헌법상 사형제死刑制를 두고 있지만, 김대중에 이어 노무현도 사형수에게 사형을 시키지 않음으로써 국제적으로 '사형제 폐지국'으로 인정을 받은 것은 대

---

197) 연세대학교 김대중도서관 편, 《김대중전집 II》9(연세대학교 대학출판문화원, 2019) 258쪽.

한민국이 인권 선진국이 되었음을 의미한다. 김대중이 그 단초를 만들었다. 또 국가보안법 개폐와 선거법 개정 등도 주장하였다. 국가보안법은 개정되지 못한 아쉬움을 갖지만, 선거법은 개정되었다. 그나마 다행이다. 김대중은 감옥생활을 해 본 사람이다. 그래서 교도소 수용자의 인권신장을 위해 행형법行刑法도 수정하였다.[198](자 2, 408) 이는 차별 없는 인권 관련 규정의 강화를 의미한다. 이런 법안의 제정/공포는 우리 역사 속에서 권위주의 개인 독재자들에게 빼앗겼던 나라 사람들의 인권을 되찾는 일이며 동시에 잘못으로 점철되어 온 역사의 오류도 청산하는 작업이었다. 민족의 슬픈 비극을 씻어 내는 일이었다.

김대중의 인권적 민주정치에서 빼놓을 수 없는 또 하나의 인권사상이 있다. 여성 인권에 관한 관심이다. 중국이나 한국, 그리고 일본은 봉건적 전통사상에 의하여 사회적 측면에서 남성은 주체화하고 여성은 타자화되어 왔다.[199] 이러한 남녀차별/양성불평등의 인권환경에서 김대중은 이 땅에 여성 인권의 신장과 양성평등/여남평등을 위한 진취적인 인식을 가지고 있었다.

근대중국의 경우는, 서양의 근대문화가 유입되면서 전全여성적 여성인권운동(단발短髮운동, 전족纏足 해방 운동, 유방乳房 해방 운동, 자유혼인 운동 등)이라는 과정을 거쳐 여성들의 전근대적/전통적인 '여성 인권유린 풍속'으로부터 여성이 주체적으로 스스로의 인권을 신장시킬 수 있었다. 중국은 '여성의 해방'이 곧 근대화였다. 그러나 한국의 경우는 개화기에 일부 개화 여성단체들(여성 동우회, 근우회, 애국부인회 등)에 의한 산발적인 여성해방

---

198) 김대중, 《憤怒의 메아리-金大中議員 國會演說集》, 앞의 책, 294쪽.
199) 《말/출판사건일지》(1885년 6월호) 78~79쪽 참조.

운동이 있었을 뿐이다. 그리고 일부 지역에서 여성 중심의 민족해방운동이 있었다. 1923년경 인천 성냥공장의 여성 노동자를 상대로 권익 신장을 위해 노력하였던 백마 탄 항일 여성 장군 김명시金命時(1907.~1949.)가 있었을 뿐이다.[200] 이와 같이 일제강점기와 해방공간에서 산발적으로 여성해방운동이 있긴 했어도 전수 민족적/여성적인 인권해방운동은 미비했다. 역설적으로 말하면, 우리 땅에서는 여성의 해방이 미비했기에 근대화도 미지근했다고 말할 수 있다. 이런 역사 환경에서 비로소 여성의 인권과 양성평등 문제에 관심을 보인 사람이 김대중이었다. 그래서 김대중은 민주화운동이 곧 여성해방운동이라고도 말하기도 했다.

  김대중이 여성 인권을 신장시키기 위한 노력이 구체화 되는 시기는 1971년 제7대 대통령 후보로 나서면서부터이다. 인천에서 열린 대통령 후보 연설에서 "대통령 직속 여성지위향상위원회"의 설치, 여성의 정치/사회/문화 각 분야 진출을 위한 특별여건의 조성, 노동 여성의 근로조건 개선" 등 공약을 내걸었다.(1970.10.31.)[201] 이러한 공약은 선거유세 기간 내내 유지되었다. 이때부터 김대중에게 '여성인권주의자'로 이름이 따라다니기도 했다. 김대중은 민주주의가 이 땅에 제대로 정착이 되려면, 봉건적 사고에서 해방되어야 한다고 하였다. 그 봉건적 사고를 해방시키기 위해서는 "개인의 인권, 자주성, 평등 가치"가 확립되어야 한다고 주장하였다.[202] 개인 인권과 관련하여 평등 가치라는 말속에는 여성의 인권과 여남평등의 의미도 들어있다. 김대중은 봉건적 사고로 비인간적인 "여성의 재가再嫁 금지, 시부모 봉양" 등을 들었다. 그래서 김대중은 늘 여성의 인권을 민주화운동, 민주주의의 회복 차

---

200) 이 춘.《김명시》(산지니, 2023)
201)《김대중전집Ⅱ》6, 앞의 책, 374쪽.
202)《김대중전집Ⅱ》8, 앞의 책, 602쪽.

원에서 다루었다. 그리하여 15대 대통령 선거 후보 시절, 여성 관련 정책을 다음과 같이 발표한다. "전근대적 가족법 개정, 남녀 동일 임금제 구현, 출산 후 퇴직 강요 금지" 등이 민주주의의 본질적 가치라고 하였다.

'성평등주의자'인 김대중에게 "양성평등, 여성 인권" 관련 사고에 가까이서 영향을 준 동지가 있다. 부인 이희호李姬鎬(1922.~2019.)와 한국 최초 여성 변호사이자 여성인권운동가인 이태영李兌榮(1914.~1998.)이다. 이들 '여성인권운동가'들과 함께 김대중은 여성주의 정치이념을 실천한다. 김대중은 대한민국의 제헌헌법에 남녀평등의 원칙은 들어있었지만, 가부장적 가족법은 그대로 유지되고 있었음을 인식하고 이의 개정에 노력하였다. 그리하여 1989년 김대중은 여소야대의 국회(1988, 13대) 분위기를 이용하여 가족법 개정에 혼신의 힘을 다하는 노력 끝에 결실을 보았다.(1989,12,19 국회통과, 1991.1. 시행)

개정된 가족법 내용을 보면
1) 가부장적 호주제 수정-여성 호주도 가능케 함.
2) 호주 중심의 재산을 가족 공동의 소유로 함.
3) 재산분할권을 여남평등으로 함.
4) 친족 범위를 모친과 부친 계열을 동등하게 함.(4촌까지 인정)
5) 부부가 이혼 시 어머니 친권을 인정함.

이렇게 해서 봉건시대부터 내려왔던 인간 차별의 역사, 가부장적 가족 관계를 청산하도록 만들었다. 이로써 가정의 민주화가 이루어지고, 남존여비 풍조, 가정과 사회생활에서 지배와 복종 관계가 사라지는 여남평등의 사회가 되었다. 화평의 가정이 나올 수 있는 가정환경을 만들어 주었다. 김대중에 의한 여남평등의 사회가 된 것이 '인권혁명'에 속한다. 인권의 대혁명이다.

김대중은 대통령직을 맡으면서(1998) 여성의 인권신장과 여남평등 민주주의, 대한민국 국민의 인권신장을 핵심과제로 선정하였다. 그리하여 정부조직법으로 대통령 직속 여성특별위원회를 신설하였다. 그리고 정부 각 부처(당시 교육부, 노동부, 농림부, 법무부, 보건복지부, 행정자치부 등)에 여성 정책담당관을 두도록 했다. 그리고 각 군軍 사관학교에도 여성 생도를 뽑도록 조치하였다. 이어 여성의 기업 활동을 지원하기 위한 〈여성기업지원에 관한 법률〉(女性企業持援에 關한 法律, 1999. 2. 5)을 제정하였다. 이 법에 의해 산업자원부 중소기업청 산하에 〈한국여성경제인협회〉도 설립되었다.

또 〈남녀차별 금지 및 구제에 관한 법률〉(1999. 2.8.)을 제정하여 여남차별 금지, 피해자 구제, 성희롱 금지 등을 법으로 명문화했다. 이러한 과정을 거쳐 결국 독립적인 정부 부처의 하나인 〈여성부〉가 탄생하였다.(2001. 1.29.) 이로써 김대중에 의하여 대한민국에 여성 노동의 경제적 가치의 인정과 함께 여성의 인권이 확립되었다.(여성의 공공성 확립을 제2 물결/제2의 근대라고도 한다.) 이리하여 대한민국이 양성평등의 국가임을 만천하에 밝혔다. 이외 김대중은 그간의 〈국민연금법〉(1988. 1.제정)을 개정하여(1998.12.31.) 혼인한 배우자(여성)가 5년 이상 혼인 생활을 하고 이혼할 경우, 분할 연금(연금 수급권)을 받을 수 있게 하였다. 또 〈국가유공자 등 예우 및 지원에 관한 법률〉과 〈독립유공자 예우에 관한 법률〉도 개정(2000. 12.30)하여 그 동안 여남차별의 요소로 남아 있던 출가한 딸과 외손자녀의 '유족보상수급권'도 인정하게 하였다. 또 〈근로기준법〉, 〈남녀고용평등법〉, 〈고용보험법〉 등도 개정하여(2001.8.14.) 모성보호 비용에 대한 사회적 분담과 육아휴직에 관한 규정도 두었다. 이뿐만 아니라 〈정당법〉도 개정하여(2000. 6.16.) 비례대표 후보자에 여성을 30% 이상을 공천토록 하였다. 이로써 여성의 '사회적 가치'가 남성과 동등하다는 것, 여성의 역할과 국가와 관계를 명확히 설정함으로써 대한민국의 현대사에서 여성이 남성과 동등하게 사회발전에 역할을 한다는 것을 심어

주는 계기를 마련해 주었다. 이 계기가 곧 혁명이다.

　김대중의 인권적 민주주의/민중정치 사상에서 또 하나 빼놓을 수 없는 것이 있다. 노동자의 인권 문제다. 김대중은 15대 대통령 후보 유세 강연에서 "이제는 노동자의 이익을 보장할 때", "노동자, 농민의 문제 해결 없이는 민주정부는 존립 불가"라는 노동주의 철학을 가지고 있었다. 또 "노동자의 생존권은 보장받아야 한다. (노동자의) 생존권은 불가결한 권리다"[203] 김대중은 이렇게 노동자의 인권과 관련한 정치사상을 확실하게 가지고 있었다. 앞장에서도 이야기한 바 있지만, 박정희의 파쇼자본주의 시대에는 노동자의 권익/인권이 형편없이 짓밟혀져 있었다. 반공산주의와 파쇼자본주의의 성장을 위해 반대급부로 노동자는 희생이 강제되었다. 박정희, 전두환 독재권력은 노동자의 권익을 팔아 자본가 집단과 박정희, 전두환 개인의 이익 챙기기에 급급하였다. 이렇게 희생이 강요 되어 왔던 노동자 인권은 김대중 시절에 와서 기지개를 펴기 시작한다.

　김대중은 반공주의자 이승만에 의해 노동자의 인권이 억눌려 있을 때 이미 노동자의 권익에 대한 입장을 밝혔다. 장준하가 발간하는 《사상계思想界》에다 노동문제에 대하여 글을 실었다. 〈한국의 노동운동의 진로〉라는 글이다.(1955년 10월호) 여기서 김대중은 "자본과 노동의 공존"을 강조하면서 이미 대중경제론의 싹을 틔우고 있었다. 이후 김대중은 대통령직에 오르면서 〈노사정위원회설립 및 운영 등에 관한 법〉을 제정하여 〈노사정위원회〉를 상설기구화하였다.(1999.5.24.) 그리고 〈공직선거 및 선거부정 방지법〉 등을 손

---

[203] 정진백 편,《金大中 年代記, 1986-1987/홍사단 강연내용》, 같은 책, 397쪽 ; 정진백 편,《金大中 對話錄》 1/1971-1987, 같은 책 519~520쪽 참조.

질하여 노동자의 정치 참여를 가능케 하여 노동조합(노조)의 정치활동도 합법화시켰다.(2000.2.26.) 또, 〈교원의 노동조합 설립 및 운영 등에 관한 법률〉을 제정함으로써 초중고교 교사들을 노동자로 합법화시킴으로써, 교원 노동조합(전교조)의 지위를 취득케 하였다.(1999.1.29.) 김대중은 이렇게 노동자의 권익/인권을 위해 노력하였다. 대한민국은 김대중에 의하여 인권혁명이 일어났다. 이 결과 김대중은 국제인권연맹 인권상(1998), 미국 필라델피아시 자유의 메달(1999), 노르웨이 라프토인권재단(The Rafto Foundation) 인권상(2000) 등을 받았다.[204]

이럼에도, 인권 민주주의/민중정치를 깨닫지 못한 민중들의 어리석음은 박정희, 전두환의 후예들을 지배 집단으로 만들어 주었다. 이로써 이 나라에 인권 민중정치를 다시 뒤로 후퇴시키고 '5·16 반민중체제'를 또다시 부활시켰다. 이를 역으로 말하면, 김대중이 말하는 '국민에 의한 민주주의 쟁취'가 다시 '국민에 의한 민중정치의 파괴'로 나타난 셈이다. 그러나 시간이 지나면서 나라 사람들은 이의 잘못을 깨달았다. 민중들이 다시 '천만 촛불'을 들고 기의를 일으켰다. 이른바 촛불혁명이다.(2016~2017) 김대중의 인권적 민주주의/민중정치를 되찾아 오는 계기를 마련해 주었다. 그러나 2022년 어리석은 민중들에 의하여 또다시 인권을 볼모로 잡는 권력이 등장하였다.

한편, 인권과 관련하여 김대중도 해결하지 못한 가슴 아픈 일이 있다. 그는 일제강점기 〈치안유지법〉(1925)에서 시작되어 김영삼 정권까지 유지 되어왔던 '사상전향서'는 폐지하였지만(1998. 10.10.), 국가보안법은 폐지하지 못했다. 유엔을 비롯한 국제사회로부터 "인권 규약에 규정된 권리를 완전히 실현

---

[204] 김대중의 인권사상은, 정진백 편, 《金大中年代記 1997-2000》5, 같은 책, 232~245쪽을 참조 바람.

하는 데 주된 장애물"이라 하여 대한민국의 국가보안법에 대한 폐지 권고를 받은 일이 있지만(1992), 그가 대통령직에 올랐으면서도 끝내 국가보안법을 폐지하지 못하였다. 여소야대의 한계였다.

김대중은 데모크라시/민중정치를 이렇게 정의하였다. "국민에 의한 정치, 국민이 주인이 되는 정치"라고.(다, 130) 그렇지만 나라 사람의 정신적 자유를 침해하는 사상전향서 대신으로 신설한 준법서약서遵法誓約書(1998)는 그대로 남아 있게 된다. 준법서약서의 존치는 김대중의 민본주의적 정치철학에서 볼 때 모순된 점이라고 볼 수 있다. 당시 정치 분위기(부도덕한 세력의 강한 반발)를 감안하여 보더라도 이는 인권신장에 걸림돌이 된다. 그러다가 김대중이 대통령직 임기를 마치고 노무현이 통치자로 등장하였다. 법무부는 〈보안관찰법 시행령〉(대통령령) 및 〈보안관찰법 시행규칙〉(법무부령) 등을 공포/시행하면서 준법서약서는 사실상 폐지가 된다.(2003. 7, 완전 폐지는 2019. 10.8)

또 하나, 미지근한 문제가 남아 있다. 김대중은 초중등학교 교사의 "제도학교에서의 교육행위를 노동행위"로 규정하고, 교사들의 노동조합(전교조)을 합법화하였다. 전교조를 합법화시켰음에도, 그동안 전교조 합법화 운동 과정에서 해직(1~4년)을 당했다가 복직한 교사들에 대한 피해 보상이 김대중 국민의 정부는 물론, 이후의 어떠한 정부에서도 이루어지지 않았다는 점은 아쉬움으로 남는다. 여기에는 '해직 교수'들의 보상 문제도 해당이 된다.

마. 도덕적 민주주의/민중정치

김대중은 서울, 프레스센터 내에 있는 관훈클럽에서 〈80년대의 좌표: 자유,

정의, 통일의 구현을 위하여〉(1980. 4. 25.)이라는 제목으로 강연을 한 바 있다. 이 강연의 내용 중에 〈도덕정치의 구현〉이라는 소제목이 들어있다. 여기서 김대중은 "유신 정치는 몰도덕·비도덕의 정치였"다고 운을 뗐다.[205] 한자에서 몰沒과 비非라는 말은 일체 아무것도 없거나 아니라는 뜻이다. 곧 박정희의 유신독재에서는 도덕성이란 눈을 씻고 보아도 보이지 않았다는 뜻이다. 그러면서 김대중은 도덕성을 갖춘 정치란 "주권자의 권리를 옹호, 수호하고 사회정의를 실현하는 일"이라고 개념을 정의하였다.

그러면 도덕의 개념을 바르게 알기 위하여 도道와 덕德에 대하여 자원풀이를 해 보자. 道라는 글자는 금문에서 보면, 길 가다를 의미하는 행行과 머리를 나타내는 수首를 모은 뜻소리(形聲) 글자로 되어 있다. 이 행行은 점차 천천히/쉬엄쉬엄 걸을 착(辵=辶)으로 바뀌고 머리 수首와 모음 글자를 이루게 된다. 머리 수首의 속뜻에는, 사람의 본질은 바른 생각, 바른 양심, 바른 사상 등 성선性善의 세포로 이루어져 있다는 의미가 들어있다. 따라서 수首와 천천히 걸을 착辶의 모음글자가 되면 바른 생각, 양심을 가지고 세상을 살아간다, 또는 세상으로 나아간다는 뜻이 된다.

옛날에 이런 말이 있다. "군자君子는 대도大道"라 했다. 여기서 군자를 오늘날 뜻으로 해석하면 학식과 덕행이 높은 사람을 이른다. 학식과 덕행이 높다는 것은 그 사람이 정의와 양심을 가지고 자유의 가치를 높이 사는 사람이라는 뜻이다. 그리고 대로라는 말은 글자 그대로 큰길이지만 여기서는 사람이 마땅히 걸어가야 하는 '바른길'을 뜻한다. 따라서 군자는 바삐, 생각 없이 천방지축으로 뛰어다니는 게 아니라 천천히, 사려 깊게 걸어가는 존재라는 의미를 담고 있다. 사려 깊은 존재라는 말은 '생각하는 백성'을 뜻한다. 그래

---

[205] 정진백 편, 《金大中年代記1979-1980》 1, 같은 책, 201~202쪽 참조.

서 수首는 '생각하는 백성'의 머리를 의미한다. 생각하는 백성은 곧 군자다. 그리고 착(辶)은 정신 차리고 간다는 뜻이다. 다시 설명하면, 도道라는 글자는 올바른 생각(首)을 가지고 바른길(辶)로 간다는 의미를 갖고 있다. 그래서 도道는 '인간의 도리'다. 인간의 도리는 우주의 법칙이다. 우주의 법칙은 자연의 생명을 뜻한다. 자연의 생명은 자유와 평화다.

그러면 덕德은 어떤 뜻을 지닌 글자인가. 德은 뜻글자(會意)다. 이 글자는 갑골문에서도 찾아진다. 이에서 보면 와 같이 왼쪽에는 천천히/쉬엄쉬엄 걸을 척(彳)이 그려 있다. 이는 옛 중국에서 행동을 나타내는 부호다. 그 오른쪽 위에는 눈(목目)의 갑골문( )이 그려 있고 눈 그림 위에는 여기서는 잘 안 보이지만, 수직의 직선이 짧게 그려 있다. 이것은 눈빛을 쏜다는 뜻으로 해석이 된다. 그래서 '눈을 똑바로 뜨고 간다.'는 뜻이 덕德의 처음 뜻이다. 그런데 이 글자가 중국 서주西周시대(기원전 11세기~기원전 8세기)를 거쳐 춘추전국시대(기원전 8세기~ 기원전 3세기)에 나타나는 금문에서 보면, 모양이 크게 바뀐다. 모양은 갑골문과 같되 와 같이 오른쪽의 눈동자 밑에 심장을 뜻하는 마음 심心의 금문체( )가 더 붙어있다. 이를 해석해 보면 '똑바른 눈'(正目)과 '올바른 마음'(正心)을 가지고 앞을 향해 간다(彳)는 정행正行의 뜻으로 해석해 볼 수 있다. 이런 해석으로 보면 덕德은 본디 올바른 생각=양심/정신을 가지고 올바른 행동을 한다는 뜻이 된다. 이런 글자가 소전체(德)를 거쳐 해서체에 와서 오늘날의 덕德자로 정형화된다. 따라서 덕德은 사물을 똑바로 관찰(정관正觀)하고, 올바른 마음(정심正心)을 가지고 바르게 걸어간다(정행正行)는 의미가 된다.

이렇게 올바른 생각을 가지고 바른길로 간다는 뜻의 도道와 '똑바른 눈'과 '올바른 마음'을 가지고 바른길로 간다는 뜻의 덕德의 모음글자가 도덕道德

이다. 따라서 도덕은 올바른 행동과 정직한 마음, 곧 올바른 품성을 뜻한다. 올바른 품성은 인간의 기본적인 양심과 자유, 평화를 말한다. 양심, 자유, 정의, 평화는 마음의 수양(道)에서 나오는 올곧은 지조(德)이다. 그래서 도덕은 자신을 이끌어 가는 지조이기도 하지만, 남의 마음을 끌어들이는 힘(행동)도 된다. 그래서 중국의 공자와 맹자는 "덕으로 백성을 다스려야 한다."고 하였다. 곧 덕은 백성을 끌어들이는 힘이 되기 때문이다.

도덕 정치를 다르게 말하면, 나라 사람이 양심을 가지고 바른 방향으로 가게 하는 정치를 말한다고 볼 수 있다. 그렇다면, 김대중이 박정희의 유신 정치를 몰도덕/비도덕이라고 표현했다는 것은 박정희의 유신독재는 국민을 바르게 이끌지 못했다는 말과 통한다. 나라 사람을 바르게 이끌지 못했다면 나라도 바르게 가지 못했다는 말과 같다. 김대중 또한 도덕 정치를 "자유와 정의의 바탕 위에 인간 양심이 수긍하고 지지하는 정치"라고 정의하였다. 또 도덕 정치는 "고통받는 민중의 편에 서서 그들의 인권과 민권을 보장하는 정치"라고 힘주어 말했다. 이러한 마음이 곧 덕을 가진 지도자의 마음이 된다. 우리가 '도덕'이라는 글자에 대한 자원 풀이를 해 보았을 때 김대중이 말하는 도덕 정치의 개념과 일치한다는 사실을 발견하게 된다. 따라서 글쓴이는 김대중의 민중정치 중 하나가, '도덕적 민주주의/민중정치'로 해석해도 좋다는 생각을 해 본다.

김대중은 도덕적 민주주의/민중정치가 되려면, "권력이 전적으로 국민을 위해 존재"해야 한다고 강조하였다. 국민을 위한 권력이라는 것은 '도덕적 정치'를 말한다. 도덕은 곧 양심이다. 그래서 권력은 양심을 가진 도덕적 정치를 위해 국민이 임대한 권리에 지나지 않는다. 김대중은 또 도덕적 민주주의에 대하여 "국민과 역사에 대한 책임을 지는 정치의 실현"을 위한 이념이라고 했다. 도덕적 민주주의에서는 "국민이 객체가 아닌 주체", "국민의 선한 의지가 원동력이 된다."는 가르침을 준다. 때문에, 정치지도자는 "공공선과 청렴의 모범이 있어야 한다."는 신념을 보이기도 했다. 김대중이 이렇게 도덕적 민주주의/민중정치를 주장하는 이유는 대한민국이 진정한 민주주의의 실현을 바랬기 때문이다. 그래서 김대중은 민주정치만이 최고의 도덕적 가치이며 영구적인 존재가치로써 공공성/공리公利를 추구하는 절대가치라고 강조하였다.[206] 김대중은 인간의 도덕은 양심이고, 양심은 하늘의 소리이기 때문에 모름지기 정치하는 사람은 이 하늘의 소리를 받드는 사람이어야 한다는 신념을 가지고 있었다. 하늘의 소리(天聲)라는 것은 '우주의 법칙'(天理)을 말한다. 김대중은 도덕적 민중정치는 더 나아가 "민족의 염원인 통일을 경건하고 성실한 자세로 추구하는 정치"라고 강조했다.

그러면 도덕성이란 무엇인가. 이에 대해서는 함석헌의 이야기를 가지고 설명을 해 보자. 함석헌의 말에 의하면, 인간의 정신 속에는 도덕의식이 있다고 하였다. 그래서 인간은 도덕적 인간이라고 하였다. 도덕적 인간이기에 자유의지와 양심을 지녔다고 했다. 곧 도덕은 양심이다. 때문에, 인간은 권력의 노예나 종이 결코 될 수 없다고 한다. 그리고 자유의지와 양심은 반드시 책임이 따른다고 했다. 이와 같이, 사람은 자유의지와 양심에 따른 책임을 지는 도덕적 존재이기에 배타적이거나 투쟁적이어서는 안 된다고 설명하였다.[207]

이러한 함석헌의 말에다 유신독재 권력을 대입해 설명해 보면 김대중이 왜 유신 정치를 "불도덕/비도덕"이라고 했는지를 알 수 있다. 이를 뒤집어서 말하면 유신 권력에는 양심이 없었다. 국민을 배타적으로 대했다는 뜻이다. 그

---

206) 이상, 《김대중연대기/1979-1980》 1, 202쪽 참조.
207) 함석헌, 《뜻으로 보는 한국역사》, 한길사 2009, 61쪽 참조.

래서 최루탄을 쏘고 계엄령을 남발하고 위수령을 밥 먹듯이 발동하며 폭력을 휘둘렀다. 도깨비방망이를 마구 두들겨 대듯이 "긴급조치 나와라" 뚝딱했다. 또 박정희의 유신독재는 반민족적 반평화적이었다. 나라 사람들의 인권을 유린했다. 한 마디로, 나라 사람들의 '도덕적 자격'을 배신하고 박탈하는 정치를 했다는 뜻이 몰도덕/비도덕의 뜻이다. 김대중이 말하는 도덕적 민주주의/민중정치는 사회적 약자, 곧 소외된 계층, 빈곤한 계층, 장애자 계층, 고통받는 계층, 불안과 두려움에 떨고 있는 계층, 폭력에 시달리는 계층, 마음의 상처를 입은 계층에게 희망을 주는 정치를 말한다. 이렇게 도덕적 민중정치는 나라 주권자의 권리를 옹호 수호하고 사회정의를 실현하는 정치를 말한다.

바. 대의적 민주주의/민중정치

김대중은 자신이 직접 국정을 펴나가면서, 민주주의/민중정치에서는 나라 구성원인 민인(국민이라 불리는)을 나라의 주권을 갖는 주체적 존재로 보았다. 그리고 민인들이 자신들을 지도할 통치 권력을 직접 선택해야 한다는 사고를 분명히 하고 있었다. 현재로서는 민주주의 하면 유럽식 대의제 민주정을 말한다. 대의제 민주정치 제도는 1) 정당제도 2) 의회제도 3) 투표/선거제도 4) 다수결의 원칙을 정치적 논리로 삼고 있다. 그래서 선거/투표에서 다수의 표(전체 국민의 50% 이상의 지지를 얻지 못해도)를 얻는 개인은 통치 권력을 독점적으로 장악한다. 그리고 정당은 의회 권력을 차지/점령하고 제한된 기간 동안, 국정의 의결집단을 구성하여 나라를 이끌어가는 형태를 대의제 민주정이라고 한다.

김대중은 대의제 민주정에서는 "통치 집단을 국민이 선택하였기 때문에 자신들(다수결)이 결정한 통치 집단이 부정과 비리, 부패에 빠지면, 통치 집단을 바꿀 수 있는 권리를 갖는다. 이 점이 공산주의나 사회주의의 정치이념과 틀린 점"이라고 강조하였다. 김대중은 민주사회의 핵심 구성 내용으로 3P(Party정당, Parliament의회 Press언론)를 들었다.(대 1, 55) 정당과 의회는, 자신들을 통치 집단으로 만들어준 국민(다수결이지만)의 의사에 반해서는 안 된다고 보았다. 곧 김대중은 의회주의자였지만, 의회 특권에 대하여는 부정적이었다.[208]

의회주의자였던 김대중은 서거逝去 후 국장國葬을 국회에서 행했다. 김대중은 정당정치 또한 중요하게 생각하였다. 김대중이 생각하는 정당은 수권정당이 아니라 정책정당이었다. 그래서 그는 정당의 기능과 역할은 권력 장악에 있는 게 아니고 국가 정책을 생산하는 데 있다고 보았다. 또 국가 정책을 생산하는 데 필요한 핵심은 '국민의 정치 참여'에 있다고 보았다. 국민의 정치 참여는 의회를 통하여 이루어진다는 '의회제 민주주의' 원칙론자였다.

김대중은 민주주의에서 주권자는 국민이다. 국민의 소리를 대변하는 곳이 의회라는 의회 확신론자였다. 역대 독재권력들은 국민의 정치 참여를 막기 위해 정당정치/의회정치를 무력화시켜 왔다. 이 탓으로 이제까지 대한민국은 유권자가 투표용지를 투표함에 떨어트리는 순간 자신이 뽑은 대통령이나 의원에 대한 순응적 존재로 추락하는 반민본주의적 현상이 이어져 왔다. 이제까지 권력욕에만 몰두한 매판 권력자들에 의해 정권이 장악되면서 우리 땅의 데모크라시는 대의제 민주정이라는 거죽만 썼지, 행정부 우위의 독재 권력만 키워왔다. 이를 제왕적 대통령제라고 한다. 제왕적 대통령제에서는 입법부가 대통령의 시녀에 지나지 않는다. 곧 삼권분립이 아무런 의미가 없다

---

[208] 김대중,《憤怒의 메아리-金大中議員 國會演說集》(崇文閣, 1967) 290쪽.

는 뜻이다. 입법부에서 의결한 입법행위를 아무런 정치철학도 없이 거부하는 대통령 권한은 삼권분립의 정신에 크게 위배 된다.

　앞에서도 지적하고 나온 것처럼, 이제까지 대한민국의 대의제 민주정 하의 의회제도, 정당제도, 선거제도, 다수결 원칙은 독재 권력을 탄생시킬 위험성을 다분히 가지고 있는 게 사실이다. 김대중은 이런 반민중적 현상을 혁명코자 했던 것으로 보인다. 실제로 실천은 못 했지만, 그의 글이나 국정 수행 과정에서 나타난 언행들을 보면, 미래 정치는 국민에게 직접 참정권을 돌려주는 '직접 민주정'을 향해 가야 한다는 소신을 밝히고 있다.

　그렇다면 의회주의자였던 김대중이 미래 민주정은 '직접 민주정'이어야 한다는 소신을 편 이유는 무엇일까? 이 문제에 대한 이해를 돕기 위해 대의제 민주정이 나오게 되는 역사적 배경을 조금 더 살펴보기로 하자. 앞에서도 말하고 이야기하고 나왔기에 여기서는 앞장에서 말한 이야기를 보완하는 차원에서만 설명해 보기로 한다. 대의제는 근대 유럽의 자유주의 데모크라시가 발달 되어 나오는 과정에서 성립된 정치 형태이다. 유럽의 자유주의 정신은 대체로 정치적으로는 사회계약론, 경제적으로는 자유시장론, 사회적으로는 언론의 자유, 사상의 자유, 문화적으로는 정신 표현의 자유를 들 수 있다. 그렇지만 유럽의 자유주의를 확장하는 데 앞장을 선, 사회 신분은 자기/개인의 이익을 창출하는 데만 관심을 가지고 있던 상인/시민계급이었다. 부르주아지로 불리는 이들은 자신들의 이익 추구를 위하여 자유주의 사상을 무기로 삼아 정치권력, 곧 절대적 전제왕정과 봉건귀족에 저항하였다. 자유주의는 곧 부르주아지의 이데올로기였다. 부르주아지는 자유주의라는 무기를 통하여 전제군주제를 무너트리고 새로운 정치 형태로 그리스 시대의 데모크라시를 채택하였다.

그러나 자유주의는 유럽에서 온 것으로만 알아서는 안 된다. 아시아에서 이미 존재하였던 정신이다. 앞에서도 이야기하였듯이 중국에서는 기원전 6세기 이미 공자의 인仁 사상에서 비롯되어 맹자의 민본주의와 방벌론에서 자유주의 사상이 나타나고 있었다. 그래서 늘 중국과 한국의 역사 속에서는 전제군주에 대항하는 민난/농민난으로 일컬어지는 기의들이 있어 왔다. 이러한 독재권력/전제권력에 대한 백성들의 기의는 분명히 자유주의와 민본주의 정신에서 기인하였다고 볼 수 있다. 그렇지만 아시아의 학자들은 유럽의 근대사조를 받아들이기 전까지 백성/농민들의 기의가 자유주의 정신, 민본주의 정신에 바탕하여 일어난 기의였음을 인식하지 못하고 있었다. 아시아의 농민기의가 민본주의와 자유 정신에 기반을 두고 있었다는 연구는 오히려 외국의 학자들에 의하여 이루어졌다. 미국의 클리프턴 패디먼 Clifton Fadiman(1904. ~ 1999.)이 첫 연구자이다. 패디먼은 자기 책《평생 독서계획》(이종인 역, 연암서가, 2010)[209]에서 맹자의 민본주의 사상과 방벌론이 유럽의 계몽주의 사상가에 영향을 주었다고 보았다. 계몽주의 사상에서 자유주의 사상이 맹아萌芽가 되어 프랑스 혁명과 미국의 독립혁명에 영향을 주었다고 밝히고 있다.(위 책, 63) 또 중국의 정신/사상이 유럽에 전달되어 그들 지식인의 정신과 사상에 전이되었다고 쓴 책들도 있다. 쿠플레 Philippe Couplet(1624~ 1692)의《Philosophus Sinarum, Confucius》가 쓴《중국인 철학자 공자》(1687)[210]와 이탈리아인 인토르체타Prospero Intorcetta(殷鐸澤, 1626-1696)가 지은 라틴어《중용》이 있다. 특히 쿠플레가 쓴《중국인 철학자 공자》라는 책에는 공자에 관한 내용 말고도 중국의 경전인《대학》,

---

209) 원서는 "The Lifetime Reading Plan"(1960)이고 수정 4판은 "The New Lifetime Reading Plan"(1997)이다.
210) 이향만,《신학과 철학/중국철학자공자와 계몽철학: 전례논쟁의 철학적 영향과 형이상학적 보편주의》제17호(서강대학교 신학연구소, 2010) 101 · 146쪽 참조

《중용》,《논어》에 관련한 내용도 들어 있다.[211] 이로 보아 유럽의 17세기 계몽주의/자유주의는 분명 아시아적 사유에서 영향을 받았을 가능성을 다분히 가지고 있다.

다시 앞으로 돌아가 보자, 유럽에서 데모크라시 정치형태가 적용되자, 국민 전 계층이 참정권을 들고나왔다. 프랑스 혁명 이후, 전체 대중들이 다 함께 참정권을 주장하면서 1인 1표의 보통 선거권(직접 민주정)을 주장하고 나온다. 그 결과 프랑스는 2월 혁명 이후(1848) 여성을 제외한 전체 남성들이 1인 1표의 보통 선거권을 갖게 된다. 이렇게 되자, 프랑스의 자유주의자/상인계급들은 "이성에 의해 통제되지 않는 전체 '민중의 수數의 힘'에 의하여 통치되는 데모크라시"를 두려워했다. 앞에서도 짚고 넘어왔지만, 부르주아지들은 민인 전 계층이 참여하는 직접 민주정이 되면 자신들의 개인적 이익이 침해당할 우려가 있다고 생각했기 때문이다. 상인계급들의 '자본적 이익'만을 추구하고자 하는 이기주의 사고의 발동이었다. 그래서 자유주의 상인/시민계급은 대중이 요구하는 데모크라시를 수용하면서 동시에 자신들의 이익을 대변할 리버럴 데모크라시liberal democracy(=Western democracy) '자유적 민주주의'를 주장하였다.[212] 대중들의 욕구(수적 압력=수의 힘)를 완화시킬 수 있는 대안적 정치체제였다. 이것이 이른바 대의제라는 정치형태이다. 그리하여 자유주의 사상을 선거제도로 포장하는 '민주정'과 민중의 의사를 대변하는 '대의제'를 결합하여 '대의제 민주정'이라는 정치 형태를 만들어냈다. 따라서 대의제의 본질은 부르주아지/상인계급이 자신들의 이익 창출(자유로운 시장경제)을 위해 대중의 '수의 힘'을 교묘하게 통제하려는 또 다

---

211) 인토르체타/안재원,《라탄어 중용》(논형, 2020) 참조.
212) liberal democracy: 이를 '자유민주주의'로 번역하는 것은 오류다. 굳이 번역을 해야 한다면 자유적 민주주의가 맞다.

른 힘=권력의 형태가 되었다.[213]

김대중은 의회민주주의 신봉자이면서 참민주주의는 '직접민주주의'로 가야 한다고 강조하였다. 글쓴이 입장에서 후광학 창시를 위해 김대중이 말하는 직접민주주의 가는 길은 어떤 길인지를 간략하게 제시해 본다.

1) 지역주민(전체 주민의 최소 10%가 되면)에 의한 '의원소환권'이 부여되어야 한다.[214]

2) 네덜란드처럼 의원들의 특권을 최소화해야 한다. 그래야만 국회의원 선거 후, 의원이 엘리트 특권계급이 되는 일이 없게 된다. 엘리트 의원이 존재하는 한 의회제 민주정은 엘리트 집단을 양성하는 제도에 지나지 않게 된다.

3) 국회 내에서 의원사무실을 폐쇄해야 한다. 의원사무실을 둔다는 것은 특권의식을 키워내는 요인이 되면서 국세 낭비에 해당이 된다. 이와 함께 의원의 급여도 일반 회사원과 같은 수준이 되어야 한다.

4) 의원들이 국회에서 국사를 의논할 일이나, 대정부 질의를 할 일이 있으면 국회의원 자신들이 직접 국회도서관에 가서 자료를 찾아보고 질의 내용을 작성하면 된다.

5) 보좌관 및 수행원제도, 자동차 유류 보조비도 모두 폐지해야 한다. 보좌관, 수행원제도는 국세의 낭비를 뜻한다. 보좌관이 필요하다는 발상은 엘리트 의식의 발로다. 국세는 엘리트들을 위해 쓰는 게 아니고, 나라 사람들의 '도덕적 자격'을 위해 써야 한다.

6) 정당의 추천을 받아 의원 후보가 되는 제도도 폐지해야 한다. 의원 후보

---

213) 이상익, 〈민주와 민본의 비교와 통섭을 위한 정치철학적 검토〉, 신정근 외, 《민주와 민본의 개념적 통섭》(성균관대학교 출판부, 2017), 318~320쪽 참조.
214) 최자영, 《시민과 정부 간 무기의 평등》(헤로도토스, 2019.) 156~166쪽 참조.

의 정당 추천제는 당선된 의원이 지역구민의 의지와는 관계 없이 정당의 의지에 따른 거수기 역할만 하는 무의미한 존재로 만든다.

7) 직접민주주의로 가기 위해서는 점차적으로 정당과 의회 제도를 획기적으로 개혁할 필요가 있다.

대의제 민주주의에서는 다수결 원칙을 합리적이고 이상적이라고 생각한다. 그러나 자칫 '다수의 손'이라는 보이지 않은 힘에 의하여 독재가 만들어지고 또 그들이 특권을 가짐으로써 불평등사회가 초래할 수 있다. 우리가 경험을 해왔듯이 대의제는 민인/국민이 선거를 마치고 대표를 뽑는 순간, 대표는 엘리트 계급이 되고, 민중은 더 이상 존재하지 않게 된다. 김대중도 이러한 대의제 민주주의의 결점을 알고 있었던 것으로 본다. 그것은 김대중이 정당정치, 대의제 민주정을 강조하면서도 "앞으로 세계는 대의제가 아닌 자치적/직접적 대중정치의 시대가 온다"고 예언한 것으로도 알 수 있다.

사. 협화적 민주주의/민중정치

김대중은 흙수저 출신으로 인생 풍파를 다 겪으면서 보편적이고 합리적이고, 선한 자유의지를 갖는 사람으로 성장을 하게 된다. 그런 탓으로 김대중은 모난(비比)[215] 삶을 살아오지 않았다. 모난 인생관을 가지고 있었던 역대 대

---

215) 《論語/爲政篇》 14, "子曰 君子周而不比, 小人比而不周: 周, 普遍也 比偏黨也, 皆與人親厚之意, 但周公而比私耳."(《四庫全書薈要》, 吉林人民出版社, 1997.)

통령들은, 오로지 권력의 장기 집권만을 위해 악의적인 남 탓 사고, 뻔뻔한 후안무치 행동, 조폭적 보복 심리 등으로 정적 제거에 몰두하였다. 이런 태도는 모난 성격에서 나오는 권력 탐욕 때문이다. 그렇지만, 정권은 적절한 시기에 사람이 바뀌야 사회발전의, 나라 발전의 참신한 정책들이 나오는 법이다. 그 이유는 사람마다 생각이 다르기 때문이다. 박정희처럼 개인 독재자가 장기 집권하면 고인 물이 썩듯이 나라 발전은 기대할 수 없게 된다.

그래서 권력 탐욕자, 모가 난 사람(比)이 차지해서는 안 되는 자리가 대통령 자리다. 그런데 대한민국의 역대 대통령들을 보면, 모가 난 사람이 그 자리를 꿰차고 있었기에 나라 꼴도 자꾸 모가 났다. 정치라는 제도는 사람을 지배하고 다스리고 간섭하고자 있는 게 아니다. 정치는 나라를 '같이살기' 하는 나라답게, 사회를 균산과 평등이 숨 쉬는 사회답게, 인간이 자유와 평화를 누리는 사람답게 사는 세상을 만들어가기 위해 기획하는 제도요 기구일 뿐이다. 그래서 이 제도/기구의 최고 책임자로 대통령직을 두었다. 때문에, 대통령 자리는 나라의, 나라 사람의, 같이살기에 책임을 다해야 하는 자리다. 공공성/공동선이 살아 꿈틀거리는 그런 나라를 만들어야 한다는 책임감/사명감을 갖는 그런 사람이 앉는 자리다. 그런데 그런 책임을 나 몰라라 하고 오로지 개인, 또는 매판 독재자가 된다면 그것은 대통령직을 맡을 자격이 없는 사람이다. 모가 난 사람은 모든 잘못을 남의 탓으로 돌린다.

이렇게 보았을 때 김대중이야말로 대통령 자리에 마땅히 있을 사람이었다. 김대중은 모가 나지 않은 원만한 인간성(주周)을 가지고 있었다. 김대중은 이전에 군사독재자를 태생시킨 정당과 그 사람들, 그리고 이와 부화뇌동하였던 정치 세력들과도 과거를 불문하고 포용/화합하였다. 이러한 행동을 가진 사람의 성격을 협화적協和的이라고 한다. 그리고 협화적 이념을 협화주의라고 한다. 이렇게 과거 행적까지도 관용하는 자세가 바로 '위대한 조화'[216]라고 말할 수 있다. 협화주의/위대한 조화는 김대중의 중심사상이다. 그의 중심사상을 이루는 철학적 바탕은 변증법적 지양론이다. 김대중의 이러한 사상은 '5.17 조작사건'으로 청주교도소에서 영어囹圄의 생활을 하면서 아내 이희호와 아들들에게 보낸 옥중서신에서 많이 발견된다. "교수의 말이건, 권위 있는 학자의 말이건, 반드시 비판적으로 받아들이되, 완전히 자기 것으로 받아들이는 태도"[217]라는 말을 자식들에게 해주었다. 이 말은 변증법적으로 지양/통일하는 태도를 말한다.

위대한 조화/협화주의/소통주의는 인문주의적 사고에서 나온다. 인문주위적 사고라 함은 인간에 대한 존중심과 인간의 다원적/다양성을 인정하는 사고와 태도를 말한다. 김대중이 인간의 다원적 사고와 통치 집단의 다양성을 존중하는 자세는 포용/소통하는 인문주의적 사고를 지녔기 때문에 가능하였다. 여기서 파생하여 김대중은 남(타인)에 대한 자유의지를 중시했다는 뜻도 내포된다. 곧 나라 사람의 도덕적 가치를 최대로 존중하였다는 말이 된다.

구태의연한 연고주의/가족주의에 사로잡혀 지역적 인물을 대통령에 당선시키기 위해 "우리가 남이가" 식의 정신분열적 사고는 부도덕한 주류들의 썩은 뇌세포에 해당 된다. 남에 대한 이질성/다양성을 인정하지 않는 집단이 통치 권력을 장악하게 되면, 민주주의/민중정치는 한참 뒤로 후퇴하게 된다. 그래서 생활 속에서 길러지는 남에 대한 존중심은 개인의 자유가 날개를 펴는 시발점이 되면서 동시에 민주주의의 발전을 가져오게 된다.

---

[216] 정치 환경에서 '위대한 조화'라는 용어를 처음 쓴 학자는 강정인이다.(강정인,《넘나듦 통섭通涉의 정치사상》, 후마니타스, 2013) 207쪽 참조.
[217] 정진백 편,《金大中 年代記 1981-1983》, 같은 책, 239쪽 참조.

김대중의 민주정치론에서 짚고 넘어가야 할 문제는 신친일파 김종필(자유민주연합)과의 연대이다.(연, 1997-2000, 43) 김종필은 박정희와 함께 5.16 군사쿠데타를 일으켜 '군부독재체제'를 출발시킨 장본인이다. 게다가 인권을 유린하고 국가부패와 타락을 양산하는 최고 기구로 중앙정보부를 설치하고 온갖 경제 부정과 인권 탄압을 불사하였던 귀태적鬼胎的 존재였다.[218] 5·16 군사쿠데타는 우리 땅의 '4·19민중체제'[219]를 깡그리 부정하고 반통일적, 반민주적 논리를 국정의 핵심으로 삼았다. 쿠데타 세력들은 민주 권력을 찬탈한 부도덕한 권위주의 세력이었다. 또한 박정희와 김종필은 분단 이념을 고착화 하면서 중앙통제시스템과 재벌통제시스템을 통하여 대한민국의 경제와 사회를 타락/부패한 자본주의사회로 만든 장본인이다. 따라서 김종필은 김대중의 민중정치 지향 세력과는 도저히 융합될 수 없는 자였다. 김대중은 이러한 김종필과 연합"을 하였다. 김대중의 김종필과 정치연대에 대하여 최창집은 "민주적 통치를 위하여 과거의 치유(5·16쿠데타 세력까지 참여시키는)와 함께 민주주의의 다양성/다원성을 향해 가는 민주적 통치론이었다"라는 주장을 하였다.[220] 김대중은 민주적 통치론에 입각하여 자신을 고난에 빠뜨렸던 반공 분단 세력이자 파쇼 산업화 세력이요, 반민중 쿠데타 세력이자 권위주의 세력인 김종필과 정치연합을 하였다. 김대중은 반민주 세력과 정치연대를 할 때, 일제강점기 신간회의 예를 들었다. "지금은 민주 회복의 단계이지, 정권 쟁취의 단계가 아니다. 반독재 민주 회복을 위해서는 '총연합전

---

218) 귀태鬼胎: 세상에 태어나서는 안 되었을 존재를 뜻함.
219) 4.19민중체제: 김대중의 말을 빌리면, 학생/시민들이 피를 흘리며 권위적 독재를 몰아내고 찾은 진정한 민주주의 체제, 곧 풀뿌리민주주의를 일컫는다.
220) 최장집,《김대중 대통령 노벨평화상 수상 19주년 기념식 및 학술회의 자료집/김대중과 민주주의사상과 실천》(자료집, 2019) 12~13쪽.

선'이 필요한 시대다."(대 1, 368)

　김대중은 한국 정치에서 독재권력에 익숙한 민중과 의회 의원들에게 진정한 민주주의 사상을 심어주기 위해서는 '국민민주혁명'이 필요하다고 보았다. 그리하여 과거 치유와 함께, 반독재 민주주의 회복을 위하여 다양한 이념 정당 간 연합이 필요하다고 생각하였다. 국민민주혁명의 필요성은 1975년 1월 《동아일보》와 인터뷰에서 처음 거론하였다.[221] 여기에서 김대중은 대한민국의 진정한 민주화를 위하여 민주주의를 파괴한 과거 세력까지 끌어안고 민주주의 정치를 회복하는 데 동참시키는 것이 국민민주혁명이라고 하였다.

　김대중이 대통령직에 오를 시점은 과거와 현재의 모든 계층들, 곧 다양한 정치세력 간 연합을 통하여 대한민국 현실에 다급하게 달려들고 있는 외환위기를 극복해야 한다는 당면 과제를 안고 있었다. 당면 과제는 '국민민주혁명'을 통하여 노동자의 실업과 노동조합의 파업 문제 해결, 생산적 복지정책 등을 민주적으로 해결하는 일이었다. 김대중은 '국민민주혁명'을 통하여 국내문제가 서서히 해결되면 이를 토대로 주체적 외교를 통한 남북의 통일문제도 평화적 방법으로 해결해 나갈 수 보았다. 김대중은 이렇게 먼저 내정 안정을 꾀한 다음, 이를 바탕으로 민족문제/통일문제를 풀어나가고자 했다. 그래서 '협화적 민주정치'는 평화적으로 민주주의가 이 땅에 뿌리를 내리게 하기 위한 김대중의 정치적 전략이었다고 말할 수 있다. 이러한 다양한 이념과 부패한 행동을 보인 사람들까지 포용한 김대중의 민주정치를 국민민주혁명이라고 부른다.

　김대중이 말하는 '국민민주혁명'을 글쓴이는 '협화적'이라는 관형어/수식어를 덧대어 스위스 식으로 '협화적 민주주의/민중정치'라고 이름해 보았다.

---

221)《東亞日報》1975년 1월 1일자(국립중앙도서관 데이터베이스)

글쓴이가 협화적이라는 관형어를 쓴 것은, 김대중의 다음 말에서 연유된다. 김대중은 1980년 '김대중내란음모사건'(5.17)의 조작으로 반란 군정에 의해 재판을 받게 된다. 김대중은 최후진술(9.13)에서 "박정희의 죽음으로 새로운 민주시대가 다가오는 역사적 계기"가 마련되었다고 진술하였다. 그리고 "소수 엘리트 군부 반란 세력과 다수의 민주화 추구 세력이 대화와 토론으로 관용하고 협화를 해야 한다"고 하였다. 곧 어느 한쪽 세력도 다른 세력을 억누르고는 이 나라를 이끌어 갈 수 없다는 확신이었다. 그리고 김대중은 1심 최후진술에서 "내가 죽더라도 정치보복을 하지 말" 것을 주문하였다.[222] 여기서 김대중은 대한민국에 존재하는 모든 정치세력과 협화를 하여야 한다는 신념을 보였다. 이렇게 김대중의 '민중정치관'에서 볼 때, 민주주의/민중정치의 적敵은, 협화력을 모르는 부도덕한 주류/부패한 부류라고 말할 수 있다. 이러한 부도덕한 부류가 띄우는 배를 타고 우리는 지금 다시 우리 민족을 침략해 들어온 침략군 군사기지가 있던 용산에서 좌초 위기를 맞고 있다.

김대중은 권위주의 통치를 부정하고 비판하였다. 그러면서 부정부패세력, 권위주의세력, 반평화주의세력, 반공산주의세력 등을 모두 포용하는 협화/국민민주혁명이 필요하다고 주장하였다. 김대중의 협화적 화해/포용의 자세를 우리는 '위대한 조화'라고 평한다. 위대한 조화는 대동주의 사고인 동시에 소통주의다. 이러한 김대중의 협화/소통주의는 그 동안 반공적 정치세력의 영향으로 약해진 통일의식을 평화적으로 다시 세우기 위한 정치적 전략이었지 싶다.

김대중은 민중정치의 기층 세력으로 중산층과 지식인을 들었다.(대 5, 355)

---

[222] 정진백 편,《金大中年代記/1979-1980》1, 같은 책, 105쪽 및 106쪽.

민중적인 정책이라는 것은 전체 나라 사람(부분적으로 반대를 위한 반대자도 있겠지만)들이 긍정하는 정책을 말한다. 전체 국민의 동의를 얻지 못할 경우는 시간이 걸리더라도 반대하는 사람들을 설득하여 이들도 긍정하는 정책으로 만드는 것을 말한다. 김대중은 말한다. 나라 사람들이 긍정하는 정책을 실행할 때만이 민주주의/민중정치의 발전과 함께 사회의 공익적 효과를 가져온다고. 김대중은 이러한 사고를 바탕으로 남(타인)에 대한 자유의지를 깊이 존중하였다.

김대중은 또 민주주의는 안보와 절대 불가분의 관계를 갖는다고 생각하였다. 민주주의가 정착되고 발전된 나라에서는 공산주의로부터 절대 위협을 받지 않는다고 생각하였다.(대 1, 309) 이러한 김대중의 생각은, 1) 국가안보와 동북아의 정세 안정을 위해, 2) 동북아시아에 있어서 미국의 패권적 태도, 3) 대한민국에서 매판독재를 지원하는 미국을 견제하기 위해서도 '협화적 화해통합'의 필요성을 느꼈을 것으로 본다. 이 때문에 글쓴이는 김대중의 협화주의, 화해통합론, 국민민주혁명론은 후광학에서 깊이 다루어야 할 중요한 문제라고 생각한다.

김대중은 지적한다. "민주주의는 힘으로 밀어붙이는 개인의 권력주의적 정치관이 아니"라고. 여기서 김대중의 협화주의가 다시 발견된다. 민주주의/민중정치는 권력자가 술 먹은 기분대로 정책을 남발하는 정치가 아니다. 김대중의 민중정치관에서 볼 때, 이명박의 4대강 개발(사실은 파괴)은 분명 개인 차원에서 나온 권위주의적 정책이었다. 나라 사람 대부분이 반대했음에도 권력의 힘으로 밀어붙인 민중정치에 반하는 대표적인 정책이 된다. 여기에다 최근에 대통령 자리에 앉은 국정책임자가 국회에서 의결한 입법 사안을 죄다 거부하는 거부권 행사는 제왕적 권력주의의 표상이 된다.

아. 자치적 민주주의/민중정치

김대중은 대의제 민주정에서 참다운 직접 민중정치의 시대를 거쳐 자치적 민주주의/민중정치로 옮겨간다고 내다보았다. 직접 민중정치를 자치적 민중정치 시대를 여는 사회적 환경으로 지식산업의 발달과 참 자유주의 발달, 지방자치(지역분권) 시대의 도래 등을 들었다. 김대중은 인류 역사를 마르크스의 이론처럼 경제형태가 주도하는 것이 아니고 이제는 지식 문명이 주도한다고 생각하였다. 그래서 지식정보화의 중요성을 강조하였다. 김대중이 지식정보화의 중요성에 관심을 갖게 된 것은 1981년 청주교도소에 수감 중일 때 앨빈 토플러Alvin Toffler(1928. ~ 2016.)가 쓴《제3의 물결》(The Third Wave, 한국경제신문사, 1980)을 읽고 "지금은 자본, 노동, 토지 등이 경제의 핵심 요소인데 미래는 정보와 지식, 창의력"이라는 것을 알게 되었다고 한다. 그래서 그의 '정보화 대국'을 향한 꿈은 여기서 비롯되었다고 한다.(자1, 411)

김대중은 독서광이다. 많은 독서를 통하여 앞으로 역사 발전의 헤게모니hegemony는 경제가 아니고 '지식 주머니'를 가지고 있는 지식인이 쥐고 있다는 강한 신념을 지니게 된다. 김대중은 다음과 같이 다가오는 시대의 모습을 예견하였다. "봉건시대는 백성이 무식하여 소수의 왕과 귀족, 그리고 관료만이 지식을 가지고 국가를 운영하였다. 그리고 산업자본주의 시대는 지식과 돈을 가진 부르주아지가 패권을 장악하고 절대다수의 노동자/농민을 피지배층으로 만들었다. 그러나 현대 지식산업 시대에 들어와서는 노동자/농민도 교육을 받은 데다 지식인이 노동자/노동조합과 결합하여 정권을 장악하고 있다. 이러한 분위기는 21세기에 전 국민이 지식을 갖는 환경을 만들어 주게 된다. 그리고 국민 모두가 국정에 직접 참여하는 '직접 민주정'의 실현이 우리의 눈앞에 오게 된다."라고 지식산업시대가 오면서 직접 민주정이 가능해 졌다고 예견하였다. 또 김대중은 6·15선언 8주년 기념식에서 "최근 촛불집회는 2,000년 전 그리스 아테네에서 시작된 직접 민주정의 발달 이래 처음으로 한국에서 다시 그 직접 민주정을 경험하고 있다. ... 이제 평화적인 대중들이 직접 민주정의 중요한 정치 주체가 되었다."고 평가하였다.(이상, 자2, 545; 대5, (646) 그리고 미래 사회는 직접 민주정을 지나 자치적 직접 민주정까지 발전할 것이라고 예견하였다.

자치적 직접 민주정의 도래를 내다본 김대중은 집권기에 서울광장을 '소통의 광장'으로 조성하였다. 자치적 직접 민주정의 도래에 대비하기 위해서다. 서울광장에서 누구는 시국時局에 대하여 토론하고, 누구는 악기를 연주하고, 누구는 묘기를 부리는 시민의 열린 광장이 되도록 했다. 그러나 노무현 뒤에 장사꾼 노릇을 하던 이명박이 들어와 이를 폐쇄하였다.(자2, 546) 이로써 직접 민중정치로 가는 길은 더 많은 시간을 필요로 하게 되었다.

한편 김대중은 1960년대부터, 벌써 대의제 민주정과 함께 지방자치가 대중정치를 지탱해 주는 두 대들보라고 보았다. "지방자치地方自治가 국회와 더불어 이 민주주의 두 개의 대들보라는 것은 두 말할 것도 없습니다."[223] 또, "국민들은 세금 등 주어진 모든 의무를 다 감당하면서도 지방자치에 대한 투표권이 없다. 지방자치를 하지 않음으로써 시민들은 내가 낸 세금이 어떻게 쓰이고 있는지, 행정은 제대로 하고 있는지, 지방민의 복리를 위해 어떤 행정이 펼쳐지고 있는지도 알 길이 없다. 민주주의를 표방하는 국가에서 우리처

---

223) 김대중,《憤怒의 메아리-金大中議員 國會演說集》, 앞의 책, 290쪽.

럼 지방자치를 외면하고 있는 나라는 없다."(이상, 자1, 166-167) 라고 민주주의가 확실하게 완성되려면 실질적인 지방자치제/풀뿌리민주주의가 시행되어야 한다고 보았다.

김대중은 지방자치제의 필요성에 대하여 다음과 같이 말했다. "지방자치는 국민에 대한 민주주의의 학교이며, 정치일꾼의 발굴처입니다. 지방자치는 국민이 자기 피부로 정치 혜택을 실감할 수 있는 곳이며, 정당 발전의 기반이기도 합니다. … 지방자치는 국회와 더불어 민주주의의 양대 골간입니다"[224] 라고 함으로써 지방자치는 직접 민주정으로 가는 과정으로, 정당정치의 발전을 위해 필수적이라고 했다. 국가가 주는 권력은 "국가의 목적 실현을 위한 공동체적 기여에 비례해서 배분되는" 원칙이 적용되어야 한다. 때문에 "권력은 타자를 지배하는 배타적 특권이라기보다는 공동체를 위한" 봉사라는 성질에 가깝다는 인식을 하고 있었다.[225]

그래서 김대중은 지방자치제를 "지역민들의 자주/자립정신이 바탕이 된 민주주의라야 한다"는 정치철학을 보였다.(대 1, 60) 김대중이 말하는 실질적인 지방자치제란, 지역단위의 정부에서 자치가 이루어지면, 그것이 확대되어 상향식 직접 민중정치가 이루어진다는 인식이었다. 그리스의 옛날 직접 민중정치는 광장에 나와 직접 투표를 하는 형식이었지만 지금은 이동통신 기기의 발달로 자기 의사를 표현하는 방식이 자유자재로 가능하기 때문에 광장투표가 아니더라도 언제 어디서도 이동 투표가 가능하다고 보았다. 곧 개인 자율의 시대가 온다고 보았다. 4·19혁명 이후 부활한 지방자치제도/풀뿌리민주주의가 한국 정치의 큰 도둑이었던 박정희의 5·16 군사반란으로 하루아침

---

[224] 연세대학교 김대중도서관 편,《김대중전집Ⅱ》9(같은 책) 148쪽.
[225] 최자영,《녹색평론/민중에 의한 권력통제와 분권으로》, 같은 책, 59쪽.

에 무너지고 말았다.(1961) 그리고 유신헌법에서 "지방의회는 조국 통일이 이루어질 때까지 구성하지 아니한다"(부칙 10조)라고 명시함으로써 박정희는 중앙통제시스템을 초국가주의 핵심으로 삼았다. 그러다가 박정희가 죽고, 지방자치를 부르짖는 6·10 항쟁(1987)과 지방자치제를 주장하는 김대중의 단식투쟁(1990)으로 다시 부활할 수 있었다.

김대중의 말마따나, 앞으로의 시대는 이동통신 기기의 진화, 곧 모바일 기기의 발달은 인간사회를 상상의 세계로 이끌 것이라고 본다. 김대중은 디지털 시대가 되면 "각 국가와 민족들의 다양성을 인정하고 함께 공존의 길을 찾는 데 적극적이어야" 한다고 주창하였다[226] 이렇게 미래의 현실 세계를 내다본 김대중은 대통령직에 오르자마자 바람으로 지식정보화 강국 건설을 위해 국정의 최우선 과제로 설정하였다. 그 결과 〈한반도정보화추진본부〉를 출범(1998. 5.25.)시키고 "1인 1pc, 1인 1홈페이지, 1인 1발명"의 정책구호를 내걸었다. 그리고 1999년의 국정 목표로, "국정개혁의 강화, 경제 재건의 시작, 국민화합의 실현, 지식기반의 확충, 문화관광의 진흥"을 내걸었다. 지식기반의 확충은 지식정보화를 통한 지역 자치의 시대를 예고하는 정책이었다. 이어 〈전자정부 구현을 위한 행정업무 등의 전자화 촉진에 관한 법률〉을 제정하였다.(2001. 3.28.) 이에 의거하여 〈전자정부특별위원회〉도 설치하였다.(2001.1)

이와 같은 김대중의 노력에 의하여 지금 대한민국은 전자정부가 되었고 (2002.11.1.) 지식정보화 강국이 되었다.[227] 전자정부가 되면 지역 자치가 더욱 재촉이 될 수 있다. 김대중은 그 일환으로 지역을 배경으로 하는 벤처기업

---

226) 노명환,《사상가 김대중/김대중과 동서융합의 민주주의 사상》, 같은 책, 273쪽.
227) 정보통신부,《한국의 정보화 전략》(정보통신부, 2003) 307~307쪽 참조.

을 육성하는 정책도 폈다. 이는 박정희 파쇼자본주의 때 국가를 움직이던 중앙통제시스템 + 재벌통제시스템에서 탈피하여 지역자치시스템 + 기업자율시스템으로 전환시켰음을 의미한다. 김대중은 일찍이 생각하고 있었다. 대한민국도 이제는 중앙통제시스템에서 벗어나 본격적으로 지역자치시스템, 또는 개인자율시스템으로 사회구조를 바꿀 때가 왔다고. 그렇지만 공공선公共善/공동선共同善을 향해 가는 지역자치시스템과 개인자율시스템의 가동은 자칫 사악하고 부도덕한 지역 세력에 의하여 악용되면서 극단적 지역 이기심을 유발할 수 있다. 따라서 지역 자치의 기본 단위는 아주 작은 자율적 지역공동체(10가구 단위)가 되어야 하는 게 아닌가 하는 생각도 해 본다.

지역 자치 사회가 만들어지면 아래로부터 위로 올라가는 지역주민/시민의 의견이 나라 정책에 반영되는 시스템이 가동될 수 있다. 이렇게 될 때 유럽식 대의제 데모크라시도 시대의 필요에 의하여 역사 속으로 사라지고 대한민국에서 참다운 직접 민중정치가 완성되리라고 본다. 지역 자치를 통한 직접 민주정이 도래했다고 하더라도 물질적/과학적(자본과 결탁된 인공지능AI) 진화로 자칫 인간성이 몰락하는 위기를 맞을 수 있다는 위험성도 있다. 지역 자치를 이끄는 책임자가 사악한 마음을 갖게 되면 민주주의는 위기를 맞게 될 우려가 있다. 여기서 정치지도자에 대한 인문학적 소양 교육의 필요성이 제기된다.

자. 생산적, 경제적 민주주의/민중정치

뒤에서도 다시 이야기하겠지만 김대중은 〈대중경제론〉과 〈대중참여경제론〉을 수정한 마지막 경제이론으로 "민주주주의(자유와 인권)와 시장경제

(풍요와 분배)의 병행발전론"을 제시하였다. 이것이 바로 김대중의 '경제적 민주주의'라는 정치사상이다. 데모크라시의 형태는 크게 약탈적 민주정과 생산적 민주정으로 나누어 볼 수 있다. 개인 독재자/소강주의 세력들이 권력을 잡고 '부도덕한 부류'들과 함께 추진하는 경제 정책에 의하여 나타나는 민주정의 형태를 약탈적 민주정이라고 한다. 그리고 도덕적 양심 세력/대동주의 정치세력이 등장하여 생산과 분배에 초점을 맞춘 경제 정책으로 드러나는 정치를 생산적, 또는 경제적 민중정치라고 한다.

약탈적 민주정에서의 정치권력은 대중들의 시장 참여 기회를 박탈 내지는 제한/통제한다. 곧 중앙통제시스템이 강하게 작동되는 제국주의식 국가주의 사회에서는 국가의 권리가 개인의 권리를 앞지르게 된다. 따라서 대중의 개별적 자유의지 및 도덕적 가치에 의한 경제 참여는 국가이익의 창출이라는 명분에 의해 위축된다. 약탈적 민주정에서는 중앙통제시스템과 파쇼자본주의가 작동하는 까닭으로 개인 독재자는 연고주의/가족주의에 의하여 특정한 기업에만 시장 참여의 기회를 부여한다. 곧 관치 금융을 통하여 시장과 노동은 국가권력의 필요와 계획에 의하여 제한적으로 창출된다. 따라서 중소기업과 개인은 정치권력에 연줄을 대지 못하면 시장경제에 뛰어들 수가 없다. 우리 사회에서 흔히 말하는 '빽'(=배背)이 없으면 돈을 벌 수가 없다. 이 경우는 나라 사람의 '도덕적 가치'가 크게 훼손된다.

생산적/경제적 민중정치 형태는 모든 대중에게 시장이 개방된다. 노동의 창출도 개인의 자유의지와 도덕적 가치가 작용한다. 곧 개인의 도덕적 가치에 따른 판단에 의하여, 시장경제의 자유로운 참여가 보장된다는 뜻이다. 생산적/경제적 민중정치에서는 국가사회의 총생산력 증대, 지속 가능한 경제의 토대 구축, 부의 공정 분배를 도덕적 가치로 본다. 생산적 민주정에서는 자본과 노동, 생산과 분배, 자유와 행복을 통하여 대중 다수(중산층)의 복리 증진을 추구하는 경제 정책을 펴나가게 된다. 이와 함께 총생산력 증대를 위하여 시민사회의 발전, 노동조합의 활성화, 자유 시민의 평등화 및 생산적 복지를 추구해 나간다.

때문에 생산적/경제적 민주주의하에서는 개인의 자유와 인권을 가장 중요한 도덕적 가치로 여긴다. 김대중은 그동안 지속해 왔던 약탈적 민주정 하에서 위축이 되어왔던 사회적 약자에 대한 배려를 지속적으로 해나갔다. 인권증진 정책을 최대로 펼쳤다는 뜻이다. 그래서 김대중은 농민, 노동자와 사회적 약자에게 복지혜택이 돌아가도록 하는 사회복지정책을 펴나갔다.

김대중은 평소 '민주적 노동의식'을 가지고 있었다. 그의 생각은 "생산의 증대와 분배의 공정"이었다. 이리하여 7대 대통령 선거(1971. 4. 27)에 출마 했을 때, 이미 노동조합의 자유로운 설립, 노동운동의 자주성과 자유 보장, 공무원 노동조합의 활동 허용, 노동자에 대한 부양가족 공제, 노사합의체 구성, 최저임금제 도입 등을 주장하였다. 그러나 권위주의 파쇼경제구조에서는 노동자와 농민은 국가경제 발전에서 철저하게 배제되었다. 더구나 반공산주의와 비호남 지역감정은 노동시장을 위축시켰다. 여기에다 '구제금융사태'까지 터지면서 경제주권이 국제통화기금(IMF)으로 넘어갔다.(1997. 12. 3.) 이로써 국가와 노동의 갈등과 대립은 심화되었고, 경제 중산층은 무너져 내렸다. 이런 지경일 때, 김대중이 대통령직을 맡게 된다.(1998. 2. 25.)

한편, 김대중은 대중경제에 대하여, "대중경제 노선은 경제성장과 소득의 공정 분배, 그리고 물가안정이라는 세 가지 과제의 합리적 조정을 통해 경제적 민중정치를 달성시키는 구상을 했다. 모든 대중이 참여하여, …… 상호배타적 세 가지 분야를 적절하게 조정해야 한다. 대중이 참여하는 경제란 결국 경제민주주의를 실현함이다."(대 2, 28-38)라는 설명을 했다.

여기서 우리는 김대중의 민주주의관 중에 또 하나가 '경제적 민주주의/민중정치'임을 알게 해준다. 김대중의 경제적 민주정치에서 주체는 나라의 전체 민중이다. 민중의 개념에 대하여 뒤에서도 다시 이야기가 나오겠지만, 그가 1955년 《사상계思想界》에 기고한 글에서 잘 그려내고 있다. 곧, 자본주의 경제체제에서 착취와 지배를 당하는 노동자, 전체주의와 사회주의 경제체제 하에서 각종 통제와 간섭으로 생산능률을 올리지 못하는 노동자/농민 등을 근로대중=민중으로 설정하였다. 김대중이 말하는 민중은 곧 나라 사람의 95%에 속하는 중산층을 말한다. 이러한 인식 아래, 권력과 결탁한 특정 기업을 중심으로 한 '자본 우위 경제체제'를 배격하고 자유재산과 창의를 바탕으로 한 시장경제 체제를 주장하였다. 김대중은 이러한 경제체제를 바탕으로 노동, 자본, 기술의 3자가 평등한 입장에서 서로 협동함으로써 생산의 급속한 향상을 기하고 이윤의 분배에 있어서도 노동자와 기술자 역시 응분의 참여가 허용될 것이라는 주장을 하였다. 여기서 생산적/경제적 민주주의에서는 계급/계층 간 세력균형과 평등한 권리가 핵심 내용임을 알 수 있다.

이승만의 반공 민주정은 원조 경제를 배경으로 하는 반공산주의적 자유민주주의였다. 그리고 박정희의 파쇼 민주정은 국가의 이익(권력과 자본)을 나라 사람 개개인의 이익보다 상위에 두고 대중을 국가이익에 헌신케 한 수탈적 민주정이었다. 이 같은 정치체제 하에서는 계층 간 균형과 평등은 존재하지 않는다. 이러한 박정희의 약탈적 민주정은 전두환, 노태우를 지나 김영삼 정권까지 이어져 내려온다.(연 1997-2000, 33) 그러나 김대중은 국가적 이익은 대중의 개인적 이익에서 나와야 한다는 대중경제론을 경제발전의 원동력으로 삼았다. 국가이익보다 개인적 이익을 우위에 두고 '국가총생산량의 확대를 도모하는, 곧 국가총생산력의 확대 + 민주정치의 발전을 도모하는 정책을 생산적/경제적 민주주의/민중정치라고 한다.

대한민국 수립 이후, 대중경제에 바탕을 둔 생산적/경제적 민주정치를 주장하고 실천해 간 정치지도자는 김대중이 처음이다. 김대중은 대중경제를 바탕으로 확충된 국가총생산력에 의해 국내총생산(GDP)이 확대되면 이를 생산적 복지로 돌려야 한다고 주장하였다. 결국 김대중의 경제적 민주정치는 그가 헌법 119조에 나와 있는 "대한민국의 경제질서는 개인과 기업의 경제상의 자유와 창의를 존중함을 기본으로 한다.'는 헌법정신을 그대로 실천했다고 볼 수 있다. 지나친 말이 될지는 모르지만, 김대중의 경제적 민주주의/민중정치는 대한민국 사람들에게 '참다운 가계의 만족'=행복을 안겨주는 단초가 마련되었다고 할 수 있다.

차. 생태적, 환경적 민주주의/민중정치

김대중의 환경사상에 대한 구체적인 내용은 정진백 편,《김대중연대기金大中年代記/1997-2000》5권에 나와 있는 〈환경은 가장 소중한 자원〉(2000.6.5.)에 잘 나와 있다. 또 같은 책, 6권에 나와 있는 〈새천년 새 희망 환경인의 모임〉(2001. 9)에서 행한 연설문과 〈환경과 경제를 함께 살리는 환경정책〉이라는 글들에서도 김대중의 생태/환경적 민중정치의 정치사상을 살펴볼 수가 있다.[228]

김대중은 "환경은 생명의 원천이고 우리 생활의 근본이다"라는 대전제를 놓고 환경적 민주주의 사상을 펼쳐 나갔다. 김대중의 환경 사상에는 "인간과

---

[228] 정진백 편,《金大中年代記/1997-2000》5, 같은 책, 170~171쪽, 389~392쪽; 439~442쪽 및 《金大中年代記/2001-2003》6, 같은 책, 39~42쪽 참조바람.

자연은 일체"라는 이념을 담고 있다. 따라서 인간이 자연을 파괴하는 것은 '온생명체계'(Whole-Life-System)를 파괴하는 것이라는 기본적 입장을 가지고 있다. 때문에 정부와 시민은 온생명체계를 보전해야 할 의무를 갖는다는 인식이다. 이러한 '온생명체계' 보전 의무를 바탕으로 한 김대중의 민중정치를 글쓴이는 '생태적, 환경적 민주주의/민중정치'라고 이름을 붙여보았다. 김대중은 환경 민주주의를 '지구민주주의'라고 말하기도 하였다.

김대중은 환경 윤리를 강조하면서 자연환경의 파괴는, 인간 삶의 질서를 파괴하게 되고 인간 삶의 파괴는 데모크라시의 정치질서도 무너뜨린다는 인식을 분명히 하고 있다. 김대중은 유럽의 민주주의는 "인간과 자연의 관계를 인간 중심으로 본" 잘못이 있다고 평가한다. 인간 중심이라는 말은 민주주의 중심에 물질주의를 두었다는 뜻이다. 물질주의는 재화를 얻기 위해 자연을 파괴하기 마련이라는 해석이다. 이러한 해석을 바탕으로 김대중은 자연과 인간에 대하여, 다음과 같은 말을 했다. "자연 그 자체는 우리 어머니요, 형제요, 분신이요...자연과 화해하고, 자연과 더불어 번영하고 .... 인간을 위한 환경 보존이 아니라, 우리는 자연의 공생과 공영을 추구해야 한다. 이러한 정신적 일대 혁명을 수반하는 민주주의는 수천 년 내 모든 천하를 구별 없이 포용해 왔지만, 자연과 일체 속에 살아온 사상적 토양을 가진 아시아에서 창조되고 재정립되어야 한다."[229] 이러한 말에서 김대중의 환경사상이 '지구적 민주주의'라는 것을 알 수 있다. "자연은 어머니다", "환경보존은 인간을 위함보다는 자연과 공생을 의미한다.", 그리고 지구적 민주주의는 물질 중심적 유럽이 아닌, 인간 중심적인 아시아에서 재창조되어야 한다고 주장하였다.

이러한 김대중의 환경 인식 체계에서 우리는 제대로 된 환경적 민주주의,

---

[229] 김대중, 《나의 길, 나의 사상》(한길사, 2009), 407~408쪽 참조.

지구적 민주주의 가치를 발견한다. 환경적 민주주의는 유럽에서 개발과 발전이라는 이름으로 자연을 파괴하고 얻어낸 물질주의적 사고, 곧 현세대의 낭비주의/소비주의 의식을 떨쳐야 한다는 인식을 바탕으로 깔고 있다. 물질주의/소비주의 의식은 자연과 공생/공영하는 사고가 아니다. 그동안 한국 사회는 박정희식 파쇼자본주의에 의해 잘못 길들여진 물질주의 사고를 가지고 살아왔다. 물질주의 사고의 전형적인 모습이 "잘 살아보세"로 시작되는 새마을운동이었다. 새마을운동은 산업자본주의와 함께 자연과 농촌을 파괴하면서 물질만능주의로 치닫게 했다. 물질만능주의 사고는 외형상 인간 삶의 질을 향상시킨 것처럼 보이지만 인간 내면의 정신을 한없이 타락시켜 놓았다. 정신이 썩으면 자연의 파괴는 순식간이다. 오늘날 유럽식 자연 파괴의 결과가 가져온 '기후변화'에서 그 교훈을 얻을 수 있다. 김대중의 지구적/환경적 민주주의는 한 나라에 국한되어서는 의미가 없기 때문에 전인류/전지구적 공통 관심사가 되어야 한다는 '보편적 세계주의' 차원에서 환경문제를 인식하여야 한다.

따라서 김대중의 환경 관련 사상에서는 인간과 자연에서 원초적으로 존재하는 '생명의 가치'에 대하여 새롭게 인식해야 한다는 사고를 담고 있다. 곧 물질만능주의적 사고로 생기는 그릇된 생활 태도와 양식은 자연환경/생태를 파괴하고 자연환경의 파괴는 우리 인간 삶의 질까지 악화시킨다는 인식을 환경적 민주주의/지구적 민주주의의 사상적 기저로 삼고 있다. 그는 또 환경/생태의 보전, 곧 자연과 인간의 생명 가치는 우리나라뿐만 아니라, 전 인류가 공유해야 할 철학임을 강조하고 있다. 그리하여 1992년부터 추진되어 온 남한강 유역의 영월댐 계획을 백지화하였다. 그 이유는 "신종新種으로 추정되는 7종의 동·식물과 20여 종의 멸종위기 동·식물들을 보호하고 생태계를 보전하기 위함"이었다. 또 "환경보호는 비용이 아니라 이익의 원천"이라는 환

경보호 사고도 내비쳤다.[230]

앞장에 말했듯이 〈3·1민주구국선언문〉(명동선언문, 1976)은 김대중과 문익환이 공동으로 작성하였다. 이 선언문에서 김대중은 자연환경을 희생시키면서 경제발전을 특권화하는 정책은 지나갔다고 평가하고 "개발/발전을 지상명령으로 알고, 환경 하면, 사치라고 보는 시대는 사라졌다."고 박정희의 개발위주의 정책을 비판했다.

또 환경정의環境正義에 대해서도 입장을 밝히고 있다. 환경을 보전하는 일은 인류 개개인의 행복과 안녕에 직결되고 개인의 안녕과 행복은 인류 전체의 행복과 안녕에 밀접한 관계를 갖는다는 환경철학적 인식이다. 따라서 자연이 인간에게 주는 이익은 전 인류가 인종과 세대를 뛰어넘어 평등/평균적으로 공유해야 한다는 주장이다. 이러한 김대중의 환경의식은 '보편적 세계주의', '보편적 평화사상'을 낳았다. 곧, 자연이 주는 이익을 공유하기 위해서는 인류 각자가 자연에 대한 감시와 보전이 이루어지도록 해야 한다는 신념이다. 따라서 과학기술의 개발과 연구도 환경친화적 방향으로 이루어져야 한다고 주창하였다. 이는 곧 친환경 정신문화의 창달을 의미한다.

이러한 친환경적 정신문화 창달 주장은 이제까지 역대 정치권력들이 자연을 정복과 조종의 대상으로 삼아 인간의 무한한 물질적 탐욕을 충족시키는 데만 신경을 써온 데에 대한 성찰과 반성이라고 볼 수 있다. 민주주의/민중정치에서는 개발독재를 배격하고 자연환경과 인간의 행복은 상호보완적임을 깨달아야 한다는 이치도 천명하고 있다. 이러한 인간과 자연에 대한 그의 사상은 정책으로 반영되었다. 국민기초생활 환경의 개선에 역점을 두고 4대강 수질개선, 천연가스를 이용하는 시내버스 보급 정책 등이 그것이다. 그래서

---

[230] 《金大中年代記 1997-2000》 5, 같은 책, 440~442쪽 참조.

'평생환경교육제도'의 확립과 환경선진국, 환경 일등 국가를 만들겠다는 정책도 발표하였다.[231]

김대중은 환경정책 방향은 생태 효율이 높은 자원 순환적 경제/사회체제의 구축과 건설이라고 밝혔다. 이를 위하여 원자재와 에너지 투입을 최소화하고 재생가능한 자원의 재사용과 재활용률을 최대화하며 유해 물질의 배출을 적극적으로 줄이는 것을 당면 과제로 삼았다. 그리하여 기업들에게 'RE100'(Renewable Electricity 100%)를 적극 권유하였다. 그리고 환경친화적 국토관리/도시개발의 정착화, 전략환경평가제도의 활성화, 시장원리에 입각하여 자율적인 환경관리제도의 정착 추구, 생산과 유통/소비 과정의 녹색운동 지원, 열린 환경 행정시대를 열겠다고 다짐도 하였다. 이어 녹색소비자운동의 지원, 생태농법, 생산자조합의 지원 등 생태적 민주주의를 철저하게 지향하였다.

세계 각국의 정치권이 김대중처럼 환경친화적 행정을 추구한다면, 지구의 인류세/6차 대멸종, 또는 지구의 '생물학적 전멸'은 막을 수 있을 것으로 본다. 이를 위하여 김대중은 정부 기구에 〈지속가능발전위원회〉를 설치하여 국가정책과 사업이 계획단계부터 환경에 미치는 영향을 검토하고 조정할 수 있는 제도적 기반을 마련하였다. 그리고 '4대강 물 관리 종합대책'을 마련하여 단순한 '물 관리' 정책에서 탈피하여 물 절약을 통한 '수요관리' 정책으로 전환하였다. 이러한 환경친화적 행정은 박정희식 국토난개발의 원인이 되었던 '준농림지제도'를 폐지하고 환경친화적인 재건축과 도시개발이 되도록 건폐율建蔽率과 용적률을 대폭 강화하였다. 그리고 주택가/학교 주변에 러브호텔의 건축 허가도 제한하였다.[232] 이렇게 김대중은 환경 강화가 비용의 상

---

231) 김대중의 환경사상은, 정진백 편,《金大中 年代記 2001-2003》6, 같은 책, 389~392쪽 참조.
232) 정진백 편,《金大中 年代記 2001-2003》6, 같은 책, 39~40쪽 참조.

승, 경제발전 저해라는 생각보다는 지속적인 경제/사회발전의 가능성을 높여준다는 사고를 우리에게 보여주었다.

카. 대중적 민주주의/민중정치

김대중이 말하는 '대중민주주의'가 바로 대중경제를 바탕으로 한 '대중적 민중정치'다. 대중경제는 다음 장에서 설명하기로 하고 여기서는 대중적 민주주의/민중정치에 국한하여 이야기하기로 한다. 대중민주주의라는 말은 김대중이 기본적으로 가지고 있는 '대중사회론'에 기본 정신을 두고 있다. 김대중이 말하는 대중사회론은 산업자본주의 사회 속에서 왜곡된 평등 개념, 그리고 정치적/경제적 이유로 개인의 자유와 인권이 제한되고 있는 현실 환경, 대중이 주체가 되어야 하는 민주주의가 독재 엘리트에 의해 곡해되고 있다는 정치사회적 환경에서 인식되고 주장되었다.(대 2, 284)

그러면 김대중은 '대중'을 어떻게 해석하고 있는가. 김대중은 '대중'의 개념에 대하여 "특정 계급과 계층의 선험적 우위성과 지도성을 인정하지 않고 다양한 계층의 광범위한 연대와 동맹을 추구하는 계층/세력"이라고 파악하였다. 그리고 대중의 성격에 대하여 "이들 보편적 세력의 연합을 '대중경제' 실현의 담당 주체로 하고(주도세력), 진보적인 민족적 지식인의 지도(주도역할)가 필요한" 존재라고 하였다.(대 2, 297-298) 김대중은 이러한 대중경제가 작동하는 사회를 '대중민주주의'라고 이름을 붙이고 대중민주주의 체제는 "대중정치/대중경제/대중사회여야 한다고 보았다. 글쓴이는 이를 민중이 직접 정치에 참여하고 간섭한다는 의미에서 김대중이 말하는 대중민주주의의 대중을 '대중적'이라는 수식어로 고쳐서 '대중적 민주주의/민중정치'라 이름해 보았다.

그러면 김대중이 생각하는 대중민주주의= 대중적 민중정치는 무엇을 말하는지에 대하여 이야기를 나누어 보기로 한다. 유럽은 18세기 산업혁명과 함께 시민계급(부르주아계급)에 의한 '개인적 데모크라시'가 발달한다. 이를 고전적 데모크라시라고도 부른다. 고전적 데모크라시는 나라 안 모든 계층이 평등한 참정권/투표권을 갖는 사회를 말하는 게 아니다. 유럽의 절대 왕조를 무너트린 신흥 시민계급, 곧 부르주아지(상인계급)에게만 투표권/참정권이 주어지는 데모크라시를 말한다. 때문에 고전적 데모크라시에서는 공장과 농촌의 노동자/농민, 경제적 소외계층/사회적 약자 등에게는 기본적 참정권/투표권이 주어지지 않았다.

그러다가 앞에서도 본 바와 같이 19세기에 들어오면서 서서히 유럽과 미국 등지에서 부르주아지 시민계급으로부터 소외되었던 계층들이 귀족형 부르주아지 및 권위적 정치권력에 대항하면서 시민적 자유와 권리(투표권)를 점차 확보해 나간다. 영국의 경우, 남성에 한하여 도시의 소시민과 노동자가 선거권/참정권(참 참정권이라고 보기는 어렵지만)을 갖는 시기는 1867년 경이고, 농민과 광산노동자까지 선거권이 주어지는 시기는 1884년 경이다. 이에서 더 나아가 여성까지 선거권이 주어질 때, 우리가 일반적으로 말하고 있는 보편적 민주주의/민중정치가 된다.

보편적 민주주의 사회가 성립되는 배경에는 의무교육의 보급, 산업기술의 발달, 정치권의 동기 부여 등 사회적 조건들이 영향을 주었다. 19세기 당시는 정치권의 동기 부여가 없었던 까닭으로 인류의 절반 이상을 점하고 있는 여성들에게까지 참정권/투표권이 주어지지 않았다. 여성들에게까지 투표권이 주어지는 시기는 빠르게는 1893년에 와서다.(제1물결)[233] 그것도 극히 일부 국가에 지나지 않았다. 그러다가 시간이 가면서 점차 여성, 빈곤자, 노동자, 소시민 등과 사회적 약자들도 평등하고 동등한 정치적 권리(투표권)가 주어진다. 이와 같이 나라 구성원 전체(대한민국의 경우, 18세 이상)에게 투표권이 주어지는 정치형태를 우리가 민주주의라고 부르는 보편적 데모크라시다. 보편적 데모크라시를 민중정치로 해석하게 되면 나라의 참 주권은 대중/민중에게 있다. 그러나 의회제 민주정에서 주권은 의회에 있고 민중은 투표권만 가진다. 투표권이 곧 참정권/주권이라고 이해하는 것은 어리석음이다.

현재의 대중적 민중정치가 일부 독재국가를 빼고는 전 세계가 대의제 민주주의를 토대로 하고 있는 한, 진정한 민중정치는 요원하다. 다시 말하면, 정당제도와 투표제도에서 다수결 원칙을 가지고 있는 한, 대중적 데모크라시는 소외계층, 또는 엘리트 권력의 포퓰리즘populism으로 오해될 우려가 있다. 다수결 원칙은 일반 다수의 소외계층을 만들어낼 수가 있다. 투표에서 51%가 49%를 배제하는 원리가 다수결 원리다. 51%의 대중에 의해 49%의 대중은 소외층이 된다. 49%의 소외계층은 자신들의 의지와 권리 및 도덕적 가치가 묵살된 채 공동체 사회 속에서 고립이 되어 간다. 일반 다수인 49%와 2%의 차이밖에 없는 51%의 지지를 받은 엘리트 권력은 포퓰리즘의 입장을 강조하면서 독재화한다. 사회구성원의 1%만이라도 소외계층이 생긴다면 그것은

---

[233] 세계 최초의 여성참정권/투표권이 주어지는 것은 뉴질랜드다(1893), 오스트레일리아는 1902년, 핀란드는 1906년, 노르웨이는 1913년, 소비에트 러시아는 1917년, 캐나다는 1918년, 독일/오스트리아/폴란드/체코슬로바키아는 1919년, 이어 미국은 1920년, 영국은 30세 이상만 1900년, 21세 이상은 1928년, 일본은 1945년, 프랑스는 1946, 대한민국과 조선민주주의인민국은 1948년, 스위스는 1971년, 쿠웨이트는 2005년이다. 그런데 아직도 이슬람국가 대부분은 여성참정권을 인정하지 않고 있다.

민주주의 사회가 될 수 없다. 민주주의를 다수결 원리로 이해하는 것은 착각이다.

이런 불합리한 '다수결 원칙'의 은혜 속에서 대한민국은 이제까지 엘리트 권력(부도덕한 주류)들이 49%를 소외시키는 독재권력을 행사해 왔다. 그리하여 51%의 포퓰리즘은 49%의 일반 다수를 용공적 포퓰리즘으로 매도해 온 게 사실이다. 한국인들은 이제까지 데모크라시가 오용誤用되어 독재권력과 독점자본, 황제언론, 종교권력 등 거대한 힘에 이끌려 획일적 반공주의 사상과 영웅주의 감정 속에 매몰되어 살아왔다. 이 탓으로 한국인들은 '대중적 민중정치'에 무디도록 세뇌되어 왔다.

이제까지, 독재 권력에 의해 뇌세포가 세뇌되어 살아온 군중들, 독점자본이 나라 경제를 먹여 살린다고 믿는 우민들, 황제언론과 가짜뉴스의 보도를 진실로 보는 몽매한들, 종교 권력에 최면이 걸린 단세포인들이 바로 대한민국에서 살아가고 있는 우리들이었다. 그래서 우리는 '우리의 권리'가 무엇인지, 도덕적 가치가 무엇인지 모르고 살아왔다. 우리는 우리들의 양심적 판단과 자유의지에 의하여 정치 권리를 행사하지 못하고 살아왔다. '우상偶像=부도덕한 권력'의 지시와 조정/최면에 의하여 움직여 왔을 뿐이다. 이 때문에 독재권력, 자본권력, 언론권력, 종교권력 등 '권력의 우상'에게 우리의 영혼이 세뇌되어 우리들 자신의 신성한 자유의지를 실현시킬 기회를 박탈당하고 살아왔다.

주권자이면서 주권 행사 하나 못하고 살아왔던 대한민국의 대중들은 나라 안의 독립된 주체가 아닌 거대한 두뇌(AI처럼)의 지시에 따르는 작은 세포에 불과한 존재로 전락해 살아왔다. 자신의 존재가치를 상실한 무기력한 대중으로 살아왔다. 곧 국가와 자본, 언론과 종교의 조작된 정보에 의하여 소외계층으로 전락해 왔다. 이들 개인 독재자, 독점자본가, 앵무새 언론, 거대한 맘

모스 종교건물에 의하여 대중은 왜소한 인간으로 강제되어 '도덕적 가치'가 무엇인지 생각조차 못하고 살아왔다. 이리하여 대중적/보편적 민주주의는 매일매일 파괴당해 왔다. 대중적 민주주의/민중정치의 파괴가 심해 갈수록 독재권력은 자본과 결탁하고, 관제화된 언론을 앞세워 민중정치의 주체인 대중을 말초신경적으로 자극하는 오락물, 게임몰, 스포츠몰에 몰두시켜 인간의 사고를 단순화시켜 왔다. 이러한 결과로, 민중정치의 실질적 주체인 민중/대중은 민주주의/민중정치에서 소외되어, 자신이 '노예적 존재'가 되었음에도 노예적 존재로 전락한 줄도 모르는 바보로 살아왔다. 대한민국의 역대 개인 독재자들은 그들 자신들이 민중의 주인이라는 의미의 민주주의를 선전하고 대중을 소외시키는 방법으로 정치 외적인 수단을 적극 활용하였다.

정치 외적 수단인 스포츠와 연예물의 다양한 개발을 통하여 대중들은 정치에서 서서히 소외시켜 나갔다. 정치 외적인 또 다른 수단으로는 대중들이 물신物神에 현혹되도록 만들어 정치에 관심을 끊게 하는 일이다. 자본권력은 정치권력의 협조를 받아 기술 혁신이라는 이름으로 자본을 더욱 축적해 나가면서 소비문화/물신숭배를 여러 각도로 부추겨 나갔다. 이렇게 되다 보니, 민중문화는 대중이 선도하고 이끄는 게 아니었다. 자본권력과 정치권력에 의하여 협작挾作이 되고 조작이 되어 강요된 문화가 민중문화가 된다. 이 때문에 비인간적인 창의성이 전혀 없는 거짓된 문화가 민족/민중문화라는 이름으로 오늘날 문화예술계를 지배해 왔다. 곧 생산적이고 창의적이며 인간적인 민족/민중문화가 되지 못하였다. 창의적이고 주체적인 민족/민중문화가 아님에도 조작된 문화를 황제언론들은 대중적 민족문화로 호도하였다. 이리하여 대중들은 민중정치의 주체에서 밀려나고 속물 사회와 거짓 문화 현상에서 합리적/건전한 판단력을 잃고 살아왔다.

제왕적 정치권력, 황제적 자본권력, 여왕적 종교권력, 기만적 언론권력, 시녀적 검찰권력들은 이렇게 대중들을 정치에서 소외시켜 놓고 늘 "친애하는 국민"이라고 헛소리를 외쳐댔다. 게다가 자신들의 이기적 정책을, 민의를 반영한 것이라고 거짓말을 일상적으로 외쳐댔다. 이러한 민의를 반영했다는 거짓의 정치를 '보이지 않는 강제', 또는 '소리 없는 독재', '보이지 않는 국가의 힘/폭력'이라고 한다. 정치권력과 자본권력, 종교권력과 이를 뒷받침하고 있는 황제언론/가짜뉴스들은 대중을 향한 '드러나지 않는 폭력'을 통하여 대중들을 그들이 말하는 민주정치에서 배제 시켜나갔다.

따라서 투표에서 다수결 원리의 작용은 대중적 민중정치를 편협되고 왜곡된 포퓰리즘으로 몰고 갈 위험성을 안고 있다. 포퓰리즘은 엘리트주의의 반대개념으로 '민의가 잘 반영되는 정치', 곧 민중정치를 뜻한다. 이럼에도 일반 다수의 포퓰리즘을 악의적으로 용공주의, 친북좌빨로 몰아붙이는 정치구조와 언론의 논조, 가짜뉴스는 잘못되어도 한참 잘못된 억지다. 인민/민중의 정치 참여를 확대하고 민인/민중의 자유와 행복을 진정으로 추구하는 통치권력에서는 포퓰리즘이 참다운 민중정치/민주주의가 된다.

'다수결 논리'는 '소리 없는 독재권력'에 가까이 가는 애인이다. 독재 권력은 독점자본과 늘 함께하면서 자유시장경제를 통제한다. 이렇게 되면, 대중적 데모크라시는 다수결 원리라는 괴물에 의해 밑으로부터 허물어져 내리게 된다. 이승만, 박정희, 전두환, 노태우 등 정의롭지 못하고 비양심적인 지배권력들은 '다수결 원리'를 기반으로 대한민국을 암흑闇惑 정치로 추락시켜왔다. 이러한 어두운 정치의 현실을 깨고 광명의 참다운 대중적 민주주의/민중정치를 연 사람이 김대중이다.

오늘날 김대중이 부르짖는 대중적 민중정치/대중민주주의는 '역사 진보'의 결과물이다. 김대중은 대동적 민중정치, 협화적 민중정치, 자치적 민중정치, 자유적 민중정치, 인권적 민중정치, 도덕적 민중정치 사상을 펼치면서

51% 포퓰리즘 정치가 아닌 49% 포퓰리즘까지 끌어안는 협화적인 민주주의 사회를 만들어냈다. 김대중이 협화적 대중민주주의로 진보를 할 수 있었던 것은 박정희, 전두환의 파쇼자본주의를 극복하고 '대중참여경제'를 폈기 때문에 가능해졌다. 이러한 대중참여경제를 대중민주주의/대중적 민주주의라고 한다. 김대중의 대중참여경제론은 다음 장에서 이야기하기로 한다.

3. 김대중 사상체계의 거시적 분석
   - 경제부문

　　김대중의 한국경제에 관련한 경제이론과 사상은 자타가 인정할 정도로 탁월하였다. 대중사회론에 바탕을 둔 대중경제론이다. 이 장에서는 후광학의 경제분야 학문체계를 세우기 위하여 그의 경제사상의 바탕이 되는 1) 대중경제론, 2) 대중참여경제론 3) 민주정치(민중 참정권)와 시장경제(부의 공정분배)의 병행발전론을 살펴보기로 한다. '민주주의와 시장경제의 병행발전론'을 일반적으로 그냥 줄여서 병행발전론이라고 말하기도 한다. 그러나 여기서는 김대중이 평소 말해왔던 '대중적 시장경제론'으로 표현하겠다. 김대중의 시장경제론은 그의 인식체계 중 하나인 실사구시實事求是 정신에 바탕을 두었다고 할 수 있다. 우리가 잘 알고 있는 실사구시라는 용어는 우리 역사/조선 후기 실학자를 통해서 흔하게 알려져 왔다.

　　실사구시라는 말은, 중국의 사서史書,《한서/열전漢書/列傳》, 권53권의〈경13왕전/하간헌왕덕전景十三王傳/河間獻王德傳〉23에 보면, '수학호고 실사구시修學好古 實事求是라는 말이 나온다.[234] 수학호고는 "배움을 즐기되, 옛 글들을 좋아했다"는 말로, "옛 책을 모아서 읽고 연구했다"는 뜻이다. 뒤의 실

---

[234] 河間獻王德以孝景前二年立, 修學好古, 實事求是°從民得善書, 必爲好寫與之, 留其眞 加金帛賜以招之°繇是四方道術之人不遠千里, 或有先祖舊書, 多奉以奏獻王者, 故得書多, 與漢朝等°是時, 淮南王安亦好書. 所招致率多浮辯°獻王所得書皆古文先秦舊書. ..... 修禮樂, 被服儒術, 造次必於儒者°山東諸儒多從而遊°(班固,〈景十三王傳/河間獻王德傳〉23,《前漢書/列傳/景十三王傳/河間獻王德傳》53-23) 참조.

사구시는 "사실에 근거하여(實事) 바로 잡아나간다(求是)"라는 뜻으로 옛 문헌에 쓰인 원래의 뜻(실사)을 바로잡았다(구시: 재구성/재해석)는 의미가 된다. 중국 청나라의 황종희黃宗義(1610~1695)·고염무顧炎武(1613-1682) 등은 명나라 시대의 공리공론을 추구하는 양명학陽明學에 반대하여 실사구시에 바탕한 고증학考證學을 창시한다. 청나라의 고증학이 조선에 들어와 실사구시 학문을 발전시킨다. 바로 조선후기에 나타나는 실학이다. 17세기 유형원柳馨遠(1622~1673), 이익李瀷(1681~1763) 등이 시작하고, 18세기 정약용丁若鏞(1762~1836), 김정희金正喜(1786~1856) 등이 본격적으로 연구를 하게 된다. 실학자들은 조선의 정치이념인 성리학性理學의 공리공론을 배척하면서 크게 일어났으나 기득권 세력(노론으로 대표되는)에게 탄압을 받으면서, 한국 근대 사회를 이끌어 내지 못한다. 이러한 실사구시의 학문을 자신의 정치철학에 도입한 대통령이 바로 대한민국의 '학자 정치인' 김대중이다.

 김대중은 어떤 사실을 접하게 되면, 그것을 곧이곧대로 받아들이는 게 아니라 나름 재해석을 하였다. 동서양의 고전을 읽으면서도 '재구성'하는 능력이 탁월하였다. 그가 1981년 청주교도소에 있으면서 아내 이희호에게 보낸 편지 내용 중에 "신앙의 현대적 의의 중에서 가장 큰 것은 우리를 자유인으로, 진정한 자유인으로 만드는 것입니다"라고 한 말에서 '그리스도 신앙인'을 '진정한 자유인'으로 재인식하였다.[235] 김대중은 이렇게 어떤 사실을 접하면 이를 재해석, 재구성하는 태도를 가지고 있었다. 이러한 태도는 바로 그의 실사구시 정신에 왔다고 본다. 김대중의 실사구시 입장은 그의 경제철학에서 잘 나타난다.

---

235) 정진백 편,《金大中 年代記 1981-1983》, 같은 책, 44쪽 참조.

김대중이 대통령 자리에 오를 때는 대한민국이 외환 위기에 처해 있었다. 외환위기를 극복하지 못한다면, 대한민국은 국제금융위기에서 헤어 나오지 못하고 경제식민지 아니면 국가 도산으로까지 갈 수 있는 상황이었다. 이러한 금융위기 상황에서 김대중은 자신의 대중경제론/대중참여경제론을 사상적 기저로 삼으면서 실사구시를 바탕으로 한 신자유주의 경제정책을 시대상황의 필요에 의하여 접목한다. 이를 '대중적 시장경제'라 한다. 대중적 시장경제론은 김대중의 다시 시작한다는 '불굴의 의지'에서 나온 경제사상이다.

그래서 김대중은 대통령 자리에 오르면서 당선 소감(1997.12.18.) 및 취임사에서 "민주주의와 시장경제의 병행발전"이 국정 목표라고 하였다. 김대중이 말하는 민주주의는 개인 독재자들이 말하는 민주주의와 격과 질이 다르다. 김대중이 말하는 민주주의는 나라 사람/민중이 나라의 주체로 참여하는 참 민중정치를 뜻한다. 그리고 시장경제는 자본주의의 자유로운 시장경제를 밑바탕으로 깔고 있지만, 실제는 물질적 풍요와 함께 공동부유=공동행복, 곧 '풍요의 분배'라는 내용을 핵심으로 담고 있다. 이것이 대중경제론이다.

김대중의 대중경제론 탄생의 배경에는 앞에서 살펴본 바와 같이, 이승만의 원조援助 자본주의/관료 자본주의와 박정희의 파쇼자본주의라는 파행적/부패한 경제정책에 대한 성찰과 반성을 토대로 하고 있다. 이승만의 관료 자본주의에서는 기득권을 가진 관료층(부도덕한 주류)의 배만 불렸을 뿐 대중들은 늘 소외되어 왔다. 그리고 박정희의 '경제개발5개년계획'으로 불리는 파쇼자본주의는 엘리트 권력과 결탁한 자본가의 배만 불리었지, 대중들의 이익과는 무관하였다.

김대중은 나라 사람의 공동행복/공동부유에 대하여 고민하였다. 이의 대안으로 나온 경제사상이 대중경제론이다. 대한민국의 정치/사회학계에서는 박정희의 경제계발5개년정책을 아시아적 가치에 바탕을 둔 '유교자본주의'라고 표현한다. 오늘날 우리에게 전해지고 있는 유교/유가의 철학은 앞에서 본 바와 같이 진정한 공맹의 철학이 아니다. 공맹철학이 변질된 위에서 아래로 내려가는 군중민경君重民輕의 유교철학이다. 김대중은 그래서 박정희 매판권력 하의 경제정책을 파쇼자본주의/관치금융이라고 이름을 붙였다.

조상으로부터 가난의 한恨을 물려받으며 살아오고 있던 대한민국 사람들은, 정신적, 곧 자유와 인권, 그리고 도덕적 가치는 팽개치고 박정희의 경제개발5개년계획으로 나타난 가시적/물질적 경제성장만을 가지고 입방아를 찧는다. "박정희가 우리나라의 보리 고개를 없앴다.", "새마을운동으로 우리나라가 잘살게 되었다", "박정희가 우리나라의 경제를 선진국 수준으로 끌어올렸다."라는 등. '과연 그럴까' 라는 질문을 던져놓고 이에 대한 답을 구해 나가고자 한다.

앞장에서 이야기하고 나왔듯이 '반란군 군정'에서 시작된 권위주의 경제정책(부정축재처벌법)과 유가자본주의/파쇼자본주의는 우리 사회에 심각한 부정적 기능과 영향을 주었다. 김대중은 이에 대한 깊은 성찰과 분석을 통하여 대중경제론, 대중참여경제론, 대중적 시장경제론이라는 경제철학을 생산해 냈다. 이제 차례대로 살펴보기로 한다. 그 전에 김대중의 경제철학의 핵심을 이루는 대중경제론이 김대중의 경제철학이 아니라고 하는 주장에 대하여 먼저 검토하기로 한다.

가. 대중경제론≠김대중의 경제철학에 대하여

김대중의 경제사상을 검토하기에 앞서 김대중이 IMF 위기의 극복과 관련한 이야기를 잠시 해보기로 하자. 대한민국의 경제에 피를 말리는 IMF 위기의 극복 또한 김대중의 경제철학과 밀접한 관계가 있기 때문이다. 김대중이 단임 5년의 대통령 자리에 있으면서 대한민국 역사에 남긴 가장 위대한 대표적 업적은, 1) 여남평등의 인권신장, 2) 민족 통일의 디딤돌 마련-남북정상회담과 6.15 남북공동선언, 개성공업지구開城工業地區 개방, 3) IMF 위기의 극복 등이다. 사람에 따라 평가 기준과 해석이 다르겠지만, 외국의 정치권과 언론에서는 IMF 위기를 극복(경제주권 회복)한 김대중을 희대稀代의 명名대통령으로 평가할 정도로, 김대중의 업적 중 'IMF 위기의 극복'을 가장 위대한 업적으로 평가하고 있다.

이렇게 다른 나라에서 할 수 없었던 일을 단시일 내(3년)에 미국이 파놓은 함정경제에서 빠져나와 경제주권을 다시 찾아올 수 있었던 것은, 김대중이 평소 축적해 온 경제철학이 있었기 때문이다. 일부 학자들이 대중경제론은 김대중의 경제철학이 아니라고 주장하는 사람도 있다. 그리고 1971년 대선 때 내놓은 초기 대중경제론과 1997년 대선 때 내놓은 "민주주의와 시장경제의 병행발전론"은 이념이 서로 다른 내용이라고 평한다. 곧 김대중의 1997년 대중경제론은 신자유주의와 야합된/변질된 경제철학이라고 비난을 한다. 그렇다면 이 두 문제에 대하여 짚고 넘어갈 필요가 있다. 먼저 대중경제론이 김대중의 철학이 아니라는 주장에 대하여 그 진실을 파 해쳐 보자.

'대중경제'라는 말을 언급한 사람에는 친일/반공노선을 걸었던 유진오兪鎭午(1906.~1987.)가 있고, 뒤에 민족경제론을 주창했던 박현채朴玄埰(1934.~1995.) 등이 있다. 이들이 주장했던 대중경제에 대한 말을 들어본다. 유진오는 조선일보에 기고한 '나의 대중경제론'이란 글에서 "외자의존 경제와 재벌과 정상배만 위하는 경제로부터 탈피하여 농민, 노동자, 봉급생활자, 중소기업가 등을 망라하는 대중이 본위가 되는 경제를 확립해야 하는데, 그러기 위해서는 중남미中南美에서 대두된 대중경제정책(populist economic policy)을 시행해야 한다"고 주장하였다.(1967년 1월 12일자)[236]

박현채는 박정희 정권 초기, 잠시 경제적 자문 역할도 하였다. 그 후 그는 〈국민경제연구회〉를 설립하여 활동을 하던 중에 〈민족경제론〉(1978)을 발표하였다.[237] 마르크스 경제학자인 박현채는 민족경제론에서, 한국의 자본주의를 '식민지 자본주의의 연장'으로 평가하고 대한민국의 경제정책은 민중의 생활을 실질적으로 향상시키는 국민경제 단위를 민족경제 단위로 전환하여 자립경제로 나갈 것을 주장하였다.

유진오가 대중경제를 주장한 시기는 1967년이고, 박현채의 민족경제론이 1960년 박정희의 '식민자본주의경제'에 대한 비판으로 나온 경제 이론이라면 김대중의 대중경제론은 1950년대 중반에 나온 경제사상이다. 이럼에도 보수논객과 식민지근화론을 주장하는 연구자들이 김대중의 대중경제론이 유진오와 박현채에서 직접적인 영향을 받았다고 주장한다. 그러면 이제부터 이들의 주장이 지나치다는 것을 증명해 보기로 하자.

김대중이 '변증법적 지양론' 입장에서 쓴 대중경제론은 자주적이고 독자적이고 창조적인 경제철학임은 분명하다. 김대중은 분명히 밝히고 있다. 대중경제론은 박현채의, 대중참여경제론은 유종근柳鍾根(1944~현, 한국경제사회연구원 이사장)의 도움을 받았다고, 도움을 받은 사실은 분명하게 밝히고 있다. 도움이지, 영향이나 베낀 게 아니다. 모든 학문의 성과는 선행 연

---

[236] 이영훈,〈한국적 국가혁신체제, 대중경제론, 10월유신〉,《박정희탄생100동기념학술대회자료집》(박정희대통령기념관, 2016) 참조.
[237] 류동민,《민족경제론이 대중경제론에 미친 영향》,민주화운동기념사업회,《기억과전망》통권 17호,2007. 149쪽 이하 참조.

구자의 학문성과에 도움을 받아 창조적 성과를 일궈낸다. 문화도 마찬가지다. 이웃 지역의 문화가 유입되면서 이를 수용하는 과정에서 이의 모방을 통하여 자기 문화의 독창성이 이루어진다. 이를 문화의 창조라고 한다. 곧 문화의 창조라는 말은 다른 지역의 문화가 아닌 우리 문화로 재탄생했다는 뜻이다.

김대중의 대중경제론은 그가《사상계》에다 기고한 글(〈한국 노동운동의 진로〉, 1955, 10월호)[238]에서 이미 배태되고 있었다. 여기에서 보면,

하나, 김대중의 경제원칙은 공산주의 경제원칙을 배격하고 자본주의 생산양식을 바탕으로 하는 재산의 사유제를 기본 원칙으로 하고 있다.

둘, 관료 자본주의 우위 체제를 부정하고 자본 이익의 분배를 통해 노동자의 복리 증진을 주장하고 있다. 따라서 노동+자본+기술의 협동을 통하여 '참여와 평등' 의 경제/사회질서를 건설해야 한다는 것을 주장하였다.

셋, 관료 자본주의와 투쟁은 노동자 계급에 한정된 게 아니라 전국민적 과업이라는 주장을 하였다.(대 17, 23-35)

이로써 김대중의 '대중경제론의 이론적 씨앗(참여와 평등을 위한 대중경제)은 이미 1955년에 뿌려졌다는 사실을 알게 한다.

김대중은 1969년에 석사학위 논문〈대중경제의 한국적 전개〉(1969)[239]를 발표한다. 이를 요약한 글이 1969년《新東亞》신동아 11월호에 발표한 글〈대중경제를 주창한다大衆經濟를 主唱한다.〉이다. 이글의 내용을 보면, 대중에 대한 개념을 분명하게 설정하고 있다. 대중은, "특권경제의 "오탁汚濁과 부패

---

[238] 중심서원 편,《後廣金大中大全集》7(中心書院, 1993) 26쪽을 참고하였음. 이하 대전집이라 함
[239] 경희대학교 경영대학원 석사학위(1969) 참조

腐敗, 생활고生活苦와 실망失望에 찬 사회의 모순이 언젠가는 청산되고 살기 좋은 사회가 건설되기를 기대하며 미래의 무한한 꿈과 희망을 걸어"온 존재라고 선언한다.(《신동아》1969, 11월호, 180)

그리고 김대중은 대중경제의 기본 방향에 대하여 다음과 같이 밝힌다. 먼저 '공산주의 경제체제'에 대하여 부정적이었다. 때문에, 대중경제는 자유경제의 원리를 충실히 존중하되 이를 한국의 실정에 알맞게 적용하는 경제체제라고 밝혔다. 따라서 대중경제는 생산력의 확대로 발생 되는 부유와 소득을 특정 세력에 편재시키는 정책을 반대한다고 하였다. 그래서 특정 기업에 부와 소득이 편재하는 것을 방임하는 고전적, 자유방임적 자본주의 체제를 거부한다는 입장도 밝히고 있다. 이와 더불어 계획 일변도의 공산주의/사회주의 경제체제도 반대한다고 하였다. 김대중은 대중경제를 이론적으로 정립하는 초기에 자본주의 경제체제를 하부구조로 하고, 대중과 자본의 평등주의를 바탕으로 하는 민주주의/민중정치를 상부구조로 하는 사회체제를 대중민주주의, 대중경제라고 하였다.[240] 그리고 독점기업의 민영화, 노동조합 대표의 경영 참여가 반드시 이루어지는 경제가 '대중경제체제'라고 하였다.(신동아 1969, 183下)

그 밖에도, 이중곡가제로 농촌경제를 증대시켜야 한다는 생각과 함께 저축을 장려하여 국내 자본으로 경제 계획을 해야 한다는 생각도 가지고 있었다. 곧 매판자본의 배격과 국내 자본의 육성을 배경으로 하는 대중경제체제를 구축해야 한다는 신념을 밝히고 있다.(신동아 1969, 183) 동시에 국내 자본의 확대와 축적은 대중의 복지로 환원되어야 한다는 논리도 함께 펴고 있다. 또한

---

240) 김대중은 1990년대 이후 사회구조를 하부구조, 상부구조로 구분 하는 것에 반대하였다.

대중경제체제가 완성되려면 민주주의/민중정치의 완성이 선행 조건이라고 하였다.

김대중은 여기서 민주주의에 대한 정의를 내리되, "대중의 의사가 권력으로 구체화 되는 것이 민주주의"라고 하였다. 그리고 대중경제체제가 성공하려면, 국가권력의 민주화가 필요불가결 조건이라고 하였다.(신동아 1969, 181下) 그래서 김대중은 민주주의 국가는 "국가가 대중의 의사를 반영하고, 대중에 대한 책임을 지는 정치체제"를 갖는 조직이라고, 나름대로 정의를 내리고 있다.(신동아 1969, 181下)

이렇게 1955년부터 싹터 나온 '대중의 참여와 평등' 이라는 김대중의 민중/민인 중심의 경제사상은 1960년 말엽에 대중경제론으로 구체화 된다. 그리고 1970년대에 대중경제론은 대한민국 정치마당에 큰 관심거리가 된다. 대중경제론은 다시 1980년대 '대중참여경제론'으로 보완되고, 이를 바탕으로, 1990년대 이후는 시대변화에 대응하는 '대중적 시장경제론'(병행발전론)으로 당면 현실에 맞게 사상적 전이轉移를 하게 된다. 이러한 경제사상의 전이는 마치 일제병탄기, 신채호의 민족주의 사상이 시대의 필요에 따라, 1900년대 사회진화론적 민족주의, 1910년대 민본주의론적 민족주의, 1920년대 이후, 민족적 아나키즘으로 그의 투쟁사상이 전이되어 가는 이치와 같다.

시대사조의 변이變移에 따르지 못하는 사상은 죽은 철학이 될 수도 있다. 철학은 변하지 않는 진리를 말한다. 철학의 본질은 변하지 않아도 '철학'을 기본 골조로 한 '사상'은 현실 상황에 따라 변이가 가능해진다. 곧 철학은 본질이고 사상은 실용이기 때문이다. 군사용어를 빌려 설명하면 철학은 전략이지만, 사상은 전술이다. 전략은 변하지 않을 수 있지만, 전술은 상황에 따라, 현실에 맞게 변용變容이 될 수 있다. 따라서 김대중의 기본적 경제철학인 대중경제론은 변하지 않는다. 다만 시대와 현실의 변화에 적응하면서 실용주의적으로 현실 상황에 맞게 전술적 변화를 보였을 뿐이다. 일부에서 이러한 '실용주의적 대중경제론'을 자본주의 중심부에 있는 선진국에 영원히 예속되는 구조적 종속이론(주변부 자본주의)으로 보는 것도 억지라고 생각한다.

김대중 경제사상의 '사상적 변이' 과정을 보았을 때, 마르크스 경제철학과 조선민주주의인민공화국의 '자립적 민족경제론'에서 영향을 받은 박현채의 민족경제론을 복사複寫했다는 주장은 지나친 말이 아닌가 하는 생각이다. 김대중이 경제 사상적 동지로써 경제학자인 박현채와 경제사상 부분에서 교감은 있었다고 볼 수는 있다. 교감은 복사가 아니다. 따라서 전적으로 박현채 경제철학인 '민족경제론'의 영향을 받아 김대중의 경제철학이 성립되었다는 주장은 납득 하기 어렵다. 학문은 늘 교감하기 마련이다. 일제강점기 만주 등지 지역으로 망명한 신채호가 1910년대 20년대 그의 글과 작품들은 중국의 량치차오(梁啓超, 1873.~1929.)의《음빙실문집飮氷室文集》과 거의 같은 제목과 글을 쓰지만, 신채호의 글은 결코 중국적이 아니었고 한국적이었다. 마찬가지로 김대중의 대중경제론도 박현채와 교감을 가지면서 김대중 자신의 독창적인 경제철학을 낳았다고 말할 수 있다.

여기서 잠시 생각해 볼 일은, 항간에서 김대중을 폄하 하려는 사람들이 '대중경제론'의 실제 저자를 집요하게 따지고 들어가면서 김대중의 경제사상에 대한 의문을 지속적으로 제기해 오고 있다. 그러나 이런 쪼잔한 주장은 오히려 당시 숨 막히는 반공산주의 독재사회에서 탁월한 신개념의 경제사상인 '대중경제론'을 깎아내리려는 불순한 의도가 다분히 깔려 있다고 본다. 이들 불순한 의도를 가지고 있는 학자들은 친일/친미적 '식민지근대화론/식민지 수혜론'을 주장하는 학자들이라는 것은 앞에서도 말한 바 있다.

여기서 잠시 식민지근대화론植民地近代化論/식민지수혜론植民地受惠論과 '내재적 발전론' 內在的發展論/근대맹아론近代萌芽論에 대하여 생각해보는 시간을 가져보자. 식민지근대화론은 한국이 일제에 의한 식민지가 있었기에 자본주의적 경제발전이 왔다는 주장이다. 다시 말하면, 식민수혜론은 일제 식민지시기에 일제가 놓은 경제적 토대, 곧 인적(친일세력) 물적(수탈적) 자원이 분단 해방 이후, 대한민국 경제 건설의 바탕이 되었다는 주장이다. 이는 내재적 발전론(근대맹아론)과는 정반대되는 주장이다. 내재적 발전론은 우리 민족이 역사적으로 그 내부에 근대주의적 경향과 사회구성체론적(social formation) 경향이 병존하면서 작은 우연적 필연의 조각들이 모여 우리 민족 근대화의 원동력이라는 물결을 만들어냈다는 이론이다.

유럽에서 말하는 근대의 조건 중 하나가 자본주의다. 내재적 발전론은 조선 후기에 신분사회 변동과 함께 자본주의 맹아가 여러 분야에서 나타나고 있었다는 주장이다. 일제강점기 백남운白南雲(1895~1979)이 《조선사회경제사朝鮮社會經濟史》(1933), 《조선봉건사회경제사朝鮮封建社會經濟史》(1937)를 통해 그 단초를 열었다. 이후 전석담全錫淡(1913~1982)은 《이조사회경제사李朝社會經濟史》(1946)에서 조선 후기 사회경제사를 연구를 통하여 자본주의적 관계 형성을 고찰하였다. 분단해방 이후, 1960~70년대 연세대의 김용섭金容燮(1931~2020)은 경영형 부농론經營型富農論을 통하여, 조선 후기 농업 분야에서의 자본주의 맹아론을 주장하였다.《조선후기농업사연구朝鮮後期農業史研究Ⅰ,Ⅱ》(일조각, 1971) 또 사회경제사를 연구한 고려대의 강진철姜晉哲(1917~1991)도 식민지근대화론을 반대하였다. 역시 고려대의 강만길姜萬吉(1933~2023.)도《조선후기 상업자본의 발달》(1973)이라는 책에서 조선 후기에 나타나는 상업자본의 발달을 강조하였다. 이후 일련의 민족주의 역사학자들이 조선 후기 '자본주의 맹아론', 곧 내재적 발전론을 내세우게 되었다.[241] 휴전선 이북의 사학계/경제학계도 식민지수혜론을 격하게 반대하고 있다.

그러자, 한국의 경제학/경제사 분야 학자들이 일본 '도요타 재단'의 연구비 지원을 받아(1987.10) 내재적 발전론과 식민지수탈론을 부정하는 학술발표(한국의 경제발전에 관한 역사적 연구)를 하게 된다. 서울대학교의 경제학을 전공하는 안병직이 내재적 발전론을 부정하는 논문을 발표하게 된다.(《월간 사회평론/종군위안부와 근로정신대를 구별해야》(1992) 그리고 그의 제자 이영훈이 대안교과서《한국 근현대사》에 참여하여, 식민지수혜론에 입각하여 한국 역사를 왜곡해 나갔다. 뒤를 이어 안병직의 제자인 동국대학교 김낙년의〈日本の植民地投資と朝鮮經濟の展開〉일본의 식민투자와 조선경제의 전개(토쿄대학교 대학원 박사학위 논문, 1993)라는 학위논문이 나오면서 식민지근대화론과 내재적 발전론이 격하게 논쟁을 하게 된다. 오늘날 식민지근대화를 이끌고 있는 산실이 낙성대경제연구소다.

이와 같이, 친일/친미적 식민지근대화론자들은 한국이 일제의 식민지로 있었던 덕분/은혜로 우리 땅에 자본주의적 인적/물적 자원의 토대가 마련되었다고 주장한다. 그 중 인적 자원인 박정희와 더불어 일제 만주국 출신이 한국에 자본주의적 경제성장을 이룩하였다고 주장한다.

한편, 박정희의 조국근대화론과 김대중의 대중경제론/병행발전론을 비교하면서, 박정희의 조국근대화론은 성공했지만, 김대중의 대중경제론은 스스로 포기되면서 실패한 경제이론이라고 주장하는 사람도 있다. 그러나 이는 졸렬한 비교 태도다. 조국근대화론과 대중경제론은 경제철학/사상 면에서

---

241) 내재적 발전론의 대표적인 학자는 서울대 사학의 비주류인 김용섭, 신용하, 이만열, 그리고 '고대사학'의 강만길. 강진철, 연세사학의 왕현종, 최윤오, 백영서, 인하사학의 한영국, 이영호, 충남사학의 허수열, 김인호 등이 있다.

비교가치가 되지 않는 경제논리를 가지고 있다. 조국근대화론은 소강주의 경제사상에 속하고, 대중경제론은 대동주의 경제사상에 속하기 때문이다. 소강주의와 대동주의는 비교가치가 되지를 않는다. 대동주의 경제사상은 공동행복론에 바탕을 둔 균산적 경제사상이지만, 소강주의 조국근대론은 부유층의 부만을 증진시키고자 하는 데 목적을 둔 비非균산적 부익부, 빈익빈의 경제사상이다. 조국근대화의 경제주체는 엘리트 지배권력과 자본 권력이었지만, 대중경제론의 경제주체는 포괄적 의미의 노동대중이라 일컬어지는 민중이다. 이 민중이 바로 민중정치/민주주의와 민중경제의 주체다. 그래서 김대중은 자신의 경제철학을 대중경제에 바탕을 둔 "민주주의와 경제발전의 병행발전"이라고 하였다. 곧 김대중의 대중경제론은 병행발전론으로 계승이 되었다. 김대중의 대중경제론, 대중참여경제론, 병행발전론은 성공이다 아니다의 차원이 아니다. 그 동안 타락한 한국의 특권적 파쇼경제체제로 나타난 불평등의 경제질서를 평등한 대중적 경제질서로 바꾸어 놓았다는 데에 역사적 의의를 부여하게 된다.

병행발전론은 대중경제론을 포기한 경제사상이 아니다. 박정희의 조국근대화론이 성공하였다는 것은 우리 사회에 부익부 빈익부 경제질서를 토착시켰다는 말과 같은 말이다. 박정희의 조국근대화/독점자본주의 정책은 우리 사회를 썩은 고름이 진동하는 사회로 만들었지만, 김대중의 대중경제정책은 우리나라를 복지사회(연금과 의료 혜택 등)와 민족 통일의 징검다리를 놓을 수 있는 보편적 가치로 만들어 놓았다. 따라서 정책의 성공이다, 실패다. 라는 인식은 '기준의 가치'에서 보아야 한다.

김대중이 대중경제론을 버리고 신자유주의 시장경제로 돌아갔다는 비판에 대해서도 이야기해 보자. 역사는 시대의 비상사태에 대처해야 할 '필연적 필요'에 의하여 자기의 궤도를 수정하지 않을 수 없는 경우가 생긴다. 예를 들어보자. 한국의 고대 역사에서 부여夫餘의 4대 왕 금와金蛙 때 일이다. 부여 왕실의 적통 혈통(대소帶素)과 전입되어 온 유입 혈통(주몽朱蒙) 사이에 왕위쟁탈전이 있었다. 적통 혈통에게 왕위계승권을 빼앗긴(필연적) 주몽은 살아남기 위해(필요성) 부여에서 탈출해 나와 졸본성으로 가서 고구려高句麗를 건립한다.(기원전 1세기) 필연적 필요에 의한 나라의 건국이었다.

주몽은 졸본성으로 와서 지지 기반 확보를 위하여 그곳의 여인 소서노召西奴를 두 번째 부인으로 맞이한다. 졸본부여의 권력자 연타발(延陀勃, ?~?)의 딸 소서노에게는 전 남편(우태優台, ?~?)의 두 아들 비류沸流와 온조溫祚가 있었다. 고구려를 건국하고 난 후에 주몽의 첫 번째 부인 예씨芮氏가 부여 땅에서 생산한 유리琉璃를 데리고 주몽을 찾아온다. 유리는 적통 혈통이다. 그리고 비류와 온조는 유입혈통이 된다. 적통 혈통인 유리와 유입 혈통인 비류/온조 간에 왕위쟁탈전(제2대 고구려 왕)이 벌어진다. 유입 혈통이 적통 혈통에게 패한다.(필연성) 이에 유입 혈통을 이끌었던 소서노는 비류와 온조를 데리고 고구려를 떠나 한강 이남으로 내려간다. 그리고 두 아들로 하여금 미추홀(인천 소래 지역)과 백제(서울 한강 위례성 유역)를 건국하게 한다.(필요성) 곧 필연성의 결과에서 발생하는 필요에 의한 나라의 건립이었다. 이를 비판할 역사가는 아무도 없다.

또 조선의 16대 왕이었던 이종(李倧, 묘호: 인조仁祖)이 여진족 후금국後金國(=淸)의 힘에 굴복하여 남한산성으로 도피하였다가 궁여지책으로 '삼전도의 굴욕'(1637.1.30.)을 스스로 자처한다. 비굴하였지만 나라를 지키기 위해 필연적 필요에 의한 행동이었다. 청의 침입은 조선의 대중국 외교정책(친명배금親明背淸)에서 빚어지는 필연이었다. 그리고 삼전도 굴욕은 필연에서 발생하는 필요였다.

　앞에서도 이야기했지만, 김대중이 협화주의를 바탕에 깔고 이념이 다른 정파와 연합하여 협력을 꾀한 정치 행위는 '경제위기/국가부도'라는 시대상황(필연)에서 나온 선의善意의 '위대한 조화'(필요)였다. 1987년 6·10민주항쟁 기의를 기점으로 발전되어 나온 정치 민주화의 진전과 민중의 역동성은 노동의 힘과 시민사회 역량을 크게 신장시켜 놓았다. 그러나 20년 뒤(1997)까지도 박정희의 파쇼자본주의를 청산하지 못한 결과로 외환위기에 처하게 된다.(연 1977-2000, 33) 외환위기는 미국을 중심으로 하는 대자본/자산적 개인주의가 만들고 파놓은 '금융의 지구화'에 예속해 들어가지 않을 수 없었다.[242] 이는 한국경제가 신자유주의 세계 경제 조류를 이용하지 못하고 개인 독재의 힘으로 밀고 들어간 파쇼자본주의가 가져다준 필연이었다. 미국 중심의 신자유주의 경제 조류에 주체적으로 대응하지 못한 필연적 모순이었다.

　대한민국은 파쇼자본주의로 빚어진 필연(외환위기)의 극복이라는 시대적 필요에 의한 신자유주의 경제질서(병행발전론)를 받아 드릴 수밖에 없는 상황이었다. 김대중은 이러한 역사의 '필연적 필요'에 의하여 벌어지고 있는 대한민국의 현실을 외면할 수 없었다. 이에 경제사상을 전술적으로 적용하여 병행발전론을 펴나가게 된다. 병행발전론은 뚝 떨어진 게 아니라 대중경제론/대중참여경제론을 실사구시 측면에서 재해석한 정책이었다고 말할 수 있다.

　당시 한국의 경제질서는 파행으로 가고 있었다. 박정희식 파쇼자본주의 경

---

[242] 금융 지구화: 장진호,《기억과 전망/금융 지구화와 한국 민주주의》(민주화운동기념사업회,여름호 통권 28, 2013.) 185쪽.

제정책의 역기능들이 한국 사회를 아수라장으로 만들어 놓고 있었다. 소비재 산업이나 서비스업은 비정상적으로 발달하고, 사회의 기간基幹이 될 농업이나 생산재 산업은 현격하게 뒤처지고 있었다. 이런 경제 환경에서는 균형적 산업 발달은 있을 수가 없었다. 그동안 파쇼자본주의는 무분별한 도시산업의 발달을 위해 엄청난 차관借款을 도입하였다. 이 결과, 한국경제는 대외 의존성이 너무 커지고 있었다. 그리고 관료 주도의 매판적買辦的 독점자본주의의 발달로 외국자본의 이익 증대에 기여하는 경제정책이 지속되고 있었다.

이런 탓으로, 중소기업의 성장이 차단되고, 도시와 농촌지역 간, 대기업과 중소기업 간, 부유층과 빈곤층 간, 경상도와 전라도 간 빈부의 격차가 심하게 벌어지고 있었다. 이에 나라 사람들의 체념과 대중사회의 불만이 만연되고 있었다. 김대중의 "민주주의와 경제발전이라는 병행발전론"은 이러한 시대 환경(필연)과 필요에 의해 나온 변이變移된 경제사상이었다. 그러나 병행발전론의 핵심에는 대중경제론이 바탕을 이루고 있었다. 그러면 이제 김대중에 대한 변론은 여기서 그치고, 그의 경제철학인 1) 민주주의 토대를 강조한 대중경제론, 2) 국가개입의 축소와 시장경제를 강조한 대중참여경제론, 3) 민주주의와 시장경제를 병행발전을 강조한 병행발전론에 대하여 차례로 이야기해 보기로 하자. 다만 병행발전론은 별도의 장을 만들어 설명하기로 한다.

나. 김대중의 대중경제론과 대중참여경제론

위에서 살펴본 바와 같이 김대중의 경제사상은 시대변화와 함께 실사구시에 바탕한 실용주의적 전이를 거듭한다. 그것은 필요에 의한 필연이었다고 본다. 김대중은 1967년경부터 실용주의 정치관을 보이고 있었다. 그것은 국회연설집인 《분노憤怒의 메아리》(1967)이라는 책에서 "서생적 문제의식과 상인적인 현실감각"이라는 표현[243]에서도 알 수 있다. 이러한 실용주의 정치관과 실사구시적 경제관에서 경제사상의 전이가 이루어졌다고 본다. 1950~60년대 대중경제론, 1970~80년대 대중참여경제론, 1990~2000년대 병행발전론/대중적 시장경제론이 바로 그것이다. 이러한 김대중의 경제사상의 전이는 박정희의 파쇼자본주의가 나라 안의 경제적 계급 분화를 심화시켜 나가는 현실에서 이론의 심도를 더욱 강화시켜 나갔다. 이렇게 시대 상황의 변화와 함께 재해석되는 김대중의 실사구시적 경제철학을 차례로 검토해 보기로 한다.

1) 대중경제론

박정희의 권위주의 파쇼자본주의하에서는 자유시장경제를 통한 중산층의 이익증대와 전체 노동자의 권익 증대가 불가능하였다. 이에 대하여 김대중은 다음과 같이 평가하였다. "어떤 재벌도 정부로부터 미움을 받으면, 1년도 채 못 되어서 기업도 빼앗기고 재산도 빼앗기고 그야말로 거지가 된다. …… 완전히 정부와 권력 앞의 노예다."(대1, 320-321) 또 "박정희 권력은 정부가 가격결정, 여신분배, 노사관계를 포함하여 시장경제 전반을 간섭 …… 경제성장에 대한 정부의 간섭은 한국경제를 극심한 불균형 상태로 몰고 갔다. 그래서 공업과 농업, 대기업과 중소기업, 도시와 농촌의 불균형은 갈수록 심화되었다. 한마디로 농민과 노동자의 희생 위에 대기업의 특혜를 보장하는 것이 박정희 독재권력의 경제 본질이었다."라고 박정희 파쇼자본주의가 가져온 사회적 병폐였다고 평가하였다.

---

[243] 김대중,《憤怒의 메아리-金大中議員 國會演說集》(崇文閣, 1967) 311쪽 참조.

이러한 독재권력 하에서 이루진 특권경제에 대한 평가는 김대중의 실사구시적 대중경제론에 기초하고 있다. 그래서 그는 "이러한 관치 금융을 본질로 하는 경제정책은 농민에게는 저곡가를, 노동자에게는 저임금을 강요하였다. 이러한 저곡가, 저임금 정책은 중산층 형성을 어렵게 만들었다."(자1,210)라고 지적하였다. 곧 누구든지, 나라 공동체의 민중/민인의 입장에서 경제 환경을 보지 않으면 이런 해석은 나올 수 없다. 부도덕한 주류들은 이런 발전적인 지적/비판을 할 수가 없다. 사악한 자들은 자신이 왜 사악한지를 모르는 이치와 같다.

앞에서도 거듭 이야기하고 나왔지만, 박정희식 파쇼자본주의에 대한 성찰과 반성에서 나온 김대중의 경제이론은 바로 1950년대에 형성된 경제철학을 토대로 하고 1960년대 말에 대중경제의 사상을 구축하였던 '대중을 살리는 경제'라는 신념에서 나왔다고 본다. 김대중은 1970~1971년대 대통령 선거 유세에서 박정희의 특권경제에 맞서 대중경제론을 본격적으로 제기한다.(대 17, 45) 대중경제론에 담긴 경제철학은 소책자 형식의《대중경제론 100문 100답》(대중경제연구소, 1971)[244]에서 구체적으로 밝혀지고 있다. 이 책은 1971년 4월 27일 대선 직전, 박정희의 파쇼자본주의에 대하여 비판적인 지식인이었던 박현채(조선대학교 교수), 정윤형(전 홍익대학교 교수) 임동규林東奎(1939.~2020. 민족무예 경당 대표를 지냄.), 그리고 당시 김대중의 비서였던 김경광 등 네 사람이 김대중의 경제철학을 토대로 대선후보의 경제정책을 정리한 소책자이다. 이들은 온양온천의 한 여관에서 2주 동안 합숙하며 김대중의 대중경제론을 토대로 대선후보의 경제정책을 내용으로 '100문 100답' 형식으로 총정리하였다.

---

244)《後廣金大中大全集》(中心書院, 1993) 277쪽.

이 소책자에 대해서도 말이 많지만, 어쨌든 최종 결재자는 김대중이다. 마치 한글 창제의 이치와 같다. 조선의 7대 왕을 지낸 이유李瑈(1417~1468, 시호: 세조)가 왕자시절 승려(신미 등) 학자들을 데리고 한글을 창제하였지만, 최종 결제자가 4대 왕 이도李祹(1397~1450, 시호: 세종)였기에, 한글 창제=세종이라는 등식이 성립된 이치와 같다.[245] 따라서《대중경제론 100문 100답》은 당시 현실에서 이루어진 1970년대 초반, 김대중의 경제철학의 집대성이라고도 볼 수 있다. 그러나 박정희 영웅주의에 현혹되어 있던 대중들과 김대중 비판론자들은 김대중을 인정하고 싶지 않았다. 게다가 반공 제일주의 사회에서 김대중의 대중경제론은 사회주의 사상에 가깝다고 생떼를 놓았다. 대중경제론에 대한 역반응이 나타났다. 이 당시 대중경제를 뒷받침하는 경제이론서들도 나오게 된다. 박현채의《민족경제론》(1978, 판금됨), 김윤환/박현채/박찬일의《한국 노동문제의 구조》(1978), 변형윤/유인호의《한국농업문제의 인식》(1977), 유인호의 포켓북《한국경제의 실상과 허상》(1979) 등이다. 이러한 대중경제의 필요성을 역설하는 저서들을 참고하여《김대중씨의 대중경제 100문 100답》이 1984년 2월 3일 수정되어 출판된다.

이 소책자에 의하면 대중경제란, "대중에 의한, 대중을 위한, 대중의 경제체제"임을 말하고 있다. '대중에 의한' 이라는 말은 지식인/민족자본가/근로자/농민 할 것 없이 대한민국 공동체 사회 각계각층의 사람들이 경제 건설에 직접 참여하고 있다면 이들은 근로대중의 범주에 해당이 된다는 뜻이다. 그래서 이들 대중에 의한 경제행위가 '대중경제'다. 그리고 '대중을 위한' 이란 말은, 특권경제/의존경제에 의하여 발생한 산업간/기업 간 계층 간의 소득 격차를 해소하고 생산의 열매(果實)/국가 이익이 대중의 생활 향상을 위하여 공

---

245) 사재동,《훈민정음의 창제와 실용》(역락, 2014) 17~108쪽 참조.

정하게 분배되는 것을 의미한다. 그리고 '대중의 경제체제'란, 경제발전의 추진체가 자본가가 아니라 대중이어야 하고 경제이익은 대중이 가져야 한다는 뜻이다.[246]

이와 같이, 대중경제론의 핵심은 자유경제를 바탕으로 하되

1) 대중/노동자의 차별 없는 생산 공정에의 참여.

2) 노동자 지주제持株制(우리 사주제) 장려.

3) 매판적 외자도입의 배격.

4) 사회간접자본에 국가투자의 집중.

5) 농업 발전을 경제개발의 최우선 순위로 한다는 내용이다.

이러한 내용은 중산층의 육성 등을 통해 대중경제가 실현될 수 있도록 하자는 데 목적이 있었다. 이러한 목적 달성을 위하여 노동자(勞)/자본가(資)가 함께(노자勞資) 공동위(=勞使共同委員會)를 설치하여 기업의 독주를 규제한다는 실천 방안도 담고 있다.

이렇게 함으로써 계급/계층 간 균산均產 구조를 이루는 사회가 되도록 한다는 평등주의적 경제사상이 대중경제론이다. 평등주의라는 말의 뜻에는 경제적으로 열등한 대중에 대한 복지제도의 개념이 들어있다. 이렇게 대중경제라는 말은 자유민주주의 정치권, 곧 정치/경제 기득권층에서 말하는 부익부를 조장하는 자유경제라는 말과는 전혀 다른 성질을 갖는다.

김대중이 말하는 대중경제란 사회의 실질적 생산력/생산자인 노동대중의 지혜와 능력을 최대한으로 발휘케 하는 동시에 그들의 복지를 제도적으로, 그리고 사전적事前的으로 보장하는 경제시스템을 구축하자는 데 있었다. 이것은 노동대중의 권익을 영속적으로 보장/확대하는 경제시스템의 구축이었다. 곧

---

[246] 《後廣 金大中大全集》2(中心書院,1993) 279~280쪽.

근본적인 대중에 의한, 대중을 위한, 대중의 경제 구현을 통하여 대중적 민주주의/대중정치 체제를 완성하는 게 대중경제 철학이다.(신동아 1969, 181上)

한편, 대중경제는 반드시, 사전적 복지제도와 함께 가는 것이라고 하였다. 이는 대중경제의 기본이념이 노동대중의 노동력을 보상하는 복지사회의 실현에 있음을 뜻한다(신동아 1969, 181上) 그러면 복지사회는 무엇인가. 부와 소득이 특수계층으로 쏠리는 제도를 일소一掃하는 동시에 사후적事後的 소득재분배를 배척하는 것이라고 하였다. 이 말은 대중의 복지를 원천적/사전적으로 보장하는 경제체제의 완성을 의미한다. 이것이 대중경제체제다.(신동아 1969, 183下) 이후 대중경제론은 보다 구체적이고 실제적인 방향으로 다듬어서 《思想界》사상계 (1970.1월호)에 발표를 하게 된다.[247]

이에서 보면, 김대중은 먼저 1970년대 박정희가 영구 독재권력을 활착活着하려는 당시 사회환경을 정책적 측면에서 냉철하게 성찰하고 있다. 성찰의 내용을 보자. 대한민국 정치/경제 현실에 대하여

1) 정치적으로는 헌법과 대치되는 1인 1당의 장기 집권을 꾀하는 반反대중 세력이 집권하고 있다.

2) 경제적으로는, 노동자/농민, 그리고 중산층에 대한 수탈 위에 소수 독과점 특혜 재벌들을 비육肥肉케 하고 있다. 경제정책의 비중을 농촌보다 도시에 집중시켜 농촌을 만성적인 빈민굴지대로 전락시키고 있다.

3) 사회적으로는, 부정부패를 확대재생산하고, 양심 있는 자보다는 비양심적인 자가 득세하는 세상을 만들고 있다고 성찰하였다.

이어서 당시 경제환경을 보다 구체적/현실적으로 분석을 하고 있다. 당시

---

[247] 《後廣 金大中大全集》7(中心書院,1993) 63~82쪽.

특권경제/파쇼자본주의로 나타나는 경제사회는

가) 주체적 민족자본인 중소기업의 몰락.

나) 농민 경제의 전반적인 몰락과 중소 농민층의 임금노동자로 전락.

다) 중소 상인층의 저소득과 불완전취업.

라) 노동자 계층의 저임금 수준.

마) 민족 지식인들이 저열한 생활 상태에 놓여 있다고 분석하였다.

이렇게 잘못 돌아가는 현실에 대한 분루忿淚의 성찰을 마친 김대중은 현실문제를 타개하기 위한 대안으로 대중경제가 반드시 필요하다는 신념을 펴게 된다. 그러면 대중경제를 위한 한국 사회는 어떤 체제여야 하는가.

첫째, 정치체제는 대중적 민주주의 체제여야 한다. 대중적 민주주의 체제는 대중의 자유(民自)를 보호하고, 대중의 이해(民解)를 반영하며, 대중에 대하여 책임(民責)을 지는 정치체제여야 한다.

둘째, 경제체제는 대중경제여야 한다. 대중적 민중정치 체제가 실현되기 위해서는 권력에 의하여 국가이익이 특수한 계급과 집단에 치우치고(편재偏在) 있는 현실을 타파하고 대중에게 돌아가는 체제로 만들어야 한다.

셋째, 사회체제는 중산中産 안전 계층이 정치적/사회적 중심 계층이 되게 해야 한다.

이렇게 김대중은 1970년대 초부터 이미 '민주주의와 대중경제'의 병행발전을 이야기하고 있었다. 그리고 중산층이 정치와 경제, 그리고 사회의 중심 세력이 되어야 한다는 논리도 펴고 있었다. 김대중은 위와 같이 당시 박정희 독재 권력 하에서 나타나는 경제적/사회적 병리病理 현상을 성찰하면서 그의 대중경제이론을 심화시켜 나갔다. 그러면 김대중이 말하는 1970년대 심화시킨 대중경제론의 핵심 내용은 무엇인가.

첫째, 대중의 개념을 분명히 하고 있다. 프롤레타리아 정치/경제체제와 사회주의의 국가주의 경제체제는 국가공동체 구성원인 대중을 억압하는 경제체제라고 비판하였다. 따라서 대중경제는 민주주의/대중정치의 장점인 대중평등주의와 산업자본주의의 장점인 자유로운 시장경제가 결합된 경제체제라야 한다고 보았다. 이를 김대중은 한국형 혼합경제체제"라고 이름을 붙였다. 여기서 대기업이든, 중소기업이든 다 같이 자유로운 시장경제에서 이익을 취해야 한다는 현실적이고 실용적인 경제사상도 제시하고 있다. 따라서 김대중은 "중국의 신新민주주의론에서 주체라고 말하는 비주체인 인민과 마르크스의 프롤레타리아독재론에서 주체라고 불리는 비주체인 노동자와 명확히 구분"되는 실질적 주체로서 자유로운 대중개념을 설정하고 있다. 그 대중은 대한민국의 인구 구성에서 92% 이상을 차지하고 있는 보편적인 중산층이다.

둘째, 박정희의 특권 경제하에서는, 정직보다 비非정직이 실용적 처세율處世律이 되고 있다. 이 때문에 노동대중과 중소시민 계층이 국가이익의 배당에서 소외되고 있다. 이의 해결은 먼저 다수인/대중의 이익이 우선시 되는 사회정의가 실현되어야 한다. 사회적 부의 양적 확대와 질적인 균등화가 이루어지는 자유주의 경쟁체제가 기본이 되는 사회여야 한다.

셋째, 박정희 특권경제/파쇼자본주의하에서는 시장경제가 권력과 자본에 의하여 통제/제한되고 있었다. 시장경제의 기능을 존중하는 바탕 위에 자유로운 대중 경제가 이루어져야 한다.

이러한 현실 인식을 바탕으로 김대중이 말하는 '대중'은 다시 한번 상기해 보면, "1) 특정 계급과 계층의 선험적 우위성과 지도성을 인정하지 않고 다양한 계층의 광범위한 연대와 동맹을 추구하는 계층/세력이 된다. 2) 이들 보편적 세력의 연합을 대중경제 실현의 담당 주체로 하고(주도세력), 3) 진보적인

민족적 지식인의 지도(지식인의 주도적 역할)"를 받는 계층이 민중이라고 하였다.(대 2, 283-296)

　이러한 대중경제가 작동하는 사회를 글쓴이는 앞글에서 대중적 민주주의/민중정치라고 이름을 붙였다. 그리고 김대중은 대중적 민주주의/민중정치가 이루어지면 참다운 "대중정치, 대중경제, 대중사회가 될 수 있다고 보았다.

　이와 함께 김대중은 "대중경제의 원칙에 의해서 노동자들의 자유로운 노동운동이 보장"(대 5, 435)되어야 한다고 강조하였다. 박정희의 파쇼자본주의가 대자본/대기업 중심으로 경제정책이 되면서,
　1) 우리 사회에 빈부의 격차가 심화 되고,
　2) 부패와 부조리가 만연하는 권위주의적 사회가 되었다.
　라고 분석/성찰하면서 대중경제를 더욱 확실한 대안으로 제시하였다.
　곧 권위주의적 엘리트 통치 집단들이 자유경제/자유민주주의라는 이름 아래 권력과 자본이 야합하여 부패와 부조리, 그리고 범죄가 만연하는 사회 풍조를 형성시켰다고 보고 이에 대한 성찰로 대중경제가 반드시 실천되어야 한다고 보았다.
　김대중은 다음과 같이 지적하였다. "권위주의하에서 기업은 기업 활동(연구와 좋은 제품 생산)으로 부를 축적하는 게 아니라 권위주의 정부로부터 이권을 얻고, 관치 금융을 통해 저리 융자를 받아서 부를 축적하는 게 일반적인 현상이었다. 이 때문에 관치 금융의 혜택을 못 받는 중소기업은 시간이 갈수록 쇠락의 길로 접어들게 된다. 그래서 정경유착의 고리를 끊고, 금융 특혜를 척결하기 위해 경제 4대 부문에 대한 대대적인 구조조정을 단행해 나가야 한다. 곧 금융, 기업, 공공, 노사 분야다." 이렇게 본다면, 김대중의 대중경제이론은, "민주주의 체제의 완성을 전제로 한 사회의 실질적인 생산력인 근로대

중의 지혜와 능력을 최대한 발휘케 하는 동시에 그들의 복지를 제도적으로 보장하는 경제시스템을 형성하는 것"이 된다(자 1, 209)

김대중이 직접 전하는 대중경제 이론을 다시 정리해 보면

첫째, 자유경제의 원리를 충실히 존중하되, 한국의 실정에 알맞게 적용시키는 경제체제다.

둘째, 대중의 참여와 협조를 바탕으로 생산을 건전하게 그리고 급속히 증대시킨다.

셋째, 종업원의 지주제와 주식의 분산을 강력히 추진하며 대중 투자의 실현을 기한다.

넷째, 노사공동위원회를 통한 관리 면에서 대중적 참여를 기한다.

다섯째, 경제의 성장은 주식배당/임금/복지사업 등 대중 분배와 직결시킨다.

여섯째, 매판적인 외자도입을 배격하고 건전한 민족자본의 육성에 주력을 한다.

일곱째, 국가의 투자는 사회간접자본의 확충과 농수산업 및 중소기업의 육성에 우선적으로 집중시킨다.

여덟째, 안전 기조의 견지, 독과점 체제의 해체, 금리와 환율의 현실화, 세제개혁 등으로 대중 수탈의 요인을 제거한다.

아홉째, 사회계층의 구성에 있어서 중산층의 육성과 확대를 기본으로 한다. …… 이렇게 되면 공산주의는 우리를 파괴하려는 기력을 잃게 된다

이렇게 대중경제론의 핵심 내용을 정리된다.[248]

끝으로 누누이 이야기해 온 바와 같이 김대중은 한국경제를 이끌어갈 중심

---

248) 김대중, 《後廣 金大中大全集/공화당 정권 10년의 失政을 통박하며》 15, 앞의 책, 32~33쪽.

세력을 중산층으로 보았다. 김대중이 말하는 중산층은 유럽에서 부르주아지를 뜻하는 중산계급과 성격상 차이가 있다. 김대중의 말하는 중산층은 부르주아지를 일컫지 않는다. 여기서 말하는 중산층은 대한민국 사회에서 당시 1%의 부유층(유산계급)에 속하지도 않고, 또한 7%의 빈곤층(무산계급)에 속하지도 않는 대한민국 인구의 92% 정도를 일컫는다. 김대중은 이러한 경제 논리를 가지고 대통령직에 오른 후, 다이아몬드형의 중심 계층인 중산층 인구를 확대하기 위하여 복지정책을 적극 추진해 나갔다. 이러한 정책의 결과로 대한민국은 김대중에 의하여 '복지국'의 기틀이 놓였다고 평가할 수 있다.

그래서 김대중은 "대중경제의 개념은 사회의 실질적인 생산력인 근로대중/중산층의 지혜와 능력을 최대한 발휘케 하는 동시에 그들의 복지를 제도적으로 보장하는 경제시스템을 형성하는 것"(자 1, 209) 이라고 말한다. 이를 결론적으로 요약하면, "대중경제 노선은 경제성장과 소득의 공정분배, 물가안정이라는 세 가지 과제의 합리적인 조정을 통해 '경제민주화'를 이룬다는 구상이다. 대중이 참여하는 경제란, 결국 민주주의+대중경제의 실현을 뜻한다."(자 1, 210) 라고 정의할 수 있다.

2) 김대중의 대중참여경제론

김대중은 1950년대 이승만의 매판자본과 원조경제로, 민족자본의 형성이 요원하고, 대중들이 희망을 잃고 실의에 빠져 있을 때, 대중경제론의 씨앗을 뿌렸다. 그리고 1969년 박정희의 특권경제 의한 파쇼자본주의(냉전형 개발독재 노선이라고도 한다.)[249]로 빈부의 격차가 심화되고 있을 때 대중경제론이라는 경제철학을 본격적으로 제시하게 된다. 이렇게 대중경제론은 우리 경

---

249) 이병천,《경제와 사회/개발국가론 딛고 넘어서기》봄호, 2003, 99~124쪽.

제와 사회가 파행으로 내달리고 있을 때 진보적/현실적 대안으로 나온 경제이론/경제사상이다. 그러나 1970년대 '대중경제론'으로는 당시 박정희의 파쇼자본주의에 대항하기는 힘겨웠다. 그러던 차, 박정희 유신총통이라는 악마의 혼이 김재규가 쏘는 총소리에 놀라 혼비백산하게 된다.(1979. 10. 26.)

박정희는 유신체제를 만들어 스스로 총통이 되려고 하였던 까닭으로 김대중은 이를 '유신총통'이라고 이름을 붙였다. 도덕적 양심 세력인 민주화 세력들은 박정희의 죽음으로 이제 이 나라에 희망이 생겼다고 보았다. 그런데 불행하게도 박정희의 파쇼자본주의는 전두환 살인독재에게 옮겨갔다. 그리고 이승만이 조봉암을 사법살인 하였듯이 전두환은 김대중을 사법살인 하기 위해 준비를 했다. 대법원에서 사형선고를 내렸다. 다행히 세계 여러 나라의 정치지도자들의 '구명 압력'으로 구사일생으로 살아났다. 김대중은 미국으로 망명을 하게 된다.(1982.12) 미국에 체류를 하면서 미국의 자유시장경제를 목격한다. 김대중은 나름의 시장경제에 대한 새로운 인식을 하게 된다. 여기서 나온 경제사상이 1980년대 펴낸 '대중참여경제론'이다.

김대중의 말을 직접 들어보자. "나는 1983년부터 1984년까지 1년 동안 하버드 대학교 〈국제문제연구소〉에서 초청연구원(Visiting Fellow)으로 연구 생활을 한 바 있다. 여기서 1971년에 발표된《대중경제론 100문 100답》을 토대로 대중경제론(Mass Participatory Economy)이라는 논문을 썼다. 이 논문을 하버드대학교 측에서 〈Mass-Participatory Economy-A Democratic Alternative for Korea〉(참여경제-한국을 위한 민주적 대안) 제목으로 출판을 하였다. 이 책을 증보하여 펴낸 책이《대중참여경제론》(1986, 청사)이라는 책이다.[250] 이

---

[250] 개정 중보판이 1992년 10월에 다시 나오고 1997년 다시 출판되어 나온다.(김대중,《대중참여경제론》, 산하, 1997, 서문)

책은 당시 뉴저지주 경제연구소에 근무하던 유종근柳鍾根(1944~)[251] 경제학 박사의 도움을 받았다"라고 밝히고 있다.[252] 대중참여경제론은 1970년대 대중경제론에서 진일보한 내용을 담고 있다. 이제 대중참여경제론에서 나타나고 있는 경제사상을 1960년대 대중경제론과 비교하면서 검토해 보기로 하자.[253]

김대중은 박정희의 권위주의 경제 정책을 다음과 같이 비평하였다. "한국은 진정한 기업인이 존재할 수 없었다. 그것은 정경 유착과 관치 금융이라는 권위주의 경제시스템의 가동" 때문이라고 평가하였다.(자, 1-211) 당시 한국의 박정희식 유가자본주의는 수출위주형 경제 구조를 가지고 있기 때문에 대외의존도가 너무 커서 세계 글로벌/신자유주의 경제 질서 속에서는 필연적으로 위험성에 노출될 수밖에 없었다. 신자본주의 경제 구조 속에서 한국경제의 성장잠재력이 떨어지고 장기적 경제 불황에 허덕이는 것은, 바로 박정희식 유가자본주의/파쇼자본주의가 가져다준 폐해 중의 폐해였다고 지적하였다.(대 1, 319)

박정희의 파쇼자본주의 경제체제에서 작은 모순들이 쌓이고 쌓이면서 필연적 역기능이 현실에서 나타나고 있었다. 김대중도 일찍이 이것을 보고 지적하였다. 그러나 박정희와 그 외양간지기 엘리트 권력들은 김대중의 말에 귀를 기울이지 않았다. 우리 사회 하부구조를 이루는 경제구조의 단추가 처음부터 잘못 끼워지면서 상부구조를 이루는 정치/사회/문화 또한, 사회적 부

---

[251] 유종근: 1995~2002년에 걸쳐 전라북도 도지사를 지냄.
[252] 《後廣 金大中大全集》 2 15~16쪽.
[253] 대중참여경제론이 주창되는 배경은 정진백 편, 《金大中年代記1981-1983》 2, 같은 책, 715~724쪽의 내용을 참조하였음.

조리와 비도덕적/비윤리적 사회악의 부패 고리에 끼이는 악순환이 소용돌이 칠 수밖에 없었다. 악순환은 부정 축재의 만연, 빈부 격차의 심화, 매판자본의 집중, 부패 자본과 부패 권력의 유착, 개혁/발전 세력에 대한 정서적 억압, 친미/친일 편향적 외교정책, 양극단의 정국 조성 등이다. 이러한 파쇼자본주의로 나타나는 부정적인 악순환은 인간성을 상실케 하고, 물질만능주의 사회, 극단적 이기주의와 경쟁제일주의 만연 등 민중들의 정신 구조를 황폐하게 만들어 놓았다.

김대중은 매우 슬펐다. 박정희의 파쇼자본주의 때문에 서민/중산층이 고통을 받는 사회가 되었다고 보았기 때문이다. 여기서 김대중이 대안으로 내놓은 경제 질서는 대중이 경제의 주체가 되는 경제체제, 곧 '대중참여경제론'이다. '대중참여경제론'은 국가권력의 개입을 최소화하면서 대중/민인이 시장경제에 적극적으로 참여하는 경제이론으로 탈바꿈하였다고 볼 수 있다. 대중참여경제를 유럽식의 시민참여경제와 같은 등식으로 볼 필요는 없다. 김대중의 대중참여경제론에서 대중과 유럽식 시민참여경제에서 시민은 성격상 비교하기 어려운 면이 있기 때문이다. 대중은 모든 노동에 참여하는 근로자를 말하지만, 유럽의 시민은 자본을 가진 부르주아지를 뜻하기 때문이다.

김대중은 1980년대 한국사회의 경제질서에 대하여, 박정희의 파쇼자본주의의 핵심인 관치금융을 전두환, 노태우로 이어져 온 '유신형 경제제도'라고 이름을 붙였다.(대 2, 63-69) 김대중은 1980년대 한국 사회의 경제 형태를 "유신형 경제제도에서 새로운 발전 단계로 들어서고 있다고 판단하였다. 곧 한국경제가 '노동집약성 성장' 단계에 집입했다."는 진단이다. 그것은 노동생산성의 제고에 따른 제품 생산이 경제성장의 가능성을 가져오고 있었다는 판단에서 나왔다. 이러한 경제 상황의 변화에 맞추어 김대중의 전략적 경제사상을 바탕으로 전술적 변화를 보인 경제이론이 대중참여경제론이다.

김대중은 '노동집약적 성장' 단계에서 우리가 취할 경제 조치로, 노동자의 자발성과 창의성 그리고 기능 축적이 필수적이라고 하였다. 노동자의 자발성/창의성/기능 축적을 위해서는 새로운 노사관계와 새로운 노동 정책의 정립이 필요하다는 생각을 가지게 된다.(연대 1984-1985, 61) 바로 이러한 조치들이 사회적 형평성을 제고시켜 준다고 보았기 때문이다.(대 2, 48-51) 김대중의 경제철학은 대한민국이 외환 위기를 겪고 있는 기간 중에, 실천에 옮기게 된다. 바로 〈노사정위원회의〉의 설치다.(1998. 1. 15.)

이렇듯 '대중참여경제론'에서는 대중의 경제 참여를 크게 강조하였다. 대중참여경제론은 자본주의 경제 질서 안에서 자립적인 민중경제를 지향하였다고 볼 수 있다. 자립적 민중경제는 〈노사정위원회의〉처럼 각 이해 집단 간 소통과 협화를 통한 평등한 경제발전이라는 '경제평등론'/'경제균형론'의 논리를 가지고 있다. 따라서 김대중은 박정희/전두환 독재의 특권 경제하에서는 경제적/사회적/정치적 의사결정 과정에서 모든 계층/집단의 참여가 제한, 통제되었다고 꼬집어 말한다. 이러한 모든 근로자 대중의 참여가 제한/통제된 사회는 보편적 경제발전이 이루어질 수 없다고 강조하였다.

여기서 김대중은 '경제성장'에 대한 개념을 다음과 같이 정의 내렸다. "경제 제반 부문 간, 지역 간, 계층 간 균형발전이 없다면 그것은 경제성장으로 볼 수 없다." 따라서 경제의 균형발전은, "기업가, 노동자, 농민, 소비자 등의 모든 집단(대중)이 민주 정부하에서 정부의 경제적 의사결정과정에 충분한 참여가 보장되어야 한다. 이것만이 영속성 있는 경제발전을 이룰 수 있다." 이와 같이 "각종 경제민주화 조치를 취하여, 보다 많은 대중이 경제 활동에서 균등한 기회를 보장받도록 하여야 '경제의 건강'을 회복할 수 있다."(대 2, 109)라는 그의 주장을 담은 것이 바로 대중참여경제론의 핵심이론이다. 그 실천으로 보인 것이 〈노사정위원회〉이다.

1960~70년대 민중경제론/대중경제론과 1980년대 〈대중참여경제론〉을 비교해 보았을 때, 대중참여경제론에서는 '대중참여를 강조'하는 것 외에 다음과 같은 특징들을 보이고 있다.
 1) 박정희 독재를 지나 전두환과 노태우 반란 정권으로 이어지는 경제체제를 '유신형 경제제도'라고 본 점.
 2) 다양한 근로대중 계층이 국가의 의사결정 과정에 참여해야 한다는 점.
 3) 시장주의적 관점을 크게 부각 시켰다는 점.
 4) 대중경제론에서 보이고 있는 노동자와 자본가가 함께 참여하는 노자공동위원회勞資共同委員會 내용이 빠지고 대신에 '협력적 노사관계'를 강조한 점.
 5) 대중경제론에서는 경제효율성 측면에서 과도기적 경제체제로 국영기업의 창설을 주장했지만, 대중참여경제론에서는 "관 주도형 경제정책으로부터 민간 주도형 정책으로의 전면적 전환"을 주장한 점 등에서 대중경제론과 이론상 차이를 보이고 있다.
 이것은 그동안 파쇼자본주의하에서 억눌려 왔던 노동자계급의 부상과 함께 노동자의 권익 보장이라는 시대 환경의 변화에 따른 경제사상의 인식변화라고 할 수 있다. 곧 자본가/기업은 경영에 책임을 지고, 노동자와 노동조합은 노동에 책임을 짐으로써 노사가 공동으로 나라의 경제발전에 기여해야 한다는 논리를 편 것이 '대중참여경제론'에서 부각되는 부분이다. 또, 대중참여경제론은 대중경제론에서 보이지 않던 진일보한 내용이 또 있다. '민주주의와 자유시장경제(물질적 풍요와 분배)'를 동전의 양면과 같다고 본 점이다.(연대 1984-1985, 62) 김대중이 말하는 민주주의, 곧 민중정치 체제가 성장할수록 경제활동 면에서 국가권력의 간섭은 최대로 배제되면서 기업과 개인 그리고 집단의 자유의지는 최대로 반영될 수 있다고 보았다. 국가권력의 간섭/배제는 박정희의 특권경제에 대한 비판에서 나온 주장이지만, 유럽의 부르주아지들이 주장하는 자유주의 시장경제 이론과는 차이가 있다. 이 점이 민족경제론자들로부터 대중참여경제론은 민족경제에서 벗어난 이론이라는 비판을 받는 점이다.

김대중은 부르주아지만의 자유시장경제가 아닌 모든 근로대중이 다 함께 참여하는 시장경제를 주장하였다. 따라서 대중참여경제론에서는 나라 구성원 모두의 다양한 계층이 참여하는 '시장기능에의 의존'을 경제정책의 기본으로 삼았다고 볼 수 있다. 여기서 발전되어 나온 김대중의 경제철학이 '민주주의와 시장경제의 병행발전론', 곧 '대중적 시장경제론'이다. 이후 1990년 말에는 그의 1970년 대중경제론과 1980년대 대중참여경제론을 토대로 15대 대통령에 출마하는 시점에서 《대중참여경제론》(산하)이 수정 보완하게 되어 출판되어 나온다.(1997. 3. 25.)

다. 김대중의 대중적 시장경제론

1990년대에 들어와서도 유가자본주의 경제체제가 여전히 돌아가고 있었다. 이 때문에 금융 특혜/금융자본주의로 이어지는 정경유착과 이로부터 파생되는 부패와 비리의 발생이라는 악순환이 똬리처럼 꿰면서 계속하여 일어나고 있었다. 이의 영향으로 사회 전체의 붕괴를 초래할 우려가 있다는 진단도 나왔다. 그래서 일각에서는 빠른 시일 안에 유럽식 합리적 자본주의를 수용하자는 주장을 제기하기도 하였다. 이렇게 사회불안을 알리는 예고는 1990

년대 후반기에도 끊이지 않고 대중들을 불안하게 만들었다. 이러한 우려는 끝내 외환위기를 만나 국제통화기금의 감독을 받게 된다.

김대중은, 우리의 경제를 이렇게 수직으로 추락시킨 원인이 권위주의적 관치금융에 있었다고 진단하였다. "외환위기는 정경유착, 관치금융에서 비롯되었다. 대부분 기업은 양적 성장의 관행으로 빚을 내어 덩치만 키웠다. 이른바 대마불사(大馬不死: 큰 자본/기업은 망하지 않는다)의 환상에서 벗어나지 못하고 있었다. 특혜 대출을 둘러싼 부정부패가 끊이지 않았다. 재벌은 과잉/중복투자, 재벌총수의 기호에 의해 투자되었다. 금융기관의 자금을 내 돈처럼 끌어 쓰고 실패하면 정부가 그 부실을 떠안았다. 경쟁력을 잃고 금융기관은 부실해졌다.", "외환위기는 성장에만 매달려 온 '박정희식 발전모델'의 종말을 가져왔다."라고 파쇼자본주의의 폐단을 진단하면서 통분하였다.(자 2, 22)

이러한 진단과 함께 김대중은 다시 자신의 경제관을 피력하였다. "우리나라 경제체제를 현 관권 경제로부터 진정한 자유경제로 돌려야 한다. 자유경제는 기업인만의 자유경제가 아니라 소비자도 자유가 있어야 하고, 중소기업도 자유가 있어야 하고, 노동자/농민도 자유가 있어야 한다. 소수 재벌을 위한 경제로부터 국민경제로, 경제정책이 전면으로 바뀌는 것이 경제문제를 해결하는 유일한 길이다."라고 자신의 경제철학에 대한 원칙과 신념을 확고히 하였다. 이러한 신념에서 1990년대 후반기에 나온 김대중의 "민주주의와 시장경제"의 병행발전론이다.

1) 외환위기와 병행발전론

박정희식 권위주의 지배 집단에 의한 위로부터의 산업화모델에서 나타나는 부정적 영향은 김대중에게 지배 집단의 독재 권력에 반대하는 민주주의의 확립을, 그리고 정경유착의 관치금융에 반대하는 시장경제론을 주장하는 배경을 만들어주었다. 앞에서도 누누이 이야기하였듯이 김대중은 권좌에 취임할 당시 한국경제 위기의 근본 원인을 "시장경제와 민주주의가 함께 공존하면서 발전하지 못한" 데서 찾았다.

김대중은 박정희 파쇼권력이 시장경제에 노골적으로 개입함으로써 한국사회에 자유로운 시장경제 형성을 방해하였다고 분석하였다. 파쇼권력이 자유로운 시장경제의 원리를 무시하고 관치 금융에 의한 정경 유착이라는 고리를 만들어 '자본 권력'을 형성토록 만들었다고 강하게 비판하였다. 곧, 자본권력/파쇼자본주의 때문에 한국경제의 투명성과 건전성이 무너졌다고 보는 경제적 판단이다. 이러한 판단과 인식에서 나온 경제사상이 대중경제화(경제민주화) 논리다. 대중경제화론/대중사회화론이 '대중참여경제론'의 핵심 논리다. 대중참여의 경제성장, 대중에게 골고루 돌아가게 하는 소득의 공정분배, 대중의 가계경제를 돕는 물가안정, 이 세 가지의 합리적 조정을 경제민주화/민중적 경제체제화라고 하였다.(자 1, 210) 공정분배라는 말은 국민의 도덕적 권리/자격을 말한다.

1990년대 말 김대중은 대통령 선거를 치르면서 파쇼자본주의 대안으로 나온 대중경제론/대중참여경제론을 현실정치에 적용할 수 있는 실사구시에 입각한 경제정책으로 전환을 한다. 곧 "민주주의와 경제발전의 병행발전론"이다. 이것이 사실상 '대중적 시장경제론'이다. 김대중은 대중참여경제론에서 일찍이 "민주주의(자유와 인권의 신장)와 자유시장경제(물질적 풍요와 분배)'를 동전의 양면과 같다."고 본 현실 분석을 바탕으로, 1990년대 자신의 경제철학을 확고하게 자리매김하였다고 볼 수 있다. 따라서 김대중의 경제사상은 시대 변화와 함께 전이하였지만, 자신의 처음 발표한 '대중경제론'을 변함없이 밑바탕으로 깔고 있었다. 김대중은 "박정희는 경제주체가 누가 되어야 하는가와 경제분배에 대하여는 관심도 없었다. 오로지 수출 증대, 경제성장 에만 몰두하였다."(자 1, 210, 글쓴이 주해) 라고 강하게 비판을 하였다.

그래서 김대중은 외환위기를 "노동자와 중소기업의 희생 위에 지어진 정경유착의 부실 건물의 붕괴"로 표현하였다. 그리고 경제의 붕괴를 정치 태도/양태에서 찾았다. "우리가 제대로 된 민주주의를 하지 않았기 때문에 예고된 재앙이었다. 정경유착과 관치금융만 없었더라도, 대형의 부정부패가 없었을 것이고, 시장경제와 민주주의가 함께 갔더라도 외환 위기는 없었을 것이다. 동구권 사회주의의 멸망도 사회주의 경제를 하면서 민주주의를 했더라면 망하지 않았을 것으로 본다."(자 2, 22)라고 분석하였다. 이 말은 상당히 의미심장한 견해로 1980년대 이후로 나타나는 김대중의 정치철학과 경제철학의 핵심이 되었다고 볼 수 있다. 이렇게 김대중은 '민주주의와 경제발전'을 연결한 바탕 위에 '대중적 시장경제론'을 내놓게 된다. 김대중은 이러한 자신의 경제사상에 대한 인식변화를 책으로 내게 된다. 《김대중의 21세기 시민경제 이야기: 우리 경제 어떻게 살릴 것인가》(산하, 1997)이다.

김대중은 외환 위기에 대처하여 철저하게 경제정책에서 정치 논리(경제에 압력을 가하는 금융자본주의)를 배제하겠다고 강조하였다. 그것은 박정희의 관권과 금융이 지배하는 경제를 뿌리 뽑겠다는 뜻이다. 미국 중심의 국제통화기금(IMF)은 대한민국의 경제구조를 신자유주의 경제구조로 변환할 것을 강요해 들어왔다. 김대중은 이러한 IMF의 요구에 적절히 대응하면서 자신의 경제철학인 대중경제론을 기저에 두고 경제정책을 펴나갔다. 그리하여 국가부도의 위기 속에서, IMF의 요구대로, 공기업의 민영화, 노동의 유연화, 빅딜(정부의 기업 구조조정), 4대 사회보험제도 등을 정비해 나갔다. 그와 동시에 대중을 위한 〈국민기초생활보장법〉의 제정, '생산적 복지' 정책을 꾸준히 추진시켜 나갔다. 노사정위원회 출범, 공공근로사업 등의 추진이 그것이다.

이는 김대중의 대중참여경제 이론에서 밝힌 '경제성장과 민주주의를 동시에 추구'하겠다는 '참여와 균형'을 향한 의지라고 볼 수 있다. 그는 일찍이 대중경제에서 "정치적 민주화에 맞추어 경제 운영에 민주주의 원칙의 적용을 확대하고 정부의 불필요한 규제를 철폐하여 진정한 시장경제를 확립하는 것"이라는 말을 했었다. 곧, "시장 질서는 근본적으로 평화 체제이다. 시장 질서는 각 개인들이 서로 다른 자신들의 목표를 추구하도록 자유를 허용하면서 조화를 이룬다. 따라서 시장경제는 자유주의와 평화주의의 기본전제다."라는 경제철학을 비쳤다.(자 2, 14) 이렇게 김대중의 대중참여경제론은 철저하게 권력에 의한 특권경제를 부정하고 나갔다. 김대중이 자유로운 시장경제를 주장하였다고 해서 유럽식 부르주아지가 주장하는 '자유시장경제'를 뜻하지는 않는다는 것도 우리가 알 필요가 있다.

김대중은 민중적 경제체제/경제민주화를 통해 경제발전의 열매가 국민에게 골고루 돌아가게 되면 현세대와 후세대 사이에 분배가 공평히 이루어지게 된다고 보았다. 그래서 시장경제의 핵심은 창의적인 기업인 및 자유기업이 함께 시장경제가 자유롭게 돌아갈수록 있게 하는 데 있다. 그래서 국가는 시장경제가 자유롭게 돌아갈 수 있도록 감시하는 기능만 가지면 된다는 견해를 보였다. (자 1, 211) 김대중이 말하는 국가는 민주주의/민중정치를 하는 국가를 말한다. 이것이 김대중이 말하는 '민주주의(대중정치)와 시장경제(부의 분배)의 병행발전론이다.

2) 대중적 시장경제론

김대중이 대통령에 당선된 시점은 한국경제가 경제신탁상태, 곧 경제주권을 상실하면서 수직으로 추락하고 있는 상태였다.(자2,16) 김대중은 당선 직후 경제부터 챙겼다. 당시 외환보유고가 38억 7,000만 달러(1997. 12. 18. 현재)였다. 1998년 1월 만기의 외채가 들어오면 상환이 어렵다는 사실을 당시 경제부총리였던 임창열이 대통령직인수위원회에 보고하였다. 충격이었다. 국고가 비어 있었다. 국가부도의 위기에 놓여 있었다.

이에 대하여 임창열은 "정부가 환율방어에만 매달리고 외환보유고 관리를 소홀히 하고 적절하게 대응하지 못한 것이 경제가 어려워진 주요인이다."(자 2, 17)라는 말을 전했다. 이에서 김대중은 국가 경제를 투명하게 운영하고 기업의 책임성을 강화하기 위하여 '공정위원회' 설치를 통한 경제 운영을 제안하였다. 이 기구를 통해 산업의 공정거래, 소비자 보호, 근로대중을 위한 적절한 소득의 재분배 조치를 강구 해야 한다고 생각하였다.

김대중은 일찍이 '대중경제론'에서, 시장경제의 원칙은 자유로운 기업경영과 함께 노동자의 자유로운 근로활동이 보장되는 '노사합의'라고 말한 바 있다. 이렇게 되면 경제의 중심 세력은 중산층이 되고, 사회의 경제모형은 중산층이 허리를 이루는 다이아몬드형이 되어 가장 합리적이고 이상적인 사회가 될 수 있다고 보았다. 따라서 김대중에게 있어서 바람직한 경제구조는 중산층이 중심을 이루는 경제질서였다.(대 5, 420)

중산층 지대를 확산시키고 튼튼한 경제/사회구조가 되도록 하기 위해서는 중산층을 위한 부의 분배와 복지가 공평하고 확실하게 이루어져야 한다고 판단하였다. 또 김대중은 중소기업의 필요성에 대해서도 "대기업으로는 세계 경쟁에서 이기기 어렵지만, 교육 수준이 높은 한국인이 중소기업을 육성하면, 세계 경쟁에서 유리하다. 그래서 벤처기업[254] 등 중소기업[255]이 이끌어가는

---

[254] 김대중은 벤처가 역사의 필연이라고 하였다. 정진백 편,《金大中年代記1997-2000》5, 같은 책, 512~516 쪽, 참조하기 바람.
[255] 김대중은 중소기업이 경제의 뿌리라고 하였다. 이에 대해서는, 정진백 편,《金大中年代記1997-2000》 5, 같은 책, 529~532 쪽, 참조하기 바람.

경제 분야는 소재, 부품산업"(대 5, 420) 이여야 한다고 강조하였다.

이렇게 '대중적 시장경제론'의 기저에는 1950년대부터 구상해 온 김대중의 대중경제 철학이 바탕을 이루고 있었다. 때문에 '대중적 시장경제론'의 핵심 이론은 곧 '민주적 시장경제'였다. 그리고 민주적 시장경제의 본질은 자유경쟁이라고 보았다. 대기업과 중소기업이 시장에서 동등한 신분과 입장에서 자유롭게 경쟁해야 한다.(대 5, 553) 자본가와 중소기업이 자유롭게 활동하는 자유시장이 활성화되면 중산층의 기술력이 대기업의 기술력을 앞지를 수도 있다. 이렇게 되면 중소기업도 시장경제에서 살아남을 수 있다는 것이 그의 논리다.(대 5, 434) 이러한 경제 논리가 대중적 시장경제론이다. 김대중은 경제주체를 중소기업 중심에 놓고 경제정책을 실시하였다. 그 결과 오늘날 대한민국의 중소기업이 창작/제조한 제품들이 세계시장에서 그 빛을 발하고 있다.(2020년 초) 김대중의 경제정책과 철학의 예지가 빚어낸 결과이다.

김대중이 말하는 민주주의(자유와 평등)와 시장경제(풍요와 분배)의 병행발전론을 일부에서 '자유민주주의' 하의 경제이론으로 해석을 하고 있다. 이는 잘못이다. 김대중의 병행발전론은 자유민주주의로 해석을 할 수 없는 경제이론이다. 김대중의 민주주의와 시장경제 논리는 기득권을 가진 부도덕한 주류들이 말하는 자유민주주의 개념과는 크게 다르다. 김대중이 말하는 자유시장경제 논리는 이전의 권력자들이 해석하는 '자유'의 개념과 다르다. 앞에서도 말했지만, 이승만 박정희, 전두환, 노태우, 김영삼 권력 때와 지금의 윤석열 권력이 말하고 있는 자유민주주의는 "반공/용공 조작의 때"가 묻은 극보수적 용어다. 동시에 자본가/금수저 중심의 자유경쟁적 시장경제를 의미한다.

또 자유민주주의라는 말에서 민주주의는 원래 유럽의 자발적 결사체인 '시민사회'에서 말해지는 자유주의적 다원주의를 구현하는 정치 질서를 말한다. 그러나 오늘날 대한민국의 수구적 정치세력들이 말하는 민주주의는 헌법에서 말하는 "자유민주적 기본질서"를 뜻하지 않는다. 저들이 말하는 민주주의는 '반공적 민주주의'다. 이러한 잘못된 민주주의 개념은 김대중은 만나면서 바르게 자리를 잡는다. 곧 대한민국의 민주주의가 민본주의적 민주주의/민중정치를 뜻하는 개념으로 정상화된다. 김대중이 말하는 '자유적 민중정치'는 결코 반공주의를 뜻하지 않는다.

김대중이 말하는 대중적 자유경제는 대중의 인권과 자유를 중심으로 하는 민주주의/민중정치와 노동대중이 참여하는 자유경제라는 뜻이다. 김대중에 의해 진정한 '자유적 민중정치'가 열리기 전까지는 한국경제의 기업도, 시장도 관권 경제체제/박정희식 금융자본주의의 노예에 불과했었다. 그래서 김대중은 관권 통제에서 벗어난 대중적 자유로운 시장경제를 바탕으로 할 때, 대중경제를 발전시킬 수 있는 원동력이 생긴다고 인식하였다. 이것이 김대중이 말하는 "민주주의(사회적 인권신장)와 경제발전(풍요와 분배)이라는 대중적 시장경제론이 된다. 그래서 김대중은 굳건한 민주적 시민사회 건설은 대중경제의 발전을 위한 사회경제적인 토대가 된다는 정치철학을 가지고 있었다.

이제까지 반복해서 이야기해 온 것처럼, 김대중은 대한민국의 부패 정권/부패기업의 원인은 정경유착에 있었다고 인식하였다. "재벌들이 경제활동으로 돈을 버는 게 아니라, 정부하고 결탁을 해서 돈을 버는"(대 5, 551) 경제구조에서 "비리 재벌/타락 재벌"이 발생하였다고 보았다. 이렇게 김대중은 우리 사회 빈부격차의 심화 현상은 파쇼자본주의 특권경제에서 발생하는 특정 기업과 대기업에 몰리는 자본집중에서 기인하였다고 지적한 바 있다. 그리고 엘리트 지배 집단에 의한 권위주의적 자본주의는 노동조합을 무력화시켰다고 보았다. 이름만 노동조합이었지 자본주/기업주와 타협하여 자기 이익에만 충실한 귀족 노동자를 양산케 했다는 뜻이다.

그래서 김대중은 대기업/대자본 중심이 아닌, 중소기업 중심의 경제체제를 경제 정책의 기본으로 삼아야 한다는, 입장을 분명하게 가지고 있었다.(대 3, 412) 이러한 판단 아래, 4대 부문의 개혁을 추진하였다. 4대 부문의 개혁은 노동조합의 활성화, 재벌체제의 해체(기업과 금융 부문의 구조조정), 빈부격차의 해소, 중소기업의 육성 등이다. 그래서 김대중은 이제까지의 독재적/권위적 지배 집단에 의한 재벌 중심의 경제에서 형성된 독점적 시장구조를 해소하고 민주주의라는 정치구조를 바탕으로 자유경쟁에 의한 소생산자 중심의 다원적 시장경제를 지향해 나갔다.

이러한 그의 경제사상의 배경에는, 빈부격차를 해소하지 않는 한, 데모크라시는 성공할 수 없다는 평소 신념이 배어 있었다. 김대중은 대통령직에 오르면서 자신의 경제철학적 인식을 바탕으로 농어촌과 도시, 독과점 기업과 중소기업 간의 이질적인 이중구조를 단절하는 정책을 펼쳐 나갔다. 그의 경제사상이 녹아있는 경제정책의 지향점은 사회복지와 바람직한 노동정책을 추진하는 일이었다. 김대중은 국제통화기금으로부터 강요된 유럽식 자본주의의 길을 가면서도 내면의 사상은 그의 대중경제론에 바탕한 경제 개혁이었다. 이것이 전술적으로 시대의 필요에 의한 사상적 전이로 나타났다. 곧 병행발전론이라는 경제사상이다.

3) 병행발전론의 핵심이론

이제까지 본대로, 김대중은 박정희 군부독재의 관치금융을 핵심으로 하는 특권경제로 인하여 특정 기업과 대기업에 몰리는 자본집중 현상이 일어났다고 성찰하였다. 자본의 집중은 자본적/사회적 빈부 격차를 심화시킬 수밖에 없다고 지적하였다. 이러한 성찰을 바탕으로 김대중은 대기업/대자본 중심이 아닌, 중소기업 중심의 경제체제를 구상해 나갔다. 그리하여 위로부터의 자본주의, 곧 유가자본주의/파쇼자본주의 정책을 급속히 탈피하고 아래로부터의 '자유적 자본주의' 발전을 조성해 나갔다.

이러한 경제정책은 그동안 김대중이 그렇게 주장해 왔던 "성공적 민주주의=계층 간 빈부격차 해소"라는 논리에 바탕을 두고 있다. 따라서 그는 민중정치와 대중경제사상을 바탕으로 사회복지와 바람직한 노동정책들을 실천해 나갔다. 이러한 복지정책들에서 보는 바와 같이 김대중의 민중적 시장경제론은 결코 대중경제론을 배반한 경제철학이 아님을 알 수 있다. 곧 각 기업에서 자발적 결사체로 조직되는 노동조합에 대하여 법적/제도적 합법성을 부여하는 정책을 편 데서도 알 수 있다. 또 자발적 결사체로서 시민사회의 모범적 모델로 떠올랐지만, 그동안 법적 지위를 갖지 못했던 전국교직원노동조합(전교조)과 민주노총을 합법화(1999.7부터)한 데서 알 수 있다. 노동조합의 합법화는 박정희 '특권경제체제'에서는 볼 수 없었던 일이다.

김대중은 노동조합에 대한 주체성/자유를 부여하는 정책을 펴나갔다. 노동조합에 대한 합법성 부여에는 국제통화기금의 간섭도 있었지만, 노동자들에게 노동시장의 자유로운 유연성을 부여하기 위한 조치였다. 이어서 "계층 간 조화와 자유로운 유기적 통합을 통한 사회질서를 유지하기 위하여 유럽식 코포라티즘corporatism(정치적 안정과 지속적 경제성장)을 모방한 〈노사정위원회〉(2.6 협약)도 설치하여 노동조합의 대표성을 인정하고 노동자들의 권익을 도모"하였다. 이러한 조치들은 국민 전체가 다 같이 잘살게 해야 한다는 김대중의 경제사상(공동행복론)에서 비롯된다. "성장도 필요하고, 안정도 필요하지만, 분배도 이와 같은 차원에서 병행되어야 한다는 사고다. 분배 없는 성장과 안정은 아무 소용이 없다. 사상누각이다."(대 1, 320)라는 그의 말에서도 분명한 색깔은 읽어낼 수 있다.

때문에, 김대중은 노사정위원회의 설치와 이를 통한 노동자, 사용자, 정부간 '생산적인 협의'가 필요하다고 생각하였다. 생산적인 협의라는 말은, 데모크라시의 원리인 대화와 타협이라는 소통의 원리로 정책을 결정해 나가는 것을 말한다. 김대중은 박정희 독재의 파쇼자본주의에서 있었던 노동계의 일방적 희생이 아닌, 함께 가야 한다는 원칙을 가지고 있었다. 노조의 정치참여 허용, 교원노조의 합법화, 노동기본권의 대폭 확대, 〈공무원직장협의회〉의 설치(1999.1) 등은 이러한 사고에서 나올 수 있었다.

그리고 외환위기에 따른 기업과 공공부문의 구조조정으로 발생하는 실업자를 위한 '실업대책재원'을 확보하는 정책도 추진하였다. 이 결과 노사정 관련 법안이 국회에서 통과되었다.(1998.2.14.) 이러한 조치들은 중산층이 두텁게 형성되는 '항아리형 경제구조'를 만들려는 데 초점을 맞추고 있었다. 곧 중산층이 경제적/사회적 중심을 이루는 '공동체적 자유주의' 국가를 만들고자 하는 데 있었다.(자 2, 27) 이러한 김대중의 경제사상은 이미 대중경제론에서도 밝힌 바 있다.

김대중은 자본주의 경제구조를 토대로 하면서도, 자유민주주의라는 말보다 '자유적 민주주의'라는 말을 즐겨 썼듯이, 자본주의 경제라는 말보다는 '자유적 시장경제'라는 말을 즐겨 썼다. '시장경제'라는 말은, 정치체제와 무관하게 모든 나라에서 적용하고 있는 경제 질서다. 공산주의 시장경제, 사회주의 시장경제, 그리고 자본주의 시장경제 등이다. 김대중이 말하는 시장경제는 아마도 북유럽식 '복지주의 시장경제', '환경주의 시장경제'를 내면으로 생각하고 있었던 게 아니었나 하는 생각이 든다.

오늘날 대한민국의 자본주의는 타락하고 부패 된 지 오래다. 대한민국의 자본주의 경제체제는 고름이 잔뜩 낀 상처들이 썩어나가는 냄새를 곳곳에서 풍기고 있다. 오늘날 젊은이가 어른을 때리고, 누나를 죽이고, 돈 달라고 부모를 두들겨 패는 것은 파쇼자본주의/부패자본주의가 '물질적 자유주의 사회'를 만들어 놓았기 때문이다. 유치원, 어린이집에서 보모 교사들이 아이를 때려죽이고, 아이 머리채를 잡고 공중에 던지는 일은 모두 물신주의 사회에서 길이 잘못 들여진 탓이다. 물신주의에서는 인간에 대한 존중심이 없다. 자본주의 사회에서는 인간에 대한 존중심이 돈의 가치보다 앞서지 못한다. 대한민국에서 자유민주주의의 '자유'는 정치적으로 반공주의를 뜻하고, 경제적으로는 파쇼자본주의에서 잘못 길들여진 '돈의 자유'를 뜻한다. 돈의 자유에서 자유롭지 못한 가난한 사람들은 인간에 대한 존중심보다는 돈에 대한 욕망이 더 크게 일어나는 법이다. 이를 어찌 탓하겠는가. 그래서 김대중은 "소외된 사람들의 권리가 보장돼야 건강한 사회가 된다."[256]고 강조하였다. 김대중은 소외된 계층을 돕는 것은 '사회적 인권'을 해결하는 일이라고 하였다. 사회적 인권의 해결은 "시장경제와 복지가 수레의 두 바퀴처럼 서로 보완하면서 경제가 발전"(대 5, 435)할 때 찾아진다고 하였다. 복지란 분배법칙을 말한다.

4) 민중정치+시장경제+중산층= 인간행복

김대중은 시장경제의 조건으로 민주주의의 발전을 들었다. 민주주의가 발전하게 되면, 시장경제가 안정적으로 유지되며, 시장경제가 발달하면, 중산층이 생기기 마련이고, 중산층이 확대되면 이것이 되돌아 민주주의가 안정적

---

256) 정진백 편,《金大中年代記2001-2003》6, 같은 책, 167쪽.

으로 유지될 수 있다는 논리다. 곧 민주주의, 시장경제, 중산층은 삼각 다리를 형성하는 완전한 사회 유지의 원리라는 신념이다. 사회의 안정적 유지는 인간의 행복을 도달시키는 필수조건이 된다.

김대중은 다음과 같은 견해를 폈다. 부자 중심의 경제정책은 사회 부패와 경제 침체의 원인을 만들어 낼 수 있다.(대 5, 587; 대 5, 602) 돈이 부자(가진 자)들 손에 들어가면 경제의 침체가 되지만, 돈이 없는 자(비정규직, 기초생활자)에게 들어가면 나라 경제가 산다. 대중의 소비가 늘어야 상인은 장사가 잘되고, 기업의 공장이 잘 돌아가고 공장이 잘 돌아가야 물건이 잘 팔리며, 노동자의 임금도 인상된다. 노동자의 임금이 올라가면 구매력이 높아져서 '선순환 경제체제'가 되어 나라 경제는 계속 순기능을 하게 된다는 논리다. 따라서 돈이 위(부유층)로 가면 안 되고, 밑(서민층)으로 내려가야 국가 경제가 활성화된다는 경제사상을 가지고 있었다.(대 5, 647)

김대중은 민주주의와 시장경제는 마차의 두 수레바퀴가 한 축에 의하여 움직이는 이치와 같다고 하였다. 그런데도 부도덕한 권위주의 지배권력과 반민족적인 '식민지근대론'/'식민지수혜론'을 주장하는 자들은 우리나라 경제가 일제가 남겨 준 물적, 인적 기반으로 한 파쇼자본주의에 의하여 발전하였다고 내세운다. 김대중식으로 말할 때, 저들의 말처럼 경제가 발전했으면 중산층이 늘어나고 중산층이 늘어나면 대중정치가 발달해야 하는데 박정희, 전두환 때에는 중산층도 안 보이고 민주정치는 어느 구석으로 도망을 가 숨어 있었는지 보이지를 않았다. 항아리형 경제구조가 만들어지지도 않았다.

이러한 대중정치의 부재, 중산층의 불형성에 대하여 김대중은 부의 불균형 분배에서 기인한다고 보았다. 곧 파쇼 권력은 자신들이 키우는 자본과 결탁하여 권력과 부유를 지키기 위해 부의 균형 분배를 주장하는 민중세력을 탄압해 왔기 때문이다. 파쇼 권력들은 안보 논리(반공을 통한 권력의 안정)

를 최상위에 놓고 균산 정책/균산 사회를 부르짖는 민중세력들을 사상불순자로 몰아 억압을 했으니 민중정치/참 민주주의가 보일 수도 없었고, 중산층이 형성될 수도 없었다. 이런 점에서도 식민지근대화론을 주장하는 학자들의 반성을 촉구해 본다.

이와 같은, 김대중의 경제철학인 대중경제론이 1980년대 대중참여경제론을 거쳐 1990년대 말부터 '대중적 시장경제론'으로 인식의 변화와 경제사상의 전이를 보았다. 이것은 '시대의 필요'에서였다고 본다. 대한민국은 1997년 말 경제위기 직후, IMF의 구제금융으로부터 신자유주의적 경제구조를 강제당한다. 세계적인 초국적 신자유주의 경제질서가 탈脫정치를 강요해 들어왔기 때문이다. 대한민국은 일찍이 파쇼 권력에 의해 민주주의도 크게 위축되고 손상을 입고 있었다. 김대중은 기울어져 가는 배, 침몰 직전에 있는 대한민국호의 선장이 되었다. 선장이 된 김대중은 '민주주의와 시장경제'라는 병행발전론을 국정철학으로 내세웠다. 이러한 국정철학을 바탕으로 국난을 극복하였다. 침몰하는 배를 바로 일으켜 순항을 계속하였다. 후광학에서 다루어져야 할 김대중의 경제사상에서 대중경제론과 시장경제론을 잘 조화시켜 '선순환 경제체제론'으로 발전시켜야 할 것으로 본다.

4. 외교적 평화통일론

　김대중의 후광학에 들어갈 학문체계에서 빠트릴 수 없는 정치사상이 있다. 그의 평화통일론과 세계평화론이다. 김대중은 대한민국의 역대 반공적 독재권력과 달리 민족의 통일문제에 상당한 심혈을 기울였다. 이 때문에 지금 우리 사회가 평화협정을 맺지 못한 정전停戰상태에서도 안정된 남북 평화 상태를 지속시키고 있는지도 모른다.

　앞에서도 말하고 나왔지만, 우리 민족은 외세의 음모와 내부의 분단 세력에 의해 남과 북으로 갈려서 민족의 동질성이 이질화되어 가고 있다. 김대중은 같은 민족이 이질화가 되어 가는 현실을 안타까워했다. 그리하여, 우리 민족이 하나가 되게 하는 통일방안에 대하여 다음과 같이 생각하고 있었다. "민족의 통일은 반드시 민주적 통일이 아니면 안 되고, 민중에 의한 통일이 아니면 안 되며, 민족의 화해와 발전을 위한 통일이 아니어서는 안 된다."(대 1, 266) 라는 신념이다. 이러한 신념 아래 통일의 필수조건으로 민주주의(민중정치)의 발전과 정착을 들었다. 이렇게 되면, 민족의 남북이 '연방체제'를 구성할 수 있다. 곧 두 개의 독립된 공화국, 남은 자본주의 공화국, 북은 공산주의 공화국이 공존하게 된다.

　김대중은 생각하였다. 느슨한 형태의 연방체제 하에서 일단은 쌍방의 협의기구인 의회를 구성한다. 그리고 두 공화국이 국제연합에 가입하여 세계 각국과 교차 외교 관계를 맺는다. 그렇게 되면 상호 교류와 초기 단계의 통일 작업이 이루어질 수 있다. 그리고 남북의 상호 신뢰가 깊어지면 두 지역 국가는 '민족연방기구'에 점진적으로 권한을 양도하게 된다. 이것이 발전되어 '하나의 연방공화국'이 수립되고, 다시 일국一國(하나의 나라)으로서 유엔에 가입하면 된다.(대 1, 294) 이러한 구상은 곧 통일 후의 국가체제로 '연방제 중립국'을 생각했던 것으로 보인다.

이와 같이 김대중은 민족이 하나로 통일되어야 한다는 확고한 신념을 가지고 있었고 통일방안도 뚜렷하게 가지고 있었다. 그러나 여기에는 대한민국이 반드시 먼저 민주주의/민중정치를 확고히 정착시킨 다음, 북측과 대화를 추진해야 한다는 전제조건이 붙어있었다. 김대중은 굳어진 남북의 이념 체제를 일시에 무너트리고 통일방안을 논의할 수 없다는 판단 아래, 먼저 남북이 현재의 서로 다른, 이념 체제를 상호 인정한 상태에서 평화통일을 구축해야 한다고 보았다.

그것이 '낮은 단계의 통일방안'이었다. 곧,

1) 연방 체제를 만들고
2) 유엔에 동시 가입하고
3) 상호신뢰가 구축되는 순서를 밟아나간다는 논리다.

그리고 상호 신뢰가 견고해지고, 같은 민족개념이 되돌아오고, 국경이 허물어지고, 인적/물적 교류와 문화가 개방되면, 그때 '높은 단계의 통일 방안'인 명실상부한 연방제로 나간다는 내용이다. 그래서 김대중은 흡수통일, 북진통일, 승공통일, 대박통일, 붕괴통일, 무력통일, 적화통일 방식은 안 된다고 모두 부정하였다.

높은 단계의 통일 방안은, 남북의 두 이념 체제는 연방 체제에 권한을 위임하면서 연방공화국으로 간다는 논리다. 이러한 김대중의 생각이 최종으로 정리된 것이 '3단계 통일론'이다. 이를 '3단계 평화통일론'이라고도 부른다. 3단계 평화통일 방안은 우리 땅을 둘러싸고 있는 4대국의 안전보장이 없으면 불가능하다고 생각하였다. 그리하여 김대중은 남북통일 방안에 대하여 우리 땅 주변 나라들과 다원 외교를 통하여 지지支持를 얻어야 한다고 생각하였다.

이러한 김대중의 사고들을 종합하여 글쓴이는 김대중의 통일론을 '외교적 평화통일론'이라는 이름을 붙여보았다. 그러면 김대중의 평화통일론이 나오게 되는 배경과 특징을 살펴본 다음에 이어서 3단계 통일방법론, 그리고 분단해방 이후, 우리 민족의 최대 업적이 되는 〈6·15남북공동선언문〉의 역사적 의의와 햇볕정책(론) 등을 순서대로 살펴보기로 한다.

가. 평화적 민족통일의 당위성

최근에 대한민국의 젊은이들을 상대로 한, 우리 민족의 남북통일에 대한 필요성 조사를 해본 자료가 있다. 민족 분단의 시간이 길어지면 길어질수록 젊은이들은 민족의 남북통일이 '필요하다.'는 사고가 점점 줄어들고, 불필요하다는 인식이 늘어나고 있음이 여론조사(2023.11)에서 밝혀졌다.[257] 이렇게 민족통일에 대해 불필요하다는 '위험한 사고'가 늘어나고 있는 오늘날 환경에서 김대중의 '민족통일의 당위성' 논리는 매우 중요하고 필요하다는 생각이다.

김대중이 민족통일/남북통일에 심혈을 기울이게 되는 이유는 무엇인지, 그의 생각을 들어보자. (민중정치로 정권교체를 이루고 난 뒤에) "제2차 세계대전 이후 세계에서 독립한 150여 개국 가운데 민주주의와 시장경제를 제대로 확립한 나라는 우리나라뿐이다. 우리 민족은 지식정보화 시대에 가장 알맞은 민족이다. 산업화 시대는 우리가 뒤쳐져 있었지만, 지식정보화시대는 우

---

257) 민주평화통일자문회의 3분기 국민 통일여론조사(2023.11.8) 66.9%만 필요하다고 나타났다.

리가 강국이다. 그러나 조건이 있다. 민주화의 반석과 남북통일이다. 통일은 어려워도 남북의 화해와 협력으로 '평화 체제'를 구축하는 일이다. 그리하여 대륙을 잇고 해양을 연결하는 일이 급선무다. 그러기 위해서는 가장 중요한 나라는 북한이다. 민주화가 후퇴되고, 남북의 반목으로 '국운융성'의 기회를 놓치면 천추의 한을 남기게 된다. 다시 민주화와 평화체제를 파괴하는 독재와 냉전 세력들이 들어온다면 조상에게 죄송한 일이고 후손들에게 죄를 짓게 된다."(자2, 569)라고 민족 통일의 중요성과 함께 민족 통일을 등한시했을 때 우려되는 말도 내보였다. 반통일세력이 권력을 잡음으로써 김대중이 예언한 우려가 나타나고 있었다.

김대중은 우리 민족의 융성, 민족의 평화를 위하여 남북통일이 반드시 필요하다는 것을 천명하고 있다. "지금의 분단은 수 천 년 우리 역사에서 보면, 찰나에 불과하다. 언젠가는 합쳐진다. 그래서 형제의 나라, 남북은 서로 도와야 한다. 잘 사는 나라가 좀 못 사는 나라를 도와 형제애를 발휘해야 한다. 가난한 사람, 그리고 강국에게 시달리는 나라 사람들은 자존심이 강하다. 그 자존심을 건드려서는 안 된다. 역사는 잠시 반동적 시간이 있을지라도 언젠가는 되돌아간다. 결국은 올바른 방향으로 나간다. 그것은 민중의 의지로 역사가 움직이기 때문이다."(자 2, 571) 이러한 역사 인식과 통일철학에 대한 신념을 가지고 통일에 대한 구체적인 방안을 제시하였다. 여기서 말하는 강국은 우리의 평화통일 방해하고 있는 미국을 말한다.

김대중의 이러한 우려의 말은 곧바로 나타났다. 노무현이 물러나고 부도덕한 부류인 이명박/박근혜라는 통일불감증 세력이 노무현 뒤에 정권을 잡으면서 민주정의 후퇴와 함께 남북 반목이 심각해졌다. 그리고 반평화의 핵무기 경쟁에 돌입하였다. 김대중이 일으켜 놓은 남북의 화해와 협력의 분위기, 곧 평화체제 초석들이 깡그리 무너졌다. 북의 대량살상무기(핵)의 구축과 실험/발사는 강대국 미국의 북에 대한 강압적 경제제재와 대한민국의 대북 반공주의자들의 강경 발언 때문이다. 이를 엉뚱하게 호도하는 '반공 권력'과 정직한 보도조차 하지 못하는 앵무새 언론들도 문제는 문제다. '국운 융성'의 기회를 놓치고 있다.

김대중은 계속하여 민족 통일에 대한 고민을 쏟아놓는다. "남쪽 국민의 자유와 행복을 위해서는 물론이려니와, 통일을 실현하기 위해서도 통일에 대한 민족적 양심에 따라 북쪽과 대등한 교섭을 할 수 있는 실력을 갖춘 민주정권을 실현 시키는 것이 선결이다."(대 1, 98) 이렇게 통일의 선결 문제는 권위주의 권력의 종식과 민주화라고 하였다. 곧 "선민주 후통일"이 김대중이 찾아가는 민족 통일의 방법론이다. 이는 역대 권위주의 지배권력이었던 이승만, 박정희, 전두환, 이명박, 박근혜, 그리고 윤석열이 말하는 '선승공 후통일' 정책과는 정반대되는 통일 방안이다.

김대중의 "선민주, 후통일"의 통일 방안이 무엇인지 알아 본다. 김대중은 남南의 식량산업, 전자산업과 북北의 지하자원이 결합 되면, 동아시아에서 최강의 국가가 될 것이라는 사고와 인식을 갖고 있었다. 이러한 인식이 그를 평화적 남북통일을 추진케 하는 신념을 갖게 만들었다. 김대중은 민족문제와 함께 경제적 가치로도 북을 다음과 같이 평가했다. "북의 경제적 가치는 풍부한 지하자원(철, 동, 금, 마그네사이트, 텅스텐, 석탄 등)이다. 북은 우수하고 잘 훈련된 노동력 또한 풍부하다. 지금 유럽의 영, 프, 독, 스웨덴, 이탈리아 등과 중국이 북한에 적극 진출하는 것은 북의 지하자원 때문이다."(대 5, 326)라고 민족의 통일은 경제적 행복을 가져오면서 통일 민족의 융성과도 직결된다고 인식하였다. 이럼에도 역대 지배권력들은 북에 대한 봉쇄정책만 취할 줄 알았지, 북의 경제가치와 북이 가진 장점을 활용할 생각을 도무지 내지 않았다. 참으로 안타까운 일이었다. 김대중은 "북에 대하여 전쟁이나 경제적 봉쇄를 통해 한 번도 성공한 일이 없다."(대 5, 335) "우리는 베트남식 무력통일, 동서독식 흡수통일도 찬성하지 않는다."(대 5, 337)라는 신념으로, '평화적 협력을 통한 민족통일론'을 분명하게 내걸었다.(대 5, 360)

나. 4대국 평화보장론

김대중은 외교의 달인이었다. 외교만이 민족 통일에 희망을 줄 수 있다고 믿었다. 그래서 김대중은 국민에게 "국민이 모두가 외교적 감각을 가진 '외교 국민'이 돼서 우리가 태어난 불행한 지정학적 입장을 극복해 나가야" 한다고 호소하였다.(1972. 9.16., 국회연설) 김대중이 한 나라의 외교 중요성을 강조하게 된 데에는 '개인의 역사적 배경'이 깔려 있다. 그 배경을 살펴보자.

하나는, 김대중은 일제강점기에 태어나 식민지 국민의 경험을 가지고 있었다는 점이다. 그리고 6·25전쟁 당시 공산군에게 총살을 당하기 바로 직전에 탈옥한 경험도 가지고 있다. 여기서 김대중은 우리 민족의 운명이 외세에 의하여 영향을 받는다는 사실을 깊이 깨닫게 되었다.[258]

둘은, 김대중은 일찍이 1950년대에 일본의 시사잡지 등을 구입하여 읽었다. 이들 책을 통하여 국제 정세에 대한 이해를 높혀가면서 국제문제에 대한 식견의 폭을 넓혀 나갔다는 점이다.

셋은, 당시 정치권에서 두각을 발휘하고 있던 장면, 정일형鄭一亨(1904~1982) 등과 교류하면서 미국 내 정치계 인사들과 인맥을 쌓게 된다. 이를 통

---

258) 정진백 편,《金大中年代記1979-1980》1, 같은 책, 107쪽.

하여 김대중의 외교 역량이 강화되었다는 점이다.

넷은, 망명 투쟁, 특히 일본 도쿄에서 발생한 '김대중납치살해미수사건' 등을 통하여 국제적으로 한국의 민주화운동의 대표적 인사로 부각된 점이다.[259]

김대중은 이러한 개인의 역사를 통하여 외교의 중요성을 깨닫게 된다. 이를 바탕으로 외교의 원칙을 세우게 되었다.

하나는, 어떠한 외교 행위에서도 국익을 우선으로 하는 실리외교여야 한다. 우리 역사에서 실리외교는 조선조에 이혼李琿(1575.~1641, 묘호: 光海君)이 15대 왕이 되면서, 중국의 명명나라와 이를 멸망시키는 청清 나라 사이에서 실리 외교를 취하는 바람에 여진족의 침략을 막을 수 있었다. 그러나 인조반정仁祖反正(1623)으로 이종李倧(1595.~1649. 시호: 인조仁祖)이 16대 왕이 되면서 실리 외교를 폐하고 반금친명反金親明의 외교정책을 쓰면서 여진족(後金)의 침략을 초래하게 된다. 곧 병자호란이다.(1636)

한국에서 대통령 자리에 오르는 사람은 이 점에 유의해야 한다는 점을 일깨우고 싶다. 그래서 김대중은 외교에 있어서 "감정적이고 이념적 기준을 우선"으로 하는 처신을 매우 경계하였다.[260] 이러한 외교 원칙을 바탕으로 김대중은 일본과 외교를 할 때는 '반일민족주의'를 경계하였고, 북과 외교담판을 할 때는 반공산주의와 '반북국가주의'를 경계하였다. 그리고 미국과 외교를 할 때도 '숭미반공주의'와 '반미민족주의'도 경계하였다.[261] 이 결과 성공적인 외교 성과를 끌어낼 수 있었다.

둘은, 외교를 할 때는 외세에 대한 부정적 인식을 버려야 한다. 김대중은 우

---

259) 장신기,《성공한 대통령 김대중과 현대사》(시대와창, 2021)421~424쪽 참조.
260) 김대중,《김대중전집Ⅱ》3권, 같은 책, 594쪽.
261) 김대중,《김대중전집Ⅱ》17권, 같은 책, 632~633쪽 참조.

리의 지정학적 운명을 불행하다고 생각하지 않았다. 김대중은 우리나라 고난의 운명을 미국 탓도, 일본 탓도 아니라고 인식하면서, 그 원인은 우리 선조들이 세상을 바르게 읽지 못한 탓이라고 했다. 이제까지 왕이나 사대부 관료들이 제 잇속만 챙겼지, 나라와 민족을 위해 싸울 생각을 안 한 탓이라고 했다.[262] 이점은 함석헌의《뜻으로 본 학국역사》와 인식을 같이 하는 사고다.

이러한 교훈을 우리 역사에서 찾을 수 있다. 앞에서 말한 인조반정은 당시 율곡 이이李珥(1537.~1584.) 계열의 이귀李貴(1557.~1633.) 등 서인西人 세력의 이념과 제 잇속만 차린 이기적인 욕심에서 이혼(광해군)을 끌어내린 쿠데타/반정叛政이었다. 반정 세력들은 성리학적 사대주의적 발상으로 시대의 흐름을 바꾸는 물결을 타고 강하게 일어나는 여진족 후금을 오랑캐로 인식하고, 친명반금親明反金의 외교정책을 취하였다. 실리 외교를 포기하였다. 그 바람에 후금의 침략을 받고 나라와 백성/민인을 엄청난 도탄塗炭 속으로 몰아넣었다.

그래서 김대중은 사고의 전환이 중요하다고 하였다. 자기중심적 이념과 감정을 버리고 상대방의 입장을 긍정적이고 적극적인 사고로 받아주면, 외교 성과를 거둘 수 있다고 하였다. 이런 외교의 선례를 김대중은 미국 대통령 닉슨Richard Milhous Nixon(1913.~ 1994.)의 독트린(Nixon Doctrine 1969.7.25)에서 찾고 있다.[263] 닉슨독트린이란 말이 나왔으니 여기서 잠시 닉슨독트린과 미군 철수를 두고 박정희와 김대중의 인식과 해법을 비교해 보자. 당시 박정희는 이를 독재 강화의 호기로 삼아 결국 유신체제를 만들어냈다. 그러나 김대중은 이를 평화통일로 가는 기회라고 인식하였다.[264]

이와 같이 김대중은 닉슨독트린과 닉슨의 중국 방문을 통한 중미화해(국교

---

262) 김대중,《김대중전집II》7권, 같은 책, 147쪽 참조.
263) 김대중,《김대중전집II》6권, 같은 책, 565쪽.
264) 김대중,《김대중전집II》16권, 같은 책, 222쪽 참조.

정상화는 1979. 1. 1.)를 우리 땅의 지정학적 고난을 극복하고 행운의 여신을 불어오는 계기로 삼아야 한다고 하였다. 그래서 김대중은 우리가 약하면 주변의 4개국에 수탈을 당하지만, 우리가 강하게 되면, 부채꼭지처럼 중심이 되어 4대국을 쥐락 펴락 할 수 있다고 하였다. 이렇게 되면 민족 통일의 절대 조건이 형성될 수 있다는 자심감을 보였다.[265]

김대중은 이러한 사고를 가지고, "한반도는 지리적으로는 작은 나라지만 지정학적으로는 굉장히 크고 중요한 나라"라는 인식 아래 우리 땅 주변국에 대한 적극적인 외교를 펼치게 된다. 그래서 김대중은 적극적인 외교를 통한 평화적인 민족 통일을 구상하게 된다. 김대중이 펼치게 되는 '4대국 평화 보장론'은 우리 땅 분단과 깊은 관련을 맺고 있는 중국, 미국, 일본, 소련/러시아와 외교적 담판을 통해 평화 체제를 구축하겠다는 구상이었다.

김대중은 외교를 통한 민족 통일을 가능하게 하려면 먼저 국내 정치가 안정되어야 한다고 생각하였다. 그것이 민주화다. 민주주의/민주정치의 정착이었다. 그리하여 김대중은 국내 정치에서 이념이 다양한 정당 간 '위대한 조화'를 통하여 협화적 민중정치를 지향해 나갔다. 이와 마찬가지로 통일문제에서도 우리 땅을 둘러싼 서로 다른 다양한 이해 관계를 가진 주변국과도 다자간 협화 외교가 필요하다고 생각하였다. 그래야만 북을 화해와 협력의 무대로 끌어낼 수 있다는 확신이었다.

최창집은 김대중의 '4대국 평화 보장론'에 대하여 다음과 같은 설명을 하고 있다. "중국은 북한을 완충지대로 두고자 한다. 그리고 일본은 우리 땅 남북의 사람들에게 반일 정서가 강한 불쾌한 나라임은 분명하다. 우리 땅과 우

---

265) 김대중,《김대중전집 II》 17권, 같은 책, 629쪽 참조.

리 민족의 분단을 가져다준 기본 모순은 일본제국주의의 침략과 강탈에 있다. 게다가 일본은 '공산주의 시장경제'가 자국으로 파급되지 않게 하려면 남한이 완충지대로 남아 있어야 한다는 기본적 국가전략을 가지고 있다. 그리고 당시 소련은 북한이 민족 통일을 이루어서 급격하게 자본주의 시장경제가 유입되는 것을 바라지 않았다. 또 미국은 북한이 대량살상무기(핵)로 무장하는 것을 바라지 않는다. 이렇게 '탈냉전의 전환기 동아시아'는 다원화된 국제정치 질서를 형성해 가고 있었다."[266]

이와 같이, 최장집은 다원화되어 가는 동아시아의 국제정치 질서 속에서 4대국의 각기 다른 생각들을 감싸안지 않고는 북을 화해와 협력의 마당으로 끌어낼 수 없다는 생각이었다. 김대중 또한, '4대국 평화 보장'의 필요성을 주장하게 된다. 김대중은 이렇게 생각하였다. "북한에 대한 영향력은 중국이 가지고 있다. 중국은 북한과 긴 국경선을 접하고 있고, 북한에 식량과 원유를 제공하고 있다. 북한이 개방되면 동독에서 서독으로 많은 사람이 내려간 것처럼 큰 이동이 있을 것이다. 지금은 중국과 북한은 1950년대 관계가 아니다. 관계가 많이 변해 있다."(자 2, 206) 이어서 "4대국 모두 통일된 한반도가 어느 한 나라의 지배하에 들어가는 건 곤란하지만 내가 먹겠다는 나라도 없다. 그러기 때문에, 우리가 4대국 어느 한쪽에 치우치지 않는다면 통일한국을 지지받을 수 있다."(대 1, 394)라고 지적하였다. 이 말은 우리 땅이 지정학적으로 대륙 세력과 해양 세력이 부딪치는 반도半島이기 때문에 4대 강대국들이 우리 땅에서 예민하게 반응하지 않도록 만들어야 한다는 논리였다.

이리하여 김대중은 국내에서 '위대한 조화'를 통하여 각 정치 세력들의 갈

---

266) 최장집, 앞의 자료집, 17쪽.

등과 대립을 종식 시켰듯이 대외에서도 4대국 어느 한쪽에 치우치지 않는 포용과 '협화 외교'를 통하여 남북 간 호혜평등과 평화공존을 안정적으로 관리해야 한다는 생각을 가지고 있었다. 그리하여 휴전선 북을 놓고 다양한 이해관계를 가진 우리 땅 주변 4대 강국의 서로 다른 입장을 포용하는 '협화 외교'를 통하여 북과 평화통일을 실현해 나가고자 했다. 이와 같은 다양한 국내 정치세력과 국외 4대 강국의 입장을 감싸안으며 민생 안정과 나라의 평화 발전을 도모해 나갔던 정치 지도자가 김대중이었다.

김대중은 우리 민족의 통일을 가장 우려하는 일본에 대하여, "우리 땅 주변의 4대국에게는 남한에 민주정권이 들어서야만 모두 유리하다. 곧 한국에 안정 정권이 들어서면,

1) 일본의 평화를 지키는 것이고

2) 북과 평화적으로 대화를 진행하는 남의 민주정권이 들어서면, 소련과 중국, 일본 관계를 진전시키는 데 외교적으로 일본에 유리하다.

3) 국민에게 지지된 정권과 상호 이익이 되는 경제 협력을 해가면 일본의 장기적인 경제이익이 된다."(대 3, 72)

이렇게 김대중은 일본국의 심리 상태를 꿰뚫고 있었다. 사실 세계에서 우리 땅의 '민족 통일'을 가장 방해하는 세력은 미국과 일본이다. 미국은 동아시아에서 일본을 적극적으로 활용하고 있는 나라다. 이 말의 뜻은 이렇다. 어느 나라도 마찬가지겠지만, 미국이라는 나라는 세계에서 가장 자국의 이익에 충실한 나라다. 미국에게 일본은 자국에 필요한 자본시장인 동시에 러시아와 중국을 견제시켜 주는 방파막防波幕이다. 이 때문에 미국의 입장에서 일본을 보호하고 중국을 견제하려면 한국이라는 완충지대가 반드시 필요하다.

잠시 미국의 입장에서 본 한국과 일본의 가치를 비교해 보자. 미국에게 있어서 일본은 '목적적 가치'가 있는 나라지만 한국은 '소용적/이용적 가치' 밖

에 없는 나라다. 한국과 일본에 문제가 생기면 미국은 반드시/필연적으로 일본의 손을 들어주게 되어 있다. 곧 미국의 입장에서 한국에 대한 소용/이용 가치가 떨어진다고 생각할 때는 언제든지 한국을 팽훙할 수 있다는 뜻이다. 그러나 일본의 경우, 미국은 절대 버리지 않는다. 지금은 미국의 입장에서 일본의 자본시장, 동아시아 패권 유지를 위해서는 우리 땅이 완충지대로 남아 있어야 한다. 곧 한국은 미국에게 있어서 소용 가치만 있는 나라라는 뜻이다. 중국과 러시아의 입장에서도 조선민주주의인민공화국이, 미국과 일본국의 입장에서도 대한민국이 완충지대로 남아 있어야 한다. 이 점을 잘 간파하고 있던 김대중은 위와 같이 일본을 설득하는 외교 전략을 남북통일의 전술로 이용하였다.

이러한 대외적 전략과 함께 내부적으로도, 남북이 서로 인정될 수 있는 전략이 나와야 한다고 보았다. 곧, "한국 땅에 국민/민인의 절대 지지를 받는 민주주의가 들어설 때, 북은 대한민국에 대한 공산화(적화통일) 야욕을 버리고 진지하게 평화통일 협상에 나오게 된다. 통일은 서로의 안보에 지장에 없을 때 진정한 협상을 해나갈 수 있다. 그리고 우리의 통일을 반대하는 주변 강대국과 두 나라의 내부 반대 세력들도 존재할 수 없게 된다. 북한도 절대 자본주의 경제를 반대한다. 그리고 남한도 공산주의경제를 반대한다. 그러나 쌍방이 민주주의 사회건설은 서로 원하는 바다. 그래서 '공화국 연방제'가 가능케 된다."(대 1, 312-313) 김대중은 이러한 민족 통일철학을 가지고 '우리 영토 주변의 4대국과의 외교가 왜 중요한지를 말해 주고 있다.

곧 우리 영토, 주변국 4대국과 우호 관계를 유지하는 것이 우리 민족의 평화와 통일에 도움이 되기 때문이라는 생각에서다. 그런데 북이 계속 미국과 적대관계를 유지하는 한, 우리 땅의 평화는 기대하기 어렵다.(자 2, 270) 김대중의 이러한 인식은 '국민의 정부' 정책에서도 분명하게 드러났다. 그러나 김대중의 통일 의지와 함께 평화통일의 대담한 전략은 뒤에 나오는 이명박, 박근혜 등 반통일/반평화 및 우경화 세력이 대권을 잡으면서 물거품이 되고 만다. 더 애석한 것은 오늘날, 정치와 외교, 통일과 평화의 개념이 전혀 없는 국정 책임자가 등장했다는 사실이다. 김대중의 말을 빌려서 이들 국정 책임자에게 한마디 한다면, "외교는 어느 정도 숨기면서 이익을 찾아야 한다."[267] 그런데 부도덕한 주류들은 지독하게 성질이 너무 급하다. 대박통일 등 급한 통일에 대한 열망은 외교를 망치게 되고 외교를 망치면, 나라 운명이 위태로 워진다는 사실을 알아야 한다.

우리는 미국과 일본의 실체를 잘 알아야 한다. 미국과 일본은 그들 국익을 위한 전략상 우리 영토의 통일을 원하지 않는 외세들이다. 이 점을 김대중은 꿰뚫고 다음과 같은 말을 했다. "미국이 우리에게 중요하고 고마운 존재지만 미국이 한국을 도운 것은 미국의 이익과 관계되어 있기 때문에 너무 일방적으로 생각하지 말"아야 한다고 하였다.[268] 그러면서 반미주의는 안 된다고 하였다. 우리 국익에 도움이 안 된다는 생각 때문이었다. 현실정치에 능통한 김대중의 충고다. 일본과 외교에 있어서도, 일본에 대한 반일 감정 때문에 일본을 배척하고 외면하고 욕하는 등 반감만 드러내면 대일 외교에서 불리하게 된다고 보았다. 이에 앞서 시대의 중요성을 먼저 생각해야 한다는 입장을 보였다. 바로 '화해와 협력'의 강조였다. 김대중의 현실적이고 실용적 사고를 엿보게 하는 대목이다. 그러면서 김대중은 국정 책임자는 민족감정으로는 그렇지 않겠지만, 겉으로는 친일도, 친미도, 반미도, 반일도 드러내서는 안 된

---

267) 《김대중전집II》 16, 같은 책, 216쪽.
268) 《김대중전집II》 6, 같은 책, 365쪽 참조.

다는 외교 철학을 강조하였다.[269]

그리하여 김대중은 북의 평양에 가서 남북대화를 할 때(2000. 6. 13.) 북측에 대하여 〈민족의 힘을 하나로〉라는 제목으로, "외세는 두려워하지 말고 활용해야 하고 한반도는 과거 제국주의 약탈의 대상이었으나 지금은 4대국을 활용할 위치에 있다. 북한이 미국 및 일본과 수교하는 것이 바람직하다. 남南이 중국/러시아와 잘 지내듯 북도 미국 일본과 잘 지내는 것이 중요하다. 남북이 마음을 합치면 주변 국가를 움직일 수 있다. .... 서로 체제 존중, 무력 정복 포기를 확실히 하고 양쪽 군끼리 비상 연락 체제를 검토할 필요가 있다. 경제공동위원회를 가동하여 남북이 서로 도울 일을 검토하고 농업, 전력, 철도, 항만, 도로 등 분야에서 협력할 방안을 검토하자."라고 제의를 하였다.

이에 북의 김영남 위원장이 세 가지를 물어왔다.
1) 대북 3각(한, 미, 일) 공조는 자주와 어긋나지 않는가.
2) 북남 사이 내방과 접촉 교류를 높이는 데 방해가 되는 〈국가보안법〉을 어떻게 생각하는가.
3) 민족의 힘을 합치고 자주적으로 통일을 이루어야 한다는 생각은 이해를 하지만, 남조선은 통일역량을 고취하는 활동의 자유를 보장하지 않고 있으며 국가보안법 위반 혐의로 애국/통일 인사들이 체포/구금되는 이유는 무엇인가.

이에 대하여 김대중은 다음과 같이 답변하였다.
첫째, 3각 공조는 '대북 봉쇄정책'이 아니고 남한이 제시한 햇볕정책을 기

---

269) 정진백 편, 《金大中年代記1997-2000》 5, 같은 책, 448쪽.

본으로 한 것이다. 한/미/일 3국은 북에 줄 것은 주고, 받을 것은 받는 것을 기본으로 한다. 한반도에서 무력 사용은 절대 안 되며, 북이 안심하도록 안전을 보장하고 경제제재를 해제하고 국제사회에 동참하도록 3국이 공동 노력한다는 뜻이다. 주한미군은 북한 침략용이 아닌 한반도와 동북아의 평화를 위해 필요하다.

둘째, 국가보안법은 개정해야 한다. '기본 합의서'에도 남북 간 논의키로 되어 있다. 국회에 개정안이 상정되어 있다. 그러나 국회가 동의하지 않아 아직 개정하지 못하고 있다.

셋째, 남북한 모두 실정법을 가지고 있다. 남북 관계가 개선되기 전에 남북 체제가 이를 무시할 수는 없다. 남북 간 분위기가 달라지면 이런 점이 개선되리라 본다."(자 2, 261-262)

이렇게 남북 간에 서로 오고 간 대화로 볼 때, 남북이 서로의 문제점을 짚으면서 공통된 사안을 만들어 간 모습이 엿보인다.

다. 3단계 평화통일론

다음으로 후광학 창시를 위하여 김대중의 민족 통일을 위한 '3단계 통일론'(1972년 첫 발표)에 대하여 살펴보기로 한다. 김대중의 3단계 평화통일론은 박정희 정권이 북과 맺은 '7·4 남북공동성명'(7·4성명)이 발표(1972)되기 이전부터 이미 구상된 내용이다. 김대중은 7·4성명이 나오자 이에 대한 대안으로 그동안 구상해 왔던 '3단계 통일론'을 발표하게 된다. 7·4성명이 나오게 되는 배경에 대하여서는 앞의 첫 장에서 이야기한 바 있다. 7·4성명은 민족의 평화통일을 위한 남북 합의라기보다는 남북의 두 독재권력이 정권의 불안을 해소하면서 권력의 영구 장악을 목적으로 한 박정희의 속셈에서 나온 것이 아닌가 하는 방향에서 평가해 보았다.

하여 여기서는 김대중의 견해를 토대로 글쓴이의 생각을 곁들어 밝혀보기로 한다. 우리 땅이 분단형 해방과 함께 민족이 분열한 채 북은 공산주의 민족국가로, 남은 자본주의 민족국가로 분열하여 살게 되는 배경에는 일제 강점이라는 기본 모순이 있었다. 여기에 미국(소련이 동조하면서)에 의한 물리적 모순이 더해졌다.[270]

제2차 세계폭력전쟁이 끝날 무렵이었다.(1945.8.10) 미국은 당시 동아시아에서,

1) 일본을 자국의 영향 하에 둠으로써 소련을 축으로 하는 공산주의 세력의 남하를 막고,

2) 일본을 자국의 자본시장으로 만듦으로써 경제적 효과도 노릴 수 있었기 때문이었다.

이에 당시 미국은 우리 땅을 남과 북으로 나누어 완충지대로 만들 필요성을 느끼게 된다. 우리 땅이 분단되는 비참한 과정을 잠시 이야기해 보기로 한다. 세계 제2차 대전 당시 미국은 동아시아에 자본주의 경제 질서를 이식하고자 한다. 자본주의 경제 질서는 필연적으로 자유주의 사회 질서를 필요로 한다. 이렇게 우리 영토의 분단은 미국이 일본에 자본주의 경제 질서와 자유주의 정치이념을 동시에 이식함으로써 이 지역에 대한 패권을 장악하려는 과정에서 나타난 희생물이다. 세계 제2차 대전 중, 소련의 전체주의 이념에 의한 공산주의 경제질서가 소련의 주변국인 동유럽을 지나, 동북아시아와 동남

---

[270] 송광성,《미군 점령 4년사》(나무이야기, 2024) 320~328쪽 참조

아로 확대일로에 놓이게 되자, 미국은 이를 막아내려는 국가전략을 세운다. 이에 일본의 항복을 앞당기고 소련의 사회주의 세력이 일본으로까지 남하하는 길을 막고자 했다. 이것이 천인공노할 핵무기의 투하였다. 그러니까 미국의 일제 땅에 대한 핵폭탄 투하는 일제에 대한 조기 항복을 끌어내려는 의도도 있었지만, 사할린을 소련영토로 만들고 나아가 독일처럼 일본열도를 분할 통치하려는 계획을 가지고 있는 소련을 위협하려는 의도도 다분히 가지고 있었다. 이에 대하여 이야기를 조금 더하고 넘어가자.

미국 국방부 1945년 9월 15일자 기밀문서를 보면, 실제 "펜타곤이 (소련의) 주요 도시 지역에 대한 조직적인 핵 공격을 통해 소련을 폭파시키는 계획을 고려했다."는 66개의 "전략" 표적 목록에는 소련의 주요 도시가 모두 포함되어 있었다. 모스크바, 레닌그라드, 타슈켄트, 키에프, 하르코프, 오데사 등 규모가 큰 각각의 도시에는 6개의 핵무기가 사용될 예정이었다. "소련을 지도에서 지우기" 위해서 총 204개의 폭탄이 필요할 것으로 펜타곤은 추산했다. 이와 같이, 끔찍한 군사 전략의 개요를 담은 문서가 발간된 것은 1945년 9월이었다. 히로시마와 나가사키 폭격(1945년 8월 6일과 9일)이 있은 지 불과 한 달 후였고, (1947년) 냉전이 시작되기 2년 전이었다.[271]

미국은 일제국에 대한 핵무기 투하로 선제권을 장악하게 되자, 전체주의적 공산주의 경제 질서를 주변 국가에 확산시키고 있는 소련이 유럽과 아시아에 더 이상 발을 넓히지 못하게 하려는 의도를 가지게 된다. 포츠담 선언(1945. 7. 26. 미국, 중국, 영국, 소련이 참여한 선언)이 있었음에도 불구하고 미국은 일본을 독점 관리하려는 계획을 가지게 된다. 소련은 이러한 미국의 의도를

---

[271] 캐나다 오타와 대학 경제학 교수인 미셸 초서도프스(Michel Chossudovsky가 국회 의원회관에서 열린 백년포럼에서 "전쟁의 세계화와 한반도 평화"(North Korea and the Dangers of Nuclear War)라는 주제로 발제한 내용임(2018. 2. 21.)

알아차리자, 재빨리 만주와 한반도를 손에 넣으려는 전략을 세운다. 이런 전략을 세운 소련은 서둘러 일본 제국과 맺은 〈소비에트 연방과 일본의 중립조약〉(日ソ中立条約, 1941. 4. 13.에 체결)[272]을 파기하고 일본제국에 대해서 선전포고를 한다.(1945. 8. 8.)[273] 이어 지체할 시간도 없이 소련 제1극동 방면군(150만 병사)은 만주에 있는 일본 관동군을 격퇴하면서 파죽지세로 남하하여 두만강(훈춘琿春 점령은 8. 12)에서 일본 관동군과 대치한다. 소련이 두만강을 넘어 조선 반도로 들어오는 시간은 1945. 8. 12일, 만주국 붕괴는 1945. 8. 18일, 소련의 평양 진주는 1945. 8. 22.임을 알 필요가 있다.[274]

그러자 미국은 일본을 자국의 안전한 자본시장으로 두려면 우리 땅 전체의 공산화는 막아야 한다는 필요성을 인식하게 된다. 우리 땅 전체가 공산 세력권에 놓이게 되면 도미노 원리에 의하여 일본이 공산 세력권으로 편입되는 것은 시간문제라고 생각했다. 그리하여 미국은 두만강을 아직 넘지 않는 소련이 한반도 전체를 독식하지 못하게 할 필요성 때문에[275] 우리 땅의 일부분이라도 완충지대로 만들어야 한다는 전략을 세운다. 연합국이었던 미/소 두 나라가 서로 적대국으로 돌아서는 것은 우리 영토를 분단하여 북쪽은 소련에게 주더라도 남쪽은 일본과 미국을 위한 완충지대로 남겨두자는 미국의 전략

---

[272] 日ソ中立条約: 일제가 미국의 하와이를 공격하게 되면 소련은 이에 대하여 중립을 지킨다는 내용. 1 이 조약의 성립으로 소련은 독일과의 전쟁(서부전선)에서 유리했고, 일본도 미국과 태평양전쟁을 벌이는 동안, 소련으로부터 전쟁에 필요한 상당량의 석탄, 목재, 철, 어류, 금 등 자원을 공급받았다.(World War II: A Student Encyclopedia 5 volume set, ABC-CLIO, February 23, 2005) 이후, 소련은 미영소 3개국 회담(크림반도 얄타)에서 소련은 독일이 항복하면 2~3개월 후에 대일전에 참가할 것을 약속하고 있다(《조선통사》하, 사회과학원역사연구소, 1988, 269쪽.)
[273] 북의 역사서에서는 소련의 대일선전포고를 1945. 8. 9라고 적고 있다.(《조선통사》하, 사회과학원역사연구소, 1988, 269쪽.; 《한국민중사》II, 풀빛, 1896 223쪽.)
[274] 중국측 기록에는 소련군이 38선을 넘어 서울을 점령한 상태라고 적고 있다.(심지화/김동길, 124쪽) 그러나 이 기록은 착오가 있는 것으로 보인다. 소련군이 평양에 들어오는 시간은 1945. 8. 22이다.
[275] 소련이 두만강을 넘는 시간은 미국으로부터 38도선 분단선을 통보받은 이후임.

에서 비롯된다. 이렇게 미국의 이해관계로, 우리 땅은 미국의 제의와 소련의 동의로 분단이 강제된다.(1945.8.10.과 11일 사이) 그리고 국제이념적 폭력 전쟁인 6·25전쟁에 의하여 분단 고착화가 심화된다.

민족 분단의 불행은 계속된다. 반공독재 이승만이 부정과 부패로 4.19 시민혁명을 만나 물러나고 민중정치의 뿌리가 내리려 했다. 바로 이때 자발적 친일노예 출신 박정희와 민배적 친일 노예 김종필 등 군부 세력이 분단 상황의 비극적 이념을 악용하여 쿠데타를 일으키고 정권을 약탈한다. 그리고 '반공적 분단 고착'이라는 논리를 가지고 7·4 남북공동성명과 유신헌법을 통한 유신쿠데타를 일으키고 영구 총통제 국가를 만들려 했다. 영구집권 음모의 냄새가 나는 7·4성명의 속셈이 무엇인지 살펴본 다음 김대중의 6·15 남북공동선언(6.15 선언)과 그 역사적 의의, 이어 햇볕정책의 의미에 대하여 살펴보기로 하자.

1) 7·4남북공동성명의 의문점

분단된 우리 땅에 통일을 주제로 한 '남북공동성명/선언' 중에 박정희 집권 때 발표된 7·4 남북공동성명(7·4성명)이 있고, 노태우 집권 때 나온 남북기본합의서와 비핵화공동선언(92.2.19, 기본합의서)이 있다. 그리고 남북 정상이 만나 정상들이 주도하여 발표된 남북공동선언은 김대중 '국민의 정부' 때 김정일과 함께 선언한 〈6·15 남북공동선언〉(2000. 6.15선언)이 있다. 이외 노무현 참여정부 때 김정일과 함께 발표된 〈남북관계 발전과 평화 번영을 위한 선언〉(2007.10.4선언), 문재인 정부 때 김정은과 함께 선언한 〈판문점 선언〉(2018. 4.27선언) 등이 있다. 여기서는 7·4성명과 6·15선언만을 가지고 설명해 보기로 한다. 이 두 성명과 선언을 비교해 보았을 때, 이 둘은 성립 과정과 역사적 해석이 다르다. 일부 부도덕한 부류(특히 박근혜 측)들이 7·4성명과 6·15선언을 같은 맥락에서 이해하려는 착각을 하고 있으나, 전혀 아니라는 것을 설명해 본다. 먼저 7·4성명의 성립 배경과 성격에 대하여 조금 이야기해 보자.

  1960년 친미/반공 독재자였던 이승만과 반공적 자유당 정권의 악취가 나는 부정부패가 학생과 시민을 주축으로 하는 4·19시민혁명 기의(4·19혁명)로 청산이 되면서 대한민국에서는 통일론에 변화가 오기 시작한다. 그 가장 큰 요인이 혁신/진보세력의 정치활동이 가능해진 데 있었다. 혁신/진보세력은 1960년 7.29 총선에서 참패를 교훈 삼아, 남북이 통일되지 않고는 민중정치의 발전과 자립경제를 이룰 수 없다는 판단하에 '남북통일론'을 제기하였다. 나아가 민족 통일을 위한 국민 운동의 실천 방안으로 즉각적인 '남북대표자회담' 개최를 제의하였다. 이에 대하여 4·19혁명으로 나타난 학생과 민중의 의지를 배반하고 권력 전면에 나선 장면 등 정치엘리트 세력들은 남북 교류 시기상조론을 제기하고 "선先국가재건, 후後평화통일론"을 정책으로 내세웠다. 이 문제는 앞장에서 이야기한 바 있다. 이렇게 장면 정권의 통일 정책이 비틀거리며 주춤하는 사이, 대한민국은 자발적 친일파 장교들이 이끄는 5·16 군사 반란으로 봉변을 당하게 된다. 그리하여 혁신/진보세력과 학생들이 주장하던 민중정치운동과 민족통일운동(평화통일론)은 비참하게 탄압을 받으며 좌절이 되었다.

  한편, 북의 김일성 프롤레타리아 권력은 4·19혁명 이후 남한사회에서 '민족통일운동'이 다시 일게 되자, 그동안 주장해 오던 통일방법론을 '혁명적 통일론'에서 '지역적 혁명론'으로 전환하게 된다. 그리고 우리 민족의 땅 안에 있는 내 두 정부의 공존을 인정하는 "남북연방제통일방안"을 제기하고 남북정상회담을 제의하였다.(김일성, 1960. 8.15) 이에 대하여, 이듬해 쿠데타로 권력을 찬탈한 박정희 반정叛政 독재권력은 "북한의 남침 위협"이라는 상투적 구호로 국민을 협박하면서 비열하게 '인민혁명당사건'(1964.8.14. 인혁당)과 통일혁명당사건(1968.8.24, 통혁당) 등을 조작하고 "빨갱이 몰이"만을 계속하였다.

이렇게 극단적인 반공이데올로기로 대한민국의 국민을 옥죄고 있을 무렵에 미국의 37대 대통령 닉슨은 그의 외교정책인 독트린을 발표하고 1971년 핑퐁외교를 통하여 당시 중공(중국공산당, 오늘날 중화인민공화국)과 국교정상화를 이룬다.(1972. 2) 닉슨독트린의 내용은 앞장에서 소개하였다. 핵심은 "미국은 아시아의 여러 나라들과 체결된 조약은 준수하지만, 핵 위협을 제외하고는 아시아 각국은 스스로 협력하여 내란이나 침공에서 자국을 방위해야 한다"는 내용이다. 곧, 닉슨 독트린은 아시아에서 미국의 역할 재정비를 선언하는 외교정책이었다. 이에 따라 미국은 대한민국에 북과 접촉하도록 만들었다. 박정희는 이를 기회로 이용하였다. 영구집권의 음모다. 박정희는 민족 분단의 비극을 자신의 영구집권할 기회로 만들고자 했다.

박정희는 밀사 이후락을 북으로 보내 밀담을 추진하였다.(1971.11월부터) 북의 김일성도 동서 냉전체제의 와해 조짐과 북 사회에서 권좌의 불안, 그리고 경제적 침체 상태에 있었던 터라, 남측이 제의해 온 밀담에 응했다. 그리고 남과 북이 '일인 독재체제'를 상호 유지하는데 암묵적인 동의를 하였던 것으로 보인다. 이에 국민과 인민의 눈을 가리기 위하여 판문점에서 "남북적십자 예비회담"을 열기로 했다.(1971. 9. 20) 그리고 1, 2차 본회의를 서울(1972. 8.29)과 평양(1972. 9.12)에서 각각 개최하였다.

남북적십자회담은 연막 전술이었다고 생각된다. 그것은 대국민용 연극으로 남북적십자회담을 하면서, 막후에서는 남북의 불안한 두 독재권력들이 비밀 접촉을 계속하고 있었다. 밀담의 결과 북의 김영주와 남의 이후락 사이에 정치적 의견교환이 이루어졌다. 서울과 평양에서 같은 날 같은 시각, 동시에 발표된 '민족 기만적' 7·4 남북공동성명'(1972, 7.4 성명)이 그것이다. 7·4

성명이 민족 기만적이라고 하는 것은 '정치적 음모'의 냄새가 났다는 뜻이다.

　7·4성명에 대해서는 이미 앞장에서 기초적인 이야기를 하였기에 먼저 7·4성명의 내용을 짤막하게 잠시 살펴보면
　첫째, 외세에 의존하거나 외세의 간섭을 받음이 없이 자주적으로 해결하여야 한다.(자주)
　둘째, 서로 상대방을 반대하는 무력행사에 의거하지 않고 평화적 방법으로 실현하여야 한다.(평화)
　셋째, 사상과 이념 및 제도의 차이를 초월하여 우선 하나의 민족으로서 민족적 대단결을 도모하여야 한다.(민족대단결)
　7·4성명은 이 밖에도 상호 중상비방과 무력도발의 금지, 다방면에 걸친 문화교류 등에 합의하고 이러한 합의사항의 추진과 남북 사이의 문제 해결, 그리고 통일문제의 해결을 목적으로 남북조절위원회를 구성/운영하기로 하였다. 또 전쟁 발발을 방지하기 위한 남북 직통전화도 가설하기로 했다.
　이렇듯 민족 분단 이후 처음으로 민족 통일을 위한 바른길, 곧 자주/평화/민족대단결의 '평화통일 3원칙'이 제기되었다. 이로 보았을 때, 7·4성명의 내용은 전진적前進的이고 주체적, 평화적, 민족 통일을 위한 대헌장처럼 보인다. 그러나 민족 통일의 대헌장처럼 보이는 7·4성명은 정치적인 어떤 음모와 함정이 있었다는 냄새를 지울 수가 없다. 음모라고 한 것은 두 정권이 권력 불안을 일인 독재체제의 현실화로 풀어나가려 한 게 아니었나 하는 의심이다. 또 함정이라는 말을 쓴 것은 북의 김씨 일가에 의한 권력세습과 남의 박정희 영구총통제(제제화帝制化: 제왕의 꿈)를 상호 인정한 것이 아니었나 하는 의문 때문이다. 결국 7·4성명은 현 분단 상태의 인정과 두 개의 이념과 체제가 다른 분단국가를 서로 인정하려는 데서 나온 협상이 아니었는가 하는

의심을 떨칠 수 없게 만든다. 이 부분에 대해서는 앞장에서 이야기를 하였다.

7·4 성명은 가식이었다는 의구심을 떨쳐 버릴 수 없다. 그것은 남과 북에서 각각 대한민국(박정희)과 조선공화국(김일성)의 '일인 통치체제'를 서로 인정하는 헌법 개정이 같은 시기/시간에 발표하였다는 점이다. 남의《유신헌법》과 북의《조선민주주의인민공화국사회주의헌법》이 그것이다. 김대중은 이에 대하여 박정희의 유신헌법의 공포와 김일성의 사회주의 헌법이 같은 시간대에서 공포된 것에 대하여 "참으로 이상했다."고 표현하였다.(자1,275)

여기서 글쓴이는 남과 북이 동시에 발표한 7·4성명은 결국 민족의 분단 현실 인정과 두 독재권력의 존재를 상호 인정하는 공동성명이 아니었던가 하는 의구심이다.[276] 유신헌법과 사회주의헌법은 각각 남에서는 박정희 자본주의 독재권력의 기반을, 북에서는 백두혈통인 김일성 프롤레타리아 1인 통치체제를 강화하는 기본 헌법을 발표했다는 의심을 지울 수 없다. 그렇다면 7·4성명에서 "이념/사상/제도의 차이를 초월하여 우선 하나의 민족으로서 민족적 대단결을 도모"하겠다는 민족 대단결은 연막이었을까, 그 속뜻은 '분단 권력의 대단결'을 의미하는 게 아닌가 하는 의문이다. 이런 의심은 글쓴이만 가졌던 것은 아니다. 한국 역사학계의 원로학자 강만길도 7·4성명에서 음모의 냄새가 난다고 하였다.[277]

남북 쌍방이 동시에 7·4성명을 발표하고 나서 남북의 분단 권력들은 쌍방 간에 통일을 위한 노력을 하고 있다는 대對국민 선전을 하기 위해 '남북조절

---

[276] 조승복은, 우리 민족의 통일의 근거를 말살해 버린 사람은 박정희라고 잘라 말했다.(조승복,《分斷의 恨-과거와 미래》上, 같은 책, 426쪽.

[277] 강만길,《강만길저작집, 21세기사의 서론을 어떻게 쓸 것인가/국민의 정부의 업적과 역사적 성격》 15(창비, 2018) 196쪽.

위원회'를 개최하였다.(1973.6.12) 이의 합의사항으로 박정희와 김일성은 각각 똑같은 날짜에 〈평화통일외교정책선언〉과 〈조국통일 5대강령〉을 발표하였다. 박정희가 발표한 것이 이른바 '6·23선언'이다. 여기서 문제가 터져 나왔다. 그러면 잠시 6·23선언의 내용에 대하여 살펴보자.

1) 남북 간 상호 내정불간섭과 상호 불가침,
2) 북한의 국제기구 참여 불不반대,
3) 통일에 장애가 되지 않는다는 전제 하에 남북한이 함께 유엔에 가입,
4) 모든 국가에 문호를 개방하며 이념과 체제를 달리하는 국가들도 대한민국에 문호를 개방할 것을 촉구한다 등이다.

이를 환경역사학 측면에서 분석해 보면 다음과 같은 사실들이 발견된다.

첫째, 민족 분단의 현실적 인정과 북의 존재를 국제사회의 일원으로 공식 인정한 점. 그리고 남북의 유엔에 동시 가입을 주장했다는 것은, 북을 반국가 단체가 아닌 하나의 국가로 받아들인 것으로 해석해 볼 수 있다.

둘째, 1948년 남북에 각각 냉전 이념이 다른 정부가 수립되자, 미국의 대변인 역할을 해왔던 유엔은 우리 땅(한반도)에서 남쪽의 대한민국만을 유일의 합법 정부로 인정해 왔다. 그런데 남북의 동시 유엔 가입을 주장했다는 것은 남과 미국, 유엔이 다같이 북을 합법정부로 인정해야 한다는 뜻으로 해석이 된다.

셋째, 남과 북이 모두 이념 국가의 틀에서 벗어나 냉전체제를 극복할 것을 강조한 이면에는 우리 땅에서 한민족 두 정부의 존재를 인정함과 동시에 남이 북에 대한 폐쇄정책을 포기했다는 뜻으로도 해석이 된다.

이에 대하여 같은 날 동시에 발표된 북의 〈조국통일 5대 방침〉(5대 방침)에는 한민족 단일국가인 '연방공화국'의 창설과 함께 '고려연방공화국'이란 단일 국호로 유엔에 가입하자는 주장이 담겨 있었다. 그러면서 〈남북조절위원회〉 북측 위원장인 김영주가 "두 개의 조선을 추구하는 6·23선언의 폐기를

요구"하였다.[278] 이렇게 보았을 때, 북이 6·23선언에 대하여 분단국가("2개 조선")를 인정하자는 "분열주의 노선"이라고 비난하였다. 북이 이러한 강한 불만과 함께 6·23선언을 비난을 하였다는 것은 7·4 성명을 만들어내는 밀담 과정에서 우리가 알 수 없는 흑막이 있었던 게 아닌가 하는 의심이 간다. 이로 추측하건대, 남측이 북측을 속였는지, 북측이 속았는지는 알 길이 없으나, 일단 북측은 두 개의 국가를 추구할 수 없다고 항의를 한 것은 사실이다. 북측의 이러한 주장도 의심이 간다. 쇼는 아닌지.

결국 두 분단 권력에 의해 발표된 7·4성명과 남북조정위원회 '김대중납치사건'(1973.8)을 계기로 무위로 돌아간다. 이로 보았을 때 박정희는 자신의 영구독재를 위해서 민족의 아픔인 분단과 통일문제를 정치적 음모에 이용하였던 것은 아닌지 의문이 든다. 따라서 박정희는 종신 총통제를 하는데 수단과 방법을 가리지 않았다는 사실과 영구 총통제를 방해되는 사람은 누구든지 제거하려 했다는 느낌을 받는다. 영구 총통제로 가는 길에 방해가 되는 사람은 바로 박정희의 대항마요, 큰 인물이었던 김대중이었다. 게다가 유신체제/영구 총통제의 절반 목적을 달성한 박정희로서는 더 이상 북의 존재는 이용 가치가 없었다. 그래서 남북조절위원회가 중단되는 것도 문제가 되지 않았다.

이런 사유들을 유추해 볼 때 7·4 성명은 박정희 독재권력의 정권 유지에 이용된 함정이 아니었는가 하는 의심을 갖게 하는 이유다. 김대중도 7·4 성명에 대하여 "이상한 냄새가 난다"고 하였다. "박정희 씨는 이번의 7·4공동성명을 영구독재의 합리화에 이용할 가능성이 있다."는 뉘앙스를 남겼다. 그것

---

[278] 《한국민족문화대백과/육이삼평화통일외교정책선언》 17(한국정신문화연구원, 1991) 223쪽 및 《한국민족문화대백과/7·4남북공동성명》 22, 같은 책, 783쪽 비교 참조.

은 현실로 나타났다.[279]

7·4 성명이 발표되어 나오자, 김대중은 박정희를 신랄하게 비판하였다. "박정희는 7·4성명의 내용을 맺을 자격이 없다"고 했다. 그 이유는

1) 7·4 성명은 유권자에 대한 기만과 우롱이다. 박정희는 쿠데타 이후 통일론자들을 처단해 왔다. 통일논의를 용공시해 왔다.

2) 7·4조치는 반민주적이고 위험천만하다. 사전에 국민들에게 이해를 구하지 않았다. 야당과 협의도 없었다.

3) 남북성명은 독재적 지배체제 강화와 영구집권에 악용하려는 의도가 명백하다.(자 1, 261; 대3, 147-148)

이러한 평가와 함께 김대중은 박정희에게 세 가지를 요구했다.

1) 비상사태 철회 및 보안법 즉시 폐기와 현실에 맞는 반공법/국가보안법으로 개폐할 것.

2) 독재적 체제 지양, 국민 자유의 최대 보장, 빈부 양극화의 특권경제 정책을 대중경제체제로 전환하여 민중의 '생활' 보장, 부패/부조리 일소, 양심에 바탕한 민주적 내정개혁을 단행할 것.

3) 대한민국이 주권재민의 국가임을 상기하고 대통령은 국민에게 겸허/정직할 것. 그리고 1975년 대통령 선거에 출마해서는 안 되며 정권 이양을 분명히 밝힐 것.(자 1, 262) 등이다.

이러한 박정희에 대한 요구는 김대중이 7·4 성명의 음모와 함정을 이미 알고 있었다는 말이 된다. 7·4 성명대로라면, 전쟁 위협도 없고 남북이 평화유지가 될 터인데 굳이 유신체제維新體制를 만들 필요가 있었는가 하는 생각

---

279) 《김대중연대기/1986-1987》, 같은 책, 389쪽.

이다. 이러한 기망欺罔 속에서 이루어진 게 종신 대통령제를 가능케 하는 '10월 유신'이었다.(1972) 그리고 유신헌법에 따라 잠실체육관에서 통일주체국민회의가 개최되고, 도깨비방망이는 박정희를 8대 대통령으로 만들어 주었다. 다시 말하면, 종신 대통령(유신총통)의 길을 터 주었다.(1972.12.27.) 이렇듯 7·4 성명은 겉으로는 민족 통일을 내걸고 속으로는 당시 불안했던 두 분단 권력들이 분단적/독재적 권력을 영속화하려는 고도의 기만적/반통일적 정치술책이었다는 느낌을 지울 수 없다. 상황이 이러함에도 불구하고 부도덕한 주류들이 마치 6·15선언이 7·4 성명에서 영향을 받고 그 정신의 계승인 양 말하고 다니는 것은 '역사적 진실'을 모독하는 처사이다. 박정희와 김대중은 애초에 같은 선상에 놓고 비교할 대상이 못 된다는 것은 자명한 사실이다.

2) 3단계 통일론 제창: 화해와 통일의 3원칙

김대중은, "한국의 국민들은 이제까지 통일에 대한 자신의 견해를 발표할 기회가 없었다."라고 전제한 다음 남의 흡수통일론, 승공통일론, 북의 혁명통일론, 적화통일론을 모두 반대하였다. 그는 "남북통일의 기본은 자유, 민주, 평화의 3대 원칙에 의해 추진되어야 한다."고 주장하였다.(대 3, 151) 이 말은 호혜적/대등적 입장의 평화통일론을 의미한다. 다시 말하면, 민족의 완전한 통일을 하기 전前 단계는 남북이 동등한 독립된 정권임을 인정해야 한다는 기본 인식에서 나온 이론이다. 곧 조선민주주의인민공화국은 민족 통일의 한 축이라는 뜻이다.

이러한 기본 인식을 가지고, 도쿄 일본 외신기자 클럽에서 '3단계 통일방안'을 내놓게 된다. (1972.2.24. 처음 제기는 1970.10.30.) 그러나 '3단계 통일방안'은 당시 정치적인 반공 분위기에서 엄청난 위험을 감수해야 했다. 박정희의 반공/멸공 정책에 맞서서, 남과 북의 현실 정권을 인정한다는 것은 헌법상 북을 반국가단체로 인정/규정하고 있는 대한민국의 정치환경에서 하나의 커다란 모험이었다는 생각이 든다. 그러나 김대중은 과감하게 3단계 평화통일 방안을 내놓았다.

김대중은 자신의 '3단계 통일론'의 완성 과정을 시기 별로 밝히고 있다. 이를 글쓴이가 다시 정리 해본다.

1) 박정희의 유신독재 시기인 1970년대 처음 구상하고, 계속 수정/보완해 나갔다.

2) 전두환의 살인독재 시기인 1980년대에 수정/보완하였다.

3) 김영삼의 문민정부 시기인 1990년대에 수정/완성하였다.

곧 김대중의 이러한 '3단계 통일론'이라는 말 자체가 바로 흡수통일론/폭력통일론과는 격을 달리하는 평화통일론이다. 통일해야만 평화가 오는 게 아니라, 평화 분위기를 만든 다음 서서히 통일로 가는 방안이 3단계 통일론이다.[280] 이러한 3단계 통일론에 대하여 박정희도 국가보안법으로 처벌하지 않았는데 전두환은 김대중의 '3단계 통일론'을 국가보안법에 저촉된다고 검찰이 기소하였다.

김대중이 '3단계 평화통일론'은 7대 대통령 후보 선거 연설(1971.3.24.)에서 구체적으로 거론한다. 이에 대하여 대략적으로 살펴보자.

1단계는 평화공존을 위한 동족끼리 전쟁 반대 약속이 핵심이었다. 곧, 남북 간 전쟁 억제 및 긴장 완화가 목표였다. 구체적인 실천 방안으로, 상호비방 중단, 동시에 평화협정 체결을 통한 현실적인 쌍방의 존재를 인정한다는 내용

---

[280] 정진백 편, 《김대중어록-역사의 길》 앞의 책, 359쪽.

이다. 이어서 우리 영토 주변국들이 우리 땅에서 전쟁(청일, 러일전쟁처럼)을 일으키지 못하게 해야 한다. 그러기 위해서는 전쟁 억제를 위한 4대국(미, 중, 소, 일)의 부전不戰협정 체결을 끌어낸 후, 남북의 상호공존을 국제사회에서 인정케 한다는 내용을 담았다. 그리고 우리 땅, 남과 북을 국제사회에서 함께 인정케 하는 방안으로 남북의 유엔 동시 가입을 추진한다는 내용도 담았다. 이렇게 해서 베이징 및 모스크바에 한국대사관 설치, 도쿄/워싱턴에 북의 대사관 설치 등 동시 외교를 촉구한다는 내용이다.

2단계는, 통일을 위한 준비 과정으로, 평화적 교류의 확대를 통하여 남북 상호 간 증오/불신의 완화를 도모하고 남북 동질성을 회복하는 단계로 설정하였다. 곧 언론 기자, 문화/예술/스포츠 교류, 남북이 방송의 자유로운 청취 허용, 점차적/실질적 경제교류의 확대 등으로 남북의 민족애와 남북 신뢰를 회복한다. 그리고 이를 토대로 완전 통일에 대한 민족적 합의를 끌어내는 단계를 2단계로 설정하였다. 이렇게 되면, 3단계에 가서 정치적으로 '평화적 민족 통일'을 현실적/정치적으로 달성하게 된다는 내용이다.(자 1, 264; 대 3, 150-151) 김대중은 3단계 평화통일론을 발표하자 바람으로 용공 분자로 몰리게 된다.

이렇게 초기에 나온 김대중의 3단계 통일 방안에서는 다음과 같이 세 가지 특징이 발견된다.

첫째, 북조선을 적이 아닌 통일의 동반자로 인식했다는 점. 곧 북의 실체를 인정하면서 북과 남을 민족 통일의 두 주체로 보았다는 점이다.

둘째, 선평화/후통일을 강조한 점. 이는 곧 민족 통일의 핵심이 평화에 있다는 점을 밝힌 점이다.

셋째, 흡수통일, 승공통일, 폭력통일을 지양한 '단계적 평화통일' 전략이었다는 점이다.

김대중은 자신의 '3단계 통일방안'의 현실성을 입증하기 위하여 독일통일의 예를 끌어왔다. 독일은 소련과 서유럽의 통일방해 책동을 받지 않기 위해 처음에 통일목적이 아닌 공존의 목적으로 접촉하였다가 공존을 위한 접촉이 독일통일로 이루어졌다. 그래서 대한민국의 경우도 어느 나라의 방해도 받지 않고 통일한국을 만들 수 있다. 강대국들은 한국의 통일을 두려워하지 않는다. 통일한국이 어느 특정국에 이용당하지만 않는다면 한국통일은 어느 나라로부터도 방해를 받지 않을 수 있다. 라고 자신의 확고한 신념을 보였다.

김대중은 '3단계 통일 방안'을 계속 수정/보완해 나갔다.(1973.2.7.~6.1) 수정된 내용을 보면, 첫 번째 단계는 평화적 공존, 두 번째 단계는 평화적 교류, 세 번째 단계는 평화적 통일이라고 밝혔다. 곧 '3平 통일방안'이다. 여기서 김대중은 완전 통일로 가기 전 단계를 "낮은 단계의 연방제 통일론"을 처음 거론하게 된다. 낮은 단계라는 말은 남북이 서로 간에 외교, 국방, 내정의 독립권을 가지면서 연방제로 가는 과정이라는 뜻이다.[281] 이렇게 김대중의 3단계 통일방안이 수정/보완되면서 지속적으로 발표가 되자, 예상했던 대로, 박정희 반공권력과 언론들은 김대중을 용공분자/빨갱이로 몰아붙이기 시작하였다.(자 1, 265) 부도덕한 주류들의 반통일적 행패가 시작되었다.

1980년대에 들어와 세계 정세와 우리 땅의 정치환경에도 많은 변화가 왔다. 중국에서 마오쩌둥(毛澤東, 1893.~1976.)이 죽고, 권력투쟁의 조짐이 있었다. 미국도 민주당에서 공화당으로 정권이 교체되었다. 유럽에서는 사회주의 세력들이 정치 일선에서 부각 되고 있었다. 그리고 국내에서는 유신 파쇼 권력이 무너지고, 또다시 살인을 볼모로 한 신군부가 권력을 약탈하였다. 그리고는 '반공 국시'를 강화하였다. 이러한 세계 정세의 분위기에서 북측은

---

281) 김대중,《김대중전집Ⅱ》7, 같은 책, 97~98쪽 참조.

김정일이 자기 아버지 김일성이 제시한 바 있는 '연방제 통일방안' (1960. 8. 14. 8·15해방 15주년 기념 연설)을 구체적으로 보완하면서 '고려민주연방공화국 창립방안'을 새롭게 내놓았다.(1980. 10. 10. 제6차 당대회)[282]

여기에 대한민국의 대통령 노태우도 통일방안(7·7선언, 1988)을 내놓았다.(민족자존과 통일번영) 이러한 시대변화에 따라 김대중의 '3단계 평화통일론'도 진화/발전한다. 곧 〈공화국연방제통일방안〉이다.(《행동하는 양심》 2호, 1984, 4;《사회와 사상》 창간호, 1988. 9.) 논문 내용을 보면, 1단계: 평화공존적 남북교류→ 2단계: 연방국가 구성→ 3단계: 통일 민족, 한 국가 두 정부의 단계로 간다는 내용을 담고 있다. 수정된 통일방안은 초기의 3단계 통일론에다 변화된 현실 정치의 분위기를 반영한 방안이었다. 1984년에 발표한 3단계 통일방안에서 '공화국 연방제'라는 용어가 북측의 연방제와 같다는 반공주의자들에 의해 집요한 공격을 받자 '공화국 연합제'로 명칭을 다시 고친다.(1991. 4) 이러한 용어 변경을 거쳐 1995년에 최종적으로 3단계 평화통일론은 완성을 보게 된다.(《김대중의 3단계 통일론-남북연합을 중심으로》, 아태평화출판사, 1995)

그러면 이제 1984년에 정리된 '김대중의 3단계 평화통일론'은 어떤 내용을 담고 있는지 구체적으로 살펴보자.

1단계는 실질적 '남북연합' 단계다, 곧 1 연합, 1 민족, 2 국가, 2 체제, 2 독립 정부 형태를 갖는 단계다. 이를 위해 상징적인 연방 기구를 설치한다. 남북은 서로 다른 이념과 체제의 공존을 인정하고 상호교류를 추진하되 이념이

---

[282] 김일성의 연방제 통일방안은 뒤에 국호를 '고려연방공화국'으로 하는 남북연방제를 내놓았다.(1973. 6. 23. 체코슬로바키아 공산당 총서기 후사크 환영대회 연설)

다른 두 정부는 외교, 내정, 군사 문제에서 독자성을 유지하고, 상징적 연방 기구는 평화공존과 상호교류를 관장한다. 이렇게 1단계에서 상호교류가 추진되면, 2단계로 들어간다.

2단계에서는 1단계에서 창설된 상징적 연방 기구를 실질적인 '연방정부화' 한다. 곧 1 민족, 1 국가, 1 체제, 2 지역 자치정부 형태를 갖는 단계로 진입한다. 여기서 연방정부는 외교, 국방 등 주요 대외업무를 관장하고, 서로 다른 이념을 가진 독립 정부인 남과 북은 각기 지역의 자치정부로 전환한다. 2단계가 성공적으로 진행되면, 3단계로 넘어간다.

3단계는 완전 통일 단계다. 곧 1 민족, 1 국가, 1 체제, 1 중앙 정부의 완전 통일 형태를 말한다. 여기서는 남과 북, 자치정부 간 평화적 공존과 전방위 교류를 통하여 실질적인 '한 국가 두 정부'의 존재가 되는 민족공동체를 탄생시키면서 점차 평화통일로 가는 마지막 단계가 된다(자 1, 266)는 내용이다.

이렇게 진화/발전한 3단계 '공화국 연방제' 통일방안은 1990년대에 다시 수정/보완된다. 그것은 1990년대 국내외 정치환경의 변화 때문이다. 국제적으로는 미국 대통령 부시George H.W. Bush(1924~2018)와 소련 공산당 서기장 고르바초프Mikhail Gorbachev(1931~2022) 가 몰타 정상회담(Malta Conference, 美蘇頂上會談 1989. 12. 2~3)에서 "냉전 종식 선언"을 하게 된다. 이후, 동유럽의 공산권의 붕괴(1991. 3 최종), 독일의 통일(1990.10.3.), 재래식 무기 감축 조약(CFE, 1990.11.19.) 등 국제적으로 엄청난 변화가 온다. 이와 함께 국내에서도 〈남북기본합의서〉 채택(1992.2.19)[283] 등이 나오게 된다. 김대중은 이러한 급격한 국내외 정치 환경의 변화를 반영하여 1995년 8월에 '김

---

[283] 남북기본합의서: 남의 노태우, 북의 김정일 정권 때, 남한과 북조선의 국무총리급 회담에서 이루어진 남북한이 화해 및 불가침, 교류 협력 등에 관해 남북이 공동 합의한 기본 문서.(1991. 12. 13.)

대중의 3단계 통일론'을 다시 진화/발전시킨다.(대 3, 166-170)

  1995년의 '김대중의 3단계 통일론'은 거시적 통일 담론을 실천 가능한 방안으로 구체화하였다. 통일의 원칙으로, 자주. 평화, 민주의 3대 통일원칙은 변함이 없었다. 3단계 통일방안을 제시하게 된 민족 역사의 배경은,

  1) 분단해방 이후 남북이 각기 서로 다른 이념 체제를 가지고 남은 자본주의 민족주의로, 북은 공산주의 민족주의로 민족문화가 이질화되어 가고 있다는 점.

  2) 하나의 민족이 서로 다른 정치체제를 가지고 국가를 운영하고 있다는 점.

  3) 서로 다른 경제체제로 남과 북이 질량 면에서 현격한 차이를 보이고 있다는 점. 등

  민족의 현실 환경을 감안하여 남북이 기능적으로 통일하는 방안을 제시하였다. 이것이 1990년대 김대중의 3단계 통일론이다.(1995.8) 1995년의 '3단계 통일론'을 보면, 1단계: 남북연합 → 2단계: 남북연방 →3단계: 완전 통일을 달성하는 기능주의적 접근 방안이었다. 이를 좀 더 구체적으로 살펴보면,

  1단계: 남북연합 단계다. 1단계에서는 남과 북이 각기 독립 국가로서 주권과 모든 권한을 보유하면서 남북연합정상회의, 남북연합회의, 남북연합 각료회의 등 협력기구를 설치하여 남북연합을 만드는 단계다. 남북연합의 3대 행동강령으로 평화공존, 평화교류, 평화통일의 실천 임무가 주어진다. 남북연합의 사회구조는 1 민족, 2 국가, 2 체제, 2 독립 정부, 1 연합의 남북공화국 연합이 된다. 곧 국가연합체 구성 단계다.

  2단계: 남북연방 단계에서의 연방정부는 외정(국방과 외교)의 직무만 갖고, 내정(내무, 국토건설, 복지, 보건, 교육 등)은 지역의 두 자치정부의 직무로 하

는 단계다. 연방정부 구성을 위하여 연방헌법(연방대통령, 연방의회를 설치하는)을 제정하고 연방 대통령과 연방의회 의원들을 선출한다. 여기서 남북의 두 국가/정부는 자치정부로 전환하여 존치시킨다. 이렇게 해서, 남북연방 단계에서 사회 구조는 1984년의 통일방안이었던 1 민족, 1 국가, 1 체제, 2 지역 자치정부 형태를 1 민족 1 국가 1 체제, 1 연방정부, 1 지역 자치정부의 남북연방제로 변경한다. 곧 연방국가 구성 단계를 설정하였다.

3단계: 완전 통일단계다. 중앙집권제, 또는 세분화된 연방 자치정부를 둔다. 통일된 연방 국가의 이념은 민주주의, 시장경제, 도덕적 선진국, 평화주의를 원칙으로 한다는 내용이다.(자 1, 266-267; 대 3, 286-293)

이는 곧 통일을 점진적/단계적으로 달성하는 '선先 민족사회 통합, 후後 국가통일 완성'이라는 방식이었다. 3단계에서의 사회 형태는 1984년의 통일 반안과 마찬가지로 1 민족 1 국가 1 체제 1 중앙정부, 또는 연방 자치정부가 된다. 이렇게 1971년에 처음 내놓은 3단계 통일방안은 여러 차례 수정, 진화/발전하면서 1995년의 '3단계 통일론'으로 완성된다. 곧 시대변화와 함께 민족 통일을 실현할 수 있는 실천 가능한 통일 방안으로 구체화 되었음을 말해준다.

그리고 1995년도 3단계 통일 방안에서는 통일된 우리 민족/겨레의 미래상까지 제시하였다.

첫째, 정치적으로는 인권이 보장되는 민주주의

둘째, 경제적으로 민중을 기반으로 하는 시장경제체제

셋째, 사회적으로 인간 존중을 바탕으로 하는 복지사회 구조

넷째, 도덕적으로 평화주의 사상에 바탕한 세계평화와 인류 공영에 이바지하는 민족으로 태어난다는 민족의 평화와 자유, 행복을 제시하였다.

이렇듯 김대중의 3단계 통일 방안은 현실을 충분히 직시한 실용적이면서

미래지향적인 통일 방안이었다.

한편, 중국근대화 시기, 개혁 세력들의 개혁운동이 있었다. 캉유웨이[康有爲, 1858~1927], 량치차오[梁啓超, 1873~1929] 등이 핵심이 되어 청나라 말기 전통적 사회제도 전반을 개혁하고자 한 정변政變운동이었다. 이를 중국 역사에서 무술정변戊戌政變, 또는 변법자강운동變法自彊運動(1898)이라고 한다. 비록 변법자강운동은 100일만에 실패를 하였지만, 전통국가에서 근대국가로 나가려는 몸부림이었음은 분명한 사실이다. 무술정변의 중심인물이었던 캉유웨이가 당시 쓴 글 중에 중국 현실을 고려한 시계열時系列: time series 상의 발전 이론을 적용하여 주장한 '삼세진화론' 三世進化論이 있다.[284] 이에 의하면, 사회 형태는 거란據亂(혼난기:분열기)→승평昇平(통합준비)→태평太平(통일단계)의 단계를 거쳐 대동사회로 진행해 간다는 이론이다. 캉유웨이는 이 세 단계가 반드시 순서대로 진행되어야 한다고 보았다.

캉유웨이의 삼세진화론에 김대중의 3단계 통일론을 대입해 보면, 분명 우리 땅에 희망을 가져다줄 통일론임을 알 수 있다. 캉유웨이가 말하는 거란세는 현실 사회를 인정하는 남북이 각각 '한 민족', '두 국가'를 인정하면서 '민족동질성'을 찾아가는 시기에 해당이 된다. 그리고 승평세는 민족 통일을 지향하려는 의지를 확신하면서 남북연방을 수립하는 시기에 해당이 된다. 이어 태평세는 완전 통일을 달성하는 시기로 남북이 공히 진정한 민주와 평등, 자유의 평화의 '대동국가'를 수립하는 시기에 해당이 된다. 대동국가는 민주주의/민중정치를 기본으로 한다. 김대중이 말하는 민주주의에는 늘 '민족의 평화', '민중의 평등', '민주와 자유'(삼민주의)가 사상적 근간을 이루고 있

---

[284] 康有爲,《康有爲政論集》(中華書局, 1981) 476쪽.

다. 이러한 세 가지 민주주의의 근간이 김대중의 대동국가론이다.

이렇게 '김대중의 3단계 통일론'은 '대동국가'의 희망을 담은 통일론이었다. 김대중은 평화통일을 위한 실천은 빠를수록 좋지만, 그 과정은 반드시 순서대로 진행하되 조급하지 않고 천천히 단계를 밟으면서 순서대로 실행이 되어야 한다고 보았다. 만약 통일 의욕에만 급해서 3단계를 차례대로 진행 시키지 않게 되면, 대혼란과 함께 통일의 길은 멀어진다고 경고하였다.

글쓴이 입장에서도 김대중이 1995년에 발표한 3단계 통일 방안이 실질적으로 남북통일을 앞당기는 방안이 아닐까 하는 생각을 해본다. '1995년 3단계 통일방안'은 현실을 인정하면서 민족 동질성을 바탕으로 한 한 민족, 두 국가(현 국명을 그대로 쓴다), 두 정부 체제(남은 자본주의, 북은 사회주의)를 그대로 둔 상태의 통일방안이었다는 생각이다. 곧, 남북이 평화협정을 체결하고 세계평화를 선언한 다음, 국경을 허물고 국교를 수교하는 방안이었다. 국교를 수교한 다음 남북이 인적/물적 교류, 정보/통신의 교류, 학술/문화의 교류, 예술/체육의 교류를 하면 그게 통일로 가는 길이 아닌가. 바로 김대중이 통일의 개념을 새롭게 정립하였다는 생각이다.[285]

김대중이 1995년에 발표한 3단계 평화통일론의 사상적 기저에는, 두 가지가 핵심을 이루고 있다.

하나는, 민주주의/민중정치에 바탕 한 평화주의이고

둘은, 민족 동질성을 바탕으로 한 통일민족주의이다.

김대중의 평화주의는 "평화적 공존, 평화적 교류, 평화적 통일"이라는 '3대 평화주의' 원칙을 말한다. 김대중의 평화주의는 다른 지배자처럼 소극적 개

---

[285] 이만열, 《역사의 길, 현실의 길》(푸른역사, 2021) 12쪽에서도 같은 주장을 하고 있다.

념이 아닌 적극적 개념으로써 평화주의였다. 민족의 평화를 바탕으로 세계의 평화로 나간다는 평화주의였다. 그리고 평화주의의 바탕에는 독재정치/파쇼정치나 프롤레타리아독재, 국가주의 독재가 아닌 평화, 평등, 자유의 민주주의/민중정치를 바탕으로 깔고 있었다. 따라서 김대중은 민주주의/민중정치를 바탕으로 한 평화만이 세계인의 자유와 행복을 보장할 수 있다는 신념을 가지고 있었다. 그래서 그는 북의 땅을 밟으면서 평화를 이끌어 낼 수 있었다. 그리고 북의 '대량살상무기'의 파괴를 통한 세계의 핵무기를 무력화시키려는 의도도 가지고 있었다. 그것이 '동북아 다자간 안보협력체제'의 구상으로 나타났다.

김대중은 우리 민족문화의 동질성을 회복할 때만이 민족의 통일이 올 수 있다는 확신을 가지고 있었다. 글쓴이는 김대중의 이러한 민족 동질성을 바탕으로 하는 평화통일론을 일컬어 '통일민족주의'라고 이름을 붙였다. 김대중의 평화통일론은 북측이 주장하는 '우리 민족 제일주의'가 아닌 우리 땅 주변의 다른 민족과 함께 평화 세계를 구축해야 한다는 평화주의적 통일민족주의였다. 그래서 김대중의 평화통일론은 '우리 민족문화의 동질성 회복'을 기본 본질로 삼고 있다. 그리고 이러한 생각의 실천 강령으로 첫째 민주주의/민중정치 확립, 둘째 자유주의 실현, 셋째 평화주의 달성을 들었다.

지금까지 김대중이 최종적으로 정립한 1995년형 '3단계 통일론'을 역사적 의미에서 다시 한번 간략하게 정리하되, 긍정적 측면에서 살펴보기로 한다. 김대중의 3단계 통일 방안은,

첫째, 기본적으로 북측의 입장을 충분히 고려한 통일 방안이었다. 북은 남한의 흡수통일에 대한 우려를 가지고 있다. 그래서 남에 의한 제도 통일을 거부하였다. 북은 '지역 자치정부'(남북의 서로 다른) 체제의 존립을 보장하는

통일방안을 가지고 있다. 그것이 북에서 내놓은 낮은 단계 연방제 통일방안에서 점차 높은 단계의 연방제 통일방안으로 가자는 주장이다. 이를 우리는 수세적/방어적 통일 논리라고 말한다. 따라서 김대중의 통일방안, 또한 북의 수세적 통일 방안인 낮은 단계의 통일론에 대한 대응 전략에서 출발한 통일 전략이었다.

둘째, 민족문화 동질성 회복을 통한 평화통일론이었다. 김대중은 당시 "우리 민족은 반세기가 넘도록 단절됨으로써 위험할 정도로 이질화가 심각해졌습니다. 우리는 무엇보다 남북 간의 문화적 동질성 회복을 위해 노력하지 않으면 안 됩니다."라고 함으로써 민족문화 동질성 회복을 통한 민족의 '화해와 협력'을 강조하였다.[286]

셋째, 김대중의 통일방안은 민족자결의 원칙, 평화통일의 원칙, 주민 동참의 원칙을 바탕으로 하는 민족공동체를 수립하는 통일 방안이었다. 민족문화 동질성 회복을 통하여 하나의 민족이 실현되고 하나의 민족을 배경으로 하나의 나라를 수립하게 되면, '연방국가' 안에서 이념을 초월한 여러 개의 지역 자치정부(도道 단위의), 지역자치의회, 지역법원, 지역검찰/경찰제도를 갖는 독일식 하나의 민족, 하나의 국가가 완성하게 된다는 희망을 담은 통일 방안이었다.

라. 6·15 남북공동선언과 역사적 의의

김대중은 대통령 자리에 오르면서 '3단계 통일론'을 실천에 옮기기 위해,

---

286) 정진백 편,《金大中年代記1997-2000》5, 같은 책, 338쪽.

정부 내에 남북정상회담 추진위원회(위원장 박재규 통일부 장관)를 설치하고 준비를 하였다. 그리고 북측에 정상회담을 하자고 제의하였다. 북에서도 이를 받아들여 정상회담을 하기로 결정을 내렸다. 김대중은 남북정상회담이 성사되었다는 소식을 당시, 러시아 대통령 당선자 푸틴Putin(1952~현존)이 "남북정상회담 개최 축하" 전화를 걸어온 데서(2000.4.28.) 알게 되었다.

남북정상회담이 성사되면서 김대중은 북의 평양으로 가서 김정일과 만났다.(2000.6.13.~15) 이러한 사실은 우리 역사에서 '분단해방 이래 민족 제일 대 사건'이 된다. 두 정상은 악수를 하고 서로 통일 문제에 대하여 마음을 열고 대화를 나누었다. 김대중은 남북통일을 위한 대원칙을 북의 관계자들에게 설명하였다. 다음과 같이 요약해 본다.

첫째, 화해와 통일문제에 대하여 다음과 같은 입장을 밝혔다. "세계는 산업사회에서 지식정보사회로 전환됨에 따라 무한경쟁시대가 전개되고 있다. 우리도 민족의 생존과 번영을 위해 화해하고 냉전을 끝내야 할 때이다. 우리 민족은 교육과 정보화 기반이 튼튼하고 문화창조력이 강한 민족으로 지식정보화 시대에 최고의 발전과 융성을 이루기에 가장 알맞은 민족이다. 이제 우리는 화해하고 협력하여 공동의 발전과 번영을 이끌어 나가는 것이 중요하다. ...... 통일은 점진적, 단계적으로 추진해 나가야 하며 ...... 그러기 위해 남북 연합을 제도화하여야 한다."

둘째, 긴장 완화와 평화 문제에 대하여 다음과 같은 입장을 밝혔다. "남북은 서로 흡수통일과 북침, 적화통일과 남침에 대한 불안감을 갖고 있다. 그러나 사실은 모두 불가능하다. 전쟁은 민족의 공멸을 초래한다. 남의 입장은 분명하다. 남은 북침이나 흡수통일은 절대 추구하지 않는다. .... 불가침 문제를 다루기 위한 군사공동위원회를 개최하여 우발적 무력 충돌 방지 대책을 비롯한 군비통제 문제 등을 협의해 나가도록 하자. 남북문제를 풀려면 주변국과 협력하여 같이 풀어나가야 한다. 북이 속히 미국, 유럽 일본국가와 좋은 관계를 가지면 좋겠다. 우리도 노력하겠다. 북도 핵 문제 해결을 위한 제네바 합의를 준수하고 미국과 미사일 회담도 잘 진행하기 바란다. 한반도와 동북아 평화와 안보를 위해 남북이 미/일/러/중과 함께 6개국〈동북아안보협력기구〉를 구성하여 운영하자."(연 1997-2000, 448~459)

셋째, 구체적인 내용에서는 북측에 실질적인 도움을 줄 수 있는 남북 교류 협력 문제에 대하여 다음과 같은 의견을 비쳤다. "남북 관계를 잘 푸는 데는 경제협력이 중요하다. 우리는 정경분리 원칙을 가지고 있다. 끊어진 철도, 도로를 다시 잇자. 서해안 산업공단을 함께 건설하자. 금강산 관광 뿐 아니라 백두산 관광, 평양 관광 등 관광사업도 확대해 나가자. 남북경협을 원활히 추진해 나가기 위해 투자보장 등 경협합의서를 서둘러 체결하자. 2002년 월드컵에 북측이 참여해 달라. 이 기회에 경평축구도 부활하자. 시드니 올림픽도 공동 입장하자. 체육 사회, 문화, 학술, 보건, 환경 등 모든 분야에서 교류, 협력을 활성 해나가자.

넷째, "8·15 광복절을 기해 이산가족 상봉을 실시하자."

로 요약해 볼 수 있다.(자 2, 267 - 269)

이러한 대화 주제를 놓고 의견들이 오가며, 남북의 통일을 염원하는 마음들이 한데 모여 〈6·15 남북공동선언〉(6·15선언)이 나오게 되었다. 그리고 6.15선언과 함께 김대중의 햇볕정책은 본격적으로 추진되었다. 그러면 여기서 6·15선언에 대한 역사적 의의를 살펴보기 전에 후광학의 한 분야로써 김대중의 통일철학을 북측의 통일 방안과 비교하여 살펴볼 필요가 있다.[287]

---

287) 〈6.15남북공동선언〉 관련 역사적 사실은 《김대중자서전》(삼인,2011) 276~298쪽에 당시 상황이 자세히 그려져 있다. 또 북조선에서 김대중의 인사말, 연설문 전문은 정진백 편,《金大中年代記 1997-2000》5, 같은 책, 445~453쪽에 자세히 나와 있음.

1) '분단해방 이래 민족 제일대 사건' : 남북정상의 만남

앞에서도 이야기했지만, 김대중은 중국 근대 변혁기 캉유웨이의 삼세진화론三世進化論의 이치와 맞아떨어지는 통일철학을 가지고 있었다. 현실을 인정하지 않는 어떤 통일철학도 우리 땅의 분단 현실을 극복할 수 없다고 본다. 이제 김대중의 통일철학을 살펴보자.

1) 민족 통일은 자주적, 평화적으로 해야 한다는 '자주평화주의'에 기초한 통일사상이다.

2) 시계열상 발전이론을 적용한 점진적 통일론이었다. 남북이 '당장의 통일'로 나가는 것은 어렵다는 인식 아래, 평화공존과 평화적 교류를 통하여 통일을 향한 분위기를 먼저 만들어 간다는 점진적 통일사상이다.

3) 민족 통일은 갑작스런 흡수통일/적화통일이 아닌 통일목표를 세우고 화해와 '협력주의'를 바탕으로 한 통일사상이다.

이러한 통일원칙을 가지고 김대중은 통일 여정을 3단계로 나누어 추진하는 게 바람직하다고 보았다. 곧 통일운동 과정은 남과 북이 서로 적대 관계를 해소하는 데서 출발해야 한다는 기본 입장이었다. 이는 화해를 바탕으로 한 상호협력(경제)을 추구하면서 서로의 경제 수준을 향상 시키면, 상호 신뢰를 쌓아나갈 수 있다는 인식이었다. 따라서 '통일 조급증'과 '통일지상주의'를 배격하였다.

그래서 김대중은 통일에 걸리는 시간을 10~20년으로 보았다. (이에 비하여 김정일은 40~50년으로 보았다.) 통일 과정은 남북이 공동 관리하면서 '남북연합' 체제를 구축해 나간다는 안이었다. 이에 대하여 북은 '중앙연방제'로 나왔다. 중앙연방제는 김일성이 '조국통일 5대방침'(1973. 6. 23)에서 제시한 고려연방제/고려연방공화국 통일방안이었다. 북의 고려연방제의 핵심은 '1민족 1국가 2제도 2정부'를 지향하는 '고려연방공화국'으로 나가는 내용이다. 곧 단일국호 아래 '남북연방국가'로 통일하자는 방안이었다. 1970년대 북의 고려연방제 통일방안은 1980년대 와서 통일 조국의 국명을 '고려민주연방공화국' 高麗民主聯邦共和國으로 고쳤다.(1980.10)

이 남북의 두 통일방안의 차이점은 〈6·15공동선언〉에서 공통 방안을 모색하게 된다. '배타적 자주'가 아닌, '열린 자주'의 통일을 강조하게 된다. 김대중은 우리의 통일문제는 민족 내부적 문제이면서 동시에 국제적 문제로 인식하였다. 곧 정전협정을 평화조약으로 바꾸기 위해서는 정전협정의 당사자인 중국과 미국의 협조가 필수적이라는 인식을 나타냈다. 따라서 김대중의 통일사상이자, 신념은 우리 영토 주변의 4대국과 공조 체제를 통하여 통일 조국을 이끌어 내야 한다는 통일철학에서 비롯된다.

이는 곧 독일의 통일 과정에서 두 독일의 의지(동,서) + 전승국(미국, 영국, 프랑스, 소련) 4개국(2+4)의 협조로 통일을 이루어 냈듯이, 우리도 두 한국의 의지(남북)+ 미국, 소련, 중국, 일본의 협조(2+4)로 통일을 해 나가자는 통일철학이었다. 그리고 김대중은 통일 과정에서는 경제문제도 중요하다는 생각을 가지고 있었다. 따라서 '민족경제공동체'를 구성하여 경제를 발전시키는 동시에 군비 통제를 통한 통일 과정을 실질적으로 만들어가야 한다는 통일철학을 보였다.(대 3, 574) 이러한 통일철학을 바탕으로 김대중은 다음과 같이 말했다. "남과 북은 만나야 합니다. 북의 값싼 노동력과 우리의 투자가 합쳐지면 양쪽 모두에 득입니다. 북한이 핵확산금지조약(npt)에서 탈퇴하였습니다. 그 타결안으로 북은 핵을 포기하고, 미국은 북한과 관계 개선에 나서야 합니다."(자 1, 583-584)

김대중은 대통령이 되고 나서 그의 '3단계 통일방안'의 실천을 위해 북에 특사(국가정보원장 임동원)를 보냈다. 이어 김대중이 북쪽 땅 평양으로 가서 김정일을 만나게 된다.(2000. 6.13) 드디어 분단국가의 남북 정상들이 분단

55년 만에 만났다.

두 정상의 만남은 '분단해방 이후 민족 제일대 사건'이다. 두 정상은 기탄없이 민족의 통일방안에 대하여 의견을 주고받았다. 김정일은

첫째, 민족자주 의지를 천명하고

둘째, 연방제 통일을 지향하되 당면하게는 낮은 단계의 연방제부터 하자는 데 합의하고,

셋째, 남북 당국 간 대화를 즉각 개시하여 정치/경제/사회문제를 풀어나가는 것으로 합의하자고 제안하였다.

이에 김대중은 '2 체제 연방제' 통일 방안은 수락할 수 없다고 하였다. 그리고는, 남북 연합제는 통일 이전 단계에서 '2 체제 2 정부'의 협력 형태를 말한다고 설명하였다. 이에 김정일은 연합제 방식은 '낮은 단계의 연방제'라고 연방제를 고집하였다."(자 2, 271) 김대중은 한참 숙고하였다. 자신의 인식이나 김정일의 인식은 모두 같은 공통점이 있다고 보았다.

김대중은 전광석화電光石火 같은 무엇이 머리에 스치고 지나감을 느꼈다. 미국이 일본 보호를 위해 우리 땅에 대한 '분단 고착화 정책'을 버리지 않는 한 북은 계속하여 대량 살상무기 생산을 중단할 수 없다. 무기 경쟁이 계속되는 한, 우리 땅의 통일은 어려울 수밖에 없다. 북은 이 점을 문제 삼고 있다고 보았다. 그래서 김정일이 "당사자끼리 통일문제를 해결하자."고 주장하는 데에는 이유가 있었다.

이어서 남북 경제 협력 문제에 대하여 논의가 있었다. 김대중은 "북에 산업공단을 설치하되 신의주보다 해주 같은 곳이 좋다고 본다.[288] 그리고 경의선 철도 연결과 복선화複線化가 이루어지면 북도 수익을 얻게 되고, 남도 물류

---

[288] 김대중은 산업공단을 신의주나 해주로 하자, 김정일은 개성으로 하자고 하여 개성공단이 추진되었다.

비용이 절감된다. 끊어진 민족의 대동맥을 연결하는 상징성을 갖게 된다. 더 나아가 유럽으로 철도가 연결되면 한반도가 물류 중심지가 된다."고 말하자 김 위원장은 산업공단 건설과 경의선 철도 연결 등 경제 협력사업을 추진하되, 현대現代와 합의에 따라 진행하겠다.(자 2, 272)는 답변을 했다. 이 말의 뜻은 자주 바뀌는 남한의 정권이 아닌, 지속적인 협력을 할 수 있는 민간기업과 상의하겠다는 의미를 담고 있었다.

이러한 김 위원장의 우려는 김대중과 노무현의 정권이 끝난 이후, 대한민국 정치권에서 여실히 보여주었다. 대한민국 음陰의 정치세력(민족문제에 대한 양심이 없는)들이 결국 반통일적 정책 노선으로 되돌리는 바람에 통일의 무지개다리는 다시 수면 아래로 잠기고 말았다. 여하튼 평양에서 자리를 함께한, 두 정상은, 이틀간의 논의 끝에 결국 민족의 동질성을 회복하면서 민족통일을 이루어야 한다는 인식 아래 〈6·15 남북공동선언〉(6·15선언)을 이끌어 냈다.

"이는 반세기에 걸친 적대와 냉전의 장벽을 헐고 교류/협력의 물꼬를 텄다."고 김대중은 술회하였다.(대 2, 192; 대 5, 321) 신채호가 묘청의 서경천도 운동을 "朝鮮歷史上, 一千年來, 第一大事件" 조선역사상 일천년 이래 제일 대사건"이라고 하였다면, 글쓴이는 김대중과 김정일이 이룩한 6.15선언을 "분단해방 이래 민족의 제일대 사건"이라고 표현하고 싶다.

2) 6·15선언과 역사적 의의:

이제 6·15 공동선언문을 다시 음미하면서 6.15선언의 역사적 의의를 살펴보자.

6·15남북공동선언문

조국의 평화적 통일을 염원하는 온 겨레의 숭고한 뜻에 따라 대한민국 김대중 대통령과 조선민주주의인민공화국 김정일 국방위원장은 2000년 6월13일부터 6월15일까지 평양에서 역사적인 상봉을 하였으며 정상회담을 가졌다. 남북 정상들은 분단 역사상 처음으로 열린 이번 상봉과 회담이 서로 이해를 증진시키고 남북 관계를 발전시키며 평화통일을 실현하는 데 중대한 의의를 가진다 고 평가하고 다음과 같이 선언한다.

1. 남과 북은 나라의 통일문제를 그 주인인 우리 민족끼리 서로 힘을 합쳐 자주적으로 해결해 나가기로 하였다.
2. 남과 북은 나라의 통일을 위한 남측의 연합제 안과 북측의 낮은 단계의 연방제 안이 서로 공통성이 있다고 인정하고 앞으로 이 방향에서 통일을 지향시켜 나가기로 하였다.
3. 남과 북은 올해 8.15에 즈음하여 흩어진 가족, 친척 방문단을 교환하며, 비전향장기수 문제를 해결하는 등 인도적 문제를 조속히 풀어나가기로 하였다.
4. 남과 북은 경제협력을 통하여 민족경제를 균형적으로 발전시키고, 사회, 문화, 체육, 보건, 환경 등 제반 분야의 협력과 교류를 활성화하여 서로의 신뢰를 다져 나가기로 하였다.
5. 남과 북은 이상과 같은 합의사항을 조속히 실천에 옮기기 위하여 빠른 시일 안에 당국 사이의 대화를 개최하기로 하였다.

김대중 대통령은 김정일 국방위원장이 서울을 방문하도록 정중히 초청하였으며, 김정일 국방위원장은 앞으로 적절한 시기에 서울을 방문하기로 하였다.

2000년 6월 15일

대 한 민 국	조선민주주의인민공화국
대 통 령	국 방 위 원 장
김 대 중	김 정 일

6·15선언의 역사적 의의

6·15선언의 발표는 우리 민족 전체 민인이 흘리는 기쁨의 눈물이 강을 이루고, 바다를 이루는 순간이다. 분단해방 이후, 오랜 세월 분단 민족의 작은 염원의 조각들이 만나 당면當面의 필연을 만들어냈다. 기쁨의 눈물을 훔치면서 6·15 선언문을 분석해 보자. 그리고 6·15선언의 역사적 의의가 무엇인지 살펴보기로 하자.

다음에도 이야기가 되겠지만, 6·15선언문 두 번째 조항에서 보듯, "남측의 연합단계와 북측의 낮은 단계 연방 제안이 서로 공통점이 있다(는 점을) 인정하고 앞으로 이 방향에서 통일을 지향하기로 하였다"라는 내용을 담고 있다. 이는 김대중의 3단계 통일방안 중 1단계인 '남북연합'이 인정되었음을 뜻한다. 곧 남과 북이 상호 독립 국가로서 협력기구를 제도화하자는 것이 골자다. 이는 남북연합 정상회의, 남북연합회의(국회), 남북연합 각료회의 등을 통해 교류를 넓혀 가는 단계를 말한다. 국방 및 외교권은 남북의 지역 정부가 각각 소유하는 '1 민족 2국가 2 체제 2 정부'를 뜻한다.

반면에 북측은 '완전한 고려연방제' 달성에 앞서서 잠정적으로 '느슨한 연방제'(선先남북공존, 후後연방통일)로서 국방과 외교권을 당장은 지역 정부가 갖되, 점차 중앙정부로 귀속시킨다는 '1 민족 1 국가, 2 체제, 2 정부'를 뜻한다. 남한의 '2 국가론'과 북조선의 '1 국가론'은 서로 다른 입장을 가지고 있었지만, 남북이 상호 체제 공존을 인정하였다는 점, 그리고 종국에는 통일 민족을 성취한다는 공통점이 담겨 있다. 당장의 체제와 이념이 다른 두 국가가 상호 인정을 하였다는 것은, 남의 '승공통일주의'와 북의 '적화통일주의'가 모두 역사 속으로 사라졌음을 의미한다. 그리고 최종적으로는 김대중의 남북 연합을 통한 통일의 가능성을 열어두었다는 점에서 상당히 의미 있는 선언이 된다. 이러한 이해를 바탕으로 6·15선언의 역사적 의의를 우리 역사에 남겨보자.

첫째, 6·15선언은 우리 땅/민족 분단의 역사를 조속히 종결짓게 되는 분기점 역할을 하였다. 우선 분단 55년 만에 남북의 두 정상이 만났다는 데에 역사적 의미를 부여할 수 있다. 대한민국 대통령 김대중과 조선민주주의인민공화국 국방위원장 김정일이 선언문에 공식 서명한 것은 두 개의 나라 이름과 그 나라를 대표하는 최고 직위를 명시한 셈이다. 이것은 남과 북의 정치적 실체인 두 개의 주권 국가를 상호 인정한다는 의미가 된다. 김대중의 '연합제' 안과 북의 '낮은 단계의 연방제' 안은 모두 현 상태의 남북 두 정부의 정치/외교/군사권을 비롯한 체제(제도)와 이념, 사상 등에 대한 상호 인정과 존중을 전제로 하고 있다. 즉 통일의 두 축을 역사적으로 다른 민족으로 구성된 '나라와 나라 사이의 관계'가 아닌, 같은 민족으로 구성된 나라와 나라 사이의 '민족 내부의 특수한 관계'로 설정하였다.[289]

둘째, 남북정상회담과 6·15선언은 대내, 대외의 우리 민족 통일을 방해 내지는 반대하는 세력들의 힘을 약화 시켰다고 볼 수 있다. 곧 민족 통일을 우리 손으로 해낼 수 있다는 희망과 용기를 주었다. 6·15회담 이전에는 민족 내

---

289) 장창준, 《정세동향/남북정상회담과 615공동선언을 다시 본다.》 54(2003.11)

부적으로, 그동안 우리 땅은 통일문제를 둘러싸고 염원하는 세력(도덕적 양심 세력)과 반대하는 세력(부도덕한 비양심 세력)이 첨예하게 대립하고 있었다. 곧, 두 세력이 힘의 대결을 벌이고 있었다. 하나는 대한민국 사회에서 사회적 우위를 점하고 있는 친일파 및 일제옹호세력 + 반공독재권력 + 반反소/반중세력 + 보수우익세력 + 반통일세력 + 미국에 대한 자발적 노예세력=(친)독재권력을 옹호하는 부도덕한 주류이다. 다른 하나는 이에 대립/저항하였던 친일파 배척세력 + 평화민주세력 + 자율/친親주체세력 + 진보/자주세력 + 통일염원세력 + 국방주권 반환 요구세력= 반미자주독립 추구 세력은 독재권력에 대하여 저항/투쟁하였던 도덕적 주류이다. 도덕적 주류를 일반적으로 민주화세력(민중정치 추구 세력)이라고 부른다. 6·15선언은 이 두 사회세력의 대립 관계를 중화시켰다고 볼 수 있다.

셋째, 6·15선언은 우리 땅에 분단국가 고착화를 획책해 오던 미국의 반통일 전략을 일거에 무너트리는 결과를 가져왔다. 민족외적民族外的으로 우리 민족 통일을 방해하는 세력으로 미국과 일본이 있다. 일본과 미국은 우리 민족의 분단을 고착화시켜 민족 통일을 이루지 못하게 음모하고 있는 나라들이다. 이들 나라는 우리 땅과 우리 민족의 통일을 적극적으로 방해하고 있는 외세다. 특히, 미국은 자기네 국익을 위해 우리 땅에 분단형 해방을 가져다준 사악한 나라다. 이것도 모자라, 대한민국에 분단 권력이 정권을 잡도록 늘 견인해 왔다. 심지어 군부의 살인 독재 세력까지 지원하였다. 이를 통하여 분단 권력(부도덕한 주류)들이 반공 정책을 유지하면서 북과 대립하도록 늘 부추겨 왔다. 그동안 미국의 우리 민족에 대한 통일방해 공작 때문에 남과 북은 같은 민족이면서도 시간이 갈수록 적대적 골만 깊어 갔다.

이렇듯, 우리 민족 남과 북은 그동안 미국 등 외세가 가지고 노는 장난감에 불과하였다. 그래서 저들의 음모와 함정에 빠져 서로 원수처럼 지내왔다. 그러나 이제 6·15선언은 우리 민족이 더 이상 외세가 갖고 노는 장난감이 아니라는 사실을 확실하게 보여주었다. 곧, 미국에 의해 우리 땅에 형성되어 왔던 '조선민주주의인민공화국 대 미국'의 대결 구도를 한꺼번에 날려 버렸다. 이는 아시아에서 새로운 힘의 대결 구도를 우리가 만들어냈다는 뜻이다. 미국과 일본을 한 축으로 하는 힘과 우리 민족 남북이 한 축을 이루는 힘이다. 여기에 중국과 러시아가 우리 민족의 통일작업을 지원해 주는 형세가 되었다. 이러한 우리 민족을 둘러싼 힘의 균형의 이동은 동아시아에 끝까지 남아 있던 냉전 질서를 완전히 해체 시켰다고 볼 수 있다.

넷째, 6·15선언은 남북의 적대관계를 신의信義관계로 전환시켰다. 남북 두 정상 간의 화해와 협력을 통한 통일 과정을 밟기로 한 합의는 상호전쟁은 절대 하지 않겠다는 선언이다. 그동안 남에서는 추잡한 반공 독재 권력과 파렴치한 분단 세력들이 민족 분단을 권력 장악에 이용해 왔다. 선거가 없을 때도 물론이지만, 선거가 있을 때는 더욱 심하게 북으로부터 "전쟁 징후가 보인다.", "전쟁 가능성이 있다."는 등 전쟁 공포 분위기를 늘 조성해 왔다.[290] 곧 북의 남침과 전쟁 위협이 있다는 헛된 소문(북풍北風/이념몰이)을 조작하여 반공독재 권력을 세습해 나갔다. 민족 분단의 서글픔을 권력 유지에 악용해 온 '사악한 영혼'들이었다. 6·15선언은 남북 사이의 신의를 바탕으로, 부도덕한 세력들이 민족 분단을 이용하여 권력 유지/장악하려는 한심한 농간과

---

[290] 15대 대통령선거 때 일이다.(1998.12.18.) "제15대 대통령선거가 목전에 다가온 12월 10일, 한나라당 대통령 후보 이회창李會昌 진영이 지지율을 높이기 위해,중국 베이징에서 장석중, 오정은, 한성기 등이 북측의 조선아시아태평양위원회 박충 참사관을 만나 판문점에서의 무력 시위를 부탁하였다."(연 1997-2000, 5쪽) 이를 총풍사건銃風事件이라고 한다.

음모를 사라지게 만들었다.

다섯째, 6·15선언은 독재 권력들에 의해 금기시 되어왔던 민간의 통일운동이 대중화될 수 있는 여건을 마련해 주었다.[291] 이로써 통일을 바라지 않는 최소한의 부도덕한 분열주의/분단주의 세력을 제외하고는 7천만 모두를 민족대단결과 조국 통일의 광장으로 모아냄으로써 조국 통일을 이룩하기 위한 결정적 힘을 확보하였다. 이렇게 6·15선언은 민간 통일운동이 더욱 대중화될 수 있는 필수조건을 마련해 주었다. 이는 또한 남북통일의 장애물인 대한민국 헌법 제3조(대한민국의 영토 범주)와 국가보안법의 개폐 필요성에 대한 충분조건이 마련되었다고 볼 수 있다.

여섯째, 6·15선언은, 우리 민족의 통일운동을 방해/음해하고 있는 미국에게 경고를 주었다. 미국은 우리 땅의 분단을 영속화하기 위하여 북에 대해서는 '고립압살정책'을, 남에 대해서는 '지배예속정책'을 지속적으로 추구해 왔다. 6·15선언은 우리 민족을 분단시킨 것도 모자라서 분단 고착을 통하여 자국의 이익만을 도모하려는 미국을 향해 우리 민족의 자존심을 보여주었다. 우리 민족의 주체성과 자주성을 미국에 보여준 쾌거였다. 더 이상, 미국이 우리 땅과 민족에 대한 고착화 음모를 꾸미지 말라는 메시지를 전해 주었다고 볼 수 있다. 이는 곧바로 민족 내부에 잠재되어 있던 반미감정을 표출시키는 계기도 만들어주었다.[292]

---

291) 김서원, 《정세동향/우리민족 대 미국의 대결 구도에서 남북공동선언을 다시 본다》 54(2003.11)
292) 6·15공동선의 역사적 의의는, 황보윤식, 《人文硏究/6.15남북공동선언의 의미와 국가보안법 철폐의 필연성》 33.34합集(仁荷大學校人文科學硏究所, 2003.12) 108쪽의 내용을 일부 수정/보완한 내용이다.

6·15선언에 대하여 글쓴이가 대한민국의 선한 의지를 가진 사람들과 함께 바라본 역사적 의의에 대한 평가 이외에 북에서 부여한 역사적 의미도 살펴볼 필요가 있다.

첫째, "우리 민족끼리" 즉 남과 북, 그리고 해외 민족까지 힘을 합쳐 자주적으로 민족의 통일시대를 개척해 나갈 것을 선포한 민족자주선언이며, 우리 민족 공동의 이정표를 확인하고 남북이 함께 통일의 길에 들어섰음을 알리는 통일지향선언이다. 615공동선언의 "우리 민족끼리"는 민족 자체의 주체적 역량에 의한 통일이라는 민족자주이념을 의미한다. 그리고 "조국통일의 주체는 우리 민족이며 나라의 통일에 절실한 이해 관계를 가지고 있는 것도 우리 민족이다." 따라서 "우리 민족의 자주통일은 통일의 주인인 전체 조선 민족의 대단결 과정이며 온 민족의 대단결은 북남 사이의 내왕과 접촉/협력과 교류를 발전시켜 나가는 과정에서 이루어진다."

둘째, 6·15선언은 애국애족이다. "6·15선언은 조선 반도의 평화를 수호하기 위한 유력한 무기이다. 공동선언 전반에 관통되어있는 "우리 민족끼리"의 이념은 이 땅에서 운명을 같이 해야 할 민족성원들이 사상과 제도, 신앙과 정견의 차이를 초월하여 힘을 합치고 단결된 힘으로 외세의 전쟁 책동을 짓부실 수 있게 하는 애국의 이념이다."

셋째, 내외의 반통일, 분열세력의 책동에 맞서 우리 민족의 통일의지를 과시하였다. 20세기의 민족사의 수난(사대와 망국, 외세의존과 민족분열)에 종지부를 찍고 새 세기 우리 민족의 위대한 역사(조국통일과 민족번영)가 펼쳐진다는 것을 세계에 선포한 일대 역사적 선언이다. 즉 조국통일의 확고한 이정표를 마련하였다.

넷째, 새 세기에 우리 민족끼리 나라의 통일 문제를 자주적으로 해결하기 위한 대강을 마련하고 그 실현을 위한 투쟁을 힘있게 벌일 수 있게 되었다. 바로 자주통일의 대강, 21세기 통일의 대강이 마련됨으로써 우리 민족은 외세와 반통일 세력들의 도전을 물리치고 우리 민족의 단합된 힘으로 조국통일을 앞당기자.

다섯째, 615공동선언으로 세계의 모든 나라 진보적 인류가 이 공동선언을 적극적으로 지지하고 연대성을 보여줌으로써 조국통일의 위업을 더 빨리 실현할 수 있는 유리한 국제적 환경을 마련하였다. 북과 남 해외의 우리 민족이 자체의 힘으로 조국통일을 실현해야 한다는 것을 선포한 역사적 선언이다.

이렇게 6·15선언은, 남의 '반공반북'과 북의 '미제국주의 괴뢰정권'이라는 분단이데올로기를 무너뜨렸다고 볼 수 있다. 이러한 분단이데올로기의 붕괴는 '같은 역사 문화를 갖고 있는' 민족이라는 인식을 바탕으로 민족대단결 의식을 갖게 만들었다. 이로써 전 민족의 통일역량이 강화되는 계기가 되었다. 통일역량의 강화는 7천만 민족 모두를 민족대단결과 조국 통일의 광장으로 모아내는 결정적 힘을 확보해 주었다. 곧 남북 공동의 자주성과 주체성을 보여주었다.

또 6·15선언으로 남과 북이 화해/협력의 길, 평화통일의 새 시대로 들어선 오늘날 주한미군에 대한 인식도 바꾸어 놓았다. 곧 한국을 지켜주는 고마운 존재라는 왜곡된 인식에서 자국의 이익이라면 무슨 짓을 할지도 모르는 깡패 같은 존재라는 인식이다. 대한민국의 사람들은 이제까지 미국을 대한민국의 민주와 자유를 지켜주는 고마운 동맹국이라는 미신을 갖고 있었다. 그러나 6·15선언 이후는 미국/주한미군은 대한민국의 국방 주권과 생존 주권/자주 주권을 틀어쥐고 우리 민족의 생존을 위협하는 존재, 민족 통일의 훼방꾼이었다는 인식을 갖게 해주었다. 이로써 한국의 민중들에게 반미 정서가 비약적으로 확산/발전되었다.

3) 6·15선언과 미국이라는 존재

6·15선언과 함께, 일기 시작한 반미 정서는 우리 민족 전체의 공멸을 가져올 수 있는 미국의 대북전쟁 계획에 대하여 성찰해 볼 수 있는 시간을 만들어주었다. 반미 분위기는 미국에 대하여 "전쟁 반대, 조미불가침조약 체결"을 요구함으로써 민족의 생존권과 자주권을 수호하기 위한 밑거름을 놓게 되었다. 6·15선언은 우리 땅에서 평화를 정착시키기 위한 최대의 선결과제는 미국을 극복하는 일이라는 것을 일깨워주었다.[293] '반미자주' 없이는 평화도 없고 평화가 없으면 통일도 없다는 인식이 크게 부각되었다. 6·15선언이 이렇게 미국에 대한 거부감을 확산시키면서 반미정서는 2001년에 21.7%에서 2003년 4월에는 41.9%로 증가하였다.(한국일보, 2003.4.10일자) 반미의식의 반사적 영향으로 북에 대한 친근감도 급속히 확대되었다. 그리하여 청소년 90%가 북의 주민을 '가까운 친구', '한동네 이웃'으로 받아들일 수 있다는 반응이 나타났다.(중앙일보, 2003.1.10.일자)

민족을 바라보는 이러한 인식은 즉각 현실로 나타났다. 당시 경기도 양주군에 있는 한 여자중학교 2년생 신효순과 심미선(모두, 1988년 생)을 주한미군의 장갑차(미 육군 장갑차 M60 AVLM 공병 장갑차)가 도로변에서 참혹하게 압살하는 사건이 일어났다(2002. 6.13, 경기 양주) 이에 대항하여 연인원 수백만 명의 한국 시민이 2년에 걸쳐 집회와 촛불시위를 함으로써 "적어도 미국에 대해 당당한 나라", "이제는 자주의 나라"를 미국에 인식시켰다. 또 2002년 미국의 대통령 부시가 북조선을 "악의 축"으로 규정하고 이어서 2003

---

[293] 최규엽,《정세동향/2003년정세와 자주평화운동의 과제》54 (2003.11.)

년 미국이 이라크에 대한 야수적인 침략이 있었을 때 한국의 민중들은 '반전평화운동'을 일으켰다. 이렇듯 반미자주화 투쟁은 6·15선언에서 나온 자주이자 주체의 힘이었다고 볼 수 있다.

이에 대하여 미국은 6·15선언에 대하여 방해 공작으로 나왔다. 2001년 러시아 대통령 푸틴의 방한 때 미국의 대외군사전략인 'MD정책'(미사일 방어정책)에 어긋나는 'ABM협정'(미/소간에 체결된 탄도탄 요격미사일 제한 조약) 유지에 찬성한 점, 그리고 남한 단독으로 '대북전력지원계획', '남북평화선언계획'을 추진하려 하자 미국이 이를 저지한 점 등이다. 그렇지만 대한민국의 김대중은 6·15선언을 통하여 한국이 더 이상, 미국의 대리인일 수 없다는 주체성을 분명히 보여주었다고 할 수 있다.[294]

앞에서 말한 바와 같이, 6·15선언은 역사적으로 대립의 골이 두꺼운 얼음장처럼 얼어붙었던 우리 민족, 남과 북의 적대감을 녹여주었다. 북의 조명록 국방위원회 제1위원장이 6·15선언이 있는 그날 바로 오찬에서 "이번의 국방위원회 김정일 위원장과 김 대통령이 뜻깊은 상봉을 하시고 민족 앞에 북남선언을 천명해 통일의 이정표를 세운 것은 겨레의 기쁨과 희망을 던져주었습니다. 북남 사이에 형식적인 장벽이 있고, 군대가 대치하고, 총포도 겨누고 있는 엄혹한 정세입니다. 그러나 모든 것을 천리혜안으로 민족이익을 첫째로 해, 민족 이익과 자주권을 생명으로 지켜 두 분의 도량으로 민족 앞에 역사적 결단을 내려 주었습니다……북남선언을 성의있게, 신의있게 실천합시다."라 한 것처럼 남북관계가 적대관계에서 신의관계로 전환하였다.

결국 6·15선언은 미국의 전략에 의하여 오래도록 남아 있던 동북아시아의

---

[294] 김서원, 앞의 글(2003. 11.)

냉전 질서를 해체 시키고 이 지역에 평화와 친선 그리고 경제적 번영을 약속하였다. 이후 미국이 '제네바 합의'를 파기하고 '북의 핵'을 문제 삼아 북을 붕괴시키려고 한 전략도 6·15선언으로 나타나기 시작한 동아시아의 새로운 외교 질서에 불안을 느낀 미국의 비열한 전술에 불과한 것으로 드러났다. 그렇지만 6·15선언은 남과 북의 정치, 외교, 사회, 문화면에 커다란 영향을 주었다. 곧 〈북미공동코뮈니케〉(US-DPRK Joint Communique)의 채택(2000. 10.12), 최초 〈북일정상회담〉(2002. 9. 17) 등, 그리고 이후에도 계속하여 북과 평화를 모색하는 〈9·19공동성명〉(노무현, 2005.), 〈10.4 남북정상선언〉(노무현, 2007.), 〈4.27 판문점 선언〉(문재인, 2018.) 등 발전적인 남북관계의 진전을 보여주었다.

6·15선언 이후, 매년 남과 북에서 기념행사가 열렸다. 그러나 반통일/반민주 세력이요, 수골守骨 세력[295]인 부도덕한 주류들은 6.15선언이 북의 연방제에 먹히는 선언이라고 비난하였다. 결국 이명박, 박근혜가 권력을 장악하면서 6·15선언을 무효화시키고 말았다. 이에 대하여 김대중은 다음과 같이 비통해했다. "이명박이 북과 화해/협력의 국면을 전면적으로 폐쇄했다. 한국이 앞으로 융성하려면 인종, 문화, 이념의 순혈주의에 빠져서는 안 된다. 조선왕조에 이르러 유별나게 파벌적 순혈주의(당파), 종교적 순수성(배불숭유)이 두드러진다. 그래서 시대 흐름에 능동적으로 대처하지 못하고 국력은 쇠약해졌다."(자 2)라고 비통해 했다. 민족의 비극이었다. 여기에다 또다시 반통일세력 윤석열이 현재 국정 책임자가 되면서 대한민국의 역사를 짓밟은 침략기지 용산에다 둥지를 틀었다는 것은 또 하나의 비극이 아닐 수 없다. 이로써 민족 통일의 시간은 김대중이 말한 10년이 아닌 100년 뒤로 미뤄지게 되는

---

295) 수골守骨세력: 수구세력+골통세력의 줄임말임.

게 아닌가 하는 생각이 든다.

마. 햇볕정책

6·15선언이 나오고 나서 김대중은 북에 대하여 본격적인 햇볕정책을 펴기 시작한다.[296] 햇볕정책(the Sunshine Policy; 陽光政策; 太陽政策)이라는 용어는 김대중이 대통령이 되기 전부터 평소 써왔던 용어지만, 공식적으로 대북 관련 정치 용어로써 처음 쓴 것은, 영국을 방문했을 때 런던대학교에서 행한 연설에서다.(1998.4.3.)[297] 햇볕정책이라는 말은 대북유화정책/대북포용정책(engagement policy)' / '대북화해협력정책' 이라는 뜻이다. 이러한 여러 뜻 가운데 김대중은 '대북화해협력' 에 의미를 더 두었다. 곧 그가 협화주의자/평화주의자였기 때문이다.

김대중이 말하는 햇볕정책의 기본조건은 대한민국의 민주주의/민중정치의 확립과 강건한 안보태세를 바탕으로 한다. 그래서 김대중은 기회 있을 때마다, 햇볕정책의 성공을 위하여 반공독재가 아닌 민주주의의 확립이 중요하다고 강조하였다. 햇볕정책은 남북 관계 개선을 통하여 북이 스스로 변화할 수 있도록 유도해 나가는 정책인 만큼 시혜적 차원과는 성질을 달리 한다

햇볕정책이라는 용어는 김대중이 2,500년 전 그리스의 아이소피카Aesopica(이솝)가 지은 이솝우화에 나오는 〈북풍과 태양〉에서 영감을 받았다고

---

296) 햇볕정책은 공식적으로는 6.15선언 이후이지만 정주영 현대그룹 명예회장의 북한 방문(1998. 6.16/10.26.), 금강산 관광 사업(1998.11.18.) 등이 이미 6·15선언 이전부터 실시되고 있었다. 본격적 햇볕정책은 개성공단의 조성(2000.8.9.)에서 볼 수 있다.
297) 정진백 편《김대중연대기/1997-2000》, 같은 책, 81쪽.

한다. 우화에서 보면, "길 가던 나그네의 외투를 벗긴 것은 강풍이 아니라 햇볕"이라는 내용을 담고 있다. 마찬가지로 남북 관계도, "냉전의 찬바람이 아니라 화해의 따뜻한 햇볕을 비추자."는 뜻의 햇볕정책을 내놓게 되었다고 한다. 곧 북풍의 신은 결코 분단의 망토를 벗길 수 없다고 하였다. 태양의 신만이 분단의 망토를 벗길 수 있다고 신념이다.[298]

김대중은 노태우 집권기 나온 '남북기본합의서'(1991.12.13.)에서 합의한 대로 남북관계를 "나라와 나라 사이의 관계가 아닌 통일을 지향하는 과정에서 잠정적으로 형성되는 특수 관계"로 인정하고, 화해/협력/불가침의 평화공존을 지향하는 화해/협력 정책을 추진하겠다고 공언을 했다. 김 대통령은 취임사에서 다음과 같이 천명했다.(1998.2.25.) "북한에 대해 당면한 3원칙을 밝히고자 합니다.

첫째, 어떠한 무력도발도 결코 용납하지 않겠습니다.

둘째, 우리는 북한을 해치거나 흡수할 생각이 없습니다.

셋째, 남북 간의 화해와 협력이 가능한 분야부터 적극적으로 추진해 나갈 것입니다. 그런 시기가 왔습니다. 그런 시대를 열겠습니다.(중략) 저는 남북기본합의서에 의한 남북 간의 여러 분야에서의 교류가 실현되기를 바랍니다. 우선 남북기본합의서의 이행을 위한 특사의 교환을 제안합니다. 북한이 원한다면 정상회담에도 응할 용의가 있습니다."(자 2, 37)[299]

이와 같이 김대중은 1950년대부터 이승만, 박정희, 전두환 등 반공 독재자들이 북을 반국가단체/국적國賊/이념적 적敵(악의 축) 등 적대 세력으로 규정하고 대응하였던 반공주의 정책을 거둬들였다. 김대중에게 있어서 북은 국

---

298) 김대중,《김대중전집II》14, 같은 책, 822쪽 참조.
299) 정진백 편《김대중연대기/1997-2000》, 같은 책, 201쪽.

적이 아니다. 민족 통일의 한 축軸이요, 평화와 통일의 동반자였다.

앞에서도 말한 것처럼, 반통일적 부도덕한 주류들은 북을 장난감처럼 가지고 놀고 싶어 했다. 대권을 장악하기 위하여 선거 때만 되면 북에게 돈을 주고, 전쟁 분위기(북풍/세풍/총풍)를 샀다는 항간에서 떠도는 말들이 사실로 드러났다. 선거에서 이기기 위하여 분단의 아픔을 이용한다는 것은 짐승들이나 하는 짓거리다. 북은 이념적으로 갈라선 하나의 같은 민족이다. 같은 핏줄을 이어받은 형제다. 장난감이 아니다. 이럼에도 대한민국의 부도덕한 주류/수골들은 권력 유지를 위하여 민족 분단을 즐기고 이용했다. 이런 불온한 인식을 가진 반통일세력들은 '민족 통일', '통일국가'라는 용어를 쓸 자격이 없다. 역대 반통일주의 독재권력들은 국가보안법을 존치한 상태에서 북의 존재를 국적/반국가단체로 간주하면서, 말끝마다 "민족 통일을 이루자, 통일 조국을 만들자."고 외쳤다. 이런 외침은 가소롭고, 파렴치한 말장난에 지나지 않는다. 통일을 우롱하는 짓거리다.

김대중은 그런 부도덕하고 불온한 부류의 독재 권력과 전혀 다른 사고를 지닌 민족적 이성을 가진 학자요, 민족 통일을 지향하는 대통령이었다. 1990년 초 동유럽 공산권이 붕괴가 되자, 미국의 정보기관이나 김영삼 정권은 북이 곧 무너질 것이라는 조선민주주의인민공화국 '붕괴임박설'을 내놓았다. 섣부른 판단이었다. 그러나 김대중은 이러한 예단론과 추측설을 부정하였다. 북은 동유럽 공산권과 달리 중국/베트남 등 아시아의 사회주의 시장경제의 모델을 본받아 점진적 변화를 하게 될 것으로 보았다. 그리하여 다른 정치인과 달리 점진적 변화론(대 3, 535)을 주장하고 3단계 통일론을 수정/보완하면서 일찍이 햇볕정책을 구상하였다.

햇볕정책의 핵심 주제어는 앞에서 든, 화해, 협력, 변화로 축약이 된다. 곧 대화를 통하여 북을 개방시켜 과거를 화해하고 상호 협력을 통해, 북을 변화의 마당(민중정치+시장경제)으로 끌어내야 한다는 사고였다. 곧, 선이후난 先易後難의 문제해결 방식이었다. 쉬운 문제부터 시작하면서 복잡한 문제를 해결한다는 뜻이다. 쉬운 문제는 대화를 뜻한다. 이렇듯, 햇볕정책은 김대중의 확신을 나타내는 대북평화정책이었다. 남북의 화해를 통하여 우리 땅에 평화 분위기를 만드는 일이었다.(peace making) 그리고, 영구적으로 평화의 땅으로 만들어(peace keeping) 끝내는 남북이 통일(연합국가/연방국가, make unity country)로 가자는 의미의 정책이 햇볕정책이었다.

햇볕정책의 참뜻:

햇볕정책은 김대중의 '3단계 평화통일론'에 바탕을 둔 정책이다. 곧, 대북 경제정책, 평화통일정책, 평화외교정책을 아우르는 개념이다. 이제 이러한 햇볕정책을 하나하나 분석해 보기로 하자. 김대중이 늘 주장하는 것은 시장경제였다. 북으로 하여금, 시장경제를 할 수 있도록 경제협력(민족경제공동체National Economic Community: NEC)을 활성화해 나가야 한다는 생각을 가지고 있었다. 김대중이 북과 경제협력을 하려 한 것은, 남과 북이 거의 동등한 경제 수준을 유지할 때 통일의 시간이 빨리 올 수 있다는 확고한 신념에서 비롯되었다. 이러한 생각은 일찍이 한국의 역대 어느 대통령도 가져 보지 못했던 위대한 동포애요, 통일철학이다.

'민족경제공동체'를 만들고자 했던 또 하나의 이유는, 같은 민족인 남북이 상호 의존도를 높이자는 의도였다. 이것은 유럽이 유럽경제공동체(EEC)를 통한 유럽연합(EU)를 형성하였듯이, 이념으로 분단된 우리 땅의 남북이 먼저 민족경제공동체를 통하여 민족경제의 균형적인 발전을 이루어 상호 신뢰를 쌓고 '한민족연합'(Corean National Federation: CNF)을 통한 평화통일을 이루자는 뜻이었다. 이러한 통일철학과 경제사상을 가지고 햇볕정책에 풀무질

을 가했다. 김대중은 북의 문을 두드리는 데 세 가지 입장을 가지고 있었다

1) 선민후관先民後官의 입장을 보였다. 북과 대화를 하는 데는 정치권보다는 민간기업이 훨씬 유리하다는 인식이었다.

2) 선경후정先經後政의 입장을 취하였다. 북의 경제 사정이 우리보다 못하니 정치적 입장에 앞서 경제적 접근을 먼저 하자는 판단이었다.

3) 선공후득先供後得의 입장을 보였다. 먼저 도와주면 그 보답이 있을 것이라는 입장이었다.[300]

이러한 김대중의 생각은 "정권은 유한하지만, 민간기업은 무한할 수 있다."라는 미래지향적인 사고에서 나왔다. 그래서 김대중은 이 세 가지 원칙을 가지고 민간기업 현대그룹(북의 강원도 통천면 도상리에 고향을 둔 정주영 회장)에 조국의 평화를 위해 노력해 줄 것을 부탁하였다. 그 결과 현대그룹의 정주영鄭周永(1915~2001)이 1998년 6월 15일 소떼(모두 1,000마리)를 몰고 가 금강산 개방을 성사 시켰다.

이렇게 민간기업을 먼저 보내고 나서 김대중은 베를린자유대학에서 연설을 통하여 한반도 평화 정착과 남북통일을 위한 제안을 하였다. 이를〈베를린선언〉이라 한다.(2000. 3. 9.)[301] 베를린 선언을 통하여 전 세계에, 북한에 대한 포용정책을 공식화했다. 이리하여 변하지 않을 것처럼 보였던 북이 남북분단선을 열고 개성공단의 건설과 운영, 금강산관광, 그리고 사회문화적 교류를 시작하였다.

개성공단 설치는 남은 자본과 기술을 투자하고, 북은 공장 부지와 값싼 노동력을 제공하는 방식으로 쌍방의 합의 하에 공동이익을 창출하자는 의미였

---

300) 임동원,《피스메이커》(중앙Books, 2008) 423쪽 참조.
301) 베들린선언의 역사적 의의에 대해서는 정진백 편,《金大中年代記1997-2000》5, 같은 책, 413~420쪽 참조 바람.

다. 그 이면에는 북이 하루빨리 경제성장을 하고 남과 북이 균형 있는 경제평화를 이루게 되면 그만큼 민족 통일이 빨라질 수 있다는 깊은 생각이 스며 있었다. 개성공단의 건설 운영은 '한민족경제공동체' 결성을 위한 시범적 시도였다.[302] 북도 개성공단/개성공업지구 건설에 적극성을 보였다. 그리하여 북은 군사적으로도 최전방(DMG)에 배치되어 있던 최정예 보병사단과 기갑사단을 개성시 북쪽으로 군사 이동을 시켰다. 이는 북의 입장에서 매우 어려운 결정이었을 것으로 생각된다. 그리고 남과 북은 개성공단과 연계하여 끊어진 민족의 대동맥인 철도/도로의 연결 사업의 추진과 남북교역의 확대를 꾀해 나갔다. 이렇게 김대중의 햇볕정책에는 남북 간 '군사적 긴장'을 완화 시킨다는 평화정신이 깊게 스며 들어가 있었다고 볼 수 있다.

독일통일의 기초를 쌓은 빌리 브란트Willy Brandt(1913.~ 1992.)의 동방정책東方政策 설계자이면서 집행자였던 에곤 바르Egon Bahr(1922.~ 2015.)는 개성공단/개성공업지구 설치에 대하여 다음과 같이 극찬하였다. "남북 사이에 가장 잘한 일은 개성공단의 설치와 운영이다", "개성공단을 계속 확장하면, 중간 단계에서 경제통일이 올 것이고 종국에는 민족 통일이 오리라 본다", "개성공단이야말로 미래 한민족 통일 비용을 획기적으로 절감시킬 수 있는 통일 방안이다"라고 극찬을 하였다. 이처럼 당시 개성공단의 설립은 '평화주권', '경제평화'로 가는 지름길이었다.[303]

남북은 민족동질성 회복을 위해 이산가족 상봉도 추진해 나갔다. 김대중은 햇볕정책이 곧 북의 인권문제 해결의 길이라고 생각하였다. 그래서 연평균 2

---

[302] 이러한 원대한 김대중의 의도를, 먹는 데만 집중하는 참새 머리를 가진 이명박, 박근혜가 알 까닭이 없으니 폐쇄하고 말았다.
[303] 김서진,《평화주권의 길》(통일뉴스, 2023) 48쪽.

억 달러 분량의 인도적 지원을 제공했다.(서독의 $32억/년에 비하면 1/16에 해당한다)[304] 그리고 대량의 식량과 비료, 의약품과 의류 등도 지원하였다. 이는, 같은 민족인 북의 '생존적/사회적 인권'(아사 생명을 줄이고, 질병에서 해방)을 위한 인도적 조치였다. 그러나 일부 몰지각한 지식인과 조/중/동의 앵무새 언론[305]과 수골적 유튜브, 그리고 무지한 일부 사람들이 이와 같은 원대한 희망을 담은 햇볕정책을 '북에 퍼주기'라고 비난하였다. 그들의 머릿속에는 민족도 없고, 평화도 없고, 자유도 없고, 그리고 인권도 없었다.

개성공단의 설치와 북에 대한 생존적 인권을 위한 지원은 평화의 분기점을 만드는 일이었다. 이는 곧 대한민국 안보의 안전핀이었다. 또 이제까지의 정전협정을 평화협정으로 대체하는 발판이 된다. 남북 화해와 협력으로 가는 지름길이었다. 군사분계선을 국경선으로 바꾸는 계기를 만드는 일이었다. 북도 개성공업지구를 통하여 대외 개방과 개혁의 창구窓口 역할을 해나갔다. 이러한 상태가 지속되었다면 분명히 군사분계선/휴전선은 평화의 국경선이 되었을 것으로 본다. 개성공단의 희망과 비극에 대하여 자세히 기록한 책이 있다. 김서진의 《평화주권의 길》(통일뉴스, 2023)이다.

김대중은 개성공단의 성공적 추진과 평화 주권을 만들기 위해 북의 미국/일본과 외교 정상화 추진, 반대로 미/일의 대북 관계 정상화를 촉구하였다. 그리고 이들 국가의 대북 관계 정상화와 인권 지원은 북의 '대량살상무기'(핵무기)의 파괴, 내지 제조 중단을 끌어내는 길임을 강조하였다. 이러한 햇볕정책의 개념에서 나온 외교정책이 한/미/일 공조를 통한 '한반도평화프로세스'(Peace Process on the Corean Peninsula)의 추진이었다. '한반도평화프로

---

304) 임동원, 〈김대중의 통일철학과 햇볕정책〉《김대중사상 대강좌》 강연자료, 2009,11,17)
305) 조/중/동의 언론: 세칭 황제언론을 말한다. 조선일보, 동아일보, 중앙일보의 약칭임. 세칭 조중동이라고 하면 앵무새 보도를 뜻한다.

세스'는 우리 땅의 정전협정[306]을 평화조약으로 전환해서 현재의 분단 현실에서 벗어나 통일 조국을 향한 평화 체제를 구축하자는 평화 전략이었다. 곧 남북 쌍방의 국가적 통일전략이었던 적화통일, 승공통일 등 흡수통일을 지양하고, '4대국안전보장'을 통한 '남북한 교차승인'의 필요성을 주장한 '평화적 공존', '평화적 교류', '평화적 통일' 등, 평화 주권을 찾아오기 위한 평화 전략이었다.

김대중은 남북 관계에서 햇볕정책을 언급하면서 세계에서 처음으로 햇볕정책을 연 사람은 1970년대 미국의 닉슨이라고 말했다. 그 이유는 닉슨이 개방정책으로 중국과 소련을 개방시켜 냉전체제를 허물면서 국가안보를 통한 경제 안정과 중산층의 성장을 끌어냈다고 보았기 때문이다. 그러나 미국이 한국의 햇볕정책을 바라보는 시각은 그리 곱지가 않았다. 늘 우리의 통일 노력에 찬물(북을 이라크, 이란과 함께 악의 축으로 규정함)을 끼얹는 존재는 미국이었다.[307] 미국은 한국에 햇볕정책의 레드라인(red line: 한계선)를 제시했다. 레드라인은 한국의 대북 포용 정책이 실패할 경우 봉쇄 정책으로 전환한다는 기준선을 말한다. 미국의 레드라인은 햇볕정책의 시간적 한정은 설정하지 않되, 북의 행위를 판단 기준으로 삼아 햇볕정책의 중단을 요구하겠다는 제한선이었다. 이래서 한국을 미국의 준準식민지라고 부르는 이유다.

햇볕정책은 진보의 논리로 보아서는 결코 안 된다. 민족의 생존이 걸린 절대 절명의 당면한 과제다. 현재를 살아가는 우리 모두가 진보, 보수를 막론하고 풀어야 할 숙제였다. 그 숙제의 모범 답을 내놓은 게 햇볕정책이다. 이는

---

[306] 정전협정: 1953.7.27. 〈한국 군사 정전에 관한 협정〉韓國軍事停戰에關한協定, 북+중과 미국 사이에 체결된 협정
[307] 정진백 편, 《김대중연대기 1984-1985》, 앞의책, 80~82쪽.

우리 땅의 '평화 주권'을 확립한 다음 '동북아 평화체제'를 구축한다는 논리다. 곧 우리 땅/민족의 평화통일은 동북아 평화로 연결되고 동북아 평화는 세계평화로 연결될 수 있다는 김대중의 포괄적이면서 미래지향적인 평화 개념을 담은 모범답안이었다. 이럼에도 일부 대한민국의 사악한 수골 세력들은 이를 악의적으로 곡해하고 남한에서 일방적으로 북에 "물질적 퍼주기"라고 반통일적 사고로 몰아붙였다. 지금도 일부 몰상식한 사람들은 김대중이 북에게 일방적으로 물질적 지원을 해주는 바람에 북이 핵무기를 개발하게 되었다는 엉뚱한 말을 하고 다닌다. 이것은 순전히 편견과 오해다. 오해다 못해, 오만이요 독선이다. 북의 핵무기 개발은 이미 박정희 때부터 진행이 되어 왔다는 사실을 숨기려는 파렴치한들의 음해다.

앞에서 본 바와 같이 '햇볕'의 뜻은 영토의 통일, 민족의 통합이라는 의지를 뜻하는 용어다. 햇볕정책은 우리만 햇볕을 보내는 게 아니고 북도 우리에게 햇볕을 보낸다는 뜻이다. 김대중은 "생명은 천부인권이다. 민주적 권리의 진수眞髓다."(자 2)라는 인식 아래 통일의 문제를 풀어나갔다. 김대중은 북의 인권에 대하여 다음과 같은 견해를 가지고 있었다. "북의 인권 문제를 거론하는데 이는 짧은 생각이다. 인권에는 정치적 인권과 사회적 인권이 있다. 정치적 인권은 언론, 집회 출판 결사의 자유 및 권력으로부터의 자유를 말하지만, 사회적 인권은 아사餓死하지 말아야 할 권리, 건강할 권리, 안전할 권리를 말한다. 북에 식량, 의료, 비료, 의약품, 생필품 제공은 원초적 권리인 동시에 사회적 인권을 돕는 일이다."(자 2, 536)

북의 인권을 말하려면 하루빨리 남북이 교류하고 협력하여 스스로 일어설 수 있게 도와주는 일부터 해야 한다. 물질적/경제적으로 대북 제재를 가하면서 '북의 인권' 운운하는 미국과 수골 세력들은 이율배반적인 뇌세포를 가진 나라이자 사람들이다. 북의 정치적 인권 문제는 북에 대한 사회적 인권(물질적)을 신장시켜 주게 되면 자연스럽게 해결된다."(자 2, 535) 이러한 북에 대한 인도적 차원의 지원이 곧 햇볕정책이 된다.

김대중의 통일정책/햇볕정책을 노무현이 이어받았다. 그리고 개성공단의 지속적 운영, 금강산 관광을 통한 민족 동질성 회복과 문화교류도 꾸준히 이행하였다. 글쓴이도 노무현이 권좌에 있을 때 '통일교육위원' 자격으로 '일만이천봉' 봉래산/금강산을 다녀왔다. 그러나 노무현의 뒤를 이어 이명박과 박근혜가 나타났다. 이들은 약속이나 한 듯이 남북화해와 협력의 징검다리를 허물어버렸다. 이명박은 금강산 관광을 못가게 했다.(2008) 그리고 박근혜는 개성공단의 문을 닫았다.(2013) 통일의 희망을 주는 무지개다리가 폭풍에 무너져 내렸다. 이후, 이 땅에 다시 민족 분단이 당연한 것처럼 본래 모습으로 되돌아왔다. 민족의 통일은 하세월로 가는가.

김대중은 평화주의자였다. 그렇기 때문에, 6·15선언을 통한 평화의 다리, 희망의 무지개다리를 놓을 수 있었다. 6·15선언은 '비폭력'의 평화 선언이었다. 햇볕정책은 민족이 다 같이 잘 살아야 한다는 경제평화 정책이요, 자유인권 정책이었다. 이러한 남북대화와 공동의 경제 번영을 추구하는 정책은 곧바로 '동아시아 평화공동체' 결성이라는 구상으로 나타났다. 동북아시아의 평화 체제 구축과 동아시아 지역공동체를 건설한다는 구상이었다. 그리고 김대중은 동아시아 평화공동체는 유럽의 EU공동체, 남미연합Union of South American Nations, 북미자유무역협정(NAFTA) 등 경제공동체를 연결하는 세계공동체/세계정부라는 세계 평화주의까지 그의 구상을 끌어올렸다.

이러한 그의 정치적 행보를 세계는 주목하였다. 그리고 그에게 노벨평화상이라는 영예를 안겨 주었다.(2000) 그래서 원로 역사학자 강만길은 〈국민의 정부의 업적과 역사적 평가〉라는 제목의 강연을 통하여 김대중이 철저한 민주주의 실천자요 확실한 평화주의자라고 높이 평가를 하였다. 그리고 남북 정상회담을 추진하고 6·15선언을 끌어낸 김대중을 우리 역사의 '역사적 정통성'을 가진 민족의 지도자로 평가하였다. 그리고 "김영삼은 군부세력 및 그 유착 세력과 결합"함으로써 역사적 정통성에 장애가 되었다고 평가하였다.[308]

---

[308] 강만길,《강만길저작집, 21세기사의 서론을 어떻게 쓸 것인가/국민의 정부의 업적과 역사적 성격》15, 같은 책, 196쪽.

5. 김대중 사상체계의 거시적 분석: 창조적 복지사회론

김대중의 정치철학에서 4가지 신념을 발견할 수 있다. 민본적 민주주의론, 대중적 시장경제론, 외교적 평화통일론, 생산적 복지사회론이다.(대 5, 320) 이제까지 앞의 세 부문에 대해서는 검토를 마쳤다. 여기서는 김대중의 생산적 복지철학에 대하여 다루기로 한다.

김대중은 1969년 신동아 11월호에 발표된 〈대중경제를 주창한다〉라는 글에서 박정희의 특권경제(파쇼자본주의)로 인해 한국 사회가 위험사회로 빠져들고 있는 현실을 신랄하게 비판하였다. "지역 간, 산업 간, 계층 간의 소득 격차가 날로 확대되고 있다." 이 말의 뜻은 극단적인 부富의 편중으로 나라 사람, 곧 대중들은 가난의 한계선까지 밀려왔다는 목 메인 소리였다. 이런 문제를 해결하기 위하여 대중경제를 주창하게 되었다는 심정을 토로하고 있다.

그러면 김대중은 언제부터 사회복지 문제를 인식하게 되었을까. 《김대중 전집》 II 에서 보면, 1953년 11월경으로 보인다. 이 글을 요약해 보면 복지는,

1) 현대문명의 위대한 혜택을 모든 계급과 민족이 평등하게 향유함으로써 … 공산주의를 뿌리째 뽑아버리는 근본적 방책이다.

2) 현재 자유국가 중에 사회복지에 대한 노력을 철저히 한 국가일수록 국민의 불평과 공산의 잠동潛動의 자취를 찾아볼 수 없는 현실이다.

라는 내용 등으로 보아 김대중이 사회복지를 주장한 첫째 겉으로는 반공산주의 논리를 이용하여 정권을 유지하는 반공산주의 권력들에게 빌미를 주지 않기 위함이면서 동시에 내면으로는 사회복지를 통하여 빈부의 격차를 줄이

게 되면 자연스럽게 반공의 논리가 필요 없어진다는 논리라고 본다. 곧 초기 김대중이 말하는 복지철학은 공산주의에 대한 대응이론이었음을 알 수 있다.

김대중의 이러한 '대응적 복지논리'는 점차 사회적 약자를 위한 복지사회론으로 발전한다. 곧, 김대중은 공산주의에 대응하는 수단으로 대중경제의 구현을 주장하는 가운데 대중경제 구현의 목적은 "자유와 평등, 그리고 복지"에 있다고 밝혔다.(《新東亞》, 1969, 11월호, 181下) 1960, 70년대는 한국 사회가 박정희의 파쇼자본주의로 '경제적 불균형'의 발전을 거듭하고 있었다. 이 결과로, 서민들은 "견디기 힘든 엄청난 고통"을 당하고 있었다. 이러한 환경에서 김대중은 점차 '창조적 복지사회론'을 사회사상으로 갖게 된다. '창조적 복지사회론'은 1983년에 체계화되는 것으로 보인다.[309] 그러다가 '창조적 복지사회론'이 이론적으로 정제整齊되는 시기는 그가 대통령 자리에 오르고 복지정책을 추진하는 시기로 보인다. 김대중의 커다란 업적 중 하나가 바로 대한민국 역사에 복지국가의 디딤돌을 놓았다는 점이다. 사회복지는 인간의 삶을 행복하게 만드는 수단이 된다. 그러면 김대중의 생산적/창조적 복지정책에 대하여 살펴보기로 한다.

복지의 개념에는 몇 가지 이론들이 있다. 시혜적 복지론, 점진적 복지론, 선별적 복지론 등이다. 김대중은 이들 복지이론이 아닌, 영국이 1980년대 외환위기를 극복할 때 나왔던 '창조적 복지론'을 그의 복지 철학으로 받아들였다. 시혜적 복지론은 국가나 사회단체가 일방적으로 어려운 자를 도와주는 복지를 말한다.(스웨덴식) 그러나 생산적 복지는 정부가 모든 것을 다 보장해주는 것이 아니라 국민이 자기 힘으로 행복한 삶을 유지할 수 있도록 교육/훈

---

[309] 연세대학교 김대중도서관 편, 《김대중전집II》 10권, 같은 책, 235쪽 참조.

련을 시켜, 교육과 훈련을 받은 대상자들이 사회에 나가 스스로 자기 행복을 추구해 나가게 하는 복지정책"을 말한다.(자 2, 168).

김대중은 1999년 신년사에서 처음으로 '국정 목표'로 '생산적 복지론'을 거론하였다. 그리고 이해 8·15해방 경축사에서는 "우리 경제 최대의 문제점인 재벌의 구조개혁 없이는 경제개혁을 완성시킬 수 없다"는 성찰과 함께 "국정의 새로운 이념이자, 새천년을 준비하기 위한 시대적 과제"로 복지정책을 제시하였다.[310] 이어 "국민의 정부가 추진하는 복지정책은 사회적 약자를 대상으로 한 전통적인 소극적 복지를 뛰어넘어 노동권의 적극적 보장을 통한 생산적 복지를 추구한다"라는 신념을 밝혔다.(2000.1.4. 국정철학;《새천년을 향한 생산적 복지의 길》23.) 그래서 김대중은 대통령 자리에 있으면서 민중정치를 뜻하는 "민주주의+시장경제+생산적 복지=3대 국정지표"를 세웠다. 그러나 취임 초기 외환위기를 극복해야 하는 시점에서 '생산적 복지정책'은 무리가 있었다.(자 2, 324) 그래서 복지정책을 잠시 뒤로 미루게 된다.[311] 김대중이 말하는 생산적 복지론은 '창조적 복지사회론'을 말한다. 그 특징적 내용들을 살펴보기에 앞서 사회적 환경 차원에서 사회복지의 개념을 정리해 본다.

산업자본주의가 발달하면 할수록 자본가와 노동자 간 빈부 격차가 더욱 심화 되는 것은 기정의 사실이다. 빈부 격차의 심화가 진행되는 과정에서 '사회적 약자'가 형성된다. 사회복지는 이러한 사회적 약자를 해소하자는 취지에

---

310) 대통령비서실 삶의질 향상기획단,《새천년을 향한 생산적 복지의 길》(퇴설당, 2000) 9쪽 참조.
311) 외환위기 시 실업률을 보면: 1997년 11월 2.6%(57만명)였던 실업률이 1년 3개월여 뒤인 1999년 2월에는 사상 최고 수준인 8.6%(178만명)를 기록했다. 외환위기 이후 빈곤율은 2배 이상 증가했다(보건복지부,〈보건복지 70년사〉, 2015). 보험료 1,000만원을 타려고 아버지가 초등학생 아들의 손가락을 자른 사건은 사회에 충격적이었다.

서 나온 이론이다. 따라서 사회적 약자에 대한 심리적 치유와 함께 경제적 분배는 국가 차원에서 해결해야 한다는 당위성이 발생한다. 그런데 박정희의 파쇼자본주의에서는 자본의 분배 원리가 무시되었다. 그저 독점적 자본 권력만 키워나가기에 급급하였다. 따라서 국가 차원의 사회복지제도가 거의 존재하지 않은 채, 사적으로 가족복지, 기업복지가 희미하게 존재해 왔을 뿐이다.

김대중은 자본주의 경제체제가 발달할수록, 그리고 민주주의/민중정치가 진전해 갈수록, 사회적 약자에 대한 국가지원은 당연하다고 보았다. 이러한 그의 사회정책을 이름하여 '창의적 복지정책'이라고도 한다. 김대중이 국가 차원에서 사회복지를 정책적으로 다루면서 이제 사회복지는 가정적/사적 차원에서 사회적/공적 차원으로 넘어가게 되었다. 국가 차원에서 사회복지 정책을 적극적으로 시행해야 한다는 사고는 대동적 사고에서 기인한다. 곧 공동행복론/공동부유론이다. 공동행복론이란 나라 사람 전체가 다 함께 골고루 인간다운 생활을 보장받아야 한다는 이론이다. 나라 사람은 누구나 자립적 최저생계를 유지해야 한다는 점에서 사회복지정책의 필요성이 대두된다.

국가 차원에서 사회적 약자에 대한 사회복지정책을 추구해야 하는 이유는, 대한민국 헌법(제34조)에서[312] 대한민국 국민들에 대한 생존권을 보장하고 있기 때문이다. 생존권이라는 것은, 단순하게 '살아가야 하는 권리'라는 사전적 의미를 떠나, 인간답게 살아갈 권리를 말한다. 따라서 국가는 자신이 존재하는 한 나라 구성원, 특히 사회적 약자의 생존에 필요한 최소한의 경제적

---

[312] 대한민국 헌법 제34조 ①모든 국민은 인간다운 생활을 할 권리를 가진다. ②국가는 사회보장·사회복지의 증진에 노력할 의무를 진다. ③국가는 여자의 복지와 권익의 향상을 위하여 노력하여야 한다. ④국가는 노인과 청소년의 복지향상을 위한 정책을 실시할 의무를 진다. ⑤신체장애자 및 질병·노령 기타의 사유로 생활 능력이 없는 국민은 법률이 정하는 바에 의하여 국가의 보호를 받는다.⑥국가는 재해를 예방하고 그 위험으로부터 국민을 보호하기 위하여 노력하여야 한다.

지원과 함께 자유권을 보장해야 한다. 자유권은 기본적인 인권을 뜻한다. 인권의 신장은 최소한의 자립적 경제행위를 할 수 있도록 도와주는 데서 가능하게 된다.

그래서 김대중은 북의 인민들이 가난에서 탈출하도록 돕는 것은 인권 차원이라고 했다. 김대중은 그의 사회복지정책에 창의적이라는 기능적 관형어를 붙었다. 창의적이라는 말은 국가가 개인에 대하여 전적으로 제도적 지원을 하기보다는 개인이 지니고 있는 잠재적 능력을 일깨워 스스로 경제적 자립을 할 수 있도록 돕는 것을 뜻한다. 사회복지는 개인의 자존심을 상하게 하거나 수치심을 유발 시키는 방향으로 나가서는 안 된다. 사회복지는 개인의 판단과 결정을 존중하는 차원, 곧 인권을 존중하는 차원에서 이루어져야 한다. 이를 '인권으로서 복지'라고 이름을 붙인다. 또 사회복지는 공동 행복을 추구하는 '같이살기' 또는 '상호부조'의 원리가 적용되어야 한다. 따라서 사회복지는 사회구성원 전체의 공동 관심인 동시에 개인적 관심사가 되어야 한다. 그러면 이제 이러한 사회복지의 개념을 바탕으로 김대중의 사회복지철학과 실천을 구체적으로 살펴보기로 한다.

가. 국민기초생활보장제도 획립

김대중은 복지에 대하여 다음과 같이 말했다. "복지는 자선慈善이 아니고 인권人權이다", "생산적 복지는 시장경제의 부작용 폐해를 시정하고 보완하는 내용이다."(자 2, 326)라고 복지의 개념을 정의하였다. 자본주의 경제체제에서는 필연적으로 사회적 약자가 발생하기 마련이다. 자본주의 경제질서를 유지하는 한, 이러한 사회적 약자는 발생할 수밖에 없다. 따라서 사회적 약자를 돕는 복지정책은 당연한 국가의 의무가 된다. 김대중은 창조적 복지에 대하여 다음과 같이 설명하였다.

창조적 복지는 유럽식 시혜적 복지와는 개념이 다르다.

1) 자신의 힘으로 생활할 수 없는 약자들은 '기초생활보장법'에 의해 보호하고

2) 의욕과 능력이 있는 사람에게는 더 많은, 더 좋은 일자리를 마련해 주는 일이다. 그리고 실업자에게는 취업 정보 제공, 취업 알선, 직업훈련, 창업지원을 하고,

3) 이 땅의 누구나 자신의 행복권을 누리도록 여건을 마련해 주는 정책이다.

이러한 복지개념을 통하여 김대중은 다음과 같이 말했다. 우리가 살아가고 있는 "오늘날은 의식주만 해결하면 되는 요순堯舜시대가 아니다. 문화, 레저, 스포츠, 환경 등의 욕구가 충족되어야 행복한 시대다. 그래서 평생교육법을 제정해야 한다."(자 2) 이 말은 나라 사람 전체가 함께 누리는 복지정책(공동행복론)이 이루어져야 한다는 것을 뜻한다.

이러한 복지이론과 함께 김대중은 '대중적 시장경제론'에서 시장경제를 통하여 형성된 이익(세금)을 사회 취약 계층에 나누어주는 경제가 복지경제라고 하였다. 그리하여 김대중의 '국민의 정부'에서는 국민기초생활보장제도를 도입하여 공적부조체계公的扶助體系를 도입하였다. '공적부조체계'란 국가가 최저 한도의 국민 생활권을 보장하기 위해 인도적 차원에서 생활 능력을 물질, 또는 교육과 기술훈련 등을 통해 보조해 주는 제도를 말한다. 곧 빈곤자/장애자/노령자 등 사회적 약자, 또는 보호를 필요로 하는 자(요보호자要保護者)를 교육/훈련을 통해 사회에 복귀시키고 사회적 빈곤을 감소시키는 데 목적을 두고 있다.

김대중은 이러한 공적부조체계를 갖추기 위해 〈국민기초생활보장법〉

(1999. 9. 7.)을 제정하였다. 이 법에 따라 국민기초생활보장 추진단을 구성하여 구체적인 준비를 끝내고 행정적으로 〈국민기초생활보장제도〉를 시행해 나갔다.(2000. 10. 1.) 그리고 '사회복지의 날'도 제정하였다.(매년 9월 7일) 김대중은 외환위기로 나라 경제가 썩 좋지 않은 시점에서도 복지정책을 축소하지 않았다. 세계은행은 외환위기 처지에 있는 한국에 신자본주의적 제반 조치를 해줄 것을 강요해 들어왔다. 곧 국민연금의 민영화, '의료 저축계정(Medical Savings Accounts)의 도입 등이다. 그러나 김대중은 이를 거부하였다. 그리고 중앙 차원에서 시행해야 하는 복지의 책임을 지역경제에 미루지 않고 공적부조체계를 국가에서 직접 챙겼다. 그래서 공적 부조를 받아야 할 대상, 곧 수급권자를 국민의 최저생계비에 미달하는 가구로 규정하였다. 종래는 노동능력의 유무를 기준으로 수급권자를 정했기 때문에 최저생계비에 미달 되는 생활을 하면서도 노동력이 있다고 판단되는 노동자 가구는 공적부조의 혜택에서 제외되어 왔었다.

이러한 정책을 수행하기 위하여 김대중은 정부 지출 예산에서 보건복지 분야 예산을 획기적으로 늘렸다.[313] '기초생활수급자'에게 지급되는 최저임금 수준의 국가지원제도를 도입했다. 이렇게 함으로써 이제까지 사각지대였던 불합리한 복지제도를 혁파하고 보편적인 복지제도의 초석을 놓게 된다. 김대중은 수혜 범위가 협소한 〈국민기초생활보호법〉(1961)을 〈국민기초생활보장법(2000. 10. 1. 시행)으로 개정하고 최저생계비 보조, 재취업 및 직업전환을 위한 직업교육 강화, 사회안정망 확충, 최선의 복지 대안으로 일자리 창출, 적극적인 노동정책, 구직자와 일자리 연결 서비스 강화, 정보통신산업 확충을

---

313) 국민의 정부에서 복지정책 시행을 목적으로 한 예산을 1999년에는 전년 대비 33.4% 증가시키고 2001년도는 40.5%까지 증액을 시켰다.(보건복지부, 《보건복지백서 2003》, 2004) 749~750쪽 참조.

통한 일자리 창출을 넓은 의미의 복지라고 하였다.[314]

나. 창조적 복지정책의 필요성

김대중은 바람직한 사회구조를 다음과 같이 정리하였다.
1) 정직하고 부지런한 사람들이 정상에 다다를 수 있는 사회구조가 되어야 한다.
2) 사회복지제도가 창설되어야 한다.
3) 여성의 평등과 동등한 임금제도가 마련되어야 한다.
4) 억압받는 사람들(노동자, 영세농민, 저소득층)의 권리를 철저하게 보장해 주어야 한다.
5) 교육이 사회의 초석이 되어야 한다. 이를 통해 인격의 함양, 개인의 도덕성을 높여 나가야 한다.

라고 정의사회, 복지사회의 모습을 올곧이 그려 냈다.(대 1, 191) 김대중은 "동시대에 같은 공간에서 사는 나와 같은 인간이 굶주림에 시달린다는 것은 너무나 잔인하고 또 가슴 아픈 일이다."라고 같이살기, 공공선의 사회정의가 담긴 따스한 인간미를 드러냈다.(자 2, 327) 과거에는 가난한 사람은 마을공동체에서 품어 보살폈다. 그러나 지금은 씨족사회의 혈연血緣이나 마을 단위의 지연地緣이 급속도로 해체되어 어려운 사람, 병든 사람을 함께 품어내지 못하고 있다. 그래서 씨족사회, 지역사회가 사라진 지금은 나라에서 모든 사람이 굶주림이 없게 하는 게 나라의 도리요, 인간의 도리라고 자신의 복지

---

314) 《김대중연대기/1997-2000》, 같은 책, 287쪽.

철학(공동행복론)을 역설하였다.(자 2, 327) 이러한 복지철학은 대동주의 사고를 가지고 있지 않으면 할 수 없는 사고다.

이렇게 김대중은 공동부유론/공동행복론을 일찍이 주장하였다. 김대중은 다음과 같이 말했다. "옛날 전통사회에서는 상호부조적 사회복지가 가능했다. 곧 20세기 이전 '농업 자본주의 사회는 대가족사회였기에 자식이 늙은 부모를 봉양했다. 그러나 산업자본주의 사회에서는 핵가족 제도를 유지하고 있다. 따라서 노인인 경우, 노동력이 없고 자신을 봉양해 줄 가족이 없을 경우는 생계가 곤란하다. 또 자식이 있더라도 그 자식이 부모를 봉양할 능력이 없거나 부양할 의지가 없다면, 나라에서 책임을 지는 게 마땅하다." 이것이 김대중의 대동주의 '복지철학' 이다. 이런데도 부유층 일각에서 김대중의 복지정책에 대하여 '낭비적' 이라고 비난한 것은 '같이살기', '공공선' 이라는 사회정의를 전혀 모르는 '닫힌 이웃' 의 사고를 가진 이기적인 자들이다.

김대중의 같이살기 정신에서 나온 그의 공동행복론이 곧 창조적 복지정책의 핵심이다. 나라 사람의 공동 행복을 위해 부유한 자의 이익을 덜어 가난한 자에게 채워주는 의료보험제도, 인간의 노동력이 약화 되었을 때의 노후생활을 보장하는 국민연금제도 등을 전면적/정책적으로 도입할 수 있었던 것은 김대중이 창조적 복지사회론=공동행복론이라는 대동적 사고를 가진 데서 가능했다. 김대중의 공동행복론/창조적 복지론은 중국, 시진핑(習近平, 1953~)이 국정 목표로 설정한 '공동부유론' 보다 20년이나 빠른 생각이었다.

다. 공동행복론=창조적 복지정책

"행동하는 양심"은 김대중의 덕목이자, 실천 강령이었다. 창조적 복지정책은 그의 양심이었다. 김대중은 대한민국을 복지국가로 만들었다. 이것을 '김대중복지체제'라고 한다. 김대중의 대동주의 복지정책은 '행동하는 양심'의 실천이었다. 지금 대한민국 사람들이 누리고 있는 복지혜택은 김대중이 양심 철학으로 실천한 복지제도들이다. 김대중의 4대 사회보험제도 완성(노령, 질병, 재해, 실업)과 4대 보험(국민연금, 건강보험, 고용보험, 신재보험)의 실현은 창조적 복지정책이면서 그 자체가 사회안전망이다. 사회안전망의 구축은 생산적 복지정책의 핵심이다.(자 2, 329)

대한민국 연금 제도는 공무원연금을 시작(1960.1.1.)으로 점차 여러 직업군으로 확산이 된다. 그 다음으로 군인연금이 공무원연금에서 분리된다.(1963. 1.28) 그리고 사립학교 교직원을 대상으로 사학연금이 나온다.(1975. 1.1.) 이어〈국민복지연금법〉이 공표되지만, 석유파동(1979)으로 경제 여건이 나빠지면서 무기한 연기되다가〈국민연금법〉이 나오게 된다.(1986.12.31.) 이 법에 의하여 10인 이상 근로자 사업장이 적용 대상이 되었다.(1988. 1.1) 이어 적용 범위가 농어촌 지역(1995. 7.1.)으로 확대되었다. 그러다가 김대중 국민의 정부 때 이르러 도시지역 시민으로까지 확대되면서(1999. 4.1) 전 국민 연금시대를 맞게 되었다.

'전 국민 연금제도'의 시행에는 많은 우여곡절이 있었다. 국민연금(현대판 효자)은 건강보험과 함께 사회보장제도의 양대 축이다. 전 국민 연금제도는 선정善政 중의 선정이었다. 그러나 돌아오는 것은 비난뿐이었다(자 2, 330) 국민연금은 재정건전성 확보가 문제였다. 현재는 열 명의 자녀가 한 명의 노인을 부양(연금)하면 되지만, 장차는 2, 3명의 자녀가 한 명의 노인을 부양(연금)하게 되면 자녀(젊은이)들의 부담은 여간 큰 것이 아니다. 따라서 '저부담-고급여' 체계를 '적정부담-적정급여' 체계로 구조를 개편해 나갔다.(자 2, 330)

김대중은 대통령이라는 자리에 있으면서 국민의 건강 문제에도 많은 신경을 썼다. 여기서 나온 복지정책이 건강보험의 통합문제였다. 지역의료보험과 공무원 및 사립학교 교직원 의료보험공단을 하나로 통합하는 문제였다.(1998. 10. 27.) 이에 〈직장의료보험조합〉은 파업까지 하면서 반대를 하였다. 그러나 김대중은 통합을 해야 한다는 접지 않았다.(2000. 7.)

새로운 건강보험체계가 출범하였다. 그러자 곧바로 건강보험의 재정 위기가 왔다. 원인은 의약분업 과정에서 의보수가醫保酬價 인상분 누적, 고가약高價藥 처방 급증, 의료 이용량의 증가, 고령화에 따른 노인 의료비 급증 들을 정밀하게 예측하지 못하였기 때문이다.(자 2, 331) 이에 대한 대책으로 지역보험에 대한 정부 지원(50%), 보험료 단계적 인상, 부족액에 대한 은행차입과 연차적 상환 등으로 문제를 해결해 들어갔다. 건강보험의 통합은 김대중이 이끄는 '국민의 정부'에서 시행한 가장 의미 있는 개혁정책 중의 하나였다.(자 2, 332)

국가기록원에 의하면, 〈국민의료보험법〉이 제정되고(1997. 12) 이 법에 따라 〈국민의료보험관리공단〉이 출범했다.(1998. 10. 1.) 그리하여 그동안 다수 보험자방식(조합주의방식)의 의료보험제도를 통합주의 방식의 의료보험 제도로 변경하고 〈공무원 및 사립학교 교직원 의료보험공단〉과 227개 지역조합에 대한 통합을 지속적으로 해나가면서 〈국민건강보험법〉의 국회 통과를 보았다. 이로써 지역, 직장 의료보험이 완전히 통합되는 〈국민건강보험법〉이 시행되었다.(2000. 7.)

이어서 나라 사람의 건강 문제와 직결되는 약품의 오남용 방지를 위한 의약분업을 실시하였다. 사실 여기에는 의약 분야의 자본 독점을 지양止揚 시키려는 의도가 있었다. 그러나 실제는 의사는 진단과 처방, 약사는 조제와 투약으로 약품의 오남용을 막기 위함과 양질의 의료 행위를 통한 국민건강을 지켜야 한다는 취지를 내걸었다. '의약 일체'의 분위기 속에 살아온 국민에게 의약분업은 일종의 문화혁명과도 같았다.

이에 집단반발이 일어났다.(자 2, 332) 사상 초유의 의료계 휴폐업 사태가 일어났다. 의료시스템을 일거에 마비시켰다. 의료대란이었다. 이는 그동안 하향식 정책의 잘못에서 기인했다. 상향식 정책 건의를 유도하지 못한 정부의 잘못도 있다.(자 2, 333) 의약분업의 실행 주체를 파악하지 못한 잘못이 있다고 김대중은 의약분업 정책에 대한 반성적 진단을 하였다.

김대중은 자신의 정책에 오류가 있을 때는 반성도 하고 고백도 하였다. '상향식 정책 건의'라는 인식은 직접민주주의를 해야 한다는 그의 평소 신념을 보여주는 사고라고 할 수 있다. 그러나 김대중은 의약분업을 시행해 가는 부분에서 절차상 오류는 있었지만, 국민의 생명을 볼모로 '집단이기주의'를 관철 시키려는 의료계의 휴폐업에 '양질의 정책'을 뒤로 물릴 수는 없었다. 원칙에 따라 일을 해결하는 게 중요했다. 의약분업 파동에 김대중은 자신이 "준비를 소홀히 한" 책임이 있다고 반성하였다. 김대중의 책임지는 태도를 엿볼 수 있다. 의약분업이 있고 나서 대표적인 오남용 의약품인 항생제 사용량이 대폭 줄었다. 김대중은 "국가가 국민의 먹고사는 것도 챙겨야 하지만 삶의 보람을 느끼게 하는 것도 중요하다. ......"라는 입장을 보였다.(자 2, 335)

이외도 김대중은 나라 사람들의 공동행복을 위해 창조적 복지정책을 많이 펼쳐 나갔다. 그중 하나가 산재보험제도이다. 산재보험은 박정희 때부터 실시해온 제도이다.(1964. 7.) 산재보험은 산업체에서 사망/부상 등 재해를 입은 노동자에 대한 보상과 사후 생활 보장을 제공하는 보험제도이다. 국민의 정부는 500인 이상 산업사업체에만 적용되었던 것을 1인 이상의 사업체로 확대하였다.(2000. 7.1.) 또 고용보험도 있다. 고용보험은 실직 노동자의 생활 안정을 위해 일정 기간 실업급여를 지급하는 '실업보험' 사업이다. 이 제도는 노동자의 고용안정과 직무능력 향상을 위한 직업능력 개발사업이 포함되었다. 김대중은 이러한 고용보험의 적용 대상의 확대와 실업급여를 최저임금액의 90%까지 올렸다. 이렇게 해서 김대중 때 대한민국은 복지혁명의 시대를 맞게 된다.

　김대중은 타계하였지만, '창조적 복지정책'은 대한민국 국민들에게 행복으로 와닿고 있다. 그러나 대한민국의 수골적守骨的 생각으로 가득 찬 일부 지역과 부도덕한 주류들은 훌륭한 정치/정책이 나와도 지역감정, 이념적 정서에만 몰두하여 판단력마저 흐려진다. 좋고 나쁨을 제대로 구별하지 못한다. 감정적 정서로 판단한다. 반대만을 위한 반대로 좋은 정치/정책도 나쁘게 호도한다. 이제까지 개인 독재자들이 나라 사람들을 '독재에 길들여' 살도록 세뇌 시킨 탓이다. 다수결 원칙에 의해 의회에 진출한 엘리트 집단에 의해 민중정치의 개념이 호도되었기 때문이다. 쉽게 말해서 파쇼 권력들이 권력에 대한 활활 타오르는 장작불 같은 욕심으로 민중/국민을 다만 투표에만 참여하는 역할과 세금을 내는 기계적 존재에 불과하도록 만든 결과이다.

6. 김대중 사상체계의 거시적 분석: 통일민족주의

이제까지 김대중의 정치사상과 경제사상, 그리고 통일철학과 복지철학에 대하여 이야기를 나누어 보았다. 그러면 다음으로 후광학 창시를 위하여 김대중의 민족관과 민족주의관에 대하여 살펴보자. 오늘날까지 우리 민족의 현실은 세계에서 가장 가련한 처지에 놓여 있다고 본다. 분단 조국이라는 현실이다. 민족주의가 사라져가는 21세기에 우리 땅에는 아직도 철없는 민족주의가 우리 민족에게 검은 그림자를 드리우고 있다. 남은 자본주의 민족주의로, 북은 공산주의 민족주의로, 남북이 상호 배타적 민족주의를 구축해 살아오고 있다.

이승만, 박정희, 전두환, 이명박, 박근혜는 반통일/반공 정책으로 일관하면서 반공과 안보를 자유와 인권보다 우위에 두고 나라 사람들에게 개인 독재에 대한 충성과 헌신을 강요해 왔다. 개인 독재에 대한 충성과 헌신의 강요는 낡아빠진 '국가 민족주의'에 바탕을 두고 있다. 1980년대까지만 보더라도 민주 정치와 평화를 사랑하는 정의로운 민중들은 반통일/반민주 독재 세력에 맞서서 통일민족주의로 무장하고 반미 자주와 주체적 민족 통일을 주장해 왔다.

김대중은 "민족의 정통성이 없는 곳에서는 민주의 정통성이 설 수 없다."고 인식함으로써 '민주 체제'의 확립과 통일의 당위성을 연결 시키고 있다(1995. 1. 20)[315] 김대중은 참자유주의자였고 통일민족주의자였다. 그러나 김대중은

---

315) 김대중, 《김대중전집/해방 50주년과 민족 통일》II 제17권, 25쪽.

민족주의는 사라져야 할 이념이라고 자주 말한 바 있다. 그럼에도 글쓴이가 굳이 김대중은 통일민족주의자였다고 부르는 이유는 무엇일까. 김대중의 민족주의론에 들어가기에 앞서 콘텐츠 제공 차원에서 먼저 민족과 민족주의의 일반적 개념에 대하여 살펴보기로 한다. 우리 사회는 민족의 개념과 민족주의 개념을 자주 혼동하고 있다. 그러면 먼저 '민족환경과 김대중의 민족관부터 살펴보기로 한다.

가. 민족환경과 김대중의 민족관

민족이나 민족주의 개념은 유럽의 근대 산업혁명 이후, 자본주의의 성립 및 확산과정에서 아시아에 도입이 된다. 근대 이후 유럽에서 발생한 민족개념은 대체로 혈연/지연이 같은 자연적인 요인에다 언어/역사 문화가 같은 정신적 요인을 포함 시켜서 말해지기도 한다. 따라서 인간은 누구나 태어나면서 조상과 부모가 삶을 영위해 왔던 영토 조건, 문화 조건에 의하여, 본인의 자유의지와 무관하게 부모의 민족에 귀속이 된다. 그래서 부모/조상과 같은 민족으로 평생을 살아가게 된다.

민족의 역사 발전단계는 인류가 공통적으로 걸어온 보편성도 있지만, 지역과 나라마다 그들 나름의 특수성도 가지고 있다. 이와 같이 민족이나 민족주의가 갖는 개념/성격도 유럽과 아시아가 특수성의 차이를 갖는 것은 당연하다. 우리 민족은 선조들이 물려준 우리 땅에서 이탈하지 않은 채, 민족공동체 구성원의 오랜 집단생활과 활동을 통해서 형성된 성질, 곧 정신문화가 생활 속에 녹아 내려오는 특질을 갖고 있다. 따라서 삶의 터전이 남과 북으로 갈라졌다 하더라도 우리 민족의 땅 남북지역은 같은 민족이라는 동질성(동족 개념)을 갖고 있다. 동족 개념을 갖고 있다는 것은 같은 문화 의식(언어, 관혼상제)을 역사 속에서 지녀왔다는 뜻이다.

우리는 이제까지 우리 민족을 단일민족으로 알고 지내 왔지만, 사실 우리 민족은 처음부터 단일민족이 아니었다는 사실이다. 북방과 남방에서 많은 여러 민족과 혼혈을 이루면서 오랜 역사 시간 속에서 단일민족처럼 굳어져 내려왔다. 가령, 고조선은 곰/호랑이 토템 민족과 북방에서 내려온 바이칼 지역의 천신 사상(이들 原원 조상은 멀리 아프리카 케냐/에디오피아 원주민임)을 가진 환인桓因 민족과 혼혈되어 단군檀君민족이 되었다. 그리고 고조선이 멸망(기원전 108년)한 이후는 중국 한족漢族과 고조선 민족이 섞이는 가운데 북방에서는 고조선 혈통들이 한족 혈통을 이겨내면서 부여와 고구려 민족을 만들어 낸다.

신채호의 학설에 의하면, 우리 땅 남방에는 북에서 내려온 고조선의 후예(삼한족)들이 남방지역의 토착 세력(삼한지역의)과 혼혈을 이루며 신라 민족을 만들어 낸다. 그리고 마한지역에서는 고구려 민족이 이동해 내려와 고조선 유이민과 토착 세력이 혼혈을 이루고 사는 원주민과 다시 혼혈을 이루며 백제 민족을 만들어 낸다. 가야는 남방의 해양 세력이 이주해 와서 지배층을 이루고 토착 세력과 혼합하여 가야 민족을 형성한다.

그러다가 신라가 사국四國(가야, 백제, 고구려)을 합방하게 된다.(676) 4국 합방 이후, 신라는 35대 왕위에 오른 김헌영金憲英(722~765, 묘호: 경덕왕)이 한화漢化=중국화 정책을 쓰게 된다. 이 바람에 우리 민족의 땅 전체가 중국식으로 언어와 풍속의 통일이 오고 개인의 이름조차 중국식 세 자로 통일 되고, 땅 이름은 두 자로 통일 된다. 곧 고구려, 백제의 고유한 4자, 5자의 사람 이름이 사라지고 단일한 정치권력으로부터 지배를 받는 '신라민족'이 되었다는 뜻이다.(676~916) 그렇지만 신라 민족도 단일민족이 될 수가 없었다. 신라 민족은 전체적이라고 보기는 어렵지만, 당시 무역 교류를 하고 있던 중국의 당과 아라비아인, 그리고 왜족과도 혼혈이 많이 이루어진다.

 신라 민족은 말기에 왕족들이 백성/민인에 대한 탄압과 부패라는 모순을 만들어 내면서 작은 필연의 조각들이 후삼국이라는 거대한 혼돈을 만들어 놓는다. 그리고 곧이어 해상 세력인 고려(高麗, 918~1392)로 통일이 된다. 따라서 고려는 신라 민족으로 구성된 나라다. 그러나 머지않아 외침外侵을 받으면서 발해족(말갈족), 거란족(퉁구스족과 몽골족의 혼혈 민족), 여진족(퉁구스족과 고구려 혼혈의 말갈족), 몽골족의 피가 신라 민족에 상당량 섞이게 된다. 특히 몽골의 정치적/군사적 간섭을 받고 있을 때는 대체로, 몽골과 고려족(신라 민족)의 혼혈이, 그리고 고려말은 홍건족(한漢족)과의 혼혈도 상당수 이루어진다. 이렇게 신라 민족이 발해족/말갈족/몽골족/홍건족과 혼혈이 되면서 '고려 민족'이 된다. 고려 민족은 유난히 외부 민족과 혼혈이 심하게 이루어진 나라다. 그러니까 고구려, 백제, 가야, 신라가 하나로 된 민족을 '신라 민족'이라 하고 신라 민족이 발해, 말갈, 몽골, 홍건적과 혼혈된 민족은 '고려 민족'이 된다.

 고려 말에 여진족 세력을 물리친 고려족 이성계는 정도전의 계략에 힘입어 역성혁명易姓革命이라는 미명 아래, 고려왕권을 무너뜨리고 조선朝鮮이라는 나라(1392-1897)를 건국한다. 따라서 조선은 고려 민족으로 구성된 나라다. 나라 사람은 조선 사람이지만 민족은 고려 민족이었다. 조선의 고려 민족도 시간이 흐르면서, 남쪽 지방은 왜구倭寇의 잦은 침략으로 많은 왜구와의 혼혈이 이루어진다. 그리고 북쪽은 조선 중기 여진족(만주족)이 쳐들어오면서 만주족과 혼혈이 상당량 이루어진다. 이때 이후의 고려 민족을 '조선 민족'이라 할 수 있다.

민족의 혼혈과 관련된 문헌이 거의 없어서 실증적 고찰은 어렵지만, 신라 민족, 고려 민족, 조선 민족은 우리 동아반도(한반도/조선반도)에 뿌리를 내리고 살아왔던 혼혈 민족이라고 말할 수 있다. 곧 우리 민족은 고조선 민족(부여, 고구려, 삼한), 신라 민족, 백제 민족, 한민족(고구려+백제+신라+가야), 고려민족(신라족족+발해족+여진족+거란족+몽골족), 조선민족(고려족+왜족+여진족+한족) 등, 이러한 혼혈 민족이 오랜 세월 여러 세대를 거치면서 집단적 정체성을 갖는 메스티소(mestizo: 인종적 혼혈인이라는 개념)형 단일민족으로 정착되었다고 볼 수 있다. 마치 아메리카(중남미)에서 원주민인 아메리카 인디언과 에스파냐계/포르투갈계 백인과의 혼혈 인종인 메스티소가 생겨난 것처럼, 우리 땅에서도 혼혈 민족인 한민족(韓民族, 북은 조선민족朝鮮民族이라고 함)이 탄생하였다고 볼 수 있다. 그래서 한민족이 오랜 역사 시간을 거치면서 단일민족화되었지만, 사실에 있어서는 혼혈 민족이 우리의 민족의 원조遠祖가 된다.

　따라서 민족은 혈통이 아닌 '공통된 문화'를 기준으로 정의된다고 말할 수 있다. 공통 문화라 함은 공통된 상장제례喪葬祭禮 속에 깃든 혼백을 말한다. 상장제례의 핵심은 손을 맞잡고 하는 절이다.[316] 절은 상대방에 대한 존중심/존경심을 뜻한다. 죽은 자(무형의 탈/혼)이든 산 자(유형의 탈/몸)이든, 또, 혼인을 하든, 차례/제사를 지내든 우리 문화는 양손을 맞잡고 엎드려 절을 한다. 절 예절을 바탕으로 하는 상장제례 문화가 오랜 세월을 통해 공통 언어, 공통 역사를 만들어 냈다. 같은 언어와 역사는 공동체의 정신세계/세계관을 만들어 냈다. 이렇게 같은 세계관 속에서 형성된 역사 문화(언어와 습속)를

---

316) 중국 민족, 일본 왜족도 절문화이지만, 세 나라의 절 예절은 서로 다르다. 중국은 손을 맞잡지 않고 두 손을 땅에 대고 머리를 바닥에 조아리고 하거나 공수拱手/포권包拳형으로 한다. 그리고 일본은 대체로 무릎절로 머리를 바닥에 대지 않고 머리를 반만 숙인다.

함께 공유하는 공동체를 민족이라고 한다.

 공동체 문화란, 일정한 '공통된 역사'를 바탕으로 같은 언어와 생활 습관으로 이루진 역사 속의 문화를 말한다. 그러니까, 같은 문화를 지닌 '집단적 정체성'을 갖는 영토공동체의 구성원을 민족이라고 할 수 있다. 이렇게 본다면 지구상에는 수없이 많은 민족이 존재한다고 말할 수 있다. 그러나 그들 민족은 일정한 영토를 가지고 역사를 공유하는 민족도 있지만, 같은 영토는 갖고 있지 못하지만, 같은 역사(언어와 풍속)를 가지고 있는 민족도 있다. 가령, 중국 내 조선족, 러시아 내 고려족, 일본 내 재일교포들은 분명 같은 우리 민족이지만, 동일한 영토는 공유하지 못하고 있다. 한편 동일한 영토를 공유하면서도 서로 다른 풍속을 갖는 민족도 있다. 가깝게 중국의 경우를 들 수 있다. 중국의 헌법을 보면, 중국은 자신들을 '통일적 다민족국가'로 지칭한다.[317)

 이렇게 민족은 1) 같은 영토에서 살 수도 있고, 2) 다른 영토에 살지만 같은 민족일 수도 있고 3) 다민족으로 구성된 국가도 있다. 이제 우리나라도 세월이 가면 갈수록 '다민족국가'로 발전해 갈 수 있다. 사실은 그게 정상이다. 지구/인류가 다민족 '세계동포주의'로 가는 게 맞다는 뜻이다. 지금 대한민국의 통계청 자료에 의하면 2020년 말 기준, 한국인으로 등록된 '다민족 한국인'(다문화가정이라는 말이 맞는지는 생각해 보아야 한다.)은 173만 명으로, 남한 인구의 약 2.8%에 해당 되었다. 가구 인구는 90만이었다. '다민족 한국인'이 5%대를 넘어서면 우리나라도 점차 '통일적 다민족국가'로 진입하게 된다. 통계청 자료에 의하면, 2024년 10월말 장단기 체류 외국인은 총 268만 9천

---

317) 통일적 다민족국가: 中华人民共和国是全国各族人民共同缔造的统一的多民族国家.....促进全国各民族的共同繁荣, 중화인민공화국 헌법 서언序言 중(1982년 헌법)에서 사용하는 용어임. 그런데 경제협력개발기구(OECD)에서는 이를 '다인종·다문화' 국가로 표현한다. 줄여서 '다인종 국가'라고도 한다.

317명으로 5.2%로 최고 수준에 달였다고 한다. 이러한 다민족 인종의 증가 추세로 본다면 2025년 말에는 전체 인구의 6%에 육박할 것으로 본다. 이렇게 되면, 경제협력개발기구(OECD)에서 정한 '다인종 국가'가 될 것으로 보인다.

다인종이 늘어난다면 대한민국 정부도 다산多產을 강요할 필요는 없다. 가난한 나라의 아동들을 입양하여 한국인으로 만들면 그게 다산이 아니겠는지, 세계동포주의 입장에서 인구문제를 해결하면, 우리나라의 이익에도 도움이 되지만 '세계경제문제'/인구문제에도 도움이 되리라는 생각이다. 우리나라의 인구문제 및 경제문제 해결은 남북이 하나의 민족으로 통일만 하면 그 이상의 상책上策은 없다. 그러나 통일은 아직 미지수다. 따라서 분단된 현시점에서는 가난한 지역의 인구(아동)를 입양하는 정책도 좋을 것으로 본다.

이제 본론으로 들어가 보자. 김대중은 우리 민족의 민족혼과 민족의 특질에 대하여 다음과 같이 정의를 내렸다. 먼저 민족의 정신(민족혼民族魂)에 대해 정의를 내린 부분을 보자.

첫째, 민족혼은 민족의 역사를 통해서 연단(鍊鍛: 반복되는 습관에 의해 하나의 행동이 만들어짐)이 되고 발전된 가운데 형성된 민족의 마음이다. 우리 민족은 수난의 민족인 만큼, 다친 혼, 억눌린 혼, 신음한 혼, 일어선 혼이 한데 어울려 응결된 민족혼을 가지고 있다.

둘째, 민족혼은 시대에 따라 변하는 운동의 성질을 가지고 있다. 그렇지만 본질은 민족의 존엄성/정당성을 옹호하는 역사적 원천으로써 민족의 주체적 선율이다.

셋째, 민족이 위기에 처하면 이에 강력하게 대응하여 '민족의 실체'로 육화肉化되어 왔다. 곧, 민족혼은 민족의/민중의 비극, 위기, 고통 등 역사적 위기 등 역사적 발전법칙에 따라 새로운 민족혼으로 승화하는 성질을 가지고 있다넷째, 민족혼은 민중을 지배하는 지배사상이나 지배 논리 편이 아니고, 이에 대응하는 민족 내부 대다수의 민중에 의한 총화적 염원을 형상화한다. 따라서 민족혼은 '민족의 실체'인 민중의 소리다. 민족혼은 우리 근대 민족주의의 바탕이 되었다.

다섯째, 민족혼은 투혼이다. 민족혼은 민족의 전투적/적극적 의지의 경험에서 더욱 빛난다. 곧 침략자와 싸워 물리치고 억압자와 싸워 이겨내고 모순과 싸워 극복하는 모습을 보인다.

여섯째, 민족혼은 다른 민족의 민족혼에 대한 적대 개념이 아니다. 배타주의는 민족혼을 타락/멸망시키는 아편과 같다. 우리의 민족혼은 다른 민족과 연대화/형제화 하는 공동체 의식을 가지고 있다. 우리 민족혼은 세계를 향해 가는 평화의 원천이다.(이상, 연1, 122~127)

김대중은 이렇게 민족혼에 대하여 정의를 내리고 우리의 정체성을 나타내는 민족혼이 있었기에 우리 민족이 오늘날까지 건재할 수 있었다고 역사철학적 인식을 하였다. 이어 우리 민족의 특질에 대하여서도 다음과 같이 정의를 내렸다.

첫째, 창조적 문화민족이다. 우리 민족은 "남의 것을 받아들이되, 이것을 재창조할 줄 아는 문화민족이다. 동아시아의 전체 민족은 중국에 동화되었다. 그런데 우리 민족만 중국에 동화가 안 되었다. 몽골족도, 만주족도 중국을 지배했음에도 중국에 동화되어 민족조차 남아 있지 않다. 그것은 중국의 고급문화, 중국식 문화를 받아들여 자기 것으로 재창조하지 못했기 때문이다. 그래서 중국문화에 동화되고 말았다. 그러나 우리 민족은 중국의 선진문화를 수용하되 내 것으로 재창조할 줄 알았기에 중국화가 되지 않았다."

둘째, 교육열이 강한 민족이다. "교육열은 우리 민족의 문화 전통이다. 이것이 우리 민족에게 우수한 인적자원을 제공하였다. 21세기 미래는 지식의 시대이다. 이 지식의 시대에 한국 민족의 '지식의 힘'은 세계를 압도하리라 본다."

셋째, 우리 민족은 저항 의식이 강하다. "중국과 같은 거대한 민족도 일패도지—敗塗地해서 원나라에 무릎을 꿇었는데 우리는 싸워 나라를 지켰다. 일제강점기도 해외로 나가 끝까지 무장투쟁을 하였다. 이런 정신이 우리 민족을 살아남게 했다."

넷째, 한국 민족은 특별한 정서를 가지고 있다. 한恨의 정서가 우리 민족의 저력이다. "한은 민중이 소망을 이루어 보려는 몸부림이다. 어떻게든 잘살아 보자, 자식만이라고 교육을 시켜, 잘 살게 해보자는 심정은 포기와 좌절을 모르는 민족으로 만들었다. 미래로 도피하지 않고 현세에서 해결하려는 의지는 우리 민족이 갖는 특별한 사고방식이다. 한국 사람들은, 좌절이 있어도 절망을 뿌리치고 재기하려는 몸부림을 치는 민족이다."(이상, 대 3, 438~442)

김대중은 이렇게 우리 민족의 고유한 정신(혼)과 민족의 특성을 정의하였다. 그리고는, 우리 민족의 내일을 이야기한다. "20세기 우리 민족에게는 고난의 시기였다. 조직적이고 단합되고, 일사불란한 면이 부족했다. 그러나 21세기는 다르다. 20세기는 자본, 노동력, 자원, 땅 등 물질 중심의 공업사회였지만, 21세기는 지식, 정보 능력 등, 창조 능력이 핵심을 이루는 사회다. 그래서 우수한 지적 능력을 지닌 사람이 많은 민족이 21세기는 승리하는 나라가 된다. 그런 점에서 문화민족이고, 교육 민족인 우리 민족이 가장 좋은 여건을 가지고 있다. 이렇게 공부도 많이 하고 대학도 많은데, 세계 수준의 사람이 없고, 세계 수준의 대학이 없고, 세계 수준의 과학기술도 없다. 그것은 입시 위주의 교육, 고시 중심의 교육 때문에 창의력이 발휘되지 못하는 교육 현실 때문이다. 교육개혁이 시급하다."(대 3, 443)라고 우리 민족의 현실을 교육과 연관하여 진단하였다.

이렇게 한국의 교육 현실을 진단한 김대중은 우리 민족의 미래를 개척하려면,

첫째, 권력과 경제가 결탁하는 고리를 끊고 민주주의와 시장경제를 튼튼하게 만들어야 한다. 따라서 정부(권력)가 기업이나 시장에 간섭을 해서는 안 된다.

둘째, "지역주의도, 민족주의도 버려야 한다. 지금은 세계주의 시대다. 민족주의라는 것은 산업혁명으로 나타나는 자본주의 경제체제를 수호하기 위한 투쟁개념(침략적 민족주의, 저항적 민족주의 등)에서 나온 이념이다. 지금은 세계무역기구(WTO) 체제에 들어가 있어서 경제적 국경이 없다. 그래서 마음을 닫는 민족이 아니고 세계인에게 마음을 여는 민족이 될 때 세계인과 경쟁에서 살아남는 민족이 된다."(대 3, 454)라고 함으로써 김대중도 함석헌과 마찬가지로 민족과 민족주의를 구분하여 개념 인식을 하였다. 그리고 민족주의는 버려야 한다고 하였다. 다른 민족과 구분하여 우월적 민족이라는 인식에서 나온 제국주의 시대의 민족주의는 이제 종식을 고해야 한다는 생각에 공감이 가는 발언이다. 그러면 왜 글쓴이가 김대중을 민족주의자라고 굳이 부르고 있는가. 이에 대한 대답을 해보자.

나. 민족주의 발생 환경

앞에서도 이야기했듯이 민족주의와 민족이라는 용어는 다른 개념이다. 민족은 자연발생적이고 모든 민족이 평등한 가치(우월성을 배제한)를 가지는 개념이지만, 민족주의는 '민족차별주의'다. 자기 민족만 우월하다는 민족감정주의다. 민족주의는 제국주의다. 민족은 오랜 역사 속에서 꾸준히 하나가 되

는 '자기 동질성'을 가지고 있다. 그러나 민족을 이념으로 하는 유럽의 민족주의는 산업자본주의와 생명을 같이 하면서 제국주의를 탄생시켰다.[318] 곧 산업자본주의와 결탁한 독재적 정치권력들이 자기 민족만의 우월성 내지는 배타성을 강조하는 개념이 민족주의다. 이념성과 배타성을 가진 민족주의는 이렇게 유럽에서 처음 발생한다. 배타적 민족주의/제국주의는 다른 민족을 침략하고 영토를 약탈하였다. 그러면 민족주의의 탄생과 변질 과정을 살펴보자.

1) 유럽 중세 봉건시대는 그리스도교/가톨릭의 전체주의/보편주의에 눌려 민족의식이 발생하기 어려웠다. 그러다가 14세기부터 서서히 일어나는 르네상스와 종교혁명(1517)을 거치면서, '봉건적 권력'과 '권위적 종교'에 대한 저항이 일어나게 된다. 여기서 '개별적/반봉건적 민족주의'가 싹을 보이기 시작하지만, 오늘날의 민족주의와 같은 성격을 갖는다고 보기는 어려웠다. 이러한 초기적 민족주의가 자각적인 민족주의로 발전을 하게 된다.[319]

2) 이러한 역사적 현상을 만들어 낸 나라들은 16세기 이후 교황의 지배권에서 벗어나 각자의 길(지역 국가)로 가는 영국/독일/프랑스 등 중앙집권 국가들이다. 그리고 뒤이어 17세기에 나타나는 절대 왕조들이다. 이러한 중앙집권적 절대 권력들은 시민(부르주아계급)들의 자유와 권리를 제한하였다. 이에 반발하여 부르주와 시민계급은 중앙집권 권력과 절대왕정에 저항하여 '자

---

[318] 민족주의 발생설에 대해서는 여러 주장이 있다. 1) 부모로부터 물려받은 민족을 바탕으로 민족주의가 성립한다는 본원주의 입장. 2) 사회적 여건, 곧 산업자본주의는 제국주의를 발생시키고 제국주의는 민족주의를 바탕으로 한다는 구조주의 입장. 3) 제국주의에 대한 반발에서 성립했다는 시대사조라는 입장이 있다. 여기서 글쓴이는 세 주장을 모두 혼합하여 설명을 하겠다.
[319] 에릭 홉스봄(Eric John Ernest Hobsbawm)/김동택 역, 『제국의 시대』, 서울: 한길사, 1998, 284쪽; 에릭 홉스봄/정도영. 차명수, 『혁명의 시대』, 서울: 한길사, 1998, 269쪽.

유로운 시민사회'(부르주아사회)를 만들어 낸다. 17세기 네덜란드(그리스도교 신파)가 에스파냐(그리스도교 구파)에서 독립을 선언하면서 발생하는 30년 전쟁(1618~1648, 가톨릭 세력 × 반가톨릭 세력) 끝에 베스트팔렌(Westfalen) 조약을 체결하게 된다.(1648) 베스트팔렌 조약은 종교적/사회적/경제적/정치적 분야에서 유럽이 새로운 질서를 추구해 가도록 만들었다. 곧 개별적 민족주의의 탄생이다. 개별적 민족주의의 특성을 보면,

첫째, 정치적으로 그동안 모호하게 존재해 왔던 국가와 국가 사이에 국경이 정해지고 국가별 주권이 존중되기 시작한다. 이 과정에서 부르주아 상인계급들은 시민혁명을 통해 봉건 질서를 붕괴시켜 나간다. 시민혁명은 봉건적 특권계급을 타도하면서 '시민주권론'을 대두시킨다.

둘째, 경제적으로는 부르주아지 시민계급에 의해 산업혁명이 일어난다. 산업혁명에 의한 대량생산체제의 등장은 내수시장을 발달시키면서 자본주의 생산양식을 생성시킨다. 이를 산업자본주의라고 한다. 산업자본주의 경제질서는 대량생산에 따른 소비시장을 필요로 하게 된다.

셋째, 사상적으로는 개인주의 성향들이 나타난다. 특히 개인주의는 개개인의 특성을 억압하는 계급구조와 가톨릭 전통(보편주의)에 반발하게 만들었다. 그 결과 종교적으로는 기존의 그리스도교(가톨릭)에 반대는 새로운 그리스도교(신교=기독교)의 자유가 인정되게 된다. 그리고 이들 그리스도교(신교) 국가들은 각자 독립하면서 가톨릭의 일체화 된 권위와 권력으로부터 떨어져 나오게 된다.

3) 이렇게 주권주의, 자본주의, 개인주의가 서로 합체를 이루며 나타난 국가주의가 영국의 명예혁명(1688), 미국의 독립혁명(1774. 7.4), 프랑스의 시민혁명(1789. 7.14을 만들어 낸다. 이들 혁명을 통하여 영국과 프랑스에서는

민족 단위의 국민국가, 곧 민족국가들이 만들어진다. 시민혁명의 과정을 통하여 형성되는 시민계급들은 국가와 영토를 시민의 것으로 만들어 낸다. 그 결과, 그동안 막연하게 생성되고 있던 민족주의는 1830년 프랑스의 7월 혁명을 거치면서 19세기 후반에 명확한 개념으로 드러나게 된다.

특히 프랑스 시민혁명에서는 군주의 절대권과 성직자/귀족의 특권을 폐지하고 '자유/평등/박애'의 인권선언을 공포하게 된다.(1789) 여기서 시민에 의한 절대 권력의 부정은 곧 프랑스 국가의 공화제와 데모크라시를 지향하는 '프랑스 민족주의'로 발전한다. 프랑스 민족주의는 전 유럽으로 확산이 된다. 유럽 민족주의는 이 당시 막 일어나는 산업혁명/자본주의 경제체제와 합체를 이루게 된다.

이 무렵 유럽에서는 영국 출신 찰스 다윈Charles Robert Darwin(1809~1882)의 우승열패優勝劣敗와 허버트 스펜서Herbert Spencer(1820~1903)의 적자생존適者生存 논리가 결합되면서 사회발전단계설/사회진화론이 나타난다. 19세기 민족주의와 자본주의가 합체되면서 나타나게 되는 제국주의는 사회진화론을 이론적 바탕으로 삼는다. 제국주의에 의하여 강조된 민족주의를 '반동反動 민족주의'라고 한다. 이를 '침략 민족주의'라고도 한다. 제국주의는 자본주의가 가져다주는 대량생산체제에 따른 원료공급과 노동력 및 판매시장의 확보를 위하여 필연적으로 본국이 아닌 다른 나라/영토를 침공하게 만든다.

이 때문에 유럽 제국주의들은 그들 국가구성원(자본적 시민)들을 다른 지역에 진출하는 데 동원하게 된다. 이 과정에서 '공격 민족주의'가 등장하게 된다.(제국주의 군대 창설) 곧 공격 민족주의는 반동 민족주의의 또 다른 형태다. 반동 민족주의가 타국에 대한 침략행위를 미화시키는 데 적극적 역할을 한 것은 당시 발달하기 시작하는 어용적 언론매체들이다.(언론매체의 태생적 한계다) 어용 언론들은 제국주의를 미화하고 침략행위를 정당한 행동으로 극찬하였다. 그리하여 이 반동 민족주의=침략주의의를 바탕으로 하는 제국주의는 아시아와 아프리카지역을 침략하게 된다. 여기서 식민국 유럽에 의해 지구 전역에 식민지가 강제된다.

이러한 무차별적 영토침략은 식민지를 적게 가진 독일에 의해 폭력전쟁이 일어난다. 이를 세계 제1차대전이라고 한다. '침략 민족주의'에 의해 공격과 침탈을 받아 식민지 또는 반식민지를 강제당한 민족과 나라에서는 침략 민족주의에 대한 반동으로 '저항 민족주의'를 자연적으로 발생시킨다. 이렇게 식민지에서 발생한 '저항 민족주의'를 '식민지 민족주의'라고도 말한다. 일제 침략기와 강점기에 우리 땅의 애국/애족지사/의인들이 중국 만주 등 해외로 나가, 독립운동/민족해방운동[320]을 하게 되는 사상적 배경 또한 사회진화론에 이론적 바탕을 둔 저항 민족주의였다.

이렇듯 '유럽 민족주의'는 민족의 개념에 1) 혈연/지연이 같은 자연적인 요인, 2) 언어/역사문화가 같은 정신적인 요인, 3) 산업혁명 이후 나타나는 자본주의적 요소를 추가하면서 제국주의로 나가게 된다. 따라서 민족주의란 개념은 서구적인, 서구 중심적인 이념일 수밖에 없다. 이에서 유럽의 민족주의와 아시아의 민족주의는 태생적으로 서로 다른 성질을 가지게 된다. 때문에, 서구의 민족주의 개념으로 우리 민족주의를 설명할 수는 없다.

우리의 민족주의는 유럽과 달리 내부적/자생적 그리고 밑으로부터 발생하는 게 아니라, 외부적인 요인에 의하여 타율적으로, 그리고 배타적으로 발생

---

[320] 독립운동/민족해방운동: 이 두 운동은 다 같이 저항민족주의에 기반을 두고 있다. 그러나 독립운동을 하는 부류는 민족주의, 자본주의 사상이 강하고 민족해방운동을 하는 부류들은 우리 민족의 일제의 노예 상태에서 해방해야 한다는 인권주의, 사회주의 사상이 강했다.

하였다. 오늘날은 침략 민족주의든, 식민지 민족주의든, 이들 민족주의는 김대중과 함석헌이 말했듯이 분명 사라져야 할 사상이요, 사조思潮다. 이념이다. 그러나 우리 민족 남북은 각각 남은 자본주의 민족주의, 북은 공산주의 민족주의로 남북이 서로 배타적 민족주의를 가지고 있다. 이승만, 박정희, 전두환은 반공적 국가주의를 국시로 삼고 반공과 안보를 자유와 인권보다 우위에 두고 나라 사람들의 충성을 강요하고 헌신을 요구하는 '국가 민족주의'의 성격을 분명하게 드러내기도 했다.

이렇게 보았을 때, 식민지 민족주의, 저항 민족주의, 국가 민족주의는 시대착오적인 민족주의다. 그렇지만, 우리 땅의 민족이 처한 환경으로 보았을 때 탈脫민족주의는 아직은 아니라는 생각이다. 우리 민족이 해방은 되었으나 분단형 해방이었다. 그리고 분단된 민족은 아직 민족 통일을 이루지 못하였기 때문이다. 따라서 우리 민족의 땅에서 두 지역이 갖는 이념적 민족주의는 민족 통일을 위한 '통일민족주의'로 진화/승화되어야 한다는 생각이다. 통일민족주의 또한 남북으로 갈라진 우리 민족이 하나로 통일된 환경을 이룰 때는 자연 소멸이 된다. 민족이 통일되어 통일민족주의가 완성될 때, 우리 민족도 탈민족주의시대로 진입하게 된다. 우리 민족은 열강의 침략, 식민지 고난, 분단의 고난, 독재의 고난을 겪은 민족이기에 민족이 통일만 된다면, 민족주의를 떨치고 세계평화를 견인할 주역을 맡을 수 있는 평화의 민족이다.

지금 세계 사조가 경제적 이유로, 탈민족주의로 가고 있다고 하더라도, 이웃 나라 중국은 헌법에서 '다민족국가주의'/국가민족주의를 지향하고 있다. 그리고 최근에는 극단적 우익민족주의가 팽배해 가고 있다. 일본의 경우도 평화헌법을 폐지하고 일본군을 재무장하려는 극단적 민족주의 움직임을 보이고 있다. 이렇게 우리 땅, 주변 국가들이 21세기 민족주의로 재무장하고 있다. 중국과 일본은 민족주의를 '정치적 힘'의 도구로 삼고 있다. 그들만의 민족주의를 통하여 인민/민인을 동원하는 힘의 원천으로 만들어 내고 있다. 이런 주변 민족의 정치환경으로 보았을 때, 우리 스스로 민족주의를 자진해서 미리 버릴 수는 없다고 본다.

통일을 이루지 못한 우리 영토의 주변 환경을 보았을 때, 신채호가 말한 '아我와 비아非我'의 보이지 않는 투쟁 환경은 아직도 살아 있다. 이러한 보이지 않는 외세의 힘이 우리 민족을 옥죄어 오는 마당에 남과 북은 다 함께 하루빨리 이념적 민족주의에서 통일민족주의/평화민족주의로 승화시킬 필요가 있다. 남과 북이 우리의 통일을 억압하는 외세를 극복하고 하나의 민족으로 다시 돌아오려면 '동족적 통일민족주의'라는 모태가 있어야만 가능해진다. '통일민족주의'만이 조국 통일을 위한 힘을 원천, 곧 우리 민족의 '남북 민중/민인'을 하나로 끌어내는 힘의 원천이 될 수 있다. 우리 민족이 가져야 할 통일민족주의는 반동민족주의가 아닌 평화민족주의다. 통일민족주의는 우리 민족도 이제는 외세의 간섭 없이 '사람 구실'을 하며 살자는 뜻이요. 통일된 나라를 만들어 세계적으로 '나라 구실'을 하고 살자는 뜻이다.

다. 김대중의 통일민족주의

이제 그러면, 김대중은 과연 통일민주주의를 신념으로 가지고 있었는지에 대해 알아본다. 결론부터 말하면, 김대중은 분명히 민족 내부의 분열된 현실의 분열 민족주의(자본적 민족주의/공산적 민족주의)를 극복하고 '동족적 통일민족주의'로 승화시켜야 한다는 생각을 가지고 있었다고 본다. 이의 증거는 앞에서 보았던 김대중의 강조하는 '민족혼'을 통일민족주의와 연관하여 해석해 볼 수 있기 때문이다. 우리 민족은 역사적으로 우리 땅에서 이탈하지 않은 채, 공동체 구성원의 오랜 집단생활과 활동을 통해서 형성된 성질, 곧 정신과 생활 속에 녹아 내려오는 특질을 갖고 있다. 따라서 삶의 터전이 갈라졌다고 하더라도 우리 민족의 땅, 남북지역은 같은 민족이라는 동질성(동족개념)을 가지고 있다.

앞에서도 이야기 했지만, 우리 땅은 세계 역사 발전이 가지고 있는 보편성도 있지만 방면에 우리 민족만의 특수한 역사 환경도 가지고 있다. 유럽지역에서 시작한 탈민족주의(EU)는 오늘날의 시대사조가 되고 있는 것은 사실이다. 그것은 보호무역주의(민족주의를 바탕에 깐)를 배척하고 신자유주의 경제질서 때문에 나온 시대사조. 그러나 민족 통일을 이루지 못한 우리의 입장은 유럽과는 다른 역사적/정치적/경제적 특수환경을 가지고 있다.

오늘날 우리 민족 앞에 놓여 있는 당면한 지상 과제는 분단 조국을 하나의 통일된 조국으로 만들어 놓아야 한다는 필연성이다. 그리고 민족 외부로부터 오는 중국의 역사 침략(만주지역의 중국역사화 음모)과 일본의 영토침략(독도 일본 영토화 음모)도 막아내야 하는 현실적으로 어려운 과제도 떠안고 있다. 이를 어떻게 대처해야 하는가? 라는 문제는 곧 민족의 문제이자, 민족주의로 풀어야 한다. 우리 민족 대내외의 문제를 버려두고 세계 경제의 기본 토대가 변한다고 하여, 우리 민족의 생존 문제까지 덮어둘 수는 없는 노릇이다. 이러한 어려운 문제들이 우리 앞에 닥치는 것은 우리 민족이 갈아져 있어서 민족의 힘이 약화 되었기 때문이다.

여기에다 대한민국 내부의 현실 또한 묘한 환경은 연출하고 있다. 두 민족주의 세력이 팽팽하게 대립하고 있다. 한쪽은, 민족+반미/반일+통일+자주의 민주 평화를 주장하는 민족의 양심을 생각하는 민족주의 세력이고, 다른 한쪽은, 민족+친미/친일+반공+안보를 주장하는 반민주/반평화를 주장하는 민족주의 세력이다. 그러나 후자는 민족배반적 세력이다. 민주/평화를 주장하는 양심적 민족주의 세력은 도덕적 부류들이 해당된다. 이들은 반독재/민주정치 정착이라는 '저항 이데올로기'를 신념으로 삼고 있다. 글쓴이는 이들의 '양심적 민족주의'를 '통일민족주의'라고 이름을 붙여본다.

부도덕한 주류/부류들은 통치가 아닌 '지배 이데올로기'를 신념으로 가지고 있다. 이들 계보에는 이승만, 박정희, 전두환, 이명박, 박근혜, 윤석열 등 반통일주의 독재자들과 뉴라이트들이 속해 있다. 이들이 갖는 민족주의는 '반통일 민족주의'다. 이들 국가적 민족주의자들은 북의 국가와 민족을 우리 민족에서 제외 시키고 있다. 특히 박정희는 민족중흥이라는 기치를 걸고 민족주의를 이용하여 민중을 강제로 동원하는 힘의 수단으로 삼고, 부유층 중심의 경제발전 도구로 삼았다. 이와 함께 같은 민족인 북쪽 사람들을 적으로 배척하면서 반공적 민족주의를, 나라 사람의 자유와 인권을 유린하는 사상적 힘으로 이용하였다.[321]

그러나 민중적/통일적 민족주의를 갖는 민주/통일 세력은 반통일 민족주의 세력(곧 지배집단)에 저항하여 북을 '같은 민족'으로 보고 민족문화의 동질성 회복을 강조하였다. 이들은 북의 '공산주의 민족주의'와 대화/소통을 통한 '통일민족주의'를 만들어 나가고자 노력하였다. 반면에 통일민족주의에는 깊은 내면에 우리 민족의 통일을 노골적으로 방해를 해대고 있는 미국과 일본에 대한 저항성도 내포되어 있다. 그래서 통일민족주의는 미국과 일본에 대한 '저항 민족주의'라고 말할 수 있다. 그리하여 5·18 민중항쟁을 기점으로 미국에 대한 저항운동으로 나타났다. 성조기가 불타고, 미문화원이 점령을 당하고 반미단체가 탄생하는 등 반미 풍조가 사회에 만연되었었다. 1981년의 대전 아람회사건과 부산 부림사건, 1982년의 강원대학생 성조기 방

---

321) 조승복, 앞의 책, 426쪽 참조

화사건과 부산 미문화원 방화사건 등은 '반미민족주의'를 바탕으로 한 사건들이다. '반미민족주의'는 곧 우리 민족의 통일을 방해하는 미국과 일본을 배척하는 '통일민족주의'의 상징으로 볼 수 있다.

이렇게 한민족의 민족주의는 크게는 남북으로, 작게는 대한민국 안에서도 양분되어 있다. 민족적 모순이 심각해 가는 우리 땅 환경에서 김대중이 등장한다. 김대중은 민중정치를 정착시키려는 양陽의 정치세력이었다. 이를 우리 현실에서는 '민주화운동' 또는 '민주화 세력'이라고도 부른다. 김대중의 말처럼 민주주의/민중정치가 바로 서지 않으면, 통일민족주의도 존재할 수 없다. 따라서 김대중도 사상적으로 '민중적 민족주의'를 가지고 있었다는 판단을 해볼 수 있다. 그 근거는 김대중이 민족혼을 말한 데서 찾아볼 수 있다. 김대중의 민족혼 강조는 통일민족주의로 해석해도 괜찮다는 생각이 든다.

김대중이 민족혼을 정의하는 말 가운데서 반독재를 바탕으로 하는 민주정치와 인권, 자유를 포괄적으로 수용하는 '평화 민족주의'가 발견된다. 김대중은 이러한 평화 민족주의에 바탕하여 북과 남을 하나의 민족혼을 갖는 민족공동체로써 인식하였다. 따라서 갈라진 민족이 하나로 통일되어야 한다는 그의 인식은 우리 민족 모두가 당연하게 생각하는 평화주의다. 평화 민족주의는 곧 통일민족주의다.

김대중이 역사철학적으로 평화 민족주의/통일민족주의 가지고 있었다는 것은 다음의 말에서도 알 수가 있다. 김대중이 김정일을 만나기 위해 평양에 도착하여 발표한 성명 내용 중에, "저는 대한민국 대통령으로서 남녘 동포의 뜻에 따라 민족의 평화와 협력과 통일에 앞장서고자 평양에 왔습니다. 저는 김정일 국방위원장과 함께 남과 북 우리 동포가 모두 평화롭게 잘 살 수 있는 길을 찾는 데 모든 정성을 다하겠습니다. 우리는 한민족입니다. 우리는 운명공동체입니다.

우리 굳게 손잡읍시다"(연5, 447)[322] 여기서 '우리 동포', '한민족', 특히 '운명공동체'라고 말한 부분은 김대중의 민족주의 정신의 발로라고 볼 수 있다.

김대중이 평양에서 6·15선언을 하고 다시 남쪽 대한민국으로 돌아온다. 그리고 북한방문 성과에 대하여 대국민 보고를 하였다. 〈새로운 희망과 확신〉이라는 주제로 발표된 '보고 연설'이다. 이를 조금 들어보자. "우리에게도 이제 새날이 밝아 온 것 같습니다. 55년의 분단과 적대에 종지부를 찍고 민족사에 새 전기를 열 수 있는 그런 시점에 이른 것 같습니다. 이번 저의 방문이 한반도에서의 평화, 남북 간의 교류, 협력, 그리고 통일로 가는 길을 닦는데 첫걸음이 됐으면 더 이상 다행이 없겠습니다. 평양시민이 같은 혈육의 정으로 환대 …. 평양도 가보니 우리 땅이었고, 평양에 사는 사람도 우리하고 같은 핏줄의 민족이며 …. 북한은 다 같은 우리 강산이고 다 같은 우리 민족이 사는 곳 …. 같은 민족끼리 내부에서 힘을 탕진한다면 우리가 어떻게 되겠는지요"라고 기쁨과 흥분된 목소리로 말했다.(2000. 6. 15.)[323] 여기서, '민족사의 새 전기', '한반도 평화', '혈육의 정', '같은 핏줄의 민족', '같은 민족'이라는 표현은 김대중의 민족주의 사상을 엿보게 한다. 또 한반도의 평화와 통일을 언급하였다. 이로써 김대중의 민족주의에는 평화통일을 사상적 근저로 하는 평화 민족주의, 곧 통일민족주의가 중심을 잡고 있었다고 말할 수 있다.

이와 같은 김대중의 평양 도착 성명과 서울 도착 성명에서 발언들은 그가 우리 민족 남북은 같은 역사와 문화, 그리고 같은 조상에서 뿌리를 내린 문화적 동질성을 갖는 '같은 혈족'이라는 역사철학적 인식에서 나온 말이라고 볼

---

322) 정진백 편,《金大中年代記 1997-2000》5, 같은 책, 447쪽 참조.
323) 정진백 편,《金大中年代記 1997-2000》5, 같은 책, 455~460쪽 참조.

수 있다. 우리는 이러한 남과 북이 각자 따로따로 지어 가지고 있는 '이념 민족주의'를 하나의 통일민족주의로 묶어내는 김대중의 민족 철학을 '대동적 민족주의'라고도 일컬어도 좋다는 생각이다. 김대중의 통일민족주의/대동민족주의는 반공독재 권력들이 지배 이데올로기 수단으로 갖는 국가주의적 또는 반공적 민족주의와는 전혀 궤를 달리하는 평화 민족주의다.

국가적/반공적 민족주의 이념을 기반으로 하는 반통일 권력자(부도덕한 주류들)들은 그동안 민족 통일은 불가하다고 주장해 왔다. 따라서 박정희는 민족주의 탈을 쓴 가짜 민족주의자로 북측의 김일성과 밀담하여 지배권력을 영구적으로 장악하기 위한 유신체제를 만들었다. 그리고 유신 총통이 되어 대한민국을 '사적으로 소유화'하려다 죽임을 당하게 된다. 그러나 김대중은 통일민족주의를 이념으로 삼고 늘 민족의 통일은 가능하다는 확신을 가지고 있었다. 그래서 평양으로 갈 수 있었다. 그는 남북정상회담(2000)을 마치고 6.15선언을 한 다음 북에 대한 햇볕정책을 적극적으로 추진해 나갔다. 그리고 민족통일을 위해 가장 중요한 것은, "남북의 균형 있는 경제발전"이라고 했다. 이러한 균형 있는 경제환경의 토대가 구축되어야 민족통일을 위한 화해와 협력이 가능하다고 보았다.(1994.4.25.)[324]

김대중이 통일민족주의의 발판을 연 것은 6·15선언이다. 우리는 같은 민족이면서 두 나라, 두 민족주의로 나누어져 나라의 약칭을, 대한민국에서는 남한과 북한으로, 조선민주주의인민공화국에서는 북조선과 남조선으로 쓰고 있다. 그리고 우리의 강토에 대해서도 남에서는 한반도로, 북에서는 조선반도로 쓰고 있다. 민족에 대한 용어도 남은 한민족으로, 북은 조선민족으로 부르고 있다. 이러한 분단 고착적 언어들이 6·15선언으로 많이 변하였다.

---

[324] 《김대중전집/통일과 민족의 장래》II 제17권, 221~22쪽.

같은 민족이라는 전제하에 특정 국명을 뺀 "남과 북", 또는 "이남과 이북"이라는 표현을 사용한 점이다. 이것은 하나의 민족, 하나의 나라이기를 바라는 민족 공통의 잠재된 의식이 만들어 낸 환경이라고 말할 수 있다. 이후 남북은 민족 통일이 얼마나 소중한 우리의 염원이며 의지인지를 보여주었다. 이 때문에 6·15선언은 그동안의 남북 사이 대립 구도를 극복하고 반성과 화해라는 민족생존/민족상생의 구도로 새로운 지평을 열어주었다. 그리고 미국이라는 존재와 남한의 헌법 제3조와 국가보안법이 민족과 영토통일에 얼마나 큰 훼방을 놓는 괴물인지를 알게 해주었다.

이후 노무현의 10·4선언(2007.)과 문재인의 판문점선언(2018. 4. 27.) 9·19 평양공동선언(2018) 등이 계속하여 발표되어 나오면서 민족 통일의 중요성을 일깨워주었다. 그러기 때문에 아직도 선의善意의 통일민족주의는 식지 않았다. 김대중과 김정일은 6·15선언을 통하여 각각의 자본주의 민족주의와 공산주의 민족주의를 하나의 통일민족주의로 승화시키려 했다. 이렇듯 통일민족주의는 제국주의적/배타적 민족주의와는 전혀 성격을 달리한다. 제국주의의 침략 민족주의와는 그 본질이 다르다. 통일민족주의는 민족 통일을 이루지 못한 우리 민족만이 갖는 독특한 민족주의다.

김대중의 통일민족주의는 실사구시에 바탕을 둔 실용적 민족주의라고 평가할 수 있다. 실용적이라는 것은, 북과의 통일문제, 중국 민족과의 관계, 일본 민족과의 관계라는 현실적 정치 환경을 인식한다는 뜻이다. 6·15선언을 통해 통일민족주의가 남과 북의 공통 이데올로기로 돌아왔다. 이에 따라 우리 민족의 땅에서 양분되어 있던 민족주의도 서로의 배타성을 밀어내고 반공적, 반미적 민족주의가 통일민족주의로 승화되고 있었다.

그러나 우리 역사에 수난의 여왕이 다시 찾아왔다. 이명박과 박근혜가 대권을 장악하면서 반공+친미+안보를 핵심으로 하는 국가적/반공적 민족주의가 다시 통일불가론을 들고나와 기세를 부려놓았다. 함석헌이 말한 고난의 역사가 끝나지 않았다. 저들 반통일/반평화 세력에게 대권을 쥐게 해준 민중/민인들의 어리석음이다. 고난의 역사를 짊어지고 가는 민중들이 또 친미/친일적 반공주의자, 전쟁광분자에게 대권을 쥐게 해주었다. 그래서 우리 민족은 또다시 수난의 수렁 속에 깊이 빠져들고 있다.

이리하여 민중정치와 민족 통일, 공동행복론을 주장하는 김대중 계열의 자유주의자(도덕적 주류)와 반공 독재와 반통일 반민중정치를 지향하는 국가주의자(부도덕한 주류)가 다시 분열을 하고 있다. 이제 대한민국 민중이나 북의 인민들도 깨우쳐야 한다. 그래서 한 어머니 뱃속에서 나온 두 형제가 다시 한 어머니 집으로 돌아와 한솥밥을 먹어야 한다. 그러려면 우리는 김대중의 '대동적 통일민족주의' 정신으로 거듭나야 한다고 본다.

이제 우리에게 남은 과제는 김대중의 '3단계 통일방안'이 제시한 것처럼, 평화조약을 맺고 '남북연합'을 이루어서 남북이 상호 국교를 트고, 인적/물적/문화적 교류를 통하여 통일민족주의를 완성하는 일이다. 우리 민족은 역사적으로 외세의 침략, 식민지, 영토분단이라는 민족의 고난을 함께 겪어왔다. 이러한 민족의 수난을 겪는 같은 민족이기에 함석헌의 말처럼, 통일만 이룬다면 세계평화를 이끌 당당한 민족이 될 수 있다. 그래서 '이념 민족주의'를 버리고 통일민족주의로 민족 통일을 완성하여 하루빨리 세계평화를 이끌어야 한다. 이념 민족주의를 극복하는 수단으로는 김대중의 '3단계 통일론' 밖에는 없다는 생각이다. 곧 3단계 통일론에서 1단계에서 2단계까지는 민족 동질성을 회복하는 통일민족주의로 풀어나가고, 1, 2단계를 거쳐 3단계에서 완전 통일 단계로 들어가면 통일민족주의를 벗어던지고 세계평화주의로 나갈 수 있을 것으로 본다.

제3부

후광학 창시의 필요성과 문제점

1. 후광학 창시의 필요성

2. 학자 정치인으로서 김대중의 지도력

3. 후광학 창립에 있어서 몇 가지 문제점

1. 후광학 창시의 필요성

이제까지 김대중의 정치철학을 형성케 한 배경으로 대한민국의 정치 환경과 경제 환경을 살펴 보았다. 이어서 김대중의 정치사상 체계를 여러 부문에 걸쳐서 거시적으로 분석해 보았다. 김대중의 사상 체계를 분석해 오면서 이를 바탕으로 김대중의 정치철학을 그의 호를 따서 후광학이라 이름하고, 후광학과 후광학파를 창립해도 좋겠다는 생각이 들었다.

김대중 이전까지 대한민국의 데모크라시는 일제가 잘못 번역한 민주주의로 정착되어 유통되어 굳어진 말이 되었다. 그리고 유럽에서 도입된 의회제 민주정도 자리를 잡고 있다. 앞에서 누누이 말한 것처럼 의회제 민주정은 정당제도, 선거제, 다수결 원칙을 핵심 제도로 삼고 있다. 이 탓으로 대한민국의 데모크라시는 아직도 원류 그리스식 데모크라시=민중정치가 뿌리를 내리지 못하고 있는 게 사실이다. 경제면에서도 왜곡된 유가 자본주의/파쇼자본주의를 핵심으로 하는 특권경제가 강제됨으로써 대한민국의 경제사회를 유럽보다 더 심하게 부패/타락하게 만들었다. 이 탓으로 사회적 병폐의 유발 誘發은 물론, 사회문화적으로도 말만 시민사회였지, 공공선/같이살기가 최고가치로 추앙되는 시민사회는 도래하지 못하고 있다.

이러한 사회구조 속에서 김대중이 등장하였다. 김대중은 대한민국에 정치적으로 왜곡된 민주주의 사회를 진정한 데모크라시, 곧 민주주의/민중정치의 서단(緖端: 문제해결 방향의 첫 단추)을 열어주었다. 이에 대한 증명으로 촛불혁명(2016.9~2017.4)으로 최고권력자를 몰아내고 또 '이건 아니다'라는 촛불축제(2024.12.3.~2025.3.31.)를 통하여 윤석열을 권좌에서 내려오게 만든 사실을 들 수 있다. 경제적으로도 특권적 파쇼자본주의에서 진정한 대중적 시장경제와 부의 분배 경제를 확립시킴으로써 경제민주주의도 열었다.

또 사회문화적으로도 연고주의에 의한 정치적 백(back: 뒤/끈)이 만연한 특권사회를 평등한 대중사회로 전환 시켰다. 그리하여 부의 분배법칙을 열고 자유와 평등이 물결치는 복지국가를 열어놓았다. 대한민국이 자본가/기업가와 사회적 약자들이 공존하는 '복지천국'이 된 것은 김대중에서 비롯된다. 환경, 곧 '지구민주주의'도 확립시켰다. 이외 김대중의 더 큰 업적은 평화적 민족 통일의 서단(6.15공동선언)을 열었다는 점이다.

따라서 이 장에서는 김대중의 인물됨에 그의 정치철학과 연관하여 논하고자 한다. 우리 역사 속의 전통 왕조시대 군왕이나 분단형 해방 이후 대한민국에 등장하는 역대 대통령 중에서 자신의 정치철학이 분명하였던 통치자가 있었던가. '학자 정치인'이 있었던가. 그저 왕권이나 대권에 안주하려고 안달했던 자들이 대부분이 아니었던가, 특히 현대 한국 정치에서 이승만, 박정희, 전두환, 노태우, 이명박, 박근혜가 그런 부류들이 아니었던가 하는 생각이 든다. 이 장에서는 1) 후광학 창시의 필요성, 2) 학자 정치인 김대중의 인품(지도력)에 대하여 순서대로 서술해 들어가고자 한다. 이를 통하여 3) 후광학을 창시하는데 부족함은 없는 지도 검증하고자 한다.

가. 정치문화의 발전을 돕는 학문과 학파

인류 역사에서 살펴보면, 자신이 터득하고 창작한 선험적 지식을 후대를 살아가는 사람들에게 훈육으로 전해 준 성인들이 많다. 그래서 후대 사람들은 성인들이 전해 준 선험적 지식으로 삶의 지혜를 얻는다. 그리고 인간답게 살아가도록 길(道)을 걸어가려 노력을 한다. 중국에서는 이들 위대한 인물들에게 "고귀하고 존경스러운 성인"이라는 의미에서 '소중한 사람'의 뜻을 갖는 자子를 붙여 추앙을 한다. 그리고 이들 성인의 철학과 사상체계에 학學이라는 말을 붙인다. 학문체계를 이룬 사람의 학문을 계승하여 학문집단을 이루었을 경우, 중국에서는 이들 학문집단에 가家라는 이름을 붙인다. 중국에서 많은 학문집단이 난립하였던 시대는 춘추전국시대(기원전 8세기~기원전 3세기)다. 후대 학자들이 이들 대부분 성인 학자(子)와 많은 학문집단(家)을 일컬어 제자백가諸子百家라 하였다.

중국의 학문집단을 서양에서는 학파(學派:school of thought)라는 말을 쓰기도 한다. 이와 같이 중국에서 학문의 갈래인 가家(학문집단=학파)가 이루어지는 시기인 춘추전국시대 기원전 5세기경은 유럽의 그리스/로마시대에 해당이 된다. 그러나 중국의 학파형성 시기는 그리스/로마시대보다 대체로 1세기가 빠르다. 그리고 그리스나 로마보다 더 많은 철학자들이 학파를 이루었다.

여기서는 중국의 제자백가를 검토하는 자리가 아니고, 김대중의 후광학이 왜 필요한지를 검토하는 장이기 때문에 중국의 학문과 학파가 어떤 것이었는지를 먼저 간략하게 살펴보기로 한다. 중국 한대漢代 최초의 체계적인 지식체계를 갖춘 역사가라고 할 수 있는 사람은 사마천司馬遷(기원전 145 ?~ BC 86 ?)이다. 그의 아버지 사마담(司馬談, 기원전 ?~ 110)이 저술한 책에 《논육가요지論六家要旨》가 있다.[325] 여기에서 육가六家라 함은 1) 음양가陰陽家, 2) 유가儒家, 3) 묵가墨家, 4) 명가名家, 5) 법가法家, 6) 도덕가道德家를 말한

---

325) 《史記/太史公自序》 권130 《四庫全書薈要》 28, 吉林人民出版社, 1997) 641쪽.

다. 곧 여섯 학파집단이 있었다는 뜻이다. 이미 중국의 제자백가에 대해서는 모든 이들이 숙지는 하고 있겠지만, 잠시 글쓴이 나름으로 각 학파의 학문 성격과 특징에 대하여 간략하게 일반적인 설명을 해 보기로 한다.

  음양가는《한서/예문지漢書/藝文志》에 의하면 고대 역상曆象을 관장하는 관직에 있던 희씨羲氏/화씨和氏에서 비롯되었다고 한다. 이들 학문의 핵심은 물질의 대립 현상을 양陽=알파와 음陰=오메가로 파악하고 음양의 조화로 생명 운동이 순환한다고 보았다. 그리고 오행의 움직임, 곧 수·화·목·금·토水火木金土를 만물을 구성하는 원소로 보았다. 이들 원소는 상생相生과 상극相剋의 두 원리를 가지고 서로 교차하면서 우주 만물이 생성한다는 학문적 이론을 가지고 있다.

  유가는 공구孔丘(기원전 551. ~ 479.)에서 비롯되었다. 공자는 춘추시대 당시를 인간적 양심이 없는, 인간이 지켜야 할 도리가 도무지 없는 무도無道한 세상으로 규정하였다. 그래서 무도한 사회를 유도有道한 사회로 개조하자는 사상을 제창하였다. 유도사회란 예악禮樂의 조화를 통한 인仁의 세상을 만드는 것을 말한다. 앞에서도 말하고 나왔지만, 공자의 인사상은 민본정치의 이론적 토대가 된 사상이다. 이 민본정치의 주장은 유럽의 데모크라시=민중정치를 주장하는 시기보다 대략 2,000년 앞선 주장으로, 유럽의 근대 계몽사상가들에게도 영향을 주었던 것으로 연구가 이루어지고 있다.

  인사상은 소통을 의미하는 사상이다. 소통은 상하 간 소통, 빈부 간 소통, 계급 간 소통을 말한다. 소통은 곧 인간관계에서 평등을 의미한다. 평등은 남에 대한 존중심을 말한다. 남에 대한 존중심은 곧 자유를 뜻한다. 자유사상을 바탕으로 한, 남/타인에 대한 존중심은 바른 진리, 건전한 가치관(禮樂=풍류)을 가질 때 가능해진다. 바른 진리(有道)와 건전한 가치관이 곧 인이다. 유가는 이러한 인사상=민본사상을 학문의 핵심으로 가지고 있다. 당대 묵가와 함께 최고의 학문집단을 이루고 있다가 훗날 유가는 순자와 동중서에 의해 '권력아부'적 사상으로 변질된다. 이 변질된 유가사상이 중국 정치사회를 이끌어가는 최고의 학파가 된다.

묵가는 묵적墨翟(기원전 480?~390?)에서 비롯되었다. 공자의 예악에 의한 군왕의 인정仁政을 비판하면서 '상호부조주의'를 강조하였다. 묵가는 중국 전국시대의 현실모순을 지적하면서 나온다. "약자는 강자에게 겁박을 당하고, 가난한 자는 부자로부터 업신여김을 당하고, 물자가 적은 나라는 물자가 많은 나라로부터 전쟁의 폭력에 시달리고, 지적知的으로 부족한 자는 지식인들로부터 속임을 당하고, 권세가 없는 자는 권세가로부터 놀림/핍박을 당하고 있다."[326] 이러한 현실모순을 해결하기 위하여 묵자는 차별의 타파(爲彼猶爲己: 나를 존중하는 것과 같이 타인을 존중하라)라는 겸애兼愛(가족과 국가의 경계를 초월하는)를 강조하였다. 묵가 사상은 오늘날로 말하면 평화주의와 자유주의 사상에 가장 가까운 사상이었다고 할 수 있다. 오늘날 가장 필요한 사상이 묵가의 상호부조주의 이념이 아닌가 한다.

명가는 딱히 학문의 비조鼻祖라고 일컬을 수 있는 사람이 없다. 다만 한서/예문지에서 보면 명가를 대표하는 사상가로 혜시惠施(?~?)와 공손룡公孫龍(?~?)이 거론되고 있다. 혜시는 현상 세계의 공간과 시간을 논리적으로 분석하여 인간 인식의 상대성을 밝히고 있다. 곧 모든 사물은 각자의 차별성을 갖

---

326) "强之劫弱, 富之侮貧, 衆之暴寡, 詐之謀愚, 貴之敖賤." 《墨子/兼愛下第十六》,《四庫全書薈要》62, 앞의 책, 32쪽.

고 있다는 주장이다. 그리고 공손룡은 언어적 개념에 대한 논리적 분석을 통해서 인간 인식의 한계를 밝히고 있다.[327] 이들 논리의 핵심은 명실(名實:개념과 실물)의 불일치한 세상을 바로 잡아, 명실일치名實一致의 세상을 이루도록 해야 한다는 주장이다. 이들을 그리스의 소피스트sophistes와 비견된다고 주장하는 학자도 있다. 그러나 명가 학자들이 가지고 있는 논리적이고 분석적인 철학 방법론은 결코 궤변詭辯이라고 할 수 없다. 이들이 설파하고 있는 양가지사(兩可之辭: 네 말도 옳고, 내 말도 옳다)의 논리는 곧 모든 사물의 이치를 평화의 이치로 보았다는 보편성과 균등 원리가 들어있다. 명가를 궤변철학자로 부를 수 없는 것은 고대 그리스의 소피스트를 궤변철학자라고 부를 수 없는 이치와 같다.

법가 또한 딱히 비조를 이루는 인물은 없지만, 대표적인 사람으로, 이리(李理, 기원전 445~396), 상앙(商鞅 기원전 ?~338) 신불해(申不害, 기원전 ?~341) 한비자(韓非子, 기원전 약 280~233) 이사 등이 있다. 이들 법가 사상가들은 공자 등이 주장한 지연적/혈연적 공동체 질서를 강조한 자연법사상을 부정하면서 실정법/성문법을 강조하였다. 진시황秦始皇(기원전 246. ~ 210.)에게 영향을 주는 한비자는 법가사상을 집대성하여 법法, 술述, 세勢를 강조하였다. 법은 상앙의 법으로, 상벌주의를 말하고 술은 신불해의 술로 능력주의에 따라 관직을 배분하되, 역시 성과에 따른 상벌을 강조하는 것을 말한다. 그리고 세는 계급주의를 말한다. 엘리트 지배계급의 성향과 능력에 따라 지배 질서가 달라진다는 뜻이다. 이중 법은 강하게 드러나야 하고, 술과 세는 은밀하게 운용해야 통치를 원활하게 할 수 있다는 법치주의를 주장하는 학파다. 진

---

327)《漢語大詞典》3(中國, 漢語大詞典出版社, 1993) 171쪽.

시황 이후 정치권력과 현대의 독재권력들이 가장 선호하는 사상이 된다. 법가의 계급주의는 군주/왕을 높은 단壇에 정좌하도록 만들었다. 곧 위에서 신하를 내려다보도록 했다. 지배자라는 뜻이다.

도가/도덕가는 노담老聃(老子, 기원전 생몰미상)이 비조를 이루고 장주(莊周, 기원전 369~289?)가 계승한 사상이다. 노자가 우주 본체를 설명하면서 도道와 덕德의 개념을 논하였다. 이 때문에 이들을 도덕가라고 불렀다가 뒤에 도가로 통일하여 부르게 되었다. 노자는 유가에서 인위적인 도덕 가치로 보는 도와 덕을 무위자연의 존재론적 본체관념本體觀念으로 보았다. 여기서 상대주의相對主義(是非)와 반지주의反知主義가 주창되었다.

노자의 제자, 장자는 노자의 사상을 이어받아 "개체의 절대 자유와 절대 평등"을 사상적으로 강조한다. 노자가 말하는 도道는 만물의 시원을 이루는 알파요, 오메가다. 곧 그리스도교에서 말하는 하느님이다. 무無실존자로써 실존자인 하느님이 평등주의요, 절대자유적 존재인 것처럼 도道 또한 무실존의 평등과 절대자유적인 존재다. 따라서 유가에서 말하는 인위적인 인의仁義, 왕도王道정치를 부정하였다. 노장사상은 대동사상에 가장 가까운 철학이었다.(안성재, 143~148) 묵가와 도가는 다 같이 아나키즘/상호부조주의에 비견되는 사상이라고 할 수 있다.

이렇듯 법률과 형벌에 의한 통치를 반대하고 명분론을 주장하는 유학자들의 학문집단은 유가儒家라 한다. 그리고 우주만물의 생성근원(도道), 그 무궁한 생멸 변화의 운동법칙에 대한 탐구와 역설의 논리를 자연철학으로 발전시킨 도학자들의 학문집단은 도가道家가 된다. 또 지배층의 위선과 허구, 사치와 낭비를 반대하면서 절용節用/절장節葬/비락非樂과 비공非攻을 강조한 학문집단은 묵가墨家가 된다. 묵가는 이외 인간에 대한 존중=겸애설과 신분 평등을 주장하는 학문집단을 이루게 된다. 또 법치를 통한 상벌주의와 계급주의를 강조하는 학문집단은 법가法家가 된다. 병법학을 주로 설파하는 학문집단을 병가兵家라 하였다. 이들 가家를 이룬 학문집단을 학파라 한다. 유가와 묵가학파는 인간을 학문의 주제로 삼았고, 도가학파는 자연을 학문의 주제로 삼았다. 법가학파는 법치를 통한 군왕의 정치를 학문의 주제로 삼았고, 병가학파는 정치와 전쟁을 학문의 주제로 삼았다. 이렇게 각 학문집단의 학문체계가 서로 다르다.

　다시《한서/예문지漢書/藝文志》에 기록이 되어 있는 후한 초기의 유흠劉歆(?~23년)의 제자백가론에는 이외에도 종횡가, 잡가, 소설가, 농가 학파 등이 추가되고 있다.[328] 이와 같이 중국의 학문적 갈래인 학파가 나타나게 되는 역사적 배경은 3황 5제가 존재하던 대동사회가 무너지고 하·은·주夏殷周의 소강사회가 나타나는 시기 이후라고 본다.
　기원전 11세기경에 건국된 주나라는 이후 춘추시대(기원전 8세기~5세기)와 전국시대(기원전 5세기~3세기)로 구분된다. 이 시기에는 개인 권력가들이 나타나 전쟁이라는 폭력을 이용하여 당시 중국 사회를 통째로 제패하려는 염화적 욕망을 보인다. 권력을 쥔 자들이 토지를 독점하였다. 권력자의 호령과 말마디가 곧 법이요 지배질서였다. 권력=힘이 강력해지면서 대동사회가 갖고 있던 통일된 정치 질서의 붕괴, 사회 질서의 혼란, 경제 질서의 파탄이 오게 된다. 그리고 사회와 민인/백성들은 도탄에 빠지게 된다.
　이처럼 혼란한 당시 사회환경에서 가장 중요한 것은 민인/백성들이 도탄에

---

328) 劉歆/李世烈 解譯,《漢書/藝文志/諸子略》(자유문고, 1995) 134~217쪽.

서 빠져나와 안정, 평화, 행복하게 살아가는 삶살이었다. 이러한 사회 분위기 속에서 인간이 바르게 살아가려면 힘(권력)을 가지고 있는 정치질서가 바르게 되어야 한다는 인식이 나오게 된다. 곧 백성을 어떻게 다스리면 나라가 안정되고 백성들도 행복하게 살 수 있을까.[329] 이에서 지배 계급에게 통치 철학을 제공하는 선생(전문적 교사)들이 나타났다. 선생들이 자기주장(통치이론)을 들고나왔다. 이들이 곧 정치사상가들이다. 이들이 주장하는 학문의 논리들이 많은 제자들을 끌어들이면서 학파를 이루게 되었다. 어떤 이들은 그들의 주장이 권력자에게 공감을 일으키면서 관리로 뽑혀 가기도 했다. 선생(士=학자)이 관리(大夫)가 되었다는 뜻이다. 이들을 선생 관리/학자 관리라고 부른다. 이후 중국의 관리직/관료직은 학자(士)가 담당하는 관례가 되었다.

그리하여 중국의 각 지역에서 권력을 장악하고 있는 지배자(군주)들은 사士를 관리로 등용하기 위한 '관리등용법'을 만든다. 여기서 역대 나라와 시기에 따라 여러 방법의 관리등용법이 나오게 된다. 그러다가 관리선발제도는 중국의 수와 당나라를 거쳐 송나라에 이르러 과거제도로 정착하게 된다. 이러한 제도는 우리나라 등 동아시아에도 전파되어 나라의 관리/관료(大夫)는 사인士人=학자가 담당하는 풍토가 이루어진다. 이들을 '학자 관료'=사대부라고 이름한다. 사대부는 인문주의자들이다. 그래서 일제강점기를 당하기 전까지 우리 역사에서 관료를 담당한 관리들은 사대부=인본주의자였다.

그러다가 분단해방 이후 대한민국이 산업자본주의를 경제 질서로 삼으면서 인문주의가 땅에 떨어지게 된다. 물신주의에 밀려 인본주의가 후퇴하면서 도덕성과 양심이 땅에 떨어지고 사람 중심의 가치관이 심각하게 쇠락하게

---

[329] 나라가 바로 서야 개인이 바로 설 수 있다는 이치에서 함석헌은 수신제가치국평천하修身齊家治國平天下가 아닌 평천하치국제가수신平天下治國齊家修身이어야 한다고 강조하였다. 김대중도 같은 논리를 펴왔다.

되었다. 그 결과 우리 사회는 비윤리적/비도덕적 사회풍토가 만연되게 되었다. 사회문화적으로도 물신주의에 의해 천박하고 타락한 문화현상이 나타나게 되었다. 이를 바로 잡으려면 인본주의/중화주의中和主義[330] 사상을 지닌 '학자정치인'들이 정치와 사회, 경제문화를 인본적으로 이끌어 가야 한다고 본다. 이러한 중화주의/인본주의 사상을 가지고 대한민국의 정치 세계에 발을 디딘 학자 정치인/사대부가 김대중이다.

그러면 중국에서 제자백가의 제자諸子에 대하여 생각해 보기로 한다. 중국에서 학파의 비조鼻祖나 여타 학자들에게 붙이는 접미사 자子는 어떤 의미를 갖는 글자일까. 자子에 대한 자원풀이를 해 본다. 자子는 그림글자이다. 중국의 초기 고대국가였던 은/상나라 왕궁터[331]에서 발견된 갑골문에서 보면, 孑와 같이 갓난아이의 모습이다. 여기서는 안 보이지만 원형의 머리에는 세 가닥의 긴 머리카락이 나 있다. 이런 글자가 금문에 오면, 孒(원래 중국의 한자에는 원형의 글자가 없다)와 같이 위에는 사람의 머리가 뚜렷이 그려 있다. 그리고 갓난아이를 작은 포대기로 감싸안으면 두 다리는 하나의 몸체를 이루고 두 팔은 좌우로 바둥거리게 된다. 이런 포대기로 싼 아기 모습을 나타낸 글자가 자子인 것으로 보인다. 따라서 자식 자子의 본래 뜻은 갓난아기다.

아들 자子로 불리는 자식 자子는 어린 아기라는 뜻 이외에 사랑한다는 뜻도 들어있다. 그것은 옛날 농경사회에서 아들 선호 사상이 있었기 때문으로

---

[330] 중화주의中和主義: 중국의 《禮記》와 《中庸》 등에서 나오는 용어로, 천지의 중中으로서 인간이 강조되고, 인간의 중中으로서 마음이 강조되는 사상, 즉 인간의 희오애락喜怒愛樂의 감정이 발산되기 이전의 상태를 中이라 하고 희오애락이 발한 이후의 감정을 조절하는 것을 和라하여, 천지음양의 조화調和를 뜻한다.(《漢語大詞典》1, 上海 漢語大詞典出版社, 1990) 593쪽.

[331] 중국 河南省安陽市小屯村 유적지, 역사에서는 은허殷墟라고 한다, 중국의 공식 명칭은 은허궁전종묘유지殷墟宮殿宗廟遺址이다. 1899년 발견, 현재 유네스코 세계문화에 등재되어 있다.

보인다. 여기서 오늘날의 "자식, 아들, 손孫아들"의 뜻이 발전되어 나오고 후에 "남자(아들)"를 일컫는 미칭美稱으로도 쓰이게 되었다. 그리고 학식과 덕망이 높은 현자나 성인에 대한 존칭의 뜻으로 학문의 비조가 되는 학자의 성姓에 접미사인 자子를 붙여 위대함을 나타냈다. 곧 우리말의 '선생'/'스승'이라는 뜻이다.

따라서 자子는 귀한 존재라는 존칭의 뜻이다. 그리하여 공자, 노자, 묵자를 비롯하여 맹자, 순자, 장자 손자孫子 등 인물은 자子가 붙은 위대한 인물들이다. 그런데 공자에게는 별도로 후대에 부자夫子라는 접미사를 붙여 공부자孔夫子라고 불렀다. 이는 더 귀하고 존중받는 존재라는 뜻이다. 부자夫子(선생님)라는 극존칭을 붙이는 경우는 공자 한 사람뿐이다. 그냥 '선생'이 아닌 '선생님'의 존칭을 받는 이는 공자뿐이라는 뜻이다.

나. 김대중의 정치사상-후광학

우리 역사에서는 훌륭한 학자의 성姓에 자子를 부쳐 추앙되는 성인, 대학자가 없다. 글쓴이가 생각하기로는 학문적/문화적 사대事大에서 그리되었다는 생각이 든다. 다만 성호 이익(李瀷, 1681~1763)은 《李子粹語》(이자수어, 1753)[332]라는 책에서 이황(李滉, 1501~1570)을 이자李子라 존칭하였다. 이익은 중화주의적 사대의 논리를 극복하려고 노력한 조선의 정대광명正大光明

---

332) 《李子粹語》: 조선시대 이익李瀷이 이황李滉과 그의 문인들의 글 중에서 인격수양에 긴요한 글을 뽑아서 부분별로 엮은 책.(1753) 이 책의 제목에서 李子는 이황을 일컫는 말이고, 粹語는 순수한 말씀이라는 뜻이다. 이 책은 이익의 조카인 이병휴李秉休 등이 필사본으로 간직해오다가, 1920년에 김용희金容禧가 자계서당紫溪書堂에서 목판본으로 간행한 바 있다.

의 실학자였다. 그리고 충남대학교에서 송시열을 송자宋子라 이름하고 그의 학문을 송자학이라 하는 등 우리나라에서도 큰 학자에게 자子를 붙이는 경우가 가끔 있다. 그 외는 학문이 높은 학자의 별호別號를 따서 그 사람의 학문(學)을 추모하고 전승/발전시키는 경우가 대부분이다. 곧 이황(李滉, 1501~1570) 퇴계退溪의 학문을 퇴계학, 조식(曺植, 1501~1572) 남명南冥의 학문을 남명학, 이이(李珥, 1536~1584) 율곡栗谷의 학문을 율곡학 등이라 하는 경우다. 이들은 관직 제수除授를 거절한 남명을 제외하고는 모두 학자이면서 정치인들이다.

이들 성리학자들은 큰 테두리에서 중국의 유가학파에 속한다. 그러면서 퇴계학파, 율곡학파, 남명학파로 학문적 분파를 이루고 있다. 우리나라의 성리학은 학문적/문화적 시대의 논리 때문에 가家를 붙이지 않은 것으로 보인다. 아직은 김대중의 정치 및 사회경제사상이 학문으로 추앙을 못하고 있지만, 장차 김대중의 정치사상을 받들어 후광학, 그리고 후광학파로 발전시켜 보았으면 하는 바램이다.

현대 한국 사회에 들어와서 정치인으로써 자신의 정치철학을 세웠던 대통령이나 3부 요인은 없었던 것으로 생각된다. 권력욕 때문에 정치계로 나오거나, 권위주의 발상에서 정치 관료, 법관 등이 되었다는 생각이다. 온(仝) 젊은 시절을 사법고시를 보기 위해 공부에 열심이었고, 고시에 통과하여 법관이 된 재판관조차 학자들이 아니다. 그들은 인문주의를 모른다. 그저 사법 권력에 안주하는 자들일 뿐이다. 그리고 대통령이나 나라 의원들도 나름의 가벼운 철학은 있었겠지만, 대한민국과 민인/국민을 위한 정치철학을 가진 자들이 아니었다고 본다. 곧 한국의 권력기관 3부에서 정치나 판관을 하고 있는 자들에게서 '사대부'가 찾아지지 않는다는 말을 하고 싶은 게다.

한국 사회는 김대중 이외는 아직 자기 정치철학과 사상을 가지고 공맹 철학에서 말하는 정의로운 올바른 정치, 학자적 양심의 정치, 민중에 대한 '자애적 정치'를 이끈 정치지도자가 없었다. 그런 까닭에 저들은 정치철학도 없었지만, 자신들의 정치사상을 학문으로 발전시키지도 못하였다. 그러나 김대중은 그들과 달랐다. 그에게는 수없는 고난의 세월이 있었다. 정치적 고난의 시간을 오래도록 경험하였다. 5번의 죽을 고비, 6년의 감옥살이(대학), 10년의 망명과 연금생활을 55차례나 했다. 글쓴이는 박정희, 전두환 독재 시절의 감옥은 대학이고, 연금 기간은 '자가 학습' 기간이라고 부른다. 그래서 김대중은 감옥을 가거나 연금 생활을 하면서 책 읽기를 게을리 하지 않았다. 공부하고 또 공부를 하며 학문을 닦았다. 세계의 여러 석학들과 대화와 토론하는 것도 즐겼다. 이러한 가운데 많은 학문적 지식은 물론, 정치 신념과 원칙을 터득하였다. 이를 토대로 나름의 정치철학/사상을 세웠다.

유가에서 말하는 민본주의적 정치사상을 지니게 된 김대중은 대통령 자리에 오르게 되자, 자신의 정치철학을 실험하였다. 그뿐만 아니라 대통령 자리에서 퇴임 후에도 현실정치의 경험을 통하여 그의 정치철학을 더 심오하게 정립해 나갔다. 그의 정치철학이 지금 우리 사회에 지대한 영향을 끼쳐 나가고 있다면, 당연히 그의 정치사상을 학문으로 발전시켜 볼 필요가 있지 않나 하는 생각을 가져 본다. 또 하나의 기대와 희망이 있다면, 그것은 김대중은 오늘의 한국 정치는 물론 미래, "무궁화 삼천리 화려강산" 통일 조국의 희망이 되기 때문이다. 김대중의 정치철학을 후광학으로 발전시킴으로써 이를 가지고 공부한 '젊은 김대중', '신념의 김대중', '불굴의 김대중', '평화의 김대중'으로 불리는 젊은 정치인들이 나왔으면 하는 바람에서 김대중의 정치사상은 꼭 후광학으로 발전시켜야 한다는 생각을 해 본다.

2. '사상가 정치인' 김대중의 지도력

김대중의 지도력과 관련한 문제를 다루는 것은 김대중이 탁월한 정치철학을 지녔지만, 현실정치(정치지도력)에서 그 실효성이 없었다면 후광학은 의미가 없게 된다. 그러나 김대중은 학자 정치인이면서 정치적 지도력 또한 훌륭하였다. 따라서 후광학과 그 학파를 창시하여 후대 후광학파들이 정치 일선으로 나가, 후광학을 현실정치에 응용하게 되면 대한민국의 정치마당이 보다 민본적 민주주의/민중정치, 중산층 중심의 다이아몬드형 경제구조를 갖는 나라가 되리라 본다. 김대중이 말하는 창조적 복지사회를 통한 중산층 중심의 사회가 된다면 평화적 민족 통일도 일찍 당겨올 수 있으리라 본다. 그래서 김대중의 정치 지도력을 살펴보는 것은 후광학 창시에 반드시 필요하다는 생각이다. 이에 여러 학자들이 말하는 정치지도자상에 김대중의 정치 지도력을 대입하여 검증해 보기로 한다.

가. 막스 베버의 정치지도자상과 김대중

독일의 사회과학자 막스 베버(Max Weber, 1864~1920)는 그의 저서《POLITIK ALS BERUF:》"소명으로서의 정치"에서 정치인이 갖추어야 할 자질/덕목으로,
1) 대의大義에 대한 헌신을 뜻하는 열정熱情.
2) 신의信義를 바탕으로 최선의 결과를 얻기 위해 노력하는 책임감.

3) 현실을 회피하지 않고 현실적 균형감각을 갖는 균형적 판단력均衡的判斷力 등을 들었다.(막스 베버/박상훈 92)

김대중의 정치지도력을 막스 베버가 말한 정치인의 덕목에다 대입해 보면, 김대중은 이 세 가지를 두루 갖춘 '학자 정치인'/정치지도자이었다는 모범답이 나온다. 그는 대한민국이 가야 하는 대의로 대중정치, 복지사회, 대중경제, 민족 통일을 들었다. 그래서 김대중은 민족에 대한, 대한민국에 대한, 민중에 대한, 민족 통일에 대한 열정이 클 수밖에 없었다.

그가 신념으로 가지고 있는 대의에 헌신하는 열정이 크면 클수록 그만큼 고난의 길을 걸었다. 죽음에 직면한 정신적 고통도 겪었다. 그에게 대의에 대한 열정이 없었다면 고난도 없었다. 수난도 없었다. 죽음의 직전까지 몰리지도 않았다. 그는

첫째, 대한민국 정치판이 반反민주적/민중적으로 갈 때, 민주주의/민중정치를 부르짖었다.

둘째, 우리 조상의 땅이 반통일의 구렁텅이로 곤두박질할 때 민족의 평화와 통일을 향하여 몸을 던졌다.

셋째, 민중들이 고통을 받을 때 함께 심장이 터지는 고통을 겪었다.

넷째, 나라가 경제적 부패와 부정, 그리고 사회적 부조리로 빈부의 격차가 심화 되어 갈 때 서민적 시장경제를 외치며 관치금융과 싸웠다.

그래서 그가 하늘로부터 받은 소명은 바로 민중정치의 구현, 대중경제와 창조적 복지사회의 구축이었다. 그리고 남북의 통일을 지향하는 햇볕정책의 실천이었다. 이러한 소명에 대한 열정이 크면 클수록 부도덕한 주류(음의 정치세력)들은 김대중에게 온갖 고통을 가했다. 대한민국에서 부도덕한 주류라 함은, 곧 권위주의적 독재권력, 친일/친미적 반공 독재세력, 분단 고착적

반통일세력, 자유 파괴적 반인권 세력들을 말한다. 이들 부도덕한 주류들은 김대중에게 정치적 폭력을 마구 내둘렀다. 그리고 사법살인의 기도企圖 등 거칠 것이 없었다. 뿐만이 아니라, 재판도 없이 사악한 테러를 가해 바닷속에 솜이불로 싸서 던지려 했다. 김대중은 우리 땅 동쪽 바다 한가운데에서 죽음 직전까지 몰리는 심리적 고통도 겪어야 했다. 독재권력으로부터 여러 번 죽음의 나락으로 떨어졌을 때, 인간 심정은 어떠했을까. 상상하기조차 쉬운 일이 아니다.

그러나 김대중은 선의善意를 가지고 일체 변명도 없이 온몸을 바치는 조국에 바치는 사랑의 힘으로 민족에 대한, 민중에 대한, 민주에 대한, 자유에 대한 최선의 결과를 얻기 위한 책임 의식이 남달랐다. 절망과 죽음의 고통이 엄습해 와도 나라를 독재로부터, 민족을 분단으로부터, 민중을 불행으로부터 구해야 한다는 책임감 때문에 절망이 와도 좌절하지 않았다. 엄습해 오는 죽음 앞에서도 살아서 자신의 소명을 다해야 한다는 희망의 끈을 놓지 않았다. 그는 결국 고난의 가시밭길에서 한 줄기 광명의 빛을 만났다. 그의 신념대로 대통령 자리에 나아감이었다.

김대중은 균형적이면서 냉철한 현실감각을 가지고 있었다. 그는 늘 대의에 바탕한 권력욕을 지니고 있었다. 대의를 갖되 권력욕이 없으면 자신의 대의를 펼 기회를 잃는다. 그리고 권력욕을 가지되 대의가 없다면 그것은 정치가로서 자질이 없다. 정치가에게 대의+권력욕은 정상적인 자질이 된다.(막스 베버/박상훈, 94) 김대중은 망나니 개처럼, 마냥 먹어대는 돼지처럼 개인적인 자기 도취로 대통령이 되려고 하지 않았다. 민중적/자유적 민중정치, 민족적, 평화적 남북통일을 헌신적으로 실천하기 위하여 대통령직을 향해 좌절하지 않고 오뚝이처럼 일어나 앞으로 앞으로 나아갔다.

그렇기 때문에, 그는 대통령 자리에 있으면서 균형 있는 판단력으로 남북문제를 해결해 나갔다. 빈부격차의 심화를 해소하기 위하여 창조적 복지정책을 시행했다. 자본가와 노동자가 함께 모여 문제를 풀어나가도록 '노사정위원회' 勞使政委員會도 설치했다. 나라 사람들의 인권과 자유가 다시는 유린 되지 않게 〈국가인권위원〉도 법으로 제정하였다. 관치금융으로 재벌만 독식하는 구조를 중소기업도 참여하도록 균형 있는 구도로 바꾸기 위해 중소기업을 육성하는 정책도 펼쳤다. 정치권력과 밀착한 금융개혁도 과감하게 수술하였다. 이 모든 게 균형적 판단력에서 나온 그의 정치철학이 아니고 무엇이겠는가.

이러함에도 불구하고, 김대중의 지도력, 또는 정치사상에 딴죽을 거는 일부 지식인과 앵무새 언론, 그리고 천박한 정치꾼들이 더러 있다. 정치계의 부도덕한 주류와 학계의 수구 논객으로부터 '만악의 근원'(萬惡의 根源: Root of All Evil)이라는 비난을 받았다(《한국논단》2009. 9월호) 김대중 대통령이 추진한 '햇볕정책'을 '퍼주기'로 비난하였다. 하여 이들의 생각이 잘못되었다는 것을 '김대중의 지도력'을 통하여 객관적으로 입증해 보려 한다.

먼저 나라 지도자란 어떤 자를 말함인가라는 질문을 던져놓고 답을 찾아가 보자. 현재 우리가 당면하고 있는 사회체제에서는 어느 국가/사회에서나 인간의 집단을 이끌어가는 지도자가 있기 마련이다. 그리고 어느 사회집단이든 3권분립의 체제를 취하고 있다. 행정부, 입법부, 사법부가 그것이다. 행정부에는 대통령이나 수상/총리가 있다. 그리고 입법부와 사법부에도 수장들이 있다. 그렇지만 자본주의국가이든 사회주의국가이든 하나같이 제왕적 행정부가 '우위 체제'를 유지하고 있다. 그렇다고 하더라도 이들 기구나 조직에 누가 수장이 되느냐에 따라, 사회와 조직의 모습이 달라지고 나라 사람들의 삶의 질이 달라진다고 본다.

수장의 양태樣態에 대하여 살펴보자. 하나는 물질에 대한 "사유私有의 욕망도 없고, 빈부/귀천의 차별을 최소화하고, 인권을 최고의 가치로 보는 수장의 얼굴이다. 다른 하나는 사회적 약자를 등한시하고 독점적 권력과 부귀 편에 서서 정책을 펴고자 하는 반인권적 수장의 모습이다. 전자를 대동적 사고를 지닌 수장이라 한다면, 후자를 소강적 사고를 지닌 수장이라고 할 수 있다. 대동사회를 지향하는 지도자는 나라 구성원의 전체 이익(공동부유/공동행복)에 관심 가지고 정책을 만들어 간다. 그러나 소강사회를 지향하는 지도자는 부귀만을 지향하는 소수집단의 이익을 대변하면서 자기 이익에 충실한 정책을 추구해 나간다.

김대중이나 노무현, 문재인은 중국의 공자가 말하는 대동사회를 희망의 사회로 보았다. 그러나 이승만을 비롯하여 박정희, 전두환, 이명박, 박근혜, 윤석열 등 소강적 사고를 지닌 권력들은 자기 개인적 이익 창출을 위한 정책 추구에만 열을 올렸다. 따라서 지도자가 어떤 성향을 가졌는가에 따라, 전쟁 대신에 평화를 주장하기도 하고, 평화 대신 전쟁을 주장하기도 한다. 예를 들면, 1950년대 이승만은 전쟁을 통한 북진통일을 추구하였고 조봉암은 평화적인 노력으로 대화를 통한 통일을 지향하였다. 김대중은 평화통일을 위해 북측과 대화를 통한 남북통일을 추진하기 위한 6·15선언을 했다. 그렇지만 박정희는 민족 통일이 아닌, 영구적 유신총통을 하고자 7·4성명을 발표했다. 이명박은 '천안함 사건'을 북의 소행이라고 소문을 냄으로써 '연평도해전' 등 남북전쟁의 촉발 직전까지 몰고 갔다. 윤석열은 "힘에 의한 평화"를 부르짖고 있다. 그를 추종하는 무리들은 남한의 핵무장을 거론하고 있다. 강한 군사력이 평화라고 보는 어리석음이다. 평화는 힘으로 되는 게 아니다. 정신이 평화를 추구하면 나라도 세계에도 평화가 온다.

6·25전쟁 때다. 폭탄이 사방에서 떨어지고 나라 사람들은 죽는다고 아우성

치고 있는데도 이승만은 집권 연장만을 위하여 계엄령을 내리고 헌병대와 폭력배를 동원하였을 뿐만 아니라 용공 조작(12명의 현역 국회의원을 기소한 국제공산당 사건)을 하면서까지 부산정치파동(釜山政治波動, 1952. 5. 26.)을 일으켰다. 국민의 뜻이 아닌데도 이승만 독재권력은 민의를 도용하며 국회를 무력화시키고, 헌법을 멋대로 고쳤다. 김대중은 이승만 개인 독재가 권력욕에 매몰되어 국민을 기만하고 나라를 제멋대로 좌우지하는 것을 목격하였다.

김대중은 이에서 분노하여 "정치를 해야겠다고 결심을 하게" 된다.[333] "나는 한국전쟁을 겪으면서 지도자가 거짓말을 하는 것을 보았다. 위정자의 빈번한 거짓말은 결국 나라를 위기로 몰아갔고, 국민/민중들을 절망 속으로 몰아넣었다. 지도자가 깨끗하지 못하면 사회가 혼탁하고, 국민을 기만하면 나라가 무너진다는 것을 느꼈다. 정치가 바르지 못하면 인권이 짓밟히고, 재산과 생명도 지켜내지 못한다는 사실을 죽음의 사선死線을 넘으면서 가슴에 몇 번이나 새기고 새겼다."(자 1) 이렇듯 김대중은 사명감과 책임감을 지닌 정치지도자였다.

한국의 정치 역사 속에서 보았을 때, 지도자 개인의 생각과 철학이 나라 구성원에게 미치는 영향은 대단히 크다. 또한, 지도자 개인의 욕망과 지도력은 나라 전체뿐만 아니라 자연에 미치는 영향도 크다. 이명박이 '4대강 개발'이라는 이름 아래 강제로 밀어붙이기식으로 추진한 토목공사는 수만, 수천 년 동안 형성된 우리 땅 강하江河의 지형을 파괴적으로 변형시켰다. 곧 자연환경의 엄청난 변형과 재해를 가져오는 비극을 초래하였다. 이에 비하여 김대중은 일찍이 자연환경에 대한 관심이 깊었다. 그래서 강물을 막는 댐 건설에 찬동하지 않았다.(연 5, 27~33 등)

---

333) 김대중이 정치에 첫발을 디디는 것은, 여운형이 조직한 〈건국준비위원회〉의 전남/목포지부에 가입하면서이다.(1945.8)

대한민국의 역대 정치지도자 가운데 지도력과 관련하여 가장 많은 논란을 불러일으킨 사람은 대통령을 지낸 김대중이다. 김대중의 지도력은 역대 대통령들보다 월등하였기 때문이다. 김대중은 분명히 정치통합을 했다. 그리고 경제통합도 했다. 대한민국을 복지국가로 만들었다. 사회문화적으로도 다른 역대 대통령보다 월등하게 지역통합을 이루어 내고 문화적 가치를 만들어냈다. 그동안 영남지역 중심으로 배출된 대통령들에 의하여 경상도 중심의 정실인사가 이루어졌다. 이 때문에 영남 중심의 산업개발이 이루어지고 영남 중심의 산업자본주의가 발달하였다. 그래서 영남인들은 취업도 잘 되었다. 그만큼 잘 먹고 잘살았다.

김대중은 이를 만회하고자 반대 급부의 인사 정책을 썼다. 곧 그동안 소외만 받아왔던 호남 인사들을 관료에 등용함으로써 호남지역의 낙후를 만회하고자 했다. 당연한 이치의 귀결이다. 또한 소강세력들이 권력을 장악해 오는 동안 반공 일변도의 소강주의 정책으로 민족 통일의 길이 멀어져만 갔다. 민족의 동질성은 파괴되었고, 남북분단은 고착되어 갔다. 김대중은 이를 안타까워했다. 그래서 민족 통일의 디딤돌을 놓기로, 결심하였다. 그것이 남북정상회담을 끌어냈다. 이의 결과로 민족의 장래를 희망적으로 만드는 '6·15 남북공동선언'을 만방에 공포하였다. 북 동포들의 사회적 인권을 신장시키기 위해 햇볕정책도 추진하였다. 이러한 정책과 실천, 곧 '행동하는 양심'의 가치들이 김대중의 지도력이다. 김대중의 실천 가치들은 숱한 장애물을 물리치고 그의 신념이 갖는 목표를 버리지 않았기 때문에 가능하였다.

김대중의 햇볕정책은 남북의 경제 차이를 극복하지 않고는 통일이 어렵다는 판단이었다. 남북이 어느 정도 같은 수준의 경제력을 갖출 때 평화적 통일이 올 수 있다는 생각, 그리고 북의 경제적 인권을 신장시켜 주어야 통일이 빨리 올 수 있다는 생각이 햇볕정책의 핵심이다. 나만 잘 먹고, 잘 살면 된다는 소강적 태도를 지닌 엘리트 관료들과 앵무새 언론, 그리고 일정 지역의 사람들은 민족의 미래, 민족의 희망은 아랑곳하지 않는다. 그들은 권력을 장악하는데, 장애만 없으면 된다. 민족 통일이 무슨 장끼가 날아가는 소리인가. 도깨비 씨나락 까먹는 소리인가 라며 비웃는다.

소강적 사고를 지닌 저들은 민족 통일이 문제가 아니다. 자신의 안락 추구와 룸 싸롱에 가서 유희遊戲만 즐기면 된다. 나라 사람(국민)들의 세뇌된 반공 의식을 이용하고, 기만적 경제정책을 남발하여 일단 권력만 잡으면 된다. 나라 사람들의 행복은 나 몰라라 하면서 권력에 집착하는 사고를 몰염치한/ 파렴치한 사고라고 한다. 이들의 입장에서 보았을 때, 대한민국 사회에서 대통령이 되는 조건은 인격을 갖춘 인물이 아니어도 된다. 역량과 지도력이 크게 떨어져도 된다. 시대적 상황과 특정 지역의 지역적 감정, 그리고 잘 먹고, 잘 살게 해준다면 그 사람을 대통령과 의회 의원을 뽑는 한심한 대한민국이기 때문이다. 물신숭배주의에서 나오는 썩은 정신의 발로다.

반면에 나라 사람의 의식도 문제다. 박근혜가 대통령으로 선출될 당시 경상북도의 어느 북부지역(글쓴이가 살고 있는)에서는 60대 후반 노인이 이런 말을 하고 다녔다. "박근혜가 나라를 팔아먹는다고 하더라도 나는 박근혜를 찍겠다." 이런 비이성적 사고를 지닌 사람들이 우글거리며 살아가고 있는 한, 대한민국의 대권을 향한 야욕의 정치꾼은 걱정을 할 게 없다. 또 김기춘[334]이라는 자는 부산복집에서 "우리가 남이가"라는 말로 지역감정을 자극하였다. 이 말의 뜻은 대통령 될 사람의 인격과 인품은 문제가 되지 않는다. 정책 능

---

334) 김기춘: 유신헌법을 초안한 자로, 박근혜가 권력을 쥐고 있을 때 비서실장을 하면서 당시 총리 황교안과 대법원장 양승태와 밀실 결의를 통하여 인혁당사건과 아람회사건의 국가 배상을 못 하도록 만든 자이다.(2011.1)

력이나 지도력을 지니고 있는가도 문제가 안 된다. 김영삼이나 박정희의 딸/공주라는 봉건적 사고와 경상도라는 지역감정이 작동되면 그만이다. 곧 지역감정(감정 쓰레기)과 봉건적 사고가 대통령을 만들었다는 뜻이다.

 이러한 정치풍토와 나라 사람들의 그릇된 의식이 있었기에 김대중이 대통령이 되는 것은 불가능하였다. 나라가 경제 도산倒産의 위기에 있을 때, 김대중은 시대의 필요에 의하여, 민족 혼의 부름을 받고 대통령 자리에 오를 수 있었다. 나라 경제의 위기가 아니었다면 김대중은 대통령직에 오르지 못했을지도 모른다. 김대중은 한때 정계 은퇴를 발표했었다.(1992. 12. 19.) 그러나 은퇴 후, 다시 정치 일선에 복귀하면서(1996. 7. 13.) 대통령직에 도전을 한 것은 김대중의 신념과 의지도 있었지만, 무엇보다 나라에 위급한 상황이 왔기 때문이다. 다급한 대한민국의 시대 상황과 혼백이 김대중을 불러냈다. 오랜 정치 경험을 가졌고, 탁월한 경제이론으로 무장된 김대중의 지도력과 강인한 성격을 외환위기에 처한 대한민국은 필요로 했다. 이제까지 김대중을 낙선시키더니 시대가 다급하니까, 김대중이 필요했던 모양이다. 얄팍한 대한민국의 대중 심리가 작용하였다고 볼 수 있다.

나. 노자의 정치지도자상과 김대중

 김대중의 지도자상을 보다, 깊이 파악하기 위하여 지도자의 유형에 대하여 다른 측면으로도 알아보자. 오강남[335]은 노자老子의 《도덕경道德經》에 나오

---

[335] 오강남: 종교학 박사. 현 캐나다 리자이나 대학교 명예교수, 특히 노자 〈도덕경〉, 장자 〈장자〉 강의에서 매우 탁월한 식견을 보이고 있다.

는 지도자상 4가지 유형을 다음과 같이 정리하였다.

1) 가장 훌륭한 지도자는, 사람들에게 그 존재 정도만 알려진 지도자(太上不知有之),

2) 그 다음은, 사람들이 가까이하고 칭찬하는 지도자(其次親而譽之),

3) 그 다음다음 지도자는 사람들이 두려워하는 지도자(其次畏之),

4) 가장 좋지 못한 지도자는 사람들에게 업신여김을 받는 지도자(其次侮之)"로 구분하였다.[336]

이를 오강남은 다음과 같은 해설을 붙이고 있다. 가장 훌륭한 지도자는 내면의 인격을 갖추고, 그 인격이 밖으로 나타나는 대통령이라고 하였다.(내성외왕內聖外王) 그렇다면, 도덕경에서 말하는 지도자의 자질은 자기 수양을 쌓은 인격적/도덕적 인품을 지닌 사람이다. 또 자기 이름에 연연하지 않고(무명인품無名人品), 자기중심주의에 빠지지 않고, 나라 사람 전체를 위하는(무기위민無己爲民), 그리고 자기 공로를 의식하지 않고 나라 전체의 복리를 생각하는(무공위국無功爲國) 사람이다. 이러한 오강남이 정리한 정치지도자에 대입하여 오늘날 대한민국의 역대 정치지도자를 살펴볼 때, 다음과 같이 판단해 볼 수 있다. 첫째, 독재적 권위주의형 지도자, 둘째, 민주적 자유주의형 지도자, 셋째, 방임적 무사주의형 지도자 등이다.

대한민국에서 대통령을 지낸 지도자는 11명이다. 이 중 독재적 권위주의형 지도자는 객관적 입장에서 이구동성으로 이승만, 박정희, 전두환을 꼽을 것으로 본다. 특히 박정희는 3선개헌, 유신헌법으로 영구 총통제를 꿈꾸며, 긴급조치 발동을 도깨비방망이처럼 두들겨 댔다. 박정희는 이 나라에서 부도

---

[336] "太上 不知有之, 其次 親而譽之, 其次畏之, 其次侮之, 不足信焉, 有不信焉, 悠兮, 其貴信焉, 功成事遂, 百姓皆謂, 我自然"《道德經》17(廣西民族出版社, 1996) 72쪽.

덕한 주류를 양산하는데 주범 역할을 한 사람이다. 그는 그의 외양지기들을 시켜서 민본적 민중정치/민주화를 부르짖는 사람, 사회정의를 갈망하는 사람, 민족 통일을 부르짖는 사람들을 중앙정보부(중정: 지금의 국가정보원)와 국군보안사령부(보안사)[337]로 끌고 가 마구 두들겨 패고 감옥으로 보냈다. 박정희는 자신의 영구 총통제를 반대하는 김대중을 납치하여 토막 살인하여 바다에 빠트려 죽이려고까지 했다.(1973. 8.8.) 그러나 계획이 틀어지면서 산채로 솜이불에 싸서 푸대에 담아 동해 바다에 수장하려고까지 했다.

그런데 요즘 우리 사회는 황제언론과 가짜뉴스, 그리고 수골적 유튜브들의 여론 조작으로, 지도자/대통령의 참모습이 본인의 의지와는 다르게 변질/폄하되는 경우가 많다. 평판이 나쁜, 역사적으로 탐탁하지 못한 대통령도 황제언론/가짜뉴스의 여론조작과 왜곡으로 좋은 유형의 지도자로 바뀐다. 이승만, 박정희의 경우가 특히 그렇다. 여기에 황제언론 조/중/동과 이들의 부속 잡지, 그리고 이들이 설립한 종합편성채널(종편)과 인터넷 방송 사이트(internet broadcast site)[338] 수골적 성향을 갖는 유튜브 등에서 김대중에 대하여 나쁜 보도를 쏟아냄으로써 평판이 안 좋은 권위적 지도자로 둔갑이 되었다. 민족의 먼 미래를 바라보며 분단된 민족의 평화적 남북 관계조차 엉뚱하게 폄하되었다.

---

337) 국군방첩사령부: 1950년 10월 21일 설립된 특무부대를 시초로 1960년 7월 20일 방첩부대 1968년 9월 23일 육군보안사령부를 거쳐 국군보안사령부는 1977년 9월 1일 박정희 대통령령으로 창설되었다. 10·26사태 후 보안사령부 사령관이었던 전두환이 권력 찬탈(12.12 쿠데타)도 보안사의 권력을 배경으로 이루어진다. 노태우 권력 때 국군기무사령부로 개칭(1991.1.1.)하였다가 군사안보지원사령부로 명칭이 바뀌었다.(2018. 8.6) 지금은 국군방첩사령부(2022.11.1)로 2024년 12월 3일 윤석열의 비상계엄을 주도했다. 글쓴이도 잠시 국군보안사령부에 몸을 담았던 적이 있다. 이후 긴급조치로 보안사 대공분실 서빙고로 끌려가 고문 등으로 고초를 겪은 바가 있다.

337) TV조선, 동아TV, MBN, jtbc 등이 있다. 이들 방송은 진실을 거의 보도하지 않는다. 사실의 왜곡과, 호도가 많다. 독재권력의 청와대에서 만든 보도자료를 그대로 읽은 앵무새 언론들이었다.

앞에서 누누이 말해 왔지만, 태양의 반대편 하늘에 뜨는 무지개는 희망의 상징이다. 김대중의 햇볕정책은 민족 통일에 희망을 안겨주는 무지개다리를 건너는 디딤돌이었다. 휴전선 이북 사회의 하부구조인 경제적 인권을 신장시켜 상부구조인 정치적/사회적 인권을 일궈내자는 탁월한 수준 높은 통일정책이었다. 이럼에도, 근시안적 발상을 서슴지 않는 황제언론과 일부 지역 사람들은 햇볕정책을 '북한 퍼주기'로, 김대중 개인에게는 '좌파 빨갱이'라는 애꿎은 별칭까지 붙였다. 김대중은 대한민국에서 정치사상 처음으로 합의정치(Consensus politics), '위대한 조화'를 이끌어 낸 대통령이었다. 황제언론과 악의적인 일부 사람들의 발언은 김대중을 나쁜 지도자로 만들어 냈다. 지금 우리 땅 대한민국 사람들이 물질만능주의, 물신숭배 사상에서 헤어 나오지 못하는 까닭은 무엇일까. 민족의 분단 고착 상태를 만들어 낸 지배자는 누구일까. 이 모두가 박정희의 영구 총통제를 꿈꾸었던 염화적 욕망 때문이 아니던가.

우리 역사에서 보면 왕조시대나 일제강점기나 마찬가지로 부도덕한 주류를 이루는 엘리트 지배계급(전체 인구의 1%도 안 되는)들이 사유재산 축적에만 열을 올리는 바람에 절대다수의 나라 사람들은 가난의 한恨에 갇혀 살아야 했다. 그 가난의 한이 자손 대대로 세습이 되어 오늘까지 이어져 왔다. 그 한풀이가 '잘살아 보자'는 희망으로 나타났다. 국가가 경제성장이 되면 콩고물이라도 떨어지겠지 하는 막연한 희망이었다. 이러한 민족의 한에 찌든 사람들의 심리를 역이용하여 대통령 출세 병에 걸린 사람들은 나라 사람의 행복과 자유, 평화가 아닌 무조건의 경제성장, 부유(富裕: 잘 먹고 잘사는 물질주의) 논리만 남발해 왔다.

이제까지 이런 부류의 사람들이 대통령에 당선되었다. 대표적인 사람이 군부 쿠데타로 권력을 탈취한 박정희와 경제부흥을 남발한 장사꾼 이명박이었다. 그렇다면 김대중은 어떠했는가. 그는 막연한 경제성장을 주장하지 않았다. 평등 경제를 주장했다. 부자의 이익을 사회로 환원시키겠다고 했다. 그는 균산均產정책을 실시했다.[339] 인권人權정책을 폈다. 민족의 평화를 강조했다. 역대 개인 독재들처럼 파렴치하게 권력만 잡으려고 헛된 공약을 남발하지 않았다. 김대중은 사람이 사람답게 사는 사회, 곧, 같이살기/열린이웃이 되는 나라를 만들기 위한 공약을 걸고 대통령에 당선되었다.

다른 정치지배자들처럼 기만적인 경제성장을 공약으로 내걸지 않았음에도, 그는 역대 대통령 중에서 대한민국이 세계 금융의 함정에 빠져 허우적거리는 당시 한국의 경제 상황에서도 나라 경제를 가장 잘 이끌어 간 지도자였다. 박정희에서 김영삼까지로 계승되어 온 파쇼자본주의의 관치금융으로 한국경제가 쓰러지는 위기(IMF외환위기)에서 한국경제를 다시 일으켜 세웠다. 나라 경제를 다시 튼튼하게 세워놓았다. 김대중의 지도력을 다시 보는 국면이 바로 이 장면이다.

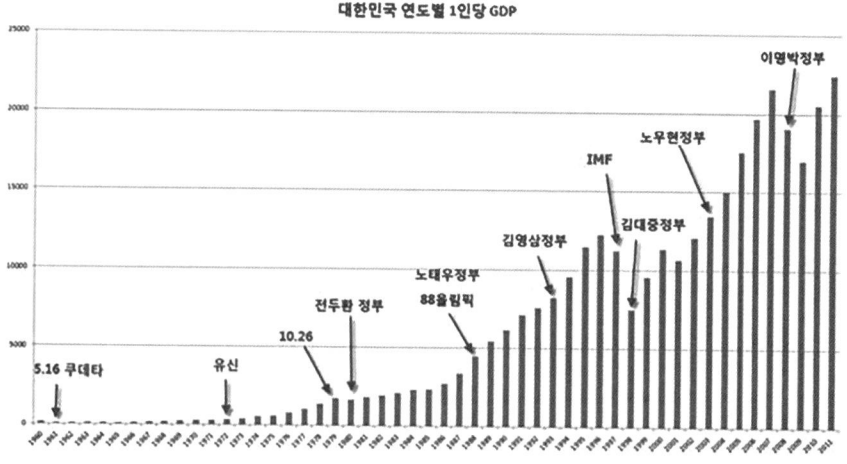

---

339) 균산均產: 이를 굳이 공산주의 경제로 보는 것은 무지에서 비롯된다. 공산주의 번역된 communism 의 바른 번역은 상호부조의 공동체주의다.

왜 사람들은 박정희의 보리고개 극복(?)에 박수를 보내면서 김대중의 외환위기 극복에는 박수가 별로 없는가. 그것은 황제언론들의 호도糊塗된 보도 때문이다. 가짜뉴스 때문이다. 잠시 역대 대통령의 경제발전을 도표로 알아보자.(출처:한국은행)

이렇게 보았을 때 박정희 때 대한민국의 국내총생산(gross domestic product: GDP)이 제일 나빴던 것임을 알 수 있다. 그리고 김영삼 때 IMF를 당하여 경제가 곤두박질을 당했음에도 김대중이 들어와 IMF(국제통화기금)의 관리를 받던 그 시기의 GDP는 높게 나타나고 있음을 알 수 있다. 그리고 노무현 때는 김대중의 IMF 극복 배경과 대중경제론에 힘입어 GDP가 급격하게 상승하는 것을 볼 수 있다. 오히려 경제성장을 강조하였던 이명박 때 GDP가 곤두박질하고 있다.

또한 외환위기를 극복하면서 동시에 역대 정권이 이룩하지 못하였던 최초로 무역수지 흑자, 경상 수지 흑자를 기록하였다. 5년 연속 기록한 경상수지 흑자는 +906억 달러였고, 연평균 증가액은 181억 1,400만 달러였다. 국내총생산(GDP)의 증가율은 그다지 높지 않았다.(연 평균 4.5%) 곧 부도덕한 주류가 이끌던 시대보다 낮았다.(전두환 8.7%, 노태우 8.4%, 김영삼 정부 7.1%) 그렇지만, 외환 위기를 극복하면서 나타난 경제성장률은 평균 8.2%(1999년 11.1%, 2000년 9.1%, 2001년 4.9%, 2002년, 7.7%)로 1인당 연간 경제성장률은 6.15%에 달한다. 이러한 1인당 경제성장률은 김영삼의 문민정부(1993~1998) 때의 4.79%, 노무현의 참여정부(2003~2008) 때의 4.34%보다 월등히 높은 경제성장률이다.[340]

---

[340] 한국은행이 발표한 2021년 말 기준 경제성장률 통계자료.

당시 대한민국은 IMF 외환위기 사태를 극복해 나가는 과정에서 IMF로부터 구제 금융을 받는 대가로 다음과 같은 미국식 자본주의 체제로 전환해 줄 것을 요구받았다. 그것이 기업의 대폭적인 구조조정, 기업의 투명성 강화 및 부채비율 축소 등이다. 한국 사회 기업의 높은 부채비율 유지, 영구취업의 기업윤리, 기업재정의 비밀성은 박정희의 파쇼자본주의에서 기인한다. 어쨌든 외환위기는 나쁘거나 좋거나, 박정희의 파쇼자본주의에서 빠져나오는 계기를 마련해 주었다. IMF는 한국의 금융, 기업, 노동, 공공 4대 분야에 걸쳐 일대 개혁을 요구하고 들어왔다. 이러한 세계 금융의 압력에도 불구하고 김대중 정부는 IMF 차입금(214억 달러) 전액을 3년 안에 상환하였다(2001.8.) 이렇게 해서 박정희의 파쇼자본주의/관치금융의 결과로 발생한 외환위기를 김대중이 집권 4년째에 불을 끈 셈이 된다.

김대중 정부는 적극적으로 외국인 투자를 유치하기 위하여 실용주의 외교노선을 유지하고 외자 유치 및 투자를 적극적으로 유도하였다. 그리하여 외국인 투자 자유지역을 설정하여 그들이 기업을 할 수 있는 분위기를 조성하였다. 그리고 기업에는 경영의 투명성과 함께 구조조정을 하도록 했다. 이에 64조 원의 공적 자금을 투입하여 부실기업, 부실 금융의 퇴출을 촉구, 유도하였다.

이와 함께 파쇼자본주의가 노동착취를 합리화하기 위해 "눈 가리고 아웅"했던 영구 취업의 논리도 배격하였다. 이에 따라 기업 재무구조의 건전성 강화, 자유시장경제의 활성화, 노사정 협의를 통한 노동시장의 유연성 확보가 주요 경제정책이 될 수밖에 없었다. 여기서 김대중 경제사상의 핵심 논리인 '대중경제론'이 자유경쟁 논리로 전환하는 실용적 기능도 나타나게 된다. 어찌했든 김대중 때 경제성장률이 가장 저조했다고 비난하는 쪽은 성질이 못된 조중동 황제언론과 반공산주의 논리에 찌들어 역사를 퇴행적으로 이끌어가는 사람들이다.

이들은 박정희, 전두환이 만들어 낸 전라도 폄하 사고에서 기인한다. 전라도 사람인 김대중이 '그저 밉다.'는 박정희로부터 세뇌된 사고에서 나온 억지 주장이다. 김대중이 IMF를 극복하지 않았다면, 노무현의 참여정부시대 GNP 2만 달러를 어찌 넘었을까. 노무현의 참여정부가 끝나고 이명박, 박근혜 때의 대한민국 경제성장률은 김대중과 노무현의 집권기보다 훨씬 못하다는 것을 한국은행 발표 통계에서 분명하게 드러난다. 이럼에도 김대중의 경제정책을 비난하는 것은 비이성적이고 호남 정서에 맞불을 지르려는 감정적 인간들의 악언惡言일 뿐이다. 이런 면에서 김대중은 무공위국無功爲國(내가 아닌, 나라를 위해서만 일을 했다.)의 지도자상을 보였다고 할 수 있다.

민중정치형 지도자는 인화력과 호소력이 있어야 한다. 김대중은 대통령 유세 때 장충단공원의 100만여 인파, 보라매 공원에서 250만여 인파가 모여들게 했다.(1971.4.18., 자 1, 228) 그리고 국회도서관 직원들은 도서관을 가장 많이 이용하는 의원으로 김대중을 꼽았다. 이 점은 매우 중요하다. 의원 자신은 의원 사무실에서 화투나 카드놀이를 하면서 대정부 질의내용을 보좌관에 맡길 게 아니다. 본인이 직접 국회 도서관을 찾아 공부를 해서 대정부 질의를 준비하고 작성하는 게 옳다.(자 1)

게다가 김대중은 정의와 양심의 지도자였다. 대통령에 당선된 김대중은 "피해자가 가해자를 용서해야 진정한 화해가 가능하다."는 '용서론=용서의 정치'를 주장하며 당시 대통령 김영삼과 상의하여 전두환/노태우의 사면/복권을 단행하였다.(1997. 12.22., 자 2, 18) 더 이상, 정치보복이나 지역적 대립이 없어야 한다는 신념을 담은 상징적 조치였다.[341] 물론 전두환의

---

341) 이명박은 노무현에게 정치보복을 가하여 간접 살인을 하였다.

사면이 오늘날 한국 사회를 혼란케 만든 원인이 되었다고 비난 하는 사람들도 있다.

　김대중은 이외에도 미국 예일대학의 정치학과 교수였던 로버트 다알Robert Dahl(1915. ~ 2014.)이 말한 통치자의 자격요건인 1) 윤리적 능력, 2) 수단적 능력도 갖춘 통치자였다. 곧 김대중은 선한 의지를 가지고 사악한 유혹들을 물리치고 인간답게 올바르게 살아갔다고 볼 수 있다. 그리고 그의 통치 철학인 민중정치와 경제발전을 동시에 이룩하기 위하여 이를 능률적인 수단을 동원하여 동시에 달성하였다. 이러한 여러 가지 측면들을 종합해 볼 때 김대중의 정치적 지도력은 탁월했다고 볼 수 있다.

　함석헌도 우리 민족의 지도자상을 다음과 같이 정의한 바 있다. "참 위대한 정치가는 민중을 휘두르는 사람이 아니라 민중 속에 자기를 잃어버리는 사람이요, 참 위대한 민족은 위대한 사람을 숭배하는 민족이 아니라 바다가 철갑선을 맘대로 띄우고 놀리듯이 위대한 인물을 잘 들여 그 재주를 맘껏 발휘할 수 있도록 놀려 쓰는 민족입니다"[342] 함석헌이 말한 정치지도자상에 대입해 볼 때 김대중은 이승만, 박정희, 전두환처럼 대권을 가지고 민중을 휘두르는 사람이 아니었다. 오히려 민중들에게 정치권력을 넘겨주기 위하여 노력했다. 독재정치인들에게 이용되었던 민주주의를 민중이 직접 이끌고 가는 민중정치가 되도록 노력했다. 곧 김대중은 대한민국의 민중과 북측의 인민들이 통일을 위해 마음껏 재주를 펴도록 해주었다. 이렇게 대중 속에 자기 자신을 묻어버렸던 인물이 김대중이었다. 이로 보았을 때 김대중은 무기위민無己爲民의 지도자였다고 볼 수 있다.

---

342) 함석헌,《함석헌저작집/5천만 동포 앞에 눈물로 부르짖는 말》5 (한길사, 2009) 158쪽.

다. 김대중의 대동주의 지도자상

김대중은 오래 살되, 바르게 살아야 한다는 인생관을 보여 주었다.(자 2, 75) 인생의 성공과 행복은 무엇이 되는 것이 아니라 어떻게 사느냐에 의해서 결정이 된다는 삶의 철학을 가지고 있었다. 양심에 따라 바르게 사는 것, "행동하는 양심이 내 일생의 좌우명이다"는 삶의 철학을 가지고 실천하였다.(자 2, 185) 또 "과거에는 집단 속의 리더(leader: 隊長, 우두머리, 지도자)가 되는 것이 중요했지만 이제는 개인이 자기의 능력을 최고도로 발휘하여 ..... 실력을 쌓고 재능을 키워 부가가치를 높이고 최고의 경쟁력을 높이는 사람"을 일컬어 신지식인이라고 하였다.(자 2, 220) 김대중은 학력과 학벌이 지배하던 시대는 지나갔다고 했다.

앞에서 본 바와 같이, 김대중은 새로운 시대는 학벌이 중요한 게 아니라 지식이 중요하며 자유가 중요하게 생각되는 시대라고 말했다. "나는 자유의 완성이란 없다는 것을 알고 있다. 완성을 향해 끊임없이 노력하는 것이 우리 인간의 사명이라고 믿는다. 인류의 미래는 자유의 편에 있다. 자유의 편에 설 때, 우리의 자존심은 증진이 된다. 자유라는 것은 공기와 같아서 그 안에서 살 때에는 그 가치를 이해하기 어렵다. 나는 자유의 가치를 잘 이해하고 있는 사람 중의 하나다."(자 2, 185) 라 하여, '자유의 가치'를 강조하였다. 그래서 그는 '자유의 대한민국'이 되도록 노력했다.

김대중은 링컨이 말한 "democracy, government of the people by the people for the people"(데모크라시는 민인에 의한, 민인을 위한, 민인의 통치이다.)[343]

---

343) 링컨의 이 말은 영국의 종교개혁자 존 위클리프John Wycliffe(1320~1384)가 라틴어 성경을 영어로 번역 후 "이 성경은 국민에 의한, 국민을 위한, 국민의 통치"를 위한 것이라는 말을 링컨이 이 성경이라는 단어를 민주주의로 바꾸어 말했다. (알리스터 맥그래스,《성경 그 위험한 사상의 역사》, 국제제자훈련원, 2009, 340쪽 참조)

라는 말에서 of the people, for the people은 군더더기고 'by the people'이 민주주의의 핵심(대 1, 314)이라고 말했다. 그러면서 데모크라시에서 인민/민인이 주인/주체로 행사하는 데 가장 핵심적인 것은 언론의 자유, 선거의 자유, 의회제도라고 말한다. 김대중이 말하는 데모크라시는 의회 민주정을 가리킨다. 그러나 김대중은 의회 민주정에서 민중의 직접 민주정=민중정치로 갈 시간이 다가온다고 믿고 있었다. 그래서 김대중은 촛불시위를 일컬어 직접 민중정치가 다가오는 징표로 보았다. 그 배경으로 전자산업으로 발달되어 나오는 인터넷, 핸드폰 등을 통해 습득되는 지식을 들었다. 후광학에서는 김대중이 말하는 직접 민중정치의 내용에 대해서도 다루어야 할 것으로 본다.

  정치지도자가 어떤 성향을 가졌느냐 하는 문제는 매우 중요하다고 본다. 대동적 사고를 지녔느냐, 소강적 사고를 지녔냐에 따라 통치/지배 형태와 사회구조가 달라진다고 볼 수 있다.[344] 정치지도자는 소강적 사고가 아닌 대동적 사고를 반드시 지녀야 한다. 앞에서 이미 대동주의와 소강주의에 대하여 정보(콘테츠) 제공 차원에서 설명을 하고 넘어왔다. 그래서 여기서는 김대중의 정치지도자상과 대동주의를 연관하여 설명을 해 보기로 한다.

  오늘날의 정치환경에서는 옛사람들이 말한 성인과 군자의 개념을 가지고 설명하기가 어렵다. 오늘날의 인간세계는 지독할 정도로 탁수濁水(사리사욕으로 가득 참), 제악諸惡(온갖 악한 기운), 염화炎火(불타는 욕망/욕심) 등 아주 나쁘게 오염된 사회가 되었기 때문이다. 이러한 인간세계는 천도天道의

---

[344] 여기서는 小康과 少康을 같은 개념으로 설정하였지만, 다른 글에서는 小康과 少康의 개념이 다르다고 보고 있다.(강정인 편저,《교차와 횡단의 정치사상》, 까치, 2019, 15~53쪽)

수단으로도 다스릴 수 없는 세상이다. 다만 다음과 같이 정의할 수는 있다고 본다. 법치의 논리만을 따지지 않고 타인에 대한 존중, 자유에 대한 신봉, 민본정치의 추구를 지향하는 정치지도자는 '성군형 군자'처럼 정치를 하려고 노력하는 대동주의자라고 말할 수 있다.

그러나 오로지 법치의 강조와 함께 권력과 권위에 의존하며, 축재蓄財에만 집착하는 정치지배자는 소인배적 소강주의를 신념으로 삼는 자들이다. 그러면 옛사람들의 대동과 소강의 개념을 오늘날의 정치지도자에 대입해 보자. 대동주의자는 개인적 이익(사익私益)보다는 공공의 이익(公利=공공성)를 중요시한다. 곧 천하위공天下爲公=위정공효爲政功效→천도정치天道政治를 지향한다. 그러나 소강주의자는 공리보다는 사가私家의 이익을 더 중요시한다. 천하위가天下爲家=위정공리爲政功利→인도정치人道政治를 지향한다. 따라서 대동주의 정치지도자는 나라 사람들의 전체 이익/공공성/공동선에 관심을 두지만, 소강주의 정치지도자는 나라 사람 전체보다는 자신의 이익과 잘사는 사람(금수저 세계) 중심의 이익을 먼저 생각한다는 차이를 갖는다. 따라서 어린이, 홀아비, 과부, 고아, 자식 없는 부모, 폐인廢人, 질병자, 무산자, 노동자, 중소상인, 소작농 등 사회적 약자에 대한 보호와 양육에 관심을 가지면 대동주의자이고, 이에 대한 관심을 소홀히 하면 소강주의자가 된다.

유가에서 말하는 소강주의 정치지배자는 나라 사람 개인의 자유를 최대한 제약하는 법 제정에 주력하여 법치를 최상의 수단으로 생각한다. 법치에 의존하여 권력을 사유화하여 개인독재를 행하며, 정권교체를 싫어하여 권력을 영속적으로 독점 세습하려 한다. 평화보다는 전쟁을 강조하여 군비를 증강한다. 힘의 논리가 평화라고 주장한다. 힘의 세기勢氣/핵무기를 평화로 보는 정치가는 분명 비이성적이고 돈키호테적인 사람이다. 평화의 개념을 전혀 모르는 권력 지향적 지배자일 뿐이다. 따라서 평화로운 사회를 만들고자 노력하는 정치지도자는 대동주의자이고, 전쟁과 폭력, 분쟁을 조장하는 권력지향자는 소강주의자이다. 전체 민인의 골고른 경제평등, 사회평등, 정치평등의 민중정치를 지향하는 정치집단은 대동주의 소유 집단이 되고, 잘 살 수 있는 부류끼리만 잘 살아보자는 계급차별적 정치집단은 소강주의 소유 집단이라고 설명할 수 있다.

오늘날로 볼 때, 독재권력이 존재하는 사회, 특정한 계층/계급의 이익만을 대변하는 권력이 존재하는 사회가 곧 소강사회다. 이러한 사회를 열망하는 사람들을 소강주의 세력의 추종자라고 말할 수 있다. 소강주의 세력은 자기 권력의 유지만을 위해 법치를 강조하며 나라를 다스린다. 사람의 자유를 간섭/제한/통제하는 법을 강화한다. 대동주의는 민인주권론에 바탕을 두지만, 소강주의는 권력주권론에 바탕을 둔다. 그래서 대동주의=민본주의=민본적 민중정치이고 소강주의=권력주의=독재적 민주주의다.

때문에, 민중적 민주정치는 3대 원칙을 가지고 있다. '오직 정의의 민인들에 의하여(惟民)', '정의의 민인들이(誼民)', '정의의 민인사회를 위하는'(爲民) 사회가 바로 대동적 민중정치가 유지되는 사회다. 그래서 법치가 최소화되는 사회는 평화적/자유적 대동사회가 되고, 법치가 확장되는 사회는 권력적/권위적 소강사회가 된다. 김대중이 나오기 전까지 한국 사회는 소강주의 독재세력들이 득세하여 끌어왔다. 소강주의 독재세력이 득실되는 사회 분위기에서 형성된 정치세력과 그 추종자들이 바로 부도덕한 주류/부류가 된다. 대동주의 통치자와 소강주의 지배자를 오늘날 우리 땅의 정치 현상에다 대입해 보자. 이제까지 우리나라 정치환경은 부도덕한 수골 세력들에 의하여 소강주의 사회, 소강주의 정치에 치중되어 왔다고 본다. 그러나 김대중의 등장은 대한민국 정치를 부도덕한 개인 독재자들의 소강주의 정치에서 대중 중심의 대동주의 정치세계로 나오게 했다고 볼 수 있다. 중국과 대한민국이 다른 점이 있다면 대한민국은 민중정치를 확실하게 해나갈 가능성이 높은 나라이지만, 중국은 권력의 주체인 공산당이라는 당 독재 기구가 있는 한 민중정치가 불가능하다는 점이다. 인류는 민인이 직접 나라를 통치하는 직접 민중정치로 가야 한다는 필연성을 갖는다.

끝으로, 김대중의 지도자상에 대하여 다음 이야기를 인용하면서 끝을 맺고자 한다. 김대중이 붕崩한 이후 미국의 시사주간지 》뉴스위크는 제64차 유엔총회 본회의 개막을 앞두고, 20세기 말에서 21세기 초에 "세상을 바꾼 정치지도자"(Transformer) 11명을 선정하였다.(2008. 9.23일자) 여기에는 독일의 통일수상 헬무트 콜Helmut Kohl(1930~ 2017). 대한민국의 최초 평화적 정권교체, 외환위기 극복, 남북정상의 만남. 노벨평화상을 수상한(2000) 김대중(1924~2009). 미국의 40대 대통령 레이건Ronald Reagan(1911~2004) 영국의 71대 총리를 지낸 철의 여인 머거릿 대처Margaret Thatcher(1925~2013). 폴란드의 노동자 출신으로 세계 최초 노벨평화상을 받고(1983) 폴란도 초대 대통령이 된 레흐 바웬사Lech Walesa(1943~현존). 중국의 개혁/개방을 이끈 3대 주석 덩샤오핑鄧小平(1904. ~1997). 남아프리카공화국의 최초 흑인대통령이자, 노벨 평화상을 수상한(1993) 넬슨 만델라Nelson Rolihlahla Mandela(1918~2013)등이 포함되어 있다. 뉴스위크는 김대중을 "세상을 바꾼 정치지도자" 두 번째로 선정하였다. 이렇게 세계적인 정치지도자가 한국 땅에 있었던가. 그저 지역감정과 사적 인생에 매달려 유희나 즐기려고 하는 부도덕한 주류와 그 부류들이 남의 뒷다리를 붙들기 좋아하는 입방아 때문에 훌륭한 정치사상가가 폄하되어서는 안 된다.

3. 후광학 창시와 몇 가지 문제점

 이제까지 김대중의 훌륭한 정치사상을 부문별로 이야기해 왔다. 그러나 김대중도 인간이기에 장점만 있는 것은 아니다. 결점도 있기 마련이다. 여기서는 김대중의 인간성/개인사와 관련된 문제점은 다른 연구자에게 맡긴다. 다만 김대중의 정치철학 면에 국한하여 그가 그려 냈던 정치사상과 현실 인식에 문제는 없는지를 후광학 창시와 관련하여 몇 가지 문제점을 검토하는 장으로 삼는다.

 1. 5·16쿠데타는 정당정치와 의회 민주주의를 짓밟았다.(자 1, 138) 라고 본 부분에서 다시 생각해 볼 필요가 있다고 본다. 본문에서 이야기하고 나온 것처럼 정당정치와 의회 민주주의에는 많은 문제점이 있다. 김대중이 대통령 자리에 오를 때에는 우리 땅에 엄청난 정치적 변화가 있었다. 정치개혁을 할 수 있는 좋은 기회였다. 그러나 김대중은 정당정치 및 의회 민주주의의 한계를 극복하지 못하였다. 김대중은 "대한민국은 민주국가이고 우리는 주권자를 대변하는 사람들이다."(자 1)라고 의회 민주정의 신봉자였음을 밝히고 있다. 그러나 의회 민주정이 과연 옳은 제도인가에 대하여 고민하지 않을 수 없다.

 본문에서도 누누이 짚고 넘어왔지만, 대의제는 유럽에서 민중들의 참정권을 최대로 제한하기 위한 엘리트 계급(시민계급으로 불리는 부르주아지)의 음모에서 만들어진 그리스 민주정의 한 변형이다. 따라서 의회 민주정은 민인/국민의 직접 투표를 빙자한 간접적 민주정을 뜻한다. 유권자는 투표지를 투표함에 넣는 순간 당선자의 노예로 전락하고 당선자는 엘리트 지배계급으로 신분이 상승되면서 유권자 위에 군림하는 게 '의회 민주정'의 진짜 모습이다.

그리고 투표에서는 다수결 원칙을 적용한다. 이를 대한민국 20대 대선 (2022. 3. 9.)의 예를 들어 설명을 해 보자. 전국 유권자 투표율 71.1%에서 48.56%의 지지를 얻은 자가 47.83%의 지지를 얻은 자를 이기고 대통령직에 올랐다. 당시 대한민국의 전체 유권자 수는 44,111,006명이었다. 이중 투표를 한 자가 33,945,806명이었다. 그리고 당선자를 지지한 인구수는 16,236,279명이었다. 그렇다면 당선자를 지지한 전체 인구는 36.8%에 해당 된다. 전체 유권자의 50%의 지지도 얻지 못한 사람이 대통령직에 올랐다면 63.2%의 인구는 소외되는 계층이 된다. 36.8%의 지지 계층이 63.2%의 비非지지 인구를 소외계층으로 만드는 정치사회가 민주주의/민중정치의 사회가 될 수 있을까. 이는 분명히 '다수결 원칙'의 모순이다.[345]

게다가 0.1%라도 더 많은 표를 얻은 정당이 의회를 장악한다. 이렇게 되면, 50.1%가 49.9%의 대중을 소외 국민으로 만드는 셈이 된다. 이게 의회 민주정의 한계점이다. 이렇게 정당정치, 선거제도, 다수결 투표 방식은 언제든지 개인 독재를 만들어 낼 소지를 안고 있다. 물론 김대중도 정당정치와 의회 민주정의 한계점을 알고, 직접 민주주의가 도래한다고 본 것만은 사실이다. 그렇지만 김대중이 다수결 원칙과 의회 민주정의 단점/약점을 말한 적은 없다.

의회제 민주정에 대한 이해를 위하여 좀 더 설명해 보자. 근대 개화기 유럽에서 들어온 데모크라시라는 민중정치를 말한다. 그런데 일본제국주의 시기 일본학자들이 데모크라시를 민주주의로 번역하여 유통시켰다. 만약 천황제

---

345) 최장집,《민중에서 시민으로》(돌베개, 2009) 271쪽 참조.

국가에서 데모크라시를 민중정치로 번역할 경우, 천황제와 모순이 되기 때문이었다. 이렇게 잘못 번역된 민주주의가 한국 사회에 들어와 굳어진 말이 되었다. 또한 그리스의 직접 민주정이 유럽을 거치면서 간접 민주정인 의회 민주정으로 변형이 되어 우리나라에 들어와 정착되었다. 정치이념인 민주주의와 의회 민주정은 모두 민중이 정치에 직접 참여하는 것을 막고 있다.

이 점에 대하여 김대중은 아무런 설명이 없었다. 후광학에서는 이 점도 검토해야 할 것으로 본다. 정치이념인 민주주의와 정치 형태인 의회 민주정은 이미 굳어진 용어요, 체제이어서 쉽게 바뀌지는 않을 것으로 본다. 그러나 이제는 대한민국도 서양식 정치형태(대의제 민주정, 3권분립, 정당제도, 다수결 방식 등)를 벗어던질 때가 아닌가 하는 생각을 해 본다. 특히 오늘날 우리 사회에서 경험하고 있듯이 권력의 3권분립은 무의미하다. 그래서 3권분립보다는 부자의 권력와 빈자의 권력을 명확히 하는 "부자와 빈자의 권력분립" 제도화하는 게 더 중요하지 않나 하는 생각을 해 본다.

2. 〈한일기본조약〉 체결(1965.2.20.)과 6.15선언(2000)은 상호 모순이 된다는 문제를 가지고 있다. 한일기본조약에서 "한반도에서 한국 정부가 유일한 합법정부"라고 확인했다. 한국의 '유일 합법정부' 운운은 당시 유엔의 대변자 격인 미국의 "우리 땅에 대한 분단 전략"이었다. 미국은 우리 땅에 분단 권력을 들어서게 해서 우리 땅을 '완충지대화' 한다는 기본 전략을 가지고 당시 미국의 대변자였던 유엔으로 하여금, "한반도에서 한국 정부가 유일한 합법정부"라는 것을 의결케 하였다. 분단 권력자 이승만은 이를 환영하였다. 그리고 박정희가 〈한일기본조약〉에서 '유일 합법정부' 문구를 넣은 것은 미국의 한반도 완충지대화 전략에 편승하여 '개인 독재화'를 장기적으로 유지하기 위한 속셈이었다.

1948년 대한민국 정부 수립 당시 유엔의 의결에 따라, 대한민국은《헌법》3조에서 "대한민국 영토는 한반도와 그 부속도서로 한다"라고 규정하였다. 3조 조항은 북을 '반국가단체'로 규정하는 동시에 '흡수통일'의 정당성을 인정하고 있다. 이 헌법 3조의 조항에 의거하여 법률〈국가보안법〉도 제정이 되었다. 그런데 헌법 제4조를 보면, 평화통일을 지향한다고 되어 있다. 흡수통일(헌법 3조)과 평화통일(헌법 4조)은 상호 모순/배치되는 법 조항이다. 그리고 국가보안법은 북을 공산주의 단체로 규정하고 북과 관련된 일체의 언행을 할 수 없게 만든 반자유주의, 반민주주의 법률이다.

김대중은 이러한 대한민국의 정치환경 속에서 북의 조선민주주의인민공화국 김정일과 6·15선언을 했다. 6·15선언은, 1) 북을 '미수복 대한민국 땅'이 아니라, 조선민주주의인민공화국이 지배하는 땅으로 인정하였다고 볼 수 있다. 2) 조선민주주의인민공화국이 함께 통일을 위한 논의를 했다는 것은 북을 통일의 한 축으로 인정했다는 뜻이다. 그렇다면, 6·15선언과 상치되는 대한민국의 헌법 제3조의 내용과 국가보안법에 대한 개폐를 했어야 옳았다고 본다. 유엔도 일찍이 "인권규약에 규정된 권리를 완전히 실현하는데 주된 장애물"로 대한민국의 국가보안법을 지적하고 폐지 권고를 했다.(1992), 그러나 김대중 집권기에도 끝내 국가보안법은 개폐하지 못하였다. 이를 후광학에서는 어떻게 이해해야 할까 하는 문제도 발생한다.

3. 김대중이 보는 북에 대한 주적 개념과 호칭 문제다. 대한민국 사회 전체로 놓고 볼 때, 군인집단은 가장 보수적 집단이다. 이것은 당연한지도 모른다. 때문에, 국군집단은 정권의 교체와는 관계없이 변함없는 북한=반국가단체 인식을 견지한다. 국군에게 있어서 북은 이질집단이다. 언제든지 남북이 충돌하여 전쟁이 일어나면, 서로 총 뿌리를 겨누고 싸워야 할 적이다. 군인은

"적은 죽여야만 한다"는 정신을 가지고 있다. 때문에 그들 정신교육을 담당하는 정훈참모부의 기본정훈교재/〈국군정신교육교본〉, 또는 국방부 간부교재 등에는 북을 '주적'으로 적고 가르친다. 그래서 반공주의자 박정희가 민주주의/자유주의를 말살하는 유신체제를 만들었을 때, 국군은 박정희에 대하여 "5,000만 겨레의 염원인 조국 통일 대업을 위해 유신維新의 횃불을 밝히신 전략가이며 개척자"로 적고 박정희를 우상화하였다. 그리고 살인독재자요, 역시 반공산주의자인 전두환이 등장하자. 이번에는 전두환에 대하여, "전두환 국보위 상임위원장께서 원대한 경륜과 포부, 철학과 신념을 가지시고"로 기록하고 있다.

이러한 대북관에 대한 인식이 크게 변하는 것은 김영삼 문민정부 때다. 북을 지칭하는 "우리의 적"이라는 용어가 삭제되었다. 그러다가 김대중이 등장하여 남북정상회담과 6·15선언을 하는 등, 대북 화해와 협력의 시대임에도 〈국군정신교육교본〉(1998)에서는 북을 '주적'으로 표현하고 있다. 이러한 주적 개념이 노무현이 등장하고 나서 〈국군정신교육교본〉(2003)에 '우리의 적' 개념이 모두 삭제된다.[346] 이렇게 본다면, 가장 대북 관계가 바람직하게 흘러가고 있던 김대중 '국민의 정부' 시절에 이렇게 북에 대한 주적 개념이 부활하는 이유는 어디에 있으며, 김대중은 6·15선언이 있었음에도 북에 대한 호칭을 계속하여 '북한'이라 불렀을까 하는 의구심이 든다.

4. "남북이 유엔에 동시 가입"하는 문제다. 박정희는 밀실외교를 통하여 북측과 밀사를 교환하면서 음모를 꾸몄다. 그 결과 남과 북이 동시에 7·4공동성명을 발표했다.(1972) 그리고 후속 조치로 남에서는 6·23선언을 했

---

346)《서울신문/軍정훈교육 유신당시 박정희 우상화》2009.3.5.일자.

다.(1973) 6·23선언 중에 "남북의 유엔 동시 가입"이라는 내용이 들어있다. 이에 대하여 북에서는 항의를 하였다. 박정희가 6·23선언에서 남북 유엔 동시 가입을 주장한 것은 김대중의 입장과 달리 우리 땅을 영구 분단시키려는 술수가 아니었나 하는 의구심이 든다. 김대중의 유엔 동시 가입주장은 박정희의 그것과는 성격이 전혀 다르다. 김대중은 독일식 통일단계처럼 통일 준비 과정의 일환으로 주장한 것이지만, 박정희의 남북 동시 유엔 가입주장은 다른 의중을 가지고 있었지 않았나 하는 의구심이다. 따라서 당시 김대중은 박정희에게 6·23선언의 의도가 무엇인지를 따졌어야 했다고 본다.

5. 김대중이 '3단계 통일방안'을 제시하면서 "독일은 소련과 서유럽의 통일방해 책동을 받지 않기 위해 처음에 통일목적이 아닌 공존의 목적으로 접촉하였다가 공존을 위한 접촉이 독일통일로 이루어 졌다."고 하였다. 이렇게 독일통일 방식을 예로 든 김대중은 "한국의 경우 어느 나라의 방해를 받지 않고 통일한국을 만들 수 있다. 강대국들은 한국의 통일을 두려워하지 않는다. 통일한국이 어느 특정국에 이용당하지만 않는다면 한국통일은 어느 나라로부터도 방해를 받지 않을 수 있다."라는 주장을 하였다.(자 1, 265) 이 점에 대하여 생각해 보자. 우리 민족의 영토가 분단되는 요인으로 두 가지를 짚을 수가 있다.

첫 번째 요인은, 일제강점기 종식과 동시에 우리의 영토와 민족이 '하나의 해방'이 아닌 '분단형 해방'을 당한다. 이의 가장 큰 요인은 미국에 있었다. 미국은 일본을 자국의 자본시장으로 이용하고, 동아시아에서 패권을 장악하기 위해서는 소련과 중국 등 공산주의 세력을 견제하는 완충지대가 필요했다. 그 완충지대가 우리 땅이 되었다.

두 번째 요인은, 전후 동아시아에서 영향력 확보를 의도하던 소련의 음모 때문이기도 하다. 이렇게 두 강대국과 여기에 중국과 일본이 가담하여 우리를 갈라놓았다. 곧 우리 땅은 38선에서 십자가가 되었다. 머리 쪽은 대륙 세력인 소련과 중국이, 다리 쪽은 태평양의 해양 세력인 미국과 일본이 잡고 늘어졌다. 자본주의 세력과 공산주의 세력이 나누어 갖기로 한 것이 38선이다. 이렇게 해서 우리 민족이 해방을 맞이했지만 슬프게도 '분단형 해방'이 되었다.

이런 역사적 교훈에서 보았을 때, 일본과 한국이 이해충돌을 일으킬 경우, 미국은 당연히 일본 편을 든다는 것은 상식이다. 곧 우리 땅에 통일국가가 들어서게 되면 일본과 미국은 자국의 국익에 도움이 안 된다고 보고 있다. 그런데도 통일 조국을 만들어 가는 과정에서 주변국들의 방해를 받지 않는다고 생각한 점은 의문이 간다. 그래서 이를 예측하고, 1) 4대국 보장론, 2) '통일한국이 어느 특정국에 이용당하지 않는다면'이라는 단서 조항을 달았는지도 모르지만. 이 문제도 후광학에서 다루어야 할 것으로 본다.

6. 김대중은 3단계 통일론에서 통일국가의 이념을 민주주의, 시장경제, 도덕적 선진국, 평화주의 원칙을 제시하였다. 환영할만한 통일방안이다. 그런데 문제는 시장경제 논리다. 김대중이 통일국가를 민주주의/민중정치의 원칙 아래에 둔다고 했을 때 본문에서도 짚고 넘어왔지만, 시장경제는 자본주의 자유시장경제를 의미하는 것으로 본다. 이러한 경제 논리는 통일의 마지막 단계에서 논쟁의 소지가 있다고 본다. 통일의 마지막 단계에서 어려움이 없게 1단계, 2단계를 거치는 과정에서 두 경제 논리를 아우를 수 있는 제3의 경제 논리가 필요했다고 본다. 본문에서도 말은 나왔지만, 김대중이 생각하였던 제3의 경제질서는 무엇이었을까. 아마도 김대중이 속내를 드러내지는 않았지만, 시장경제는 북유럽식 사회주의 시장경제가 아니었을까 하는 생각이 든다. 아니면, 1민족 2자치공동체 국가 체제를 염두에 두었는지도 모른

다. 이 점도 후광학에서 심도 있게 다루었으면 한다. 민족의 통일은 반드시 하나여야 하나, 아니면 1민족 2체제의 형태로 가다가 점차 1민족 1국가로 가는 게 맞는지의 문제는 민족 통일에서 중요하기 때문이다.

7. 김대중은 평화민주당 총재로 있을 때 국회의 대표 연설에서 '5·18광주시민학살'에 대하여 "평화민주당은 정강 정책대로 관계자의 반성과 사과를 요구할 뿐 형사처벌을 막는데, 최선을 다하겠다."라는 주장을 하였다. 이 때문에 '5·18민중항쟁'을 무위로 돌리고 엄청난 시민을 주검으로 몰고 간 장본인인 전두환을 사형시키지 못한 게 아닌가 하는 생각이 든다. 전두환, 노태우 등 군부 쿠데타의 실권자들을 반드시 모두 처형했어야 옳았다는 생각이다. 광주학살의 괴물들이 아직도 살아 있었기에 5·18광주민주화운동이 자꾸 폄하되고 있는 게 아닌가. 친일파가 살아 있어서 5·16군사반란이 일어난 것처럼.[347]

8. 김대중은 당시 현직 대통령으로 임시정부의 중도주의 정책을 그대로 계승하는 인상을 주었다. 그것이 평화민주당의 창당, 새천년민주당 창당 때 '중도개혁주의'를 표방하였다고 본다. 대한민국 헌법상에서 '임시정부의 정통성'을 계승한다고 적시하고 있는데 이 문제도 재검토가 필요하다. 상하이 임시정부(민주공화국을 국체로 한 점과 주권이 인민에게 있다는 점)는 3단계

---

347) 이 글을 마무리할 즈음에 아무런 반성 없이 전두환이 죽음의 세계로 들어갔다.(2021. 11.23) 전두환은 미국의 묵인 아래 광주시민 학살의 최종 결재자였다고 본다. 최규하가 전두환의 권력찬탈 과정에 대하여 함구하고 간 것이나, 전두환이 광주시민학살에 대한 책임소재를 밝히지 않고 간 것은 우리 역사의 불행이다. 후대 학자들의 노력에 의하여 이 문제들이 해결되었으면 하는 바람이다. 김종필 또한 민족의 자존심을 팔아넘기는 한일회담(1962)을 가져오게 된 김종필-오히라메모金鍾泌大平메모의 배경과 진실도 밝히고 죽었어야 했다.

과정을 겪는다. 1919년 4월 건립 당시는 좌우익 모든 민족운동 단체로부터 환영을 받았다. 명실공히 대한민국의 정통성을 갖는 망명정부였다. 그러나 2단계는 1923년 이후 임시정부가 거의 와해 상태가 되어 중국의 여러 곳곳으로 옮겨 다니는 상황을 만나게 된다. 1940년 이후 최종적으로 정비된 충칭의 임시정부는 분단해방 이후, 미국이 국내 입국을 거부하면서 해방정국을 이끌지 못하는 불운을 겪게 된다.

분단해방 이후, 38 이북은 임시정부의 정통성을 인정하지 않았다. 그런데 38 이남은 임시정부에 정통성을 두었다. 대한민국은 "3·1민족운동의 계승, 민주공화국의 국체와 인민주권. 삼권분립, 의회제도"를 담은 임시정부의 당시 헌법을 계승한다는 뜻으로 해석을 해 볼 수 있다. 통일을 준비하는 과정에서 이 문제도 김대중이 지적했어야 옳았다고 본다. 후광학이 창시된다면 이 문제도 고민해야 할 것으로 본다. 6·15선언문을 작성할 때 남과 북이 모두 왕정을 탈피하고 공화정을 하고 있기 때문에, 우리 민족의 공화국 정통성은 상하이임시정부(1919.4.11.)에 있다는 것을 명시했어야 했다.

9.《김대중 자서전》에 의하면, 김정일은 미/일과 수교 문제에 대하여 "미국이 북에 대한 테러국가 고깔을 벗겨주면 수교를 하겠다."라고 했다. 이에 대하여 김대중은 "북은 복잡하다. 36년간 식민지 노예국을 당한 보상 문제가 있다." 게다가 "작은 나라가 자존심을 버리면서 일본과 수교는 절대 안 한다."(자 2, 307)라고 적고 있다.

이렇게 본다면, 3억 달러에 나라의 자존심을 팔아버린 박정희의 한일협상은 참으로 부끄럽다는 생각이 든다. 일본 왕에게 충성 서약을 한 박정희의 자발적 친일성을 또 다시 본다. 36년간의 물적 수탈과 인적 강탈이 3억 달러 가치밖에 없다고 생각한 자발적 친일파 박정희와 신친일파 김종필의 사고는 이해를 할 수 없는 짓거리였다. 민족과 대한민국의 자존심을 일본에 팔아넘겼다. 이러한 김종필을 감싸안은 김대중의 포용력을 두고 글쓴이는 강정인의 표현을 빌려 '위대한 조화'라고는 적었다. 그러나 김대중은 '위대한 조화'를 일궈내는 과정에서 3억 달러로 우리 민족의 자존심을 팔아넘긴 김종필의 반민족행위에 대하여 우리 민족 전체 앞에 사죄케 했어야 했다. 그런데 이 점이 없었다는 게 여러 면에서 이상하다는 생각이 든다.

10. 김대중은 6·25전쟁에 대하여 동족상잔, 6·25한국전쟁, 6·25동난 등의 용어로 표현하였다. 이는 당시 현직 정치인이요, 대통령으로서 분단국가 대한민국의 자유민주주의 이념(반공산주의적)에 의하여 그렇게 말했는지는 모르나, 통일을 지향하는 정책을 펴면서 이념적 국제폭력전쟁인 6·25전쟁을 동족상잔의 전쟁으로 보아서는 안 되었다는 생각이다. 6·25전쟁의 역사적 배경과 원인을 이제는 진실되게 밝혀야 되지 않나 하는 생각을 가져 본다.

환경역사학을 공부하는 전공자의 시각으로 보았을 때, 6·25전쟁은 분명 우리 민족끼리 싸운 전쟁이 아니었다. 미국이 일본경제를 돕고 동아시아의 패권을 장악하기 위해 사전에 음모(?)된 전쟁이었다. 1950년 초 냉전논리를 이용한 미국의 파놓은 함정[348]에 말려들어 당시 평양-베이징-모스크바로 연결되고 있던 공산주의 이념 세력(최일선의 김일성)이 서울-도쿄-뉴욕으로 연결되어 있는 자본주의 이념 세력(최일선의 이승만)에 대한 공격과 침공이었다. 21세기를 훨씬 지나고 있는 정의 사회에서는, 우리 교과서에도 역사적 사실을 정직하게 표기할 필요가 있다.

따라서 6·25전쟁은 동란, 곧 민족 내부의 전쟁이 아니고 당시 동서냉전 체

---

[348] 미국의 맥아더와 에치슨이 대한민국을 미국의 '자유방위선'에서 제외한다는 발언.

제하에서 일어난 국제적 이념전쟁이었다. 국제적 이념전쟁에 우리 땅을 전쟁터로 제공하면서 엄청난 인명피해를 당한 비극의 현장이 되었다. 그래서 6·25 전쟁/한국전쟁/조선전쟁은 '6·25국제이념전쟁'으로 기술해야 정확한 역사적 사실 표현이 된다. 그래야 자라나는 후세들에게 바른 역사 인식도 심어주게 된다고 본다. 김대중이 이를 몰랐을까 하는 의구심이 가는 부분이다. 아마도 정치 현실을 감안한 것이 아닌가 하는 생각이 들지만, 이 문제도 후광학과 관련하여 참고하였으면 한다.

11. 김대중은 탁월한 식견과 박식한 정치이론, 그리고 역사 지식도 가지고 있었다. 김대중의 역사철학적 인식을 하나의 예로 들어 잠시 살펴보자. 김대중이 진도의 삼별초 유적지를 방문한 자리에서 삼별초에 대한 평가로 "반외세 정신과 자주독립의 의지"로 평가를 했다. 삼별초난을 반외세 자주정신으로 보는 인식은 잘못된 대한민국의 역사 교과서가 가르쳐 온 오류라는 생각이다. 당시 고려 왕실은 무신 권력의 압력에 굴복하여 울며 겨자먹기식으로 왕궁을 강화도로 옮기게 된다. 그러나 시간이 흐르면서 무신 세력이 점점 쇠퇴해진다.(최의를 끝으로) 이에 무인들의 신변을 지켜주던 야경꾼 출신 삼별초(신의군, 좌별초, 우별초)들이 무신 세력을 대신하여 권력을 장악하게 된다.(임연, 김준 등)

이러한 시대 분위기 속에서 고려 왕실은 자신들의 지지 기반이 있는 개경으로 환도하려는 계획을 세운다. 그러나 무인 계승 권력으로, 삼별초 출신들은 왕실의 개경 천도를 반대한다. 이런 가운데 당시 고려 24대 왕이었던 왕식(王植, 묘호 元宗, 1219~1274)은 원(元: 몽골)과의 지루한 전쟁을 종식시키는 동시에 왕권 강화 차원에서 개경 천도를 강행하려 했다. 그러자 삼별초군들이 개경 환도/왕권 강화에 반대하는 반란을 일으키게 된다.(1270.5~1273.4)

이들은 강화도에서 반란이 실패되자, 다시 진도로 옮겨 반란의 여세를 몰아간다. 이러한 역사적 사실이 삼별초의 난의 배경이다. 삼별초의 난은 '기의'가 아니다. 의병도 아니다.

그동안, 병권을 상실해 있던 고려 왕실은 자력으로 반란군인 삼별초군을 진압할 수 없는 상황이었다. 그리하여 원元군의 파병을 요청하게 된다. 이렇게 해서 고려정부군과 원은 자연스럽게 '려몽연합군'을 형성하게 된다. 삼별초는 려몽연합군과의 싸움을 하게 된다. 따라서 삼별초는 처음부터 "자주 독립, 반외세"의 정신, 곧 항몽抗蒙의 의지를 가지고 원과 싸운 싸움이 아니었다는 점이다. 삼별초를 '반외세 자주' 민족운동으로 보기 시작하는 것은 군사문화를 찬양하는 박정희 때의 정치 현실과 무관하지 않다.

12. 김대중에게 대중경제론의 이론을 자문해 준 경제학자가 박현채라는 주장도 있고(박현채 전집·추모문집 발간위원회 주장), 또 숭실대학교 경제학 교수였던 이진순李鎭淳(1950~현존)이었다는 주장도 있다. 이진순 관련 발언은 문학평론가이자 조선일보 해직 기자 출신인 황헌식黃憲植(1942~2023)이 글쓴이에게 직접 증언을 해주었다. 그런데 김대중의 자서전에서는 이진순이 전혀 거론되어 나오지 않는다. 이 점도 명확히 할 필요가 있다. 그리고 박현채가 1992년 대선에서 김대중이 신자유주의적 '뉴DJ플랜' 경제정책을 주장하는 바람에 김대중과 인연을 끊었다고 보도한 언론의 진실은 무엇인지를 밝혀보아야 할 문제로 보인다. 이와 함께 김대중의 '선순환 경제체제론'도 깊이 있게 연구해야 할 과제라고 본다.

그리고 대중경제론을 '종속이론'으로 폄하하는 부류들도 있다. 또 대중경제론의 실천은 김대중이 대통령에 당선된 이후 자유시장경제로 전환하는 바람에 중단되었다는 주장이 널리 퍼져 있다. 그러나 김대중이 대통령직을 수행하면서 펼쳤던 일련의 경제정책들은 결코 대중경제론을 배반하지 않았다는 게 글쓴이가 검토한 결과 나온 결론이다. 여기서 '신판 대중경제론'이 나오게 된다. 김대중이 대통령직에 있으면서 실시한 민주주의와 자유시장경제의 병행발전론은 본질적으로 대중경제론에 토대를 두고 있었다는 게 글쓴이의 생각이다. 이 점도 재검토할 필요가 있다.

13. 김대중은 처음부터 대통령중심제를 주장하였다. 1986년 7월 17일 38주년 제헌절에도 당시 전두환 약탈 권력이 헌법 개정을 '내각중심제'로 하려고 할 때 신랄하게 이를 비판하고 끝까지 직선제와 대통령중심제를 주장하였다. 이때의 주장은 전두환이 '영구통령'이 되는 길을 터줄까 염려해서다. 이해가 되는 부분이다. 그런데 김종필과 협화를 할 때 내각책임제에 동의를 하였지만, 약속을 지키지 못했다. 그리고 "만약 당시 내각책임제를 했더라면, 정권이 야당에 넘어갈 우려가 있어서" 내각책임제를 그만두었다는, 말을 하였다. 또 내각책임제가 적절치 못하다는 이유를 내각책임제를 하자는 것은 독재의 출현을 막자는 데 있는데, 김대중은 "내각책임제라 해서 반드시 독재가 예방된다고 볼 수 없다"고 전제하고 그 예를 세계 제2차 대전 직전의 독일과 이탈리아의 내각책임제에서 히틀러와 무솔리니의 출현을 그 예로 들었다.(연 1, 83)

그리고 끝내 내각책임제로 이행을 하지 않고 대통령중심제를 견지하는 이유로 국민이 선호하고 지지한다는 것을 들었다. 그렇지만 김대중이 내각책임제를 못한 속내가 과연 어디에 있는지도 검토해 볼 과제이다. 아마도 직접 데모크라시가 도래할 것이라고 본 김대중으로서는 간접 데모크라시의 상징인 대의제代議制에 바탕을 둔 내각책임제를 굳이 할 필요가 없다고 본 측면은 없었는지. 김대중은 늘 '의회제 민주정'을 강조하였다. 이와 연관하여 생각해 볼 문제이다. 또, 김대중은 대통령 임기는 4년, 1차 중임제를 찬성하였다. 그리고 내각책임제를 가미하여 국무총리의 책임 권한을 확대하는 게 좋다고 했음에도, 현행 헌법(6공화국)의 5년 담임제를 개정하지 않았다. 그리고 민주 회복은 곧 민주헌법의 회복이라고 했다.(연 1, 83) 그러나 4공, 5공 시대의 행정부 우위 체제(제왕적 대통령제)를 가지고 있는 6공화국의 헌법체제를 고치지 않고 대통령 임기를 마쳤다. 이 문제도 후광학에서 다루어야 할 것으로 본다.

14. 김대중의 민주주의관에서 관심을 두어야 할 부분이 있다. 북측의 헌법상에서 말하는 사회주의적 민주주의와 남한의 헌법상에서 말하는 자유적 민주주의는 어떤 차이가 있는지에 대한 검토도 필요하다고 본다. 북측은 그들 사회주의헌법(조선헌법)의 서문에서 보면, "조선민주주의인민공화국은 위대한 수령……의 국가건설 사상과 업적이 구현된 주체의 사회주의국가이다."라고 하여 북도 그들 국가의 정체를 '민주주의 인민공화국'이라고 표방하고 있다. 그런데 조선인민공화국 밖의 나라(특히, 한국, 미국, 일본)들은 북을 민주주의국가가 아니라고 본다. 이 문제도 후광학에서 6.15선언과 관련하여 다루어야 할 과제라고 본다.

김대중은 데모크라시의 특징 중 하나를 "평화적 정권교체"로 보았다. 그리고 부정부패, 지역갈등, 이기주의, 정치적 대립과 혼란은 민주주의 발전을 가로막는 장애로 보았다.(자 2, 17) 또 김대중은 데모크라시의 핵심 요소로 '자유'와 '평등'을 들었다. 따라서 이러한 김대중의 민주주의관에서 보았을 때 정권교체가 없는 프롤레타리아 독재를 민주주의로 규정할 수 있는 것인지도 검토를 해야 할 것으로 본다. 또 저들 사회주의헌법에서도 '인민의 자유'를 거론하고 있다. "국가는 모든 공민에게 참다운 민주주의적 권리와 자유, 행복한 물질문화 생활을 실질적으로 보장한다. 조선민주주의인민공화국에서 공민의 권리와 자유는 사회주의제도의 공고 발전과 함께 더욱 확대된다."(사회주의헌법 제64조)라고 규정하고 있다. 이렇게 본다면 북도 헌법상 자유주의 국가라는 규정을 두고 있는 게 분명하다. 그러나 우리는 북을 자유주의 국가, 민주주의국가로 인정하지 않고 있다.

이 문제를 김대중의 민주주의관 및 3단계 통일론과 연관하여 살펴볼 필요가 있다. 김대중이 말하는 민주주의에는 다음과 같은 요소가 들어있어야 한다.

1) 권위적 독재가 없어야 할 것-국민이 결정하는 정권교체가 있을 것,

2) 자유주의적 시장 논리가 있어야 할 것,

3) 언론/출판/집회 등 표현과 사상의 자유가 있을 것,

4) 직업선택의 자유가 있을 것 등이다.

이런 기준으로 보았을 때, 북은 김대중이 말하는 데모크라시 이론에 하나도 충족되는 사항이 없다. 그렇다면 사회주의국가(주로 북)는 우리식의 데모크라시, 자유주의 국가라고 볼 수 없다는 결론에 이른다. 물론 그들은 사회주의를 프롤레타리아 독재라고 말하고 있다. 김대중의 햇볕정책을 프롤레타리아 독재와 관련하여 보자. 김대중의 햇볕정책은 과연 북을 참민주주의, 참자유주의 국가로 만들 수 있는 정책이었는지, 그리고 경제면에서는 남북이 함께 가는 경제 평등을, 문화면에서는 민족 동질성을 찾는 정책이었다고 볼 수 있는지도 과제로 남는다.

이제까지 김대중의 정치철학을 거시적으로 검토를 해 보았지만, 아직도 미진한 부분이 발견된다. 그중 하나가 세계주의와 평화주의 관련 철학사상이다. 김대중의 세계주의는 후광학을 창시하면서 다루었으면 한다. 그리고 또 하나 미진한 점은 김대중의 정치적 철학 사상과 연관하여 역사철학적 인식도 다루어졌으면 하는 바람이다.

마침글

　김대중은 독재권력과 집권 여당의 협박, 금권력, 북풍 모략, 사상 협박, 지역감정, 편파 언론 등과 힘겹게 싸우면서 민중의 손으로 정권 교체를 할 수 있도록 자신을 내놓았다. 일부 정치 세력들은 김영삼 정권의 성립을 군부 독재 권력에서 이탈하는 분기점으로 잡고 있다. 이는 잘못이다. 김영삼은 군부 및 그 유착 세력과 합당을 통하여 성립함으로써 민주주의/민중정치와 평화통일에 장애가 된 정권이다.(《강만길저작집》 13, 196)

　그러나 김대중의 대권 장악은 민중정치/평화통일의 전략을 놓은 분기점이 된다고 할 수 있다. 김대중이 40년 동안 가시밭길을 걸으면서도 네 번씩이나 대선에 도전한 것은 그냥 권력욕이 아니었다. 그것은 소외된 자들의 한을 풀고 중도개혁적 민주주의/민중정치를 실현하기 위함이었다. 이러한 신념을 가진 김대중의 정치철학은 하루아침에 형성된 게 아니다. 오랜 세월 정치적 고난을 겪고 또 수많은 독서를 통해서 얻어진 사상이다.

　세간에 알려진 대로 김대중은 엄청난 독서량을 가지고 있었다. 그냥 정치를 하려고 한 사람이 아니다. 그냥 의원과 대통령을 하고자 한 사람이 아니었다. 그는 6·25전쟁을 겪으면서 민족을 생각했다. 4·19학생시민혁명 기의를 겪으면서 민주주의/민중정치의 가치를 알게 되었다. 민족과 민중이 어떤 존재인지를 알게 되었다. 이에 민족과 민중을 위하여 한 몸을 바치기로 결심을 했다. 4·19학생시민혁명으로 희망을 보았는데, 4·19의 희망을 짓밟은 불행한 일이 일어났다. 민족과 민중을 배반하는 친일파 세력이 준동을 했기 때문이다. 친일파 군인이 주동한 5·16군사 쿠데타로 반란군 군정이 들어섰다. 이

나라 민주주의/민중정치가 짓밟혔다. 그리고 반란군 군정을 그대로 계승한 군사독재정권이 이 땅에서 패악질을 일삼았다.

사악한 친일 군인들이 정통성 있는 정권을 찬탈하였다. 이들은 권력을 장악한 뒤, 제 나라 민중을 노예처럼 부려 먹고 파쇼적 특권경제를 통하여 사익을 추구하며 부의 불평등을 조장하였다. 김대중은 독재의 권력 사유화에 저항하여 민주주의를 외쳤다. 반란군 군정의 특권적 파쇼자본주의에 대항하여 대중경제를 목청 높이 외쳤다. 또 선거철만 되면 분단의 비극적 상황을 악용하여 북에 모종의 자금을 대주고 전쟁 공포 분위기의 조장을 통하여 권력 유지를 해나가는 독재 권력에 환멸幻滅을 느꼈다. 여기서 김대중은 나쁜 정치인(부도덕한 정치세력=정치도독)들이 분단 비극을 권력 유지에 이용하지 못하도록 해야겠다는 결심을 하게 된다.

김대중은 확고한 민본주의 원칙과 확실한 평화주의 철학을 가지고 평생을 살아왔다. 이러한 그의 민본주의 원칙, 평화주의 철학을 통하여 자율과 책임의, 화해와 통합의, 대동과 실용의, 소통과 경청의 지도력을 갖춘 인물이었다. 그래서 그는 대한민국의 민주주의/대중정치를 다시 일으켜야 한다는 신념으로 죽음의 고비를 무릅쓰고 또다시 오뚝이처럼 일어나 험한 정치판에 뛰어들어 살아남았다. 특혜경제/파쇼자본주의로 무너진 한국의 경제를 중산층 중심의 서민경제/대중경제가 똑바로 서는 사회를 세우고 싶었다. 또 반공 독재 권력들에 의하여 파괴되어 가는 아름다운 금수강산을 두루 볼 수 있는 통일 조국을 만들고 싶었다. 그리하여 남과 북이라는 분단 조국 모두에 평화와 번영의 햇볕을 쏘이게 하고 싶었다. 또 있다. 전두환에 의하여 짓밟힌 정의 사회를 '진정한 정의'가 살아있는 사회로 전환시켜 놓으려 했다. 그리고 어용화되어 가는 언론문화와 비예술 세계로 변해 가는 예술문화 세계에 언론의 자유, 꽃피는 민족예술로 돌아가게 하고 싶었다. 그는 진정으로 대한민국과 국민을 사랑했다. 그래서 정의/양심을 갖는 사회와 민중들로 다시 태어나기를 바랬다.

김대중은 대한민국 사람들에게 간절한 염원을 전했다. 진정한 자유를 알고, 진정으로 민주주의/대중정치를 알고, 진정으로 민족을 아끼는 나라 사람들이 되어 주기를 바랬다. 나라 사람들에게 희망을 주고 조국에는 삶의 가치가 용솟음치는 사회를 만들고 싶었다. 행복한 사람들이 살아가는 나라를 만들고 싶었다. 이것이 그가 평화통일론을 신념으로 갖게 된 배경이다.

그러기 위해서는 공부를 해야 했다. 러시아에서, 미국에서, 영국에서, 일본에서 필요한 공부를 했다. 또 연금 상태에서도, 감옥 대학과 대학원에서도 책을 읽으며 공부를 했다. 이렇게 책과 함께 공부하고 생각을 하면서 진정한 학자로서 정치철학과 경제사상을 구축해 나갔다. 그리고 자기 조국 대한민국의 정치 실정에 맞게 그의 정치철학을 사상적으로 재정립해 나갔다. 그 결과, 그는 민본적 민중정치 사상을, 대중적 시장경제론을, 창조적 복지사상을 정립하게 된다. 통일민족주의도 정립하였다. 민족의 통일을 위한 햇볕정책을 그의 통일철학의 핵심으로 삼게 된다.

이러한 김대중의 정치철학의 사상 체계를 거시적으로 분석하다 보니, 그의 정치사상을 하나의 학문으로 만들어도 좋겠다는 생각에 '후광학 창시'를 제안해 본다. 지금 이 나라에는 미래사회 나라 사람의 행복까지 염두에 둔 지도자, 김대중을 넘어설 그런 학자 정치인이 있는가? 우리 땅의 평화, 미래의 풍족한 경제, 미래 행복한 사회/문화를 내다보며 정치를 해나갈 지도자가 있는가? 라는 반문을 해 본다. 현재 대한민국은 인구가 내리막길로 가고 있다. 막 가는 정치, 돈으로 대학을 가고, 돈으로 운동선수를 만들고, 돈으로 검/판사가 되고, 돈으로 일등이 되는 대한민국 사회에서 자식을 생산하여 기를 용기를 낼 수 있는 부모가 있겠는지. 생각이 있는 부모에게는 당연한 일이요, 정상적인 현상이다.

만약에 김대중의 3단계 통일정책이 성공한다면, 미래 우리 땅의 인구문제는 크게 걱정할 필요가 없다. 우리 땅의 인구문제 해결의 가장 훌륭한 최상의 방법은 우리 민족이 하나로 통일하는 길이다. 북측과 민족통합을 이루는 일이다. 그 이상 좋은 방법은 없다. 미래 경제적 풍요를 원한다면 북의 지하자원을 활용하는 방법이 최상의 대안이다. 그래서 김대중은 북과 통일은 궁극적으로 우리 민족의 대운大運을 가져오는 일이라고 했다. 됫박(升)으로 주고 말(斗)로 퍼오는 일이 통일이라고 했다. 이런 이치를 깨닫는 정치인들이 있을까? 지금 같아서는 김대중 같은 소통의 정치가/정치철학자는 나올 것 같지 않다. 그저 치솟는 권력욕에만 눈이 멀어 대권을 잡으려고 하는 사람들만 가득 차 있다는 느낌이다. 지연, 학연, 이권으로 서로 그물망을 쳐놓고 개인적 이익을 위해 날뛰는 괴물, 엘리트 카르텔만 존재하고 있다는 생각이 든다.

김대중은 우리 역사가 가야 할 방향을 알고 있었기에, 미래 우리 민족이 통일된 하나의 나라를 만들어 내기 위해 눈이 부신 '통일 희망'의 무지개다리를 남북 분단선 위에 걸쳐놓았다. 그러나 민족배반적인 이명박과 박근혜가 '희망의 다리'를 망치로 때려 부셔 강물에 떠내려가게 만들었다. 통일 희망의 무지개다리가 마지막 꽃잎이 아니기를 빌어본다. 다행히 촛불혁명으로 사악한 권력이 물러나고 문재인이 들어왔다. 그는 이명박과 박근혜가 때려 부셔 버린 통일 희망의 무지개다리를 다시 세우려 안간힘을 썼다. 그 결과 '판문점 선언', '9·19남북군사합의'를 일구어냈다. 그러나 일본 아베의 방해와 미국의 장사꾼 트럼프의 상술적 계산에 의하여 더 이상의 진전을 보지 못하였다. 여기에는 문재인의 시대적 소명 의식이 미약한 데도 문제가 있다. 김대중처럼 미국과 일본을 움직이지 못한 탓이다. 우리 민족의 통일문제, 평화체제 구축 노력에는 늘 '함정 파기'로 소문난 미국과 잔꾀를 잘 부리는 일본에 의하여 먹구름이 끼고 만다. 김대중처럼 대내외문제를 동시에 해결하는 그런 정치지도자가 나오지 않는 한 남북의 평화체제 구축과 통일문제를 풀어나가는 데는 어려움이 있지 않을까 하는 생각이다. 실로 안타깝다. 이 시대 다시 김대중이 예수처럼 부활해 준다면 한반도 평화체제 구축과 민족통일의 새로운 해법들이 나올 수 있을 것이라는 생각이지만, 김대중은 결코 부활할 수가 없다. 제2의 김대중이 나오기만을 기다릴 수밖에 없다. 그래서 김대중의 정치사상을 체계화하는 후광학 창시가 필요하다는 생각을 통감하게 된다.

민족의 통일과 연관하여, 김대중이 의미심장한 말을 했다. "북한경제를 회복시키려면 미국의 동의 없이는 아무것도 할 수 없다."(대 5, 339) 이 말속에는 목구멍에 가시가 걸려 밥이 넘어가지 않는다는 비통한 말의 뜻이 들어있다. 민족의 비애를 느낀다. 우리는 하루빨리 후광학을 창설하여 후광의 사상으로 '직접 민중정치'로 나가야 한다. 자본가로부터 민족경제를 되찾아와 대중경제가 남북의 경제적 토대가 되도록 해야 한다. 그리고 반공/멸공주의적 반민족통일 세력도 설득해야 한다. 부자 편에 서서 정강정책만을 수행할 줄 아는 소강주의 세력도 극복해야 한다. 권위주의적 반민중 세력도, 부도덕한 주류 세력도 극복해야 한다. 다시는 매판독재가 나오지 않도록 감시와 저항도 게을리해서는 안 된다.

우리 사회는 황제언론들이 고의적이고, 악의적으로 살포하는 앵무새 뉴스와 가짜뉴스에 홀리면서 우리 정치사회를 보수와 진보로만 갈라치기를 하고 있다. 그리고 이들은 김대중 정권을 진보정권=좌파 세력이었다고 폄하하고 있다. 이는 크게 잘못된 말이다. 한국의 정치세력은 진보와 보수라는 이항대립二項對立 구도로 분류하는 것은 잘못이다. 닭이 먼저인가. 달걀이 먼저인가를 따지는 비과학적 사고는 버려야 한다. 달걀이 먼저다. 닭이 먼저다. 라고 우기는 사람들에게 한마디 건네본다. 닭과 달걀이 먼저라고 주장하기 전에 '생명'이라는 자연의 이치를 알았으면 한다.

우리 사회는 정치 사안을 두고, 진보와 보수로만 구분할 수 있는 그런 처지의 나라가 될 수 없다. 반공적 사대주의와 반통일적 국가보안법이 존재하고 있기 때문이다. 진보와 보수 이전에, 나라의 발전과 나라 사람의 자유와 평화, 그리고 미래 사회의 행복을 어떻게 추구해 나갈 것인지를 고민하는 사람들이 있다면, 이들은 정의로운 도덕적 부류가 된다. 그렇지 못하면 부도덕한 주류가 된다. 그래서 김대중은 미래를 내다보고, 이항 대립의 논리를 깨고 '위대한 조화'를 이루어 냈다. 우리는 너무 이원론적으로 사물을 대하는 경향이 있다. 다원적(해체주의)으로, 융합론적으로 사물을 대할 필요가 있다. 김대중은 벌써 다원적이고 융합철학적인 정치철학을 펼쳤다고 볼 수 있다.

또 김대중은 전자정보화시대/전자정부를 한국 땅에 열어놓았다. 김대중은 오늘날 우리나라를 전 세계에서 지식정보산업이 가장 발달한 나라로 만든 장본인이다. 김대중은 인터넷과 휴대전화기 등 다양한 전자매체가 장차 직접 데모크라시로 나가도록 만들 것이라 했다.(자 2) 이러한 위대한 인물 뒤에 하필 이명박이 등장한다. 이명박은 김대중과 노무현의 집권 시기를 '잃어버린 10년'/'빼앗긴 10년'이라고 했다(자 2, 545) 천박해도 보통 천박한 발언이 아니다. 좋은 사람들이 바른 정치를 통하여 잘못된 세상을 바로잡은 것을 두고 '빼앗긴 시절'이라고 말하는 사람이 있다면 정신이 이상한 사람이 아니겠는가. 부도덕한 이명박/박근혜의 집권은 우리 민족과 대한민국 정치사에서 정말로 비극이었다. 이승만, 박정희, 전두환 못지않게 역사를 더 후퇴시킨 장본인들이다. 더 큰 일이 난 것은 정치철학도, 민중정치의 원리도 모르는 사람들이 대권을 잡았다는 사실이다. 이들은 민주주의를 자신들이 '민중(民)의 주인(主)이라고 해석하는 사람들이다.

　글쓴이는 대학에서 사회경제사를 전공하였지만, 경제학 분야에 깊은 지식을 갖고 있지 못한 탓으로 김대중의 대중경제론에 담긴 경제철학을 깊이 분석해 내지 못하였다. 그리고 이 분야 연구서도 폭넓게 수렴하지 못하였다. 그 결과 오류도 있고 설명이 미진한 부분도 있을 것으로 본다. 이 점을 면구스럽게 생각한다. 그러나 결론은 분명하다. 김대중의 사상체계를 분석해 가는 중에 김대중의 대중경제론은 박정희의 반공적 대결 구도와 분단 고착화, 그리고 파쇼자본주의에 대항한 대동주의적 경제이론이었다는 평가를 해도 좋다는 생각을 해 본다.

　영구집권의 도구로서 이용된 박정희의 파쇼자본주의는 아시아적 가치에 바탕을 두었다기보다는 친일적 경제정책을 답습한 특권경제 체제였다고 본다. 김대중은 이러한 특권경제 체제를 무너뜨리고, 중산층을 중심으로 하는 경제질서를 주창한 경제이론가였다. 그래서 그는 대통령 자리에 오르면서 그의 경제철학을 실현 시키기 위하여 대중경제론에 바탕을 둔 '대중적 시장경제론'을 주장했는지도 모른다. 대중경제론/대중참여경제론은 중산층 대중이 참여하여 경제성장을 이루고 이에 나오는 국가이익을 공정하게 분배를 해야 한다는 내용을 핵심으로 담고 있는 경제사상이다. 이를 바탕으로 15대 대통령직에 오르면서 창조적 복지를 지향하는 혼합경제/병행발전론으로 나가게 된 것으로 보인다.

　이외 김대중의 자유적 국가주의론, 민족통일론, 세계평화론, 지구민주주의론에 대하여 더 깊이 분석하지 못한 점을 송구스럽게 생각한다. 국가주의와 자유주의는 정반대의 개념이다. 법치라는 이름으로 개인의 자유를 최대로 제약하고 간섭하는 존재가 국가요. 이를 신봉하는 이념이 국가제일주의다. 개인 독재자들이 강조하는 국가주의는 국가의 주권을 개인의 인권보다 상위에 둔다. 곧 국가의 권리가 개인의 권리를 초월하여 존재한다는 논리를 가지고 있다. 그러나 참자유주의는 개인주의에 바탕을 둔다. 개인의 자유와 평등을 최고의 가치로 둔다. 박정희가 국가제일주의를 가지고 나라 사람의 인권을 국가 권위보다 아래에 두었다면, 김대중은 개인의 자유와 평등에 바탕한 인권을 최고의 가치로 여겼다. 그런 점에서 김대중은 국가주의자/권력주의자라고 평가해서는 안 된다는 게 글쓴이의 판단이다. 김대중을 국가주의자로 보는 학자와 정치인들이 있다. 이는 잘못된 판단이다. 이 점에 대하여 후학들이 더 많은 연구를 통하여 반론을 제기해 주기 바란다.

끝으로, 글쓴이는 김대중, 함석헌과 함께 사면/복권을 받은 바 있다.(1987. 7.10.) 김대중/함석헌이라는 큰 분들과 함께 사면/복권 명단에 함께 들어있었던 것만으로도 기쁨이다. 이들의 자유사상과 평화 사상을 본받아 미래 조국에 자유와 평화의 희망을 주는 역사철학적 사고를 계속 견지하고 싶다. 이제 민족의 분단 세월도 어느덧 80년을 내다보고 있다. 6·15선언이 있은 지도 25년이 넘어서고 있다. 분단 강산이 통일 강산으로 다가오는 시간이 자꾸 멀어지고 있다는 느낌이다.

민족 통일에 대하여 이제까지는 '하나로 된 통일 민족', '하나의 통일 조국'이라는 개념이 일반적으로 굳어져 왔다. 그러나 이제는 통일의 개념을 새롭게 정립할 필요가 있다고 본다. 김대중이 3단계 통일론은 이 점을 진작부터 염두에 두었는지도 모른다. 그래서 글쓴이는 통일의 개념에 김대중의 '3단계 평화통일론'을 적용하여 1, 2단계인 두 분단 권력을 인정한 상태에서 한민족 2 체제를 상당 기간 유지하면서, 이 기간이 오래 걸릴지라도 민족 동질성을 회복하는 시간으로 삼고, 남북이 하나의 민족이라는 동질감을 갖게 하는 게 중요하다는 생각을 해 본다. 이렇게 정치적 통일에 앞서 민족 동질성을 회복하는 방향에서 통일문제를 생각하는 것도 좋은 생각이라고 본다. 민족 동질성 회복을 위하여 정전협정을 평화협정으로 전환하는 문제가 먼저라는 생각을 해본다. 그렇게 되면, 이념에 의한 두 민족(한민족/조선민족)이 아닌 하나의 민족이 되어 국경을 헐고, 외교관계를 수립한 후, 정치적 교류, 인적교류, 경제적 교류와 물자의 유통, 지식인들의 자연스런 학술교류, 다양한 문화행사의 공동 추진 등을 가능하게 된다. 그렇게 되면, 지금의 정치환경에서 그게 바로 통일이 아니겠는지 하는 생각을 해 본다.

  우리의 원수인 일본과도 왕래를 하는데 같은 민족이 왕래를 못할 이유가 무엇인가. 새로운 민족 통일의 개념을 수립할 필요성을 느낀다. 이와 함께 두 분단 사회가 국경을 허물고 국교를 수립하는 평화통일의 시대를 대비한 이념과 사상도 정립해야 되지 않겠는가 하는 생각을 해 본다. 새로운 통일 개념에 필요한 사상과 이념은 곧 김대중의 정치철학으로 해결될 수 있다는 생각이다. 새로운 통일 개념에 대해서 전 국사편찬위원장을 지낸 이만열 선생도 비슷하게 주장한 바가 있다. (2021.5.24. 집필 시작, 2022. 12.28 탈고, 2025. 3.25 수정 완료)

후광학 창시를 위해
함께 읽으면 좋은 책과 글들

1. 김대중과 관련하여

- 연세대학교 김대중도서관, 《김대중전집》 30권(연세대학교 대학출판문화원, 2011.; 2019.)
- 《後廣 金大中大全集》(中心書院, 1993.)
- 김대중, 《思想界/한국의 노동운동의 진로》(1955년 10월호, 국립중앙도서관 데이터베이스)
- 김대중, 《김대중자서전》(삼인, 2011.)
- 김대중, 《공화국연합제》(학민사, 1991.)
- 김대중, 《대중참여 경제론》(산하, 1997.)
- 김대중, 《나의 길, 나의 사상》(한길사, 2009.)
- 김대중, 《민족의 한을 안고》(옥중서신, 갈릴리문고, 1884.)
- 김대중/이희호, 《김대중옥중서신》(시대의창, 2009.)
- 김대중, 《대중경제론》(청사, 1986.)
- 김대중, 《신동아/대중경제론을 주창한다》(1969년 11월호)
- 김대중, 《행동하는 양심으로: 독재와 나의 투쟁》(금문당, 1985.)
- 김대중, 《憤怒의 메아리》(김대중의원 국회연설집, 숭문각, 1967.)
- 김대중, 《내가 걷는 70년대》(범우사, 1970).
- 김대중, 《민족의 새벽을 바라보며》(일월서각, 1987.)
- 김대중, 《한국 : 민주주의의 드라마와 소망》(청도, 1992.)

- 김대중,《세계 경제 8강으로 가는 길》(청도, 1992.)
- 김대중,《다시 새로운 시작을 위하여》(김영사, 1998.)
- 김대중,《나의 삶 나의 길》(산하, 1997.)
- 김대중,《김대중의 21세기 시민경제 이야기: 우리 경제 어떻게 살릴 것인가》(산하, 1997.)
- 김대중,《내가 사랑한 여성》(에디터, 1997.)
- 김대중,《21세기와 한민족》(돌베개, 2004.)
- 김대중,《옥중서신》1(시대의창, 2009.)
- 김대중, 연세대학교 김대중도서관 편,《김대중전집 II/새로운 한일관계, 어떻게 할 것인가》15권(연세대학교 대학문화출판원, 1992.)
- 김대중,《김대중의 21세기 시민경제 이야기: 우리 경제 어떻게 살릴 것인가》(산하, 1997)
- 김대중,《사회와 사상/공화국 연방제 통일방안》(창간호, 1988.)
- 김대중납치사건진상조사위원회,《김대중사건의 진상》(全報告金大中事件, 삼민사, 1987.)
- 이희호,《옥중서신》2(시대의창, 2009)
- 정진백 엮음,《김대중대화록》1~5,(행동하는 양심, 2018.)
- 정진백 엮음,《김대중어록》(사회문화원, 2010.)
- 정진백 엮음,《김대중연대기》(행동하는 양심, 2021.)
- 《김대중씨의 대중경제 100문 100답》(대중경제연구소, 1971.)
- 《김대중대통령 서거 10주기특별강연 자료집》(대중서거10주기광주행사위원회, 2019.)
- 《김대중대통령 서거 10주기학술대회 자료집-아! 김대중, 그의 삶과 사상》(김대중서거 10주기 광주행사위원회, 2019.)

- 《한국혁명재판사》(한국혁명재판사편찬위원회, 1962.)
- 《新東亞》1969년 11월호(국립중앙도서관 데이터베이스)
- 《朝鮮日報》1967년 1월 12일자(국립중앙도서관 데이터베이스)
- 《東亞日報》1975년 1월 1일자(국립중앙도서관 데이터베이스)
- 《씨울의 소리》(씨알의 소리사, 1980. 6)
- 《함석헌저작집》2, 3, 5, 8, 12, 13권(한길사, 2009)
- 광주광역시 5.18사료편찬위원회,《5.18광주민주화운동자료총서》(전일실업, 1997)
- 5.18민주화운동진상규명조사위원회,《5.18민주화운동진상규명조사위원회 종합보고서》2024.6.
- 일본NHK취재반/김용운 역,《김대중 자서전 - 역사와 함께 시대와 함께》(인동, 1999.02.25.)
- 강만길,《우리 통일 어떻게 할까》강만길저작집 15(창비, 2018.)
- 강만길,《한국 자본주의의 역사》(역사비평사, 2000.)
- 강만길,《국민의 정부의 업적과 역사적 성격》강만길 저작집, 06 (창비, 2018)
- 강만길,《21세기사의 서론을 어떻게 쓸 것인가》강만길저작집, 13 (창비 2018)
- 강만길,《6.15남북공동선언으로 평화통일이 시작됐습니다》강만길저작집 16 (창비, 2018.)
- 강상중/이목,《박정희와 기시 노부스케-다카키 마사오 박정희에게 만주국이란 무엇이었는가》(책과 함께, 2012)
- 강원봉 외,《가지무라 히데키의 내재적 발전론을 다시 읽는다》, 아연동북아 총서 17(아연출판부, 2014.
- 고 박현채 10주기 추모집·전집 발간위원회 엮음,《박현채전집》(해밀, 2006.)
- 곽은영,《김대중 정권기 한일관계》(국민대학교 박사학위 논문, 2013.)

- 구현우,《국정관리연구/세계화, 신자유주의, 그리고 제도론적 함의》6권 2호 (2011.)
- 국가정보원 과거사건진실규명을 통한 발전위원회,《과거와 대화 미래의 성찰》 2(국가정보원 2007)
- 국민호, 한국비교사회학회,《비교사회/동아시아발전과 한국의 근대화와 아시아적 가치》(2002.)
- 김귀옥, 통일평화연구원,《통일과 평화/김대중 평화사상의 형성과 정치적 실천》 12집 2호, 2020.
- 김경재,《혁명과 우상/김형욱회고록》2(인물과 사상사, 2009.)
- 김대식,《통일과 평화/함석헌의 평화사상-비폭력주의와 협화주의를 중심으로-》8-2(서울대학교 통일평화연구소, 2016)
- 김대식,《아시아평화공동체/안중근과 동북아평화공동체의 모색》(모시는 사람들, 2017)
- 김대식,《함석헌의 평화론》(모시는 사람들, 2018)
- 김동노,《통일과 평화/김대중의 민족주의와 세계주의》12집 2호(서울대학교 통일평화연구원, 2020.)
- 김동노,《현상과 인식/한국의 국가 통치전략으로서의 민족주의》34권 3호, 2010.
- 김동노,《동방학지/민족주의의 다원화와 이념 갈등》159집, 2012.
- 김동노,《민족과 국민, 정체성의 재구성/해방공간의 국가건설과 다원적 민족주의》(혜안, 2009.)
- 김보현, 상허학회,《상허학보/박정희정권시기 저항의 지식-담론 민족경제론 정리 그 위상과의의, 한계》43, 2015. * 상허는 이태준의 號
- 김삼웅,《김대중평전》1, 2(시대의 창, 2010.)
- 김삼웅,《김재규장군 평전》(두레, 2020)

- 김삼웅,《장준하 평전》(시대의 창, 2019)
- 김서원,《정세동향/우리민족 대 미국의 대결 구도에서 남북공동선언을 다시 본다》 54, 2003.11.
- 김서진,《평화주권의 길》(통일뉴스, 2023)
- 김석근, 김형효 외,《민본주의를 넘어서/민본과 민주 사이의 거리와 함의》(청계, 2000.)
- 김성수,《함석헌, 자유만큼 사랑한 평화》(붐나무, 2006)
- 김성재,《김대중 대통령》(서울: 연세대학교 김대중도서관, 2009.),
- 김수영,《동아시아의 자본주의 발전과 가족: 한국과 일본의 사례를 중심으로》, 고려대학교 사회학과 박사학위 논문, 2000.
- 김수자,〈민주화 이후 한국 민족주의 담론의 전개〉,《사회과학연구》14권 2호, 2006.
- 김수진,《한국 민주주의와 정당정치》(백산서당, 2008.)
- 김언호,《그해 봄날- 출판인 김언호가 만난 우리 시대의 현인들》(한길사, 2020)
- 김영명,《한국현대정치사-정치 변동의 역학》(을유문화사, 1999.)
- 김영명,〈한국 민족주의의 쟁점〉,《한국정치외교사논총》38권 1호, 2016.
- 김영호,《함석헌깊이읽기-함석헌의 평화사상》3(한길사, 2016)
- 김옥두/정동일/강신복,《다시 김대중정신으로》(디자인파알아이, 2014)
- 김일곤,《동아시아의 경제발전과 유교문화》(한울아카데미, 2005.)
- 김일영, 경향신문,《광복 70주년 특별기획 - 김호기 · 박태균의 논쟁으로 읽는 70년/조국근대화론 대 대중경제론》, 2006.
- 김재영, 전재성 엮음,《복잡성과 복합성의 세계정치/반공국가의 위기와 민족주의의 부상》(서울: 사회평론, 2017.)
- 김지연, 서울대학교종교문제연구소,《종교학연구/강유위의 대동사상: '대동서'를 중심으로》, 2004

- 김창수,《인천5.3민주항쟁연구논문집/인천5.3민주항쟁 전후의 '보도지침'과 일간지의 기사문 분석》(인천민주화운동쎈타, 2022)
- 김학재/박홍규,《단군학연구/홍익인간 건국 이상과 한국 정치》41호, 2019,
- 김형욱,《김형욱 회고록》II(아침, 1985.)
- 김홍경,《동아시아 문화와 사상/유가자본주의의 형성과 전개》2,(열화당, 1999.)
- 南基正,《日本硏究論叢/韓國民族主義の展開と日韓關係》24號, 2006.
- 노르베르토 보비오/황주홍,《자유주의와 민주주의》(현대의지성 59, 문학과지성사 1992.)
- 노명환, 통일평화연구원,《통일과 평화/김대중 화해 사상의 특수성과 보편성: 이분법의 극복과 '다양성 속의 통일'의 변증법》12집 2호, 2020.
- 노명환,《역사학연구/역사의 관점에서 보는 김대중의 대중경제론과 햇볕정책: 모델로서 서독의 사회시장경제제도와 동방정책》81권81호(호남사학회, 2021.2)
- 노자/오강남,《도덕경》(현암사, 1995.)
- 대중경제연구소,《김대중씨의 대중경제 100문 100답》(대중경제연구소, 1971.)
- 대통령비서실 삶의질향상기획단,《새천년을 향한 생산적 복지의 길》(퇴설당, 2000.)
- 대한민국국방부,《韓國戰亂 一年誌/李大統領 對北放送-李大統領 平壤同胞에 告함》1951.
- 동일방직복직투쟁위원회,《동일방직 노동조합 운동사》(돌베개. 1985.)
- 로버트 노직/강성학,《自由主義와 正義論》(대광문화사, 1990)
- 류동민,《민족경제론이 대중경제론에 미친 영향》,민주화운동기념사업회,《기억과전망》통권 17호, 2007.
- 류동민,《김대중의 경제사상에 관한 검토 : 경제적 민주주의 개념을 중심으로》, 민주화운동기념사업회,《기억과전망》통권 23호, 2010.

- 류상영,《6.15 남북공동선언 5년과 한반도 평화》(연세대학교출판부, 2006.)
- 류상영,《김대중과 대중경제론》(연세대학교김대중도서관, 2013.)
- 류상영/김민정, 서강대학교 현대정치연구소,《현대정치사상/한국 민족주의의 두 가지 길 박정희와 김대중의 연설문 텍스트 마이닝》14권 1호(2021 봄호.)
- 류상영,《한국정치외교사논총/김대중의 일본에 대한 인식과 전략》33권 1호, 2011.
- 류석춘,《유교와 연고》(대한민국 발전의 사회·문화적 동력, 북앤피플, 2020.)
- 류석춘, 한국비교사회학회,《비교사회/'유교 자본주의'와 IMF 개입》,1998.
- 류석춘·최우영·왕혜숙,《한국사회학/유교윤리와 한국 자본주의 정신》제39집 6호, 2005.
- 류재복,《국민을 살리는 마지막 선택-4.27과 김대중》(한빛교육, 2019.)
- 막스 베버/박상훈,《소명으로서의 정치》(후마니타스, 2011.)
- 막스 베버/조기준,《社會經濟史》(三省出版社, 1976.)
- M. 베버/김덕영,《프로테스탄티즘의 윤리와 자본주의 정신》(길 2017.)
- 문대골,《함석헌 장준하 그리고 박정희》(들소리, 2021)
- 문두식,《21세기 남북한 통일방안의 모색》(매봉, 2004.)
- 박성원,《新東亞/인터뷰 한승헌 감사원장; 김대중 내란음모사건 재심필요하다》(1998. 6.)
- 박영림, 김대중 대통령 서거 10주기 학술대회,《아! 김대중, 그의 삶과 사상/김대중 리더십, 국가운영, 국가발전-연합과 통합의 정치를 중심으로-》(김대중추모사업회, 2019.)
- 박영규,《한권으로 읽는 대한민국 대통령실록》(웅진지식하우스, 2014.)
- 박우희/이어령,《한국의 신자본주의정신》박영사, 2005.
- 박원순,《야만시대의 기록/고문의 한국 현대사》3(역사비평사, 2006)

- 박재순, 한국일본사상사학회,《日本思想/동아시아와 함석헌의 평화사상》 2009.
- 박정희,《우리 민족의 나아갈 길》(동아출판사, 1962.)
- 박정희,《國家와 革命과 나》(향문사, 1963.)
- 박정희,《하면 된다! 떨쳐일어나자》(동서문화사, 2005.)
- 박정희,《나라가 위급할 때 어찌 목숨을 아끼리》(동서문화사, 2005.)
- 박태균,《우방과 제국 한미관계의 두 신화 - 8.15에서 5.18까지》(창작과비평, 2014)
- 박해전,《김대중 노무현 문재인-박해전 조국통일 이야기》(사람일보, 2023)
- 박현채,《민족경제론》(한길사, 1978)
- 박현채,《민족경제론의 기초이론》(돌베개, 1989)
- 베네딕트 앤더슨/윤형숙,《상상의 공동체》(나남출판, 2002)
- 謝維揚,《中國古代國家》, 創文社, 1983, 175쪽.
- 서영표, 고려대학교 민족문화연구원《민족문화연구/포퓰리즘의 두 가지 해석 : 대중영합주의와 민중 민주주의》제63호, 2014.
- 서울대학교 사회과학연구원,《사회과학 명저 재발견》(서울대학교출판문화원, 초판 2011/2018)
- 손병해/유석춘,《유교문화와 동아시아 경제》손병해, 유석춘(경북대학교출판부, 2006.)
- 손세일,《한국논쟁사》I 정치/법률/경제편(청람문화사 1976.)
- 송광성,《미군 점령 4년사》나무이야기, 2024)
- 송용구,《대중문화와 대중민주주의/독일편》(담장너머, 2009.)
- 신미라,《平和學報/현대공공성 담론과 여성주의-공공성 담론장에서 여성주의 전략을 중심으로-》, (원광대학교 평화연구소, 2023)
- 아태평화재단,《김대중의 3단계 통일방안》(아태평화출판사, 1995.)
- 아태평화재단,《김대중의 3단계 통일론》(한솔, 2000.)

- 안중근,《동양평화론》(서울셀렉션, 2018)
- 안중근의사기념사업회,《안중근과 동양평화론》(채륜, 2010)
- 오강남,《아하!》(삼인, 2014.)
- 5공정치범명예회복회《역사의 심판은 끝나지 않았다》(살림터, 1997)
- 요한 갈퉁/강종일,《평화적 수단에 의한 평화》(들녘, 2000)
- 俞吉濬全書編纂委員會,《俞吉濬全書》I (一潮閣, 1971)
- 유길준/허경진,《서유견문》(서해문집, 2004.)
- 尹炳云,《아우구스티누스에 있어서 도덕적 의지와 평화》(中央大學校 박사학위논문, 1997)
- 유석춘/최우영/왕혜숙,〈유교윤리와 한국자본주의 정신〉,《한국사회학》제39집 6호(2005)
- 유신청산민주연대 편,《박정희 유신독재체제 청산》(동연, 2020)
- 윤상우,《경제와사회/외환이기 이후 한국의 발전주의적 신자유주의화》83호(2009.),
- 윤상현,《동국사학/1960년대 사상계의 경제 담론과 주체 형성 기획》(동국대학교 동국역사문화연구소, 57권호, 2014.)
- 이경배,《현대유럽철학연구/유교 근대화론에 대한 해석학적 성찰: 하이데거 기술 문명 비판을 중심으로》제60집, 2018.
- 이대환,《출판대한민국의 위대한 만남 - 박정희와 박태준》(아시아, 2015)
- 이덕훈,《유교 자본주의의 운명과 대안》(시공아카데미, 1999.)
- 이만열, 이문영 편,《김대중 내란음모의 진실/5.17 김대중내란음모사건' 의 진실과 그 역사적 의의》(문이당, 2000.) ; 한국근현대사학회,《한국근현대사연구》2000.
- 이만열,《역사의 길, 현실의 길》(푸른역사, 2021.)
- 이몬 버틀러.이상규,김범행,《나쁜 민주주의》(북코리아, 2012.)

- 이문영,《씨올의 소리/싸우는 평화주의자 함석헌의 멋》28, 1971.
- 이문영/한승헌/이해동,《김대중내란음모의 진실》(문이당, 2000.)
- 이병천, 한국사회경제학회,《사회경제평론/민족경제론과 대중경제론: 민족경제론의 현실적 변용으로서 대중경제론에 대하여(1960년대말~70년대초)》29, 2007.
- 이삼성,《역사비평/광주학살, 미국·신군부의 협조와 공모》(1996년 가을호)
- 이승환, 동아시아문화포럼,《동아시아 문화와 사상/반유교적 자본주의에서 유교적 자본주의론》제2집(열우당, 1999.)
- 이영훈,《박정희탄생100동기념학술대회자료집/한국적 국가혁신체제, 대중경제론, 10월유신》(박정희대통령기념관, 2016.)
- 이재석, 온지학회,《온지논총/현대 자본주의와 유교의 경제윤리》64권호 2020.
- 이재호,《사회통합론 대북정책》(나남, 2013.)
- 임동원,《피스메이커》(중앙Books, 2008)
- 임동원,《김대중사상 대강좌/김대중의 통일철학과 햇볕정책》강연자료, 2009.11.17.
- 林鍾國,《親日文學論》(민족문제연구소, 2002.)
- 임헌영, 함석헌학회,《함석헌의 평화사상/함석헌 평화사상의 재조명 필요성》(2012년 추계학술발표 자료집)
- 임헌영,《함석헌과 왕양명 그리고 오늘의 한국사회/함석헌평화사상의 재조명 필요성》(동연, 2020)
- 임현진.송호근,《한국정치의 지배이데올로기와 대항이데올로기/박정희체제의 지배이데올로기》(역사비평사, 1994.)
- 장신기,《성공한 대통령 김대중과 현대사》(시대의창, 2021.)
- 장준하,《장준하 문집》(세계사, 2007)
- 장준하,《돌베개-장준하의 항일대장정》(돌베개, 2015)

- 장준하,《장준하의 말》(동연, 2023)
- 장준하,《우리는 특권계급의 밥이 아니다》(두루미, 2020)
- 장지용,《항도부산/1960·70년대 부산 신발산업의 성장과정 연구》(부산광역시사편찬위원회, 2015)
- 장진호, 민주화운동기념사업회,《기억과 전망/금융 지구화와 한국 민주주의》여름호(통권 28, 2013.
- 장창준,《정세동향/남북정상회담과 615공동선언을 다시 본다.》54, 2003.11.
- 全大烈,《날조된 김대중 내란음모사건》(고려서당, 1988.)
- 전상숙,《동양정치사상사/친미와 반미의 이념 갈등》10권 1호, 2011.
- 전재호,《민족주의들》(이매진, 2019.)
- 전재국,《동아시아비평/아시아적 가치 논쟁의 재평가: 민주주의와 인권문제 중심으로》2호, 한림대학교 아시아문화연구소, 1999.
- 정보통신부,《한국의 정보화 전략》(정보통신부, 2003)
- 정상호,《정책 이념(policy idea)으로서 대중경제론의 형성 과정에 대한 연구》, 민주화운동기념사업회,《기억과 전망》통권18호, 2008.
- 정재돈 편집,《한국가톨릭농민회 30년사-1966~1996》(한국가톨릭농민회, 1966.)
- 정진백 엮음,《金大中年代記》1~6권(도서출판 행동하는양심, 2021초판, 2023개정판)
- 정진백 엮음,《金大中對話錄》1~5권(도서출판 행동하는양심, 2018)
- 정진백 엮음,《金大中語錄》(사회문화원, 2017)
- 정지석, 함석헌기념사업회,《씨알사상연구원 월례발표자료/함석헌의 평화사상》, 2003.12.)
- 조경단/최혜주,《식민지조선과 일본》(한양대학교출판부, 2015.)
- 조승복,《分斷의 恨-과거와 미래》(도서출판 케리그마, 2004)

- 조원갑,《세계평화의 지도자 김대중 대통령》(오늘, 2001.)
- 조현연, 역사비평편집위원회,《논쟁으로 읽은 한국사/한국적 민주주의와 유신체제》2 (역사비평사, 2009.)
- 조희연,《박정희와 개발독재시대-5.16에서 10.26까지-》(역사비평사, 2007.)
- 존 스튜어트 밀/李克燦,《自由論》(삼성출판사, 1977.)
- 존 킨/양현수,《민주주의의 삶과 죽음 대의 민주주의에서 파수꾼 민주주의로》(교양인, 2017.)
- 채장수,《한국동북아논총/1980년대 한국 학생운동의 자주노선》42호, 2007.
- 최규엽,《정세동향/2003년 정세와 자주평화운동의 과제》54, 2003.11.
- 최상천,《알몸 박정희》(사람나라, 2001)
- 최자영,《시민과 정부간 무기의 평등》(해로도토스, 2019.)
- 최자영,《가짓말 공화국 대한민국》(해로도토스, 2020.)
- 최장집,《민중에서 시민으로》(돌베게, 2009)
- 최장집,《김대중 대통령 노벨평화상 수상 19주년 기념식 및 학술회의/김대중과 민주주의- 사상과 실천》(자료집, 2019.)
- 최장집/박상훈/서복경/박찬표,《양손잡이 민주주의 한 손에는 촛불 다른 손에는 정치를 들다》
- 최정기, 전남대학교 5.18연구소,《민주주의와 인권/5·18' 왜곡과 '김대중 내란음모' 조작사건》2020.
- 커밍스 브루스,《역사비평/한국 반미주의의 구조》62호, 2003.
- 클리프턴 패디먼/이종인,《평생독서계획》(연암서가, 2010)
- 통일연구원,《제2차 정상회담과 남북한 통일방향 분석》(자료집, 2001.)
- 통일연구원,《제2차 정상회담 대비, 남북한 통일방안 분석》(자료집, 2001.)
- 투퀴디데스/천병희,《펠로폰네소스 전쟁사》(도서출판 숲, 2015.)

- 프리드리히 엥겔스/김경미,《엥겔스의 가족, 사유재산, 국가의 기원과 여성》(책세상, 2007
- 플라톤/조우현,《國家. 소크라테스의 辨明》(三省出版社, 1977.)
- 한국통일전략학회 편,《제2차 남북정상회담과 한반도 평화체제》(이경, 2008)
- 한동우,《유교와 근대화-그가 본 한국 근대화의 명암》(이미지북, 2019.)
- 함규진, 한국정치정보학회,《정치정보연구/한국적 민주주의의 형성과 민본주의의 역할》제 19권 제1호, 2016.
- 함석헌,《함석헌저작집/5천만 동포 앞에 눈물로 부으짖는 말》5(한길사, 2009.)
- 함재봉,《유교 자본주의 민주주의》(전통과현대, 2000.)
- M.FUJIMORI/이덕훈,《유교 자본주의의 운명과 대안》(시공아카데미, 1999.)
- 홍순목, 한국국민윤리학회,《아시아적 가치와 경제논리/동아시아의 경제발전유형과 유교》, 1999.
- 황태현 책임편집,《사상가 김대중-그의 철학과 사상》(지식산업사, 2024)
- 황보윤식,《人文硏究/6.15남북공동선언의 의미와 국가보안법 철폐의 필연성》33.34合集, 仁荷大學校人文科學硏究所, 2003.12월호
- 황보윤식, 함석헌학회편,《생각과 실천/함석헌의 세계평화운동에 대한 역사인식론적 검토》(한길사, 2012)
- 황보윤식, 함석헌학회편《함석헌과 왕양명 그리고 오늘의 한국사회/민족주의 통일의 당위성 문제》(동연, 2020.)
- 황보윤식,《전쟁의 길, 평화의 길/6.25전쟁과 평화도시 인천, 그리고 미래》(동연, 2021)
- 황보윤식,《씨알의소리/남북민족의 평화통일은 가능한가?》(함석헌기념사업회, 2023, 11-12
- 《아, 김대중, 김대중과 우리의 꿈》(김대중대통령서거 10주년 특별강연집, 2019.)

- 《21021 김대중 민주평화 학술회의》(김대중추모사업회 자료집, 2021.)
- 《興亡の世界史/大日本・滿洲帝國の遺産》제 18권(東京, 講談社, 2010.)
- 이 외 대통령기록관 자료(http://www.pa.go.kr/research/contents/speech/index.jsp)과 《다시 김대중정신으로》175쪽의 〈김대중 관련 목록〉 등을 참고 바람.
- 대통령기록관 자료 홈페이지

2. 민본주의와 관련하여

- 《四庫全書薈要》,〈書經集傳〉4, 5,(吉林人民出版社, 1997.)
- 《經書》,〈孟子集註大全〉(成均館大學校 大東文化硏究院, 1970.)
- 《與猶堂全書》,〈牧民心書〉(경인문화사, 1970.)
- 新村出 編,《廣辭苑》(岩波書店, 2018.)
- 諸橋轍次,《大漢和辭典》(大修館書店, 2000.)
- 클리프턴 패디먼,《평생독서계획》(연암서가, 2010)
- 김동진,《조선의 생태환경사》(푸른역사, 2017.)
- 김슬옹,《28자로 이룬 문자혁명 훈민정음》(아이세움, 2007.: 세종의 민본주의)
- 김형효,《민본주의를 넘어서: 동양의 민본사상과 새로운 공동체 모색》(청계출판사, 2000.)
- 金海榮,〈鄭道傳의 反功利 思想〉,《정신문화연구》(1984, 여름호)
- 孫 文,《孫中山全集》권9 :《三民主義》(三民書局印行, 1965.)
- 安炳周,《儒教의 民本思想에 관한 硏究》(성균관대학교 박사학위논문, 1986.)
- 梁啓超,〈自由書/保全支那〉,《陰氷室專集》권2(中華書局, 1989.)
- 原武史,《直訴と王權 : 朝鮮・日本の`一君萬民`思想史》(번역본, 지식산업사, 2000.)

- 이만열,《역사의 길, 현실의 길》(푸른역사, 2021.)
- 이보 모슬리/김정현,《민중의 이름으로》(녹색평론사, 2022)
- 이삼성,《역사비평/광주학살, 미국·신군부의 협조와 공모》(1996년 가을호)
- 이상익, 신정근 외,《민주와 민본의 개념적 통섭/민주와 민본의 비교와 통섭을 위한 정치철학적 검토》(성균관대학교 출판부, 2017),
- 李碩圭,《한국학논집/鄭道傳의 정치사상에 대한 연구》18(한양대, 1990.)
- 이인화,《한국정치사상의 민본주의에서 민주주의로의 전환과정 : 정약용과 신채호의 정치사상에 나타나는 근대성을 중심으로》(성균관대학교 석사학위논문, 2013.)
- 이 적,《한국판 수용소 군도-삼청교육대》(시아, 2017)
- 이혜경,《맹자의 민본주의》(서울대학교 철학사상연구소, 2004.)
- 정상호,《역사비편/1987년 대선과 후보 단일화 논쟁의 비판적 재평가》(역사비평사, 2012.)
- 장현근, 신정근 외,《민본과 민주의 개념적 통섭/동양에서 민, 정치개념의 형성 및 변천》(성균관대학교 출판부, 2017.)
- 정해양,《다산의 민본주의적 과학·기술 사상의 현대 교육적 의의》(경상대학교 교육대학원 석사학위논문, 2006.8.)
- 최병식,《민주주의와 민본주의의 논리:밀(John Stuart Mill)과 조광조(趙光祖)를 중심으로》(성균관대학교 박사학위논문, 1994.)
- 韓永愚,《진단학보/鄭道傳의 人間과 社會思想》50호, 1980.
- 韓永愚,《한국사론/鄭道傳의 사회, 정치사상》1권, 1973.

후광학 창시를 제안한다

후광학, 김대중의 정치철학

초판 1쇄 발행 2025년 7월 17일

글 쓴 이 황보윤식

발 행 인 정진백

발 행 처 도서출판 행동하는 양심

인　　쇄 (주)신광씨링

주　　소 광주광역시 동구 백서로137번길 29
　　　　　전라남도 화순군 도곡면 온천2길 44 김대중기념공간

전　　화 061-371-9975

팩　　스 061-371-9976

I S B N 979-11-964442-8-0

ⓒ 황보윤식·2025